本书获财政部项目"国家安全与发展战略中华侨华人的作用研究及资源平台建设"、理论粤军·教育部在粤人文社科重点研究基地建设资助项目"华侨华人与广东文化强省建设研究"（项目编号：2013JYBJD08）、暨南大学"华侨华人研究"优势学科创新平台共同资助

编委会名单

主　编：曹云华

编　委：（以姓氏笔画为序）

文　峰　邓仕超　任　娜　张小欣

陈奕平　曹云华　程晓勇　潮龙起

教育部人文社会科学重点研究基地
Key Research Institute of Humanities and Social Sciences at Universities

暨南大学华侨华人研究院
Academy of Overseas Chinese Studies in Jinan University

海外侨情观察
2014—2015

Overseas Chinese Report 2014–2015

《海外侨情观察》编委会　编

暨南大学出版社
JINAN UNIVERSITY PRESS

中国·广州

图书在版编目（CIP）数据

海外侨情观察 . 2014—2015/《海外侨情观察》编委会编 . —广州：暨南大学出版社，2015.7
ISBN 978 - 7 - 5668 - 1499 - 9

Ⅰ . ①海…　Ⅱ . ①海…　Ⅲ . ①华侨状况—世界—2014—2015　Ⅳ . ①D634.3

中国版本图书馆 CIP 数据核字（2015）第 142425 号

出版发行：**暨南大学出版社**

地　　址：中国广州暨南大学
电　　话：总编室（8620）85221601
　　　　　营销部（8620）85225284　85228291　85228292（邮购）
传　　真：（8620）85221583（办公室）　85223774（营销部）
邮　　编：510630
网　　址：http：//www. jnupress. com　http：//press. jnu. edu. cn

排　　版：广州市天河星辰文化发展部照排中心
印　　刷：佛山市浩文彩色印刷有限公司

开　　本：787mm×1092mm　1/16
印　　张：26
字　　数：650 千
版　　次：2015 年 7 月第 1 版
印　　次：2015 年 7 月第 1 次
印　　数：1—2000 册

定　　价：70.00 元

（暨大版图书如有印装质量问题，请与出版社总编室联系调换）

《海外侨情观察》作者及其分工

上编 专题

下编 国别侨情

塔吉克斯坦　　　　　　　　　　　　　　　　　　张小欣

美洲地区
美　国　　　　　　　　　　　　　　　　　　　李爱慧
加拿大　　　　　　　　　　　　　吴金平　刘燕玲
哥斯达黎加　　　　　　　　　　　陈奕平　莫光木
智　利　　　　　　　　　　　　　　　　　　莫光木

欧洲地区
荷　兰　　　　　　　　　　　　　陈奕平　苏　朋
英　国　　　　　　　　　　　　　　　　　　庄礼伟
法　国　　　　　　　　　　　　　　　　　　文　峰
德　国　　　　　　　　　　　　　　　　　　文　峰
捷　克　　　　　　　　　　　　　　　　　　文　峰
葡萄牙　　　　　　　　　　　　　　　　　　潮龙起
意大利　　　　　　　　　　　（台湾）郑得兴
瑞　典　　　　　　　　　　　　　　　　　　吉伟伟
俄罗斯　　　　　　　　　　　　　　　　　　程晓勇
乌克兰　　　　　　　　　　　　　　　　　　程晓勇

非洲地区
毛里求斯　　　　　　　　　　　　　　　　　石沧金
马达加斯加　　　　　　　　　　　　　　　　赵子乐

大洋洲地区
澳大利亚　　　　　　　　　　　　　　　　　郭又新
新西兰　　　　　　　　　　　　　　　　　　李爱慧

序

曹云华

  暨南大学作为华侨最高学府，自 1906 年在南京创办以来，迄今已逾百年。百年侨校在致力于侨生教育的同时，还一直倡导和大力推动对华侨华人问题的深入研究。早在 20 世纪 20 年代，暨南大学就成立了南洋文化教育事业部，并创办专业学术刊物《南洋研究》。此举使暨南大学成为国内最早从事华侨华人研究的学术基地，徐中舒、李长傅、周谷城、谭其骧、陈序经等前辈学者均先后供职于此。新中国成立后，学校又相继成立了东南亚研究所、华侨华人研究所等一系列有关华侨华人研究的机构，一批研究人员在著名学者朱杰勤教授等的带领下，埋头奋进，取得了一大批丰硕成果。2000 年 12 月教育部在暨南大学设立了国家级华侨华人重点研究基地，借此进一步推动华侨华人研究的国际化，并力图不断拓展基地学术在海外的影响力。2011 年，学校又通过整合国际关系、华侨华人及其他相关领域研究力量，成立国际关系学院/华侨华人研究院，力争打造华侨华人研究创新平台。

  华侨华人是在世界近代化过程中逐渐形成的社会群体。华侨华人在居住国的生存与发展，受居住国政治、经济、社会、文化、族群关系、对外政策等各方面因素的制约与影响。而国外侨务工作又是中国新世纪和平发展战略的重要组成部分。事实上，华侨华人研究具有国际问题研究、实证研究、战略研究等多重意义。暨南大学华侨华人研究长期以来就以研究世界各国华侨华人见长，出版过许多有关国别华侨史，如印度尼西亚华侨史、澳大利亚华侨史、美国华侨史等方面的著作，这些研究成果从纵向的角度探讨世界各国华侨华人的发展史，为世人了解世界各国华侨华人的发展演变提供了一个视角。但我们也必须承认，随着全球化时代的到来，在中国迅速和平发展和走向国际舞台的伟大时代，世界各国华侨华人群体在数量上不断增加，其生存状况也变得越来越复杂、越来越多元化，华侨华人在居住国的生存与发展也面临越来越复杂多变的外部环境。为了更好并及时地反映这些变化和发展，研究新情况、新问题，我们从 2012 年起每年出版一本《世界侨情报告》（因客观需要，从 2014 年起更名为"海外侨情观察"），试图从横向的视角，探讨华侨华人的一些热点问题，跟踪分析世界主要国家和地区华侨华人的发展变化及相关的政治经济形势，为当代华侨华人研究和侨务政策制定提供些许借鉴。

华侨华人研究是一门综合学科和交叉学科，需要相关学科的参与和合作，需要相关学科学者的支持与共同努力。政治学、历史学、社会学、新闻与传播学、经济学、管理学等学科的研究方法和研究视角并不是对立的，而是相互补充、相互完善的。暨南大学具有综合性大学学科门类齐全的优势，有了其他相关学科研究人员的参与，我校华侨华人研究一定会更加丰富多彩，一定能够更加凸显自己的特色。

本书共分两部分，包括专题和国别侨情。以一本书的篇幅反映海外华侨华人的概貌，实在不是一件容易的事情，我们尝试着把这件工作做得更好，但不是最好。我们的目标是通过每年编写一本侨情研究报告，培养和锻炼我们的研究团队，增加这方面的积淀，使我们的研究团队成长为中国华侨华人研究的一支劲旅。

2015 年 5 月 28 日

目　录

上编　专题

下编　国别侨情

上编

专　题

2014 年世界侨情：特点与趋势

2014 年，全球政治、经济局势处于激烈动荡之中，乌克兰危机、伊斯兰国崛起、世界石油价格急速下跌、欧盟经济复苏进程延缓等，给世界和平、稳定与发展带来了许多不确定的因素。2014 年影响世界侨情的国内外因素很多，本文拟就其中最重要的因素——中国因素作一些阐述，分析中国因素对海外华侨华人的影响及世界侨情发展趋势。随着中国综合国力的进一步增强，中国外交信心越来越强，国人扬眉吐气，越来越显示出"大国特色、大国风格和大国责任"。2014 年是中国外交战略发生重大转变的一年，是加速实施"大国战略"的一年。11 月 28 日至 29 日，中央外事工作会议在北京举行，习近平主席在会上发表讲话，阐述了新历史时期中国"大国外交"的总目标是："高举和平、发展、合作、共赢的旗帜，统筹国内、国际两个大局，统筹发展、安全两件大事，牢牢把握坚持和平发展、促进民族复兴这条主线，维护国家主权、安全、发展利益，为和平发展营造更加有利的国际环境，维护和延长我国发展的重要战略机遇期，为实现'两个一百年'奋斗目标、实现中华民族伟大复兴的中国梦提供有力保障。"① 中国加速迈进世界大国行列，这是一件具有世界意义的大事，它在深刻改变世界政治、经济秩序的同时，也将对海外华人社会产生重大的影响，引起海外华人社会的深刻变化。

一、中国的发展为海外华商提供更多的机遇

中国经济总量的快速增加，"走出去"战略的进一步提速，为海外华商带来更多发展机遇，尤其是"一带一路"战略给海外华商提供了更多的发展机遇。根据中国国家统计局 2015 年 1 月 20 日公布的数据，2014 年中国国内生产总值 63.6 万亿元，按可比价格计算，比上年增长 7.4%。虽然这一增速为 1990 年以来的新低，但实现了年度预期增长目标，中国经济总量第一次迈过 10 万亿美元大关。现在，中国经济规模已居世界第二，基数增大，即使是 7% 的增长，年度现价增量也达到 8 000 多亿美元，比 2010 年增长 10% 的数量还要大。必须承认，中国经济增速有所放缓，究其原因，既有外部的，也有内部的。从外部看，世界经济复苏步履蹒跚；从内部看，中国经济正在进行深度调整。国务院总理李克强 2015 年 1 月在瑞士达沃斯出席"世界经济论坛 2015 年年会"时表示，当前，中国经济发展进入新常态，经济由高速增长转为中高速增长，发展必须由中低端水平迈向中高端水平，为此要坚定不移地推动结构性改革。

---

① 《新华每日电讯》，http://news.xinhuanet.com/mrdx/2014 − 11/30/c_ 133822833.htm，2015 年 2 月 3 日。

　　"一带一路"建设是中国在当前的国际形势下提出的新的区域合作战略,① 旨在进一步提高与周边亚洲国家的区域一体化水平,此举不仅可以加强中国与其他亚洲国家的经贸往来,提升中国的对外贸易水平和地位,同时也是为中国经济向外拓展另辟蹊径,探索新的国际合作模式。目前,国际经济形势并不乐观,加强区域经济合作,促进区域一体化,将有利于内、外经济环境的平稳发展,对中国经济保持较快的增长速度将起到积极的作用,从而带动整个区域的稳定、发展与繁荣。海外华商既是"一带一路"建设的参与者,也是受惠者,"一带一路"的建设为海外华商提供了更加广阔的舞台,他们将在这个舞台上大展拳脚。

　　海外华商一直与中国的经济发展、中国的改革开放密切相关,他们既是中国经济发展和开放的促进者、参与者,同时也是促进中国参与区域化和全球化的重要推动力量。因此,"一带一路"建设当然也不能缺少广大海外华商的参与,在"一带一路"建设中,广大海外华商拥有得天独厚的优势,这一优势是任何一国商人和企业都无法与之相提并论的。而海外华商之所以能够扮演上述角色,是由他们自身的特点决定的。

　　首先,海外华商具有本土化的特点。本土化,是指海外华商从外国侨居者转变为居住国公民,华人经济转变为居住国民族经济的一部分。以东南亚华商为例,东南亚华人经济是东南亚各国经济的一个重要组成部分。从战后初期至 20 世纪 70 年代,东南亚华侨华人与居住国的关系发生了质的变化,他们加入了当地国家的国籍,成为居住国的合法公民。因此,华人经济也自然而然地成为当地民族经济的一个重要组成部分。东南亚华商为促进和繁荣东南亚各国的经济作出了重大的贡献,是东南亚各国经济建设的一支重要方面军,东南亚各国经济的起飞,尤其是新加坡、泰国、马来西亚、印度尼西亚和菲律宾,与华商的辛勤劳动是密不可分的。从某个方面可以这样说,如果没有华商,就没有这些国家的经济起飞和现代化。

　　其次,海外华商具有现代化的特点。这里说的现代化,是指华商从事的产业领域、经营模式及手段从传统向现代的转变。可以从如下两个方面看:一方面是海外华商所从事的领域从传统的商业逐步向现代工业和服务业的转移;另一方面是海外华商经营模式和经营手段从家族式向现代管理方式的转变。

　　再次,海外华商还具有国际化的特点。所谓海外华商的国际化,主要是指海外华商跨国经营,企业的业务向区域乃至全球拓展,因此,从这个意义上来说,海外华商的国际化也就是全球化和区域化。除了西方的跨国公司之外,海外华商可能是发展中国家最早从事跨国经营的企业家群体。一般而言,与当地民族企业家相比,海外华商的国际化程度较高,这可能是由以下几个原因决定的:①海外华商都是移民,移民的文化性格决定了其愿意将自己的业务向外拓展,而不会把企业的经营活动局限在一个国家范围之内;②资本都是逐利的,哪里有利润就往哪里跑,在区域化和全球化的大趋势下,各国进行经济自由化改革,纷纷向外资开放各个行业,于是,海外华商利用这一机会进行跨国拓展;③中华文

---

　　① "一带一路"即"丝绸之路经济带"和"21 世纪海上丝绸之路"。"一带一路"构想最早出现的时间是 2013 年 9 月和 10 月。当时,习近平在访问哈萨克斯坦时提出了建设"丝绸之路经济带"的战略构想。同年 10 月,习近平在印尼参加 APEC 会议期间又提出建设"21 世纪海上丝绸之路"的倡议。2014 年,国务院总理李克强在政府工作报告中提出要抓紧规划建设"一带一路"。2014 年 11 月,中央财经领导小组第八次会议提出"加快推进丝绸之路经济带和 21 世纪海上丝绸之路建设"的国家战略。

化圈为海外华商向外拓展提供了很好的人文条件，海外华商与中国大陆做生意、与中国港澳台做生意，都会比较顺当。在东亚地区，海外华商走到哪里都比较容易适应，而不至于"水土不服"。

二、海外华文教育将迎来新的高潮

2014 年 12 月 7 日至 8 日，由中国国务院侨务办公室（以下简称国务院侨办）和中国海外交流协会主办的"第三届世界华文教育大会"在北京举行，这是检阅海外华文教育发展的一次盛会，一共有 50 个国家和地区的 500 余位华文教育界人士参与了此次大会，各国华文教育工作者充分利用这一平台，交流新情况、新经验。与会者认为，华文教育根植海外，在推动中华语言文化走向世界和增强中国软实力等方面可以发挥重要作用。随着中国经济的快速发展，世界需要更多地了解中国，中国也需要更多地认识世界，海外华文教育拥有难得的发展机遇。

最近十多年来，海外华文教育不断出现新的高潮，主要有四股力量在推动它的发展：一是来自中国官方的推动，中国国家汉语国际推广领导小组办公室（以下简称汉办）大力推动在海外建立各种各样的孔子学院，中国的各级侨务办公室（以下简称侨办）也不遗余力地推动海外华文教育；二是各国政府的推动，随着中国经济的快速发展，中国正迅速崛起并逐渐成为世界新的经济增长中心，许多国家的政府预见到中国未来的发展趋势，急需加强与中国的政治、经济关系，于是纷纷增加拨款，要求本国教育部门和国立学校增设汉语课程或中文专业等；三是海外华侨华人的民间力量，海外华侨华人一直是推动海外华文教育发展的主要推动力量，过去是，现在是，将来也是，正是由于他们的执着和坚守，海外华文教育才能保持自己的阵地，才能不断地发展和进步，才有今天的繁荣兴旺；四是市场的力量，在海外，学习华文的实用价值提升了，于是，学习它的人就变得更多，自然而然也就兴起"汉语热"了。

据笔者近年来的观察，一国华文教育要真正实现可持续发展，最重要的是要得到当地国家政府的推动，纳入当地国家的教育系统，成为当地国家教育体系的一个组成部分，只有如此，华文教育才能得到生存与发展的基础。正如澳大利亚中文教育促进会会长、丰华中文学校校长许易先生所说："中澳政府部门之间签订的合作协议，等于为当地的华文学校打开了一扇门。……得到住在国政府的支持与帮助，对于海外华文教育发展非常重要。"许易介绍说，1998 年，她在澳大利亚悉尼创办了丰华中文学校，最初只有十几人，发展到现在已经拥有 700 多名学生，并成为州政府拨款的学校。"起初当地主流社会对华文学校知之甚少，后来我们打开大门，邀请政府官员来学校参观，让他们了解华校在做什么，这里的学生在学习什么。很多官员到校参观后，都对华校的办学成果很惊讶、很赞赏。如今当地主流社会对华文教育十分理解，政府也愿意倾听华校的诉求并尽力提供协助。"[①]

华文教育要在一个国家扎根，最重要的还是依靠当地华侨华人自己的力量。在这方面，马来西亚华人具有典型意义，笔者一直认为，只有在马来西亚才有真正意义上的华文教育。所谓真正意义上的华文教育，那就是把华文作为学校各门功课的教学媒介语言，使

---

① 中新社北京 2014 年 12 月 8 日电：《华侨人士：让海外主流社会为华文教育开一扇门》。

用华文来讲授各门课程。在世界其他国家，虽然学习华语的热潮一浪高过一浪，但是，这都不是真正意义上的华文教育，而只是学习华语的一种运动，或者是把华语作为一门外语课程来学习而已。

马来西亚华文教育的发展能够取得今天的成就，全靠马来西亚华人几十年如一日坚持不懈的努力。马来西亚华人朋友经常跟我开玩笑说，马来西亚华人都要缴两种税，一种是政府规定的各种法定的税收，另一种是华人自己愿意缴的"华文教育税"。所谓"华文教育税"，就是华人自己愿意捐献给各级各类华文学校的财物，这是完全自愿的，华人把它看作本民族一分子应该尽的一项义务。在马来西亚，政府对各级各类华文学校一般是不提供经费的，全靠华人社会民间力量的支持。

在马来西亚，支持华文教育的力量主要来自华人社会团体和个人。笔者十分敬佩马来西亚华人，他们为华教的发展前赴后继、不屈不挠、坚忍不拔，这就是华人的民族精神，这就是华人在海外求生存求发展的奋斗精神。据了解，在马来西亚各级各类华文学校中，不仅有华人子弟就读，还有许多非华人子弟前来学习，这也从一个侧面反映出当前学习华语的价值和意义。笔者认为，学习华语有三种价值：一是使用价值，即有用，例如，现在中国经济高速发展，掌握华语有利于与中国做生意，有利于求职；二是文化价值，即指文化认同，华人学习华语，一般都是因为他希望学习和了解中华文化，因此，学习华语是因为有共同的文化认同；三是精神价值，这与民族认同相关，华人一般都会认为，作为一名华人、华族或华裔，必须懂得华语和华文，那才算是真正意义上的华人。

笔者认为，前文所述的四股力量中，起决定性作用的应该是第四股力量，即市场的力量。如上文所述，任何一种语言，都存在三种价值，即使用价值、文化价值、精神价值。华文之所以能够在世界许多地方流行和被使用，主要还是因为其使用价值在起作用。因为华文的实用性以及中国经济的影响力，大家都要和中国做生意，于是，华文就慢慢流行起来，华文的使用价值也就日益凸显出来。中国经济的快速发展和综合国力的增强，使它在世界各地的影响力与日俱增，与之相适应，华文的地位也从过去那种边缘化的语言提升为日益重要的交际语言，其使用的频率逐渐增加。

笔者因为长期研究东南亚问题的缘故，亲身感受到了这种变化。在十几年前，东南亚各国几乎所有酒店都没有会说华语的服务员；而近年来，笔者发现，几乎所有酒店的服务员都学会了说华语，酒店一般都会在前台安排华语说得比较流利的服务员负责接待中国客人。许多酒店的老板坦承，他们的酒店如果不接待中国旅客，生意就没有办法做下去。这种变化其实也就是最近十多年发生的，也就是说，随着中国在该地区的影响力的扩大，华文的使用价值也得到了提升。应该承认，过去、现在乃至今后一段时间内，英语仍然是东南亚区域进行经济贸易与文化交流的最常用的语言，但是，随着华文教育的发展与华文的普及，华文将成长为东南亚区域进行经济贸易与文化沟通的重要语言。其实，随着中国在东南亚区域影响的提升，华文在经济贸易与文化交流中的地位与作用已经开始凸显出来，可以预见得到，不需要太长的时间，华文在本区域经济贸易与文化交流中的地位与作用将更加受重视，只要各国的华文教育工作者努力耕耘、通力合作，就一定会有更好的收成和更加美好的明天。

一种语言能否流行或成为地区乃至世界的交际语言，关键还是要看其使用价值。语言生存和发展的法则就是：有用就是真理。没有用的语言，谁也不会去学习它，它将会逐渐地消失；有用的语言，即使你不去推广，人们也会去学习它，接受它，并且热爱它。英文为什么能在全世界通行？因为它有用，许多中国人学习它，是为了出国，去追求自己的梦想，这与爱国主义、民族主义、文化价值观没有什么关系。尽管最近十多年来世界各国华文教育的快速发展与中国经济的快速发展密切相关，但是，海外华人和华文教育工作者应该保持冷静的头脑，注意海外华文教育应该保持一个正确的发展方向，要吸取 20 世纪50—60 年代东南亚各国华文教育遭受灭顶之灾的教训。笔者认为，海外华文教育今后发展应该坚持如下三个方向：

一是非意识形态和非民族主义化。以东南亚为例，20 世纪 50—60 年代东南亚华文教育遭受沉重打击的最深刻教训，就是与意识形态和华人民族主义直接挂钩，导致东南亚本地民族主义政权痛下杀手，必欲置之于死地而后快。虽然近十多年来，中国与世界各国的关系全面发展，但是，由于政治制度和社会意识形态的不同，双方仍然有很多隔阂和猜疑，在世界各国本地民族中，许多人仍然保持极端的民族主义思想和冷战思维，一有风吹草动，这些人就会兴风作浪。因此，我们在推动海外华文教育的过程中，一定要考虑到各国特殊的政治和社会历史环境，切不可掉以轻心。

二是本土化。这里说的本土化包括：①华文教师和华文教材的本土化，应该立足于本地培养华文教师和编写具有本地特色的华文教材；②华文教育应该被纳入本地的国民教育体系，成为本国国民教育体系的一个有机组成部分，各国的教育政策应该以更加开放和包容的精神容纳华文教育，使华文教育政策成为国家教育政策。

三是区域化和全球化。各国华文教育工作者应该加强交流与合作，在本区域经济一体化的进程中竭力推动教育的一体化，组成海外华文教育网络，相互合作，相互学习，共同前进。在这方面，东南亚各国华文教育工作者做了一件非常有意义的事情，那就是每三年举行一次东盟华文教育大会，它已经成为东盟各国华文教育工作者交流经验和相互学习的一个重要途径。经济区域化和全球化是一个不可阻挡的潮流，在这个潮流中，华文教育受其推动，由其提供动力和源泉；反过来，华文的普及也可以推动经济的区域化、全球化，毕竟共同的和相通的语言，是从事经济贸易及文化交流的不可缺少的工具和手段。

三、新移民的加速增长将深刻改变海外华人社会的基本结构

据外国媒体报道，截至 2013 年，在"走出去"战略的推动下，在中国企业进行全球拓展的同时，超过 7.6 万中国富豪向国外移民。彭博新闻社网站 2015 年 3 月 5 日报道，美国弗拉戈曼律师事务所收集的数据显示，澳大利亚是最受中国富豪欢迎的移民目的地国家。从 2013 年至 2015 年 1 月底的两年间，中国人占澳大利亚投资签证申请的 90% 以上，达 1 384 人。中国人还占据了英国和美国投资签证申请的大多数。① 近年来，中国人向海外移民的热潮持续升温，中国 30 多年的改革开放和经济快速发展，产生了一大批富裕的城市中产阶级，当他们积累了一定的财富之后，不满足于现状，向海外移民成为中国新兴中产阶级的一股潮流，在最近几年乃至今后一段时间，中产阶级将成为中国海外新移民的主力，从移民的形态看，主要有如下三类：

---

① 参考消息网，2015 年 3 月 8 日，转引自网易，http：//money. 163. com/15/0308/17/AK6UUFOE00253G87. html。

1. 投资移民

如今去国外定居的中国富人越来越多了。以英国为例，2014 年获得英国投资移民签证的中国公民人数翻了一番，据英国政府的统计，从 2013 年 9 月至 2014 年 9 月底，英国政府一共批准中国公民 357 个英国 Tier 1 投资移民签证，占同期投资移民签证签发总数的43%。获得此类签证的条件是向英国投资 100 万英镑，这一门槛现已调高至 200 万英镑（约合 1 880 万人民币）。相比之下，英国 2012 共向中国公民签发了 178 个此类签证。中国投资者成了截至目前该签证计划的最大受益群体。相关国家公布的数据显示，在其他投资移民热门目的地国家，如美国、澳大利亚和葡萄牙，过去几年试图在国外获得居留权或公民资格的中国富人的数量同样激增。据美国公布的最新数据，在 2013 年 9 月至 2014 年 9 月，共有近 1.1 万人获得 EB－5 投资移民签证，其中中国大陆申请人占了 85% 以上。[①]

一位企业家谈投资移民的动机[②]

我姓麻（音译），河南洛阳人，1968 年生，在国企干过，后来做了一家房地产公司的老总，积累了一点财富，现在正在办理到美国的投资移民，美国的签证还没有下来，这一段时间正好到英国看看。我为什么选择移民？最主要的动机是安全的考虑，几个方面的安全，一是食品安全，二是环境安全，三是财产安全，四是人身安全。现在国内，只要稍为有一点钱的人都想移民，为什么？因为没有安全感，太多的不确定性，太多的变动，让人无所适从。其实，现在中国的中产阶级家庭，不同年龄层次的人移民有不同的考虑，我考虑得比较多的除了安全因素之外，还有就是小孩子的教育与成长。我只有一个小孩，我不想让我的小孩像我小时候那样生活，希望他有一个快乐的童年和受到更加良好的教育，希望为他创造一个更加有利的、健康成长的环境。移民到美国或者欧洲可能是一个比较好的选择，现在国内的教育是完全扭曲人格的教育，只会把孩子培养成一个像机器那样的人，这样的教育，让我感到没有希望，我不想让我的儿子在这样一个教育机制中被扭曲，被塑造。

2. 留学生

近年来，我国出国留学生人数不断增加，这已经成为海内外密切关注的一个新现象。据教育部统计，2014 年度我国出国留学人员总数为 45.98 万人，其中国家公派 2.13 万人，单位公派 1.55 万人，自费留学 42.30 万人；2014 年度各类留学回国人员总数为 36.48 万人，国家公派 1.61 万人，单位公派 1.26 万人，自费留学 33.61 万人。与 2013 年度比较，我国出国留学人数和留学回国人数均有所增加。出国留学人数增加 4.59 万人，增长了11.09%；留学回国人数增加 1.13 万人，增长了 3.20%。从 1978 年到 2014 年底，各类出国留学人员总数达 351.84 万人。截至 2014 年底，以留学身份出国在外的留学人员有170.88 万人，其中 108.89 万人正在国外进行相关阶段的学习和研究。改革开放以来，留

[①] 转引自新华网，http：//news. xinhuanet. com/overseas/2015－01/19/c_127397431. htm。

[②] 2015 年 2 月 1 日至 10 日，笔者应邀赴英国伦敦政治经济学院讲学、访问，经朋友介绍，认识了正好在伦敦考察的河南企业家麻总，与他交谈了一个多小时。

学回国人员总数达 180.96 万人，有 74.48% 的留学人员学成后选择回国发展。①

另外，从中国留学生最主要的目的地国的情况看，中国留学生已经成为这些国家接收的外国留学生中人数最多的一个群体。2015 年初，英国文化协会发布了《展望 2024：研究生流动趋势》研究报告，该报告称，英国大学研究生招生在未来 10 年可能越来越依赖于中国生源。报告分析了目前主要生源输出国和目的地国之间研究生流动的数据，并预测了未来 10 年的发展趋势。报告预计，2013 年至 2024 年间，英国仍成为继美国之后，接收国际研究生人数最多的留学国家。英国的国际研究生人数将从 2012 年的 15.9 万人增至 2024 年的 24.1 万人，净增 8.2 万人。其中，来自中国的研究生生源继续占据首位。报告认为，澳大利亚、加拿大、德国、日本、英国和美国 6 个主要国际研究生留学目的地国未来将严重依赖于中国和印度生源。2024 年，中国将仍是最大的国际研究生生源输出国，每年增长率为 3.4%，总人数将从 2012 年的 22.7 万增至 33.8 万。英国未来 10 年增加的国际研究生人数中，来自中国的研究生增加人数占 44%。

据此，该协会呼吁英国教育部门注意平衡生源。该报告作者——英国文化协会研究室主任扎伊纳布·马利克女士说："我们知道，中国和印度学生所占比例大，但对如此高的依赖程度还是很惊讶。鉴于影响国际学生流动的因素如此之多，加大生源多样性的战略将有助于降低这种依赖性，也有助于扩大和加深全球技能和知识的交流。"②

美国是接收中国留学生最多的国家，目前有 27 万中国大陆学生在美国高校就读，数量居国际生之首。美国国务院 2014 年 11 月 17 日发布的数据显示，全美各高等院校 2013 至 2014 学年共有 88.6 万名国际学生，其中中国大陆学生占 31%，达到 274 439 人。中国大陆继续成为美国高校最主要的国际学生来源地。中国大陆在美高校就读人数比排名第二的印度多出 17.2 万人。另据美国国务院教育和文化事务局与美国国际教育研究所 2014 年 12 月 17 日联合发布的数据显示，全美本学年新增的国际学生数量超过 6.6 万人，增幅达到 8.1%，其中，中国大陆在美高校就读的人数增长约 3.9 万人，增幅达到 16.5%。③

由英国高等教育统计署（Higher Education Statistics Agency）发布的最新数据显示，2014 年在英国的非欧盟学生人数为 310 195 人，比上年增长了 3%。其中中国学生人数最多，增长速度最快，同比增加 5%，达 88 000 人。在 2014 年，从中国赴英学习的大一新生为 58 810 人，同年，来自欧洲的大一新生仅为 57 190 人。非欧盟学生最多的学校分别是：曼彻斯特大学（University of Manchester）、伦敦大学学院（University College London）、爱丁堡大学（University of Edinburgh）、诺丁汉大学（The University of Nottinghan）以及伦敦艺术大学（University of the Arts，London）。④

据加拿大联邦移民部的统计，截至 2014 年 9 月，移民部共签发 103 999 份学生签证，比 2013 年同期增长 11%，比 2012 年同期增长 26%，其中中国留学生数量占近三成，人数最多。2013 年赴加拿大的国际留学生，主要来自中国、印度、韩国、法国和美国这 5 个国家。其中中国留学生人数最多，数量为 29 414 名，印度为 13 758 名，韩国为 7 284 名，法

①　中国新闻网，http://www.chinanews.com/edu/2015/03-05/7103900.shtml。
②　转引自中新社报道，http://www.chinanews.com/hr/2015/01-07/6945974.shtml。
③　中新社华盛顿 11 月 17 日电，http://www.chinanews.com/gj/2014/11-18/6785949.shtml。
④　转引自中新社报道，http://www.chinanews.com/hr/2015/01-19/6980098.shtml。

国为 7 045 名，美国为 4 847 名。①

3. 中小商人

上述两类新移民多选择欧美发达国家，而许多在国内取得成功的中小商人，或者是在海外经商取得成功的人，则往往选择泰国、南非、马来西亚等中等收入国家。这些国家的政治、经济相对比较稳定，对外国移民的政策也较为宽松，因此深受中国大陆中小商人及其家庭的青睐。以泰国为例，据笔者前几年的调查，泰国现在有中国大陆的新移民十多万人，他们多居住在曼谷、清迈等城市。英国《金融时报》一位自由撰稿人这样写道："中国内地人移民的热门地点是美国、加拿大、澳大利亚、新加坡乃至中国香港地区，泰国这样的发展中国家绝对不算是热门，但是最近十多年还是有数十万计的新移民——绝大多数没有入籍而是常住。很多去泰国的中国内地新移民都是三十岁左右，在国内有一定经济积累或者工作经验，然后因为亲戚朋友已经在泰国，就也来开商店、经营餐馆、就业等。相比周边的柬埔寨、缅甸、老挝，泰国更为发达，基础设施更好，而且民风较为开化和温和。新移民到曼谷、清迈、芭堤雅、普吉这样的大城市和旅游城市的比较多，这里有更多的商业机会和多元的环境。"② 该作者在泰国旅游时还发现一个新的现象，那就是中国的许多中产阶级退休人士，也选择在泰国生活。"对中国大城市和西南地区的中产阶级来说，到清迈养老似乎是个不错的选择，这里的生活消费要比中国大多数省会城市低，四季长夏。事实上，欧美人退休后到泰国养老已经有将近二十年的历史，即使是普通蓝领、白领退休也可以用欧元、美元退休金在泰国过更为舒适的生活。我记得 2008 年去泰国时还惊讶于芭堤雅的欧美老男人数量之多，后来发现，在曼谷、清迈同样有为数不少的退养人士。"③

中国海外新移民的加速增长，为海外华人社会带来新鲜血液，也对海外华人社会造成一系列的深刻影响。与传统的海外华人社会相比，中国新移民具有如下几个新的特点：

（1）新移民一般都受过较好的教育。

（2）新移民比较热衷于各种新型的社团活动。

（3）新移民更容易融入当地社会。

（4）新移民，尤其是留学生移民对参与当地国家的政治生活的兴趣比较大。

（5）新移民更愿意与中国保持比较密切的联系。

正是上述五大特点，赋予新移民更多的活力和朝气，他们是海外华人社会中最具竞争力的一个群体，也许不用很长的时间，新移民群体将成为海外华人社会的主体。据笔者观察，在海外华人社会中，新移民与老移民及其后裔之间有较大的距离，一般很少往来，但也不能一概而论。例如，在新加坡，一些老移民社团由于缺乏新人，几乎停止了所有活动，一些老移民社团正在修改章程，开始接收一些新移民加入，以保证老移民社团的香火能够延续下去。

---

① 转引自中新社报道，http：//www.chinanews.com/lxsh/2014/11－13/6772378.shtml。

② 泰国政府规定超过 50 岁就可以办理养老签证，可以待一年以上，只需要每年去当地移民局报到一次，即可获得一年的签证。也可以有很多方便的变通办法，比如签证快到期就坐汽车去临近的柬埔寨等国进出一次，再办一下签证即可。很多不到 50 岁但在泰国长期居住生活的欧美人也是如此处理的。

③ 周文翰：《泰国的中国新移民》，英国《金融时报》中文版，http：//www.ftchinese.com/archiver/2014－12－18。

四、海外华人参政将会有更多的突破

这几年，人们都在谈论海外华人参政，这里需要做一些界定。首先，这里说的参政，是现代的政治参与，前提之一，是实行现代西方民主制度下的普选制国家，公民拥有选举权和被选举权；前提之二，华人必须是当地国家的公民，拥有选举权和被选举权；前提之三，当地国家的华人与主流民族的关系比较融洽，没有明显的民族矛盾或冲突。

近年来，华人的政治冷漠症有所改变，政治参与的热情有所提升，越来越多的海外华人意识到，只有积极参与当地国家的政治生活，才能真正捍卫自己的权利。海外华人参政方面出现一些新的态势，其中最值得我们关注的一个现象，就是关于新华侨华人群体参政的问题。

新华侨华人群体，纵使他们已经具有当地国家的公民身份，但因为政治认同、文化认同等条件的限制，很难真正参与到当地国家的政治生活中。也有少数个案，即那些从东南亚，尤其是马来西亚、新加坡以及中国香港、台湾再移民到其他国家的华裔，他们参与政治的热情一般都比较高，而且有一些已经取得成功，这可能与他们在原来国家的政治熏陶与政治文化有关。近年来，中国大陆的新移民中有留学背景的人士表现出对政治参与的热情，也有少数人取得了成功。据观察，今后新华侨华人群体参政将会是一个重要趋势。

笔者近期收集了海外华人参政的两个案例，我们也许能够从中了解到一些带有规律性的东西。

美国加利福尼亚州洛杉矶阿罕布拉市市长沈时康谈华人参政①

我是归侨子女，父亲1950年从新加坡回国读大学，小时候曾经回过老家汕头，后来跟着家人到了香港，在香港接受教育。1980年我去美国上大学，学的是电机工程专业，后来转去读商科，大学毕业后即留在美国经商。在正式从政前，我参加过很多社团的活动，如商会、扶轮社等，这对我后来的政治生活是一个很好的积累和锻炼。

我的政治生涯是从2006年参加竞选市议员开始，从此我走上了一条与其他华人不同的道路，现任阿罕布拉市市长。该市有6万多人，市政府工作人员有500多人，全年的预算收入1亿多美元。在美国，市一级行政机构，是一个很特殊的自治单位，仅与加利福尼亚州类似的城市就有480个。市政府的运作有两个特点：一是公开性，市政府的所有决策和重要议题，都必须在72小时之前公布，给予民众充分的时间；二是服务型政府，为民众服务，民众对市政府不满意，随时都可以到法院去告状。

在美国，竞选政治职位，关键还是由"两票"决定。一是"选票"，二是"钞票"，缺一不可。筹款非常重要，筹集不到足够的竞选资金，你就很难赢得选举。竞选市一级政治职位，包括市长、市议员，党派身份并不重要，因为那些大的政党并不关注这一级的选举，两大政党只关注全国的选举和州一级的选举，这样一来，就给少数族裔参与地方政治生活提供了很多机会。

---

① 2014年12月25日晚，沈时康先生应邀在暨南大学国际关系学院/华侨华人研究院作题为"美国华人参政的机遇与挑战"的演讲，笔者根据其演讲记录整理。

关于少数族裔参政的条件，据我的观察主要有两条：一是融入，移民一般要在美国当地生活 25 年以上，才能完全融入当地主流社会，才能真正融入美国社区；二是要有奉献精神，愿意为民众服务。美国华人，一般而言，第二代以后就是地道的美国人了。为什么美国华人很少参政，甚至对政治生活存在冷漠症，一个很重要的原因，是文化方面的隔阂——中美两国文化的差距，许多华人虽然在美国生活了几十年，他们仍然不了解美国文化，尤其是不懂美国的政治文化，不懂美国政治的游戏规则。

澳大利亚华人参政议政[①]

澳大利亚华人参政取得成功者，多为马来西亚、新加坡以及中国台湾和香港的华人移民，但也有中国大陆新移民参政取得成功的，如浙江籍的蒋天麟先生，他是澳大利亚有史以来第一位来自中国大陆的市长（澳大利亚维多利亚州戴瑞滨市上一任市长），蒋天麟最初是一位留学澳大利亚的学生，后来成了一名医生，他除了看病之外，还热心华社事务，成立华人社团，热心维护华人社会的利益。由于经常与政府部门打交道和沟通，他深深地意识到，华人必须参与当地的政治生活，努力改变对政治的冷漠状态，由此他产生了从政的想法。他是作为一名独立候选人参选的，没有党派也没有大财团的支持。"第一次参选，没有人认识他，一切只能靠他自己。在他了解了澳大利亚政治体系及政治运作过程后，对自己所在的选区进行调查研究，把自己的施政纲领整理成册，挨家挨户地敲门，向选民们宣传和解释自己的施政纲领。其实一开始他也很担心，长着一张亚洲人的面孔会不会一敲门就吃闭门羹。但是后来发现并不是那么回事，大多数人都很有礼貌，愿意与他沟通。通过面对面的沟通与交流，不少选民认识了他，了解了他，觉得他这个人不错，想法也不错，最终把选票投给了他。"

五、华侨华人与当地民族的关系：融合与冲突并存将是新常态

近年来，不断传来关于某国华侨华人因为违法而财产被查抄，某国华侨华人受到当地政局影响不得不卷铺盖回国，某国华侨华人因为当地经济萧条而受到排斥等的报道。然而，就总的情况而言，目前生活在海外的 6 000 多万华侨华人与当地民族的关系是好的，或比较好的，关系紧张或者出现排斥事件，只是少数，只是局部，只是个别。一般而言，老一代华人移民及其后裔，经过几代人的磨合，已经完全融入当地主流社会，他们虽然有时也会遇到一些种族或职业等方面的歧视，但是，他们与当地主体民族的关系总体而言是融洽的，不会有大的问题或麻烦。因此，本文所说的发生冲突或矛盾，主要是指新移民。这几年在世界各地出现的排华现象，也多是针对这部分新移民，而且多数发生在发展中国家。

华侨华人与当地民族关系的实质，是华侨华人在海外生存与发展的需要和住在国资源供求之间的矛盾。这里说的住在国资源，包括工作机会、市场、社会福利、住房、学校、体育和娱乐设施等。当住在国资源丰富，在满足本国人民的需要的同时，仍然可以有效地

---

① ［澳大利亚］陈静：《融入主流　树立形象　从我做起》，转引自浙江侨网，2009 年 7 月 20 日。

向外来移民提供各种资源时，华侨华人与当地民族之间便相安无事，可以和睦相处；当各种资源供应不足，或者发生严重短缺时，两者之间的关系便出现紧张，甚至产生严重的冲突，出现反华、排华事件。

我们认为，随着人类社会的进步、国际法和国际制度的进化、中国国际地位的提升等因素的综合作用，今后不太可能再发生由政府主导或者以法律的形式出现的大规模的反华、排华事件，取而代之的将是一些新的表现形式和趋势。[①]

（一）排华与反华主体的非国家化

冷战结束之后，排华和反华运动的新特点之一是主体的非国家化，换一句话来说就是，国家层面的、有组织的、带有种族主义色彩的排华和反华以及因双边关系恶化而导致的排华、反华事件将大量减少。经历过"二战"之后，赤裸裸的种族主义是不被任何国家接受的；国际移民和全球人口流动已成为事实，这个大趋势是不可逆转的，因此，由政府主导发起排斥外国移民的事件，或者因双边战争的极端情况而加害其他族群，这类行为是对全人类的反动，也背离了当代人类文明和国际规范。在由中国前外交官编撰的《紧急护侨——中国外交官领事保护纪实》一书中，罗列了20世纪90年代以来发生的35项紧急护侨事件，其中没有一项发起的主体是该国政府。[②] 李晓敏在其专著中收集整理的2001年9月至2010年期间的近300件中国公民海外安全重大事件中也没有一项安全事件是由该国政府发起的。[③]

（二）威胁来源的非传统化

所谓威胁来源的非传统化，是指对中国华侨和海外公民安全造成危险的主要来源是非传统安全方面的威胁。其实这点和上述第一点是紧密联系的两个方面。一般认为非传统安全方面的威胁主要有以下几个特点：跨国性、不确定性、突发性、扩散性、互动并生性。就本议题而言，非传统安全威胁相较于传统安全威胁的区别主要有四点：第一，威胁来源于非主权国家；第二，造成威胁的方式是非军事的；第三，威胁的方式是不受任何现存国内外法律制约的；第四，威胁的不确定性和不可预测性剧增。2012年1月，外交部领事司司长黄屏在接受人民网专访时称："最近这几年非传统安全因素发展更加迅猛，比如当前经济危机后续影响显现的问题，非传统安全的因素还有海盗、恐怖袭击越来越多，这几年处理过不少中国公民在海外被绑架的案件，中国船员被海盗袭击的事件，现在比以前多很多。另外，还有疾病造成的问题，比如说甲流，几年前发生的 H1N1 流感，还有很多自然灾害，比如海地的地震、智利的地震，还有海啸，日本的地震引发的海啸再加上核辐射，这些复合型的灾难爆发，都会影响到我们公民海外的生存和发展。领事司成立以来每年处

---

① 笔者曾经把这些新的表现形式和趋势概括为三种，即威胁来源的非国家化，威胁来源的非传统化和族群海外公民风险的转变，详见《海外侨情观察 2013—2014》，暨南大学出版社 2014 年版，第 30~31 页。本文在这个基础上再增加了如下两种新的表现形式：一是从明目张胆的种族歧视转变为隐性的排斥和偏见，二是民粹主义的极端行为。

② 张兵、梁宝山主编：《紧急护侨——中国外交官领事保护纪实》，北京：新华出版社 2010 年版。

③ 李晓敏：《非传统威胁下中国公民海外安全分析》，北京：人民出版社 2011 年版，第 354~372 页。

理的此类事件多达三万件。"①

（三）群体性的族群冲突向海外个别公民风险的概念转变

本文将排华和反华定义为族群间的冲突，但非传统安全威胁下的中国海外公民安全并不能称之为排华和反华。这是因为：第一，正如上文所述，非传统安全问题的成因非常复杂，各国的情况也千差万别，在很多情况下，并不是特定针对华侨华人的，但是，由于华侨华人和中国海外公民遍布世界各地，一旦出现非传统安全威胁，住在国的中国公民一定会受到牵连和影响；第二，中国海外公民面临的威胁更多地表现为是个体的、分散的、不成规模的和随机性的危害；第三，中国留学、旅游、在外务工、经商、偷渡人数的剧增使原有的华侨华人概念无法包括这一部分群体。鉴于以上原因，排华和反华这一概念已经无法承载新时期的安全概念。中国政府的保护要完成从群体性族群概念的排华、反华到应对中国海外个别公民风险的概念转换。

（四）从明目张胆的种族歧视转变为隐性的排斥和偏见

随着时代的进步和中国的崛起，任何一个国家也不可能再像以前那样制定明目张胆的排斥华人的种族歧视法律，然而，对中国人和中国新移民的歧视却随处可见。例如，加拿大华人促进协会多伦多分会 2013 年公布的一份报告显示，讲普通话的加拿大华人新移民收入仅为当地最低工资或低于当地最低工资标准，且多从事体力劳动。又如，在经济危机的冲击下，欧洲一些国家的种族主义思潮有所抬头，排斥外国移民的事件不断发生。西班牙政府近年来针对华商的各种法律行动一直持续不断，当地商会及商人也对华商落井下石，纷纷举报华商的各种"不法行为"，频繁组织各种游行和抗议活动，都是针对华商，西班牙的一些媒体也趁机鼓动人们对华商和中国新移民的不满情绪，制造不利于华商和中国新移民的舆论。据文峰的调查研究，"实际上，自从'帝王'行动发生以来，由于西班牙媒体大规模的炒作和丑化，旅西华人形象一落千丈，西班牙人对华人的歧视和排斥无处不在，且在不断增加。在一些执法机构人员眼中，华商似乎已变得疑点重重，好像都是违法乱纪的'坏分子'；而在普通西班牙民众心目中，华商现在也成为偷税漏税、销售假货、违规经营的代名词。一些西班牙人在购物时拒绝向华人付款，且称华人是偷税的'小偷'，华人孩子也被其他同学称为'黑社会的子女'"②。

（五）民粹主义的极端行为

当一些国家出现经济困难或政治动荡时，一些政客或媒体，经常会利用人民群众对政府和现状的不满，煽动人民群众把矛头对准外来移民，转嫁危机，这类排挤外来移民的事件，往往是自发的、群众性的、无组织的极端行为，我们把这类情况归结为民粹主义的极端行为。刘益梅对这类事件的特征做了很好的概括，她认为，从这类事件的参与主体看，是底层民众或草根阶层，他们长期处于社会经济生活的边缘状态，心存对现实的不满和怨

---

① 《外交部领事司司长黄屏谈"中国领事保护工作"》，人民网，http：//fangtan. people. com. cn/GB/147550/16891776. html，2012 年 9 月 15 日。

② 《海外侨情观察》编委会：《海外侨情观察 2013—2014》，广州：暨南大学出版社 2014 年版，第 424 页。

恨，一有风吹草动，便很容易被挑动和教唆。"民粹主义者常常会利用媒体制造一些有轰动效应的标题，把一些问题引入公共话语体系，从而激发民众的情绪。此外，互联网的普及，使得民众极易受到多元、自由的文化价值观和意识形态的影响，他们常常会针对一些社会问题发表尖锐的、民族主义的言论，并且身体力行，投入到具体的政治活动中，这使得排华事件的草根性近年来有愈演愈烈的趋势。"刘益梅认为，2014 年 5 月发生在越南平阳省、河静省等地的针对华商和华人的暴力事件，便具有这种民粹主义的典型特征。刘益梅认为，这类事件还有另外一个重要特征，那就是"集体无意识"，这是就表达的方式而言的，也就是说事件的参与者通过非正常的方式表达自己的诉求，是"参与主体的非理性表达"。"依赖于精神力量和道德感召的普通大众，是一个非常简单的同质主体，不习惯理性思考，他们一般只是关注与自身利益相关的具体问题的解决，而对于社会秩序的维护、社会公平及社会正义等社会问题的认识也相对浅薄，理性思考的能力也相对缺乏，缺乏明辨是非的能力。"①

在谈到华侨华人与当地民族的关系时，我们还必须提及一点，那就是中国海外新移民群体如何处理与老移民群体的关系，也就是我们常常说的"新侨"与"老侨"的关系。"新侨"移居住在国之后，随着"新侨"人口的日益增加，他们与"老侨"在就业、工作机会、社会福利及其他资源的占有等方面发生竞争。在一些国家，"新侨"与"老侨"之间互相不来往，互相瞧不起对方；而在一些国家，这种竞争已经出现比较激烈的局面，甚至相互排斥与抵制。其实，从某种程度上看，"新侨"与"老侨"之间的关系，也是华侨华人与当地民族关系的一部分，因为，"老侨"已经完全融入当地主流社会，而"新侨"还是新来的外国移民，他们如果不能正确面对"老侨"，也就无法真正解决融入当地主流社会的问题。如何处理"新侨"与"老侨"之间的关系，是海外华侨华人社会必须面对和正视的一个重大问题，必须引起海外华侨华人社会的高度重视。

---

① 刘益梅：《根治民粹主义土壤，建设海上丝绸之路——兼论排华与民粹主义的关系》，《华侨华人与 21 世纪丝绸之路国际学术研讨会》会议论文集（未出版），广州暨南大学，2014 年 12 月 12 日至 14 日。

论华侨华人在中外人文交流中的地位与作用

所谓中外人文交流，就是中国与外国之间进行文化交流，并以此来实现特定的外交目标的行为总和。通俗地说，就是国家与国家之间，各国人民之间，除了经济、贸易、军事等往来以外的各种人员、文化交流的总和，如互派留学生、举办各种文化活动等。随着国家间交往的日益频繁以及外交领域的不断拓展，人文交流也日渐成为主权国家或地区外交的一个极为重要的组成部分，于是一些政府官员便把人文交流归结为文化外交（Cultural Diplomacy）的一个部分。"文化外交可以定义为围绕国家对外关系的工作格局与部署，为达到某种特定目的，以文化表现形式为载体或手段，在特定时期，针对特定对象开展的国家或国际公关活动。"① 那么，人文交流与文化外交、公共外交等概念有没有差别？实际上，在形式和内容上，中外人文交流与这些概念都有交叉或重叠，有时候实际上就是一个东西，只是说法不同而已。近年来，中国兴起一股"公共外交热"，于是，有些学者就把人文交流归结为公共外交的一个组成部分，"人文交流是公共外交的重要组成部分，是建设国家软实力的重要途径，它的有效开展将进一步提升中国的国际影响力和道义感召力"②。我们还可以从主体、形态等方面对这些概念作一些阐释。从主体上看，文化外交，更多的是政府行为，而人文交流，其主体既可以是政府行为，也可以是民间行为、个人行为，从这个角度看，人文交流的主体更加宽泛；从形态上看，人文交流更多地表现为无形的活动，即精神的交流、文化的交流，而文化外交，更多是各国文化产品的交流与合作，是有形的。

一、加强中外人文交流与合作是实现中华民族伟大复兴的必然要求

美国国务院的相关研究报告认为，人文交流具有如下 14 个方面的功能：

- 建立"信任基础"，使政策制定者之间能够达成政治、经济与军事协议；
- 鼓励其他国家的人民，使美国的具体政策问题或合作的要求也受益，因为彼此都享有共同的利益前提；
- 展示我们的价值观，与那些认为美国人肤浅、暴力和不信神的观点做斗争；
- 申明我们具有家庭、信仰以及希望接受教育等这些和其他人一样的价值观；
- 创建国家之间民众层面的联系，以使两国关系免受政府更迭带来的影响；
- 能够接触到国外社会中有影响力的人，而这些人是通过传统的外交渠道无法取得联

① 孟晓驷：《中国：文化外交显魅力》，《人民日报》，2005 年 11 月 11 日，第 7 版。
② 杨毅：《软实力视角下中国人文交流机制的构建》，《理论与改革》2012 年第 4 期，第 110～113 页。

系的;
- 为合作提供一个积极的议程,使之不受政策分歧的干扰;
- 为民众之间的接触创造一个中立的平台;
- 为与美国外交关系紧张或缺失的国家,提供一个灵活、可以接受的沟通渠道;
- 是唯一能够以尽可能少的语言障碍来接触到青年、非精英人士以及广泛民众的渠道;
- 推进公民社会的发展;
- 让美国人了解别国的价值观和他们社会中的敏感问题,帮助我们避免失礼与错误;
- 消除误解、仇恨和恐怖主义;
- 对外国内部关于文化的开放与宽容的争论产生潜移默化的影响。[1]

可见,人文交流的目标不仅仅是单纯的文化交往,它还要影响别国人民的思想和政府的政策行为。在当今国际社会中,人文交流作为一种重要的外交手段,对实现主权国家的战略意图正在发挥越来越大的作用,这种作用是其他外交形式无法达到的。马克·雷纳德(Mark Leonard)指出,在一个主权国家开展文化交流有四个层次的目标,第一层次:增进了解,使别国民众认识自己,并不断更新对自己的印象;第二层次:增进理解,塑造对自己积极的认知,并让其民众从该国的角度去看问题;第三层次:接触民众,通过对民众的接触使他们将自己视为旅游、学习、购物的理想之地,并且认同自己的价值观;第四层次:影响别国民众的行为,获得别国的投资以及对自己的支持,以此使得别国的政治家改变政策,最终成为自己的盟友。[2]

一直以来,中国政府都非常重视与外部世界之间的文化联系。新中国建立之初,第一代国家领导人就意识到对外文化联系对新生的社会主义政权具有的重要作用。21世纪以来,中国政府对文化外交的实践逐渐自觉起来,开始有意识地制定对外文化战略及相应的文化外交政策,把文化发展战略看作国家发展战略的重要组成部分,把文化外交提高到与政治外交、经济外交同样重要和不可替代的地位。文化外交已经成为中国继经济、政治外交之后的第三大支柱,成为国家整体外交战略的一个重要组成部分。中共十七大报告中首次提出了关于提高国家文化软实力的新理念,中共十八大则进一步提出建设社会主义文化强国的任务。

二、当前我国对外人文交流合作存在的主要问题

我们常常说,中国是一个文明古国,拥有博大精深的文化,但是,在长期以来的对外交往中,我们的文化优势并未充分发挥。的确,在加强与外国人文交流与合作方面,中国有许多西方国家所没有的优势,具体表现在如下四个方面:①历史悠久的中华文化,这种文化尤其在周边地区有深远的影响和魅力;②不同于西方的东方价值观,包括人权观、发展观、民主观等,中国与广大发展中国家在这些方面有较多的共同语言,都对西方以人权

---

[1] U. S. Department of State , Cultural Diplomacy: The Linchpin of Public Diplomacy, *Report of the Advisory Committee on Cultural Diplomacy*, September 2005 , p. 16.

[2] Mark Leonard , "Diplomacy by Other Means", *Foreign Policy*, Sep. – Oct. , 2002.

为幌子干涉别国内政深恶痛绝；③众多的华侨华人，这些华人中的大多数已经成为各国的公民，在政治上效忠于所在的国家，为所在国家服务，但他们在文化上仍然与中华民族保持密切的联系，是沟通世界各国与中国的桥梁和纽带；④中国对外政策的独特风格，例如，和平共处五项原则、在国际事务中坚持独立自主的原则、中国与发展中国家交朋友、真心实意地帮助别人、在提供援助时不附带任何条件等。

然而，我们的上述文化优势并未得到充分展现，反而处于被动和劣势状态。以东南亚为例，2006 年初，笔者参加新加坡东南亚研究所举办的一个国际学术会议，会议主席、新加坡著名的华人问题研究学者王赓武说了如下一段话，令我记忆犹新，他说："在历史上，中国文化对东南亚贡献良多，但在近代以来，中国在东南亚的文化影响力很弱，远远不如欧美和日本，甚至也不及印度。"这句话引起我的深思，我们的老祖宗曾经对东南亚文明作出过重大贡献，迄今为止，东南亚的历史学家撰写他们的历史，还必须从我们中国的古籍中查找文献资料；郑和七下西洋，在东南亚留下了许多动人的历史故事；还有三千多万的华侨华人在东南亚各国长期定居，繁衍后代，传播中华文化。这些都值得我们为之自豪，但是，仔细想想，在最近几十年，我们却做得不多，与我们光辉灿烂的文明相比，与我们的老祖宗相比，与我们迅速崛起的经济实力相比，我们在东南亚这个地区的人文交流与合作却是相对滞后的。

当前，我国对外人文交流与合作主要存在如下几个方面的问题：

第一，中国对外文化输出严重不足，与文化输入相比，出现极大的反差。以留学生为例，到 2011 年，中国的外国留学生为 29 万人，而同年我国出国留学生人数则达到了 33.97 万人。

第二，文化输出的主体单一化，过分重视政府的作用，而忽视了民间的作用。约瑟夫·奈在近期的一篇关于中国软实力的文章中提到，中国软实力战略的最大错误是认为政府是提高中国软实力的主要力量[1]。可以说这个评价还是非常中肯的，当前中国有很多能够产生软实力的资源，但政府几乎是中国软实力转化的唯一主体。无论是文化外交、孔子学院、国家形象宣传片、对外援助还是经济外交几乎全是政府包揽，甚至近年来开始探讨的公共外交和民间外交也成了中国政府对国外非政府行为体的外交。与日本和美国的软实力相比，中国的软实力完全依靠政府在"单打独斗"，非政府行为体，如企业、非政府组织、个人、志愿者团体等几乎都无所作为。软实力面对的国外客体是一个多元的、多层次的复杂社会，以一个一元的政府来试图面对国外多元的社会，以实现软实力的提高，效果肯定是不尽如人意的。中国的软实力战略应该是政府主导的、社会各界多元参与的格局，只有形成多主体的参与，才能面对国外的多元社会。

第三，文化创新不足。我们现在能够给外国人的文化产品少之又少，除了中医中药、中餐馆、武术、京剧等传统文化之外，几乎没有新的东西可以提供给外国人，与美国和西方国家相比有很大的差距，甚至连日本和韩国也不如。在当今全球化、都市化的时代，人们更喜欢、更迷恋的可能是各种流行文化，各种与现代生活密切相关的都市文化，如美国人为全世界提供了好莱坞大片，印度人提供了宝莱坞，韩国人提供了韩剧，日本人提供了

---

① Joseph S. Nye，What China and Russia Don't Get About Soft Power，http：//www.foreignpolicy.com/articles/2013/04/29/what_ china_ and_ russia_ don't_ get_ about_ soft_ power？page＝0，1&wp_ login_ redirect＝0.

动漫，而我们中国人提供了什么？除了传统文化以外，我们还有什么是值得称道的？我们自己常常说中华文化源远流长，但是，能够像韩剧、日本动漫那样流行的现代文化作品确实不多见，20世纪七八十年代，港台文化曾经在世界各地华人社会风靡一时，但很快就被其他流行文化挤到一边去了。我们现在常常说中华文化也要走出去，其实，我们的中华文化早就走出去了，那是随着我们的几千万华侨华人走出去的。一种文化的生命力，其历史渊源当然很重要，但是，一旦离开了创新，再古老、再源远流长的文化也会出现危机甚至被淘汰。

第四，文化输出的过程中急于求成。不求实效、"假大空"等现象比较突出，导致出现如下"三多三少"现象：一是多重视硬件建设，少过问软件建设，我们经常援助外国建设大型的文化馆、博物馆、国会大厦，但是，这些东西建设好之后，如何让它更好地发挥作用，如何更好地利用这些东西来开展中外人文交流，则没人过问；二是多重视与外国上层进行交流，少与中下层人民进行交流；三是多追求速度和数量，而少过问质量与效益。

三、以"侨"为"桥"，更好地促进中外人文交流与合作

目前，海外有6 000多万华侨华人，他们既是中外人文交流的主体，又是客体，是促进中外人文交流的桥梁，正因为有了他们的参与，中外人文交流才显得有声有色，卓有成效。海外华人在促进中外文化交流与合作方面可以发挥如下几个方面的重要作用：

首先，海外华人是中华文化的海外传播者、耕耘者和守望人。在世界各国，华人虽然是少数民族（新加坡除外），但是，他们在保留和坚守本民族文化方面却非常执着与顽强，他们通过办华文学校、办华文报纸和各种传媒、保留中国传统节日等多种多样的形式，传播中华文化，让中华文化在海外得以生存、弘扬和发展。

其次，海外华人是沟通中国与当地国家的桥梁和使者。华人与当地民族长期在一起生活，为各国的发展和繁荣共同奋斗，尤其是在泰国、菲律宾等国，华人与当地民族已经完全融合在一起，华人成为当地人民了解中国、了解中华文化的窗口，当地人民也正是通过海外华人首先认识中国和认识中华文化。在中外交往的历史中，曾经出现许多为促进中外交往作出重要贡献的华人领袖。

再次，海外华人的生活方式、价值观、传统文化深刻地影响着当地人民，影响着当地国家的现代化进程。长期以来，海外华人勤劳、节俭、勇于进取和开拓的精神，以及华商的企业家精神都是当地人民学习的榜样。当地人的许多家庭经常会以某个成功的华人企业家为榜样，鼓励自己的子女向他们学习。

最后，从中外人文交流的客体看，华侨华人是中国海外文化输出的主要对象，海外6 000多万华侨华人是中国当前文化产品输出的主要市场。中国今后会有越来越多的文化产品、文化服务向海外输出，海外华侨华人是其最重要的消费群体，他们是中文电影、中文文艺作品、中国书法、中国武术等的最重要的读者群，通过他们，这些中国文化产品还可以发挥溢出效应，向其他民族和文化群体传播。

因此，海外华侨华人是中国在世界各国传播中华文化的重要资源，是中国在海外的重要的宝贵的财富。然而，我们也必须强调，这些资源并不是取之不尽、用之不竭的，如果不好好保护和珍惜，这些资源总有一天会出现枯萎和衰竭，我们必须努力涵养这些海外资

源，促进这些资源的可持续发展。因此，我们必须更多地关心和了解海外华人的生存与发展状况。长期以来，我们总是强调如何利用海外华侨华人，鼓励他们回来投资，鼓励他们回来参与中国的现代化建设，但是，我们对他们在海外的生存与发展状况却关心得比较少，甚至可以说是不甚了解。应该鼓励国内外的华侨华人研究机构，加强对海外华侨华人生存与发展状况的研究，并且及时地对他们遇到的问题和困难作出适当的反应。

从软实力视角审视华侨华人在中外人文交流中的作用[①]

华侨华人在中外人文交流中一直发挥着独特而重要的作用，但国内的研究和政策实践更多地强调交流与友好，重在活动与情感，对如何发挥其影响力则不够重视。事实上，西方国家一直强调人文交流的影响力，用约瑟夫·奈的话说，就是"柔性力量"或曰"软实力"。笔者借用软实力理论，探讨华侨华人在中外人文交流中的作用、机制和路径，并就如何发挥华侨华人的作用，开展中外人文交流提出一些思考。

一、中国软实力建设的迫切性及华侨华人的独特优势

改革开放以来，随着中国经济的高速增长，中国综合国力也呈现快速增强态势。但中国综合国力的增强并未给国际话语权带来相应程度的提升，"软实力"和"硬实力"并未协调发展。华侨华人在中外人文交流中一直发挥着独特而重要的作用，是中国软实力建设的独特优势和重要资源。

（一）中国软实力建设的迫切性

中国综合国力，尤其是经济实力和军事实力的快速增强，增强了维护世界和平的力量，也在一定程度上提升了中国的国际话语权，"在国际事务中的代表性和话语权进一步增强"[②]。比如，在朝鲜核问题的处理上、在世界银行的发言权和在国际货币基金组织的投票权份额上、在人权领域强调对话与合作等事例，都表明中国力量增强后国际话语权的提升。

但总体而言，中国综合国力的快速增强并未带来国际话语权相应程度的提升，"在未来较长时期内，西方的国际话语权强势地位和中国的弱势地位难以根本改变"[③]。虽然中国积极塑造自身开放、繁荣、民主、文明、和谐的国家形象，但国际社会接受的中国国家形象基本上是由以美国为主的西方信息传播体系来塑造的，国际话语权、国际事件议程设置权掌握在他们手中。[④] 西方媒体往往利用手中的媒体传播权力，戴着西洋镜看中国画，以他们自己的价值标准看待中国发生的事件，甚至故意使中国形象"妖魔化"。

美国民调机构皮尤研究中心在 2013 年 3 月 2 日到 5 月 1 日之间，对 39 个国家的

---

① 暨南大学教育部哲学社会科学研究重大攻关项目"华侨华人在国家软实力建设中的作用研究"（10JZD0049）课题组成员潮龙起、张小欣、李爱慧、宗世海、彭伟步等参与了本文部分内容的撰写。

② 胡锦涛：《坚定不移沿着中国特色社会主义道路前进　为全面建成小康社会而奋斗》（十八大报告），2012 年 11 月 8 日。

③ 张志洲：《中国国际话语权的困局与出路》，人民网，2009 年 8 月 18 日，http://theory.people.com.cn/GB/9878818.html，2014 年 8 月 24 日。

④ 李希光、孙静惟：《全球新传播：来自清华园的思想交锋》，广州：南方日报出版社 2002 年版，第 249 页。

37 653名受访者进行调查，结果显示，中国国际形象并不佳。在 39 个国家中，只有 19 个国家的多数受访者喜欢中国，而且集中在非洲、拉丁美洲和穆斯林聚居的亚洲国家：巴基斯坦（81%）、马来西亚（81%）、肯尼亚（78%）、塞内加尔（77%）、尼日利亚（76%）、委内瑞拉（71%）和印度尼西亚（70%）。虽然美国穷兵黩武，先后发动多场战争，但世界对美国的印象却好过中国。皮尤调查显示，在被调查的 38 个国家中，有 28 个国家超过一半的受访人喜欢美国。所有这些国家里，63% 的人对美国的印象是正面的。①另 BBC 与 GlobeScan Incorporated 就主要国家的国际影响力联合进行的调查显示，近年来对中国的国际影响力持负面看法的比例在上升，2013 年仅 41% 的受访者对中国印象持正面看法，比 2005 年减少了 14 个百分点。② 从 2013 年到 2014 年，国际社会对中国好感度出现不同程度的下降，下降幅度超过 4 个百分点的国家超过 15 个，其中巴西、阿根廷、波兰、菲律宾、希腊和西班牙受访者对中国的好感度下降 9 ~ 21 个百分点。③

以上情况说明国际社会对中国发展的认同度有待提高，"中国发展的国际认同问题尚未彻底解决"。究其原因，我国学者董漫远认为大致有三种情况：一是，"部分国家的一部分人对中国的发展表现出不信任，担心中国的发展损害他们的生存与发展利益，进而对与中国发展关系态度消极"；二是，"有一些国家和不少民众对中国不了解，包括不了解中国的历史、文化，不了解中国人的思维方式，不了解中国取得的成就和面临的巨大困难，更不了解台湾、西藏、新疆以及中国的民族关系"；三是，各种反华势力兴风作浪，从事分裂和颠覆中国的活动，"直接催醒有关国家与中国的关系出现波澜"。④

如何化解中国国力增强过程中面临的国家形象塑造难题？我们认为，仅凭发展经济和军事等硬实力是难以化解国家形象塑造难题的，正确的解决办法在于加强中国特色的"软实力"建设及软实力资源的巧用。

（二）华侨华人是中国软实力建设的独特优势和重要资源

在中国革命、建设、发展的不同时期，华侨华人在促进国家进步与强大、民族团结与和谐、社会繁荣与稳定方面发挥着特殊作用。特别是改革开放至今，随着华侨华人群体数量和自身实力进一步增长，他们在加强住在国与祖（籍）国交往、推动祖（籍）国发展方面作出了卓越贡献。

目前海外华侨华人已超过 6 000 万人，分布在全球 198 个国家和地区。⑤ 他们中的许多人在当地已经高度融入主流社会，与住在国各阶层民众建立了广泛的联系甚至深厚的友

---

① Pew Research Center, "Global Image of the United States and China", July. 18, 2013, http：//www. pewglobal. org/2013/07/18/global-image-of-the-united-states-and-china/, Aug. 25, 2014。

② BBC World Service & GlobeScan Incorporated, "Views of China and India Slide While UK's Ratings Climb：Global Poll", http：//www. globescan. com/news-and-analysis/press-release-2013/277-views-of-china-and-india-slide-while-vks-rafings-clim. html。

③ 依据皮尤调查数据计算，资料来源：Pew Research Center, Global Indicators Database, http：//www. pewglobal. org/database/。

④ 董漫远：《推进"软实力"建设，加强人文外交》，《国际问题研究》2009 年第 6 期。

⑤ 国务院侨务办公室主任裘援平在 2014 年全国人大会议期间公开的数据。参见《"走进国侨办"新闻发布会问答选登》，中国新闻网，2014 年 3 月 20 日，http：//www. chinanews. com/zgqj/2014/03 - 20/5975949. shtml，2015 年 2 月 10 日。

谊。在住在国与中国的外交合作、文化交流、民间交往等方面，华侨华人发挥着桥梁与纽带的作用。

第一，在经济合作方面，据估算，全球华商企业总资产规模约为 4 万亿美元，是国际经济界一股重要的力量。海外华商本着互惠互利、共同发展的良好初衷，积极促进住在国与中国的经济合作与友好交往，并在中国大陆改革之初率先实施在华投资，成为外资进入中国的范例。改革开放以来，中国吸收外国直接投资（FDI）的 60% 以上来自华侨华人，为中国的改革开放事业立下汗马功劳。

第二，在慈善捐赠方面，改革开放以来，华侨华人及港澳同胞累计捐赠中国国内公益事业的款物总额超过 900 亿元人民币，其中绝大部分用于文教、扶贫、救灾、科技等领域。

第三，在科技人才方面，海外华侨华人中有数以百万计的科技人才，他们是促进中国科技发展的潜在和重要力量。为此中国相关部门先后推出人才吸引计划，并设立"海外高层次人才引进计划""长江学者奖励计划""百千万人才工程""国家杰出青年科学基金"等，鼓励海外学者回国，为中国富强发展发挥作用。自 2001 年至今，在湖北武汉每年举办的"华侨华人创业发展洽谈会"共签订引进人才和技术项目约 1 900 个，总投资额逾 2 000 亿元人民币，招揽华裔专业人士 1 500 多位，其中 300 多人入选国家"千人计划"。而近年来中国海外留学生学成归国人数也在不断攀升。据统计，2013 年从国外回国的留学生人数达到 35.35 万。

第四，在华文教育方面，全球大概有 2 万多所海外华文学校或中文学校，绝大部分是由侨胞自主创办的，这 2 万多所华文学校当中有几十万名华文教师，有几百万名在校学生。海外华校在促进中华文化传播、维护中华"根文化"意识方面有举足轻重的作用。

第五，在维护海外华社团结统一方面，海外华文报刊、华语广播电台以及各类华侨华人社团，他们对一些涉及中国的歪曲报道和不实攻击展开有力批驳，对华人社会中的不良现象进行清理和纠正，对不利于中华民族团结、不利于中华民族大义的问题进行坚决抵制。由此可见，华侨华人是中国的独特优势和重要资源。[①]

二、软实力视野下华侨华人在中外人文交流中的作用

中国有 6 000 多万华侨华人，他们具有雄厚的经济实力，有丰富的智力资源，有良好的商业网络，在为居住国作出突出贡献的同时，也基于同属团结统一中华民族的根、共享博大精深中华文化的魂以及共筑中华民族伟大复兴的梦[②]，为中国的革命、建设和繁荣富强等方面作出了特殊贡献，也为中华文化的传播，中国公共外交、中国国情和发展模式的宣传介绍以及对中国国家政策和行为的理解、支持和解释等方面的软实力建设发挥了独特

---

① 以上资料引自暨南大学教育部哲学社会科学研究重大攻关项目"华侨华人在国家软实力建设中的作用研究"成果。参见冯建华：《华侨华人：提升中国软实力的重要资源——访暨南大学华侨华人研究院院长刘泽彭》，《中国社会科学报》2014 年 9 月 22 日，第 649 期，http：//www.cssn.cn/zzx/201409/t20140922_ 1336091.shtml，2015 年 2 月 10 日。

② 《习近平提醒华裔青少年寻根牢记"根、魂、梦"》，中国新闻网，http：//www.chinanews.com/hr/2010/07－25/2423864.shtml；刘维涛、王尧：《习近平在会见第七届世界华侨华人社团联谊大会代表时强调"共同的根共同的魂共同的梦，共同书写中华民族发展新篇章"》，《人民日报》，2014 年 6 月 7 日。

而重要的作用。

（一）华侨华人展现中华文化的特殊魅力

"软实力"基于文化内涵，而文化在现代社会中往往"超越国界"，并随着人口流动而呈网络传播状。同时，任何国家的"软实力"都需要经过长期的积累，但是一旦形成则具有强大的凝聚力和文化感召力。中国"软实力"的内涵之一就体现在华侨华人所展现的中华传统文化、价值理念、行为观点、民族情怀，及其在国际社会中对中国传统文化的正面塑造和对祖（籍）国的海外利益、海外形象的积极维护。中国传统文化的核心是儒家思想，儒家思想的核心则含有"和"的理念，其主张"仁者爱人""天人合一""美美与共，天下大同"等人与人、人与自然以及国与国之间的和谐，不仅与西方价值观有相通之处，也是人类共同价值观的重要组成部分。如"和"的思想与西方基督教文化中"爱人如己""爱邻舍"等思想相通，因而以"和谐"为核心的价值观向来受到西方社会的尊重或称赞，为西方社会所接纳。莱布尼茨就称赞孔子的伦理及治国学说，而法国著名文学家、启蒙运动的精神领袖伏尔泰的思想也受到孔子思想的影响，他特别赞赏孔子思想中的"仁爱"与"宽容"，视之为区别善恶的尺度。

在中国人口对外迁移活动中，海外华侨华人就自觉或不自觉地将中国传统文化带到住在国，并以自身所具有的中国传统文化涵养，潜移默化地影响着周围人群。在国家关系中，将中国传统文化中"和"的思想提升为和谐世界观，以华文学校等形式展示中华文化的主流面貌，以中华传统民俗展示着中国文化的理念和对生活细节的关注，以华文媒体展示中文世界对国际舆论和社会民生的关注和评判，向海外各国宣传中国文化的内涵和传统文化魅力，显然对我们处理当今国际关系具有现实意义。

（二）华侨华人是中国公共外交的重要参与者和支持者

在全球化时代，不同国家在公共外交上的理念和做法差异很大，存在着众多公共外交的实践模式，如美国的战略模式、欧洲国家的文化外交模式、日本的经贸外交模式、以色列的族裔外交模式、伊朗和沙特阿拉伯等国家的宗教外交模式和中国的人民外交模式等等。一般而言，每一个国家都可以从自身实际出发，从国家目标和利益出发确定独特的公共外交模式。我国是一个侨胞众多的国家，且大多数侨胞关心中国的发展。能否发挥他们的优势条件开展公共外交，构建中国的侨务公共外交模式，是需要在理论和实践上进行探索的一个问题。

中国政府在 2011 年首次提出侨务公共外交的概念。所谓侨务公共外交，是指通过侨务渠道而开展的公共外交。华侨华人既是侨务公共外交的受体，又是主体。侨务公共外交在影响华侨华人的同时，又通过华侨华人的桥梁作用，促进住在国与中国的友好交往与合作，化解外交僵局，向住在国政府和民众传达和介绍真实的中国，构建良好的中国国家形象。

中国发展的历史与现实表明，华侨华人是中外交流中不可或缺的桥梁与纽带，也是中国海外利益重要的开拓者、承载者和有力的维护者。华侨华人曾为新中国打开外交局面、化解外交僵局作出了重要贡献。比如，马来西亚华人曾永森在冷战时期严峻的国际形势下，肩负着历史使命来到中国，开始了中马外交的"破冰之旅"，为促成中马建交立下汗马功劳，被人们誉为"马来西亚的基辛格"。2014年国家主席习近平访问马来西亚，在华侨华人专门举行的盛大欢迎午宴上致辞时，他动情地说："没有华侨华人的努力，就没有中马关系今天的大好局面。"又如，美国共和党少数民族委员会主席陈香梅于1980年曾作为里根总统的特使穿梭于中美之间，也曾在1989年至1990年中美关系最艰难的时期作为美国出口委员会副主席率团来华，促进中美关系的发展。

我们认为，在当前复杂多变的国际形势下，通过华侨华人开展公共外交，应当是当代中国外交一个富有时代价值的新命题，也是各涉侨部门和涉侨工作者的重要任务。习近平总书记在《关于〈中共中央关于全面深化改革若干重大问题的决定〉的说明》中指出，"国家安全和社会稳定是改革发展的前提。只有国家安全和社会稳定，改革发展才能不断推进。当前，我国面临对外维护国家主权、安全、发展利益，对内维护政治安全和社会稳定的双重压力，各种可以预见和难以预见的风险因素明显增多"。近年来，海外"疆独""藏独"和"台独"等分裂势力，利用歪曲的国家观、历史观、民族观、文化观，大力宣传极端思想，并借助西方部分国家及团体的反华力量，不断挑动民族、国家和海外华社的分裂，破坏中国领土主权和完整。面对"三股势力"的分裂活动，广大海外侨胞旗帜鲜明地进行了反击，纷纷成立反"独"促统组织，开展形式多样、声势浩大的反"独"促统活动，沉重打击了各种分裂势力的嚣张气焰，也充分显示了海外侨胞强烈的爱国主义热情。而在南海问题和钓鱼岛问题尖锐化的情况下，争端所涉及国家的华侨华人仍然在经贸、政治关系和人文交流等方面为中国与住在国之间维持正常关系和妥善应对突发事件而努力奔波，在促使相关国家政策避免极端化及过分针对中国等方面起着不可忽视的作用。实践表明，海外华侨华人是中国开展公共外交的桥梁，是中国最广泛统一战线的重要组成部分，也是促进中国和平统一的一股重要力量。

（三）华文教育是海外华侨华人社会的"留根工程"和中华文化传播的平台

海外华文教育是以海外华侨华人为主导，面向海外华裔而开展的华语和华族文化教育活动。就华文教育与中国软实力之间的关系而言，可以从以下几个方面来观察和思考：

第一，海外华文教育的存在就是中国文化软实力的一个证据。海外华侨华人虽然永久或暂时脱离了祖（籍）国而移居其他国家，却保持母族语言文化，这是他们持久保持自己民族特性和认同（哪怕是部分认同）祖（籍）国的证据，这种保持和认同是他们的自觉行动，而不是祖（籍）国强制推广的结果。所以，海外华文教育的存在就成了中国享有吸引力、影响力等"软实力"的一个证明。海外华侨华人社会保持华文教育的人群越广，保持华文和华族文化的程度越深，说明中国的软实力越强大。

第二，兴办华文教育是华侨华人社会自愿延续中华文化传统的"留根工程"。当今世界，那么多国家的人群在学习英语，甚至移民英语国家也在学习，这无疑是英语国家软实力作用的结果。在这种情况下，海外华侨华人面临着保留祖（籍）国的原有语言文化还是放弃祖（籍）国原有语言文化的艰难抉择。海外华侨华人自愿兴办华文教育，表明他们心里还有祖（籍）国这个"娘家"，祖（籍）国语言文化对他们魅力犹存。

第三，海外华文教育的发展也是祖（籍）国软实力建设的具体内容。文化教学是语言教学的题中应有之义，通过华文的教学，华族文化的教学也会得到不同程度的贯彻，至少是介绍（随文释义＋刻意介绍）。不仅如此，海外华文教育从办学宗旨到培养目标、培养过程，甚至是校名、校歌、校训，都非常重视华族文化的介绍与实践，比如有的华校取名为"尊孔""崇仁""崇德""光启"；又比如在华校自觉教授《弟子规》等华族文化典籍；还比如各华校经常举办各种各样的校园华族文化活动。

我们调查了部分来华留学生，还深入海外调查了印度尼西亚、新加坡、马来西亚、菲律宾、缅甸各至少一间学校的华文学习者，结果发现不管是华裔还是非华裔，华文教育不但增加了他们对华族文化乃至中华文化的了解，而且在一定程度促进了他们对华族文化乃至中华文化的喜爱和认同。可见华文教学使更多的海外华裔保留和传承了中华文化。很多华校还大量招收非华裔学生，其结果是造就了更多了解中国、熟悉精通甚至认同中华文化的人。还有，即使是面向非华裔的将汉语作为外语的教学，华侨华人也发挥了重要的支持和推动作用，实际上增强了中华文化的辐射力，对于中国软实力建设具有直接意义。

第四，中国政府和民间支持、服务海外华文教育，是祖（籍）国因应海外华侨华人需求的自觉实践。海外华文教育的主导是海外华侨华人社会，而不是中国政府和民间。支持、服务海外华文教育仅仅是祖（籍）国因应海外华侨华人需求的自觉实践，但是不能反客为主，不能越俎代庖。我们提升软实力，最重要的工作还是苦练"内功"，搞好自己的社会文化建设，完善各种制度，靠这些因素去吸引更多的华裔乃至非华裔主动、自觉学习华文和中国文化，而不是舍本逐末，直接站在华文教育的前沿予以"硬推销"。

（四）海外华文传媒在建设中国国家形象中具有不可替代的作用

改革开放以来，中国综合国力已经大幅提升，但当前我国国际话语权与大国地位不符，国家形象受到影响。西方媒体凭借其强大的传播力与影响力，在国际舆论中歪曲事实，导致中国声音受到干扰和破坏，国家利益得不到伸张，"中国威胁论"甚嚣尘上，中国形象受到严重损害。由此，提升我国的国际话语权，讲好中国故事，传播好中国声音，创造良好的国际舆论环境，是当前维护中国国家形象和国家利益亟待解决的问题。中国国际话语权的获得和提升可以有多种渠道和方式，广大海外侨胞就是可以依靠的重要力量，尤其是海外华文传媒在传递中国声音、塑造中国形象等方面均发挥着不可替代的作用。

作为反映华人诉求，传承中华文化的喉舌，华文传媒从早期缓解华人思乡情绪，发展到现在积极参与政治选举，成为当地社会生活中一股不可忽视的力量，产生了愈来愈大的影响，从而在复杂的国际政治关系和全球化的背景下，重构了华人与当地人之间敏感和复杂的种族关系，同时在某种程度上维护了中国国家形象，促进了中国与当地国的政治关系的发展。比如，在多元主义盛行的当今，尤其是在选举期间，华文传媒虽然属于少数族群传媒，但利用跨媒体的传播手段，形成报纸、广播、电视、网络的立体传播体系，不仅影响华人投票意向，使政治候选人不敢忽视它们的作用，而且也向世界传播了华人的权益诉求。在这样的传播态势下，华文传媒的诉求往往能够得到候选人的呼应，并得到各种承诺，从而实现舆论引导的目的，并由此增强了社会影响力与号召力。由此，我们看到，许多候选人在选举期间亲自到唐人街或华文传媒进行访问，回答华人的问题，并表示关注华人的各种利益诉求。在全球化的趋势下，华文传媒在政治、经济、文化、全球化传播等多种因素的综合作用下，其影响和话语权反而得到增强。因此，如果善于利用这些因素，华文传媒在特定的时空中也可以产生比主流传媒和西方传媒更大的舆论影响力，从而达到维护华人权益、塑造中国国家形象的目的。

由于制度和意识形态的差异，以及政治、经济的影响，西方传媒对中国形成了负面报道的模式化，中国形象在西方传媒几乎被"妖魔化"。提升中国国家形象，可以充分发挥西方国家的华文传媒的作用，让其在提升我国国家形象当中发挥更大的效能。海外华文传媒游走在中西文化当中，更加清楚地知道应该采用哪些手段进行反驳，或者在当地国进行文化公关。很多发生在当地国的事例，均能反映华文传媒及其从业者在传播中华文化、塑造文化中国的形象的印迹。如针对西方媒体在北京奥运火炬境外传递、西藏"3·14"事件和新疆"7·5"事件中的歪曲报道，包括华文传媒人在内的海外华侨华人进行了坚决抵制和有力批驳。

三、华侨华人参与中国软实力建设的机制和路径

要发挥华侨华人在构建和推动中国软实力形成和发展过程中的作用，首先需要弄清华侨华人通过何种路径和机制发挥其作用。

笔者曾指出，华侨华人参与中国软实力建设的路径和机制主要体现在以下三方面："一是华侨华人经由华人社团、华人传媒、华文教育和华人精英等路径，推广中国文化艺术，传播中国核心价值观，介绍中国的真实国情和发展道路，参与和支持中国外交，在构建、提升中国对外软实力方面发挥的独特作用和影响；二是华侨华人经由华人社团、华人传媒和华人精英等路径，推动中国改革开放和中国社会经济发展，提升中华民族的凝聚力，促进中国统一，在构建、提升中国国内软实力方面发挥独特作用和影响；三是侨务部门在经济、政治、社会、文化等领域，引导和鼓励华侨华人在国际政治、经济、文化、社会领域的大舞台上注入更多的中国元素，发挥独特的重要作用，构建、提升中国对外软实力和国内软实力。"[①]

具体来说，华侨华人参与中国软实力建设的机制和路径如下：

（一）海外侨胞的行为文化和观念文化渠道

海外侨胞的行为文化和观念文化渠道，包括海外侨胞的节庆习俗以及海外侨胞的经营理念、管理模式，使中国传统文化的特殊魅力在当地社会乃至国际社会中得以展现。华侨华人遍布世界各地，所谓"有海水、有阳光的地方就有华侨华人"，他们是传播中华文化的使者。遍布世界各地的唐人街、中餐馆、中医诊所、华文学校、中华武馆等成为展示中华文化的重要场所，而春节、中秋节等节庆及华人的婚丧习俗活动，则让西方人有了"零距离接触"中华文化的机会。

以春节为例，华侨华人极力烘托欢乐、祥和、喜庆的节庆氛围，展现中华文化的魅力，吸引广大民众参与。红红火火的对联、中国结、大红灯笼，雄壮威武的舞龙舞狮、清脆响亮的鞭炮、五彩绚丽的烟花，都给人一种春节特有的感官震撼。在马来西亚首都吉隆坡的商业区和饭店区，每年春节前夕挂上 2 万～3 万只灯笼，烘托节日气氛，特别是到了晚上，万盏齐明，颇为壮观。吉隆坡的中国城张灯结彩，商店里挂满了各种各样的春节装

---

① 陈奕平、罗发龙：《软实力视野下华侨华人与"中国梦"的关系》，载曹云华主编：《凝聚与共筑：海外侨胞与中国梦》，广州：暨南大学出版社 2014 年版，第 274～295 页。

饰品，有大红灯笼、春联、金光闪闪的穗子以及童男童女拜年图、"恭喜发财"横幅等。①

（二）华社"三宝"渠道

华人社团、华文媒体和华文学校并称华社"三宝"，是传承中华文化的重要平台。

春节期间，海外华侨华人社团都会举办舞龙舞狮、春节大游行、花车表演、美食节、联欢晚会等各种喜庆的活动。2015 年 2 月 7 日，在美国加州首府，"华人春节文化联盟"举行第十八届华人春节联欢会，当地政府官员代表、各华人组织团体、社会友人、各族裔来宾以及观众两千多人参加。联欢会文艺演出节目形式有舞蹈、小品、武术、民族器乐合奏、歌曲等，二十多个华人社团近十所中文学校参加演出，招商游乐展位、大型幻灯投影节目名称和动画、大型演出场馆、场内场外演出相呼应，时长 4 个多小时的 24 个组合演出节目确是历年之最，精彩的文艺演出受到了观众的热烈欢迎。2 月 15—17 日，比利时杜尔耐中文学校和杜尔耐市政府联合举办了"2015 中国文化节"，活动包括中国书法与绘画展览、中国功夫展示与介绍，以及中国剪纸、杂技、戏剧等民间艺术的展示，当地 50 多所中小学校的上千名学生受邀参加"印象中国"的绘画比赛。

同时，华侨华人社团举办的活动不限于唐人街，也常常走出华人社区。之前，海外华侨华人庆祝春节，主要基于文化的无意识，是华侨华人自娱自乐的行为，或为思乡怀国，或为教育子女，基本上都在华人社区举行。随着在住在国影响力的提高，海外华侨华人为展现悠久独特的民族文化，在春节期间，各种庆祝活动走出华人社区，走向住在国的标志性地段。在美国纽约市法拉盛区街头，每年都有数以万计的各族裔民众与当地华人一起，参加一年一度的农历春节大游行活动，人们燃放鞭炮，载歌载舞，庆祝农历新年的到来。在英国伦敦，在举办庆典的主要场地特拉法尔加广场上，每年都有数十万人聚集在这里欢度春节，各族裔的人民，身着不一样的服饰，都在享受着春节带来的快乐。在法国，每到春节，装饰着红灯笼的巴黎市政府广场便响起震耳欲聋的鞭炮声，众多巴黎市民聚集在这里观赏由法国华人侨团联合举办的春节彩装游行。巴黎市市长还亲自为迎春狮子点睛，一时间锣鼓喧天，金龙银龙上下翻飞，彩狮精神抖擞，平安腰鼓、京剧人物、龙舟报喜等精彩表演张扬着华夏文明。

海外华文媒体向来以传播中华文化为重要使命，成为传播中华文化的重要渠道。随着中国的崛起和国际地位的提高，海外华文媒体也进入了一个新纪元。国务院侨务办公室原副主任赵阳在 2007 年第四届世界华文传媒论坛闭幕式上说："海外华文媒体正处在蓬勃发展期，华文媒体行业具有光明的前景。""华文传媒是传播中华文化的重要力量，是扩大中国与世界交往的文化使者。"② 鉴于海外华侨华人在族群认同感和文化认同方面的需要，华文媒体会刻意加强中华传统文化的报道。在新加坡，为了满足华人在文化认同方面的需求，华文媒体都具有强烈的文化自觉性和自主意识来维护这种同源文化的亲近感。③《联合早报》《联合晚报》的"根"文艺专版与《新明日报》的文艺专版上，弥漫着浓郁的中华文化气息，有大量介绍中国古代文化和当代文学以及传统习俗等文艺性较强的文章。而

---

① 《马来西亚人怎么过春节》，新华网，http：//news. xinhuanet. com/world/2010 – 02/08/content_ 12955633_ 4. htm。

② 赵阳：《前景光明　海外华文媒体正处在蓬勃发展期》，中国侨网，http：//www. chinaqw. com/zgqj/qjdt/200709/04/86285. shtml，2007 年 9 月 4 日。

③ 徐明华：《海外华文传媒与中国国家形象建构》，《中州学刊》2013 年第 7 期。

新移民办的华文报纸或办报时间较晚的报纸出于实用的目的对中华传统文化的介绍相对少些，而对现代中国介绍的文章较多。如《美南新闻》关于中国大陆的 678 篇报道中，政治类报道 185 条，经济类报道 196 条，社会类报道 226 条，而文化类报道只有 71 条。①

华文学校是海外华侨华人社会的重要支柱。自 20 世纪 80 年代以来，由于中国的国际影响增大、中国政府对华文教育的重视和海外华社对华文教育的需求，华文教育进入一个新的蓬勃发展时期。海外华文教育既为华人社会和所在国家培养了懂华语的人才，为维持和增强华人社会的民族认同感和文化认同感提供了重要的平台和手段，也为传承和发扬中华文化提供了重要的渠道。一方面，华文学校植根当地，在宣传中华文化方面具有丰硕成果和丰富经验，能更好地实现文化推广功能；另一方面，长期存在、遍地开花的中文学校可在教材、教法、教师的当地化乃至与主流社会的沟通等方面为国际汉语教育的开展提供具体而有力的支持。正因为在传承与传播汉语和中华文化方面具有得天独厚的优势，华文学校成为向主流社会传播中华文化、促进中外交流的窗口和桥梁。我们的课题组成员走访美国、加拿大、法国、缅甸、菲律宾、马来西亚、印度尼西亚等多个国家的华文学校，亲身感受到这些学校传承中华文化的积极努力和卓越的成效。比如，印度尼西亚巴厘文桥三语学校近年几乎每年都举办春节晚会，在学校老师的组织下，英文小主持人和中文小主持人搭配得当，从幼儿园到中学的各年级学生积极参加、努力表演，舞蹈、唱歌、书法、诗朗诵、乐器表演应有尽有，而家长们也积极投入，活动更吸引当地民众观看。

（三）海外华商和华人精英渠道

海外华商也是中华文化的重要传播者。在这里，"华商"特指活跃在世界经济舞台上的海外华侨华人群体。华商已成为全球化时代的一股重要经济力量，即中外经济合作的重要桥梁和推动力量，也是展现和传播中华文化的推动力量。据中国新闻社课题组发表的《2007 年世界华商发展报告》，2007 年全球华商总资产约为 3.7 万亿美元，其中除中国大陆企业外的亚洲地区华商企业总资产约 3.2 万亿美元，总营业额突破 1 万亿美元。② 华商的经营理念和模式与西方企业存在很大差异，越来越受到学界和商界关注，"无论西方、日本学界，还是海外华裔学者、港台学者和中国大陆学者，都已从其神秘的家族企业等表象，深入到其内部运作、成长环境和演进道路各方面来展开严谨的探究"③。华商独特的经营理念、管理文化其实源自中华传统文化，如：华商在企业管理中强调"诚信""以人为本""和气生财""勤俭节约""量入为出"等价值观，"对家庭和睦、增强企业凝聚力，乃至社会稳定和发展，无疑都具有积极的作用"；"华人企业凭借血缘、亲缘、地缘形成了广泛的人际关系，这种人际关系网在华人企业的成长和发展中发挥着重要作用"，并在此基础上逐步形成现代商务网络。④ 华商活跃于国际经济舞台，不但成为我国侨务工作

---

① 闫欢、王琳琳：《华文媒体的中国国家形象报道研究——以〈美南新闻〉大陆版块报道为例》，《新闻界》2012 年第 15 期，第 3~7 页。

② 《世界华商发展报告：全球华商总资产约 3.7 万亿美元》，中国新闻网，http：//www. gx. chinanews. com. cn/news/ HUASHANG/2008/122/ 08122224718F22F8CK 0F7302FKK953B. html，2008 年 1 月 22 日。

③ 龙登高：《经济全球化与海外华商研究》，中国侨网，http：//www. chinaqw. com/node2/node116/node119/node162/node470/userobject6ai29652. html，2001 年 12 月 28 日。

④ 陈卫平：《华商在中国—东盟自由贸易区建设进程中的优势》，中国侨网，http：//www. chinaqw. com/node2/node116/node119/node162/node2222/node2542/node2545/userobject6ai184523. html，2004 年 7 月 26 日。

的重点对象，也成为世界各国发展经济争取的对象。

而海外华人精英则通过学术著作、学术活动及媒体文章等形式传播着中华文明特有的思维方式、哲学观念、道德伦理、文学艺术等文化内涵，探讨并宣传中华文化在推动人类文明进步中的作用。比如，作为现代新儒家学派代表人物的杜维明，长期致力于儒家文化的研究与传播，诠释中国文化、反思现代精神、倡导文明对话，在海内外享有很高的学术声誉。2013 年 2 月，在联合国"文明联盟"第五届全球论坛上，杜维明成为唯一的主题发言人论述"跨文化对话在我们所处时代的意义"，受到难得一见的崇高礼遇，凸显出华人学者在世界讲坛上的话语权和影响力。

（四）国内涉侨部门渠道

为了满足海外侨胞精神文化需求，集中展示中华文化的丰富多彩和博大精深，增进海外侨界及主流社会对中华文化的了解和喜爱，我国涉侨部门也积极组织系列文化活动，并形成了一定的品牌，如国务院侨办的"文化中国·四海同春"、中国侨联的"欢乐春节·五洲同春"、文化部的"欢乐春节"等。

国务院侨办牵头组织的"文化中国"系列活动包含"四海同春"、海外文化社团负责人观摩团、知名华人书画家采风团、海外文化社团负责人高级研修班、海外华文媒体高级研修班、"名家讲坛"、"中华才艺大赛"等多个子品牌。其中，享誉全球的"文化中国·四海同春"创立 6 年来，累计组派 43 个艺术团组、1 590 名演职人员，赴 96 个国家及中国港澳 184 个城市举办了 283 场演出，观众 338 万余人。[①] 这些演出为海外华侨华人和当地民众献上了独具中国风情的文化大餐，精彩的表演和浓郁的民族特色，增强了华侨华人的族群认同和文化认同，也让其他民族的人们切身感受到了中华文化的独特魅力。

四、结语

华侨华人在中外人文交流中一直发挥着独特而重要的作用。在中国侨务部门的引导和支持下，华侨华人自觉或不自觉地将中国传统文化带到住在国，并以自身所具有的中国传统文化涵养，潜移默化地影响着周围人群。其中，华人社团、华文媒体、华文学校及华人精英在推广中国文化艺术、传播中国核心价值观方面发挥了重要作用，同时作为中国公共外交的重要力量，积极促进了中外交流与友好。

---

① 《国务院侨办"文化中国"品牌文化活动成果丰硕》，中央政府门户网站，http：//www. gov. cn/xinwen/2014 – 09/16/content_2751375. htm，2014 年 9 月 16 日。

美国华人与中美人文交流及合作

  不同国家、不同民族、不同文化之间的沟通交流，在和而不同中取长补短，在求同存异中相得益彰，是人类文明进步的持久动力。在当前中国经济实力不断增强的态势下，不断扩大中西方之间的人文交流，积极吸收西方优秀文化，弘扬中华优秀文化，推动中华文化走出去，既是提升中国软实力的重要途径，也是增进中外间互信与友谊、消除偏见与误解、推动和谐世界建设的主要方式。中国与美国是世界两大经济体，同为联合国常任理事国。中美关系是中国外交中最重要的双边关系，是中国外交的重中之重，关乎中国外交的全局，而且它的起伏与好坏，对世界影响重大，也影响着中国国家战略目标的实现方式和程度，包括国家统一、文化建设与复兴等。自 1979 年中美关系正常化以来，两国间的经济和文化关系迅速发展，军事关系开始建立起来，不同层次的互访活动十分频繁。但作为政体、文化、经济等方面差异较大的两个大国，它们之间也存在全球战略、贸易、文化等问题的摩擦和冲突。如在政治安全方面，美国近年对华疑虑不断上升，在东海、南海争端问题上态度强硬，纵容中国周边国家挑起事端，无端指责中国单方面改变现状，造成两国政治关系紧张。但总的来说，中美关系是在艰难曲折中不断向前发展的。

一、中美人文交流基本情况

  中国与美国是东西方世界的两个代表性国家，其在国情、历史、文化、政体、法律、价值观念、经济层次等方面差异很大。近年来中国表现主动，以积极态度和发展眼光推进中美对话与合作，在坚持和平共处的原则下，以相互尊重、求同存异的精神解决分歧，化解矛盾，致力于构建平等互信、包容互鉴、合作共赢的中美新型大国关系。在此背景下，中美两国不断建立健全两国人文交流高层磋商机制，积极开展两国人文交流活动，为两国间构建新型大国关系创造条件。

  中美人文交流高层磋商机制建立于 2010 年 5 月，由当时的国务委员刘延东于 2009 年4 月访美时提出，得到了美方的积极回应，2009 年 11 月美国总统奥巴马访华时，与时任主席胡锦涛就加强两国人文交流达成重要共识，同意就此建立一个新的双边机制，并写入《中美联合声明》。双边机制中的中方主席由负责相关事务的副总理级官员担任，美方主席由美国国务卿担任。中国教育部分管国际交流合作的副部长和美国国务院副国务卿分别为双方总协调人。磋商机制确立后，两国每年轮流召开人文交流与合作高层磋商会议，交流与合作领域包括教育、科技、文化、体育、青年、妇女这 6 个方面。[①] 建立中美人文交流高层磋商机制，是中美关系史上的一个创举，为中美关系发展注入新的活力。机制强调政

---

 ① 《中美人文交流高层磋商机制》，http：//www.china-embassy.org/chn/zmgx/rwjl/t705129.htm，2010 年 6 月 1 日。

府的主导作用，以人与人的交流为重点；着眼未来，持之以恒，为两国青少年创造相互了解和学习的机会和条件。

中美两国城市间建立友好城市关系也是推动中美人文交流合作的重要渠道。自 1979 年中美建交以来，到 2012 年止，两国先后有 207 对省（市）建立了友好城市（省州）关系，其中 38 对友好省州和 169 对姊妹城市。① 随着中美友好城市数量的不断增加，中美城市友好协会也于 1992 年建立起来。其主要任务是通过互访，举行纪念会、座谈会、报告会，参加双边会议，交换资料等，增进相互了解，发展友谊；致力于维护世界和平、人类共同安全的事业；促进中美民间经贸、教育、科技合作，推动人才交流；开展对外民间文化交流，派出和接待民间文化艺术团体和文艺界人士，进行友好访问，举办演出和展览等。② 目前该协会在北京、上海、河北、广东等各省市设立了十多个工作部。中美友好城市工作为两国间的友好关系发展开辟了一条新的渠道。

在中美人文交流高层磋商机制、中美城市友好协会的推动下，近年来，中美两国人文交流不断，高潮迭起。经过 5 年的努力，中美人文交流通过高层磋商机制和其他渠道，在教育、科技、文化、体育、妇女和青年 6 个领域，落实近 200 个重要项目，取得了丰硕成果。目前，人文交流已与政治互信、经贸合作共同构成中美关系的三大支柱。

在教育领域，中国目前是美国最大的留学生来源国，美国是中国第二大留学生来源国。中国教育部公布的数据显示，中美建交 35 年间已有 92 万中国人赴美留学，而美国到中国留学的人数达到 20 万。③ 中美两国高校的合作，促进了美国先进教育理念在我国的推行，创新了高层次国际化人才培养模式；整合了双方优质教育资源，打造了优势专业的联合科研和人才培养平台；丰富了优质教育资源供给，为我国社会经济发展提供了智力支持和人才保障。

在科技领域，近年来，美国学生在"中美科技人员交流计划"及其他交流项目的推动下，通过讲座、讨论和参观等各种形式了解了中国政治、外交体系和文化历史知识，促进两国青年科学家开展持续而广泛的交流与合作，增进友谊，为两国未来的科技合作打下了坚实的基础。

在文化领域，近年来，中美两国文化交流活动丰富多彩，硕果累累。中国文化系列活动全面展示了中国传统文化及当代艺术成就，得到美国民众的广泛关注和积极响应。两国人民相互了解愿望的不断增强，两国文化艺术机构交流热情的不断提升，夯实了中美关系健康发展的社会基础。

此外，体育、青年和妇女等领域也取得一定成效，两国为这些领域搭建了诸多的交流平台，加强了中美两国这些领域人士的交流合作，增进了两国青年、妇女等各界人士的友谊。

尽管近年来中美人文交流合作取得一定成效，但也存在一些问题。主要有以下几方面：

---

① 《中美友好城市名单》，http：//www. china. com. cn/guoqing/2012 - 02/13/content_ 24622262. htm，2012 年 2 月 13 日。

② "中美城市友好协会"，http：//baike. sogou. com/v69606467. htm。

③ 《第五轮中美人文交流高层磋商结硕果　科教文体全面开花》，http：//roll. sohu. com/20140709/n402019500. shtml，2014 年 7 月 9 日。

第一，中美人文交流中，与中国对美贸易出口多于进口相比，当前中国的对美文化交流和传播却存在严重"入超"，文化"赤字"问题突出，主要表现为电影、电视剧、图书、文艺演出等文化产品进口多，出口少。主要原因是，与中国相比，美国具有更为多样的交流渠道，更强大的教育科技实力，更庞大的文化传播体系，在世界拥有更为流行的文化观念和文化产品。

第二，我国"强政府、弱社会"的体制必然影响或者限制相关活动的效果，弱化了本国民间机构担当的角色和发挥的功能，也往往给一些人文交流活动带来政治色彩，引起美国社会一些人士的疑虑和提防。相比而言，美国充分发挥民间机构在中美人文交流方面的作用，像美国的基金会、大学和科研机构、公司等是美国文化外交事业的坚强伙伴，如哈佛大学中美学生领袖峰会项目、环识国际教育项目等，即美国对外人文交流合作项目中的典范。当然，中美两国人文交流中政府和民间部门所扮演的角色及其发挥作用的差异，也反映了两国不同的社会政治关系。

第三，重形式，轻实效，缺乏对现有活动效果的第三方评估，工作难以得到改进和完善。中美两国近几年在科教、文化等领域开展了一系列活动，花费一定的人力、物力，取得一定成效，但与花费相比，其成效目前还缺乏第三方评估。在中国现行体制下，一些政府部门领导讲究排场，热衷于举办和出席大规模的活动，发表讲话。至于活动实效如何，他们不大关注。有时为强调政绩，他们往往夸大统计数据，成绩讲得多，问题谈得少。媒体对相关活动的报道也一律是赞赏之声，没有独立的评判。这与前面讲到的"强政府、弱社会"的体制有关。

第四，中国对美文化交流中，语言文化、饮食文化、曲艺文化、武术和体育文化之类的民俗文化、大众文化所占比重较大，而真正影响美国人价值观念的宗教文化、典籍文化、道德思想文化所占比例较小。这与中美两国文化在整个世界文化中所处的地位有关。

二、中美人文交流合作中美国华人的优势和作用

中国是一个海外侨胞众多的国家，且他们大多数心系祖国，关注祖国命运，是中国和平发展的独特资源和重要力量。就中外人文交流合作来说，海外华人是中国文化"走出去"的重要载体，是促进中外人文交流合作的友好使者和独特力量。长期以来，海外华人在文化传播实践中培育出载体多样且又融为一体的中华文化传播体系，包括华侨华人本身、华人社团、华文传媒和华文学校等。2014 年两会上的《政府工作报告》就提出："团结海外华侨华人和归侨侨眷，发挥侨胞参与祖国现代化建设、促进祖国和平统一、推进中外人文交流的独特作用。"支持海外侨胞建立文化团体，开展中外文化交流活动，这也是侨务部门顺应国内外形势发展、增强国家文化软实力和国际影响力的迫切需要，是贯彻党的十八大精神、落实《侨务发展纲要》各项任务的必然要求，更是实现伟大"中国梦"的重要途径。

自 1965 年美国颁布和实施新的移民法以来，美国侨情发生了较大变化，华人人口数量增长较快，质量明显提高，经济、科技实力大大增强，教育文化事业不断繁荣发展，社会地位不断提高，参政意识日益增强，社团组织不断增多，组织程度不断提高，侨务资源的总量明显增大，质量显著提升，这是我们开展中美人文交流合作的重要基础。需要特别

强调的是，美国华人新移民较多，且文化程度较高，融入当地能力较强。美国华人一方面与中国保持密切的联系和互动；另一方面又能融入主流社会，其族群跨国性是在各国华人中最为突出的，这是我国开展对美公共外交，推进中美人文交流合作的独特资源和重要力量。

作为中国开展对美人文交流的资源，美国华人具有如下独特优势和作用：

1. 侨界精英人脉较广，人文交流优势明显，作用较大

中美人文交流在很大程度上是跨民族、跨种族、跨国家和社会制度、跨文化层次的沟通，交往的双方分属于不同的文化背景或文化系统，而美国华人众多，目前达 420 万，更为重要的是，他们的教育文化程度和综合素质不断提高，掌握了先进的技术、技能和管理经验，因而从事专业性、技术性、管理性工作的白领阶层也越来越多，在政界、商界、科教文化界影响较大。他们既懂中国文化、了解中国国情，又能融入当地社会、了解住在国国情，能够熟练地游刃于中外文化之间，并深知国外公共舆论的运作规则。他们通过其在居住国建立的人脉关系进行人文交流，具有更高的灵活性、更强的渗透性，且由其建立的联系和影响更具有持久性。

美中友好协会会长张锦平先生就是促进中美人文交流的典范。他现任美国华美商业发展中心董事长、华美国际企业有限公司董事长，也是美中友好协会的创始人之一。多年来，他不断致力于促进美中两国商业、旅游、文化艺术交流和两国人民之间的友好往来。自 2009 年以来，他连续 5 年携手美国东部地区百家机构与美国 NBA 篮网队和 MLB 大都会棒球队在球队主场成功举办一年一度美东地区规模最大的"中华之夜"万人新春和中秋晚会，并作为晚会总召集人和总策划，完美地把东方文化与西方运动精神相结合的文化盛宴呈现给超过 10 万名现场观众。在帮助中国商业旅游走进美国的同时，在美国主流平台积极推广中国旅游，上百家中外媒体相继对晚会活动进行报道，影响很大。多年来，他还多次组织中国的政府、旅游、商业、文化艺术等代表团访美，与美国工、商、政等各界代表交流合作，举办论坛、大型商业会展等活动，在促进中美人文交流方面作出了积极贡献。[①]

1935 年出生的杨雪兰，为美国著名华人社会活动家、文化名人，现任美国"百人会"属下的美中文化协会主席。二十多年来，她用艺术与教育作为沟通中美的桥梁，帮助中国艺术家走上国际舞台，如歌唱家廖昌永、沈洋，舞蹈家黄豆豆，钢琴家郎朗等。她通过演出和文化教育项目，将中国文化介绍给美国主流观众，如在全美播出的纪录片《帕尔曼在上海》《世界的另一边》等。杨雪兰成为全美传播中华文化，促进中美经济、文化交流最负盛名的华人之一。[②]

祖籍广东省开平市的邓伟利先生，于 1993 年至 1996 年担任美国亚利桑那州美莎市市长。在任期间，其推动该市与开平市结为友好城市。20 年来，双方利用友好城市平台拓展了文化、教育等领域的交流合作，两市的友谊也在交往中不断得到巩固。如在教育方面的交流就有：2000 年 5 月至 6 月上旬，美国美莎市成人学院 15 名学生，到开平市广播电视大学进行学习交流，游览参观开平抗日历史见证物南楼和历史文物景点开元塔；2001 年西方圣诞节期间，美莎社区大学人类学教师来到开平，和部分开平英语老师见面，了解他

---

① http：//www. safaus. org/leadership_ peterbio_ cn. html.

② 《"2013 中华之光"候选人：杨雪兰》，http：//news. cntv. cn/2013/10/09/ARTI1381300701494842. shtml。

们平时在英语教学中遇到的困难，并就如何提高中国中学生英语口语水平问题进行交流；2002 年 5 月，美莎社区大学师生一行 18 人到广东开平长沙师范学校、开平广播电视大学、长师附小和金山中学进行文化交流活动；2012 年 9 月，美莎市美莎学院学生交流团一行 24 人到开平参观交流，参观了自力村碉楼群、立园和在园，了解开平的侨乡历史文化以及改革开放的新面貌。①

哈佛大学著名华人教授杜维明作为现代新儒家学派的新生代学人，则是华人知识分子对美传播中国文化方面的代表。他曾在哈佛大学相继取得硕士、博士学位，先后任教于普林斯顿大学、加州大学伯克利分校，1981 年始任哈佛大学中国历史和哲学教授，并曾担任该校宗教研究委员会主席、东亚语言和文明系主任，2007 年获得美国人文主义协会颁发的"人文主义杰出成就奖"。他长期关注如何使传统文化与中国的现代化接轨，主张通过对话来消除文明之间的矛盾和冲突，从而构建和谐世界。近年来，他身体力行，积极参与世界范围内的文明对话，与各个宗教的世界领袖都有交往。这些宗教领袖和其他不同背景的人士对于中国传统文化的了解，均得益于杜维明的大力推介。他还利用哈佛大学的教职工作，为该校博士生开设儒家伦理课程，受到该校学生的热烈欢迎。有报纸报道，杜维明讲授的中国儒家文化，"吸引了这么多最有独立思想的最不受束缚的哈佛学生！偌大一个哈佛，只有杜维明是在山得斯上课的，杜维明的课堂最大，杜维明讲的中国文化的课堂最大"②。杜维明还经常邀请所有来燕京学社的访问学者和家属去他家包饺子过年，人多时竟有 100 多人，他们散坐在一楼、二楼和地下室。杜维明家的聚会常成为交流中国文化的国际盛会。有来自各国的华侨华人，有会讲或多或少中国话的外国人，也有虽然不会讲中国话但是热爱中国的美国人。他们与大师一起讨论儒家理念向外部发展的空间、中国文化软实力、儒家伦理和在世界范围的普世价值、中国经济的强大和中国文化在世界上可能发出的声音等。③

在向美国传播中国文化的华人中，不仅有像杜维明这样的知识精英，也有普通的美国华侨。早在 110 年前，在美国当仆人的中国劳工丁龙捐献了自己的全部积蓄 1.2 万美元，希望在美国一所著名大学设立汉学系，以传播中华文化，因为在他看来，美国人不了解中国和中华文明。他的主人卡本蒂埃为了实现丁龙的愿望，陆续捐款将近 50 万美元。这个汉学系，就是今天的纽约哥伦比亚大学东亚系。其实，丁龙并不是知识分子，对孔夫子也知之甚少。他只是以中国人的个体形象在海外挣扎，并以自己信奉的理想和道德标准去严格要求自己，却在无形中感化了其主人，传播了中华文明。而哥伦比亚大学东亚系不仅是美国最早的汉学系之一，而且也是完全按照注重古典文化精神和人文传统的欧洲模式创建的。这不仅得益于哥伦比亚大学一以贯之的严谨办学作风以及尊重历史文化精神的优良传统，还得益于哥伦比亚大学当局在创办东亚系时就得到丁龙和其主人卡本蒂埃的慷慨捐助。正是因为"丁龙汉学讲座教授"的资金足以力敌欧洲任何大学的酬金，它才能够邀请到全世界最杰出的汉学家加盟。④

可以说，美国人开始逐步接纳儒家文化，思考它的人文价值，包括美国国会图书馆把

---

① 江门市外事侨务局，http：//www.jmwqj.gov.cn/newsShow.asp? dataID=114。
② 陈祖芬：《杜维明：中国文化的课堂有多大》，《光明日报》，2010 年 2 月 26 日。
③ 陈祖芬：《杜维明：中国文化的课堂有多大》，《光明日报》，2010 年 2 月 26 日。
④ 王海龙：《一个中国劳工与美国哥伦比亚大学东亚系》，《科学大观园》2014 年第 3 期。

《论语》当作西方知识分子必须学习的一个文本，是唯一入选的非西方典籍，这与美国华人的长期努力是分不开的。

2. 侨团组织程度较高，组织动员能力较强

美国华人不仅人口众多，且组织程度较高，这与美国社会自由结社的风气和相关法律有关。美国华人社团类型多样，有历史悠久的传统侨团，有成立时间不长，但数量增长很快的新型专业人士社团、同乡会、校友会、商会、政治性社团、文化团体、宗教团体、社团联合体等。随着中国改革开放的不断深入，综合实力的不断增强，美国华人与中国的联系日益密切，一些华人社团的当地化、跨国化或国际化的趋势明显，全美或全世界性的华人社团联谊会召开的频率高，参与者众多。如 1994 年成立的全美中文学校协会是以大批留学人员和华裔新移民为主所组成的一个全国性非营利性公益组织。它两年召开一次年会，为会员学校切磋交流、集思广益办好华文教育提供了极好机会。一直以来，美国华人社团积极传播和弘扬中华传统文化、促进东西方文化交流，反对种族歧视、推动华人族群与当地国其他民族相互交往乃至主动参政议政，建立起与当地国大社会之间的正常联系。

特别值得一提的是，美国华人从自己的生存体验中认识到中美关系的好坏对他们的生存发展影响很大，因此他们近年来积极参与策划并成立了若干促进中美关系的组织，如中美友好城市促进会（UCSCA）、美中友好协会等。总部设在美国洛杉矶的中美友好城市促进会为中美城市在友好、平等、自愿、互利的基础上建立友好城市关系牵线搭桥，提供咨询和进行协调，致力于整合中美友好城市各个行业和区域资源，推动两国友好城市间经贸合作、教育文体交流、经验研讨，推动城市化建设，实现共同发展和繁荣。① 促进会在美国久负盛名，多次成功地在中美城市间搭建日常沟通、友好城市结对的桥梁。创立于 1992 年的美中友好协会是一个致力于美中友好的美国民间机构，旨在通过开展各种形式的美中友好活动，建立良好的美中交流平台，增强两国人民之间的了解，增进两国人民的友谊，扩大两国交流与合作，深化美中友好关系。协会下设医疗、科技、教育等七个方面合作的委员会。多年来，美中友好协会积极推动美中两国在商业、文化、旅游、体育、教育等各领域的合作，精心筹划安排中国在海外的大型庆典及旅游推广宣传活动、美中互访考察、专题座谈、高端论坛以及文化艺术等交流活动，切实促进中美两国地方省州和各级政府，以及民间团体之间的互动与交流合作。② 近几年来，美中友好协会的一系列中美交流活动，成功地向全世界人民弘扬和宣传了中国形象和中国旅游，推广和促进了中国公共外交发展，浇灌出一朵朵绚丽的美中友谊之花。

3. 华文教育、华文传媒较为发达，传播力量较强

随着近年来中国综合实力的不断增强，美国华人新移民人数的增多，华文传媒受众数量的增加，美国华文传媒呈现出新的繁荣发展景象。目前美国中文报纸接近百家，已有近 40 个全天候华语电视台。③ 美国发行量最大的华文报纸《世界日报》已成为美国少数几家发行全国的日报之一。

① "中美友好城市促进会"，http：//www. ucsca. org/about. asp？id＝24。
② "美中友好协会"，http：//www. safaus. org/aboutus_ cn. html。
③ 夏春平：《风生水起　雨后春笋——"新移民华文报刊"的成因、区域流向及特点》，《首届世界华文传媒论坛论文集》，南京，2001 年 9 月；朱辰华：《美国华语电视的新发展》，《新闻记者》2005 年第 11 期。

美国华人人数的快速增长，使华文教育成为华人的迫切需求，加上中国经济持续强劲发展、中美经济关系日益加强，华文经济价值提升，促使各地中文学校迅速发展，并逐渐呈现出兴盛的局面。目前美国有华文学校 500 多所，学生 6.8 万人。①

媒体是开展文化传播的重要手段之一。近年中国在这一领域也作出多种努力，如设立国务院新闻办公室，推动中国国际广播电台、中国电视台等媒体在海外开拓业务。但是，中国国内媒体在海外运营时仍然存在诸多问题。与此相比，海外华人群体创办的媒体则具有特殊优势。华文媒体从业者大多是国内原有的行业从业者，或者是相关行业的精英。他们对国内的发展有着敏锐的嗅觉和较强的领悟力，得天独厚的语言优势和文化底蕴，加之对侨居国的了解，可以让华文媒体在报道中更客观公正，更容易让华文媒体在侨居国产生积极影响。

由于近年来美国华人数量增长较快，华文传媒地位提高，越来越多的美国知名企业开始与美国华文媒体合作，不少美国媒体和制作公司也开始与美国华文媒体合作，共同发展。美国鹰龙传媒近年来就联手美国多个知名国际品牌制作了大量的华语节目，在服务当地华语受众的同时，也满足了当地企业的市场拓展需求，形成了良性经营模式。此外，一些华文传媒还积极利用新媒体技术拓展业务，扩大影响。如鹰龙传媒旗下的电台与中国国际广播电台合作成立了北美制作中心，通过新媒体技术加强节目编辑管理和协调机制，开发新媒体项目，包括手机广播、网上广播和主持人与听友的网上互动等。随着这些新媒体技术的应用，华文媒体不仅弱化了各族裔媒体之间的语音隔阂，而且拓展了媒体的受众市场，提高了华文媒体的竞争力，扩大了华文媒体在美国主流社会的影响力，使其日益成为引领未来的声音。②

---

① 丘进主编：《华侨华人研究报告（2011）》，北京：社会科学文献出版社 2011 年版，第 304～326 页。

② 苏彦韬：《美国华文媒体如何在主流社会发声》，《中国记者》2011 年第 11 期，第 96～97 页。

中欧人文交流及华侨华人的角色和参与路径

　　一般而言，"人文交流"包含三个层面的交流，即人员交流、思想交流和文化交流，是我国与其他国家的人民之间在文化、科技、教育、旅游等各个领域的交往与合作。其目的是促进国家之间人民的相互了解与认识，从而塑造区域文化认同、价值认同，最后达成区域政治合法性的支持。"人之相知，贵在知心"，"以心相交，方能成其久远"。在现代国际关系体系中，"人文交流"是仅次于政治安全合作、经济贸易合作的推动国家间关系发展的第三推动力，① 是国与国关系发展中极为重要的桥梁和管道，对消除认识差异、增进互信和友谊、推动人类文明进步具有不可替代的作用。②

一、中欧人文交流的基本情况

（一）中欧人文交流的背景

　　1975 年 5 月 6 日，中国与欧洲经济共同体（欧盟前身）建立正式关系。2001 年，双方宣布建立"全面伙伴关系"，2003 年，双方又将中欧"全面伙伴关系"提升为"全面战略伙伴关系"。自此，中欧关系进入面向未来且积极从战略高度展开协调与合作的时期。与此同时，中欧经济关系快速发展，2013 年，双方贸易额达到 5 591 亿美元，同比增长 2.1%，欧盟仍然是中国第一大贸易伙伴和第一大进口市场。投资方面，欧盟 28 国对华直接投资 65.2 亿美元，同比增长 21.9%。中国对欧盟直接投资 36.2 亿美元，增加 6.2%。截至 2013 年底，欧盟对华累计投资超过 900 亿美元，中国对欧盟累计直接投资已经超过了 350 亿美元。③

　　但另一方面，欧洲仍然是国际舆论尤其是涉华舆论的主要塑造者和对华偏见最集中的地区之一，欧洲政治草根化明显，民意影响尤甚，对欧洲公共外交尤为重要。然而，长期以来，中国对欧洲公共外交重批驳而轻说服，重解释而轻建构，抽象宣传有余而形象传播不足。2011 年 3 月 BBC 发布的一项调查报告显示，欧洲地区民众对中国影响力的负面评价较高且呈上升趋势。为何中欧经济相互依存度日益提升，而民众对华好感却不断下降？欧债危机发生后，中国购买大量欧元区国家债券，反而被欧洲舆论批评为"来者不善"，并认为中国并非"乐善好施"，反而企图以此换取欧盟承认中国市场经济地位，甚至控制欧洲等。究其根源，主要由于欧洲缺乏对中国文化和行为方式的理解。④

---

　　① 金正昆、唐妮娜：《当代中国外交的新路径：人文外交初探》，《教学与研究》2009 年第 8 期，第 35 页。
　　② 《中欧人文交流新亮点：妇女交流纳入中欧高级别人文交流对话机制》，http://acwf.people.com.cn/n/2014/0905/c99013-25612834.html。
　　③ 2013 年至 2014 年 1 月中国与欧盟经贸数据，http://www.51kybg.com/indynews/news/20140220/9335749.shtml。
　　④ 《架起中欧人文交流的新桥梁——访"中欧学术连线"主任王义桅》，http://www.csstoday.net/guojiguancha/guoji/7972.html，2011 年 11 月 17 日。

中国和欧洲，作为东西方文明的主要发源地，都对人类文明进步作出过巨大贡献。古希腊时期，欧洲曾涌现出苏格拉底、柏拉图等众多先哲；而几乎在同一时代的中国，也曾出现孔子、老子等伟大思想家。两大文明在今天交流互鉴，渴望产生更为丰硕的果实，为世界文明进步作出更大的贡献。因此，加强中欧双方的人文交流，增进双方人民的了解显得尤为重要而迫切。这一点，双方领导人已日益重视并付诸实践。

（二）近年来中欧人文交流发展概况

1. 主要活动

人的交流是中欧关系的基本元素，为双方关系奠定了坚实基础。目前，中欧每年人员往来550多万人次，互派留学生近30万人，人文交流为中欧合作厚植民意和奠定社会基础。近年来，为进一步增强中欧人民之间的了解与互信，推进中欧全面战略伙伴关系长期稳定发展，双方人文交流逐渐步入机制化轨道。

2012年2月，第十四次中欧领导人会晤，双方宣布同意建立中欧高级别人文交流对话机制，以进一步丰富全面战略伙伴关系为内容，使人文交流对话机制拥有和高级别战略对话、经贸高层对话同等重要的地位，使得"人文交流"成为中欧全面战略伙伴关系中"经贸合作"和"政治互信"两大支柱以外的"第三支柱"。

2012年4月18日，中欧高级别人文对话交流第一次会议在比利时布鲁塞尔举行，会后双方签订了《中欧高级别人文交流对话机制第一次会议联合宣言》，并提出了合作框架下的具体建议，充分发掘丰富的人文资源，在教育、文化、青年等领域开展更大范围、更深层次的人文交流。中欧高级别人文交流对话机制第一次会议标志着中欧高级别人文对话交流机制正式开启，中欧人文合作步入机制化、规范化的轨道，成为进一步夯实中欧关系民意基础的稳定性推动力。

2014年9月6日，中欧高级别人文交流对话机制第二次会议在北京举行。中国国家主席习近平、欧洲理事会主席范龙佩和欧盟委员会主席巴罗佐向会议致贺信。国务院副总理刘延东表示，双方应抓住发展机遇，把握全面战略伙伴关系大方向不动摇，相互尊重、相互包容，共筑"中国梦""欧洲梦"和"世界梦"，并就中欧人文交流提出三点倡议：第一，加强交流互鉴，做增进理解信任的"孵化器"；第二，坚持以人为本，做强化中欧合作的"稳定器"；第三，促进文明共荣，做发展全球治理的"推进器"。

与此同时，在中欧人文交流合作机制的大框架下，中国与欧盟成员国之间的人文交流也日益密切。中国陆续与法国、德国、英国、意大利、西班牙、荷兰、马耳他等国都有不同层面的文化交流平台。

2. 主要内容

- 中国与欧盟层面

2011—2012年，在欧盟层面上进行的、规模较大的中欧文化交流活动主要是"2011中欧青年交流年"和"2012中欧文化对话年"。青年交流年活动包括联合举办中欧青年周、可持续发展青年论坛、"志愿者之桥"等百余个项目。"2012中欧文化对话年"活动框架内执行将近300个合作项目，涵盖文学、艺术、哲学、语言、体育、新闻出版、青年交流、旅游等领域，覆盖包括北京、上海、香港、澳门在内的22个中国省市、特区及27

个欧盟成员国。2012年4月，双方启动"中欧人文交流机制"之后，在教育、文化、青年等领域开展了更大范围、更深层次的人文交流。

教育和语言多样性方面，双方设立"中欧高等教育交流合作平台"，整合高等教育领域分散的政策对话，确定双方共同感兴趣的主题，集中并加强双方对现有的上海交通大学中欧国际工商学院、中国政法大学中欧法学院和华中科技大学中欧清洁与可再生能源学院等中欧合作办学机构的支持，鼓励开展相关办学活动。为加强学生、学者流动，2012—2016年，中国政府提供3万个奖学金名额，资助中国学生赴欧盟、欧盟学生来中国留学。欧盟委员会将采取行动加强中欧学生和中欧学者之间的交流，通过交流项目，支持5 000名中国学生和学者到欧盟国家学习，支持2 000名欧盟国家学生和学者赴华学习。双方将继续开展中欧教育政策对话，建立双方共同认可的质量标准，制定开展相互认证的工具，双方于2012年开展中欧联合研究项目。为加强语言合作和进一步推动语言多样性，双方于2012年举办中欧多语言会议，凸显语言作为推动人文交流工具的重要性。

文化方面，双方提升文化政策对话；继续支持全面落实中欧文化对话年；扩大知识分子和政策制定者交流的规模；加强在文化创意产业领域的合作；高度重视加强声像领域的合作，进一步促进中欧广播影视领域的人员和节目交流等等。

研究人员流动方面，欧盟委员会鼓励中方科研人员和机构参与"玛丽·居里行动"和后续的欧盟"地平线2020计划"下的相关计划，加强双方在长期互换青年研究人员领域的合作。此外，双方还将支持青年学生交流互访，2012—2016年，交换了数万名中欧青少年学生。中方将推动中欧高校建立欧洲区域与国别研究中心和中国研究中心，以加强对彼此的研究和了解。

青年合作方面，双方于2013年举办中欧青年创业研讨会，大幅增加中欧青年之间的可持续伙伴关系及网络联系。2013年，中欧双方累计有500个青年组织参与到合作项目中，中欧各国青年组织推进中欧人文对话，建立并加强中欧青年专题门户网站之间以及其他形式媒体之间的网络合作。[1]

2014年9月，在中欧高级别人文交流对话机制第二次会议上，双方推出教育、文化、青年、妇女等合作的后续行动计划。这包括中方为中欧留学生提供3万个奖学金名额，欧方承诺为7 000名中欧留学生提供资助，双方加强文化政策对话水平和文化及创意产业领域的交流与合作，支持中欧青年组织发展友好伙伴关系，定期就妇女问题开展讨论、分享政策经验等。[2]

● 中国与欧盟成员国层面

中国与英国，双方在教育、科技、文化、媒体、体育和青年等领域将继续展开广泛的交流合作。包括：中英学生双向流动、中英大学生实习试点项目、中国体验英国项目、中英中小学合作，共同支持"中英百对优秀中学交流计划""时代中国"文化节、"艺术中国"文化节、"中英青年领导者圆桌会议""中英青年领导人培训项目"以及青年工作者

---

① 《搭建起人民之间了解互信的桥梁——教育部有关负责人就中英、中欧人文交流机制答记者问》，http://www. gov. cn/gzdt/2012 - 05/11/content_ 2134580. htm。

② 《驻欧盟大使呼吁中欧加强人文交流》，http：//news. ifeng. com/a/20141006/42142531_ 0. shtml。

交流等项目。①

中国与法国，2003 年中国在法国举办"中国文化年"，2004 年法国在中国举办"法国文化年"。2014 年 9 月 18 日，中法高级别人文交流机制启动，并签署了《联合宣言》，双边人文交流活动将得到更加深入广泛的推进。

中国与德国，近十年来人文交流与合作表现出数量多、规模大、形式多样、内容丰富等特点。2012 年中国在德国举办"中国文化年"。两国的人文交流促进了两国人民间的对话与沟通，增进了相互间的理解与信任，同时也成为中欧人文交流的重要内容。

中国与意大利，2006 年就举办了"意大利文化年"，通过广场晚会、音乐会、舞剧、木偶剧、意大利文艺复兴艺术展、庞贝古城展等多种形式，展示了一个多元的意大利。2010 年 10 月 7 日，意大利"中国文化年"在罗马开幕。这是中国在欧洲举办的最大的对外文化交流活动。

中国与荷兰，"欢乐春节"早已成为文化交流的响亮品牌。在中荷友好大背景及其带来的发展契机的促进下，中荷文化交流将充分发挥"欢乐春节"品牌的示范性带动作用，利用荷兰的国际组织、友好城市和华侨华人资源，举办多种形式的中国春节主题庆祝活动，展现中国文化艺术。

3. 特点与成效

总体而言，中欧人文交流逐渐步入机制化轨道，形成了高层次、全方位的文化交流与合作新格局，成为进一步夯实中欧关系发展民意基础的稳定性推动力。具体表现为以下特点：

首先，人文交流机制逐步建构，高层沟通不断深入。2012 年的中欧领导人会晤上，双方领导人正式宣布同意建立中欧高级别人文交流对话机制。中方由时任国务委员、现任国务院副总理刘延东担任主席，欧方由欧盟委员会教育、文化、语言多样性及青年事务委员瓦西利乌担任主席。机制规定每两年召开一次会议，具体协商解决问题，切实推进项目实施。目前已召开两次会议，取得良好效果。

其次，人文交流领域不断拓展，形式、渠道更加多元。在已有的人文交流的基础上，中欧双方在第一次高级别人文交流对话会议后，就签署了 15 份谅解备忘录、联合公报等协议和文件，对教育和语言多样性、文化、研究人员流动和青年四个方面进行了商讨，并采取一系列后续行动，包括中欧高等教育交流合作平台、互派学者和留学生、教育政策对话、中欧文化对话年、青年交流互访等。第二次高级别人文交流对话会议后，双方又增加了在妇女方面的多形式交流。

再次，人文交流层次更加立体，参与主体愈益广泛。中欧人文交流不仅展现在中国与欧盟层面，中国与欧盟成员国之间，也积极建立人文交流机制，开展不同层次的交流活动。

近年来，中国陆续与法国、德国、英国、意大利、西班牙等国互办或合办了"文化年"等大型文化交流活动。在法国、德国、马耳他、西班牙等国设立的中国文化中心与在

---

① 《搭建起人民之间了解互信的桥梁——教育部有关负责人就中英、中欧人文交流机制答记者问》，http://www.gov.cn/gzdt/2012－05/11/content_ 2134580. html。

华的法国文化中心、德国歌德学院、西班牙塞万提斯学院等，成为中欧文化交流的重要平台。[①] 而在具体的专业领域，则所有成员国与中国都有人文交流平台。

总体而言，近年来中欧人文交流在政治互信、经贸往来日益紧密的大背景下，不断得到双方高层领导重视，交流合作领域不断拓展，项目内容不断深入，手段方式更加多元。通过交流，增进了中欧人民之间的了解与友谊，促进了两国人民间的对话与沟通，增进了相互间的理解与信任，扩大了中欧机构和各类组织之间的共识与合作，为双方进一步交流与合作打下了坚实的基础。

（三）存在的主要问题

（1）重高层对话、轻草根交流。近年来，中欧双方日益重视双边关系发展。高层首脑频繁接触，各层次交流稳步推进。但很多决策都是直接自上而下，未能充分反映基层民众的实际需求。人文交流的开展，需要进行外交理念的调整和外交制度的完善。更为重要的是，它还需要调动包括非官方的个人和民间组织在内的多元因素的能动性，引导其在对外交往中发挥积极作用。[②]

（2）重官方渠道、轻民间路径。与传统的外交路径相比，中国目前逐步重视人文外交。但当前中欧人文交流仍然以政府官方项目推动为主，纯粹以民间为主的交流较少。人文交流无论从其具体载体、表现形式还是从其具体对象上看，它都广泛渗透到了与广大民众的日常生活直接相关的各个领域。[③] 当然，这也与我国民间组织发展现状有关。我国的民间组织发展同我国的经济、社会发展相比严重不足，民间组织的具体身份、地位、布局和规划都有待规范。同时，即便是参与到外交过程中的个人和组织，其自身的修养、组织建设也有待进一步提高。

（3）重高雅艺术、轻大众文化。目前，中外文化交流注重"高大上"。无论是音乐还是书画等文化艺术都是国内乃至世界一流的。这些文化连国内多数普通大众都未曾见过，更是谈不上理解。例如，2014 年中法组织 300 余场系列交流活动，包括音乐会、展览、艺术家交流等，其中天坛礼乐文化，展示中国古代祭祀和礼乐文化的魅力，但未能考虑民众的文化修养与民众的理解接受能力。

（4）重"走出去"，轻"引进来"。近年来，随着经济实力的增强，中国提出"走出去"战略，人文交流也是如此，各部门积极推动各种形式的文化输出。相对而言，引进来的文化产品较少，双向交流不平衡。人文交流应以"互动"为要，突出交流的地位，只有相互了解，才能达到人文交流的目的。尤其是要注重中外学术界、智库、新闻媒体和文化艺术团体之间的正常往来，并且正视非政府组织的存在及其在国际交流中所发挥的作用。

（5）重形式，轻实效。文化交流本来就是一个相对空泛的话题。当前背景下，各层次、各部门、各形式的项目不断展开，但对其后期执行的实质效果缺乏跟踪考核。这样不利于交流工作的进一步深入与拓展，有时反而给对方留下负面印象。例如，现在有些国家学者认为中国不差钱，邀请他们来华交流，费用都要由中方承担。

---

① 《中欧形成高层次、全方位的文化交流与合作新格局》，http：//www.cssn.cn/hqxx/tt/201410/t20141017_1367186_1.shtml.

② 金正昆、唐妮娜：《当代中国外交的新路径：人文外交初探》，《教学与研究》2009 年第 8 期，第 35 页。

③ 金正昆、唐妮娜：《当代中国外交的新路径：人文外交初探》，《教学与研究》2009 年第 8 期，第 35 页。

二、华侨华人在中欧人文交流中的角色与作用

从上述分析中可以看出，在中欧关系友好及国家大力推进中外人文交流的大背景下，中欧人文交流取得丰硕成果。但与此同时，其中还存在着民间交流欠缺、缺乏基础可持续交流平台、双边互动不平衡等不足之处。而散居在欧洲的250多万华侨华人却可以发挥其独特优势，进一步推动中欧人文交流。

欧洲华侨华人社会有数百年历史，最近数十年发展快速，人口规模、经济实力、社会地位等方面都发生重大变化。国务院侨办最新侨情调研数据显示，目前欧洲华侨华人数目约为255万，其中新移民170多万，侨团数量为1 199个，华文学校455所，华文媒体142家。地理分布上，英、法、德、荷等西欧老移民国家人数较多，相对稳定；意、西、俄等东欧、南欧国家人数增长较快，但流动性较强；北欧人数较少，增长较慢。另外，欧洲华侨华人居住情况与职业密切相关，呈现"全覆盖、大集中、小分散"的特点。一方面绝大多数华人移民较多的国家，多存在华人移民工作、生活聚居的"唐人街"；另一方面，由于市场分散、同业竞争等原因，华人移民又分散至欧洲各地。相对而言，专业技术移民比较分散，较易融入当地社会。华侨华人社会的特点决定了他们在中欧人文交流中具有独特优势，可以发挥积极作用。

第一，广泛性是开展中欧人文交流的坚实基础。欧洲约有255万华侨华人，侨胞人数多、分布广、涉及领域宽，是开展中外人文交流的独特的社会基础。他们融入世界各国并形成覆盖各行各业的交际网络，成为开展人文交流的重要种子。欧洲华侨华人多为新移民，他们对祖（籍）国感情深厚，联系密切，更是中华文化在海外的载体。

第二，二元性是开展中欧人文交流的重要纽带。二元性体现在华侨华人的身份和文化内涵两方面。华侨和华人虽然在国籍上有所区别，但都具有中华民族血脉。他们长期生活在海外，熟悉中外文化，了解中国和住在国民众在思维方式、审美情趣等方面的异同。欧洲多为新侨，这一点表现得更为明显。二元性特点凸显在开展中外人文交流中华侨华人的桥梁和纽带作用。许多外国人接触中国文化、了解中国人，都是从华侨华人开始的。

第三，亲近性是开展中外人文交流的根本保证。"国之交在于民相亲"，人文交流需要建立互信、互感亲切。欧洲华侨华人移民历史久远，为居住国作出了重要贡献。例如，"一战"时华工就为法国作出了重大牺牲。近年来，欧洲华侨华人的发展也促进了住在国经济社会的繁荣。正是这种与其他族裔同舟共济，愿意为住在国发展作出贡献的精神，使华侨华人最终与住在国和住在国民众之间建立起无法割舍的情谊。这种亲近与信任，使得借助华侨华人开展人文交流具有亲人、朋友之间交往的性质，更具柔性，成为有效的润滑剂。

第四，融入性是开展中外人文交流的独特优势。欧洲华侨华人与住在国各族裔一起，共同构建了住在国的多元文化。他们与交流对象形成层层交织、密不可分的整体。华侨华人的融入性特点为开展中外人文交流提供了正能量。每当涉及我国国家主权、民族尊严和领土完整等重大问题时，海外侨胞以民族大义为重，开展支持中国政府立场和主张的声援活动，往往更容易为住在国民众所理解，更容易引起住在国政府的重视。

第五，永恒性是开展中欧人文交流的可持续发展平台。当前中欧双方人文交流项目多

为政府推动，带有一定的权宜性。华侨华人长居国外，并且代代薪火相传、永不间断，他们才是永远的人文交流主体。华人社团组织举办丰富多彩的中国文化活动；海外华文媒体为华侨华人传递声音、表达诉求，积极为中华文化与世界文化交流搭建对话平台。华侨华人通过日常交往，正悄然无声地促进着与当地人民之间的相互理解。

三、几点思考

借助海外侨民开展人文交流是各国惯用的有效方式。欧洲华侨华人的独特角色与作用为中欧人文交流提供了更多的发展思路与空间。政府与民间都应该充分利用这一独特优势，共同努力，多做文章，真正推进中欧人文交流的健康发展。

（1）重视海外华侨华人这一宝贵资源，拓展民间交流渠道。要进一步提高对华侨华人在中外人文交流中的重要性的认识；要重视侨务工作在人文交流中的重要作用，协调相关涉侨部门的文化交流工作。这将极大地丰富中欧人文交流的内容，拓宽中欧人文交流的渠道与范围。

（2）提升欧洲侨胞中外文化素养，增强个体角色的传导效应。华侨华人要成为人文交流的桥梁，首先要提升自身中华文化修养，保持民族特性。每个华人在海外都是一面中华文化的镜子，都是中华文化的代言人。华人个体的文化素质可能会影响到族群的整体形象。因此，文化及侨务部门要进一步抓住合适机遇，选择优秀和符合实际的文化产品，尽可能地满足他们的多元需求。另外，鼓励欧洲华侨华人学习、了解当地文化，融入当地社会，为当地居民所接受和认同。

（3）发挥欧洲华侨华人优秀文化人士的能动作用。欧洲侨界留学人才荟萃、藏龙卧虎，拥有一大批在文学、艺术、体育、美食、中医等领域造诣颇深的艺术家、从业者或爱好者。艺术无国界，他们在弘扬中华文化方面蕴藏着巨大潜力。政府要重点做好侨界"四有"人士工作，鼓励他们加强与普通社团的联系，推动其文化功能的提升。

（4）打造华人社区、华人社团等基层交流平台，增加与当地社会的互动。华人社区是华侨华人相对聚居的地方，在当地法律允许的情况下，可以引导华人增加中华文化的元素。例如，门面装修、广告宣传、海报横幅，甚至酒店、咖啡厅、电视等界面都可以融入中华文化特征，以有利于当地居民及社会对中华文化的认知与了解。要以活动丰富、影响较大的华人文化社团为重心，强化其在文化交流与传播中的重要角色，以华裔新生代为重点发展人群，通过重点侨团和重点人士团聚侨胞，邀请当地民众参与，以"滚雪球"的方式不断扩大人文交流范围，提升人文交流水平。尤其要加强留学生、文化精英、专业社团和综合性社团之间的引导、支持与协调合作。

（5）增强欧洲华文媒体的传播功能，扩大对主流社会的影响。公共外交旨在减少新闻媒体对中国的歪曲报道，提高关于中国价值观的中外传播和交流的效应，以及改进中国民众和外国民众、民间机构、民间团体之间的关系。海外华文媒体兼具上述三方面的功能，华文媒体不仅对华侨华人了解中国、传播中华文化有重要作用，在一些国家或城市也对主流社会产生影响，还可以通过华媒人士与主流媒体的高层人士进行沟通联系。要特别重视具有一定影响力的双语媒体的传播功能，支持、推动其与当地主流社会的互动，支持欧洲华媒做大做强，扩大华文媒体在华人社会乃至主流社会的覆盖面。可以借鉴海外华文教育示范学校评选和资助方式，选择一些有实力、有影响的华文媒体作为重点培育对象，在人员、资金、业务等方面进行支持和资助。要"借船出海"，通过海外华媒或华侨华人，邀请主流媒体的高层、记者、制作人、专栏作家等来华访问和采访报道，通过外国人的视觉，用外国人熟悉的面孔和方法来宣传一个真实的中国。[①] 此外，要借助新媒体和传统媒体渠道，让更多的国家认识中国、了解中国。

（6）办好欧洲华文教育和对外汉语教育，夯实人文交流基础。华文教育的受众为海外华侨华人，是重要的"留根工程"，其实质就是促进中华文化在海外的传承与发展。对外汉语教学的受众为外国人，是外国人直接了解中国文化的重要渠道。国家要进一步扶持海外华文学校和孔子学院的发展。

（7）鼓励人文交流方式的不断创新，支持政、商、学、研相结合的模式。人文交流平台的多样化应该对促进中欧人文交流工作的开展有积极意义。近期，暨南大学华侨华人研究院成立了集政、商、学、研于一体的平台——欧华研究中心。中心设理事会，由欧洲华商组成。中心除开展欧洲华侨华人研究外，还将邀请欧洲国家华裔及外籍学生来华留学、访问等，开展文化交流。官方的支持结合学界的研究，加上华侨华人的支持和外国人员的参与，应该是推动中外人文交流的一种可持续健康发展的新模式。

（8）强化机制构建与管理，提高人文交流成效。相关管理部门要积极制定政策措施，建立相关机制，包括部门协调机制，中欧项目合作机制，项目立项、实施、评估机制等，对项目进行及时跟踪、指导与效果评估，提升实效性。有关部门之间要加强统筹协调，避免资源浪费，树立国家正面形象。

从长远来看，人文交流要重视双方民众对彼此文化的理解，但目前开展的交流活动很多都是单方面的，即在对方未了解我方文化的背景下展开。这样的效果更多时候可能是一厢情愿，热闹完之后没有留下什么东西。因此，在通过华侨华人开展人文交流时要特别重视这一点，我们既要提升他们的中华文化水平，同时也要鼓励他们了解与熟悉当地文化，二者缺一不可，否则，难以深入交流。

---

① 潮龙起："公共外交中侨务部门的地位和作用"，2010 年 10 月国务院侨办一般项目成果。

中华文化在东南亚地区的传承与发展：华族的角色扮演

东南亚是中国推进中外人文交流与合作的重点区域，是中国建设"21 世纪海上丝绸之路"的重要战略枢纽，也是海外华侨华人人数最多、居住最为集中的地区。华侨华人是中华文化在东南亚地区的携带者和传承者，是我国开展中外人文交流与合作的重要桥梁和强大的推动力。

一、背景：中华文化在东南亚传播的发展与现状

东南亚是中国的近邻，在历史上就受到以儒家文化为核心的中华文化的深刻影响，通过双方互派使节、艺术交流、人口迁移、僧侣互访等，最终在中国与东南亚人文交流史上形成了民间先行、国家主导、官民并举的特点。今天居住在东南亚地区人数高达 4 264 万的华侨华人就是双方长期交流互动的集中体现，也是推动双边人文合作交流的重要使者和桥梁。

当下，中华文化在东南亚地区已经形成了多渠道、多层次、多方面、多形式的传播局面。政府、地方与民间并举，交流内容丰富多样，包括民间团体互访、学术交流、教育合作、文化考察、文艺演出等，规模逐渐壮大，频次不断增多。尤其自 2003 年中国与东盟国家建立战略伙伴关系以来，双方的文化交流与合作愈发紧密，建立了多元化合作机制，如部长级磋商机制、交流培训机制、促进合作机制等，极大地推动了中华文化在东南亚地区的传播与发展。

2005 年 8 月中国与东盟签署了《中国—东盟文化合作谅解备忘录》，成为中国与区域组织签署的第一个有关文化交流合作的官方文件。2006 年双方举办"中国—东盟文化产业论坛"，2012 年更名为"中国—东盟文化论坛"，将双方对话领域从先前的文化产业领域扩展到了文化艺术、非物质文化遗产等多个方面，标志着中国—东盟文化交流合作的质量和层次提升到了一个新的高度。2014 年被定为"中国—东盟文化交流年"，仅中方报送的文化交流项目就有 150 余项。除上述国家层面的交流合作外，近几年，地方和民间社会的文化交流活动也相继开展，不少中国文艺团体相继访问东南亚国家，如武汉杂技团、上海杂技团、北京歌舞团等。上述活动均说明，加强文化交流已经成为中国与东南亚国家的共识。

尽管近年来中国在与东南亚地区的文化交流方面取得很大进步，但也在主、客观上存在着一些问题，影响了中华文化在东南亚地区的深入与推广。首先，中国与一些东盟国家不同程度地存在着边界、领土、意识形态等方面的矛盾和争端，显示了中国与东盟国家的政治共识基础还比较薄弱，缺乏广泛的政治认同，这将成为制约中华文化在东盟国家深入传播的重要因素。其次，中国与东南亚国家之间在文化上不仅存在着共同性，同时也存在着差异性。由于双方民众缺乏对两国文化的深入了解，甚至彼此怀有偏见，这些差异性往

往往成为对方对中华文化产生误解的主要原因。最后，中国在中华文化的海外推广运作机制上欠缺协调、统一和完善，且渠道多为官方所控制，民间资源得不到充分利用，使中华文化在东南亚地区无法形成持续的影响力和推动力。

上述问题的存在，说明中国与东南亚国家之间还存在着在短期内无法消除的政治分歧、文化误解以及运作机制方面的缺失。在这一背景下，推动双边民间交往，加强民间沟通与交流，是推动中华文化向外传播与发展的切实可行的途径之一。东南亚地区 4 000 多万的华侨华人正是这一途径的有力建构者和实践者。他们是来自民间社会的使者，在某种程度上可以跨越国家层面的障碍，免受一定政治因素的困扰，同时基于对双边文化的深入了解，他们更容易理解和消除双边人民之间的误解和分歧，因此，华侨华人是沟通中国与东南亚之间的天然桥梁，是推动中华文化在东南亚地区传播的一股重要力量。

二、华侨华人：传承中华文化的重要载体

华侨华人是中华文化在海外传承的重要载体，这里将从"个人与群体"和"组织与机构"两方面解读华侨华人如何推动了中华文化在东南亚地区的传承与发展。

（一）个人与群体

当前在东南亚地区传承中华文化的华侨华人主要来自三类群体：在中国出生成长或接受华文教育的早期移民；"再华化"的华人；20 世纪 80 年代以后移居东南亚的新移民。

对于在中国出生成长或接受华文教育的早期移民而言，中华文化已经深深地内化和积淀在他们的身上。随着移居异国他乡，对于故土和亲人的思念转化为一种浓厚的文化情结。这一文化情结使他们无法忘记自己的文化根源，并成为中华文化在海外的自觉传承者。他们除了自身坚持中华文化外，主要通过家庭教育、日常生活经验以及成立社会组织等方式将中华文化传递给子孙后代。在这些早期移民中，侨领凭借着自身的财力与智慧，对于中华文化在海外侨居社会的存留与发展起到了重要的推动作用。例如，在新加坡创办华侨学校的陈嘉庚和南洋大学的陈六使，马来西亚致力于维护华文母语教育的林连玉，菲律宾大力支持华文教育发展的陈永栽等，这些具有中华文化情结的早期移民成为推动中华文化在海外传承与发展的重要力量。

第二类主体是"再华化"华人。"再华化"指的是"新生代华人重新审视他们的身份和文化认同，在保持和维系自身政治认同（效忠于出生国/居住国）的大前提下，对自己的华人族群身份感到自豪和骄傲，对中华文化和语言的热情日渐高涨，并将与祖国的文化、经济和社会联系视为一项对自己和居住国的发展有利的因素"[①]。"再华化"的华人主要表现为一些华裔公开推崇中华文化以及自己的华人族群身份，并积极同中国建立各种类型的联系。如近年来菲律宾、泰国的数位政要均公开承认自己的华人背景、身份或联系。在印度尼西亚 2000 年全国人口普查中，仅有 240 万即全国总人口的 1.2% 承认自己的族群

---

① 刘宏：《未来 5—10 年海外侨情发展趋势与侨务对策研究：总论》，国务院侨务办公室政策法规司编：《未来 5—10 年海外侨情发展趋势与侨务对策》，第 4 页。

身份为华人；而到了 2010 年，这一比重却增加至 3.7%，即 880 万承认自己为华人。[①] 这种对华人身份和中华文化认同的增强所显示出来的"再华化"现象固然与所在国宽松的政治环境和多元文化的社会氛围有关，但也离不开近年来中国经济崛起这一大的时代背景。可以说，"再华化"华人是推动中华文化在东南亚地区传播的新兴的本土力量。

20 世纪 80 年代以后移居东南亚的新移民是近 30 年来向海外传播中华文化的又一大主力军。自 20 世纪 70 年代中国改革开放以来，随着中国与东南亚各国关系的改善和密切，一部分中国人开始以各种方式移居到东南亚各国，迄今为止，东南亚的中国新移民人数多达数百万人。新移民的大量涌入及其直接的中国背景，为中华文化在东南亚地区的传播与发展带来了新的生机。如泰国华文报纸为了迎合新移民的需求，不仅在排版印刷方面将昔日的竖排、从右到左改成了横排、从左到右，而且在内容方面更加注重对中华文化的弘扬与传播，如开辟"历史与文化""教与学""学唱中文歌"等版面，并逐字标注汉语拼音。[②] 新加坡的华文媒体也因新移民的到来而销量大增，华文电视台的收视率不断升高。中国新移民数量在东南亚地区的迅速增长，极大地带动了东南亚地区中华文化的勃兴，但需要指出的是，中国新移民背景（祖籍地、教育背景、知识结构、生活经历等）的多元性和广泛性使东南亚华族社会的中华文化地理重心正在发生转移，原本以中国华南地区侨乡文化为主的文化传统（如地方概念大于国家观念；地方性的方言、风俗、信仰等），正在被更具有广泛意义的中华文化所代替（如国家观念强化；儒家人文精神等），广义的中国概念正在取代传统的地方性侨乡，成为东南亚地区中华文化的地理象征。

（二）组织与机构

在东南亚社会，推动华侨华人传承中华文化的组织和机构，从小到大、从基层社会到上层建筑，主要表现为三个方面：家庭、社会组织和国家。

1. 家庭

推动华侨华人传承中华文化的最基层的社会组织是家庭。这是一种华侨华人自发性的力量，即不受外力影响而自然产生。通过人类的繁衍和家庭模式的延续，文化得以持续发展。这种文化传承方式的特点主要是华侨华人依靠从日常生活中习得传统的价值体系和行为模式，如通过家庭使用语言、日常生活方式、民俗庆典文化等，来加强对自身族群文化的认同与传扬。这种方式在保存族群固有文化方面的力量非常强大，如在一些东南亚国家，由于多种因素的影响，华文教育和华文媒介正在走向衰微，甚至在一些国家已经无法发挥积极的影响，华人家庭这支力量则成为中华文化能够传承下去的关键因素。在苏哈托时期的印尼，华文教育被禁止，公共场合禁止说华语，也不准公开庆祝华人的传统节日；但是，许多华人家庭仍然在暗地里庆祝着华人的节日，尊奉华人自己的神明，华人家长仍然在家里教导子女讲华语或自己家乡的方言。在泰国，虽然华人在社会经济生活的各个方面都已经较好地融入或是同化于当地主流社会，但一个个华人家庭依然保留了比较多的华人特征。

---

① Zakir Hussain, "Chinese Indonesians Come Full Circle", *Jakarta Post*, June 8, 2012.

② 《曼谷随笔：追随时代潮流 泰国华文传媒涤荡新风》，http://news.sina.com.cn/o/2004 - 05 - 28/09562651812s.shtml。

2. 社会组织

推动文化传承且处于社会结构中层的社会载体主要表现为华人社会的民间组织和机构。这是一种自主性力量，即由华侨华人发挥主观能动性而形成的一种社会群体推动力，其主要表现为华侨华人成立的各种有关承载中华文化和教育的社会机构或组织，如华人社团、华文学校、华文媒体等，它们在东南亚地区中华文化的传播与发展的过程中发挥了不可替代的作用。相比于基层组织家庭而言，这些来自中层社会的机构力量更具有规模性、计划性和组织性。

社团是东南亚华人最主要的社会组织形式之一，一直发挥着凝聚乡情、同济互助、传承中华文化的重要作用。迄今为止，马来西亚是东南亚华人社团数量最多的国家，约有一万个，印度尼西亚社团数量也在迅速增长，仅在 2000 年之后就成立了一千多个华人社团。在这些社团中，无论是同乡会馆、宗亲会所、中华会馆等传统华人社团，还是以专业、商务、文化、福利等为内涵和宗旨的各种各样的新型华人社团，都在不同程度上承载着传播中华文化的责任和功能。现今在东南亚各国，以传播与弘扬中华文化为主要宗旨的文化团体非常活跃，不仅有综合性的中华文化中心等团体或机构，也有侧重于某一类文化活动的单一性文化团体，如音乐、舞蹈、美术、武术、书法、诗歌、学术、体育团体等。近些年来，随着全球化的加快，东南亚华侨华人成立了一系列的跨越地理、国家和政治边界的社会文化机构，如区域或世界范围的同乡会、宗亲会以及各种联谊大会等，凸显了社团组织在推动与传承中华文化方面的整合性、跨界性和网络化等特点。

华文学校是华人社会传承中华文化，增进土生华裔文化认同的重要社会机构之一。通过对中华语言和文化的学习，中华文化在海外华人社会得以保存、传承和发展。马来西亚是目前东南亚各国中华文教育最为发达的国家，拥有幼儿园、小学、中学、大学的完整华文教育体系，有 1 294 所华文小学，60 所华文独立中学，3 所华文大学，学生总数 80 万人左右。[①] 菲律宾的华文学校也有 131 所，在校生达到千人以上的就有 26 所。

华文媒体是东南亚华人除华人社团、华文学校之外传承中华文化的又一个核心载体，也是体现东南亚华侨华人对中华文化认知和发展的具体表现形式。与世界其他地区相比，东南亚的华文媒体历史最久，数量最多，体系最全。根据依托媒介的不同，东南亚的华文媒体可分为华文报刊、华文电台、华文网络以及华文电视等，其中华文报刊的普及性最广。如马来西亚是海外拥有华文日报最多的国家，共有 18 家华文报纸，其日销售量超过马来文报和英文报；新加坡拥有 5 份华文报纸，总发行量超过 60 万份。

华人社团、华文学校和华文媒体作为传承中华文化的三种社会组织，功能各异，但相互促进，彼此推动。华人社团在不同历史时期为华文学校和华文媒体的发展提供了历史基础和经济支持；华文学校为华人社团和华文媒体的发展提供了文化供给和人才后备；华文媒体则为华人社团和华文学校的壮大奠定了群众基础和舆论力量。

3. 国家

推动中华文化长期在东南亚华人社会传承与发展的一个核心机构是来自上层建筑且触及社会深层结构的国家，即社会精英利用手中掌管的政治和经济权力来推动中华文化在海

---

① 中国侨网，http://www.chinaqw.com/hwjy/2014/08 - 09/13392. shtml。

外或本土的生存、传播与发展，以协助维持他们在社会秩序中树立的主流意识形态。这是一种自觉性的力量，即通过学习与思辨，国家对文化价值体系进行合理化解释与维护，进而促进文化系统的发展。以国家力量推动中华文化的海外传播与发展，一是来自华侨华人的祖（籍）国——中国，一是来自华侨华人的移居国。

中国方面，自 20 世纪以后，孙中山、梁启超等人在南洋的革命活动，以及抗战期间中国政府在南洋的宣传活动，都极大地调动了华侨华人的爱国情绪，中华民族主义的增强对东南亚华侨华人认同中华文化产生了很大的影响。当前以中国国家力量推动中华文化在海外的传播与发展的一个典型事例是中国国家汉语国际推广领导小组办公室（简称汉办）的设立。该机构隶属于中国教育部，主要职能是支持各国各级各类教育机构开展汉语教学和中华文化的传播。目前该机构在东南亚国家共建立了 26 个孔子学院和 19 个孔子课堂，在当地华人社会及其所在地掀起了一股"汉语热"。

移居国方面，自 20 世纪 50 年代中后期，东南亚国家与中国共同解决了华侨的双重国籍问题后，东南亚华人的生活境遇得到了很大改善，很多原本被限制的政治与文化权利得到了确认，华人对祖国的文化认同也得到了尊重，新加坡更是在 20 世纪 90 年代由国家倡导进行了儒学复兴运动，这些都显示了东南亚国家力量对于中华文化在本地社会的建构与推动。当前，多数东南亚国家奉行多元文化的社会政策，使得原本在东南亚国家建国时期曾一度被打压的华族文化再次复兴。如在印尼，自苏哈托下台后，随着国家政策的调整，中华文化得以重获生机，仅在 2000 年之后，印尼就成立了一千多个华人社团，印尼三语（印尼语、华语和英语）学校的学生人数也呈不断上升趋势，以三语小学为例，20 世纪末至 21 世纪初小学建校初期只有 995 人，而到 2013 年已达到了 8 033 人。在泰国，2005 年由中泰两国政府共同支持，成立了首家中文电视台——泰国中文电视台（TCTV），节目以中文会话、泰文字幕为主播出，同时也有以泰文会话、中文字幕或潮州话、客家话等地方方言播出的节目，成为东南亚唯一一家以中、泰两国语言播放的电视媒体。①

上述三种来自不同社会层级的组织和机构相互作用，彼此促进，并随着不同历史时期的文化内涵、受众和作用的不同，对东南亚华侨华人传承中华文化起到了多元的推动作用。

三 、问题与挑战

当前东南亚华侨华人传承中华文化，无论在内部的传承机制与载体上还是在外部的环境与氛围上，均面临着一系列的问题与挑战。

从东南亚华人社会内部来看，问题之一是东南亚华人社会"文化断层"的出现。所谓"文化断层"，指的是随着东南亚华族社会的代际更替，东南亚华人在中华文化的传承链条上出现断裂，主要表现为中华文化传统在土生华人社会的衰退乃至消失。华语是文化传承的主要载体，透过当前东南亚华文教育的状况以及华人子弟华语水平低下的情况，中华文化的失落与衰微由此可管窥一斑。

---

① 《泰国华人创办首家"中文电视台"18 日开播》，http：//news. xinhua和et. com/newmedia/2005 – 12/12/content_3910755. htm。

在印度尼西亚，由于苏哈托执政（1967—1998）的 32 年间采取排斥华文、华校及中华文化的政策，致使如今 40 岁以下的绝大多数华人都不会华语。在新加坡，根据 2013 年的一项调查研究显示，新加坡华裔儿童使用中文的频率有下降趋势，在家中与父母用中文沟通的幼儿仅占 40%，大部分儿童用英语与兄弟姐妹及同伴沟通，所接触的华文读物、卡通节目和电脑游戏的中文也远不及英语的多。[①] 在语言偏好方面，新加坡华族学生对于华语的喜欢度仅为 38.9%，比英语还要低 10%，认为华语是最有用的华族学生仅有 13.7%，而认为英语是最有用的华族学生则高达 67.67%。[②] 在泰国、菲律宾、缅甸等国家，由于华族人口比例相对较小以及所居国对华人与华文教育强有力的同化与压迫政策，致使当地土生华人绝大多数都不能用华语交流。[③] 马来西亚是东南亚地区唯一一个保留了完整华语教育体系的国家，但近年来由于教育政策的偏颇，越来越多的华裔学生转学或不再报读华文小学，而是选择就读私立小学或国际学校。[④] 马来西亚华族的社会领袖对本国华族年青一代的中华文化底蕴也深感担忧：纵使大多数华人青年仍然认同母族文化，但由于华文教育程度和水平及其他条件的限制，他们对母族文化的认同也只是停留在比较肤浅的层次上。针对中华传统文化在东南亚华族社会的日渐衰落，新加坡总理吴作栋早在 2000 年就指出：“需要对年轻人灌输传统价值观念，否则他们的这种观念可能会逐渐淡化，逐渐消失。”[⑤] 究其原因，文化断层的出现固然与 20 世纪以来西方文化对东南亚华族社会的冲击有关，但 20 世纪后半期东南亚各国压迫和同化华人移民的政策导向，以及东南亚华侨社会自身的代际繁衍并向华族社会的过渡演变，则与当前文化断层的出现有着不可分割的联系。

问题之二是中华文化在东南亚华族社会的运作与传承机制有待完善。目前，华人社团、华文学校、华文媒体由于体制自身建设的不完善，均出现了乏力、不稳定的局面。

在华人社团，一方面随着东南亚华族社会的代际更替，多数土生华人不热衷于参与社团事务，使社团出现后继乏人、名存实亡的状态。如在马来西亚，全国近 9 000 家华人社团，1/3 都处于冬眠状态；[⑥] 另一方面，社团在文化功能方面表现乏力与疲软，正如近期马来西亚的一位华族行政长官所指出的，“大马华人应该朝向中华文化教育发展，善用会馆及社团的资源，努力整合资源，不要只是把资源放在产业，而是应该充分利用资源往文化教育发展”[⑦]。在华文教育方面，由于师资短缺，硬件设施落后，教材版本不一，无法适应当地国情以及学校财务管理不当等，严重阻滞了一些东南亚国家华校的发展，出现了各种困难与问题，如印度尼西亚至少需要 3 万名中文教师，而目前只有大约 4 000 人在从事各种华文教育，且师资老龄化，年龄在 65 岁以上的老教师占到 65%，且不少老师只有

① 《新加坡华族儿童用华语频率下降》，（新加坡）《联合早报》，2013 年 9 月 16 日。
② 陈玉清、黄明：《新加坡双语教育与华人语言习惯和态度的变迁》，《集美大学学报》2012 年第 2 期。
③ 曹云华：《变异与保持：东南亚华人的文化适应》，台北：五南图书出版公司 2010 年版。
④ 《华裔学生不读华小引担忧 大马华教人士呼华社关注》，（马来西亚）《南洋商报》，2013 年 10 月 17 日。
⑤ 《东方传统价值观不会危害知识经济》，（新加坡）《联合早报》，2000 年 6 月 7 日。
⑥ 《马来西亚华人社团近 9 000 个 1/3 处于“冬眠状态”》，暨南大学图书馆华侨华人文献信息中心编：《侨情简报》2013 年第 6 期。
⑦ 《大马官员：华裔说好华语不足够 应提升文化底蕴》，（马来西亚）《光明日报》，2014 年 1 月 14 日。

当地初中学历；菲律宾华校生源流失严重，当地教育师资严重匮乏；① 缅甸郊区的华校发展严重滞后②等等。在华文媒体方面，尽管新加坡、马来西亚的部分华文媒体在当地主流社会存在一定影响力，但就东南亚总体而言，华文媒体仍然薄弱，传播力有限，读者多局限于老年移民和新移民，鲜少触及土生华人群体；在传播渠道和形式上也缺乏创新，多以传统报刊为主，较少涉及网络传媒等。

除了上述华社内部存在的问题之外，东南亚华侨华人在传承中华文化上也面临着来自外部环境的挑战，主要从以下两方面体现出来：

第一，因容易受到移居国大环境以及移居国与母国政治外交关系的影响而带有天生的脆弱性。历史已经表明，东南亚华人社会的生存与发展自始至终离不开移居国这一大环境的影响。缅甸、印度尼西亚将近 30 年华校、华报的缺失，新加坡华语使用人群严重萎缩，菲律宾、泰国华族社会的本土化等，无不与移居国的政治环境、国家政策导向以及其与中国外交关系的疏离息息相关。在国与国日益紧密联系的今天，东南亚华人社会虽经过几百年的发展，表现出了一定的韧性和自主性，但终究无法脱离东南亚这一外部大的生存环境。近几年我们依然看到，2013 年马来西亚政府颁布的《2013—2015 年教育发展大蓝图》，规定所有幼儿园必须采用教育部学前教育课程并最终以马来语为教学媒介语，大幅度增加华族小学马来语教学时间，剥夺华族小学的董事会主权等，这一教育政策的偏颇使得马来西亚华族小学正在逐步被边缘化，华族报考华文科目的人数也在逐年递减；在菲律宾，2013 年中菲关系的紧张致使本已定好的一些中菲教育交流计划被迫取消等，所有这些事实都表明了华人社会以及中华文化在东南亚的生存、传播与发展具有天生脆弱性的一面。

第二，面临全球化的挑战。随着 20 世纪后半期全球化进程的加快，西方文化价值观念对东南亚社会造成了强烈的冲击与挤压，也对东南亚华人社会对本族文化的认同形成了威胁，一些地方的文化传统，如方言、华族节日庆典等正在逐步被取代。即使得以保留，也基本演变成一种获取商业利益的手段或一种象征性的符号，文化传统本身所蕴含的一些道德观念和本土价值正在逐步丧失。如在马来西亚，华人每年都隆重庆祝农历春节，但多数人不懂得新年活动背后的文化内涵；年青一代华裔懂得方言的比例目前已经低于 47%，也有低于 40% 的华裔青年不懂得自己的籍贯。③ 在印尼，一些华人的宗教仪式已经变成供外国人旅游参观的景点与活动。

在全球化的浪潮下，中国经济的快速发展对东南亚地区造成了一股强大的辐射效应，表现之一是东南亚华语教育热的兴起。然而，在经济全球化背景下兴起的华语教育，其背后的功利化目的却是显而易见的，如对于在泰国兴起的学习华语热，一位在泰国的中国官员就曾指出：中国是推动泰国经济发展的火车头，懂华文的大学毕业生不仅较容易找到好工作，而且工资一般可高出两三千铢。在这种情况下，华文教育的重心更多地转向于华语教学，华文教育的文化内涵遭到了极大的削弱与剥离，导致华语在很大程度上变成了一种语言工具。在新加坡，政府在华语教育政策方面更加强化华语的工具性、商业性和交际

---

① 菲华商联总会：《2013—2014 学年度"挽救华生流失补助金"颁发仪式》，http：//www.ffcccii.org/2013 - 2/2014 学年度挽救华生流失补助金颁发仪式。

② 《缅甸腊戌市办华校座谈会　郊区华校发展滞后成共识》，(缅甸)《金凤凰》，2013 年 10 月 15 日。

③ 《大马官员：华裔说好华语不足够　应提升文化底蕴》，(马来西亚)《光明日报》，2014 年 1 月 14 日。

性，例如华语教育重听说、轻读写，取消华文为必修科，取消华文与升学挂钩等措施。20世纪90年代随着印尼与中国的复交和经贸往来的日益频繁，在华语人才方面出现了极大的缺口，随之出台了一系列放宽抑制华文的政策，兴起了一股华文教育热。然而，针对当前印尼的华文教育热，一位印尼华人将当前形势和20世纪五六十年代的华文教育比较后，一针见血地指出："两个不同的时代，都是学习华文，但是差别太大了。当时，他（我）们学习华文，是为了掌握和学习中华文化，虽然身在中国以外的地方，却非常向往中华文化，以作为华人而自豪，努力学习华文，那时有一种自豪感和责任感。他（我）们那时学习都是自觉的、争先恐后的。而现在学华文，学生和家长学习的功利性比较强。"① 可见，在全球化的冲击和各地政府因势利导的政策导向下，华文教育的发展与其传承中华文化的初衷在一定程度上出现了偏离。

总之，当前中华文化在东南亚所面临的问题与挑战，既与东南亚华人社会自身发展因素有关，也与中国国内文化发展现状相联系，如当前中国的文化发展与经济发展不同步；对外文化交流渠道多为官方垄断和主导，民间互动空间较为受限等等。要克服当前东南亚地区中华文化传播过程中所遇到的问题与挑战，我们就要清楚认知华侨华人所扮演的角色，最大程度上发挥其沟通和桥梁的作用。

四、结语

中华文化在东南亚华人社会的传承与发展既有其独立性和开放性的一面，也有其依存性和受制性的一面。首先，东南亚华人社会几百年的发展史已经证明，中华文化作为一种历经千年而不衰的优秀的人类文明，已经在海外生根成长，即使在遭遇挫折的时期，中华文化依靠其坚韧性依旧以各种方式保存了下来，如马来西亚华人通过对华文教育权利的长期奋争来保留中华文化，新加坡通过政治途径和华语的推行使中华文化免于衰落，而印度尼西亚华人则借助宗教的传播使中华文化之火一直延续不熄。同时，中华文化的开放性和兼容性又使其在东南亚长期的发展过程中汲取了当地文化的营养，经过实践、融合与发展，最终形成了东南亚颇具特色的华族文化。其次，东南亚华侨华人在承载中华文化的过程中受到内外部环境的影响，显示了其依存性和受制性的一面，概括起来，主要受到"三个要素""两种关系"和"一个格局"的影响和制约。"三个要素"即东南亚华人所在国社会的发展、中国社会的发展以及东南亚华人社会的发展；"两种关系"即中国，以及东南亚各国的关系和华人社会与所在国主流社会的关系；"一个格局"即世界政治、经济发展格局。

当今东南亚华侨华人社会的构成日趋多元，与所在国和祖（籍）国的关系也愈发复杂，这些特点决定了华侨华人在传承中华文化的过程中，所扮演的角色与发挥的作用也是双重而多元的。

首先，东南亚华人在中华文化的传承与发展上所扮演的角色是双重的，即客体和主体。作为客体，东南亚华人社会经过数百年来的发展与变迁，已经成为所在国社会结构的重要组成部分，演变成当地的华族社会。虽然其仍然保留和传承着中华文化传统的核心内

---

① 《世界侨情报告》编委会：《世界侨情报告（2012—2013）》，广州：暨南大学出版社2013年版，第15页。

容，但其在国家认同等政治取向方面已由早期以中国为中心转变为以移居国为中心，其自身的政治、经济、社会利益已经和移居国人民紧密地融合在一起，形成了"休戚与共"的生存状态。尤其对于第二、三代土生华人而言，虽其仍然保持着华人种族的外壳，但对中国的感情和中华文化的保持与理解已经近乎消失和退化。近些年，随着中国政策的变迁和经济的崛起，东南亚华人与中国的联系逐步得以恢复和加深，中国社会的发展模式、道路以及理念等深刻地影响着东南亚各国政府及其当地华人社会的作为以及与中国联系的疏密走向。因此，在推动中华文化在东南亚地区传播与发展的过程中，我们既要看到东南亚华人文化与中华文化的一脉相承，也要避免因过分放大同种同根而忽略了东南亚华人文化与中国文化的重大差异，伤害到当地华人对于中国的文化情感。

作为主体，随着中国经济在世界的崛起，有越来越多的海外华人，包括一些土生华人，开始为自己的种族和文化感到自豪，出现了"再华化"现象。与此同时，近20年来，出现了新一波由中国涌入东南亚地区的移民潮，其中不乏教育程度高、社会活动能力强的专业和技术人士。在当前绝大多数东南亚国家对少数民族文化奉行宽松政策的大氛围下，这些华人是中华文化在国际社会的形象代表，是塑造中国正面形象、正确传播中华文化理念的重要主体。此外，一部分华族人士与当地主流社会的政要、媒体及其他非政府组织都有一定的接触，同时又与中国官方与民间社会保持着密切的联系。因此，凭借在移居国以及国际社会的影响力和跨国网络，这些华人是帮助外国政界和民众客观而全面地认识和了解中国及其文化，并通过公共外交和民间外交等方式传播中华文化的重要行为主体之一。

其次，东南亚华侨华人依靠其强大的经济实力和跨国网络，在中华文化的海外传承与发展的道路上发挥着多元化的桥梁作用。东南亚华侨华人经济实力强大，商脉网络广泛。据相关统计，21世纪初，海外华侨华人所掌握的流动资金在2 000亿美元左右，而在东南亚地区企业资产超过1亿美元的，90%是华人企业集团。东南亚华侨华人雄厚的经济实力是连接海外资本与国内文化资源，推动中华文化产业在海外发展的巨大资源和动力。此外，东南亚华侨华人与中国以及东南亚华人社会之间形成了经济、社会和文化等不同领域的广泛的区域跨国网络。近几十年来不断召开的华人同乡大会、宗亲大会、联谊会以及世界华商大会等都是该种网络的外在表现形式。以世界2万多家华人社团、5 000多所华文学校、200多家华文媒体为渠道和桥梁，华侨华人对中华文化的传承与发展必将得到强有力的推动。

孔子学院与台湾书院在美国的发展及影响比较

人文交流可以将国家之间除政治、经济、军事之外的教育、科技、体育、旅游、妇女、青年等内容都纳入其中，可以说是一种广义上的文化交流和人员往来所形成的互动关系。这一现象可以追溯到 19 世纪，当时的老牌资本主义国家陆续建立的语言文化推广机构，按照时间的先后顺序包括：法国在 1883 年成立的"法国文化协会"，英国在 1934 年成立的"英国文化协会"，意大利在 1949 年成立的"意大利文化协会"，德国在 1959 年成立的"歌德学院"，日本在 1972 年成立的"日本国籍交流基金会"，西班牙在 1991 年成立的"塞万提斯学院"，葡萄牙在 1992 年成立的"卡蒙斯学院"。新世纪以来，中国也实行了在海外建立中文语言学校的措施。同时由于海峡两岸特殊的政治形势，大陆与台湾纷纷在海外寻求建立自己的语言培训机构来推进各自的人文交流。本文集中就台湾书院与大陆的孔子学院在美国所进行的人文交流情况进行对比研究，比较分析二者的异同与得失。

一、海峡两岸的文化拓展战略

随着全球化的逐步深入，世界各国、各地区趋向于互相依赖，各国际关系行为体之间不再仅仅依靠军事、经济等"硬实力"来维护安全、保持世界地位，而是努力寻求互相之间的交流和合作，追求和平与发展。在这种互相依存的国际环境中，与军事、经济等"硬实力"相对应的"软实力"逐渐得到更多的重视。文化交流与人员往来已经成为当下世界各地区、国家及社会之间相互沟通与交流的重要方式。尽管台湾在国际社会中不是一个完整的主权行为体，但不可否认的是它和大陆都是中华文化的继承者，因此也并没有妨碍其积极地对外进行文化活动的努力，可以说两岸都在积极向全球拓展自己的文化影响，塑造自己的文化软实力。

（一）大陆的人文外交战略

从大陆方面来看，中国的对外人文交流起步于改革开放之后，文教体、广电等部门的对外交流活动。到了 20 世纪 80 年代末，中国对外人文交流进入了一个快速发展的阶段。尤其是随着中美关系的迅速发展，中美文化互访开始频繁起来。有中国文化部官员对这一时期的中美文化交流的评价是"从小到大、由浅入深、由点到面的变化，其突出特点是：政府重视、民间为主、商业运作、产业化发展"[①]。中国外交不管是实践发展还是理论的演进，其最大的特点是由官方核心决策层来推动；最为突出的特点是最高领导人的重要讲话中所提出的关于外交的理论性的命题，随后才有学者对之进行整理和阐释。

---

① 吴晶：《中美文化交往 30 年："架起心灵对话的桥梁"》，新华网，http：//news. xinhuanet. com/misc/2002 -02/14/content_ 279879. htm，2002 年 2 月 14 日。

从近两届政府最高领导人的数次重要讲话中，可以看出中央对对外文化交流重要性的认识在不断强化。2007 年之后，中国开始重视塑造自己的文化软实力，胡锦涛总书记在十七大报告中明确指出我国文化"软实力"建设的四个目标，包括：①建设社会主义核心价值体系，增强社会主义意识形态的吸引力和凝聚力；②建设和谐文化，培育文明风尚；③弘扬中华文化，建设中华民族共有精神家园；④推进文化创新，增强文化发展活力。十七大报告还明确提出，"加强对外文化交流，吸收各国优秀文明成果，增强中华文化国际影响力"[①]。胡锦涛总书记也在 2009 年会见驻外使节会议中提出，"要加强公共外交和人文外交，开展各种形式的对外文化交流活动，扎实传播中华优秀文化"[②]。2012 年胡锦涛在十八大报告中提出"我们将扎实推进公共外交和人文交流，维护我国海外合法权益。我们将开展同各国政党和政治组织的友好往来，加强人大、政协、地方、民间团体的对外交流，夯实国家关系，发展社会基础"[③]。习近平执政以来多次强调对外文化交流的重要性。2014 年 7 月习总书记在《创造中国文化新的辉煌》中提出："要以理服人、以文服人、以德服人，提高对外文化交流水平，完善人文交流机制，创新人文交流方式，综合运用大众传播、群体传播、人际传播等多种方式展示中国文化媒体。"[④] 2014 年 11 月中国国家主席习近平主持会议并发表题为"联通引领发展，伙伴聚焦合作"的重要讲话，提出了与亚洲各国建设"一带一路"的合作各项工作建议，其中就有"人文为纽带，夯实亚洲互联互通的社会根基"[⑤]。

杨洁篪是一位学者型的外交领导人，他作为中国外事工作的分管领导，经历了中国文化外交、公共外交大发展的阶段，并且注入了自己关于对外人文交流的理论性思考。2008 年 10 月，中国外长杨洁篪在中央党校做《奥运后的国际形势与外交工作》的报告中首次提出"人文外交"的提法，报告明确提出："要大力开展人文外交。积极扩大对外文化、体育、旅游等领域合作和民间交流，进一步推进海外孔子学院和中国文化中心建设，传播中华优秀文化。加强同国外非政府组织、社会精英、智库和专家学者的交流，广交朋友，增进了解，消除误解。通过公众喜闻乐见的形式，介绍中国的真实情况，争取国际社会最广泛的理解和支持。"他指出，"大力推进人文外交，加深人与人之间、民众与民众之间、民族与民族之间的相互沟通和友好情谊，对于增进国家与国家之间的信任与合作、促进世界的和平与繁荣，比以往任何时候都重要"[⑥]。人文外交概念的提出也迅速引起了大陆学者的回应。赵可金对人文外交的概念进行了梳理，并且对其特点做了理论总结，他尤其指出，人文外交与一般性人文交流的本质特征在于"国家权威"的"授权和委托"，并且"着眼于长远的外交战略目的"[⑦]。

---

① 胡锦涛：《高举中国特色社会主义伟大旗帜，为夺取全面建设小康社会新胜利而奋斗：在中国共产党第十七次全国代表大会上的报告》，《人民日报》，2007 年 10 月 15 日，第 1 版。

② 《胡锦涛等中央领导出席第十一次驻外使节会议》，中华网，http://www.china.com.cn/news/txt/2009-07/20/content_18170855.htm。

③ 胡锦涛：《坚定不移沿着中国特色社会主义道路前进，为全面建成小康社会而奋斗》，《人民日报》，2012 年 11 月 8 日，第 1 版。

④ 《习近平重要讲话读本：创造中国文化新的辉煌》，《人民日报》，2014 年 7 月 9 日，第 15 版。

⑤ 《习近平主持加强互联互通伙伴关系对话会并发表重要讲话》，新华网，2014 年 11 月 9 日。

⑥ 杨洁篪：《奥运后的国际形势与外交工作》，《学习时报》，2008 年 10 月 20 日。

⑦ 赵可金：《人文外交：全球化时代的新外交形态》，《外交评论》2011 年第 6 期，第 79 页。

（二）马英九的"文化外交"

早在马英九竞选之时，就提出要在海外建设"台湾书院"，积极推广台湾文化和中华文化，进行软实力建设。马英九主政之后，更加重视软实力在提升台湾"国际"影响力上的积极作用，并屡次强调培养、提升和展示台湾的"软实力"。2008 年 2 月 26 日，马英九在"'国防'政策圆桌论坛上"将其"国家安全政策"定义为 SMART，① 其中 S 指的就是"软实力"，可见，马英九的外交理念中"软实力"占有一个相当重要的地位。此外，马英九还提出"活路外交"（flexible diplomacy）口号，主张采取尊严、务实、灵活的"活路外交"，为"中华民国"在国际上寻找新的出路。尤其强调用"文化外交"来补强"传统外交"，台湾要"靠文化走遍天下"，"台湾必须努力经营'文化输出者'的印象。外交思维和手法必须全盘翻转，以文化交流为主轴，接触欧洲，经营东南亚，深入韩国及日本；多元而务实的文化接触，是突破政治敌意封锁的创意战术"。②

马英九强调"文化是台湾的关键实力。台湾的教育水平、人民素质、公民社会、艺文创新，明显地领先于华人世界，是台湾最大资产"，"利用台湾已有的整体素质优势，把文化提升到'国家'发展战略最高地位，以文化思维浸润并整合'国防'、'外交'、经济、产业、环保、教育等，将传统的国际经济竞争态势转变为文化总体竞争"，"以文化作为21 世纪的策略领航，以文化的'软力量'深耕台湾，走入国际"。③

马英九之所以如此强调台湾"软实力"和"文化外交"的重要性，是因为台湾在"硬实力"的各项指标上都与大陆存在巨大差距，只有通过强化"软实力"来弥补"硬实力"的不足。此外，马英九的确认为台湾在其核心价值观以及文化"软实力"方面相对于大陆具有一定优势。因此，他希望借助"软实力"来获得两岸交往中的话语权，甚至主导权。④ 可以说，这和台湾一直以来以两岸关系为核心的"文化外交"战略是一脉相承的，有台湾学者指出，台湾对"软实力"的重视和强调是基于四个方面的原因：其一，台湾将"软实力"视为"弱者的武器"并以此来寻求安全；其二，通过"软实力"来提升台湾的"国际"影响力；其三，与大陆"软实力"热开展有关；其四，通过一些小国家如新加坡在"软实力"运用方面的启发，台湾也更加注重提升自己的吸引力。⑤

二、孔子学院在美国的发展、影响及存在的问题

语言信息沟通的载体，语言的使用范围、影响力在一定意义上也是文化实力的一种反应。从 19 世纪以来就有主权国家开始借助对外语言培训来促进文化的交流，甚至提升国家形象，构筑软实力。中国从 20 世纪 80 年代实行改革开放政策以来，对外经济与文化交

---

① SMART 是 Soft Power（软实力）、Military Deterrence（军事吓阻）、Assuring the Status Quo（确保现状）、Restoring Mutual Trust（修补互信）和 Taiwan（台湾）五个字母的缩写。

② 《马英九、萧万长的文化政策：以文化为核心的文化全球布局》，http：//www. ma19. net/policy4you/culture。

③ 《马英九、萧万长的文化政策：以文化为核心的文化全球布局》，http：//www. ma19. net/policy4you/culture。

④ 参见刘相平：《马英九"软实力"思想评析》，《台湾研究集刊》2009 年第 1 期，第 3 页。

⑤ Hongying Wang，Yeh-Chung Lu，"The Conception of Soft Power and Its Policy Implications：A Comparative Study of China and Taiwan"，*Journal of Contemporary China*，17：56，2008，pp. 437 –438.

流的规模不断扩大，尤其在中国经济崛起的推动下，汉语在全球的活力与日俱增：它不仅具有了国际性语言的地位，同时也是一种实用价值很高的语言。据不完全统计，全球非中国人学习汉语的人数已达 3 000 多万人。100 多个国家 2 300 所大学开设汉语课程，有的中小学也开汉语课。在这种背景下，中国开始从战略上来考虑对外汉语教育工作，即通过语言培训的渠道来彰显、构筑中国的文化软实力。

负责中国对外汉语工作的机构最早是 1987 年成立的"国家对外汉语教学领导小组办公室"（简称"国家汉办"），是中国教育部直属事业单位，致力于为世界各国提供汉语言文化的教学资源和服务，最大限度地满足海外汉语学习者的需求，为携手发展多元文化、共同建设和谐世界作贡献。顺应全球方兴未艾的汉语学习热潮，创办传播中华文化相关机构的历史重任落在了国家对外汉语教学领导小组身上。国家汉办成立于 1987 年，它是由国务院 11 个部门领导组成的日常办事机构，设置在教育部内。国家汉办成立的初衷是希望以语言作为桥梁，以民间的文化语言交流的方式传播中华文化，达到宣传中华民族价值观的目的。中国教育部认为对外汉语教育（TCFL）"具有重要的战略意义，它有助于在全球普及汉语及中国文化，以及促进中国与世界其他国家之间的友谊、相互理解以及经济文化合作与交流，并以此来提升中国在国际社会的影响力"[1]。

新世纪以来，中国开始大力推广对外汉语教育，其中一项重要举措就是建立孔子学院。2000 年，教育部下辖的国家汉办统筹规划成立"孔子学院"，这一设想正是模仿学习西方发达国家的经验，通过组建官方或半官方的机构来向全球推广语言和文化。2004 年11 月，中国首家孔子学院在韩国首尔成立。中国官方将孔子学院定义为"中外合作建立的非营利性教育机构"，其目的就是"致力于适应世界各国（地区）人民对汉语学习的需要，增进世界各国（地区）人民对中国语言文化的了解，加强中国与世界各国教育文化的交流合作，发展中国与外国的友好关系，促进世界多元文化发展，构建和谐世界"。其具体的工作职能包括：孔子学院开展汉语教学和中外教育、文化等方面的交流与合作。所提供的服务包括：开展汉语教学；培训汉语教师，提供汉语教学资源；开展汉语考试和汉语教师资格认证；提供中国教育、文化等信息咨询；开展中外语言文化交流等活动。[2]

孔子学院是与德国的歌德学院、西班牙的塞万提斯学院、法国的法语联盟以及英国的文化委员会相类似的机构，尽管成立时间最晚，但是由于我国大量的资金和人员投入，孔子学院的规模已经远远超过这几家机构。孔子学院建立并获得发展的首要原因，就是因为世界各国有学习汉语的需求。中国已经成为世界 GDP 排名第二的国家，越来越多的国家认识到汉语的重要性，认识到与中国进行文化、经济、政治交往成为大势所趋，海外人才也越来越多地到中国寻求发展机会。其次，和平与发展的时代主题要求世界各国建立良好的关系，而文化交流就是其中最重要的手段，孔子学院就是中国与世界交往的桥梁。孔子学院始终坚持国际汉语学习基地的五大职能定位，即推广中心、教学中心、研究中心、培训中心和考试中心，孔子学院坚持作为中国与世界各国进行人文交流的桥梁，得到了很多国家的理解和支持。建立孔子学院的意义，首先就在于它推动了汉语热，极大地提高了汉语的国际地位。其次，建立孔子学院推广了中国的软实力，有利于中国文化"走出去"；

---

① 教育部，http：//www.moe.gov.cn/publicfiles/business/htmlfiles/moe/s3917/201007/91583.html。

② 国家汉办，http：//www.hanban.org/confuciousinstitutes/node_ 10961.htm。

最后，孔子学院成为中国对外人文交流的重要平台。

近年来，孔子学院在全球出现了迅速发展的良好势头，根据孔子学院网站的最新数据显示，截至 2014 年 10 月，全球已建立 471 所孔子学院和 730 个孔子课堂，分布在 125 个国家（地区）。孔子学院设在 119 国（地区）共 471 所，其中，亚洲 32 国（地区）102 所，非洲 29 国 42 所，欧洲 38 国 158 所，美洲 17 国 152 所，大洋洲 3 国 17 所。孔子课堂设在 54 国共 730 个（科摩罗、缅甸、马里、突尼斯、塞舌尔只有课堂，没有学院），其中，亚洲 14 国 58 个，非洲 8 国 11 个，欧洲 22 国 178 个，美洲 7 国 424 个，大洋洲 3 国 59 个。[①] 美国是孔子学院和孔子学堂建立最多的国家，从 2004 年第一所孔子学院在美国马里兰大学成立到现在，已经有 100 所孔子学院和 356 个孔子课堂（具体名录可详见汉办官网）。

从数量上来看，孔子学院在美国可谓取得了非常大的成功。但在迅速发展的背后也带来了一些问题，如 2010 年，芝加哥大学的 174 名员工签署联名信，反对在未经教职员工评议会允许的情况下设立孔子学院。当时的《今日美国报》网站发表文章称，中国政府向全球性大学注入资金的做法让汉语教学、中国文化项目以及与中国相关的会议和研讨会出现了大发展，但也引发对于学术自由和教学与科研独立性的担忧。2012 年 5 月 17 日，美国国务院发布公告，要求在美国持有 J-1 签证的孔子学院的中国教师必须于 6 月 30 日前离境。尽管这一事件很快得到平息，不过这也反映出随着孔子学院在美国规模的快速增长，它已经成为美国大选中一个极具争议性的话题。

最为严重的事件则是 2014 年芝加哥大学和宾州州立大学相继在一周内取消了与孔子学院的续约。

2014 年 6 月，在全美拥有 47 000 名会员的美国大学教授协会（AAUP）联合加拿大教师协会（CAUT），亦于当地时间在官网发表报告，呼吁各大院校让孔子学院退出校园或重新签订合作新约。该报告认为孔子学院严重影响了美国大学的学术自由，他们要求美国各大学停止与汉办主管的孔子学院之间的合作协议，除非二者之间的合作符合以下三个条件：①大学必须拥有单方面的控制权，它必须与美国大学教授协会 1966 年发布的《大学管辖声明》中的规定相一致；②大学要提供给孔子学院老师同等的学术自由权利，该权利依据 1940 年的《学术自由与权利的原则声明》；③大学与汉办的协议必须对所有大学公开。这些协议的条件也应该应用于大学与其他任何政府及政府相关机构的合作关系中。[②] 美国大学教授协会在声明中呼吁美国近 100 所大学取消或重新谈判与中国孔子学院之间的协议。这一份声明一抛出就不断酝酿发酵，并且很可能引发一轮连锁反应。

2014 年 9 月 25 日，美国芝加哥大学在逾百位教授的联署督促下，在官方网站上公布了停止继续进行孔子学院续约商谈的声明，该声明称，"自 2009 年起与中方合作开办的孔子学院对本校的中国研究很有益处，几个月以来，学校与汉办之间一直在进行努力协商，希望能达成双方都能接受的第二期合作续约，但在最近发表的一篇文章中，汉办负责人对芝加哥大学的评价与双方平等合作的方式非常不吻合，因此决定中止续约商谈，芝加哥大

①　国家汉办，http：//www. hanban. edu. cn/confuciousinstitutes/node_ 10961. htm。

②　On Partnerships with Foreign Governments：The Case of Confucius Institutes，This report was prepared by the Association's Committee A on Academic Freedom and Tenure in June 2014，http：//www. aaup. org/report/partnerships-foreign-governments-case-confucius-instituteshttp：//www. aaup. org/report/partnerships-foreign-governments-case-confucius-institutes.

学将一如既往地支持本校师生与中国学生、学者及机构的合作，但在学术重要问题上将坚持由本校学者牵头并遵守自己的核心价值观"①。教授们主要提出两个问题：一是孔子学院作为一个芝加哥大学以外的实体，对于以大学名义开设的课程以及讲师的任用拥有过大的影响力；二是这些教授认为，应该由该校教职员工理事会决定是否续签合同，而不应取决于行政人员。一周之后，宾夕法尼亚州立大学亦于 10 月 1 日宣布，将于 2014 年年底终止与中国孔子学院已达 5 年的合作，不再续约。

面对这两所学校的终止合约，美国大学教授协会教师工副主席、孔子学院团体主席亨利·理查曼（Henry Reichman）说，"我尊重芝加哥大学和宾州州立大学，我也认为他们不会是唯一想要与这些没有价值的学院（指孔子学院）结束合作的大学"。

这一系列的事件折射出，孔子学院在美国的发展已经遇到了巨大的问题。其中最为突出的问题主要有两点：首先，孔子学院的官方背景及孔子理论中君臣父子的价值观与美国崇尚自由的价值观存在严重的冲突；其次，孔子学院自身的运作方式招致很大的质疑。一方面是不计成本的巨额经费投入，另一方面是对美国学生的免费教育形式。据不完全统计，这些年孔子学院的投入早已超过 5 亿美元。这种不计成本的做法招致了一些西方学者的质疑，尤其中国尚有上千万的失学儿童，边远地区的学校没有教室、学生没有课本等，相反却对教育发达、生活富裕的美国学生提供高额资助，似乎与孔子的教育理念背道而驰。此外，今年来孔子学院也时常爆出一些如"史上最贵网站"、公派教师插足别人家庭这样的负面新闻。

芝加哥大学作为美国享有盛誉的名校，它作出取消与孔子学院续约的决定在美国各高校中将会引起巨大的反应。如何解决这些问题与挑战，需要国家汉办作出深入的思考，目前的困难也说明美国孔子学院正走到一个决定未来命运的关键时刻。

三、台湾书院的发展、影响及问题

台湾书院 2011 年 10 月 14 日在美国纽约、休斯敦、洛杉矶三大城市同时揭幕成立。台湾书院经过了相当长时间的筹备和酝酿，马英九早在竞选之时就提出在境外建设台湾书院与孔子学院竞争，2009 年行政院长吴敦义在施政报告中正式规划建设台湾书院，2011年最终实现。台湾书院不开设课堂，主要以举办文化活动和利用数位（网络）资料推广中华文化和台湾文化。

台湾书院与大陆的孔子学院在师资培训、教材、教育方法等方面有相似的地方。台湾书院和孔子学院都采用本地培养教师对外输送的方式。教材方面，台湾书院和孔子学院都是在本地制作教材向海外输送，但是孔子学院的本土化稍差，当然这也和孔子学院建设的区域较广有关。教育方法上，台湾书院和孔子学院都善于举办活动来促进文化推广，台湾书院举行夏令营、冬令营、中华文化寻根之旅等活动。

台湾书院和孔子学院的不同点首先就表现在名称上，台湾书院相较于孔子学院传达了不同的政治信息。第一，台湾采取了"小而精"的方式，因为台湾书院的硬件资源条件远远不及大陆的孔子学院，其预算捉襟见肘。纽约、洛杉矶、休斯敦的三个台湾书院都没有

---

① 《瑞典宣布将关闭欧洲第一所孔子学院》，《环球时报》，2015 年 1 月 2 日。

重新寻找办学地点，而是在台湾地区驻美国办事处内开辟场所。此外，台湾的外交状况也将制约着台湾书院的发展，与台湾建交的国家不多且国际影响力有限。第二，台湾书院强调其本土化特色。中国大陆建设孔子学院就是秉承着孔子的"礼"和"仁"的思想与全世界进行文化交流。台湾岛内对书院的名称存在争议，有人建议使用"中华书院"这个名称，马英九最后选择"台湾书院"一名，则是因为考虑到"本土派"的政治因素。第三，台湾书院与孔子学院的建设模式也不一样，台湾书院采取的是独立建设，而不是像孔子学院与外国机构合作建设的方式。在教学方式上，台湾书院不直接开班，而是主打其数位（网络）资源，另外组织一些文化活动如展览、讲座等；而孔子学院直接开汉语班，并且以文化活动和网络孔子学院为辅助。第四，最为重要的一点，台湾在文化软实力推广的主导力量上，整合了"教育部"和"侨委会"的力量，而大陆的孔子学院则只由国家汉办管理，却把国务院侨办的力量排除在外，甚至形成竞争。

台湾本土基本上都很看好台湾书院的软实力作用，《台湾醒报》就赞赏台湾书院"用最小的资源做最多的事"[①]。但是，鉴于大陆孔子学院迅猛的发展势头，很多台湾专家表示担忧。早在台湾书院建立之前，2010 年 2 月 20 日的台湾《联合报》就刊登文章指出"抗衡孔子学院？台湾书院有得等"[②]。台湾书院建立之后，《旺报》于 2012 年 9 月 2 日发表社论《进入两岸文化协议协商进程》，呼吁台湾书院与孔子学院合作，称"只有好好谈，才能创造合理互惠的合作机制，文化交流与合作才能产生加乘效果，两岸的和平发展才能行稳致远"[③]。《洛杉矶时报》撰文指出，马英九上任后，台湾由陈水扁主导的"金钱外交"转向着重软实力推广的"名声外交"，注重电影等艺术推广，成立台湾书院"在海外推广台湾文化与中文教育"。[④] 美国之音主要关注台湾书院在美国引起的讨论、台湾书院与孔子学院的竞争、台湾文化与中国文化、繁体字与简体字，以及台湾书院所在地教区的看法。[⑤]《华尔街日报》刊登的《文化软实力的比拼：孔子学院和台湾书院的较量》则明确指出"台湾书院有待时间考验"[⑥]。

可以说，台湾书院建设是台湾软实力推广的重要组成部分，继承了台湾 60 余年的对外汉语教学经验。但是台湾书院的发展仍然存在一些问题：

（1）台湾书院资源短缺。台湾书院不管是资金投入还是师资力量都无法和中国大陆的孔子学院相比。台湾书院初步规划四年为一期，总经费为 36 亿新台币（约合 8 亿人民币）。

（2）台湾书院采用"两轨制"的管理制度，导致管理效率较低。台湾的对外汉语教学活动的管理方式是，台湾"教育部"负责宏观的师资培训、招聘、派遣、提供外国学生奖学金等，而"侨委会"则重在针对华校提供教材、教具和师资，提供侨生奖学金等。台湾书院的工作时常因为"两轨制"的原因造成失误和效率低下，所以台湾业界人士呼吁"教育部"和"侨委会"要密切合作，分清职责。

（3）繁体字使用造成软实力推广的障碍。台湾使用的繁体字与中国大陆使用的简体字

---

① 黄政嘉：《推广特色华文　在美台湾书院 10 月开张》，《台湾醒报》，2011 年 8 月 4 日。

② 古蒙仁：《抗衡孔子学院？台湾书院有得等》，《联合报》，2010 年 2 月 20 日。

③ 《进入两岸文化协议协商进程》，《旺报》，2012 年 9 月 2 日。

④ "Taiwan turns to celebrity diplomacy", *Los Angeles Times*, July 1, 2010.

⑤ 《台湾之音在美引起讨论》，《美国之音》，2011 年 10 月 21 日。

⑥ 《文化软实力的比拼：孔子学院和台湾书院的较量》，《华尔街日报》，2011 年 8 月 15 日。

相比学习难度要大很多，文字简化是世界文化发展的趋势，在台湾内部就存在着是否要弃繁就简的争论。这种文字上的学习难度不仅让学习者感到困难，还会让对汉语有兴趣的学生因为发展前景而选择中国大陆的简体字。而且，台湾的外交实力和国际影响力有限，其地理位置、经济影响力、军事实力、政治实力都很有限，这些硬实力的短板严重制约着台湾软实力的发挥。

（4）台湾书院的角色定位让外界猜测。马英九自上任之前就声称要建设台湾书院以对抗中国大陆的孔子学院，这一说法令各界对台湾书院存在一定的警觉，台湾书院的建设在美国遇到的困难多少说明了这一趋势。不管是中国大陆，还是台湾书院所在地的美国，都不希望马英九时代的台湾书院成为"台独"等极端思想的温床，而且美国对台湾书院还有着经济利益和意识形态等方面的忌讳。

从未来发展趋势来看，台湾书院要获得持续的发展还是要区别于孔子学院的大规模建设路子，走"小而美、精"的路线。台湾专家建议台湾书院与中国大陆的孔子学院合作，大陆也希望台湾书院能和孔子学院合作，毕竟台湾与大陆同根、文化同源，而且文化上的合作能够带动其他领域的合作，促进两岸关系的发展。台湾书院与孔子学院合作，能够发挥双方各自的优势，共同进行中华文化的推广。台湾有着更深厚的中华文化底蕴、国学传统也保留得更好，大陆的资金充足、培养的对外汉语人才也较多，如果双方将其优势结合起来，对中华文化的宣传、双方软实力的推广都会产生非常积极的作用。台湾"文化部长"龙应台多次表示暂时不与中国大陆签订文化合作协议，在这种情况下，要想台湾书院发挥更好的软实力作用，台湾当局必须给予政策扶持，加大投入力度。

四、结论与思考

孔子学院是我国人文交流的重要平台之一，国家目前对于孔子学院的投资力度相当大。以印尼为例，印尼的孔子学院项目在近年来取得了比较大的发展（从数量上看），不过从建立孔子学院的目标（扩大中国文化的影响，塑造软实力）来说，其背后仍然存在一些问题。

第一，孔子学院项目具有公共外交的一般弱点，即难以估算其效果，因为通常公共外交都是产生一种潜移默化的影响。其效果很难加以量化检验，所以着重与塑造国家形象的文化传播的投入和产出之间的关系是难以评估的。

第二，孔子学院的本土化还有很长的距离。不管我们官方将孔子学院定义为什么性质的组织，其实任何机构要在跨文化背景下进行良好运作，都需要解决两个问题，一是机构内部改革需要实现跨文化管理，二是项目设计要符合当地的环境，这对于本国来说也是一种跨文化的项目设计。然而我国的派出机构（无论是企业还是 NGO）在这两方面都有很明显的弱点。

第三，对语言的工具性认识不够客观。语言在一定程度上也仅仅只是一种传播信息的工具手段。约瑟夫·奈明确指出，文化吸引力而非语言在塑造软实力。推广汉语如果只依照一种"以我为主"的非双向传播，而不明确语言推广与外交政策之间的层次性关联的话，可能很难达到良好的效果。正如有学者指出，中国在孔子学院项目中所获得的利益并不像想象中的那样，它受到语言学习与别国对中国态度的限制。

第四，国家利益受到部门利益的垄断，难以真正实现。建立孔子学院目的是为了提升中国文化影响，塑造中国文化软实力，但在具体的实践中，其经费使用都是由汉办直接管理，国内利益相关方都是各个高校。因此孔子学院项目有可能成为国家汉办与高校竞争的资源。

澳大利亚华人在中澳人文交流合作中的地位与作用

随着中澳两国交往的增多,澳大利亚民众对中国的发展以及中华文化的了解越来越深;同时,随着移居澳大利亚华人数量的增多,华人成为传播中国文化、丰富澳大利亚多元文化的重要桥梁和纽带。作为澳大利亚社会的一个主要移民群体,澳大利亚华人对促进中澳两国文化、教育、科技、传媒、旅游等方面的交流合作和增进两国人民的相互了解与交流作出了积极的贡献。

一、中澳人文交流背景

(一)中澳关系的发展与演变

中国与澳大利亚同为亚太地区的重要国家,两国关系源远流长。19 世纪中期的淘金热时期便开始有华人进入澳大利亚。进入新世纪以后,随着澳大利亚进一步实施融入亚洲、参与亚太事务的政策,中国在澳大利亚外交战略中的重要性不断提升,中澳政治、安全关系也得以进一步深化发展。两国已建立高层互访机制、政治磋商机制、国防部战略对话机制、人权对话等多重对话机制。同时,中澳两国的经贸关系一直保持良好的发展势头。目前,中国已成为澳大利亚第一大贸易伙伴、第一大出口目的地和第一大进口来源地。

中国致力于积极推进中澳战略伙伴关系,人文交流是近年中澳关系发展的一大亮点。2014 年,习近平主席在澳大利亚《澳金融评论报》发表题为"开创中澳关系更加精彩新篇章"的署名文章中这样表示:"中澳人文交流蓬勃发展,友好情谊不断加深。中澳成功互办文化年,'澳大利亚热'和'中国热'在两国持续升温。"在保持高层交往势头、增进战略互信的同时,两国人文交流,尤其是教育、文化、科技和旅游等领域的交流合作将得以加强,这将有利于增进两国人民的相互了解,夯实两国关系的民意基础。①

(二)澳大利亚华人社会的特点

2011 年澳大利亚人口普查数据显示,澳大利亚全国人口达到 21 727 000 人(截至 2011 年 8 月 9 日),比 2006 年上升了 8.3%,其中 26% 的人口出生于海外,20% 人口的父母至少有一方在海外出生。亚裔移民占全国总人口比例从 2001 年的 24% 上升到 2011 年的 33%。全澳共有华人 866 200 人,较之五年前增加了 196 310 人。华人占全澳总人口的 4.3%,其中 74.3% 为第一代移民,21.3% 为第二代移民,4.4% 为第三代移民。② 华人已

---

① 《习近平在澳大利亚媒体发表署名文章》,新华网,http://news.xinhuanet.com/ttgg/2014 - 11/14/c_ 1113250515.htm, 2014 年 11 月 14 日。

② 2011 Census QuickStats, Australian Bureau Statistics, http://www.censusdata.abs.gov.au/census services/getproduct/census/2011/quickstat/0.

成为澳大利亚第一移民族群，且新移民人口数量最多。

在澳华人新移民主要有三种类型，即技术移民、家庭团聚移民和商业移民，其中以技术移民居多。20 世纪 90 年代下半叶，随着政府放宽人才流动政策，中国掀起过一股技术移民热潮。在澳华人技术移民群体中，有相当一部分人为留学生移民。此外，越来越多的在中国接受高等教育并积累了丰富经验的华人也成为技术移民的重要组成部分。《中国国际移民报告（2014）国际人才蓝皮书》显示，中国已经成为澳大利亚第一大国际留学生来源国和第二大技术移民来源国。[①] 新世纪以来华人新移民的另一特点是投资移民的大幅增加，这与中国整体经济实力的大幅增强密不可分。目前，中国已经成为澳洲第一大投资移民来源国。[②]

在移民人口分布方面，新南威尔士州、维多利亚州和昆士兰州仍然是华人新移民的首选居住地，但西澳和南澳也吸纳了不少大陆华人新移民。语言是确定民族特征的重要方面之一，2011 年澳大利亚人口普查显示，普通话已经超越意大利语，成为除英语之外澳大利亚人在家最常用的语言。在家操普通话的人从 2006 年的 22 万增加到 2011 年的 33.6 万人，涨幅达到 52.5%。[③] 从普通话的使用率之高足见近年来中国大陆华人新移民人口增幅之大。

澳大利亚华人的经济生活特征集中反映在就业率和在澳从事的职业上。2011 年普查的结果显示，当时澳大利亚 15 岁及以上的人口中，中国内地出生的移民中从事全职工作的为 56.3%，非全职工作的为 27.6%，失业率为 11.0%；香港出生的华人从事全职工作的为 63.2%，非全职工作的为 26.3%，失业率为 6.5%；台湾出生的华人从事全职工作的为 55.2%，非全职工作的为 30.9%，失业率为 9.2%。[④] 华人从事的行业非常广泛，主要有金融服务业、房地产业、旅游业、餐饮业、零售业、工矿业、运输业及医药业等。此外，还有相当一部分华人从事专业工作（会计师、律师、工程师及医师等）及行政工作。

由于在澳华人数量众多、背景多元化，华人社团将各领域分散的华人个体力量集中起来，在形成共同的声音以表达自己的观点和立场、反映自己的利益诉求、加强族裔的内部团结以及提高社会影响力等方面都发挥着重要作用。据统计，早在 20 世纪 90 年代初，澳大利亚华人社团就有 130 个之多。[⑤] 经过近三十年的发展，目前澳大利亚华人社团数量已达数百个，主要集中在悉尼、墨尔本，其他的分布在珀斯、布里斯班、阿德雷得、达尔文等地。[⑥]

---

① 王辉耀：《中国国际移民报告（2014）国际人才蓝皮书》，北京：社会科学文献出版社 2014 年版。

② 王辉耀：《中国国际移民报告（2014）国际人才蓝皮书》，北京：社会科学文献出版社 2014 年版。

③ 2011 Census QuickStats，Australian Bureau Statistics，http：//www.censusdata.abs.gov.au/census services/getproduct/census/2011/quickstat/0.

④ 2011 Census QuickStats，Australian Bureau Statistics，http：//www.censusdata.abs.gov.au/census services/getproduct/census/2011/quickstat/0.

⑤ James Jupp，*The Australian People*：*An Encyclopedia of the Nation*，*Its People and Their Origins*，Cambridge：Cambridge University Press，2001.

⑥ 《澳大利亚华人社团的新景象》，广东侨网，http：//www.gdoverseaschn.com.cn/qw2index/2006dzkwlsfbq/200610100011.htm，2006 年 10 月 10 日。

二、人文交流合作的主要活动领域

（一）教育

中澳两国教育关系是双边关系的重要组成部分。1986 年，两国签署了《澳中教育交流协议谅解备忘录》，为两国间开展双边教育、研究合作与交流奠定了坚实基础。自此，两国的教育与研究关系经久不衰、硕果累累。两国教育合作的领域非常广泛，包括研究机构和院校合作，学生、学者和专业人士的交换等。根据澳大利亚大学协会（University Australia）的数据统计，截止到 2012 年，双边大学共签订了 885 个合作协议，较 2003 年增长了 72%。中国取代美国成了澳大利亚在知识与研究领域内的最大伙伴国。[①]

在教育领域，华人首先是华文教育的积极推动者。语言是文化的载体，华文是人们了解中华文明的重要媒介。海外华文教育是广大华侨华人及其后代在融入居住国主流社会的同时传承中华传统文化、保持与祖（籍）国联系以及开展合作交流的桥梁。同时，华文教育对中华文化的弘扬、增强海外华人社会的凝聚力具有重大的促进作用。澳大利亚华文教育起步较晚，但发展迅速。近年来，在澳大利亚，除了华人社团致力于推广华文教育外，华人社区更是汉语的积极推行者，尤其是随着大量华人新移民移居澳大利亚，澳大利亚华人社区的华文教育办得有声有色、生机勃勃。

创办中文学校是推广中华文化的一种途径。澳大利亚中文学校联合会（Australian Chinese Language Schools Association Incorporated）是一个非营利性的行业联合组织，该联合会成立于 2000 年，总部设在悉尼，现有 24 所会员社区学校，28 个教学点，学生总数超过 3 000 人。中文学校联合会的创立增进了澳大利亚中文学校之间的交流与合作，促进了海外中文教学事业的发展。[②]

自 2014 年起，澳大利亚的中文课程被列为全澳中小学教育正式课程，中文课程将覆盖澳大利亚一年级至十年级的外语教学课程中。在悉尼、墨尔本等大都市，各种社区小学开始重视华文教育，并定期组织学生前往中国参加各种活动。在澳大利亚学校的中文课上，来自中国的为数众多的华人小学生常常扮演着小老师的角色，分担中文老师的教学任务。同时，华人家长也积极参与到中文教学中，不仅帮忙策划学校的中文学习活动，还走上讲台给学生们上课。可以预见，华人学生和家长的积极参与将有助于华文在澳大利亚的推广。

可见，在汉语的国际推广中，华人社区既是推广对象，也是依靠对象。一方面，海外华人参与汉语国际推广，对于提高海外华人自身的文化素质、加强当地华人社区的自身建设、扩大华人社区在当地社会的影响，都能起到积极的作用；另一方面，海外华人身处汉语国际推广的最前沿，与当地民众朝夕相处，一直在自觉或不自觉地传播着中华民族的优秀文化和传统。因此，拥有良好教育背景和中文能力的澳大利亚华人新移民是华文推广的重要力量。

---

① 克里斯·埃文斯：《〈亚洲世纪中的澳大利亚〉白皮书推动澳中伙伴关系深入发展》，澳大利亚驻华大使馆，http：//www.china.embassy.gov.au/bjngchinese/AEIMENU.html，2012 年 12 月 12 日。

② 澳大利亚中文学校联合会简介，http：//www.aclsa.org.au.php.

华人还积极参与中澳两国的文化交往。他们通过创办协会、出版刊物等方式宣传中国文化、中国的成就与优势，在一定程度上加深了澳大利亚民众对中国的认识，同时也帮助华人更好地融入澳大利亚社会。2001 年，在堪培拉，爱好中华文化的画家、艺术家和作家们成立了中华文化协会。该协会不仅举办华人画家联合画展，出版文化刊物《堪京文苑》，还主办了中文作文比赛、青少年音乐和舞蹈表演、中秋晚会与其他文化交流和联谊活动。其中，儿童和成年舞蹈队每年都接受邀请积极参与澳大利亚社区活动，其中包括澳大利亚多元文化节、中国新年、联邦日等庆典活动。[①]

（二）科技

长期以来，澳大利亚以其在生命科学、材料科学、信息科学、制造工程和农牧业等领域的优势和特色，吸引着众多海外人才，其中不乏一大批从中国来澳工作的高层次华人学者。这些华人学者在澳大利亚高校、科研机构和企业工作，在各自的研究领域和管理岗位上取得了不凡的业绩，并为中澳两国的教育科技交流作出积极的贡献。香港学者 Rui Yang 曾对澳大利亚大学的华人学者群体进行调查研究，结果发现，多数就职于大学的华人学者仍然保持与中国的各种联系。大多数受访者都表示他们的合作伙伴来自中国，或者是其他地区的华人。从这方面看，澳大利亚华人学者们在中国与西方学界的沟通与合作中起着重要的桥梁作用。[②] 可以说，高技能华人群体对中国在世界科技发展上的地位的大幅提高，起着积极的促进作用。

现任澳大利亚昆士兰大学副校长的逯高清教授便是其中的一位。1983 年，逯高清教授毕业于东北工学院（即今东北大学）。1991 年，他在澳大利亚昆士兰大学获得化学工程博士学位。多年以来，逯高清教授所带领的团队与中国科学院金属研究所等多家单位建立了长久的合作关系，并与金属研究所共同完成了多项国际合作项目，促进了中国科学院在太阳能光催化、储能、储氢等清洁能源材料领域的快速发展。同时，逯教授还致力于中国新能源材料领域青年人才的培养，并积极推动澳大利亚科学院、澳大利亚工程院与中国的交流合作。此外，逯高清教授与其他华人学者一起创立了澳大利亚历史上第一家全国性华人学者团体"全澳华人专家学者联合会"[③]。

全澳华人专家学者联合会于 2004 年在堪培拉宣告成立。作为全澳唯一的华人专家学者组织，联合会目前已吸引了澳大利亚 13 个华人专家学者团体加入，在推广和宣传澳洲华人专家学者成就，提高华人专家学者群体在澳大利亚主流社会的地位和影响，加强华人专家学者之间的联系和交流，组织学术活动和成果交流，以及推动中澳双方教育、科技等多个领域的交流与合作等方面发挥了重要作用，显现出澳大利亚华人专家学者团体的优势和力量。联合会每两年定期举行一次中澳教育、科学、技术研讨会。联合会还经常以多种方式组织或鼓励会员参加为母国服务的项目和活动，参加中国教育部实施的"春晖计划"，不断拓展与中国同行进行合作和交流的机会。联合会的多数成员都与国内科研机构、高校

① 《堪培拉中华文化协会简介》，澳洲网，http：//www. au123. com/literature/societies/kplzhwhxh/，2014 年 5 月 23 日。

② Rui Yang and Anthony R. Welch，"Globalisation，transnational academic mobility and the Chinese knowledge diaspora：an Australian case study"，Discourse：Studies in the Cultural Politics of Education，2010，pp. 593 – 607.

③ 《澳大利亚华人年鉴（2013）》，http：//www. chineseyearbook. org. au/index. html。

保持长期稳定的合作关系。①

在两国科技交流与合作方面，澳大利亚众多华人社团为中国的科学发展和中澳友好关系也作出了重大贡献。例如，澳华科学技术协会是一个以澳大利亚华人华侨为主体的科技界的联合组织。该协会成立于 1999 年，总部位于悉尼，在澳大利亚其他地区设有分会，其宗旨是促进科学技术的发展，推动学术教育活动，团结科技工作者和各方面学者，增强澳大利亚与中国及其他国家和地区的科技文化交流，支持中国的科教兴国战略。澳华科学技术协会会员多数具有高学历教育背景，并在各大学、研究机构或科技企业担任高级职务。协会首任会长孙君泓和名誉会长窦士学均是中科院首批聘任的海外评审专家及国务院侨办首批聘任的海外专家咨询委员会委员，其他多位会员在中国的高校和研究机构担任客座教授或客座研究员、长江学者、春晖学者、"千人计划"学者等，承担两国政府间或机构间的科技合作项目。自成立以来，澳华科学技术协会多次组织人员参加中国有关部门举办的各种科技交流活动，也多次在澳大利亚举办各种高层次人才座谈会、科技商贸洽谈会等。由于该协会在科技、文化、教育交流方面作出的积极努力，已被澳大利亚新南威尔士州教育部誉为"澳中文化教育交流的桥梁"②。

此外，华人移民个体也为中澳两国的科技合作作出了贡献。2013 年 7 月 29 日，"创业澳洲杰出华裔商业精英颁奖晚会"在墨尔本举行。澳大利亚总理陆克文、前总理鲍勃·霍克、中国驻墨尔本领事馆总领事宋昱旻以及全澳各界知名人士出席了颁奖晚会。晚会评选出 14 位杰出华裔商业精英，表彰他们为澳大利亚社会以及中澳两国之间的经济文化交流作出的巨大贡献。获奖者之一的亚太金融联盟主席周斌早在 2008 年入选中国百佳女企业家。2005 年开始，周斌在澳大利亚与中国近十个省份间穿针引线，"把科学技术输出去，把资金引进来"，在商业、农畜牧业、科技和教育等多方面获得成功。同时，她还在中国大学内开办澳大利亚本科、硕士课程等，并直接促成天津东丽区和墨尔本中央区的友好合作协议签署，将墨尔本高科技养鸡场移植到天津，把澳大利亚有机牛肉技术成果引入河南省。③

（三）媒体

华人新移民人数的上升和社会力量的增强，对澳大利亚华文媒体特别是报业起了很大的促进作用。20 世纪 80 年代中期，澳大利亚华文报纸只有《星岛日报》澳大利亚版和香港《新报》澳大利亚版。80 年代末期，随着大量中国留学生留学澳大利亚，《新报》澳大利亚版的销量得到了突飞猛进的发展，脱离香港成为独立的《澳洲新报》，并逐步追赶《星岛日报》，成为澳大利亚并驾齐驱的两大中文日报。1992 年，第一份由留学生创办的周报《华联时报》（现为《澳华时报》）出版，标志着新移民有了发表自己声音的舆论工具。新世纪以来，澳大利亚的华文媒体日益繁荣，几乎覆盖了整个澳大利亚大陆。在悉尼，华文日报有《星岛日报》《澳洲新报》《澳洲新快报》和《澳洲日报》，华文周报有《新时代报》和《澳华时报》。在墨尔本，华人日报有《墨尔本日报》，周报有《澳洲华夏

---

① The Federation of Chinese Scholars in Australia, http：//www.focsa.org.au/.

② Ausinan Science & Technology Society, http：//www.ausinan.org/cms/.

③ 《感恩 感怀 感动之夜 2013 年创业澳洲杰出华裔商业精英颁奖晚会》，OBQ 东方北京青年周刊，http：//www.bqweekly.com.au/index.php？option=com_content&view=article&id=59：2013&catid=5：latest-news&Itemid=8。

周报》和《大洋时报》。此外，遍布澳大利亚各地的免费华文周报也有十多家。[①]

华文报刊主要报道澳大利亚新闻、华人社区新闻、中国以及世界新闻，同时还刊登各种商业广告，包括移民业务、金融业务及房地产信息、招商、招租、招工信息等。然而，华文报刊的读者群主要是英文程度不高的中老年华人移民。为了开拓更多的受众群体，各报刊努力扩大信息源，提高对受众的吸引力。譬如，开辟移民专栏，邀请专业人士有针对性地讨论移民方面的技术问题；开辟英语版面，报道中国经济情况，以吸引关注中国市场的澳大利亚人。此外，华文报刊在报道重大事件方面发挥了重要作用。例如，在澳大利亚联邦大选、各州选举和地方选举期间，华文报刊的相关报道和评论对华人投票结果有着很大的影响力。

（四）旅游

中澳双边关系的一个重要方面是人口流动。除了永久定居者，前往澳大利亚的非永久性人口流动也是重要组成部分。临时入澳人士包括留学生、游客（观光客、短期商务访问人士、探访亲友人士）和临时居民。[②] 目前，中国是澳大利亚第一大旅游收入来源国和最大的留学生来源国，两国旅游行业的合作已经成为中澳双边关系的重要组成部分。

1. 中澳旅游业的交流与合作促进两国民间交流

1997 年，中澳两国政府交换公函，并于 1999 年正式签署中国公民自费赴澳旅游协议。双方还建构了积极有效的国际旅游合作机制。2006 年，中国国家旅游局局长率团访澳，签署了《中澳旅游合作谅解备忘录》，双方承诺共同保证两国游客受到公平公正的待遇，享受高品质的旅游服务。2011 年，在两国总理的见证下，双方再次签署《关于加强旅游合作的谅解备忘录》，进一步巩固了两国在旅游领域长期合作的伙伴关系。十多年以来，两国在旅游领域的交流与合作不断深化。澳大利亚旅游调查局（Tourism Research Australia）于 2014 年 9 月发布的"全国游客调查"报告显示，赴澳的中国游客数量大幅增长。自2000 年以来，赴澳的中国游客数量便以强劲的增幅逐年上涨。澳大利亚旅游局（Tourism Australia）预测，到 2020 年，中国游客每年在澳花销将增长至 130 亿元。[③] 澳大利亚旅游助理部长 Nick Sherry 则预测，未来中国将成为入境澳大利亚人口最多的国家，也将成为年度入境人口总消费最高的国家。[④] 近年来，赴澳洲的中国大陆、香港和台湾游客数量从下表数据可窥一斑。

---

① 《澳大利亚华文媒体现状与特点》，《新闻记者》杂志社网站，http://xwjz. eastday. com/eastday/xwjz/node96546/node96548/userobject1ai1624501. html，2014 年 6 月 3 日。

② Findlay C.，"Australia – China Economic Relations"，in Jane Golley and Liang Song（eds），*Rising China：Global Challenges and Opportunities*，ANU Press，2011，pp. 181 –201.

③ 《赴澳中国游客数量 4 年间翻番　澳洲成入境游热门地》，中国新闻网，http：//www. chinanews. com/hr/2014/09 – 11/6582788. shtml，2014 年 9 月 11 日。

④ Sainsbury M.，China tourists to bring in ＄6bn，The Australian，http：//www. theaustralian. com. au/news/nation/china-tourists-to-bring-in-6bn/story-e6frg6nf-1226038117189？nk ＝4a1dcfcc5529655c43f6f264b18ca038，13 Apr. 2011.

表1 2011—2014年赴澳中国游客数量及占比（截至2014年9月）

年份	2011	2012	2013	2014（1—9月）
人数	792 700	897 700	1015 300	881 000
占比	13.4%	14.7%	15.6%	13.1%

资料来源：Tourism Australia, Australian Government, http：//www.tourism.australia.com/statistics/arrivals-data-archive.aspx.

同时，前往中国的澳大利亚游客人口数量也明显上升。中国国家旅游局于2013年公布的数据显示，澳大利亚是中国旅游市场增长最快的西方游客来源国之一。数据显示，2012年，共有77.43万名澳大利亚人到中国旅游，人数同比增长6.6%，澳大利亚游客为中国经济贡献了约10亿元。[1] 在这些游客中，超过半数的人以旅游为目的，18%的人赴中国做生意，26%的人到中国工作及回家团聚。[2]

中澳两国长期的旅游交流与合作不仅为两国的旅游业带来巨大的经济效益，更重要的是，旅游增加了两国人民面对面的交往和沟通，促进了双方的直接接触与互信互认，从而进一步巩固了相互信任的两国关系。

2. 华人留学生和新移民推动了两国旅游业的交流与合作

当前，中国已成为澳大利亚第一大国际学生来源国，国际教育已是澳大利亚第三大支柱产业。澳大利亚境内的中国留学生（不包括香港和台湾）在21世纪最初的10年内增长了近5倍。2000年，中国留学生人数只有7 415人，占全澳留学生总数的5.7%。[3] 至2010年，该比例已增长至27.1%。此后，中国留学生数量继续保持较高比例。下表为2005—2014年赴澳留学的中国大陆留学生人口数据。

表2 2005—2014年赴澳留学的中国大陆留学生人口数量及占比（截至2014年9月）

年份	2005	2006	2007	2008	2009	2010	2011	2012	2013	2014
人数	81 730	90 287	107 071	127 276	154 777	167 767	159 691	149 758	150 116	142 484
占比	23.6%	23.5%	23.5%	23.4%	24.5%	27.1%	28.6%	29.0%	28.5%	26.6%

资料来源：International Student Data, Australian Trade Commission, Australian Government, http：//www.austrade.gov.au/Education/Student-Data/.

中国留学生为澳大利亚经济作出贡献的同时也促进了两国民间往来。墨尔本维多利亚大学研究员Joanne Pyke与合作者在2013年对1 154名中国留学生的调查发现，留学生在澳就读期间以及毕业以后仍然为澳大利亚的经济作出贡献。研究组主要研究中国留学生与

---

[1] 《2012年中国旅游业统计公报》，中华人民共和国国家旅游局官网，http：//www.cnta.gov.cn/html/2013-9/2013-09-12-%7B@hur%7D-39-08306.html，2013年12月17日。

[2] 《澳洲兴起中国游　赴中国游客增幅居西方之首》，ACB NEWS，http：//www.acbnewsonline.com.au/html/2013/azjujiao_1217/9400.html，2013年12月17日。

[3] Findlay C., "Australia–China Economic Relations", in Jane Golley and Liang Song（eds）, *Rising China：Global Challenges and Opportunities*, ANU Press, 2011. pp.181–201.

澳大利亚旅游业的关系。首先，留学生在澳就读期间，他们通常会结伴周游澳大利亚。更重要的是，留学生的亲朋好友也会以探亲访友的方式前往澳大利亚旅行，这不仅从经济上促进了澳大利亚旅游业的发展，同时也让更多的中国人有了亲身体验澳大利亚、了解澳大利亚的途径。其次，当留学生毕业回国以后，他们仍然与澳大利亚保持不同程度的联系。调查发现，64%受访者在毕业后的五年内至少返回澳洲 1 次，其中大部分人往返两国的次数达到 2 次以上，甚至有 93% 的受访者表示未来他们有意重回澳大利亚。留学生返回澳大利亚的目的主要是会友、进修、经商、度假或从事专业活动。无疑，作为留学生的"第二故乡"，澳大利亚仍然是留学生喜欢前往的目的地，他们还会将澳大利亚作为一个旅游目的地推荐给其他人。[①]

笔者在墨尔本期间有幸与 Joanne Pyke 研究员就中国留学生与中澳两国关系进行交流，Joanne 认为，中国留学生不仅对澳大利亚的教育产业和旅游产业作出巨大贡献，他们在促进中澳关系发展方面也扮演着重要角色。作为精通两种语言的年青一代，留学生普遍拥有高学历背景，多数人具有国际视野，他们将是未来中国的中坚力量。而该群体留学澳大利亚的经历，使得他们毕业以后仍然乐于与澳大利亚保持某些联系，这将在一定程度上影响他们未来所作出的各种决定。同时，由于留学澳大利亚的中国学生规模相对较大，因此，因留学与澳大利亚结下的这种校友关系将有利于中澳两国的经济、文化、教育与科技交流。

华人新移民在推动中澳两国游客往来方面也扮演着与留学生类似的角色。首先，新移民带动了一批前往澳大利亚探亲访友的中国游客。新移民移居澳大利亚以后，他们在中国的亲戚朋友常常会因为有熟人在澳大利亚的缘故而选择前往该国旅游。同时，近年来澳大利亚移民局针对游客推出一年多次往返签证、缩短签证办理时间等便利措施，这也在一定程度上推动了更多中国游客赴澳旅游。

其次，新移民也带动了一批前往中国旅游的澳大利亚游客。目前很多澳大利亚人知道中国，但并不太了解中国。随着在澳华人新移民人口的快速递增，他们本身成为澳大利亚人了解、认识中国的一个窗口。随着澳大利亚人对中国认识的加深，喜好旅游的澳大利亚人便可能会选择以旅游的方式进一步去了解中国。类似于访澳的中国游客，澳大利亚游客通常也会选择华人朋友推荐的旅游目的地，甚至与华人朋友一同前往。

可以预见，作为旅游资源丰富的中澳两国，双边的旅游交流与合作前景光明。两国在旅游领域取得丰硕成果的根本原因是民众日益增长的旅游需求；同时，两国政府、业界及相关机构为游客的利益而共同努力、严格执行协议则是促进中澳旅游良性发展的基本保证。此外，如上文所述，华人新移民和留学生对推动两国民众前往对方国家旅游也起着重要作用。中澳旅游业的交流与合作对增进两国人民之间的友谊、促进双边人文交流均具有重要意义。

---

① Pyke J., Jiang M., Delacy T., Smith E., Li G. & Li, A, *The Role and Influence of China Based Alumni on Travel and Tourism*, Victoria University, 2013, pp. 16 – 23.

三、结论与趋势

中国作为澳大利亚华人的祖籍国，其发展变化与国际地位与在澳华人休戚相关。首先，随着中国经济的发展、中澳双边关系的日益深化，澳大利亚华人更加关注中国与其居住国的关系，这也成为澳大利亚华人介入中澳关系的一个巨大资本。在两国关系的发展过程中，华人因融通中澳文化，熟悉两国政治、经济现状，因而扮演着重要的角色。他们希望而且愿意推动中澳关系的全面拓展，希望他们在澳大利亚社会的生存和发展更加稳定、前景更加美好。

其次，作为中国改革开放后移居澳大利亚的华人新移民，他们中的很多人与中国仍保持密切联系。同时，随着在澳居住时间的增加，澳大利亚华人逐步融入主流社会，并与各族裔民众和睦相处。由于占据语言、文化、人脉关系的优势，华人新移民推动中澳双边经济与文化交流合作的机会更多，也更容易获得成功。该群体是双边关系发展，尤其是两国人民之间交往的天然桥梁。

总之，随着中国综合国力的不断增强、中澳关系的持续发展、澳大利亚华人数量的增加以及社会经济地位的提升，他们中的许多人奔走在中澳两国之间，搭起民族间理解沟通的桥梁，充当两国经贸往来的导航者，搭建双方文化交流的平台，推动两国文化、教育、科技、旅游等领域的交流与合作。

金融危机以来新一波"出国留学热"及其影响[①]

　　进入21世纪，特别是2008年全球金融危机爆发以来，我国掀起的新一波出国留学热潮，至今已呈现日益汹涌的态势。各大报刊、主要网站、电视广播，日复一日地推出各种有关出国留学的新闻、评论、访谈、调查、广告等，出国留学的相关信息几乎是铺天盖地。"留学热"因影响着成千上万的家庭及其亲朋好友，并与中外关系、中外人文交流、国际教育和资金流向等问题紧密相连，引起了普遍关注。本文主要探讨这一波"留学热"的发展情况、海外学子在传播中华文化中发挥的作用、"出国留学热"的社会影响、面临的问题与风险、"出国留学热"的近期发展趋势等问题。希望对中国学生出国留学的发展、问题和近期走势，以及海外学子在中外文化交流中的作用等问题，有一个基本的把握。

一、新一波"出国留学热"

（一）出国留学人数迅速增加

　　根据我国政府的统计数据，我国出国留学人数，2000年不足4万人，2007年为14.45万人。2008年全球金融危机爆发，在世界各国竞相争取中国留学生后，我国出国留学人数开始迅速增加，从2007年的14.45万，增加到2008年的17.98万、2009年的22.93万、2010年的28.47万，同比增长比例依次为24.43%、27.53%、24.16%。2011年中国出国留学人数提升到33.97万，2012年再提升到39.96万人[②]。1978年到2011年底，中国各类出国留学人员总数达224.51万人，比1978年至2009年底的162.07万人，增加了62.44万人或增长38.52%，截至2011年底，以留学身份出国，留在国外的留学人员有142.67万人。[③] 到2013年底，我国各类留学人员累计再升达306万[④]，到2014年底，增至351.84万人。中国已成为世界上最大的国际学生输出国。

　　以上数据表明，金融危机爆发以来，出国留学的人数迅速增长，确实可以称之为"出国留学热"。

（二）出国留学日趋平民化、低龄化、多元化

1. 平民化

　　早年出国的留学生中，普通工薪家庭的子弟只占2%，但到2009年，普通家庭子弟已

① 本文是国家社科基金项目"华侨华人在中国大国外交建设中的作用与对策研究"（批准号：15AM2012）阶段性成果。

② 李琼：《中国去年出国留学近40万　留学和回国人数同步增长》，《广州日报》，2013年3月7日。

③ 《2011年度我国出国留学人员情况统计》，中华人民共和国教育部官网，http://www.moe.gov.cn/，2012年2月10日。

④ 《中国留学规模世界居首　众多人才希望回国求职》，《人民日报》（海外版），2014年12月11日。

占国外中国留学人数的 27%，占准备留学人数的 34%①。此后，留学生中来自普通家庭的比例不断增大。启德集团发布的《2011 年中国学生留学意向调查报告》显示，在即将或有意出国留学的学生中，家庭年收入在 30 万元以下的占被调查人群数量的 58%②。笔者曾多次参加在广州举办的各种"国际教育展"，到会者一般是 40～50 岁的家长及其子女，有些家长估计是腰缠千万的"高净值"人士，但也有不少是略有资产的中层收入人士，如大学或中学教师、公司职员、技术人员等，还有一些是商店营业员、服务中介等。

2. 低龄化

过去出国留学的以攻读硕士学位为主。近几年，到国外留学的中国学生，读本科和高中，以及读语言学校的学生，占的比重越来越大。据统计，2011 年出国留学的近 34 万人中，有近一半人是出国读大学，其余 10 多万学生中，不少是出国读高中或高中以前的课程。以美国为例，金融危机后，赴美留学除了人数迅速增加外，一个比较突出的特点，是到美国读本科和高中的大陆学生越来越多。过去读研究生的比例占 70% 以上，近年大概是本科生与研究生各占半壁江山。另外，到美国读中学的学生也越来越多，如位于奥斯汀附近的圣马克斯浸信会私立高中（San Marcos Baptist Academy）的 170 名寄宿生中，45 人来自中国。启德教育集团美国教育中心的数据显示，2009 年他们办理的赴美留学的学生中，念高中的学生占总人数的 15.8%，念本科的学生占到总人数的 42%③。也就是说，经该集团办理的赴美留学生中，读本科和高中的人数比读研究生的还多。按美国政府的数据，在美国读中学的中国留学生，2006 年仅有 65 名，到 2011 年增长了 100 倍，达 6 725 人。④

促进留学日趋低龄化的一个重要原因，就是可以提前跨越到国外读研究生的英语门槛。因为到英美等国家读研究生，英语成绩是必要条件，一般需要托福 500～550 分或雅思 6.0～6.5 分，热门学校和热门专业的英语要求还要更高，不少中国学生屡考屡败，怎么样都达不到标准，即使再有钱，也只能"望校兴叹"。但在国外读大学，要求的外语成绩比较低，如要求托福 450 或雅思 5.0 分。为了吸引中国学生，2008 年金融危机后，一些外国大学还采取双录取措施。所谓双录取，就是看学生在高中的表现，认为是一个合格的学生，尽管外语还不够，先录取学外语，学完外语直接进入本科学习。到国外读高中，则对外语没有硬性要求，毕业后即有英语成绩、平均学分和课外活动等方面的优势，不仅轻易地跳过考托福或雅思这一关，在申请进入英美名校上还具有一定的优势。

3. 专业多元化

在学科选择方面，选择商科类专业，如金融与会计、市场营销、商业管理等专业的学生，始终最多。选择商科的主要原因是商科毕业后的就业范围比较广，职薪高。另外，相对其他文科和理工科，商科对语言和学科没有特别的要求，一般学科转学商科和申请学位都相对容易一些。因此，不少学生的专业意向是选读商科，其中计划到美国、英国、澳大利亚留学的学生选读商科的比例更大。

不过，随着出国学生对国外学校专业了解的逐步深入，出国留学的专业选择开始逐渐

① 《2010 年中国学生留学意向调查报告及预测》，http：//news. eic. org. cn/，2010 年 1 月 21 日。
② 《2011 年中国学生留学意向调查报告》，启德教育官网，http：//www. eic. org. cn/，2011 年 1 月 25 日。
③ 《2010 年中国学生留学意向调查报告及预测》，http：//news. eic. org. cn/，2010 年 1 月 21 日。
④ 《2012 年中国留学市场盘点与 2013 年展望》，启德教育官网，http：//www. eic. org. cn/，2013 年 1 月 7 日。

多元化。启德教育集团发布的《2012年中国学生留学意向调查报告》显示，2011年接受调查的学生中，选择商科的比例已从2009年的近三成下降到23.38%，而选择其他专业的比例都有所提高，如文科从7.4%提升到21.22%，艺术科从4.2%提升到17.75%，还有6.24%选择社会科学，5.04%选择其他学科。[①] 留学选择显然日趋理性，越来越多的学生在选择留学专业时，会根据家庭情况、个人条件、兴趣爱好、院校专业和未来发展等方面进行综合考虑。

（三）中国留学生遍布全球，留美人数最多

走出国门的中国留学生遍布世界100多个国家和地区，主要为美国、英国、澳大利亚、加拿大、新加坡、法国、日本、德国、荷兰、韩国等国家以及香港地区。除此之外，欧洲、亚洲、非洲、中东、拉丁美洲等地区的许多国家，包括发达国家、中等发达国家，甚至发展中国家也逐渐成为我国不少学生出国深造的选择。

其中，由于美国的教育质量比较优胜以及美国的留学移民政策比较宽松，中国学生对美国最感兴趣，赴美留学的人数也最多。2012年启德教育集团公布的《2011年中国学生留学意向调查报告》显示，国内大、中学生最感兴趣的前四名留学热点国家或地区为：美国、英国、澳大利亚、加拿大，其中选择美国的有33%、英国17%、澳大利亚14%、加拿大12%。[②] 2013年启德教育集团公布的《2013年中国学生留学意向调查报告》所显示的数据，尽管比重略有调整，但国内学生最感兴趣的前四名留学热点国家依然是美国、英国、澳大利亚、加拿大，其中选择美国的有28.1%、英国17.7%、澳大利亚13.9%、加拿大8.0%。[③] 另据美国的签证数据，美国签发给中国学生的签证，2007—2008年为5.63万个；2008—2009年为8.18万个，比2008年增长45%；2009—2010年为11.38万个，比2009年再增长了近40%。[④] 短短的3年，到美国留学的中国学生，就增长了1倍多，增幅相当惊人。赴美留学人数占中国出国留学总人数的比重也逐年增加，分别为2008年的31%、2009年的36%和2010年的40%。2011年和2012年中国出国留学人数提升到33.97万和39.96万，按比例推算，赴美留学人数应在12万和16万左右。在每年海外学校招生的各种巡展会、宣讲会上，围着美国学校展台咨询留学事宜的学生和家长，经常都是人头涌动。

随着赴美留学人数的迅速增加，中国留学生在美国国际学生中的比重也逐渐提升，并超越印度学生而成为最大的国际学生群体。据统计，2009—2010学年全美外国学生人数为69.09万人，中国学生最多，为12.76万人，占18.47%，当年来美国的印度留学生为104 897人，排名第二。[⑤] 中国也是在这一年第一次超越印度，成为向美"输出"最多留学生的国家。此后，中国留学生一直保有国际学生人数排名的首位，2010—2011年美国大

---

① 《2012年中国学生留学意向调查报告》，http：//news. eic. org. cn/，2012年1月25日。

② 《2012年中国学生留学意向调查报告》，http：//news. eic. org. cn/，2012年1月25日。

③ 《2013年中国学生留学意向调查报告》，启德教育官网 http：//www. eic. org. cn/，2013年1月31日。

④ 《美国去年在华签发学生签证超11万 拒签率仅14.7%》，中国新闻网，http：//www. chinanews. com/，2011年6月29日，美国财政年度为10月1日到次年9月30日。

⑤ 《中国学生留美潮席卷全美 成美国第一大留学生源》，中国新闻网，http：//www. chinanews. com/，2011年9月18日。

学的国际学生人数增加近 6%，为 76.5 万人，其中最多的中国留学生增长 23%，达 15.8 万人，其次是印度、韩国和沙特阿拉伯。另据美国国际教育研究所（IIE）的统计，2011—2012 学年有 194 029 名中国留学生在美国大学注册，占所有外国留学生的 25%。这个人数比上一年增长了 23%，更比十年前增长了 207%。在本科而非研究生的层面，增长幅度就更快，达到 31%。[①] 2013 至 2014 学年留美中国学生人数总计 27.5 万人，较上一学年增长 16.5%。[②]

美国的资料显示，在 25 所国际学生最多的大学中，12 所大学在 5 年间国际学生的增速逾 40%。这些学校包括印第安纳大学、普度大学、密歇根州立大学、俄亥俄州立大学、明尼苏达州立大学和伊利诺伊州立大学。其中，中国留学生的增幅最大，如在印第安纳大学的 Bloomington 校区，5 年前只有 87 名来自中国的本科学生，2011 年却有 2 224 人，增加逾 25 倍。密歇根州立大学，来自中国的本科生在 2005 年只有 43 名，而 2012 年猛增至 2 845 名[③]。至今，在美国各地的不少学校，以及学校附近社区、唐人街、大小餐馆商店，都可以看到中国留学生的身影。

二、海外学子传播中华文化的作用日益突显

迅速增长的出国留学人数，本身就是中外人文交流、中外教育合作的重大成就。随着出国留学人数的迅速增加，出国留学的积极影响越来越明显。除了大批学成归来的留学生在国内各个领域发挥着重要骨干力量等作用外，海外学子在传播中华传统文化中的积极作用也日益突显。众多的海外学子已逐渐成为中外文化交流的重要载体，在促进中外文化交流，特别是在传播中华文化方面，发挥着越来越积极的作用。

（一）展示美食

中国美食享誉全球，各式各样的中国美食至今已经成为中国文化的重要标志之一。通过展示中国美食，激起海外同学，以及海外各国民众的兴趣，一直是留学生在海外推广中国文化、增进中外了解与友谊的一个重要方式。

遇到中国的农历新年、中秋节、国庆节和留学国家的重要节庆如国庆节、圣诞节，以及留学地区和所在学院的各种大型活动，中国留学生都会精心制作和介绍中华传统美食，有些中国留学生，邀请外国朋友到家里做客，共同享用中国美食。

留学生还通过参加留学地的厨艺竞赛，来展示中国美食。如 2014 年 12 月，就读于日本京都府内大学的来自中国大陆和台湾地区的留学生，参加当地举办的"第 4 届京都留学生烹饪世界杯"活动。比赛当天，来自中国大陆、中国台湾、印度尼西亚、乌克兰、柬埔寨、泰国和巴西等就读于京都同志社和龙谷等大学的留学生登场，中国学子在比赛当中，一展厨艺，向评委和其他参赛团队介绍了祖国的特色美食，并获得好评与表彰。

---

① 《中国学生如何把美国文凭回报最大化》，《华尔街日报》（中文版），http：//cn. wsj. com/，2013 年 3 月 18 日。

② 《外媒：美国招生策略见钱眼开 对国际学生不公平》，中国新闻网，http：//www. chinanews. com/，2014 年 11 月 24 日。

③ 《去年赴美留学生达 76.5 万 中国学生 15.8 万增长 23%》，中国新闻网，http：//www. chinanews. com/，2012 年 11 月 13 日。

有些留学生还积极创业，传播中国饮食文化。如 2015 年初，美国芝加哥的一位 25 岁的黄姓留学生，开始了他的第六次创业——在芝加哥南华埠开创了集火锅和 KTV 于一体的餐厅，致力于推广中国饮食文化。黄同学大二时就在伊利诺伊大学香槟分校校区附近，投资 10 万元开始创业经营 KTV。经过几年的发展，他不仅把 10 万元的投资成本收回，还赚到了 10 万元。他赚到第一桶金之后，继续创业的想法越来越浓，随后连续开办 4 家 KTV。2015 年初，他和其他四位合伙人共同投资了 100 多万元开设的这家新餐厅，整体装潢和室内环境都经过仔细研究，让中国传统文化和西方现代艺术融为一体，营造时尚又温馨的氛围。对于以后的发展，年纪轻轻的黄同学有个很大的梦想，希望改变美国主流社会对中国美食的固有印象，希望通过新餐厅中蕴含中华文化的餐饮品牌和精神理念，能让当地的美国人更多地了解到博大精深的亚洲餐饮文化。[①]

（二）文艺演出

和展示美食一样，文艺演出是海外中国留学生传播中华文化的重要途径之一。

同样的，在中国的农历新年、中秋节、国庆节和留学国家的重要节庆如国庆节、圣诞节以及留学地区和所在学院的各种大型活动中，海外的中国留学生都会精心准备，为海外同学和海外民众奉上一场场中国文艺盛宴，通过文艺这一人们喜闻乐见的交流形式传播中华文化，促进彼此理解与融合。

例如，2012 年春节期间，来自德国慕尼黑、莱比锡、德累斯顿、海德堡等地的 300 多名中国留学生，在德国巴伐利亚州因戈尔施塔特市购物村举行联欢活动，和当地民众共庆中国龙年春节。联欢会上，中国留学生献上了精彩的文艺节目，赢得了观众的阵阵掌声，也吸引了购物村的众多顾客驻足观赏。

中国留学生还通过自己精湛的才艺表演，向外国学生和民众介绍中国的传统文化。如演奏中国古琴的加拿大中国留学生杨同学表示，"琴棋书画四艺中，围棋、书法、绘画已走向国际，古琴作为四艺之首，现在越来越引起世界关注。我在加拿大演奏古琴，讲古琴故事和文化，就是想借此弘扬中华文化"。2011 年 9 月，杨同学在加拿大阿尔伯塔大学演奏古琴，并作古琴专题讲座。古琴的天籁之声吸引了所有的听众。阿尔伯塔大学常务副校长卡尔·阿姆雷特博士主持完音乐会后，激动地跑到后台，尝试着弹奏古琴。还有一位老教授一直盯着古琴说："找到啦，我听了 30 多年的美妙音乐，原来是中国古琴。"这位先生痴迷古琴音乐，年轻时偶然得到一张唱片后，每天都要听，却不知是何种乐器。[②] 现在通过杨同学的演奏和介绍，对古琴蕴含的中国传统文化，终于有所了解，也更感兴趣了。在加拿大求学期间，每逢中国的国庆和农历新年，以及学校各种庆典活动，杨同学的古琴演奏几乎都是不可或缺的保留节目，随着他的演奏和介绍，古琴在当地已成为中国文化的典型象征之一，为此，阿尔伯塔大学中国学院，还专门聘任 19 岁的杨同学为中国学院的中国文化初级研究员。

（三）媒体宣传

海外中国留学生还利用各种传媒形式宣传中国，帮助海外学生和民众更多地了解中华

①　《火锅 KTV　留学生黄超凡的中国饮食文化推广之路》，侨报网，http：//news.uschinapress.com/，2015 年 1 月 14 日。

②　田晓明：《加拿大中国留学生杨天林：用古琴讲述中华文化》，《人民日报》（海外版），2013 年 9 月 6 日。

文化，促进文化交流。

例如，西班牙的萨拉曼卡大学，从 2009 年 12 月开始每周四下午，该校广播电台连续广播介绍中国文化，每期都制定一个主题进行介绍，重点介绍中国的节日和风俗习惯、各大历史古都、中国的古代文学以及历史故事等等。节目招募中国学生与西班牙学生志愿者进行搭配播音，由西班牙学生进行提问，中国学生进行回答，简单易懂。西班牙的萨拉曼卡大学是欧洲最古老的大学之一，节目开播后，整个萨拉曼卡市都可以接收传播介绍中国文化的电波，效果很好。

海外留学生通过传媒宣传中国的方式，还从校园广播发展到公众广播。如 2014 年 9 月开始，爱尔兰时间每周四 20：30 至 21：00，当地人都可以从都柏林城市广播收听到一档用英语介绍中国文化的节目——"Hello China"（《你好！中国》）。这个节目从策划到制作，都由中国留学生志愿者完成。参与的留学生表示，大家有一个共同的想法：传播中国文化，改变外国人对中国的看法。在都柏林大学就读的张同学的印象中，爱尔兰人对中国文化很感兴趣。朋友聚会谈到中国时，有些爱尔兰朋友就两眼放光，缠着她问中国是什么样子的。但令张同学感到沉重的是，他们对中国的了解并不多，有时甚至存有误解。一次和朋友逛公园时，她的一位爱尔兰朋友看到海鸥，就问她："你是不是想把它吃掉？"原来，在一些爱尔兰人眼里，只要是会动的东西，中国人都吃。无独有偶，同校练习武术的沈同学也遇到了同样的窘境。她曾被一位爱尔兰朋友这样问道："你们中国人平时的穿着也是这样的吗？是不是每个人都会武功？"来自都柏林大学的孙同学也多次被问及："你们中国人是不是都吃狗肉？"他很无奈地说："随着我们国家的快速发展，中国受到了越来越多的关注。但包括我在内的许多中国留学生常常感到困扰，因为我们发现外国人并不了解中国"。所以，"我们想做一些事情来改变这种现状，让外国人更加了解中国"。这也是"Hello China"节目组中所有中国留学生的心声。"Hello China"节目主要有三种内容：一是播报中国国内新闻；二是话题，邀请嘉宾讨论当下备受关注的中国社会热点；三是教汉语。"Hello China"的无线电波覆盖到了爱尔兰全境；同时，通过一些广播网站和手机 APP，世界各地的听众都能收听到"Hello China"的节目。谈到"Hello China"未来的规划，该节目负责人孙弘博透露，他希望多组织一些线下活动。目前，他打算举办一次"中国文化之夜"音乐会，让更多人体验"中国文化"。①

（四）义务授课

义务授课，指的是留学生义务为外国孩子讲授中文课程，传播中华文化。孩子纯洁率真、天真无邪，通过与孩子们沟通交流，以活泼多样的形式，向外国孩子讲授中文课程，传播中华文化，也是海外中国留学生促进中外文化交流的重要形式之一。

例如，2009 年 8 月 24 日，日本京都府福知山市石原的迁乔小学，邀请京都创建大学的 3 名中国留学生到学校为孩子们上国际理解课。从 1 年级到 3 年级共 41 名小学生通过和留学生的交流，感受中国的生活和文化。在交流中有孩子问"中国最珍贵的食物是什么？""中国人住在怎样的房子里？"等，留学生们都一一作了解答。同时，留学生们也告诉小朋友，中国与日本有许多文化上的差异。通过交流，很多孩子都对中国的文化和传统

---

① 《爱尔兰中国留学生制作英语广播节目介绍中国文化》，《人民日报》（海外版），2014 年 9 月 6 日。

产生了兴趣。课堂上充满了欢声笑语。

再如，2014 年年底，英国的德蒙福特大学学联精心选拔了 4 名中国留学生志愿者担任老师，前往 Slater Primary School 支教，为外国孩子教授中国传统文化。这些中国留学生志愿者通过授课，向外国小孩们传授了关于中国儿歌、中国传统服装的历史等信息，孩子们都对中国文化产生了浓厚的兴趣，志愿者们也感到非常开心。学联慈善部部长曹同学说："很荣幸能参与此次传授中国文化的活动，能教到英国小朋友自己国家的传统文化让我感到很自豪。"没有支教经验的外联部部员宋同学也表示："今天的支教活动给了我很不一样的体验，同时，也让我更深地感受到英国的本土文化和人情味。"学联副主席刘同学也说："这是我们第一次在英国从事支教活动。从准备到筹划，我们在图书馆讨论着如何可以把中国的传统文化更好地传播出去，如何可以让外国小朋友对我们所讲的东西感兴趣。"她很开心地讲，当一位小男孩对大家说"I Love China"的时候，大家都欣慰地笑了。"这是对我们最大的肯定。"①

除了展示美食、文艺演出、媒体宣传、义务授课等形式外，为了更好地推广中国文化，海外的中国留学生还采取了各种方式和措施，如文化展览，参加演讲比赛、体育竞赛、环保活动，和外国学生交朋友，参与外国人的聚会等，积极向外国民众介绍传播中国的传统文化，在促进中国与世界各国的相互了解和文化交流方面发挥着越来越重要的作用，扮演着中国民间大使的角色。

三、"出国留学热"的影响与风险

随着出国留学人数的迅速增加，除了出国留学带来的各种积极影响外，"出国留学热"的其他问题与风险也日益增大，引起越来越多的关注。

(一) 留学资金外流巨大

目前中国留学生遍布全球 100 多个国家，大部分学生是到欧美等发达国家留学，其中到最热门的美国、英国、澳大利亚和加拿大留学的学生，占了出国留学人数的 70% 以上，一年的学费和生活费一般要 20 万～30 万元人民币，如果是到收费昂贵的私立学校，学费和生活费可高达 40 万～60 万元人民币。由于留学人数迅速增加，且日趋低龄化，留学时间越来越长，留学资金总额非常庞大。

以 2011 年的 34 万人计算，到发达国家留学的为 70%，约 23.8 万人，如果每人年均支出 30 万元人民币的话，他们一年总共支出留学费用是 714 亿元人民币。另外，特别需要注意的是，2011 年的学生签证中，有 30%～40% 是到国外读高中或本科，还有不少是读语言学校的，他们要连续几年支出 30 万元人民币。如在美国读高中或本科的，分别需要 7 年和 4 年才能拿到大学文凭，继续读硕士的话，还要再加 2 年。也就是说，到美国读高中或本科的中国留学生，他们完成学业拿到硕士学位的个人支出，分别大概要 270 万元人民币（读高中）和 180 万元人民币（读本科）。以此类推，2011 年获准出国的 34 万留学生，他们累计支出的留学资金总额，是相当惊人的。随着"留学热"的持续升温，且低

---

① 《德大学联派遣志愿者支教传授中国文化》，（英国）《英中时报》，2014 年 12 月 8 日。

龄化继续扩大，流出的留学资金将水涨船高，数目非常巨大。

（二）青少年人口流失日趋明显

对于中国学生到海外留学的影响，过去比较关注的是人才流失。因为以往主要是精英留学，如北大、清华的毕业生大部分留学并移民美国。但随着留学从精英趋向平民，留学人数的急剧增长，留学就不仅是人才流失的问题，还是一个人口流失，特别是青少年人口的流失。长此下去，中国不但会损失人才，还可能面临有知识的青壮年劳动力不足等问题。

中国目前正从"少年中国"向"银发中国"迈进。据统计，我国 15～64 岁的劳动年龄人口，2011 年开始进入负增长的历史拐点，劳动力人口逐渐减少。2014 年的统计显示，当年年龄介于 16 岁至 60 岁的劳动人口占总人口的 67%，为 9.1583 亿人，比 2013 年减少了 371 万人。[①] 在中国人口老龄化日渐逼近、劳动力供求格局发生变化、人口红利逐渐减少的新形势下，众多青少年出国留学，甚至移居国外，对中国人口流失和劳动力不足等问题，无疑将产生越来越多的消极影响。

随着越来越多的中国学生早早计划留学，甚至不参加高考，我国高考人数也逐渐减少。据统计，近年弃考人数以每年接近 10 万人的速度在增加，2012 年全国弃考学生大约为 80 万人，2013 年提升到 100 万人左右，其中不少是准备出国留学的学生。结果，一些地方大学招生不足，特别是一些三本大专学院，一再降低招生分数线，但还是没有办法招满学生。也就是说，随着留学规模的不断扩大，青少年人口的流失，对我国高等教育的发展与普及的冲击，也将越来越大。

（三）留学风险逐渐增大

中国学生选择到海外留学，最主要的目的是拿到相应的文凭，找份好工作，有些还希望通过留学移民欧美等发达国家。但随着出国留学人员的迅速增加，特别是从精英留学转向平民留学，以及低龄留学后，出国留学面临的各种问题逐渐增加，如因为考试不及格无法毕业，因为缺课作弊被学校开除，中国学生自我扎堆、自我封闭等等。更严重的是，海外中国留学生安全事件时有发生，近年还呈现更为频繁和血腥的趋势，一些留学生出师未捷，命丧异乡，令人惋惜不已。

导致海外留学各种安全事件的原因有很多，如主要留学国家治安情况日趋恶化。近年欧美等主要留学目的国的经济不断波动，失业率居高不下，贫富两极分化扩大，社会矛盾非常尖锐，各种阶级冲突和族群冲突频频发生，劫盗犯罪也随之不断增加。在这种治安环境下，各国本地人，或其他国家的留学生不时遭遇暴力侵害，中国留学生自然也不能幸免。而且，由于一些中国留学生喜欢炫富，穿金戴银，提名包，开名车，热衷于购物与飙车，不少人认为"中国留学生有钱"，一些歹徒更把中国留学生列为作案的目标，海外中国留学生的安全形势，由此显得更为严峻。

随着中外人文关系的不断发展，随着中国留学生不断融入留学国，随着中国留学生与外国学生、外国民众接触交往机会的逐渐增加，外国"熟人"加害中国留学生的案件也逐渐出现。例如，2011 年 4 月 15 日在加拿大自住公寓遇害的柳某，就是被当地一位名为迪

---

① 赵琬仪：《中国劳动人口减少 371 万》，（新加坡）《联合早报》，2015 年 1 月 21 日。

逊的白人男子所害。资料显示，"进入柳乾住所的男子为 20～30 岁的白人男子，身高约 1.8 米，体重约 90 公斤，肌肉发达"。柳某的一名朋友接受警方调查时说，柳某当年 1 月才搬到案发时居住的公寓，与她一起住在这个公寓的还有其他 7 人。进入柳某住所的男子一直在追求她，但被她拒绝，"随后他开始通过发短信等各种方式骚扰她，甚至跟踪她"①。再如 2012 年发生的震惊世界的加拿大林某肢解案，加害人是一位名叫马尼奥塔的加拿大色情男星，警方的调查显示，案发现场为马尼奥塔租住的一居民楼的一间两层楼公寓。受害人和马尼奥塔是什么关系，目前还众说纷纭，但估计受害人和马尼奥塔互相认识，曾进入马尼奥塔居住的公寓。

和留学生在户外主要受非裔人士袭击不同，室内非华裔熟人作案的，主要是白人。这可能与中国留学生对欧美白人比较欣赏有关。一般中国留学生对非裔青少年相对警惕，美国留学生自己编写的安全手册，特别提醒远离族裔复杂的"贫民窟"。而对白人，则较少戒心，习惯将白人和绅士，以及富有、高雅、文明与阳光等标签挂钩，从而放松了警惕。

其实，无论什么国家，无论什么族裔、什么肤色，都是多元复杂的，有好人也有坏人。中国留学生在海外与外国人交往，无论是白人，还是有色人种，都应该加倍小心，深入了解交往对象，尽量远离生活习惯不良，有吸毒、赌博、斗殴等复杂背景的人。只有这样，才有可能实现安全交友和向外国朋友传播中华传统文化的良好愿望。

四、"出国留学热"将持续升温

随着中外人文关系的迅速发展，近年的这一波"出国留学热"，估计会持续升温。促进"留学热"持续升温的原因，主要包括国外因素和国内因素。

（一）促进"留学热"升温的国外因素

导致近年中国"留学热"的国外因素有很多，其中，2008 年金融危机爆发后，留学国家的政府和学校调整相关政策，积极吸引中国留学生，应是最重要的原因之一。

至今，虽然世界经济逐渐复苏，但仍面临各种挑战，中国留学生对振兴当地经济和增加学校财政收入的作用，依然非常突出。为了增加消费，促进经济复苏，不少留学国家依然会采取措施吸引中国留学生。像美国等主要留学目的国，政府放宽留学政策的目的，除了振兴经济外，也希望借此提升软实力，扩大对中国学生的影响。因此，它们将继续放宽留学政策，提供留学签证便利，以吸引更多的中国大陆学生到本国留学。

近年中国的"出国留学热"，与世界各国的大专院校，乃至中学纷纷直接到中国招生不无关系。相对前几年，虽然学校财政收入已有所改善，但仍有不少学校继续实施吸引中国留学生的措施。究其原因：一是打开了路子，建立了各种招生的机构与联系，招生渠道更便利节省；二是尝到了多招国际学生的甜头，确实是本小利大，何乐而不为？

（二）促进"留学热"升温的国内主要因素

促进"留学热"升温的国内因素也很多，如外国教学质量高，文凭含金量大；想了解

①　章磊：《女留学生加拿大遇害　北京男友视频聊天目击嫌犯》，《新闻晚报》，2011 年 4 月 20 日。

国外的社会与多元文化；减少国内高考带来的压力；国内大学毕业生就业形势严峻；留学中介的积极推动以及通过留学移民的期望，等等。

其中，推动"留学热"升温的最关键因素和基本条件，是中国个人财富的持续增长，有能力支付留学移民的高额费用。根据 2011 年 4 月招商银行和贝恩公司联合发布的《2011 年中国私人财富报告》数据，2010 年中国个人总体持有的可投资资产规模达到 62 万亿人民币，较 2009 年末同比增加约 19%，2010 年，可投资资产达 1 000 千万人民币以上的中国"高净值"人士数量不断增多，2009 年为 41 万人，2010 年达 50 万人，比 2009 年增加了 9 万，年增长率为 22%。① 该报告的中国"高净值"人士，包括资产规模在 5 000 万元以下企业家、资产规模在 5 000 万元到 1 亿元之间或以上的中型或大型企业家，以及职业经理人、企业高管、专业人士、专业投资人、演艺明星和体育明星，等等。他们完全有能力支付子女留学的费用，事实上，在接受招商银行调研的"高净值"人群中，大部分人已经或希望未来将子女送往海外接受国际化的教育。

随着中国个人资产的持续增长，未来几年有条件送子女出国的家庭将更多。根据《福布斯》中文版联合宜信财富于 2013 年 3 月发布的《中国大众富裕阶层财富白皮书》，中国的大众富裕阶层近年迅速扩大，这一阶层人数 2010 年为 794 万人，2012 年达到了 1 026 万人，2013 年估计可达 1 202 万人。② 大众富裕阶层是指个人可投资资产在 10 万美元（约 63 万元人民币）至 100 万美元（约 630 万元人民币）之间的群体，他们完全有能力支付子女的留学费用，而且也有意向送子女出国留学，同一调查报告显示，这一群体中考虑将子女送到国外留学的人数占比竟高达 3/4 之多。除此之外，全中国还有数以亿计的中层收入人士，也有能力支付子女留学的费用。据媒体透露，随着中国近年经济飞跃发展，2011 年中产人口已破 3 亿。③ 其实，随着留学的日益平民化，不仅中产阶级，不少中产收入以下的家庭，也希望能送子女出国留学。

留学中介产业的蓬勃发展，也将是继续推动"留学热"的重要因素之一。2008 年金融危机爆发以来，国内的留学中介机构，特别是有名的机构，与国外不少大中学校建立合作关系，为他们未来几年开展留学中介代理提供了更多渠道与便利，留学中介的动力将更足。在各种留学中介的运作下，每年在全国各地接连不断举办的上百场大规模的"国际教育展"和"招生宣讲会"，几乎都是场场爆满，非常受欢迎，如 2012 年 11 月中国国际教育展在北京举行，当天到现场咨询的人数高达 1.5 万，不少人当场就签订合同，委托中介公司办理出国留学事宜。

综上所述，近几年，在留学目的国政府和学校的积极拉动，以及中国家庭收入不断提升的情况下，中国掀起了新一波出国留学热潮，出国留学人数直线上升，出国留学的各种影响也越来越大。随着留学国家的政府和学校积极吸引中国留学生，随着中国的家庭收入和留学意愿持续提升，这一波"出国留学热"将持续升温，"出国留学热"的影响将继续扩大，海外中国留学生在传播中华文化、促进中外文化交流方面的作用也将越来越大。

---

① 《2011 中国私人财富报告》，财新网，http：//www. caing. com/，2011 年 9 月 19 日。
② 《中国大众富裕阶层财富白皮书》，http：//www. yixin. com/，2013 年 3 月 28 日。
③ 《中国学生留美潮席卷全美，成美国第一大留学生源》，新华网，http：//news. xinhuanet. com/，2011 年 9 月 18 日。

美国华人学术团体在中美人文交流中的作用研究

改革开放后，中国新移民大量涌入美国，其中相当一部分是留学转定居当地或直接以技术移民方式进入美国的知识精英，当中不少人在科研机构、高等院校和智库从事教学或研究工作，构成了规模不小的新华人学者群。为了加强彼此间学术上的交流、联谊及事业上的互助，同时也为了增进中国和国际学术界同行的对话，新华人学者成立了单一学科或跨学科的学术团体。这类团体致力于中美两国间学术界、政经界的互动交流，不仅有助于中国学术界与国际接轨，同时也为中国社会政治、经济、文化等方面的良性发展建言献策。他们是在美国社会传递中国形象和声音，纠正偏见，促进中美相互理解的一股重要力量，可以从外部提升中国的软实力。

一、新华人学术团体的形成和发展概况

1978 年改革开放后，中国扩大了访问学者和留学生的派遣，自 20 世纪 80 年代中期中国出入境政策放宽后，又有大量的中国学子自费留学海外。美国作为当今世界最发达的国家，成为留学生及访问学者的一个主要流向国。中国学人历经艰辛取得了美国各所大学的博、硕士学位，有一些人选择回国效力，更多的人则选择留在美国发展。不少人在美国经过多年努力晋升为教授，成为在各自领域有影响力的学者和专家。从 20 世纪 80 年代末至 90 年代初开始，美国大学人文社科领域的华人学者人数渐增。为了相互交流和加强合作研究的需要，很快出现了分专业的学术性团体，如经济学、历史学、政治学、社会学和传播学等华人教授协会，继而又形成了多学科的学术联合体。据不完全统计，全美各地的华人学术团体有几十个，其中最主要的有美国华人人文社科教授协会、全美中国研究联合会、中国旅美社会科学教授协会、中国旅美历史学会、中国旅美经济学会、全美华人政治学会（后发展成为全球华人政治学家论坛）、国际中华传播学会、北美华人社会学会、美东南区中华学人协会、北美中华青年社会科学家协会、美东华人学术联谊会、美西华人学会、休斯敦中国旅美专家协会等。[①] 其中，由中国旅美历史学会、美国华人人文社科教授协会、全球华人政治学家论坛、国际中华传播学会、北美华人社会学会等八个学术团体共同组成了全美中国研究联合会（United Societies of China Studies，USCS）[②]，致力于推动有关中国学术研究的信息共享和项目合作。这些华人学术团体超越了传统侨团的地缘、血缘和业缘的界限，主要是以共同的学术和专业背景为联系纽带而组建起来的，是为学界同行提供学术信息自由交流的平台。这些学术团体的组织规模多则上千人，少则数百人，成员

---

① 根据谢成佳主编的《华侨华人百科全书·社团政党卷》（中国华侨出版社，1999 年）及美国华人人文社科教授协会、美国华裔教授专家网、中国侨网、暨南大学华侨华人文献信息中心社团信息等综合整理。

② 《全美中国研究联合会简介》，http://www.uscs-us.org/，Retrieved on Feb. 10, 2015。

的受教育背景和职业履历具有相似性，有很多共同的话题，但很少有经济利益纠纷。为了扩大华人学术团体的影响力，一些团体出版了本学会的学术刊物，用以传播华人学者的最新研究成果，发表华人学者的学术见解，积极与同行进行学术交流和互动。

二、美国华人学术团体在中美之间开展的人文交流活动

（一）中国旅美历史学会

中国旅美历史学会（CHUS）成立于 1987 年，是由高王凌①、王希等改革开放后留美的第一批历史学人发起成立的。该学会是一个非政治性、非营利性的学术团体，其成立的主要目的是为了加强美籍华人历史学者之间以及与国际同行之间的学术交流和联系，目前注册会员近百人。② 1992 年，中国旅美历史学会作为分会加入了美国历史学会（AHA），2000 年又加入了美国亚洲研究学会（AAS），这体现了美国华人历史学者影响力的增强，为美国主流学界所认可。学会积极关注中国和亚洲的历史研究与现实议题，踊跃参与相关的国际学术研讨会，出版相关研究成果。

1. 中国旅美历史学会在美国学术界的活动

中国旅美历史学会作为美国历史学会和美国亚洲研究学会的一员，积极参与美国历史学会年会和美国亚洲研究学会年会，并在年会上组织和主持分组讨论会。学会于 1994 年第一次以分会的名义在美国历史学会年会上主持专题讨论会，之后几乎每年都参加美国历史学会年会的专题讨论会。中国旅美历史学会在历届美国历史学会年会上讨论的主题大多与中国历史相关，尤其专注于近现代中国史的研究，诸如近代以来中国政治制度的变迁、中国近代历史研究、知识分子阶层在近代中国国家建构中的作用、中美关系、中国与世界其他国家的互动状况、妇女在近代中国的角色、中国乡村社会的变迁、冷战期间中国在东南亚的影响、中国在文化大革命期间的国内和外交政策、中国与西方政治经济关系的发展（1940—1980）、西方知识和意识形态在帝制晚期和现代中国的传播等③。2001 年，学会第一次以分会组织的名义在美国亚洲研究学会年会上主持专题讨论会，之后几乎每年都参加了美国亚洲研究学会的年会。④ 在年会上讨论的主题涉及近代中国的历史、文化、女性与近代中国的关系等。比如在 2007 年年会上讨论的主题是："宏伟的错觉：中国女性在一个世纪的战争中。"⑤

2. 创办学会学术刊物和发布学会即时通讯

中国旅美历史学会于 1987 年创办了学会刊物，命名为"历史学家"（Historian），1988

---

① 1986 年，中国人民大学清史研究所的高王凌先生赴美国哥伦比亚大学访学，也正是在这一年，他与几位志同道合、有心改革历史学的年轻学者，一同开始酝酿筹建旨在学术交流的"留美历史学会"。一年之后，"留美历史学会"正式成立。参见《中国学人在美国发现什么样的历史?》，《时代周报》，2010 年 12 月 8 日，http：//www.time-weekly.com/story/2010 - 12 - 08/843.html。关于该学会名称，正式英文名是 Chinese Historians in the United States，中文名有的叫作"中国旅美历史学会"，有的叫作"留美历史学会"，本文取前一名称。

② 《中国旅美历史学会简介》，http：//www.chinesehistorians.org/about/，Retrieved on Feb. 10，2015。

③ CHUS Newsletter 59，http：//www.chinesehistorians.org/wp-content/uploads/2013/06/CHUS Newsletter59.pdf.

④ 根据中国旅美历史学会各年 newsletters 统计，http：//www.chinesehistorians.org/ newsletters.

⑤ CHUS newsletter 53，http：//www.chinesehistorians.org/wp-content/uploads/2013/06/CHUS Newsletter53.pdf.

年改名为"中国历史学家",在国会图书馆登记注册为连续出版物,1997 年"中国历史学家"(Chinese Historians)出版中断,2000 年恢复,2001 年再次中断,至 2004 年恢复出版,并改名为"中国历史评论"(Chinese Historical Review),在国会图书馆重新登记注册。① 2005 年《中国历史评论》被《历史文献》和《美国历史与生活》摘选,该刊也和《中国评论》及《历史研究》建立了期刊交流关系,并吸纳中国历史研究领域最优秀的学者作为学会期刊的审稿人②,上述一系列发展表明《中国历史评论》的学术水准和影响力不断提升。为了及时发表学者的最新研究成果和扩大学会期刊的传播范围,从 2012 年起,《中国历史评论》开始出版电子版。

除了出版高水准的学术刊物,学会还定期编辑、发布通讯,一年分为春季和秋季两期。从 2003 年春季第一期开始,共出版了 66 期,其中学会网站发布了电子版通讯共 19 期。学会通讯主要分为学会年度报告、新成员介绍、学会成员最新研究成果(出版书籍和发表论文情况)、参加美国历史学会和美国亚洲研究学会年会情况等几个版块。③ 学会通讯向本会会员和感兴趣的同行传递了该会的最新动态,便于学会内部之间及内部与外界之间的沟通联系。

3. 与中国大陆和港台学术界的交流互动

中国旅美历史学人拥有特殊的双重文化背景和研究视角优势,加上其作为海外华人知识精英身上所怀有的中华民族情怀,使其对中国历史和现实问题尤为关注,中国旅美华人历史学会很早便开始与国内科研机构和高等院校开展学术交流,会员们也在中国的学术期刊上发表论文,不仅推广自己的研究成果,也介绍美国学界的最新理论、研究方法和论点,从而推进国内学术界同行与国际研究前沿接轨。早在 1990 年,中国旅美华人历史学会就与《世界历史》杂志合作,出版会员论文专辑。学会也与国内高等院校和科研机构合作举办国际学术研讨会。2003 年与贵州大学共同主办"全球化与高等教育"国际学术会议;2005 年联合美国华人人文社科教授协会与南昌大学共同主办"全球化时代中国外交政策面临的挑战"研讨会;2008 年与上海大学联合主办"历史研究的回顾、探索、展望"国际学术会议;2014 年与华东师范大学共同主办"全球化世界中的中国历史:中国历史研究新方法"国际学术会议。④

学会成员也通过回国短期授课的方式,为中国青年学子带去学术西方研究的前沿成果,开阔了他们的视野。早在 90 年代初,刚刚在美国学术界立足的中国历史学人就开始以个人和集体的形式回国参加各种教学和学术活动。学会于 1990 年创立并实施第一次"回国教学"项目(China Teaching Project),以后几乎每年学会都组织成员到大陆高校任教授课。⑤ 学会会员还赴中国大陆、香港、台湾高校作访问学者,密切了学会与大陆、港台高校的学术联系。学会曾于 1994、1998、2000、2006 和 2010 年分别组织代表团参观访问台湾,与台湾学术界的同行进行交流切磋。

---

① Chinese Historical Review, See http://www.chinesehistorians.org/chinese-historical-review/.
② CHUS Newsletter 52, http://www.chinesehistorians.org/wp-content/uploads/2013/06/CHUS Newsletter 52.pdf.
③ CHUS Newsletter, http://www.chinesehistorians.org/newsletters/.
④ 根据中国旅美历史学会各年 newsletters 整理, http://www.chinesehistorians.org/newsletters/。
⑤ 王希、姚平主编:《在美国发现历史:留美历史学人反思录》,北京:北京大学出版社 2010 年版,第 124 页。

4. 中国旅美历史学会成员的成就与影响

中国旅美历史学会的会员以从事中国及东亚区域研究、中美关系研究、美国研究居多。他们中不少人成就卓著，得到了他们所执教的大学和美国学术界同行的认可。他们出版和发表的有关中国历史和现状方面的专著和论文，涉及中国政治、经济、文化和社会生活的诸多方面，推进了美国学界的中国研究，也为他们赢得了声誉。例如，美国奥本大学历史系副教授卞历南的《制度变迁的逻辑》，获得了 2009 年度奥本大学创造性学术研究成果奖。加州州立大学的姚平教授，获得了 2009—2010 年度的洛杉矶杰出教授奖。学会本身也设立了卓越服务奖和学术奖，表彰那些为学会的发展作出积极贡献的会员，也鼓励他们开展高水平的学术研究。2009 年的卓越学术奖授予了李怀印教授，卓越服务奖授予了姚平教授，以表彰他们的学术研究成果和为学会的发展所做的贡献。①

学会汇集 31 位华人历史学者在美国的求学和工作经历，以及他们对美国理想和现实的解读，出版了《在美国发现历史：留美历史学人反思录》一书。留美历史学人用他们亲身的求学经历、生活境遇和教学生涯，向读者展示了他们如何从探索新知、渴望融入美国社会的学子成为执教于美国各所大学的学者身份的转变历程。②

（二）美国华人人文社科教授协会

美国华人人文社科教授协会（ACPSS）是由王希、洪朝辉、田国强等一群人文社科领域的教授发起成立的，1995 年在美国德州正式注册，是汇集人文社科不同领域（政治学、经济学、哲学、法律、历史、宗教、教育、传播学、人类学、考古学、文学、艺术、音乐、心理学、地理学、语言学、图书馆学、公共管理和妇女研究等）华人教授的学术联合体，首任会长是经济学家田国强教授。协会成立的目的是搭建一个多学科共享的交流平台，促进人文社科领域的美籍华人学者与中国大陆、台湾及其他国家和地区同行之间的学术交流，推动美国乃至国际学界对中国问题的研究，进而助推中美双边关系的发展。协会成员绝大部分是在美国获得博士学位并在美国大学和科研机构从事社会科学与人文学科教学研究的中国旅美学者，目前有 500 多位注册会员。③ 协会自成立以来，一直密切关注中国国内的经济改革和社会进步状况，每年在美国举办以"中国改革开放"为主题的大型国际学术研讨会。协会定期出版学刊《中国研究学刊》（*American Review of China Studies*）和会讯，并在国内出版了介绍美国的多套系列丛书和多部学术著作，与国内的高等院校和科研机构建立了合作关系。协会也定期发布通讯，向本会会员及国际学界介绍本会的最新消息，包括会员最新研究成果、获奖情况、协会年度国际学术会议等。

1. 美国华人人文社科教授协会年度国际会议

为了促进协会会员之间以及与国际学术界同行的交流互动，学会每年定期举办国际学术会议，1995 年成立时就在马里兰大学召开了第一次年度国际学术会议，至今已经举办了20 次。国际学术年会的召开，密切了与哈佛燕京学社、全美中国研究联合会等研究中国

---

① Chinese Historians in the United States，http：//www. chinesehistorians. org CHUS Newsletter 59.
② 王希、姚平主编：《在美国发现历史：留美历史学人反思录》，北京：北京大学出版社 2010 年版。
③ 《美国华人人文社科教授协会简介》（Introduction of ACPSS），Last Updated on 15 October，2014，http：// www. acpssus. org/index. php？option = com_ content&view = article&id = 152&Itemid = 108。

的学术机构的合作和交流。协会年会的召开得到了中美两国政府和学界的大力支持。例如，中国驻洛杉矶总领事钟建华应邀参加了第 11 届国际学术年会，并发表了演说。① 协会每届年会的主题均围绕中国议题展开，成为"海外汉学"研究的一个极为活跃的平台。如2010 年 11 月 5 日至 7 日在哈佛大学举办的第 16 届国际年会主题为"聚焦中国：中美关系、可持续发展及相关问题"，第 18 届年会主题为"现代化与文化发展：中国在全球化和电子化时代中的变革"，第 19 届年会主题为"中国领导层的转换在国内和国际的影响"，第 20 届年会主题为"中国更深层持续发展的挑战和机遇——关注环境、健康、公平与公正及其他新的社会问题"。② 协会每年的国际学术研讨会也邀请和欢迎中国大陆的学者参会并提交论文，此外还有来自台湾地区、北美、西欧、东南亚等国家和地区的学者参加。美国华人人文社科教授协会年度国际会议的召开，不仅有助于促进中美人文社科不同领域学者的对话，更有助于推动各国学界对中国问题研究的深入和拓展。与单一学科（如中国旅美历史学会）交流的平台不一样，ACPSS 年会提供了一个多学科交流的平台，在这个平台上，你可以了解到政治学家、社会学家、历史学家、经济学家对同一议题的不同观察视角，即一个交叉学科的视角。

2. 美国华人人文社科教授协会积极与中国展开交流活动

作为致力于推动中国问题研究的华人学术团体，美国华人人文社科教授协会经常组织成员到中国大陆和台湾地区高校讲学与访问。从 2000 年开始，协会每年组织暑期回国讲学团，讲学内容涉及社会学、历史学、政治学、经济学、心理学、管理学、教育学、哲学、法学、新闻学、传播学及语言学等不同学科，先后在西安、上海、重庆、成都、南京、北京、武汉、哈尔滨、呼和浩特等城市的数十所院校讲学，受到师生们的热烈欢迎。据统计，仅 2004 年，协会共组织田宪生、鲁曙明等 7 位会员到厦门大学、浙江大学等 5 所中国高校作了 40 次讲座；2006 年组织会员去湖北大学讲座；2007 年组织鲁曙明、李捷理、田宪生等 13 位成员到西安外国语大学、武汉大学和新疆财经大学等 12 所高校进行了29 次演讲。在访问武汉期间，与湖北省科学技术协会签署了建立长期合作关系和学术交流机制的备忘录；2008 年，协会组织许光秋、张杰等会员到湖北省长江大学作夏季演讲；2009 年，组织 10 位成员去聊城大学和湖南长沙讲学。③ 协会很多会员被聘为中国高校客座教授或长江学者等。例如，华世平教授被聘为北京大学、吉林大学、中国人民大学、南开大学和上海交通大学的客座教授，令狐萍教授被中国教育部聘为长江学者。

为了向中国学界介绍西方学界的前沿热点，美国华人人文社科教授协会组织本会的教授主编了"西方人文社科前沿述评"丛书。该丛书包括人文社会科学及管理学的所有学科共三十余卷，由中国人民大学出版社出版。首批出版的 6 本分别为《图书馆信息学》《应用语言学》《传播学》《社会学政治学》《教育学》《文学》，有十多位海外华人学者参与编写。丛书系统地介绍、评析了西方人文社会科学的发展脉络、理论体系、研究方法及前沿热点问题，对于全面了解西方人文社会科学的发展，繁荣发展中国人文社会科学研究和

① http：//www. acpssus. org ACPSSnewsletter spring 2006.

② ACPSS Newsletters，http：//www. acpssus. org/images/Newsletters/acpssnewsletter.

③ ACPSS Newsletters spring 2005，spring 2006，fall 2007，fall 2008，fall 2009，http：//www. acpssus. org/images/Newsletters/acpssnewsletter.

教育，具有重要的借鉴意义和参考价值。[1] 丛书主编是纽约市立大学布鲁克林学院传播沟通学教授鲁曙明，他曾担任美国世界华人传播学会会长、美国华人人文社科教授协会会长、美国大纽约地区中文教师学会会长。

3. 美国华人人文社科教授协会成员的成就与影响

美国华人人文社科教授协会会员关于中国问题的研究成果得到了他们所执教的大学和学术界同行的认可，如张杰博士获得了纽约州立大学校长奖、[2] 华世平教授当选为美国亚洲研究学会理事会成员。[3] 为了激励协会会员多开展创造性的学术研究，推动美国的中国研究的发展，协会自身也设立了科研奖项。2010 年 10 月，美国华人人文社科教授协会首届学术研究成果奖获奖名单公布：最佳科研成果奖授予了鲁曙明教授，因他主持编写了《西方人文社科前沿述评》系列丛书；其他还有优秀学术研究成果奖（分专著类和论文类）、学术研究成果奖（分合著类、合编类、专著类等）、创作成果奖（分传记类和诗集类）。[4]

4. 中国旅美历史学会与美国华人人文社科教授协会之间的紧密联系

中国旅美历史学会和美国华人人文社科教授协会都是中国在北美地区"海智计划"有联系的海外科技团体，他们都积极参与为祖国服务的"海智计划"项目。而且两个团体均是全美中国研究联合会（USCS）的成员。为了加强多学科间的学术交流和联系，中国旅美历史学会和美国华人人文社科教授协会经常共同主办国际学术会议，比如 2004 年美国华人人文社科教授协会年会就是与中国旅美历史学会、中国旅美经济学会和中国旅美政治学会等共同主办的，2005 年美国华人人文社科教授协会年会也是与中国旅美历史学会共同主办的。两大团体的会员相互交叉，有的教授在两大团体都担任职位，如田宪生教授既是中国旅美历史学会的会员，又是美国华人人文社科教授协会的理事；宋京一教授既是中国旅美历史学会的会员，又是美国华人人文社科教授协会资产管理委员会的主任；令狐萍既是中国旅美历史学会的会员，又是美国华人人文社科教授协会的会员等。这种双重身份加强了学会成员内部以及学会之间的学术联系，有利于留美学人组建有关中国研究的学术共同体。

三、评价

美国华人学术团体大多是中国实行改革开放和中美建交后成立的，这种由学界知识精英组成的团体是中美人文交流中的一个崭新的重要桥梁，为加强中美学界之间、学界与政府间的对话和沟通发挥了积极的作用。华人学术团体通过召开国际学术会议和主办英文学术期刊，向美国主流学界传递华人学者的声音，增进了美国学术界、智库和决策层对中国历史、文化及当前中国现实政策的理解与把握，有助于消除美国社会精英层对中国的偏见，改善对华政策。同时，新华人学者通过积极与国内学术界进行交流互动，有利于推动

---

① 《"西方人文社科前沿述评"丛书出版》，《光明日报》，2007 年 7 月 7 日，第 5 版。
② ACPSS Newslette fall 2007，http：//www. acpssus. org/images/Newsletters/2007_fall_acpssnewsletter_draft-final. pdf.
③ ACPSS Newsletter fall 2013，http：//www. acpssus. org/images/acpssnewsletterfall2013. pdf.
④ ACPSS Newsletter fall 2011，http：//www. acpssus. org/images/Newsletters/acpss_ newsletter_ fall_ 2011. pdf.

中国人文社科研究与国际学术界的接轨；他们对中国相关问题的研究和建言献策，也有利于中国现代文明的发展。

1. 华人学术团体是跨国人文交流的重要桥梁

在全球化不断深化的时代背景下，世界各国的文化交流和对话日趋频繁，渠道日益多元化，个人和组织团体也成为跨国人文交流的重要主体之一，而且具有国家行为体所不具有的优势和灵活性，可以发挥民间使者的作用。文化的交流和互鉴是当今时代的特征，华人学者组建的学术团体作为新型的跨国互动的文化团体，在推动中美人文交流上起到了桥梁和纽带作用，增进了中美间的沟通对话和理解。

由于美国华人学术团体的会员大都具有中美双重文化的教育背景，目前又在美国各大高校任教，中国传统文化的熏陶和在美国长期的生活经历，使他们对于中美两国文化都有很充分的感知，他们身上具有一种双重文化认同和社会身份，加上同属于高知识阶层的特征，使得美国华人学术团体拥有比固守于唐人街的传统地缘、血缘性侨团所不具备的优势。而且，这些新华人学者对于其所肩负的责任和使命的自觉意识，使得这种双重文化经历有了更深刻的含义，这就是"于学之外，更有事焉"。也就是说，"中国留学生无论是学成归国，还是在西方学术界发展，都应该具有有朝一日筑起新舞台的心理和学术准备"。可以说，任公（指梁启超——引者注）"必求吾有可以自用之之道"一句的重音，不在"有可以自用之"的自强、自立、自我实现的现代精神，而在必求个人有用于天下之道的文化担当和道德勇气。① 海外新华人学者身上多具有一种对中国的民族主义关怀，希望能够以己之力助推中国的复兴。他们组建学术团体的初衷之一，就是为加强对中国问题的探讨，增进居住国与祖籍国之间的文化交流，以达到增信释疑的目的。

2. 推动美国中国研究的发展

美国华人学术团体成立之初是为了凝聚华人学者的力量，提升华人学者的影响力，以立足于美国学术界。经过多年的悉心耕耘，华人学术团体的会员已经从美国学术界的边缘位置逐步走向中国研究的核心位置。不少人文社科领域的华人学者任职于美国高校的东亚研究所或是中国问题研究中心，以他们为核心力量，推动美国华人人文社科教授协会、国际中华传播学会、中国旅美历史学会、全球华人政治学家论坛、亚太管理信息系统研究学会、中国研究图书馆员协会、国际华人心理与援助专业协会和北美华人社会学会等八个从事中国研究的学术组织共同组成了全美中国研究联合会，之后吸引了中国和美国的其他五个学术机构也加入进来，作为全美中国研究联合会的关联机构。这五个机构分别是美利坚大学亚细亚研究所、卡特中心中国研究项目、路易维尔大学亚洲研究部、北京大学中国战略研究中心和中国人民大学国际关系学院。联合会的使命主要是在美国及全世界其他地区，特别是大中华地区的学术组织之间推动学术信息共享、提供咨询以及协同开展项目。② 由此可以看出，美国华人学术团体开展的中国问题研究在中美两国学术界都受到高度认可，他们的影响力逐步增强，而且与中美两国高校和学术机构的互动也越来越频繁。

3. 美国华人学术团体与中国正面形象的传递

美国华人学术团体作为新型跨国人文交流的使者和媒介，对于中国正面形象的传递、

---

① 张旭东：《纽约书简》，上海：上海书店出版社 2006 年版，第 74 页。
② 《全美中国研究联合会简介》，http：//www. uscs－us. org/，Retrieved on Feb. 10，2015。

文化软实力的对外传播和提升具有举足轻重的作用。由于美国华人学术团体的会员对中美两国的文化传统和社会现状有着较深刻的认识，可以在中国体制之外，以西方主流学术界认可的研究视角和话语来探究中国问题与阐释中华文化。当下，中国的综合国力和世界地位不断提升，而美国经济增长相对乏力，与其所期望扮演的世界角色之间出现了一定的差距，加上以美国为主的西方国家媒体炒作"中国威胁论"，使得不明真相的其他国家民众，可能出现对中国认知的偏差，不利于中国树立积极、和平和正面的国际形象。这就需要中国予以积极应对，向世界说明中国的真实情况。可单纯以政府出面或仅依赖官方媒体开展对外宣传，往往不能令他国民众信服，这就需要发挥民间力量的作用。美国华人学术团体作为非政治性的民间团体，正可以推动中国问题的研究和国际学术交流，把华人教授的声音传递到美国主流学术界乃至政府智囊团中，从而减少并消除美国政府、主流学术界、大众传媒和普通民众对中国的偏见与误解。在美国的研究型大学中，基本上都有 20 世纪 90 年代以后取得不同学科博士学位的中国大陆籍教授。教授的身份意味着他们的学术成就获得了西方学界的认可，并拥有与这种承认相伴随的机会、资源、话语平台和影响力，包括在大学任教、出版学术专著、发表论文、在世界范围内参加各种学术会议，以及通过媒体参与对公共事务的讨论等。这些教授直接置身于当地国的高等院校和科研机构，与当地的知识精英阶层有着最直接的接触。他们的职业也决定了他们的知识结构和价值取向对当地国的主流社会年青一代了解中国有着难以替代的作用。2010 年 11 月海外华人人文社科教授协会会长在接受《中国社会科学报》访问时曾表示：海外华人教授在校园内潜移默化式的言传身教，对传播中华文化、推动美国社会对当代中国的了解方面是任何其他力量都不可替代的，远胜于那些需重金聘用的所谓公关公司。例如，不少人文社科专业的华裔教授，在中国有突发事件发生时接受当地电台/电视台的采访，都会对其中的历史事实加以说明和澄清；或者在课堂上回答美国学生的质疑，这些都有助于美国青年一代对中国的全面和正确了解。① 可以说，美国华人学者及其成立的学术团体是沟通中国与美国的重要桥梁，他们对美国知识精英乃至一些普通大众客观认识和理解中国的传统历史文化及当今的社会发展状况起到积极的促进作用，可以使不少美国人去掉看中国的"有色眼镜"，从而有利于中国良好国际形象的树立。不过，诚如王希教授所说，在将海外学者群体视为构建中国国际影响力的一种人才资源的同时，应该认识到，他们不是一个富有某种指定性使命的驻外"中国学者使团"，他们也不能被等同于或被视为是一种官方的"宣传工具"，这是极不现实并会适得其反的思路，也是不了解海外学者心路历程的做法。②

4. 美国华人学术团体在中美人文交流中的局限

学术交流是不同文明间交流的一种重要方式，对于促进不同文化间的理解、尊重和互鉴是积极有益的。学术交流的主体是学者，有时加上半官方性质的团体，它的影响主要在学术界和政府的某些部门，对于普通民众的影响相对较小。随着教育的普及和人们知识面的扩大，受过高等教育的人会越来越多，这种状况可能会有所改观。不过，学术交流对于增进普通民众对异国文化的认知和理解必然是一个长期的、缓慢的过程。它不像中国文艺

---

① 《海外华人学者的人文社会科学观——访美国华人人文社科教授协会会长李捷理》，《中国社会科学报》第 158 期，2011 年 1 月 20 日。

② 王希：《海外学者与中国"软实力"的构建》，《对外传播》2010 年第 10 期。

会演、传统文化精品展览和饮食文化节那样具有直观性和可欣赏性的特点，易于被人们所感知和接受。不过，文艺会演等类型的文化交流活动仍然为浅层次的交流和单向的交流，必须要通过共同拓展科研方面的合作、教育方面的合作，通过筹备学术会议和深层次的文化交流等方式，让人文的交流更为深入有效。美国华人学术团体要在中美人文交流中发挥更重要的作用，就必须更大力地推动中美两国学界开展项目合作，建立持续的交流互动机制；同时要有普及研究成果的意识，通过举办公开演讲或是在大众媒体多撰写时评，让普通大众也能了解自己的观点。

四、结语

美国华人学术团体作为一种新型的华人社团，主要是由留美华人学者组成的以促进学术交流为主要宗旨的团体，这类团体在中美两国间开展了多层次、多领域的双边互动，包括与高等院校、科研机构、学术团体之间的交流。这种跨国人文交流互动的层次高，涵盖的领域和主题十分广泛，为中美学者在人文社科领域内架起了沟通的桥梁，也在一定程度上影响到政府决策层和大众舆论。同时，美国华人学术团体的成员，具有双语言和双文化教育的特质，加上在美国高等院校担任教职，可以通过著书立说、教学或举办公众讲座等方式，让所在国的学界精英、年青一代乃至普通大众更多地了解中国和中华文化，有助于中国正面形象的树立和中华文化的传播，从而提升中国的软实力。目前，海外华人人文社科教授这股力量与理工、生物等"硬科学"领域的华人教授相比，并未受到国内有关方面的足够重视。随着近年来中国对软实力建设和中外人文交流的强调，相信未来海外人文社科领域的华人教授建立的学术团体将会发挥愈加重要的作用。

中国对外文化贸易与海外华侨华人文化市场

如何在中国对外文化贸易中发挥 6 000 万海外华侨华人市场的作用，使之成为推动中国对外文化贸易的又一驱动力是当下研究的重要课题之一。一方面，不断增加的基于教育、技术和财富的新移民以及"走出去"战略下的劳务输出为发展海外华侨华人文化市场提供了新的动力；另一方面，华侨华人新生代和新移民面临"异文化摩擦"和"文化认同"困境，众多民族和地域亚文化的存在也影响着海外华侨华人细分人群的文化产品需求，文化产品的批量化生产和输出面临更大的成本支出和挑战。

一、中国对外文化贸易现状

联合国教科文卫组织（UNESCO）将文化产业界定为"按照工业标准生产、再生产、储存以及分配文化产品和服务的一系列文化活动"。目前学界对文化产品和服务的定义及其类别存在不同理解，从广义上看，文化产业不仅包括版权这样的核心文化产品，还包括艺术创作、娱乐、教育、体育、广告和娱乐业等。本文主要研究图书、报纸、期刊、音像制品、电子出版物、版权以及电影等代表性文化产品和服务。

中国对外文化贸易十年来增长迅速。据统计，2003—2013 年，中国文化产品和文化服务进出口额分别从 60.9 亿美元和 10.5 亿美元攀升至 274.1 亿美元和 95.6 亿美元，年均增长率分别达到 16.2% 和 24.7%。然而，对外文化贸易相较于中国对外贸易整体而言仍然十分有限。2013 年，中国文化产品贸易总额和出口额分别仅占货物贸易总额和出口额的0.7% 和 1.1%，文化服务贸易总额和出口额分别仅占服务贸易总额和出口额的 1.8%和 2.4%。[①]

与此同时，核心文化产品[②]和服务贸易逆差也仍然存在。如下表所示，图书、报纸和期刊，以及音像制品和电子出版物的贸易逆差近年来甚至有所增长，前者贸易逆差在 2012年达到 22 839.07 万美元的历史高位后有所下降，而后者贸易逆差在 2013 年高达17 675.38万美元。版权贸易逆差波动频繁，2010 年来有所下降，但仍高达 7 766 种。

---

① 刘绍坚：《我国对外文化贸易发展的机遇、问题及对策建议》，《国际贸易》2014 年第 6 期。
② 按照国家商务部相关统计简报，核心文化产品主要包括视觉艺术品和视听媒介、印刷品、声像制品和文化遗产等。

中国部分文化产品贸易量统计表（2003—2013 年）

年份	种类								
	图书、报纸和期刊（万美元）			音像制品和电子出版物（万美元）			版权（种）		
	进口	出口	逆差	进口	出口	逆差	进口	出口	逆差
2003	14 608.27	2 330.34	12 277.93	2 272.64	139.00	2 133.64	12 516	811	11 705
2004	16 254.93	2 546.23	13 708.70	2 136.00	220.00	1 916.00	11 746	1 362	10 384
2005	16 418.35	3 287.19	13 131.16	1 933.00	211.00	1 722.00	10 894	1 517	9 377
2006	18 093.51	3 631.44	14 462.07	3 079.31	284.99	2 794.32	12 386	2 057	10 329
2007	21 105.44	3 787.46	17 317.98	4 340.26	180.51	4 159.75	11 101	2 593	8 058
2008	24 061.40	3 487.25	20 574.15	4 556.81	101.32	4 455.49	16 969	2 455	14 514
2009	24 505.27	3 437.72	21 067.55	6 527.06	61.11	6 465.95	13 793	4 205	9 588
2010	26 008.58	3 711.00	22 297.58	11 382.70	47.16	11 335.54	16 602	5 691	10 911
2011	28 373.26	5 894.12	22 479.14	14 134.78	1 502.43	12 632.35	16 639	7 783	8 856
2012	30 121.65	7 282.58	22 839.07	16 685.95	2 191.50	14 494.45	17 589	9 365	8 224
2013	28 048.63	8 115.46	19 933.17	20 022.34	2 346.96	17 675.38	18 167	10 401	7 766

资料来源：根据历年《全国新闻出版业基本情况》编制。

　　从对外版权贸易的产品类别来看，图书主导进出口格局，其在全部版权贸易中的占比数倍于其余各类产品之和。以 2013 年为例（见图 1 和图 2），中国版权进口前三类产品分别是图书、录像制品和电视节目，三者分别占该年度全部版权进口的 91.5%、3.0% 和 2.1%；中国版权出口前三类产品则是图书、电视节目和电子出版物，三者分别占该年度全部版权出口的 70.2%、18.6% 和 6.2%。

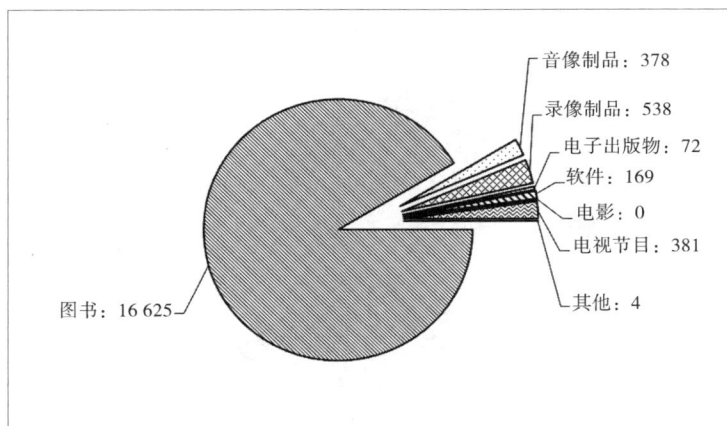

音像制品：378
录像制品：538
电子出版物：72
软件：169
电影：0
电视节目：381
其他：4
图书：16 625

图 1　2013 年全国版权进口情况统计（按产品类别划分），单位：种

注：国家版权局官网公布的电影版权进口数暂为零，此处仍按统计表所披露数据处理。

资料来源：国家版权局，2013 年全国版权引进情况统计，http://www.ncac.gov.cn/chinacopyright/contents/6125/233241.html，2015 年 1 月 11 日。

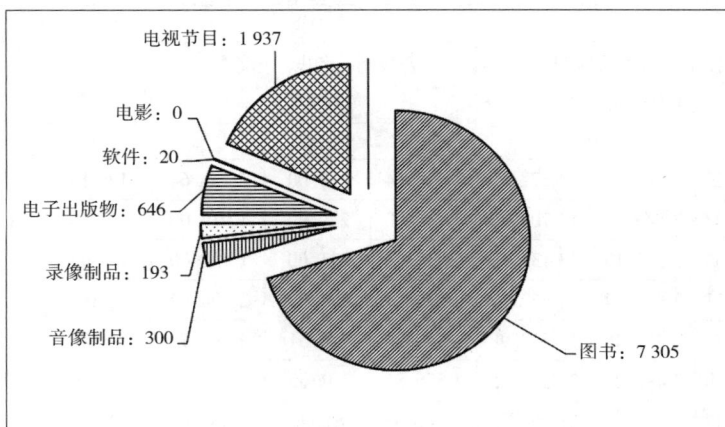

图2 2013年全国版权出口情况统计（按产品类别划分），单位：种

注：国家版权局官网公布的电影版权出口数暂为零，此处仍按统计表所披露数据处理。

资料来源：国家版权局，2013年全国版权输出情况统计，http：//www.ncac.gov.cn/chinacopyright/contents/6125/233244.html，2015年1月11日。

对外版权贸易的来源地和输出地集中在发达国家和地区，以美、英、日、韩和中国港台为代表。以2013年为例（见图3和图4），中国版权进口前五位来源地依次是美国、英国、日本、韩国和台湾地区，五地在该年度全部版权进口中的占比分别是34.2%、14.9%、10.5%、8.9%和6.7%；中国版权出口前五位目的地则依次是台湾地区、美国、香港地区、英国和韩国，五地在该年度全部版权出口中的占比分别达到18.3%、12.2%、10.1%、7.0%和6.9%。

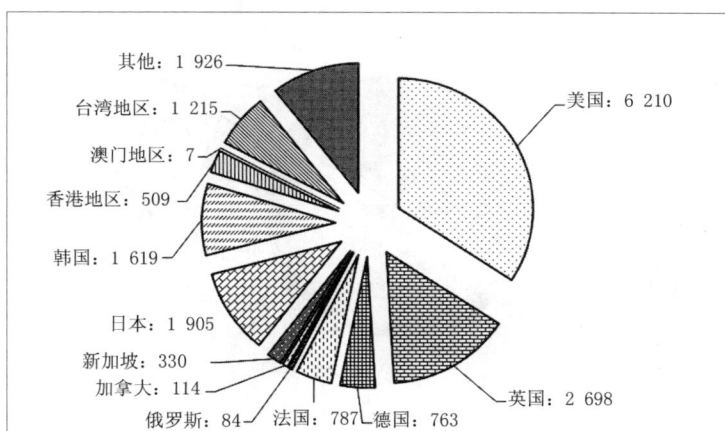

图3 2013年全国版权进口情况统计（按来源地划分），单位：种

资料来源：国家版权局，2013年引进版权汇总表。http：//www.ncac.gov.cn/chinacopyright/contents/6125/233251.html。

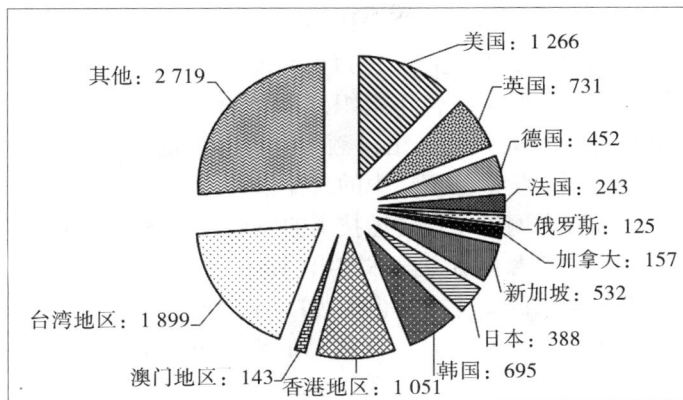

图4　2013 年全国版权出口情况统计（按输出地划分），单位：种

资料来源：国家版权局，2013 年输出版权汇总表，http://www.ncac.gov.cn/chinacopyright/contents/6125/233265.html。

二、中国核心文化产品和服务贸易赤字的原因

中国核心文化产品和服务贸易呈现明显逆差的原因既包括"文化例外"和"文化垄断"这样具有普遍性的因素，也与中国传统贸易结构和海外投资格局有关。同时，现阶段中国自身文化产品和服务仍缺乏国际竞争力，与文化产业相关的知识产权侵权和诉讼也给文化"走出去"带来了挑战。

1. 对外贸易中的"文化例外"原则

所谓"文化例外"，是指文化产品不同于普通商品，它既有商品属性又有精神层面和价值观层面的内涵。因此在一定情形下，文化相较于商业具有相对独立性，贸易自由化原则不适用于文化产品和文化服务，在贸易自由化的谈判中应将文化产品排除在外。[①] 有鉴于此，在对外文化贸易领域，世界各国也形成了不同立场。例如，在美国极力推动文化产品和服务贸易自由化的同时，以法国为代表的欧盟国家则呼吁保护世界文化的多样性。

在中国加入 WTO 的一段时间内，仅有 21 个成员国在文化产品和服务领域作出不同程度的开放性承诺，且只有美国和中非国家开放文化产业的所有领域。[②] 因此，各国（地区）日益重视本土文化保护，以及出于文化产业对国家主权、国家安全和意识形态的敏感性考虑而对文化领域所施加的必要限制，均在一定程度上影响着对外文化贸易的规模和增速，也使得像中国这样一个文化贸易起步和发展较晚的国家面临更为复杂的外部环境。

2. 对外文化贸易的单极化和垄断性特征

发达国家和发展中国家的对外文化贸易在较早时期就已呈现出高度的不平衡性。联合

---

① 李怀亮：《国际文化贸易概论》，北京：高等教育出版社 2006 年版。

② 《与国际文化产品和服务贸易相关的几个问题》，中华网，http://www.china.com.cn/chinese/zhuanti/2004whbg/504254.htm，2015 年 1 月 11 日。

国教科文组织调查报告显示，日本、美国、德国和英国在 1990 年是最大的文化产品出口地，占当年全部出口额的 55%；文化产品进口也高度集中于美国、德国、英国和法国，占当年全部进口额的 47%。① 亚太经济合作组织（APEC）和欧盟（EU）国家在 1998 年的文化进口额占全年世界总量的 91%，而出口额占世界总量的 94%。与此相对，2002 年拉丁美洲和加勒比地区在全部文化产品贸易中的占比仅为 3%。②

进入新时期后，伴随互联网等现代传播技术的发展，发达国家和地区在提供文化生产和文化服务的能力、技术和资源禀赋方面体现出明显的垄断优势。相较于发展中国家和地区，发达国家和地区培养起来的文化市场也更为广阔。以美国为例，好莱坞电影尽管还是"美国制造"，但新兴电影市场已成为其国际战略的重要组成部分。美国在 2011 年创下 16 年来国内最低观影记录，全年观影人次仅为 17.1 亿。与此形成鲜明对比的是，该年度全球票房前四位中就有三部好莱坞电影（分别是《哈利·波特与死亡圣器：下》《加勒比海盗 4：惊涛骇浪》和《功夫熊猫 2》），其海外票房超过 70%，且大部分票房来自俄罗斯、中国、巴西以及韩国。③

以上数据和实例显示，国际文化贸易仍在很大程度上集中于发达国家和地区。发展中国家和地区长期处于国际文化市场的边缘，国内文化产业起步晚并且国际文化市场准入门槛高，只能被动地吸收大量涌入的外国文化产品。因此，在国际文化传播向度单维化的格局中，中国也不可避免地处于核心文化产品和服务严重入超的一端。

3. 中国以传统货物为主的贸易格局

中国的贸易格局以传统货物贸易为主导，这是由中国在一段时期内相对低廉的劳动力成本、土地成本以及技术、制度约束等其他因素所共同决定的。截至 2012 年，中国服务贸易增速较快但逆差继续扩大。2012 年，我国服务进出口总额达 4 705.8 亿美元，跻身世界前三，超过世界服务进出口的平均增幅 10.3%，占世界服务进出口总额的 5.6%。与此同时，服务贸易逆差高达 897 亿美元，同比增长 1.6 倍。逆差主要集中于旅游、运输服务、保险服务、专有权利使用费和特许费、电影、音像领域。④

中国海外投资也多为贸易促进型投资，辅助货物贸易出口。据商务部统计，截至 2013 年末，中国在租赁和商务服务业、金融业、采矿业、批发和零售业、制造业五大行业的累计对外直接投资存量达到 5 486 亿美元，合计占中国对外直接投资存量总额的 83%。⑤

在对外文化贸易中，不仅有图书、期刊这样的文化产品，还包括电影、文艺表演、博物馆、档案馆等以传媒产业和公共文化设施为主的核心文化服务业，以及以互联网、旅行社服务、文化中介代理、文化产品租赁和拍卖、广告以及会展服务等为代表的文化产业与相关产业融合产生的交叉型文化服务业。因此，现阶段中国服务贸易整体逆差也在很大程度上制约了包括文化服务在内的各细分行业的发展。

---

① UNESCO, *Study on International Flows of Cultural Goods*, 1980—1998, UNESCO Publishing, 2000.

② UNESCO, *Culture, Trade and Globalization: Questions and Answers*, UNESCO Publishing, 2000.

③ 《本土受冷 美国片"内销转出口"》，《法制晚报》，2012 年 1 月 13 日，第 A46 版。

④ 《2012 年我国服务进出口总额跻身世界前三》，中国服务贸易指南网（国家商务部服务贸易和商贸服务业司），http：//tradeinservices.mofcom.gov.cn/c/2013 - 07 - 15/226105.shtml，2015 年 1 月 12 日。

⑤ 国家商务部：《2013 年度中国对外直接投资统计公报》，北京：中国统计出版社 2014 年版。

4. 中国本土文化产品和服务的竞争力和影响力

中国本土文化产品和服务的竞争力和影响力一方面受制于语言、文化等先天因素，另一方面也因所在行业起步较晚而在形式和内容方面尚待突破。尽管截至 2014 年 3 月，全球汉语学习者已超过 1 亿人，全球汉语考试考点达 875 个，遍布 114 个国家和地区，[①] 但相比起熟悉英语的人口数量而言仍然较少。深厚的儒家文化、道家文化等虽为部分中国文化热爱者所追随，却也为更大范围内的海外市场所理解增加了难度。

从文化产品形式和内容的表现力看，经济实力和科技实力是一国文化扩张的重要保障，缺一不可。欧盟运用跨国基金和结构基金对文化产品进行融资，前者主要通过系列计划完成。其中，"文化计划（2007—2013）"总预算高达 7.55 亿欧元，7% 的资金被用于开展剧本创作、视听技术等培训；同时对单个项目的资助额最高可达到该项目预算的 50%。[②] 2010 年上映的美国好莱坞电影《阿凡达》则引领了电影行业第四次技术变革——从 CG 技术向 3D 技术进化。该电影创新使用虚拟摄影棚、3D 虚拟影像摄影系统和面部捕捉头戴设备等，半数以上画面由计算机生成，最终打破全球票房纪录。

伴随国力增长，中国文化产业发展的经济后盾日益强大，但政策效果并非一朝一夕所能体现。中国仍处于对外文化贸易的学习阶段，其产品和服务竞争力与影响力显著低于文化强国。目前世界文化市场上，美国占 43%、欧盟占 34%、日本约占 10%、韩国占 5%，中国所占不及 4%，这与中国作为全球第二大经济体的经济规模极不相称。[③] 同时亦有数据显示，中国文化产业竞争力指数仅为美国的 24%、英国的 29% 和日本的 38%。[④] 作为对外文化贸易中的"后发国家"，中国更需要学习和借鉴欧、美、日、韩等国家的现代传播技术和营销推广战略，从语言、文化方面打造中国文化产品和服务的"软实力"，进而推动对外文化贸易的跨越式发展。

5. 对外文化贸易中的知识产权侵权

对外文化贸易中的货物贸易和服务贸易涉及的知识产权主要包括专利权、商标权以及著作权（版权）等。对于广告、影视等文化服务贸易而言，知识产权本身即构成了贸易的内容和形式。"创意产业之父"约翰·霍金斯就将文化创意产业定义为"产品都在知识产权法的保护范围之内的经济部门"，并认为版权、专利、商标和设计四个部分共同构建了创意产业和创意经济。[⑤] 因此，对外文化贸易中的知识产权侵权和诉讼不仅会损害艺术创作，还会将产品推广扼杀在最初阶段。

国际音乐贸易组织（IFPI）出具的一份报告称，盗版量占整个中国市场的绝大部分。尽管文化部官员对此情况有所保留，但仍然认同中国目前盗版现象严重，非法上传和下载

---

① 《全球汉语学习者超亿人 汉语热持续升温》，新华网（国际频道），http：//news. xinhuanet. com/world/2014 – 08/28/c_ 1112271530. htm，2015 年 1 月 12 日。
② 王雅梅：《试析保护和发展文化产业对欧盟的重要意义》，《德国研究》2007 年第 2 期。
③ 《文化"零头"何时变"巨头"》，凤凰网，http：//finance. ifeng. com/news/industry/20111101/4965899. shtml，2015 年 1 月 25 日。
④ 李强：《我国文化产品出口猛增 国际认知度待提升》，《证券时报》，2012 年 1 月 12 日，第 B4 版。
⑤ John Howkins，"The Creative Economy：How People Make Money from Ideas"，*Penguin*，2013.

音乐对艺术家非常有害。① 再例如，2014 年 12 月，北京市第三中级人民法院对台湾地区作家琼瑶起诉大陆地区编剧于正一案作出宣判，判决被告的《宫锁连城》侵犯了原告《梅花烙》的改编权，令其停止传播并赔偿原告 500 万元。② 而大陆地区更早发行的古装剧《甄嬛传》已合法外销至韩国、日本、美国等十余个国家。③ 目前，国内城市仍然可见街边售卖包括近期热播连续剧和电影在内的盗版光碟，互联网的普及更使得广大网民可观看未经许可翻录的电视节目等，这些现象都会影响对外文化贸易下的真实数据统计。

三、海外华侨华人文化市场

近年来，受到中国"走出去"战略的推动，更多国人以经商、务工的形式走出国门，留学移民也成为新移民中的主力军。在此背景下，海外华侨华人的规模增长有望对中国海外文化市场作出积极贡献；与此同时，新时期的海外华侨华人构成也给中国对外文化贸易带来新的挑战。

1. 概况

世界范围内的海外华侨华人目前已经超过 6 000 万，主要分布在东南亚、北美和欧洲多国。除港、澳、台地区外，华商已经成为新加坡、马来西亚、印度尼西亚、菲律宾等东盟国家的经济支柱，华人政治也蔚然成风。华人移民的受教育程度较高，据美国大使馆公布的数据，19.2% 的在美华人移民拥有大学以上文凭，远高于在美外国移民 15.9% 的整体水平。早在 2010 年，就有将近四分之一的男性华人移民在信息技术、科学、工程领域工作。④

基于教育、技术和财富的新移民还在继续增加。以华人留学生为例，中国在 2014 年仍然稳坐世界第一大留学输出国交椅，不仅是美国、加拿大、澳大利亚等热门留学国家的第一大留学生来源国，也是美国第一大高中生留学来源国。2007—2014 年，加拿大、美国、澳大利亚和英国集中了 90% 以上的中国高中留学生。⑤ 据美国国际教育协会统计，2013 年，中国在美留学生人数为 235 597 人次，中国留学生在全美国际留学生中所占比重从 2006 年的 11.1% 跃升至 2013 年的 28.7%，远超位居第二的印度（11.8%）和第三的韩国（8.6%）。⑥ 另据中国与全球化研究（CCG）智库数据，中国已经连续五年成为加拿大的最大留学生来源国。加拿大的中国留学生人数从 2011 年的 6.7 万人次增加到 2013 年的 8.8 万人次，其占该国国际留学生的比例也从 22% 跃升至 33%。

"走出去"战略下的劳务输出规模也在不断扩大。据国家商务部提供的最新统计数据，2014 年 1 月至 11 月，我国对外劳务合作派出各类劳务人员 49.8 万人，较去年同期增加

① 《文化部：中国承诺打击网络音乐盗版》，网易（科技频道），http：//tech. 163. com/08/0128/09/439K9Q07000915BF. html，2015 年 1 月 20 日。

② 《琼瑶诉于正案胜诉 〈宫锁连城〉停止传播》，光明网（法制频道），http：//legal. gmw. cn/2014 - 12/25/content_ 14294576. htm，2015 年 1 月 19 日。

③ 《〈甄嬛传〉的海外奇幻漂流》，《新京报》，2013 年 3 月 15 日，第 C20 ~ C21 版。

④ 参见美国驻华大使馆官方微博，http：//blog. sina. com. cn/s/blog_ 67f297b00102dykj. html 。

⑤ 王辉耀、苗绿：《国际人才蓝皮书：中国留学发展报告（2014）No. 3》，北京：社会科学文献出版社 2014 年版。

⑥ 2013 Open Doors Report on International Education Exchange, Institute of International Education, November, 2013.

6.3万人，同比增长14.5%；其中承包工程项下派出24.1万人，劳务合作项下派出25.7万人。11月末在外各类劳务人员共计100.5万人，较去年同期增加9万人。①

以上数据均表明，作为海外市场组成部分的华侨华人市场规模前景可观，并且部分华侨华人的中国传统文化情结深厚，每逢春节等中华民族传统节日，灯笼、舞狮等文化元素样样不缺，日常生活中也会时常收看国内新闻和电视节目。即使对80年代后移民海外的新华侨华人而言，春节这样的传统文化载体和表象符号也会带来情感共鸣。有学者曾就20世纪80年代以后去日本和美国的年青一代侨民调查其日常生活和文化认知，其中就包括春节情结。调查发现，侨民们被问及对其而言一年中最重要的节日时，大多数人仍毫不犹豫地回答是春节，并且过春节要包饺子、吃鱼、吃汤圆以及给孩子压岁钱。② 可见，侨民已将其生长过程中的代表性记忆载体融入日常行为中，这在一定程度上反映了该群体对中国文化产品的内在心理需求。

2. 局限性

在众多海外华侨华人中，以留学生为代表的新近移民和海外出生成长的华侨华人新生代呈现出不同的心理特征。一方面，这些群体成长于经济全球化和互联网盛行的新世纪，对美国好莱坞电影、日本动漫、韩国偶像剧等跨境文化吸收力较强，因而不太会对中国传统文化情有独钟；另一方面，新生代在与住在国的文化差异较大的华人家庭成长，常常面临"文化冲突"或"异文化摩擦"，并置身于"文化认同"与"身份认同"的双重困境。即使其认为中华文化具有亲和力，在真正的"文化认同"层面也会因时间、地点和周遭人物而各异。③ 出于适应环境的需求，新生代们倾向于融入住在国的文化习俗，在语言学习、思维模式和行为举止方面也往往被迅速"西化"。

笔者在华人居多的新加坡访学期间，亦曾观察到华人房东夫妇的孩子对中文学习兴趣索然，也没有较大的学习中文的压力。和国内英语测试类似，新加坡也仅要求华人学生通过一定级别的中文测试即可。房东的孩子和同学的交谈、聚会也以英文进行，谈论话题多为美剧或在线游戏，以及未来求学欧美的学校选择等，对中国现状以及传统文化表现出明显的疏离感。

此外，海外华侨华人具有多民族性和来源地差异。例如，散居于中亚地区的华侨华人主要由来自中国西北的少数民族侨胞构成，其中新疆籍侨胞约有60万人。在中东地区，华侨华人包括汉族和少数民族，而维吾尔族、哈萨克族和回族是其主要构成部分。由于中亚地区和中国西北地区同源跨境民族的广泛存在，分布在此的华侨华人面临更小的异文化摩擦。然而，相较于海外汉族群体而言，不同少数民族华侨华人也因不同的宗教信仰、民俗惯例、外貌体型和语言表达而对文化产品存在不同需求。

不同祖籍的海外华侨华人在语言文化方面也存在很大不同。以港台为例，香港华人多来自广东，风俗习惯相应地更接近于岭南风土人情，港产歌曲和电影也因粤语相通而在大陆地区乃至东亚、东南亚盛行。祖籍福建的华人则是台湾同胞的重要组成部分，至今保留

---

① 《2014年1—11月我国对外劳务合作业务简明统计》，国家商务部对外投资和经济合作司，http://hzs.mofcom.gov.cn/article/date/201412/20141200836474.shtml，2015年1月20日。

② 何彬：《新华侨华人对春节的文化认知》，《中国文化报》，2013年2月18日，第8版。

③ 韩震：《全球化时代的华侨华人文化认同问题研究》，《华侨大学学报（哲学社会科学版）》2007年第3期。

着妈祖等典型闽南文化，经其传入的戏剧（梨园戏、歌仔戏、木偶戏和高甲戏等）、音乐（南音等）等闽南文化艺术对台湾影响深远，而台湾同胞语言交流中使用范围最广、影响最大的汉语方言也和"闽南语"一脉相承。

可以说，中国文化产品对海外华侨华人具有吸引力，但众多民族和地域亚文化的存在也影响着海外华侨华人细分人群的文化产品需求，割裂的市场不利于文化产品的批量化生产和输出，反而提升了对外文化贸易中的产品制造和交易成本。因此，借由海外华侨华人市场推动中国对外文化贸易的关键在于区分目标市场，针对不同特性的细分市场提供差异化的文化产品，进而借助文化产品消费的"网络外部性"① 来推动对外文化贸易。

四、海外华侨华人市场在中国对外文化贸易中的作用

总体而言，海外华侨华人市场对中国对外文化贸易的推动主要包括两个方面：一是该群体自身就中国文化产品和服务进行的贸易和投资；二是借由该群体扩大中国文化产品和服务的影响力，吸引更多住在国国民和企业加入到中国对外文化贸易之中。无论是虑及新近移民和华侨华人新生代的心理特征，还是国内文化产业发展的客观需要，新时代的中国对外文化贸易都需要从更综合的维度来培育和健全海外市场。

1. 中华文化传播

文化吸引力和"文化亲近"是进行文化交流与发展文化贸易的内核，而"文化折扣"② 现象会在一定程度上抑制对外文化产品和服务消费。在此概念的提出者霍斯金斯看来，扎根于特定文化的电视节目、电影或录像等文化产品会对国内市场具备吸引力，因为国内市场的观众拥有相同的常识和生活方式；但该文化产品对拥有文化结构差异（不同风格、价值观、信仰、历史、神话、社会制度、自然环境和行为模式）的海外人群而言吸引力则会减退。

海外老移民和华侨华人新生代由于居住海外多年或是出生成长于海外，"文化折扣"会阻碍其对中国现有文化的理解以及对文化产品和服务的接受度。因此，文化传播和分享对于凝聚海外华人华侨乃至吸引他国国民就显得至关重要。

2. 文化产业投资

国内文化产业的繁荣发展是对外文化贸易的基石，离不开持续的资金注入。文化部和财政部从 2013 年联合实施"文化金融扶持计划"以来，以贷款贴息的形式累计支持近200 个文化产业融资项目，累计支持金额达到 11.3 亿元，带动了大量银行信贷资金投入文化产业。③ 截至 2014 年末，中国工商银行已累计为 5 000 多家中小文化企业提供了 4 000

---

① 文化消费的网络外部性是指人们可分享交流同一文化产品给他们带来的体验和感受，并从中获得额外的消费收益。这一特性也会通过文化溢出和知识溢出促进未来文化产品的生产和创新，为文化产品贸易带来动态的福利效应。参见汪颖、黄建军：《消费网络外部性、文化亲近与文化产品贸易——基于中国双边文化产品贸易的实证分析》，《当代财经》2014 年第 4 期。

② "文化折扣"是指由于存在文化背景差异，国际市场中的文化产品可能不被其他地区受众认同或理解从而导致产品价值降低。霍斯金斯（Colin Hoskins）和米卢斯（R. Mirus）在 1988 年发表的论文《美国主导电视节目国际市场的原因》（"Reasons for the U. S. Dominance of the International Trade in Television Programmes"）中首次提出此概念。

③ 参见《文化部文化产业司关于做好 2015 年度"文化金融扶持计划"准备工作的通知》。

多亿元融资支持，融资余额超过文化产业融资余额的八成，是全行融资增长最快的业务领域之一。① 文化部在 2012 年即出台《关于鼓励和引导民间资本进入文化领域的实施意见》，然而，文化产业"重创意，轻资产"的随意性使之较难凭借虚拟资产获得银行的理性青睐，小而分散的特点也与银行对其规模化增长的期待相矛盾，因而文化产业仍在很大程度上面临融资困境。②

在文化产业融资方面，美国与韩国的经验值得借鉴。美国推动文化产业融资的途径主要在于投资主体多元化。除联邦政府支持之外，文化产业集团背后通常有金融财团支持（如美国国家广播公司与通用电气公司）或基金捐助；各州会在政策杠杆激励下提供配套资金以支持文化事业发展；本土华尔街私募基金及境外企业直接投资也为文化产品和服务的投入产出提供了现金流保障。③ 韩国文化产品的发展则更多受惠于政府产业政策，不仅包括文化产业税费减免和园区构建，还包括文艺振兴基金、文化产业振兴基金、信息化促进基金、广播发展基金、电影振兴基金、出版基金等在内的旨在促进相关文化产业发展的专项基金的设立。④

海外华侨华人在丰富文化产业投资来源、吸引海外投资和设立产业基金等方面均可发挥作用。仅以香港地区对大陆投资为例，数据显示，香港地区是内地外商投资最大来源地。2002—2012 年，香港地区累计对内地投资项目达 148 852 个，投资总额共计 4 061.7 亿美元。2012 年，香港地区在内地外商投资项目数和外商投资额中的占比分别高达 50.6% 和 58.7%。⑤ 伴随中国内地（大陆）劳动力和土地等红利的渐退，以及自贸区扩大投资领域的开放，来自港、澳、台及其他海外华人华侨的投资有望向智能制造业、文化业、金融业转移。此外，中国还可以鼓励海外华侨华人参与到驻国（境）外招商和中介招商活动中。

中国在 2011 年成立首个国家级文化产业基金，投资范围主要包括传统媒体、新媒体、文化衍生产业三大领域，目前已投资国内文化企业 20 家，累计投资金额接近 20 亿元。⑥ 在地方层面，福建省发挥侨务资源优势，以基金平台集合华侨华人资本，在 2014 年 9 月举行了福建省华侨产业投资基金首期合伙协议签约仪式。该次协议签约金额 1.5 亿元人民币，将重点投向福建省重大基础设施项目、民生工程项目和实体经济领域。⑦ 以此为开端，中国可以尝试设立华侨文化产业投资基金，更有针对性地推动华侨华人资本进入文化产业。

在加强国内文化产业投资的同时，中国对外直接投资的产业格局也亟待调整以顺应经济新常态的要求。据国家商务部统计，截至 2013 年底，中国在文化、体育和娱乐业，以

---

① 马黎：《工行 2 000 亿融资力挺文化产业发展》，《金融投资报》，2015 年 1 月 16 日，第 5 版。

② 姚轩杰：《文化产业融资难存两大矛盾》，《中国证券报》，2012 年 12 月 17 日，第 A19 版。

③ 《国外文化产业融资机制成功经验的启示》，中国经济网，http://www.ceweekly.cn/html/ywpd/2012 – 10/5727665982.html，2015 年 1 月 23 日。

④ 李怀亮：《国际文化贸易概论》，北京：高等教育出版社 2006 年版。

⑤ 国家商务部：《2013 中国外商投资报告》。

⑥ 《中国文化产业投资基金：文化产业投资的领军者》，新华网，http://news.xinhuanet.com/fortune/2014 – 05/16/c_ 1110731019.htm，2015 年 1 月 23 日。

⑦ 《闽在全国率先创新吸收外资方式 设华侨产业投资基金》，东南快报网，http://www.dnkb.com.cn/archive/info/20140908/105919147605129_ 1.shtml，2015 年 1 月 23 日。

及信息传输、软件和信息技术服务业领域的对外直接投资存量分别只有 11 亿美元和 73.8 亿美元，在中国对外直接投资存量和总量中的占比分别仅为 0.2% 和 1.1%。[①] 部分文献表明，"文化亲近"对文化贸易具有正向促进作用，而"文化折扣"和"文化距离"则会抑制出口。[②] 类似地，中国对海外文化产业直接投资也可优先以文化相近、华侨华人众多的东南亚、港台地区和美国等地为目标，为中国对外文化贸易创造更为便利的海外交易环境。

3. 文化出口促进

在文化制造的基础上，良好的出口平台是发展对外文化贸易，将中国文化产品和服务输送至海外市场的加速器。中国文化产品和服务出口近年来增长迅速且贸易结构逐步优化。据商务部统计数据，中国在 2013 年文化产品出口达 251.3 亿美元，是 2006 年的 2.6 倍，以视觉艺术品（工艺品等）、新型媒介（游戏机等）、印刷品、乐器为主；同年文化服务出口达 51.3 亿美元，是 2006 年的 3.2 倍，以广告宣传服务为主。[③] 为进一步促进对外文化贸易发展并改善核心文化产品和服务贸易逆差，中国可以从巩固传统市场和拓展新市场两个方面发挥海外华侨华人的作用。

一是借助自贸试验区建设，巩固传统海外华侨华人市场。继上海自贸试验区在 2013 年成立后，2014 年 12 月召开的国务院常务会议决定在广东、天津和福建特定区域再设三个自由贸易园区，以上海自贸试验区试点内容为主体的同时，发挥地方优势以充实新一轮试点改革。值得注意的是，新设立的粤、津、闽三地自贸园区地域性鲜明，临近日韩和港澳台。这些国家和地区不仅是华侨华人在东亚和东南亚的主要集聚地，也是中国对外文化贸易中版权等文化产品和服务主要出口地的重要组成部分。中国可以在中日韩自贸区谈判，内地和港澳地区"更紧密经贸关系安排"（CEPA）以及大陆与台湾地区"经济合作框架协议"（ECFA）的基础上推动中日韩、粤港澳和闽台间动漫、演艺、旅游等文化产业合作，依托新设自贸园区和海关特殊监管区等打造文化产品和服务出口平台，落实国家对重点鼓励的文化产品和服务出口实行的税费减免政策，进一步扩大中国对传统海外华侨华人市场的文化出口规模。

二是设立中国文化出口商会，拓展海外商机。文化部制定的《关于促进文化产品和服务"走出去"2011—2015 年总体规划》中明确指出要积极发挥行业协会等民间社团的作用，鼓励企业成立文化出口商会。尽管中国在实体领域已存在医药保健品、纺织品等出口商会，天津、河南、陕西等地也纷纷建立文化产业网，文化领域内的出口商会却几乎没有。建立文化出口商会，不仅可以促进行业自律和提供技术咨询，还有助于扩展海外联谊，如与海外华侨华人建立商务沟通往来。例如，泛珠三角是中国视觉艺术品出口的主要地区，以福建和广东为主，上海、江苏和浙江位居其次；视听媒介主要以广东、山东和上

① 国家商务部：《2013 年度中国对外直接投资统计公报》，北京：中国统计出版社 2014 年版。

② 闫玉刚、李怀亮：《中美文化贸易摩擦加剧的原因与对策》，《国际贸易》2008 年第 10 期；臧新、林竹、邵军：《文化亲近、经济发展与文化出口——基于中国文化产品出口的实证研究》，《财贸经济》2012 年第 10 期；曹麦、苗莉青、姚想想：《我国艺术品出口的实证研究》，《国际贸易问题》2013 年第 5 期。

③ 《商务部：2013 年我国文化产品进出口总额达 274.1 亿美元》，人民网（财经频道），http：//finance.people.com.cn/n/2014/0331/c1004 - 24778860.html，2015 年 1 月 25 日。

海为主；印刷品以广东、北京和上海为主。① 而福建、广东、浙江、上海等地本身就有大量居民拥有广泛的海外亲缘关系，并不局限于东南亚、北美等传统海外华侨华人分布区，"血缘相亲"和"文缘相连"也会推动"商缘相通"，出口商会即可通过同乡会、宗亲会等途径寻求与海外华侨华人企业合作的机遇。在此基础上，文化出口商会还可以在海外华侨华人企业的协助下，组织境内企业与海外企业共办国际文化展会和交易会，为企业产品推介搭建平台。此外，文化产品和服务具有商品及精神文化双重属性，文化出口商会可以借助海外华侨华人了解当地市场需求并获取产品用户体验，进而提供更具竞争力的文化产品和服务。

---

① 《近十年我国文化产品出口态势利好　国际认知度有待提升》，海关信息网，http：//www. haiguan. info/files/HotCare/35. aspx，2015 年 1 月 25 日。

下编

国别侨情

印度尼西亚

　　2014 年，印度尼西亚（以下简称印尼）成功举行了国会大选和总统大选，顺利实现了两届总统和政府的权力交接，政局保持稳定。对外政策没有出现大的波动，显示出了较强的连续性，中国与印尼的全面战略伙伴关系继续良性发展。印尼政府发布决定书以"中华""中国"取代"Cina"称谓，进一步取消歧视华人的规定，为印尼华人的发展营造良好的宏观环境。2014 年的大选中，印尼华人的参政意识和参政热情高涨，在国会选举中取得了较好的成绩，钟万学成为雅加达首位华裔省长。2014 年，虽然印尼经济形势不如预期良好，增速下滑，通货膨胀高涨，但印尼华人社会中喜事、大事不断，在大选中积极参政的表现说明印尼华人已经融入印尼当地社会，参与印尼国家建设的积极性强，增加了印尼社会的多元性。

一、印尼基本国情及中国—印尼关系

（一）印尼基本国情

表 1　印度尼西亚概况

国家全名	印度尼西亚共和国（Republic of Indonesia）
地理位置	北纬 6°至南纬 11°；东经 95°～141°。位于亚洲东南部，地处赤道线上，以"千岛之国"闻名于世，由太平洋和印度洋之间 17 508 个大小岛屿组成，其中约 6 000 个有人居住，是世界上岛屿最多、面积最大的群岛之国
领土面积	全国陆地面积 190.4 万平方公里，居世界第九位，相当于中国的 1/5。海洋面积 790 万平方公里（包括专属经济区），海岸线长 54 716 公里，领海宽度 12 海里，专属经济区 200 海里
首都	雅加达（Jakarta）
官方语言	印尼语
主要民族	爪哇族（41.65%）、巽他族（15.41%）、马都拉族（3.37%）
政体	宪政体制下的总统内阁制
执政党	由斗争民主党领导的执政联盟，包括民心党、民族民主党、民族复兴党、团结公正党等
现任总统	佐科·维多多（Joko Widodo）［又叫佐科维（Jokowi）］
人口数量	2.55 亿[①]
华侨华人人口数量	241 万～3 000 万（各方估算）[②]

（续上表）

华侨华人占总人口比例	1. 5% ~ 12%（各方估算）
GDP	9 510. 4 亿美元（IMF 2014 年 10 月预测数据）
GDP 增长率	5. 2%（IMF 2014 年 10 月预测数据）
人均 GDP	3 996 美元（根据 IMF 2014 年 10 月预测数据）
CPI	6. 0%（IMF 2014 年 10 月预测数据）
失业率	6. 1%（IMF 2014 年 10 月预测数据）

①印尼中央统计局估算数据，参阅《2010—2035 年各省人口估算表》，印尼中央统计局网站，http：//www. bps. go. id/link Table Status/view/id/1274，2014 年 12 月 3 日。

②各方估算请参阅《世界侨情报告 2012—2013》，广州：暨南大学出版社 2013 年版，第 179—180 页。

（二）中国—印尼关系的新发展

2014 年，中国与印尼双方都在落实 2013 年中国国家主席习近平与印尼总统苏西洛签署的《中印尼全面战略伙伴关系未来规划》，两国关系在全面战略伙伴关系的高度上继续向前推进。2014 年，对于印尼来说是个很特殊的重要年份——成功举行了总统大选，顺利实现了两届总统和政府的权力交接，对外政策没有出现大的波动，显示出了较强的连续性。中国与印尼的全面战略伙伴关系就在这种外交政策的连续性中良性发展。

2014 年也是中国推动建设"21 世纪海上丝绸之路"的第二年，中国的新丝绸之路理念得到了印尼的积极响应。2014 年，苏西洛总统在雅加达接见到访的中国创新与发展战略研究会代表团时认为，"对印尼来说，中国的地位除在区域与全球相当重要之外，对印尼也是一个要好的朋友与强大的合作伙伴，我们希望印尼与中国的合作与伙伴关系成为区域安全、和平与繁荣解决方案的一部分"。① 2014 年 3 月 19 日，苏西洛签署文件正式废除1967 年第 6 号通告，把"支那"（Cina）改称"中华"，40 多年来对中国和华人带有歧视性的不公正称呼将一去不复返了，这是印尼政府和人民对中国友好情谊的体现。② 苏西洛总统虽然在 2014 年卸任了，但他在 10 年的执政期内，将中国—印尼的双方关系推到了一个新的历史高度，让双方关系处于历史最好时期。这种良好关系在印尼新总统当选后将继续发展。

2014 年 7 月 23 日，在印尼总统大选结果公布后，中国国家主席习近平致电印尼当选总统佐科维，祝贺其当选印尼新一届总统，并指出："中国和印尼同为亚洲发展中大国，在双边、地区和多边层面拥有广泛共同利益。中方始终视印尼为周边外交优先方向和值得信赖的合作伙伴。当前，两国关系处于历史最好时期，面临前所未有的发展机遇。希望继续推动中印尼关系深入发展，造福两国和两国人民，为促进地区乃至世界和平、稳定、发

① 《苏希洛：中国是印尼的好朋友与强大合作伙伴》，中国驻印尼大使馆网站，http：//id. china-embassy. org/chn/zgyy/t1160739. htm，2014 年 4 月 15 日。

② 顾时宏：《印尼总统苏西洛签署决定书废止"支那"称呼》，中国新闻网，http：//www. chinanews. com/gj/2014/03 - 19/5970020. shtml，2014 年 3 月 19 日。

展作出更大贡献。"① 10 月 20 日，习近平主席派特使严隽琪出席印尼总统佐科维的就职仪式。11 月，佐科维总统访问中国，并出席在北京举办的 APEC 2014 年峰会。习近平主席与佐科维总统在会谈中指出，要"从战略高度和长远角度看待两国关系，相互理解、相互支持、深化互信、加强合作，携手应对挑战，并肩向前发展。佐科总统提出的建设海洋强国理念和我国提出的建设 21 世纪海上丝绸之路倡议高度契合，我们双方可以对接发展战略，推进基础设施建设、农业、金融、核能等领域合作，充分发挥海上和航天合作机制作用，推动两国合作上天入海"。佐科维总统表示"希望推进两国全面战略合作，不断提升双边关系水平。双方要以海上和基础设施建设等领域为重点，带动两国整体合作。印尼支持成立亚洲基础设施投资银行，并希望早日在印尼设立中国文化中心"②。根据印尼统计局的统计，2014 年 1—10 月，印尼对中国出口 146.4 亿美元，从中国进口 226.3 亿美元，贸易额 372.7 亿美元。③

　　总体上，2014 年，中国—印尼双边关系发展势头良好，双方高层政治互访和交流频繁，经济往来日益密切，防务和安全合作不断扩大，两国的人文交流和合作在不断深入发展。这种良好的发展势头无疑为印尼华侨华人的生存与发展营造了良好的宏观环境。

二、印尼华侨华人简况

　　目前，印尼华人人口估计约 1 000 万人，分布在印尼全国各地，多集中在爪哇岛、北苏门答腊、廖内群岛和西加里曼丹等地的大中城市。祖籍地以福建、广东为主，少数来自海南、广西、江苏、浙江、山东和湖北等地。90% 的印尼华人已入籍印尼。下文将从华人文化认同与族群关系、参政情况、经济情况、华社、华媒、华文教育和中国劳工与侨民等方面简要介绍印尼华侨华人社会的发展现状。

（一）华人文化认同与族群关系

1. 文化认同

　　2011—2013 年，暨南大学"华侨华人在国家软实力建设中的作用研究"课题组以"印尼华侨华人与中国"为题，在印尼和中国两地发放问卷，受访对象主要为印尼华人和原住民（包括在华印尼留学生）。后期回收的有效问卷有 902 份，笔者分析发现，印尼华人比较熟悉的中国文化符号有春节（80%）、龙（61.8%）、红色（53.2%）、长城（49.2%）和功夫（46.5%）。在庆祝传统节日方面，有接近九成的华人受访者庆祝春节（87.7%），其次为新年（37.7%）、中秋节（29.2%）、圣诞节（27.2%），而庆祝当地主流社会的开斋节和宰牲节的则较少。

　　在家庭主要沟通语言上，有五成华人受访者在家中使用中国方言，近四成使用印尼

---

① 《习近平致电祝贺佐科当选印尼总统》，中国驻印尼大使馆网站，http://id.china - embassy.org/chn/zgyyn/t1177878.htm，2014 年 7 月 25 日。
② 《习近平会见印度尼西亚总统佐科》，中国驻印尼大使馆网站，http://id.china-embassy.org/chn/zgyyn/t1209024.htm，2014 年 11 月 10 日。
③ 印尼中央统计局网站，http://www.bps.go.id/eng/index.php，2014 年 12 月 29 日。

语，使用普通话的仅有一成。印尼华人尤其是来自印尼爪哇岛以外的华人，日常用语较多使用闽南语和广东方言，以及与印尼语和当地方言混合使用。

在族群认同方面，68.1%的华裔受访者认为自己是"印尼华人"，13.4%认为是"华人"，11%认为"要视情况而定"，而认为自己是"印尼人"的占7%。印尼华人政治上认同于印尼，同时在文化认同上受族群传统文化的影响又坚守"华人"的标签，可以说目前的印尼华人更倾向于选择在融入主流社会的进程中仍保留自身华人的文化身份。

2. 族群关系

问卷结果显示，在华人受访者中有四成多反对跨族群婚姻，有34.5%的华人认为原住民对华人存在偏见；而原住民对华人的政治效忠尚持怀疑的看法，有超过四成的受访者表示对华人的政治立场和政治效忠"不确定"。经过20世纪三十多年的同化政策，目前印尼华人与原住民之间的关系在表面上是相对和谐的，但不可否认两者之间存在一定的隔阂。

像在印尼这样的多元社会，族群问题若与宗教、经济和政治问题牵扯上，将会变得更加复杂难解。例如，2014年年初，印尼反恐部队在围剿恐怖分子的行动中发现这些恐怖分子计划于春节期间在雅加达北区的华人住宅区、雅加达50多座华人寺庙制造爆炸事件。[1]又如，现任印尼首都雅加达首位华人省长钟万学，在其竞选期间、履职前后都经历了一些反华极端分子的敌视、恐吓、抹黑和抵制。但是，作为民选的官员，钟万学的当选也反映了印尼社会趋于理性与务实，族群差异趋于淡化，社会民主逐步走向成熟。

受历史、政治和经济等因素的影响，印尼华人和原住民之间的交往普遍来说尚为有限，两者之间的交往尚存在一定的障碍和认知落差，印尼华人真正融入主流社会仍需继续努力。

3. 废除歧视华人称呼

2014年3月，印尼时任总统苏西洛签署了2014年第12号总统决定书，正式废除1967年第6号通告，把带有歧视的以及含义模糊不清的"支那"（Cina）一词重新改为"中国/中华"（Tiongkok/Tionghoa）。[2]

苏西洛在即将卸任前废除"支那"（Cina）一词，有助于印尼社会逐步明确区分"中国"（国家）和"中华"（族群）的概念，使印尼的民族平等又跨进一步，是印尼民主进步的重要体现。"支那"（Cina）一词含义不清主要是该词既指国家"中国"，又包含了"华人""华侨"之意，因而在使用时，除却带有贬义，也常常会造成当地社会对印尼华人身份认同的模糊不清。因此，这次"正名"，对内将进一步和睦印尼华族与主流族群的关系，改善印尼社会对华人的认同；对外则为中国—印尼关系除去了遗留几十年的绊脚石，有利于巩固和发展两国友好的全面战略伙伴关系。

但是，由于"支那"（Cina）一词已使用了近五十年，在印尼社会中根深蒂固，加上印尼国内守旧势力、反华意识依旧存在，因此改变这个习惯用语还需要一个漫长的过程，这需要印尼华人和其他族群的共同努力。此外，印尼总统令并不具有严格的法律追责效

---

① 《印尼击毙恐嫌团伙·成功遏阻春节恐袭》，印尼华人网，http：//www.ydnxy.com/thread - 263 - 1 - 1.html，2014年1月4日。

② Keppres penggantian istilah China menjadi Tionghoa ditandatangani，*Antara News*，http：//www.antaranews.com/berita/425081/keppres-penggantian-istilah-china-menjadi-tionghoa-ditandatangani，20 Mar.2014.

力，因此"正名"能否真正"令行禁止"，特别是针对媒体和教育部门的监督是否切实有效，还有待观察。① 总体而言，自民主改革以来，印尼政府颁布了一系列消除族群歧视的重要政策和法令，为保障所有公民的平等和自由奠定了法律基础，为印尼华人参与政治、融入主流社会提供了重要支持。

（二）参政情况

自1999年民主化改革以来，华人的社会政治地位与日俱增。印尼华人改变了以往对政治冷漠的态度，开始积极参政，印尼政坛也出现越来越多华人的身影。现任雅加达首都特区省长钟万学、创意与旅游经济部前部长冯慧兰都是优秀的华人政治家。近年来，参政的印尼华裔精英呈年轻化趋势，他们都是土生土长的侨生一代，多数不通晓华文，与印尼主流社群打成一片。如今印尼华人参政不再是单打独斗或自立山头，而是依附于固定政党，多年来积极投入党务工作，他们也不再局限于代表华人族群利益，而是为广大的印尼社群服务。

在2014年议会选举中，印尼华人参政趋向成熟，没有了以往一窝蜂登记参选的现象，其中参选国会议员有55名、地方代表议员有5人、省议会议员有近30位、县市地方议员有30～40位华人参选，人数与2009年相比大幅度减少。② 而当选2014—2019年印尼国会议员的华人至少有13位。2014年华人当选国会议员的成绩，大体延续了2004年大选以来的发展态势，比较稳定，具体情况如表2所示。

表2　印尼历届国会选举华人当选国会议员情况

选举年份	1999年	2004年	2009年	2014年
当选人数	8人	13人	14人	13人

数据来源：廖建裕：《印尼大选与华人参政》，（新加坡）《联合早报》，2014年6月15日。

通过调研发现，部分印尼华人内心中仍有"逢选必乱，逢乱必遭殃"的阴影，在2014年选举前后的一些华人圈中更流传着"大选结果或会引发暴乱"的消息。不过该次总统选举，印尼政府派出庞大的全副武装的军警队伍严守全国各地治安，选民态度较为理性和冷静，整个选举过程有序进行，没有发生大规模骚乱和暴动。

与数年前相比，印尼华人参政可说是"从地方走向中央"，不再局限于在外岛地区担任地方长官和议员，并呈年轻化趋势。随着印尼民主社会逐步成熟、理性、开放和包容，华人愈加"敢"公开出现及参与中央和地方议会选举与总统/副总统选举，参与国家政治，不担心受到恐吓、抹黑或笼罩族群、宗教等社会矛盾冲突的紧张情绪的影响，致力于为印尼社会服务。

（三）经济情况

在印尼，华人在当地传统内销市场上扮演着重要角色，在制造、行销、进出口贸易、

---

① 《印尼为华人"正名"开了个好头》，国际在线，http://gb.cri.cn/42071/2014/04/01/2165s4487753.htm，2014年4月1日。

② 李卓辉：《印尼华裔精英参政走向精明成熟道路》，（新加坡）《联合早报》，2014年4月14日。

百货超市、房地产和建筑业等领域居主导地位，几乎各行各业都有华人的身影，华人经济成为印尼民族经济的重要组成部分，为印尼的发展作出了不可磨灭的贡献。

福布斯 2014 年发布了全球华人富豪排行榜，榜上有名的东南亚华人企业家（族）共有 47 位。其中新加坡最多，有 13 位。印尼有所回落，位居第二，有 11 位，分别是黄惠忠、黄惠祥、李文正、陈江和、翁俊民、傅志宽、吴笙福、刘德光、徐清华、谢重生、林联兴，涉及行业主要为烟草、银行、原材料、房地产和多元化经营。在福布斯公布的印尼前 50 名富豪企业家（族）中，华人约有 31 位（见表 3）。在前十名中，与 2013 年一样，华人占据 8 席，占前十名总资产 555 亿美元的 84.3%。

表 3 福布斯 2014 年印尼 50 富豪榜华人上榜名单

资产单位：亿美元

排名	姓名	资产	排名	姓名	资产
1	黄惠忠和黄惠祥兄弟 R. Budi & Michael Hartono	165	20	黄一君及其家族 Kuncoro Wibowo & family	16
2	蔡道平及其家族 Susilo Wonowidjojo & family	80	21	徐清华及其家族 Ciputra & family	15
3	林逢生及其家族 Anthoni Salim & family	59	22	范乔及其家族 Ciliandra Fangiono & family	15
4	黄亦聪及其家族 Eka Tjipta Widjaja & family	58	23	吴忠华及其家族 Husodo Angkosubroto & family	15
7	许立文及其家族 Boenjamin Setiawan & family	35	24	陈明立/Hary Tanoesoedibjo	14
8	李文正及其家族 Mochtar Riady & family	27	26	谢重生/Edwin Soeryadjaya	13
9	彼得·宋达/Peter Sondakh	23	27	郭桂和/Djoko Susanto	13
10	陈江和/Sukanto Tanoto	21	30	刘德光/Low Tuck Kwong	11
11	翁俊民/Tahir	21	31	朱国盛及其家族 Husain Djojonegoro & family	10
12	林益建/Bachtiar Karim	20	33	陈锡森/Harjo Sutanto	9.5
13	林天喜及其家族 Putera Sampoerna & family	19	38	林德祥/Sjamsul Nursalim	8.3
15	傅志宽/Murdaya Poo	17	42	林联兴 Lim Hariyanto Wijaya Sarwono	8
16	库司南·基拉那和拉斯迪·基拉那 Kusnan & Rusdi Kirana	17	46	郑年锦/The Ning King	6.5
17	曾国奎/Eka Tjandranegara	17	48	彭云鹏/Prajogo Pangestu	5.7
18	吴笙福/Martua Sitorus	17	50	汤新隆/Trihatma Haliman	5
19	温载伟及其家族 Eddy Katuari & family	17			

数据来源：根据《2014 福布斯印尼 50 富豪榜》整理，参阅 http://www.forbeschina.com/review/list/002226.shtml, 2015 年 1 月 3 日。

（四）华社、华媒和华教的发展

印尼华社类型多元，包括传统宗亲会和同乡会、宗教社团、教育社团、联谊型学缘社团、文娱类社团、行业性社团、青年组织与综合型社团等。印尼华人特性与族群和谐研究所主任李克沃（Wijaya Krisno Legowo）[①] 指出，目前印尼华社有 400 个左右。[②] 印尼华人社团关注民生、注重和谐，如印尼孔教理事会、华裔总会、百家姓协会、宗乡会馆、建国基金会等，他们在争取印尼少数族群，包括印尼华人族群的权利方面，都取得了一定的成果。例如，将农历新年定为印尼公共假日，修改国籍法及废除含有侮辱性的"支那"称谓，华人社团功不可没。[③] 但是由于历史原因，印尼相当一部分的华人社团有一定的排外性，与其他族群的互动较为有限，对青年一辈的吸引力不是太高。如何注重多元发展，以开放的方式与其他族群互动，增进族群间的认知与理解，对于印尼华人社团来说，任重而道远。

华文媒体方面，目前印尼较有影响力的全国性华文报纸有《国际日报》、《印度尼西亚商报》、《星洲日报》（印尼）、《千岛日报》和 2014 年新发行的《印华日报》等，地方华文报纸有《坤甸日报》《泗水晨报》等，全国性的华语电视节目有美都电视台（Metro TV）的《美都新闻》。印尼华文报纸多与中国等地的华语媒体平台合作，以专版形式刊登中国的中文新闻，并且全国性发行的华文报纸基本实现电子化，在语言方面也逐步开辟双语甚至三语的报刊。此外，随着越来越多的中资企业进驻印尼以及中国媒体品牌在印尼推广，一些中方公司与华文报刊合作，使用微信平台刊登印尼新闻，但更多的是在印尼的中资企业或在印尼工作的中国人所创建的微信公众平台，且受众也以在印尼工作的中国人居多。

华文教育方面，世纪交替之际，华文培训班在印尼各地涌现，中文课也进入了印尼中小学课堂，华人创办了 60 多所以中、英、印尼三语教学的三语中小学，在一些大学中也开设了中文专业和中文选修课程。可以说，这十几年来，在"摸着石头过河"的发展路线下，印尼的华文教育取得了一定的成绩。但是，印尼各地的中文教学单位在教学规模、模式、大纲和方法等方面尚没有很好地统一与协调，并且老、中、青中文教师断层严重，本土的专业汉语人才依旧短缺。

印尼的华文教育除了得到当地政府的支持以及华人的贡献外，还得到来自中国大陆和台湾地区、新加坡及马来西亚等地的合作与支援。中国大陆和台湾地区每年都派遣志愿者老师和华文教学专家组到当地支教、培训，为当地学生提供远程函授、留华和留台奖学金，开展文化交流和文化营活动，合作举行汉语水平考试、捐赠教学物资等。2010 年中国先后在印尼建立了 6 所孔子学院，部分孔子学院在这几年积极培养学生、开展社会培训和文化交流活动，受到当地社会的认可。[④] 值得关注的是，中国台湾佛教慈济基金会印尼分

---

①　Wijaya Krisno Legowo 系前印尼情报局官员，曾任印尼驻香港及北京外交官。

②　《印度尼西亚民主空间是华族提高作为的机会》，（印尼）《星洲日报》，http://indonesia.sinchew.com.my/node/47332？tid=6，2014 年 4 月 15 日。

③　廖建裕：《印尼大选与华人参政》，（新加坡）《联合早报》，2014 年 6 月 2 日。

④　《中国孔子学院为印尼华文教育添砖加瓦》，中国新闻网，http://www.chinanews.com/hr/2014/10-21/6699679.shtml，2014 年 10 月 21 日。

会在雅加达建立了三语学校和规模达 10 公顷的慈济园区；在留学方面，印尼更成为中国台湾高校海外招生的热点地区。近年来中国台湾积极到印尼举行高等教育展，升学辅导、奖学金和贷学金、相对低廉的学费、申请科系的多元化、留台工作和永久居留的简易性、印尼留台校友会的密切联系等都成为吸引印尼学子的优势。①

（五）中国劳工与侨民

近年印尼大力推动经济发展，加强基础设施建设，推动金融自由化，放宽多个领域的投资限制，积极吸引外商前来投资。自中国—印尼两国 2005 年建立战略伙伴关系以来，中国到印尼旅游、投资和务工人数直线上升。2014 年 1 月到 11 月，中国大陆游客赴印尼达到 883 725 万人次，排名第四，仅次于新加坡、马来西亚和澳大利亚。② 2013 年在印尼的中国劳工达 1.4 万人，占在印尼工作的外籍劳工的五分之一，居各国之首。根据行业分类，贸易及服务业领域的外籍劳工最多，其次为工业和农业。③ 在印尼的中国劳工、技术人员中有相当一部分服务于工业领域，主要是近年来中国对印尼矿业投资开发、基础设施建设的支援以及印尼自中国进口大量机器设备后续相关劳务服务所致，而贸易及服务业领域多为经理、顾问、主管、技术人员等。除合法劳工外，还有部分中国非法劳工利用落地旅游签证之便在印尼从事非法工作。根据调研所得，2014 年在印尼注册的中资企业达 1 000 多家，其中以金融、通信、电力、矿业、贸易等领域居多，在印尼设有分支机构的大型公司有中国银行、中国工商银行、中国石油天然气集团公司、中国石油化工集团公司、中国华电集团公司、中兴通讯股份有限公司、华为技术有限公司、三一重工等，主要的中资企业组织为印度尼西亚中国商会。

自 20 世纪 90 年代以来，中国台湾地区与印尼在经贸、农业、劳工及教育合作方面关系紧密。根据台湾"侨委会"统计，2013 年在印尼的台湾侨民有 20.9 万人，占印尼总人口的 0.08%。目前，印尼台商投资以纺织成衣、制鞋、汽机车五金等零组件厂居多，且多瞄准印尼庞大的内需市场。台商组织方面，以地域区分，共有 8 个台湾工商联谊会（雅加达、泗水、万隆、井里汶、巴淡、苏北、中爪哇及巴厘岛台湾工商联谊会），各地区台商会再联合组成"印度尼西亚台湾工商联谊会联合总会"，并在雅加达、泗水设立台湾学校供台侨子弟就读。目前，台湾在印尼设有分支机构的大型公司主要有宝成鞋业公司、宏碁计算机公司、中国信托银行、统一食品公司、长荣集团及南亚塑料公司等。④

---

① 参见《留台校友会叶秀娟率印尼 26 校长团访台湾》，（印尼）《星洲日报》，http：//indonesia. sinchew. com. my/node/46796？tid＝6，2014 年 3 月 19 日；《山口洋赴台升学说明会·吕世典：台湾价廉文化相近》，（印尼）《星洲日报》，http：//indonesia. sinchew. com. my/node/46442？tid＝6，2014 年 3 月 3 日。

② 《印尼旅游部长访华 2015 年目标吸引 200 万中国游客》，文汇网，http：//sh. wenweipo. com/index. php？action-viewnews-itemid－13081，2015 年 1 月 16 日。

③ 《中国劳工占印尼外籍劳工五分之一 达 1.4 万人》，中国新闻网，http：//www. chinanews. com/gj/2014/03－03/5902866. shtml，2014 年 3 月 3 日。

④ 参见《102 年华侨经济年鉴》，台湾"侨务委员会"，2013 年，第 194 ~ 200 页。

三、2014—2015 年印尼政治经济形势变化对华侨华人的影响

（一）2014 年印尼政治局势

2014 年是印尼的大选年，印尼先后进行了国会大选和总统大选。尽管在竞选中出现了各种形态的激烈竞争和党派竞争，但是印尼大选和政权交接仍得以在法律框架内正常进行，政局总体上保持了稳定。

2014 年 4 月，印尼完成了国会选举，斗争民主党获得 18.95% 的选票，成为国会第一大党；专业集团党得票 14.75%，成为第二大党；大印尼运动党排名第三，获得 11.81% 的选票。5 月份，各个政党进行了频繁磋商和讨价还价，进而组成政党联盟，最终形成了两大阵营。其中，大印尼运动党、专业集团党、建设团结党、福利公正党、国民使命党、星月党、民主党 7 个政党结成政党联盟，在国会 560 个议席中获得 353 个议席，所得席位占总席位的 63.04%，在国会中得票 59.12%，是多数党联盟，支持大印尼运动党提名的候选人普拉博沃—哈达（Prabowo Subianto-Hatta Rajasa）组合；斗争民主党、民心党、民族民主党、民族复兴党、团结公正党 5 个政党组成政党联盟，在国会 560 个议席中共获得 207 个议席，所得席位占总席位的 36.96%，在国会中得票 40.88%，属于少数党联盟，支持斗争民主党提名的候选人佐科维—卡拉（Joko Widodo-Jusuf Kalla）组合。[1]

2014 年 7 月 9 日，印尼顺利举行了总统大选的投票。7 月 22 日，印尼普选委员会公布投票结果，佐科维—卡拉组合（Joko Widodo-Jusuf Kalla）共得到 7 099 张万选票，得票率为 53.15%；普拉博沃—哈达组合（Prabowo Subianto-Hatta Rajasa）共得到 6 257 万张选票，得票率 46.85%，佐科维—卡拉组合以高于对手 6.3% 的得票率胜出，当选为印尼第七任总统和副总统。[2] 然而普拉博沃认为选举过程存在着大规模的舞弊行为，选举结果不公平，所以 7 月 25 日普拉博沃团队向宪法法院起诉选举不公正。[3] 2014 年 8 月 21 日，印尼宪法法院做出了驳回普拉博沃所有诉求的决定。[4] 佐科维—卡拉组合最终赢得总统大选，并于 2014 年 10 月 20 日顺利宣誓就职。

就职后的佐科维总统于 10 月 27 日公布了 34 人的"实干内阁"（Working Cabinet）名单，标志着新一届政府的成立。但是，由于在总统大选期间两大政党联盟的竞争局面还没有减弱，尤其是在国会运作中还没有实现团结，"红白联盟"的争斗现象不断发生。佐科维总统不得不禁止内阁部长和相关官员出席国会召集的会议。佐科维总统说："政府只是不希望在国会内部仍有分歧时出席会议造成误会，国会两大阵营的和解进程还在等待中，就让他们完全解决后，我们才应邀出席会议。"[5] 可见，国会的这种争斗现象影响了国家

①　李皖南：《2014 年印尼总统大选出现的新变化及其影响》，《东南亚研究》2014 年第 5 期。

②　李皖南：《2014 年印尼总统大选出现的新变化及其影响》，《东南亚研究》2014 年第 5 期。

③　《普选委聘布勇为法律委托人，准备与普拉波沃阵营在宪法法院对簿公堂》，（印尼）《国际日报》，2014 年 7 月 26 日。

④　《印尼宪法法院驳回普拉博沃不满大选结果上诉》，中国新闻网，http://www.chinanews.com/gj/2014/08-21/6518644.shtml，2014 年 8 月 21 日。

⑤　《总统希望国会尽快团结合作》，（印尼）《国际日报》，2014 年 12 月 25 日，第 A1 版。

体制的运行，使得国会与政府之间的制约和配合效率大为降低。不过，总体上不会影响到印尼政局的稳定。

（二）2014 年印尼经济形势

由于世界主要国家都在解决全球金融危机时遗留下问题，而且解决难度超过预期，导致世界经济整体增长下降，经济前景不明朗。[1] 受外围经济不景气的影响，2014 年印尼实体经济并不令人乐观。印尼统计局的数据显示，2014 年印尼经济增长乏力。2014 年 1—11 月，印尼贸易额为 3 254.1 亿美元，同比下降 4%。其中出口 1 616.7 亿美元，同比下降 2.36%；进口 1 637.4 亿美元，同比下降 4.34%[2]。2014 年前三季度，印尼经济增速下降至 5%，为近五年来的季度新低，固定投资增长速度降至 2008 年以来最低点，因此世界银行将印尼 2014 年经济增长预期由 5.2% 降至 5.1%。2015 年的增长预期由之前的 5.6% 调低至 5.2%。[3] 根据 2015 年印尼国家收支预算草案，2015 年印尼经济增长率指标为 5.8%，全国经济市场平均通胀率为 4.4%，美元汇率为 11 900 印尼盾，三月期的国家有价证券年息为 6%。[4] 而佐科维在他的竞选承诺中，提出要进一步改善人力资源的质量，建设更多的基础设施，保持印尼经济年均增长 7%。[5] 目前看来，实现 7% 的增长目标困难重重。

佐科维在竞选中承诺，在执政 100 天内开始着手削减燃油补贴，4 年内逐步取消燃油补贴。佐科维认为，取消燃油补贴非常重要，因为将近 70% 的补贴是被中上阶层所享受。燃油补贴不应该让中上阶层享受，而应用于更具生产性的部门，包括农民用的化肥、渔民用的柴油和中小企业的生产设备。[6] 2014 年 11 月 17 日，佐科维总统宣布大幅削减燃油补贴，自 11 月 18 日零时起提高汽油和柴油价格，涨幅超过 30%。每公升汽油和柴油的价格均上涨 2 000 印尼盾（约合 0.16 美元），调价后，每公升汽油价格为 8 500 印尼盾（0.68 美元），涨幅约为 31%；每公升柴油价格为 7 500 印尼盾（0.6 美元），涨幅约为 36%。[7] 根据预计，提升油价将为政府创造 120 万亿印尼盾的财政空间，以改善印尼落后的基础设施建设和发展民生。但是提升油价，立即带来了两大明显的社会和经济后果，一是发生民众游行示威，尤其是在国际油价下跌的情况下，在首都雅加达中部，抗议者点燃汽车轮胎、拦截油罐车；在苏拉威西岛，一些反对者向安保人员投掷石块等。不过，相对于 1997 年因削减油价而造成的社会大骚乱，本次游行示威规模小，警方可控。油价上升的第二个后果就是带动了印尼通货膨胀的急剧上升，2014 年 11 月，印尼通货膨胀率从 10 月份的 4.83% 上升为 6.83%，而 12 月份增长到 8.36%，超过了 1 月份 8.22% 的水平[8]，使得印

---

① IMF：《世界经济展望》，2014 年 10 月。

② 《2014 年 1—11 月印尼对外贸易情况》，http：//id. mofcom. gov. cn/article/ziranziyuan/huiyuan/201501/20150100863554. shtml，2015 年 1 月 10 日。

③ 《外部环境恶化，世行再次调低印尼经济增长预期》，http：//id. mofcom. gov. cn/article/ziranziyuan/huiyuan/201412/20141200832730. shtml，2015 年 1 月 2 日。

④ 《明年经济增长指标仅 5.8%》，（印尼）《国际日报》，2014 年 9 月 30 日。

⑤ 《计委部支持佐科维所说经济增长 7%》，（印尼）《国际日报》，2014 年 8 月 9 日。

⑥ 李皖南：《2014 年印尼总统大选出现的新变化及其影响》，《东南亚研究》2014 年第 5 期。

⑦ 《国际油价大跌 印尼油价为何猛涨》，http：//finance. eastday. com/m/20141119/u1a8450811. html，2014 年 11 月 19 日。

⑧ 印尼国家统计局，http：//www. bps. go. id/。

尼全年的通货膨胀率呈现一个"V"形走势。

虽然 2014 年印尼的部分经济指标出现下行趋势，但是在全球经济中的总体表现还属于良好行列。2014 年 5 月，根据世界银行报告，印尼成为全球第 10 大经济体，仅次于美国、中国、日本、德国、法国、英国、巴西、印度与俄罗斯，而 2012 年，印尼还是全球第 16 大经济体。[①] 2014 年 9 月，世界经济论坛公布 2014 年至 2015 年全球竞争力指数，在接受调查的 144 个国家和地区之中，印尼竞争力排名世界第 34 位，比上年的第 38 位上升了 4 位。

（三）2014 年印尼政治经济形势对华侨华人的影响

1. 上层华人积极参政

在后苏哈托时代，印尼华人的参政意识逐步增强，尤其是在 2014 年的大选中，印尼华人通过直接参选或助选的方式，积极投身于国会大选和总统大选中，显现出来的参政热情大大超过了 2004 年和 2009 年的大选。根据印尼华人崔一生的统计，在雅加达选区，参加国会竞选的华裔议员候选人就有 16 人，而参加省议会竞选的华裔议员候选人有 22 人，都代表不同政党参选。[②] 根据印尼中央普选委员会 2014 年 5 月份发布了当选 2014—2019年度印尼国会议员的名单，在 560 个国会议席中，至少有 13 人是华人议员，虽然只占全国议席的 2.3%，但新加坡南洋理工大学的廖建裕教授认为："这意味着印尼华人已直接参政。"[③]

在今年的大选中当选为国会议员的 13 名华人中，有 10 人代表斗争民主党（陈金扬、黄正德等人），而民主党（刘顺严）、国民使命党（Hang Ali）以及民族复兴党（张育浩）有华人议员各 1 人。其他政党的华人候选人全部落选。当选的华人议员有医生、教授、企业家以及社会活跃分子。在这些当选的议员中，有 6 人是新人。他们的宗教背景也不同，以基督教徒的人数为最多。印尼华人人口约占总人口的 1.2%，而华人议员有 13 人，占国会议席的 2.3%。[④] 其中在雅加达选区，当选国会和省议会议员的华裔就有 5 位，当选国会议员的为 Darmadi Durianto（林德俊，47 岁）和 Charles Honoris（何震康，30 岁），当选省议会议员的有 Gani Suwondo（李源利，49 岁）、Siegvrieda Lauwani（刘文英，女，47岁）和 Ong Yenny（女，41 岁）[⑤]。其中，在地方选区得票最高的华人国会议员是托尼·瓦多约（Tony Wardoyo），他的家族在印尼定居已经有七八代，他曾留学德国主修政治经济，代表斗争民主党在印尼最东部的巴布亚省参选，并成功当选。[⑥] 在总统选举中，更有华裔表示愿作为副总统候选人参加竞选，其中就有现任雅加达省长钟万学、印尼媒体大亨陈明立、企业家翁俊民等。可见，新一代印尼华人参政素质和积极性都较高，而且参政技

---

① 《苏希洛总统称印尼成为全球第十大经济体》，http://www.fmprc.gov.cn/ce/ceindo/chn/yncz/t1158911.htm，2014 年 5 月 23 日。

② 卜汝亮：《多元的华族和民主的大选》，（印尼）《国际日报》，2014 年 6 月 9 日。

③ 廖建裕：《印尼大选与华人参政》，（新加坡）《联合早报》，2014 年 6 月 2 日。

④ 廖建裕：《印尼大选与华人参政》，（新加坡）《联合早报》，2014 年 6 月 2 日。

⑤ 崔一生：《5 位华裔当选雅加达选区国会与省议会议员》，（印尼）《国际日报》，2014 年 6 月 9 日。

⑥ 《排华阴影尚存　印尼总统选举华人选民倾向佐科》，中国新闻网，http://www.chinanews.com/hr/2014/07 –09/6366326.shtml，2014 年 7 月 9 日。

巧也较为成熟。

2. 普通华人参与热情高，但在总统大选中谨慎投票

虽然没有华人参与印尼总统大选的确切数据，不过根据2014年印尼中央普选委员会的数据，正式登记注册的选民有1.94亿人，实际投票人数有1.35亿人，投票率69.58%。① 华人选民也是水涨船高，参与意识大为增强。②

尽管两位总统候选人普拉博沃和佐科维在竞选中都极力拉拢华人，都在公开场合表示今后华人是安全的，鼓励华人继续在印尼发展。但是，由于受历史上排华阴影的影响，许多华人对普拉博沃涉嫌制造了1998年5月的排华骚乱仍心有余悸，根本不相信普拉博沃在竞选中的承诺，一位印尼华人这样描述："如果一个人的房子着火了，要趁混乱洗劫，盗取他们的财富，这正是普拉博沃在1998年5月的所作所为。他未来也会毫不犹豫地这样做。他在竞选期间比较收敛，但他成为总统后，谁知道他和他的追随者会怎样对付我们这些外人？"所以，新加坡南洋理工大学研究员夏洛·史迪雅迪这样评论道："安全是印尼华人选民的主要考量。"③ 相对来说，印尼大多数华人更加乐意支持平民总统候选人佐科维，认为佐科维的清廉和民主不会给华人带来苏哈托时代的专制与排华。甚至有人说，虽然印尼华人人数所占比例不高，但是印尼华人却左右着2014年印尼总统大选的胜负结果，导致普拉博沃以842万张选票败选。

在2014年印尼大选中，华人社会也再次显示了不团结的特征，增添了印尼社会的多元性。在是否支持普拉博沃和佐科维方面，投票倾向也没有统一，如多数普通华人支持佐科维，但是印尼华人精英阶层支持普拉博沃，认为没有明确的证据证明普拉博沃是1998年排华事件的主谋，而是认为普拉博沃有胸怀，替人背黑锅这么多年，将来一定会有胸怀、有能力保护华人。如印尼华人企业家陈明立通过其旗下的电视台为普拉博沃拉选票，华人企业家伍耀辉、许再山等人曾在报纸上公开声称支持普拉博沃。从客观上讲，华人在选举上没有统一的声音，会更加有助于华人的安全，因为竞选有胜也有负，本身存在着风险，作为少数族群，选举中"一边倒"的做法是大忌。从本次的印尼大选中，华人多元的投票倾向也增添了印尼社会的多元性，选举中没有出现大的骚乱也正表明印尼的多元社会正日趋和谐。

---

① Indonesian presidential election，2014，http：//en. wikipedia. org/wiki/Indonesian_ presidential_ election，_ 2014
② 廖小健：《印尼华人与2014年印尼大选》，《东南亚研究》2014年第5期。
③ ［新加坡］夏洛·史迪雅迪：《安全是印尼华人选民的主要考量》，（新加坡）《联合早报》，2014年7月8日。

马来西亚

2014 年，马来西亚连续发生惨烈空难，举世震惊，并对当年的马来西亚外交、政治和经济都造成了很大的影响。特别是 2014 年 3 月发生的"MH370 失联"事件，对中马民间关系一度造成很大的冲击。2014 年，马来西亚的经济发展总体稳定，上半年发展不错，下半年受石油价格下滑等因素影响，发展速度减缓。2013 年大选遭受重大挫败的华人执政党，2014 年有所起色，重新入阁。

一、马来西亚基本国情与侨情

马来西亚概况

国家全名	马来西亚联邦	地理位置	东南亚	领土面积	330 257 平方公里
首都	吉隆坡	官方语言	马来语	主要民族	马来族、华族、印度族
政体	君主立宪联邦制	执政党/主要反对党	巫统、马华公会/伊斯兰教党、人民公正党、民主行动党	现任国家元首/政府首脑	端姑/纳吉布
人口数量	3 026 万（2014年）	华侨华人人口数量	660 万	华侨华人占总人口比例	约22%
GDP/人均 GDP（2014 年）	上半年 GDP 为 1 619亿美元/人均 GDP 为 10 548 美元（预测）	CPI	3%	失业率	2.7%

华人移居马来西亚的历史悠久。从 16 世纪起，马来亚先后被葡萄牙人、荷兰人、英国人占领，由于殖民者开发马来亚需要大量的劳动力，中国移民便源源不断地移入该国。1941 年日本南侵进入新马后，中国移民基本停止。"二战"后，特别是马来亚独立后，大多数华侨加入当地国籍成为华人。由于马来西亚限制甚至禁止普通中国人移民，马来西亚独立后，当地华人人数主要通过自然繁衍增长。

马来西亚是一个以马来族、华族和印度族三大族群为主的多元族群国家。据 2010 年马来西亚人口普查的统计，当年全国人口 2 825 万人，其中拥有马来西亚国籍的为 2 593

万，占91.8%。在马来西亚本国人口中，占人口比例最大的是以马来人为主的当地土著族群，占67.4%，约1 748万；华族是该国的第二大族群，占总人口的22.6%，约638万人；第三大族群是印度族，占7.3%，约189万人，其余的是来自欧亚等地的族群。① 2014年12月，马来西亚总人口增加到3 026万，华族人口占总人口比重下降到22%左右，估算约有660万，② 仍然是该国的第二大族群。在马来西亚的外国侨民中，中国移民有十多万，其中不少是新移民，包括通过婚姻关系入境定居的中国籍配偶，以及中国留学生、中国劳工、旅游滞留者等。作为第二大族群的华人，与马来西亚当地其他民族保持比较友好和谐的关系，彼此和平共处，政治、经济和文化等领域的交流融合与日俱增。

马来西亚华人很早就参与当地政治，有很大的政治影响力。目前，马来西亚有华人政党马华公会、民政党、民主行动党，有华人部长和众多的华人联邦众议员、州议员，以及华人地方官员。随着马来西亚经济工业化和多元化的发展，华人经济不断多元化，除了经营传统的商业和橡胶业外，华人在制造业、建筑业和房地产的投资也不少，在金融业也非常活跃，这使华人经济实力不断增强。马来西亚华文教育的发展成就尤为突出，经过马来西亚华社长期不懈的努力，至今已建成了从小学到大学的完整的华文教育体系。华文教育不仅在马来西亚华文教育中占有重要地位，而且在马来西亚教育中也占有不容忽视的地位。据统计，马来西亚共有华文小学1 294所、华文独立中学60所，华社创办的华文高等学府有多所，包括南方大学学院、新纪元学院、韩江国际学院等，马来西亚的拉曼学院和拉曼大学，也主要招收华裔子弟。马来西亚华社还建立了各种血、地、神、业和文等多缘联系的社团，创办多种华文报刊机构。目前，较有影响的社团组织主要有马来西亚中华大会堂总会、马来西亚中华总商会、马来西亚华校董事会联合总会、马来西亚华校教师会总会、雪兰莪中华大会堂等。较大的华文日报主要有《星洲日报》《南洋商报》《中国报》《光明日报》《东方日报》《诗华日报》《联合日报》等。

二、2014年的中马关系

马来西亚是东盟建立后第一个与中国建交的东盟国家，多年来中马两国人员交流不断增多，高层往来频繁，政治关系密切。2009年美国高调"重返亚洲"后，美国与东南亚国家的关系明显加强，中国与部分东南亚国家的关系一度非常紧张。但中马关系一如既往，延续了后冷战时期"关系非常密切，合作不断拓展"的基本态势。近年来，两国政治关系密切，两国在各个领域的合作都持续发展，特别是2013年10月3日至5日，中华人民共和国主席习近平对马来西亚进行国事访问，中马双方一致同意将中马战略性合作关系提升为全面战略伙伴关系，双方在贸易、投资、旅游、教育、金融服务业、基础设施建设和防务等各领域合作迈上新台阶，两国关系发展更上一层楼。

2014年的两起空难，对马来西亚的外交、政治和经济都造成了一定的影响。其中，由于2014年3月8日失联的马航MH370客机的乘客大多数是中国人，该次空难对中马关系，特别是中马民间关系，一度造成很大的冲击。

---

① 马来西亚统计网，http：//www. statistics. gov. my/，2011年11月22日。
② 马来西亚统计网，http：//www. statistics. gov. my/，2014年12月22日。

2014年3月8日发生马航MH370失联事件之初，由于马航特别是马来西亚政府，在"马航失联"事件中反应迟缓、应对失范、信息混乱而成为众矢之的，饱受全世界的诟病。中国国内舆论对马航及马来西亚政府大为不满，声讨声铺天盖地，各种猜测、谣言、传闻流行于世，与马来西亚朝野政治挂钩的"政治阴谋说"亦大行其道。中国国内一些著名媒体也在绘声绘色地播讲、诠释各自得到的版本，呼吁抵制马来西亚的商品和旅游，表达对马来西亚政府的强烈不满。有些人还从抨击马来西亚政府到抨击马来西亚歌星，将怒火发泄到马来西亚艺人身上。可见，该事件的影响相当广泛。

事实上，"马航失联"事件确实影响了许多中国公民去马来西亚旅游的意愿，2014年4—5月，很多赴马来西亚旅游团纷纷取消行程，赴马来西亚的中国游客人数直线下降，直到下半年才逐渐有所增加。据马来西亚旅游总会透露，2014年1—8月赴马来西亚的中国游客人数同比下降11.9%，相当一部分负责中国团体旅游业务的本地旅游从业者的业务骤降至原来的50%～80%，这导致马来西亚旅游收入减少了数十亿马币。还有，沙巴是近年来渐受外国游客喜爱的新兴旅游目的地，但在马航客机失联、沙巴东海岸掳人绑架、菲律宾南部武装分子入侵事件后，当地旅游业一蹶不振。据马来西亚《诗华日报》报道，2014年4月至11月有266架次的赴沙巴中国包机取消，5月至8月到沙巴的中国游客人数同比下降了37%。[①] 从事中马双边旅游的旅行社主要由华人经营，中国游客的减少对华人旅游经营者的打击不言而喻。

虽然来自中国的游客数量大幅下降，但中国依然是马来西亚第三大游客来源地。为了吸引中国游客，避免赴马来西亚的中国游客数量继续下跌，马来西亚方面加强了旅游产品的推广力度，并决定豁免中国游客来马来西亚的签证费。马来西亚还积极争取在武汉、成都、天津以及长沙等二线城市开通更多的直达航班，每周三次的武汉往返吉隆坡包机已于2014年6月开通。

"马航失联"事件对中马两国政治关系的影响不大，甚至在一定程度上促进了两国的互信。"马航失联"事件发生后，马来西亚政府，包括马来西亚总理纳吉布对事件高度重视，全力应对处理。"马航失联"事件发生后，中国政府的态度和处理方式也充分显示出了一个泱泱大国的风范。中国政府对马来西亚相关工作给予了很好的配合，赢得了马来西亚政府官员和当地人民的很大好感。患难见真情，马来西亚当时正处于风口浪尖的紧急关头，中国政府的友好和理解对马来西亚来说是非常珍贵的。马来西亚官员在多个场合一再表示感谢中国政府的理解。

因此，"马航失联"事件，对中马两国政治关系的影响不大，2014年5月27日至6月1日，马来西亚总理纳吉布按计划对中国进行正式访问。此次访问是中马建交40周年的重要内容，中马两国均对访问十分重视。国家主席习近平、国务院总理李克强、全国人大常委会委员长张德江分别与纳吉布举行晤谈，两国还举行了中马建交40周年庆祝大会、中马经济高层论坛等活动。访问期间，中马两国在增进合作等问题上取得诸多共识和成果。5月31日，两国签署《中华人民共和国和马来西亚建立外交关系40周年联合公报》，双方重申将进一步加强在广泛领域的协调与合作，共同促进两国和本地区的和平、稳定、安全、和谐与发展。此次来访，纳吉布随访成员有160多人，包括外交、国防、教育等多个

---

① 吴汉钧:《年来事故连连发生 东南亚应设法吸引中国旅客》,（新加坡）《联合早报》,2014年12月8日。

部门的内阁要员，多个地方首长、华人执政党要员，以及近百位来自马来西亚族、华族、印度族三大族群的企业家，充分体现了马来西亚政府对深入发展两国全面战略伙伴关系的决心和期待。

三、2014 年的马来西亚经济

虽然受到各种因素的冲击，2014 年的马来西亚经济总体发展还算稳定。特别是上半年，随着全球经济的缓慢增长，以及马来西亚经济多元化，对外贸易和私人投资的强力拉动，经济增长形势不错。2014 年第一季度，经济增长为 6.2%，第二季度经济增长达到 6.4%，创 2010 年第四季度以来的新高，上半年国内生产总值累计达 5 197 亿马币（约折合 1 619 亿美元），同比增长 6.3%，超出 2013 年同期增长的 1.9 个百分点。马来西亚上半年经济增长速度超越印尼、新加坡和韩国等国。受国际局势不稳定和石油价格下跌等因素的影响，马来西亚第三季度的经济增长开始减缓为 5.6%。但 2014 年前三季度的经济增长为 6.1%，仍超过 2013 年同期的 4.6%。马来西亚政府预测，2014 年的全年经济增长介于 5.5%~6%，比 2013 年的 4.7% 高。另外，2014 年前三季度的通胀率、失业率等，虽然有所波动，但都继续保持在 2%~3% 的温和可控的范围内。马来西亚在 2014—2015 年全球竞争力的排名，从 2013 年的第 24 位跃升 4 位，至第 20 名，排在一些先进国家的前面，如澳大利亚、奥地利、法国及韩国。

2014 年上半年，马来西亚主要经济领域都有所增长，其中服务业增长 6.3%，比 2013 年同期增长 0.8%，制造业增长 7.1%，比 2013 年同期增长 5%，建筑业上半年增长最高，达 14.3%，比 2013 年同期增长 2.3%。由于粮食和棕榈油产量的增加，农业也实现 4.6% 的增长，比 2013 年同期增加 1.4%。表现较差的是矿业，第一季度是负增长，第二季度稍好，但上半年矿业产值仅有 0.6% 增长，低于 2013 年同期 1.3% 的水平。马来西亚是一个石油出口国，随着国际油价的持续下跌，矿业增长前景更为黯淡。

马来西亚是一个出口大国，2014 年随着国际市场需求的逐步恢复，马来西亚出口步伐加快。据马来西亚统计局统计，2014 年 1—9 月，马来西亚货物进出口额为 3 326.9 亿美元，比 2013 年同期增长 3.5%。其中，出口 1 758.2 亿美元，增长 5.0%；进口 1 568.7 亿美元，增长 2.0%。贸易顺差 189.5 亿美元，增长 89.6%。对外贸易成为推动 2014 年马来西亚经济发展的重要力量之一。

旅游业在马来西亚经济发展中占有重要地位。2014 年是马来西亚旅游年，马来西亚政府本来期待旅游业为经济作出更大的贡献，并定下吸引 2 800 万游客人次到访马来西亚的目标。2014 年一连发生的两宗马航空难，以及沙巴海岛频频传出掳人案，对马来西亚旅游业造成很大的冲击。尽管如此，但和目前普遍认为的马来西亚蓬勃发展的旅游业将受到沉重打击的预测不同，2014 年的马来西亚旅游业还是维持了一定的增长态势。根据马来西亚入境事务处的统计，虽然来自中国的游客数量大幅下降，但马来西亚在 2014 年的前 7 个月中，还是迎来了 1 610 万名游客，同比增长 9.7%。同期的旅游业收入有 13.2% 的增长，至 106 亿美元，也就是约 353 亿令吉。[①] 马来西亚旅游部长称，游客数量的上升是因为政

---

① 孔军：《马来西亚旅游业表现依然强劲　两起空难影响不大》，http://finance.qq.com/，2014 年 11 月 7 日。

府方面采取了大量吸引中国以外游客的措施。除了积极参加在欧洲和美国市场的国际旅游展之外，马来西亚还有针对性地在邻国进行促销活动。这一策略转变带来了更多的亚洲游客，特别是韩国和越南的游客。韩国游客数量在 2014 年的前 7 个月增长了 42%，为 189 083 人次，越南游客数量也有 26% 的增长，至 112 782 人次。马来西亚旅游和观光协会的发言人说，"名为'Luv U Malaysia'的菲律宾电视宣传广告等推广活动激发了游客们对马来西亚的兴趣，机票促销也带来了东盟国家游客数量的激增"。他强调，"游客的增长是明显的，在一定程度上大大提升了整个行业的前景"。马来西亚当局相信，数据显示该国"正在接近完成 2014 年内迎接 2 800 万游客的目标"。[1] 旅游及文化部长拿督斯里纳兹里表示，尽管连续发生马航 MH370 和 MH17 两起不幸事件，但马来西亚还是被评为全球观光人数最多的国家之一，旅游部将继续努力推动旅游为国家经济的主要驱动力。[2]

由于经济发展比较稳定，特别是上半年经济发展的良好态势，使华商普遍对大马的经济情势感到乐观。大马中华总商会社会经济研究组副主任白文春指出，"强劲的出口需求让企业的销售量增加""大马的国内生产总值在上半年取得 6.3% 的增长，也令人们对下半年经济持积极态度"。[3]

在经济方面，华人比较不满的是物价上涨。2013 年年底，由于马来西亚政府宣布将削减 15.6% 或 394 亿令吉的汽油、面粉与白糖等必需品津贴，增加电费、房地产税、大道收费和征收消费税等，导致马来西亚物价不断上涨，华人民众和华人商家苦不堪言，怨声载道，一些华人甚至积极参与在野联盟发起的反对"涨价"社会运动。如 2014 年元旦在吉隆坡独立广场举行的"抗议百物涨价"跨年抗议集会，据称至少有 10 万名年轻人上街参与抗议，其中不少是华人。2014 年 5 月 1 日，在野的民联三党发起反消费税大集会，抗议政府即将于 2015 年 4 月 1 日开始征收 6% 消费税，华人和其他族裔共 2 万多人参与集会示威。集会者高喊"废除消费税"的口号，不少人也携带写有"请政府聆听人民的心声""我们不要消费税"及"废除消费税"等反消费税诉求的横幅、标语牌和旗帜。[4]

四、2014 年的马来西亚华人政治

在 2013 年 5 月 5 日举行的第 13 届全国大选中，马华公会和民政党两个华人执政党遭受重大挫败。大选后，马华公会根据选前通过的决议，即 2013 年大选成绩不如 2008 年，它将全面退出内阁、州与地方政府的决议，决定"不入阁"。民政党在大选后数天，即 5 月 11 日召开中委会，也决定不入阁。虽然华社、巫统以及一些马来西亚的政要名流都曾发表言论，希望两大华人政党重新考虑不入阁的决定，但两党均坚持不接受中央职位。结果，大选后组建的马来西亚内阁首次没有华人政党代表。这也是自 1959 年以来，马华公会代表首次没有进入内阁，以及民政党自 1974 年加入国阵以来，首次没有代表入阁。这对华社与政府的沟通、华人获得的资源分配，以及马华两族关系，都造成了一定的影响。

2014 年，马来西亚华人政治出现了一些新发展。

---

[1] 孔军：《马来西亚旅游业表现依然强劲　两起空难影响不大》，http://finance.qq.com/，2014 年 11 月 7 日。
[2] 《旅游部不因空难放弃　续落实 2 800 万游客目标》，（马来西亚）《联合日报》，2014 年 12 月 23 日。
[3] 《华商对下半年经济感乐观》，http://mandarin.bernama.com/，2014 年 9 月 4 日。
[4] 《民联三党等号召　马国 2 万多人参与反消费税集会》，（新加坡）《联合早报》，2014 年 5 月 2 日。

1. 华社对华人执政党的支持逐渐增加

2014 年华社对华人执政党的支持逐渐增加，主要体现在华人执政党派员参加的补选竞选。

2013 年 5 月大选后，马来西亚进行了多次国、州议席的补选，华人政党参选的主要有两次：一是马华公会派员参与的 2014 年 3 月 23 日的雪兰莪州加影州议席补选；二是民政党派员参与的 2014 年 5 月 31 日霹雳州安顺国会议席补选。

2014 年 3 月 23 日的雪兰莪州加影州议席补选，马华公会派出新当选的副主席周美芬代表国阵出战，与人民公正党主席，也就是与安华的夫人旺阿兹莎对垒。结果，旺阿兹莎胜出，得票 16 741 张，比去年 5 月大选时的 19 571 票少，多数票为 5 379 张，也比大选时减少 1 445 张。周美芬以 11 362 票败选，这个票数也比去年大选时的 12 747 票少。不过，按马华公会会长廖中莱的说法，国阵虽然输了，但这次大选的华人支持率从去年大选的 16% 上升至 25%。①

2014 年 5 月 31 日的霹雳州安顺国会议席补选，民政党新主席马袖强代表国阵出战，与民主行动党候选人黛安娜进行了激烈的竞争，最终马袖强以 238 张多数票的微小差距，击败民主行动党候选人黛安娜获胜。虽然民主行动党以差距微小和废票超过多数票为由要求重新计票，但遭到选举委员会拒绝。根据选举委员会公布的正式计票结果，马袖强获得 20 157 票，黛安娜得 19 919 票，多数票 238 张，废票 543 张。而在 2013 年 5 月的第 13 届全国大选中，民主行动党的谢昂凭是以超过 7 500 票赢得安顺国会议席的。据统计，安顺选区共有 60 349 名合格选民，其中 25 310 人是华裔选民，巫裔有 23 301 人，印度裔有 11 468 人，其余为其他族群。在总投票率 67.4% 中，国阵所获华裔选票，比 2013 年大选时增加逾 30%。②

国阵成员党民政党主席马袖强在霹雳州安顺国会补选中的胜出，让在过去两届大选中遭受重挫的民政党及马华公会对重新争取华人选票信心大增。胜出的马袖强指出，该胜利不仅巩固了其作为民政党主席的地位，也巩固了该党的地位，证明民政党并非如一些人所称的"夕阳政党"；相反，党在各族人民的支持下继续向上。③ 马华公会会长廖中莱说，这场补选激励了马华公会加快改革步伐，以重获华社支持。他发表文告恭贺马袖强胜选时表示，"在这场补选中，我们看到华族选民的支持率有所提升。华人票的回流，说明现在更多华人对国阵华基政党的改革抱有期望，并积极回应。这将激励马华加快步伐，深化改革计划，以赢取更多华人的支持"④。安顺补选胜出，不仅是华人执政党难得的胜利，对执政的国阵也是一次重大的胜利。国阵主席暨马来西亚首相纳吉表示，此次补选对国阵具有特别意义，因为国阵在第 13 届全国大选中，以超过 7 500 票失去安顺国会议席。他认为这次险胜显示出选民已有回流国阵的趋势。⑤

2. 华人执政党重新入阁

2013 年 5 月大选后，随着华人执政党"不入阁"对华社的负面影响逐渐显露，一些

---

① 范晓琪：《旺阿兹莎加影补选胜出》，http：//www.zaobao.com/，2014 年 3 月 24 日。
② 《安顺补选？选委会：年轻选民不踊跃？投票率至少达 70%》，（马来西亚）《光明日报》，2014 年 5 月 31 日。
③ 《马袖强：安顺补选取胜加强民政地位》，http：//mandarin.bernama.com/，2014 年 6 月 2 日。
④ 《马华总会长：安顺补选报捷激励马华民政信心》，http：//www.zaobao.com/，2014 年 6 月 3 日。
⑤ 《安顺补选国阵险胜》，http：//www.zaobao.com/，2014 年 6 月 1 日。

马来西亚侨领对华人政党的"不入阁"痛心不已，敦促华人执政党重新入阁的呼声也逐渐增多。马华公会、民政党上下也有不少人要求重新检讨不入阁的决定。在 2013 年 10 月马华公会召开的"特大"中，与会代表高票通过提案，重新接受州级及地方政府官职。2013 年 12 月马华公会举行党选后，重新"入阁"已成为新一届领导班子的共识。2014 年 2 月 23 日，马华公会召开特别代表大会，通过马华公会重新接受出任各级政府官职的提案。这表示马华公会已经推翻之前的"不入阁"议案，其领袖今后可以重新入阁担任正副部长。

水到渠成，为了重新分配职位，马来西亚对内阁进行改组。2014 年 6 月 25 日，在纳吉首相新的内阁阵容中，马华公会共获 2 个正部长及 3 个副部长职位。由于民政党在 2013 年大选中没有赢得国会议席，原本内阁改组没考虑分配民政党部长职务，但随着民政党主席马袖强在霹雳州安顺国会席位补选中胜出，民政党也获得一个部长职务。其中，马华公会会长廖中莱出任交通部长，马华署理总会长魏家祥及民政党主席马袖强双双受委首相署部长。3 个马华副总会长担任副部长，分别是周美芬受委妇女及家庭发展部副部长、蔡智勇受委财政部副部长、李志亮则受委国际贸易及工业部副部长。在这前后，还有一些马华公会成员要受委马来西亚上议员，国阵执政的各州州政府也陆续分配一些地方政府职位给马华公会。

尽管职位分配还有不如人意之处，但华人执政党重新入阁，总比"不入阁"、放弃政治权力要好。隆雪客家总会会长拿督林济升医生认为，马华重回内阁的决定，对华社来说是可喜可贺的宣布。他说："所谓有人在朝好办事，华社期待华人部长能将华社面对的华教问题、回教刑事法课题和一些民生问题等带入内阁反映，为华社解忧。"[①]

事实上，华人执政党的部长、副部长，上任后都很快进入角色，各司其职，做了不少工作。如有关中文教师的调派方案，教育部副部长叶娟呈一直忽视华社心声，而刚刚上任首相署部长的马华署理总会长魏家祥，便直接与副首相兼教育部长沟通，要求纠正中文教师调派方案，很快内阁就发出指示，要求教育部副部长叶娟呈与魏家祥磋商，教师调派事件遂出现转机。在政府层面，廖中莱受任交通部长后，很快接手处理马航 MH370 客机事件和马航 MH17 客机事件的各种善后工作，他在其中发挥的重要作用，有目共睹。

随着马华公会、民政党重新接受内阁部长职位，随着各地华人执政党政府职位的恢复，华人执政党在华社与政府沟通、在体制内为华社争取权益以及在缓冲华人与政府矛盾等方面的作用都将逐渐恢复，华人执政党对华社的影响，以及对马来西亚政治的影响也将逐渐增强。

当然，在下届大选前，马华公会、民政党等华人执政党要重振昔日雄风，获得更多华人选民的支持，还是有相当难度的。两党不仅在内要进行全面的改革提振，在外更要积极"为华请命"，在维护华人合法权益上作出新的贡献。

---

① 《廖魏任部长客家之光 吴德芳：同掌马华首开先例》，http：//www.mca.org.my/，2014 年 7 月 31 日。

菲律宾

2014 年，菲律宾经济发展态势良好，增速稳健，但与 2013 年相比则稍微逊色。政治形势基本稳定，与南部分裂势力摩洛伊斯兰解放阵线达成和解，但与其他叛乱组织的冲突依旧。2014 年，菲律宾国内治安恶化，发生多起包括中国公民在内的绑架案件，多名中国公民在菲律宾殒命。中国新移民及中国劳工引发的一些问题依然存在，但尚在可控范围之内。中菲政治关系持续冷淡，短期内没有改善的可能。

一、2014 年菲律宾政治经济形势

（一）菲律宾基本国情

表 1　菲律宾概况

国家全名	菲律宾共和国	地理位置	亚洲东南部	领土面积	30 万平方公里
首都	马尼拉	官方语言	英语、他加禄语	主要民族	他加禄人、宿雾人、伊洛戈人等
政体	总统制	执政党/主要反对党	自由党/人民力量党	现任国家元首/政府首脑	贝尼尼奥·西/米恩·阿基诺三世
人口数量	1 亿	华侨华人人口数量	145 万左右	华人占总人口比例	1.45% 左右
GDP 增速	6.1%	通胀率	4.97%（2014 年 8 月）	失业率	6.7%（2014 年 7 月）

数据来源：The Philippine National Statistical Coordination Board，National Statistical Office，The Philippine Statistics Authority。

（二）人口与社会

鉴于菲律宾居高不下的人口出生率，据菲律宾人口委员会的测算，到 2014 年 7 月 27 日，菲律宾人口已达到 1 亿，而实际人口可能更高，领土面积不到 30 万平方公里的菲律宾因此成为全球第 12 个人口总数超过 1 亿的国家，人口密度是中国的两倍以上。尽管最近几年菲律宾经济持续增长，但未能为社会提供足够的工作岗位，国家也未能为公民提供充足的公共物品，因此新增人口较难转化为人口红利，反而可能加重社会负担。

根据上一年度的数据，华人占菲律宾总人口的比例可能在 1.45% 左右，尽管华人的生育率远低于其他族群，但如果把中国新移民计算在内，菲律宾华侨华人的比例可能会稍微上升。

2014 年 6 月，美国和平基金会（The Fund for Peace）发布第十次脆弱国家指数（Fragile States Index），菲律宾排第 52 位。该指数以零分为满分，在对社会及经济指数，例如不平衡发展、人才外流和贫穷以及公共服务、人权、派别精英和安全等因素进行评估后，菲律宾的得分为 85.3 分，处于第四等级（Very High Warning）。从 2006 年到 2014 年，菲律宾在人权、经济、经济不均衡发展（Uneven Economic Development）的整体趋势持续改善，但在安全设施（Security Apparatus）、党派政治等方面则日益恶化，其中人才流失自 2009 年开始持续恶化。[1]

（三）经济形势与中菲经贸关系

美国《外交事务》杂志在 2014 年的新年特刊中，以经济规模、最近的动向和成长潜力等因素，将菲律宾与韩国、墨西哥、芬兰、土耳其、印度尼西亚等国列入未来 5 年值得全球投资者瞩目的世界六大市场。[2] 2014 年菲律宾的经济发展势头不错，GDP 和 GNP 的增长率分别为 6.1%、6.3%，但低于 2013 年的 7.2%、7.5%。农业、工业和服务业的年增长率分别为 1.9%、7.5% 和 6.0%，其中工业和服务业的增长率略低于 2013 年的 9.3% 和 7.2%。[3] 此外，服务业仍然是菲律宾经济最重要的推动力，而工业部门的增长主要来自制造业和建筑业。

2014 年全年菲律宾出口总额为 621 亿美元，进口总额为 645 亿美元，皆高于 2013 年的 540 亿美元和 624 亿美元。[4] 在投资方面，2014 年前 9 个月批准的直接投资为 918 亿比索，比 2013 年的同期下降了 35.4%。[5]

在国际游客方面，尽管 2014 年菲律宾安全事件层出不穷，中国政府甚至一度发出旅游警报，但访问菲律宾的国际游客在 1—10 月间仍然增长了 2.28%，达到 396 万人，估计 2014 年全年增长会高于这一比例，但增速已经明显低于 2012—2013 年度，可见国内治安对菲律宾的旅游市场造成了较大的影响。

表 2　2010—2014 年 1—10 月菲律宾国际游客数量（单位：人）

2014 年	3 955 399
2013 年	3 867 386
2012 年	3 478 285
2011 年	3 185 866
2010 年	2 845 573

数据来源：菲律宾旅游部。

---

①　菲律宾的具体指数可参见 http：//ffp. statesindex. org/2014 – philippines。

②　Karen Brooks，"Six markets to watch：Indonesia and the Philippines：A Tale of Two Archipelagoes"，*Foreign Affairs*，January/February 2014 Issue，http：//www. foreignaffairs. com/articles/140339/karen-brooks/six-markets-to-watch-indonesia-and-the-philippines。

③　数据参见 The Philippine National Statistical Coordination Board 网站：http：//www. nscb. gov. ph。

④　参见菲律宾统计署网站：http：//web 0. psa. gov. ph/content/final-foreign-trade-statistics-january-december-2014。

⑤　汇率为当前汇率，下同，数据参见 The Philippine National Statistical Coordination Board，网站：http：//www. nscb. gov. ph。

韩国仍是菲律宾最大的游客来源市场，约占 24.23%，其次依次是美国、日本、中国和澳大利亚。2014 年上半年，中国游客访菲的人数同比上升了 13.6%，中国是继韩国及美国后菲律宾的第三大旅客来源国。① 受菲律宾国内治安形势恶化的影响，中国外交部于 2014 年 9 月发出旅游警报，此后中国游客数量下降。2014 年前 9 个月，访菲中国游客同比仅增长 2.33%，占同期访菲外国游客总数的比例也跌至 9.31%。②

表 3　2014 年 1—10 月菲律宾主要游客来源地

来源地	人数	比例
韩国	958 289	24.23%
美国	592 204	14.97%
日本	382 633	9.67%
中国	354 202	8.95%
澳大利亚	173 954	4.40%
新加坡	146 996	3.72%
加拿大	121 077	3.06%
中国台湾	111 391	2.82%
马来西亚	110 407	2.79%
英国	107 499	2.72%

数据来源：菲律宾旅游部。

在中菲经贸关系上，尽管双边政治关系冷淡，但经贸关系持续发展。2014 年 11 月，菲律宾经济发展署表示，2014 年上半年，由于越来越多的中国企业加大了对菲律宾的制造业、服务业、信息和通信等行业的投资，菲律宾政府批准的来自中国的投资达 96.2 亿比索（约合 2.14 亿美元），远高于去年同期。2014 年 1—7 月，中菲双边贸易总额为 103 亿美元，同比增长 19%，中国成为菲律宾的第二大贸易伙伴，仅次于日本。同时，中国还是菲律宾最大的进口来源国，截至 7 月底，进口额达 55 亿美元，同比增长约 20%。特别在 4 月份，中国成为菲律宾的第一大贸易伙伴，当月进口额为近 8.1 亿美元，出口额为 8.59 亿美元，贸易总额达到 16.7 亿美元。另中国海关数据显示，2014 年 1—8 月，中国与菲律宾进出口总值同比增长 15%，增速在东盟国家中位居第二。③

（四）政治与外交

2014 年菲律宾的政治与外交焦点主要表现在如下几个方面：

第一，"政治分肥"丑闻持续震动菲律宾政坛，多名政客卷入其中。2014 年 5 月 26

---

① "China travel warning hits Philippine tourism industry", *Philippine Inquirer Daily*, Sep. 23, 2014, http://globalnation. inquirer. net/111575/china-travel-warning-hits-ph-tourism-industry/.

② 《中国游客 9 月来菲同比锐减逾三成》，（菲律宾）《菲律宾商报》，2014 年 11 月 29 日。

③ 《中国与菲律宾贸易近年来不降反升　菲律宾官员看好中菲贸易发展》，国际在线报道，http://gb. cri. cn/44571/2014/11/04/7851s4753417. htm，2014 年 11 月 4 日。

日，菲律宾"政治分肥"丑闻案嫌疑犯、女商人纳波利斯向菲律宾司法部提交书面证词，指证 12 名现任参议员、8 名前参议员以及 100 名现任及卸任众议员参与骗领国家巨额财政拨款，使这起 2013 年 7 月曝光的丑闻再次成为人们关注的焦点。这起丑闻除涉及金额达数百亿比索外，多名政要如前议长恩里莱、晶贵·埃斯特拉达、里维拉等 3 名现任参议员已被告上法庭，阿基诺政府的预算部长及农业部长也卷入其中，[①] 一些民众甚至呼吁审理"猪肉桶"资金贪污案的菲律宾反贪法院逮捕总统阿基诺及其涉案盟友。[②]

第二，菲律宾政府与南部反叛组织和极端组织的冲突依然持续，菲律宾国土依然难以实现太平。2014 年 1 月，菲律宾政府与曾经的反叛组织"摩洛伊斯兰解放阵线"（Moro Islamic Liberation Front，MILF）达成和平框架协议，并根据协议提交了《摩洛国基本法》草案，但包括"摩洛伊斯兰自由斗士"（Bangsamoro Islamic Freedom Fighters，BIFF）和"摩洛民族解放阵线"（Moro National Liberation Front，MNLF）在内的其他反政府武装对双方和谈表示不满。菲律宾政府和"摩洛伊斯兰自由斗士"在菲律宾南部多次发生交火，1 月 25 日，"摩洛伊斯兰自由斗士"与政府军发生冲突，该组织 17 名成员在交火中丧生。[③] 2 月 19 日，政府军与 BIFF 武装分子在马京达瑙（Maguindanao）省发生交火，3 名武装分子受伤。[④] 6 月 19 日，菲律宾政府军与盘踞在菲南部苏禄省的亚武沙耶武装分子发生遭遇战，导致 7 名政府军士兵死亡、24 人受伤，至少 10 名亚武沙耶武装分子被打死。[⑤] 8 月 24 日，疑似菲共游击队"新人民军"的武装分子突袭了北亚虞仙省一处飞机跑道附近的一座仓库，烧毁一架用于空中农药喷洒的轻型飞机。[⑥]

第三，在对外关系上，中菲政治关系依然冷淡。在中菲双边关系上，尽管菲律宾总统阿基诺三世在 10 月 22 日表示，菲中两国关系实际上"正在改善"，南海争议并非菲中关系的"最重要因素"，菲律宾与中国正在一起努力提升两国之间的经济、旅游和文化联系，[⑦] 但实际上两国政治关系并没有出现明显的松动。与此同时，为了强化其在南海问题上与中国对抗的立场，菲律宾选择加强与美国的同盟关系，以及美国在菲律宾的军事存在。2014 年 4 月，菲美签署《加强国防合作协议》，该协议允许美方在菲律宾宪法架构内安排更多官兵到菲律宾轮驻，共享菲律宾军事基地，兴建、放置军事设施、器材、军机与军舰。此外，菲律宾持续推进军事现代化，加大对军事领域的投入，尤其是武器采购。

第四，南海问题。南海问题构成了中菲关系的核心，但是到目前为止，菲律宾仍坚持采取多边的立场来解决南海争端。在 2014 年 8 月举行的东盟系列外长会议上，菲律宾提出"三步行动计划"，即争议各国冻结在南海地区的活动，全面落实 2002 年的《南中国海各方行为宣言》，制定更具约束性的"行为准则"。不过，菲律宾的"三步行动计划"提

---

①　根据菲律宾法律，每一名参议员和众议员都会获得一笔"优先发展援助资金"，他们有将这些资金用于一些基层发展计划的自主裁量权。"优先发展援助资金"推出后弊端屡现，多次爆出舞弊丑闻，因为该计划已逐渐沦为总统收买议员、寻求政治支持的工具，菲律宾民众因此戏称其为"猪肉桶"。

②　《政治分肥丑闻震动菲律宾政坛　涉案数百亿比索》，（菲律宾）《菲律宾华报》，2014 年 7 月 9 日。

③　"Military says 17 Muslim rebels, opposed to peace deal, killed", The Strait Times, Jan. 28, 2014, http://www.straitstimes.com/breaking-news/se-asia/story/philippine-military-says-17-muslim-rebels-opposed-peace-deal-killed-2014.

④　John Unson, "3 BIFF members hurt in Maguindanao clash", The Philippine Star, Feb. 20, 2014.

⑤　《军方与亚武沙耶交火致 17 死 24 伤》，（菲律宾）《菲律宾商报》，2014 年 6 月 20 日。

⑥　《新人民军烧毁飞机及仓库》，（菲律宾）《菲律宾华报》，2014 年 8 月 25 日。

⑦　《阿基诺称中菲关系在大多数层面正在改善》，菲龙网，2014 年 10 月 23 日。

案并没有引起东盟各国的积极响应。此外，早在 3 月 29 日，菲律宾一艘民船欲向仁爱礁旁菲舰"西拉马德雷"号驻军进行补给，遭到中国海警船拦阻；3 月 30 日，菲律宾就南海争端向依《联合国海洋法公约》成立的仲裁庭呈交陈情书和诉状。

2013 年 4 月，搭载 12 名中国渔民的船只在图巴塔哈群礁（Tubbataha Reef）搁浅，渔民随后被捕。在经过一年多的审判之后，菲律宾政府于 2014 年 8 月判决这 12 名中国渔民犯有在菲律宾水域非法捕鱼罪，这些渔民分别被判处 6～12 年的不等刑期。2014 年 5 月 6 日，菲律宾海警在南沙群岛半月礁附近逮捕一艘中国渔船，船上有 11 名中国船员和约 500 只海龟，菲方称发现中国渔船的位置位于菲律宾专属经济区。不过，在 11 月 24 日，菲律宾地方法院对 9 名中国渔民仅以"违反菲律宾渔业法"及抓捕野生动物为由对每名渔民处以约 10.3 万美元的罚款，并未判处中国渔民监禁。菲律宾地方法官宣称，由于渔民们"违反了相关法律"，其最高刑期"有可能达 20 年监禁"，但法院最终判决罚款并未处以监禁。当局还声称，如果渔民"无力支付罚款"，将可能面临最长 6 个月的监禁。[①] 这出乎意料的轻判，让外界怀疑菲律宾当局是否以此释放改善对华关系的信号。

二、菲律宾华侨华人社会

（一）华人经济与社会

菲律宾目前约有华人 145 万，占总人口比例的 1.47% 左右，若加上中国新移民，总人口可能超过 180 万。

2014 年福布斯发布了全球华人富豪榜，共有 47 个东南亚华人企业家（族）上榜，其中新加坡最多，为 13 个，印度尼西亚和马来西亚分别有 11 个和 10 个华人上榜，菲律宾有 7 个，分别是施至成、陈永栽、吴聪满、吴奕辉、郑少坚、陈觉中和吴天恩，2013 年的许炳记夫妇跌出前十位。涉及产业既有多元化经营，也有金融、时装、零售和食品饮料等。

表 4　福布斯 2014 年全球华人富豪榜菲律宾华人上榜名单

净资产单位：亿美元

华人富豪排名	全球富豪排名	姓名	净资产	行业分类
11	97	施至成/Henry Sy	132	零售、多元金融
29	227	陈永栽/Lucio Tan	50	房地产、酒精类饮料、烟草
41	319	吴聪满/Andrew Tan	39.5	多元化经营
55	388	吴奕辉/John Gokongwei	26	多元化经营

---

① 《菲律宾审判 9 名被扣中国渔民　每人罚 10.3 万美元》，中国新闻网，http://www.chinanews.com/gj/2014/11-24/6808231.shtml，2014 年 11 月 24 日。

（续上表）

华人富豪 排名	全球富豪 排名	姓名	净资产	行业分类
109	764	郑少坚/George Ty	20	银行
166	1046	陈觉中/Tony Tan Caktiong	14	食品饮料
268	1565	吴天恩/Andrew Gotianun	10	房地产

数据来源：根据 2014 年福布斯全球华人富豪榜进行整理。

福布斯公布的菲律宾前 50 名富豪的总资产在 2014 年达到 740 亿美元，比 2013 年增加了 12%。华人可能占据其中的 21 位（见表5），[①] 控制的财富占这 50 名顶级富豪的 61.12%。在前 10 位富豪中，华人占 6 席，与 2013 年持平。商场大王施至成连续 7 年成为菲律宾最富裕的商人，排名第二的富豪陈永栽（Lucio Tan）的财富较上年有所缩水，主要受到香烟市场的拖累。[②]

2014 年 6 月，菲律宾知名华商、上好佳集团名誉董事长施恭旗表示，华商在菲律宾经济发展过程中有着不可磨灭的贡献，他们已与菲律宾经济命脉结成共同体，不光在传统制造业，更涉足电力、基础建设、农业、证券、资本运作等新兴投资领域，"无论什么行业，都有华商的角色"。老一辈华商勤俭耐劳、拼搏进取，再加上企业第二代大都接受过西方先进企业文化熏陶，两相结合，力量更大。"只要看看当前商界，中壮年华商精英辈出，成就引人注目"。[③]

表5 福布斯 2014 年菲律宾富豪榜华人家族上榜名单

资产单位：亿美元

排名	姓名	资产	排名	姓名	资产
1	施至成及其家族/Henry Sy & family	127	23	杨应琳及其家族/Alfonso Yuchengco & family	6.85
2	陈永栽及其家族/Lucio Tan & family	61	24	罗贝托·安宾/Roberto Ongpin	6.8
4	吴聪满/Andrew Tan	51	25	贝蒂·安/Betty Ang	6.7
5	吴奕辉及其家族/John Gokongwei, Jr.	49	26	Dean Lao	6.25
7	郑少坚及其家族/George Ty & family	37	28	施恭旗/Carlos Chan	5.5
10	陈觉中及其家族/Tony Tan Caktiong & family	20	30	小马里亚诺·陈/Mariano Tan, Jr.	4.45

① 需要说明的是，除了众所周知的华人富豪外，笔者仅根据姓氏或者其他简单的证据来判断其是否华人，也许有些人虽然是华人，但被归为菲律宾人，有些菲律宾人因为其姓氏又被归为华人。

② Abram Brown：《2014 菲律宾富豪榜：做工程的发大财》，福布斯网站，http://www.forbeschina.com/review/201408/0037020.shtml，2014 年 8 月 29 日。

③ 《施恭旗：华商已与菲经济命脉结成共同体》，（菲律宾）《菲律宾商报》，2014 年 6 月 7 日。

（续上表）

排名	姓名	资产	排名	姓名	资产
12	许炳记夫妇/Lucio and Susan Co	17	33	蔡启文/Ramon Ang	3.8
13	叶应禄/Emilio Yap	15	35	菲利普□安/Philip Ang	3.15
16	蔡其仁/Alfredo Yao	10	36	弗雷德里克·狄/Frederick Dy	3.1
17	吴天恩/Andrew Gotianun	9.55	43	老哈辛托·吴/Jacinto Ng	2.3
20	小爱德华多·许寰哥/Eduardo Co-juangco	8.7			

数据来源：根据 2014 年福布斯菲律宾富豪榜整理。

（二）华文教育

菲律宾侨界及教育界一直不遗余力地支持菲律宾华文教育的发展，这些努力主要反映在如下方面：支持菲律宾华裔青少年来华学习华文及参加各类文化活动、华社举办活动支持菲律宾华文教育、华文学校举办与中华文化有关的活动促进华文教育、与中国方面合作改善华文师资队伍。

第一，支持华裔青少年来华学习华文及参加各类文化活动。菲律宾华教中心自 1992 年起，每年都利用学校假期举办各类夏（冬）令营活动，组织华裔青少年到中国寻根，进行语言实践和中华文化体验活动。2014 年 4 月 20 日至 5 月 19 日，华教中心在北京和上海举行了第二十三届汉语夏令营，学习的内容主要包括汉语精读、汉语口语、汉语写作、武术、舞蹈、书法等。到 2014 年 5 月，华教中心已经组织了 11 297 人次参加各类夏（冬）令营活动。①

2014 年 4 月，菲律宾华裔学生学中文夏令营在厦门开营，来自菲律宾的 620 名华裔青少年参加该年的"中国寻根之旅"。菲律宾华裔青少年们被分配到华侨大学、集美大学、泉州师范学院、闽南师范大学、厦门外国语学校、泉州南少林国际学校 6 所学校开展为期 50 天的中文夏令营学习。这是菲律宾陈延奎基金会、菲律宾航空公司董事长陈永栽先生连续第 14 年资助、组织菲律宾华裔学生到中国参加中文夏令营，14 年来累计有 9 993 名菲律宾华裔学生受惠。②

第二，华社对华文教育的鼎力支持。菲律宾华社一直鼎力支持菲律宾华文教育的发展，包括建立各种奖学金，对老师和学生进行鼓励与支持。如 2014 年 3 月 3 日，"曾景祥爱心文教基金会"设立"第 21 届菲华杰出学生奖"，对 12 名华校优等生进行奖励；③ 6 月 1 日，中信慈善基金会与菲律宾华教中心合作设立"中信菲律宾华校学生助学金"和"中信菲律宾华校华语教师专业奖"，中信慈善基金会捐赠 200 万比索支票以奖励华校学生和华文教师。该基金会是一个整合行业资源支持菲律宾华文教育的创新平台，旨在探索一种

---

① 菲律宾华文教育中心网站，http：//pcerc.org/Others/Trends/2014/Trends－0314.htm。
② 菲律宾华文教育中心网站，http：//pcerc.org/Others/Trends/2014/Trends－0314.htm。
③ 《菲华杰出学生奖颁奖 12 名华校优等生获殊荣》，中国华文教育网，http：//www.hwjyw.com/info/content/2014/03/03/30186.shtml。

企业、公益组织协力参与、支持菲律宾华文教育的有效途径和创新公益模式。①

2014 年是菲律宾华教中心华语师资"造血计划"的第 11 年，该年度共有 20 人赴华攻读华文教育本科专业，得到陈延奎基金会、三宝颜中华中学"中华文化奖助学金"基金会、佘明培先生纪念基金会，以及一些华社热心人士，如杨华鸿等人的支持。华教中心副主席黄端铭先生表示，菲律宾华教中心的"造血计划"项目启动至今，已资送 161 名学生赴华攻读华文教育本科专业，其中有一半是陈延奎基金会董事长陈永栽博士支持赞助的。②这些受资助的学生留学回国后，均按协议在菲律宾从事华文教学，目前学成归来服务华校的已有 92 人。再比如，2014 年 12 月 20 日至 31 日华教中心举办的"华语与华文教育"专业硕士研究生班的培训课，也得到了陈延奎基金会的资助。

第三，华文学校举办与中华文化有关的各类文化教育活动。菲律宾的华文学校每年都会举办各类和中华文化有关的文化教育活动，这些活动在很大程度上激发了学生学习华文的兴趣和热情，也在客观上扩大了中华文化与华文教育在菲律宾的影响力。比如 2014 年 2月，大马尼拉华教协会举办小学生舞蹈比赛；三宝颜中华中学联合三宝颜市教育局、菲律宾华教中心、棉兰老华教协会、菲律宾数学教育研究会（MTG）举办三宝颜市菲公校"第二届中国走进课堂——中国知识竞赛和数学追踪游戏竞赛"；③ 4 月，由中国海外交流协会主办，中国华侨大学、菲律宾陈延奎基金会和菲律宾华教中心协办，菲律宾亚典耀圣心学校承办的"第九届中华文化大乐园"夏令营在菲律宾宿务开营。该夏令营的目的是让学生"在娱乐中学习，在潜移默化中感受中华文化"；④ 10 月，菲律宾华教中心主持"第三届中华文化大赛——才艺比赛"菲律宾赛区预选赛，共有来自侨中总分校、中正、中西、巴西中华、怡省毓侨、蜂省大同、甲美地清锦、三宝颜中华等 8 所华校的 31 名选手参加。中华文化大赛是一项综合技能竞赛，主旨是普及华裔青少年的中华文化，以及历史、地理知识，增强对华夏文明之根的认同感，并以此激发他们学习中国语言文化的兴趣。⑤

第四，与中国方面合作改善华文师资队伍。师资缺乏是海外华文学校长期以来面临的最主要问题之一。为缓解师资缺乏的困难、提高学校办学质量，中国国务院侨办和中国海外交流协会应海外华校的要求，在国内选派教师到海外华校任教。此外，中国各级政府和机构还以多种方式与海外华文学校和教育机构合作，提高了华文学校的师资水平。如中国的华侨大学与菲律宾华教中心开展了多个合作项目，包括"菲华学生暑期学中文夏令营"、"中华文化大乐园"、"造血计划"学生留学、"华语与华文教育"专业硕士研究生班以及各种师资培训项目。2014 年 11 月，由中国华文教育基金会主办、中国振乾坤投资集团资

---

① 《助力华教 中信基金会助学金转交菲华教中心》，中国华文教育网，http://www.hwjyw.com/info/content/2014/06/03/30430.shtml。

② 《陈永栽杨华鸿等热心人士助菲师资学生赴华留学》，中国华文教育网，http://www.hwjyw.com/info/content/2014/09/01/30757.shtml。

③ 《菲律宾三宝颜公校举办中国走进课堂系列活动》，中国华文教育网，http://www.hwjyw.com/info/content/2014/02/26/30164.shtml。

④ 菲律宾华文教育中心网站，http://pcerc.org/Others/Trends/2014/Trends-0414.htm。

⑤ 《第三届中华文化大赛才艺赛菲律宾赛区圆满结束》，中国华文教育网，http://www.hwjyw.com/info/content/2014/10/27/30981.shtml。

助，暨南大学华文学院承办了"2014 年新生代海外华文教育管理人员研习班"。① 此外，中国各省市的地方侨务机构与海外华文学校的各类合作更是不胜枚举。

另外，为了"宣扬中华文化，提升台湾的国际能见度"，加强海外侨民对台湾的认识，中国台湾"侨务机构"从 1988 年开始举办"海外巡回文化教学"活动，遴选优秀文化志工教师到各国教授各类传统民俗技艺并提供民俗教材器具，通过文化教师将传统民俗文化技艺宣扬到海外。在 2013 年，派到菲律宾的文化教师共 14 名，参加文化活动的有 5 130人。另外，还有 105 名菲律宾华裔参加海外华裔青少年台湾观摩团。②

（三） 中国新移民与中国劳工

1. 中国新移民

根据菲律宾移民局 2014 年 3 月公布的数据，截至 2014 年 3 月 1 日，在菲律宾移民局进行年度登记的外国公民共有 79 697 人，其中中国公民最多，为 25 446 人，约占31. 9%。③ 印度人有 10 762 名，美国人和韩国人分别为 9 058 名和 8 467 名，其他居前 10位的外国人群体分别来自中国台湾、日本、英国、德国、澳大利亚和印度尼西亚。④ 在留学生方面，截至 2014 年 5 月，韩国人是菲律宾最大的留学生群体，持学生签证的韩国人达 1 530 名，印度人为 1 069 名，其次是伊朗和中国学生，分别为 1 032 人和 1 000 人。⑤

2014 年 9 月，菲律宾移民局局长米顺（Siegfred Mison）在接受媒体采访时表示，在菲律宾的外国人有 150 万左右，但是只有 20 万左右在移民局登记，差不多有 100 万的外国人"躲在菲律宾"（Tago nang Tago），即没有办理合法的手续。⑥ 如果按照上述登记的中国移民及公民占全部合法外国人 31. 9%的比例，那么这近 100 万未登记的外国人中，可能有32 万是中国公民。基于此，在菲中国移民的数量，不管是合法的还是非法的，最保守的估计也在 35 万人以上。

按照菲律宾移民局的政策，那些在菲律宾滞留的外国人有一年的宽限期，如果他们在一年的宽限期内到移民局报到并办理相关手续，只要没有犯罪记录就不会被遣返。在菲律宾华商联总会与移民局协商后，移民局允许在三年以内没有向移民局办理签证延期的逾期游客，只要缴交所有延期费及相应的逾期罚款，即可自动离境，而不会被移民局列入黑名单，以后仍然可以照常通过合法手续入境菲律宾。2014 年 1 月初，菲律宾移民局局长米顺呼吁所有持有伪造移民手续的逾期游客，向移民局自首并办理相关手续，以避免被拘留或

① 《2014 新生代海外华教管理人员研习班暨大开班》，中国华文教育网，http：//www. hwjyw. com/info/content/2014/11/14/31020. shtml。

② 台湾"侨务委员会"：《2013 年侨务统计年报》，2014 年 9 月，第 10～11 页、附表 32。

③ 根据菲律宾 1950 年的外国人登记法案，除了法律特别规定之外，所有持移民和非移民签证的外国人，都必须在每年的头 60 天到移民局进行年度报到。

④ "Chinese national remain top in annual reporting"，菲律宾移民局网站，http：//www. immigration. gov. ph/index. php/news/press-release/69 – march – 2014 – press-releases/497 – chinese-nationals-remain-top-in-annual-reporting。

⑤ "Koreans dominate foreign student admissions at Philippine universities"，菲律宾移民局网站，http：//www. immigration. gov. ph/index. php/news/press-release/83-may-2014 – press-releases/630-koreans-dominate-foreign-student-admissions-at-philippine-universities。

⑥ Kathlyndela Cruz， "Over 1-M foreigners are TNTs in Philippines"，*ABS-CBN news*，Sep. 26，2014，http：//www. abs-cbnnews. com/focus/09/26/14/over-1-m-foreigners-are-tnts-philippines.

者遣返。① 尽管如此，每年还是有很多中国公民在菲律宾非法滞留或者从事该国法律所不允许的各种活动。

非法滞留、非法经商、走私售假是中国新移民在菲律宾面临的主要问题，这些问题在2014 年不但没有解决，反而受中菲双边关系的影响，菲律宾政府加强了对华商和中国新移民的执法力度。2014 年全年，菲律宾政府突击检查中国移民的事件时有发生。继 2013 年12 月菲律宾移民局探员在中国城"一路发"等商场抓捕非法（逾期）居留外侨后，2014年 2 月 11 日，菲律宾移民局探员又在中国城的"999"商场抓捕 30 多名逾期居留的中国移民。此前两天，菲律宾海关局和国调局人员在墨拉兰商场（Baclaran）封锁华商仓库，取缔冒牌货和走私货。② 为了抗议移民局抓扣中国公民、更改办理常年报到规范，以及菲律宾海关当局加强对进口货品的扣押等一连串压迫行动，在墨拉兰 Divisoria、Quiapo 等主要新移民商场经商的中国店主，在 2 月 14 日发动联合罢市。③ 2014 年 3 月，菲律宾政府的相关机构在马尼拉市的 Divisoria 和 Quiapo 的购物中心、帕纳拉克市（Parañaque）的墨拉兰商场以及宿务和武端市（Butuan）抓获了 100 名左右在上述购物中心非法工作的中国移民和劳工。④

2014 年 8 月，菲律宾移民局启动一项的新的计划，要求那些根据 1995 年菲律宾共和国 7919 号法案（又称"The Alien Social Integration Act of 1995"）以及 8247 号修正法令获得该国永久居留权的外国侨民，重新办理登记并在护照上盖章。⑤ 在 1995 年根据 7919 号法案办理永久居留权时，一些申请者可能通过提交伪造文件而获得居留权，还有为数不少者持有假冒的 RA－7919 签证，因此提交多种文件以重新办理登记盖章，肯定会影响到为数不少的中国新移民，⑥ 为此还需菲律宾华人社团从中斡旋，为新移民争取有利的条件。

另据菲律宾华文媒体报道，在 2014 年 2 月与菲律宾华商联总会的聚会中，菲律宾众议员 Rodriguez 表示，他已向众议院提出议案，扩大 1995 年的第 7919 号提案，即以 7919 号法案为基础，特别提出第 3773 号议案，给予在 2013 年 6 月 30 日以前入境的逾期游客一个获特赦的机会。⑦ 如果该项议案能够通过，无疑有利于改善在菲中国新移民的处境。不过考虑到当前的政治环境，而且由于逾期游客很可能以中国移民为主，因此目前通过该项

---

① "Mison to illegal aliens：legalize your stay"，菲律宾移民局网站，http：//www. immigration. gov. ph/index. php/news/press-release/56-january-2014-press-releases/379-mison-to-illegal-aliens-legalize-your-stay。

② 在 36 名被捕者中，3 位菲籍华人在当天呈交手续后即刻被释，另 12 人在第二天呈交合法手续后获释，被拘留的 21 人中，8 人为申办退休手续但尚未申领工作证，13 人为逾期滞留者。参见《商总奉劝本地华人及华商遵照合法居留和经营手续》，（菲律宾）《菲律宾华报》，2014 年 2 月 12 日；《商总施文界理事长再呈函移民局长请求将受捕手续未整者移商总看管》，（菲律宾）《菲律宾华报》，2014 年 2 月 14 日。

③ 《多家商场小店主今起联合发动罢市 抗议连串抓扣中国公民等压迫行动》，（菲律宾）《菲律宾华报》，2014年 2 月 14 日。

④ "BI gets to tough on foreign TNTs"，菲律宾移民局网站，http：//www. immigration. gov. ph/index. php/news/press-release/69-march-2014-press-releases/498-bi-gets-tough-on-foreign-tnts。

⑤ 1995 年，菲律宾通过 7919 号法案，赋予那些能够证明在 1992 年 6 月 30 日以前在菲律宾境内非法定居的外国移民及其直系亲属以永久居留权。除了不能投票及拥有土地外，永久居留权持有者与菲律宾公民享有同样的权利。总共有 14 000 名外国非法移民依据 7919 号法案获得永久居留权，其中 58% 是中国移民。

⑥ "BI clarifies policy on blacklisting of foreign nationals"，菲律宾移民局网站，http：//www. immigration. gov. phlinel-ex. php/news/press-relaese/95-november-2014-press-releases/700-bi-clarifcs-policy-on-blackhistimg-of-foreipn-nationals。

⑦ 《商总配合众议员向众议院提出特赦逾期游客议案》，（菲律宾）《菲律宾华报》，2014 年 2 月 4 日。

议案存在较大的难度。

2. 中国劳工

中国劳工与中国新移民问题其实存在共同之处，因为菲律宾政府加强对外国人的管理，很自然也会加大对外国劳工的施法力度。对中国而言，主要的问题是非法劳工，或者说工作签证问题，以及少数中资企业在经营中破坏当地环境等急功近利的行为，这些问题一直未能得到很好的解决。不过，外国人在菲律宾非法工作实际上较为普遍，并不仅限于中国公民，在菲律宾移民局的多次突袭检查中，往往会发现一些来自其他国家的非法劳工。①

2014 年，有关中国劳工非法工作以及中国企业非法经营的报道仍不时见诸菲律宾各媒体。② 2014 年 2 月 8 日，在菲律宾的 Bicol，14 名中国工人因为非法开采黑沙而被捕，在此次行动之前，菲律宾警方在 Aparri 和 Cagayan 两地进行了类似的突袭，解散了三家由中国人经营的非法开采黑沙公司。③ 5 月，8 名中国人和 3 名菲律宾人因在巴牙典市非法采矿而被拘捕，被捕的中国人只持有游客签证。④ 2014 年 8 月，菲律宾移民局对马尼拉、奎松市和 Malabon 等地的建筑工地和零售市场进行连续三次突袭，共抓捕了 55 名涉嫌非法工作的中国公民。移民局发言人表示，匿名人士向移民局举报有外籍人士在建筑工地和零售商店里非法打工，搜捕的目的在于取缔菲律宾的黑工。⑤ 8 月 28 日，菲律宾移民局、国家调查局、劳工部等多个部门在菲律宾北部描东岸省（Batangas）几处电厂开展外国人签证身份核查行动，有两家中方施工单位被调查，大约 600 名外国劳工被抓扣，其中大部分是中国人。移民局首席律师在接受采访时说："我们的线民指证他们雇用手续不全的外国人已经很久了，而且菲律宾工人未受到善待，此外还有报告称存在人口走私问题。"⑥ 2014 年 11 月 18 日，移民局又在 Bulacan 发现了 11 名中国公民在一家金属预制厂工作而没有相应的签证。⑦

根据笔者在菲律宾了解的情况，一方面确实存在中国公民在菲律宾非法工作的问题，另一方面这一问题的出现与菲律宾苛刻的签证制度有关，即由于在当前环境下中国人申请工作签证的难度增加，一些中资企业在已为员工申请工作签证但签证尚未办妥的情况下，就让这些员工先行投入工作，结果正好被菲律宾方面抓住。

外国非法劳工的增加引起了菲律宾工会的不满，后者敦促菲律宾国会对此展开调查。

---

① "BI nabs 11 illegal Chinese workers"，菲律宾移民局网站，http：//www. immigration. gov. ph/index. php/news/press-release/89-august-2014-press-releases/670-55-foreigners-working-illegally-nabbed。

② "BI nabbed 659 aliens in 2013"，菲律宾移民局网站，http：//www. immigration. gov. ph/index. php/news/press-release/95-november-2014-press-releases/698-bi-nabs-11-illegal-chinese-workers。

③ Cecille Suerte Felipe，"14 Sinos held for black sand mining in"，*The Philippine Star*，Feb. 9，2014.

④ 《8 中国人被控非法采矿》，（菲律宾）《菲律宾商报》，2014 年 5 月 22 日。

⑤ "55 foreigners working illegally nabbed"，菲律宾移民局网站，http：//www. immigration. gov. ph/index. php/news/press-release/89-august-2014-press-releases/670-55-foreigners-working-illegally-nabbed。

⑥ 《移民局抓扣近 600 中国人》，（菲律宾）《世界日报》，2014 年 8 月 29 日。截至 8 月 30 日，被查扣的中方人员中，38 人手续齐备，立即解除关押，其余 43 人已被转送回描东岸省移民局继续处理。而且，尽管之前的报道为 600 人，但中国人其实只有 81 人。

⑦ "BI nabs 11 illegal Chinese workers"，菲律宾移民局网站，http：//www. immigration. gov. ph/index. php/news/press-release/95-november-2014-press-releases/698-bi-nabs-11-illegal-chinese-workers。

就在 2014 年 8 月初，50 多名外国劳工（其中 50 名是中国人）在南部城市达沃被抓后，菲律宾工会组织 TUCP（The Trade Union Congress of the Philippines）呼吁政府进行调查。该工会认为，外国非法劳工不仅危及了本地的建筑业、渔业、矿业以及其他产业，而且还影响了劳动力就业市场。①

3. 涉嫌违法活动

据菲律宾移民局 2014 年 1 月公布的数据，2013 年全年总共有 659 名外国罪犯和逃犯在菲律宾被捕，比前一年增加了 40%，他们涉嫌伪造、勒索、色情和经济诈骗等罪。在被抓捕的 80 名逃犯中，韩国人最多，有 34 名，中国人和美国人紧随其后，分别有 23 名和 19 名。② 到 2014 年第一季度，在被关押的 168 名外国人中，已经有 40 名被执行遣返，其中中国人 24 名，美国人 7 名，日本、韩国和印度人各 3 名。这 40 名被遣返的外国人中包括 9 名在其祖（籍）国被通缉的罪犯。③

另外，偶有关于中国公民涉嫌犯罪的报道，这些犯罪活动以电信诈骗和贩毒、制毒为主。如 2014 年 1 月，菲律宾警方在邦邦牙省（Pampanga）的洪奚礼示市（Angeles City）逮捕 20 余名诈骗嫌犯，其中有 12 人据信是中国台湾人，其余疑为中国大陆人士。初步调查显示，嫌犯以冒充司法人员、地方官员的手段，哄骗或恐吓受害人汇款或转账至指定账户，诈骗对象多在中国大陆。④ 7 月 9 日，菲律宾警方在菲律宾中部的怡朗市抓获 44 名华人电信诈骗犯罪嫌疑人，其中 42 人来自中国台湾，另 2 人来自中国大陆。8 月初，菲律宾国家调查局又在中国警方的协助下，在菲国北部的洪奚礼示市和圣费尔南多市（San Fernando）破获 1 个可疑电信诈骗集团，逮捕 42 名中国大陆籍及台湾籍嫌犯，其中 24 名是以游客身份来菲律宾的中国大陆公民，另 18 名为台湾籍。⑤ 9 月 12 日，菲律宾警方在邦邦牙省逮捕 4 名涉嫌制造毒品沙雾（shabu）的中国人。⑥

（四）社会治安

在社会治安方面，菲律宾警方 6 月 27 日公布的统计数据显示，2014 年 1—5 月，菲律宾全国犯罪案件数量较去年同期激增 17.86%。不过，菲律宾国家警察部队发言人表示，警方对犯罪案件统计准确度的提高以及人口数量增加等因素都可能是犯罪案件数量大幅增加的原因。具体而言，性质严重的谋杀等"指数犯罪"案件数量较去年同期均出现抬头之势，其中谋杀案件数量从去年同期的 296 件增加到 412 件；杀人案件数量从 386 件增至 400 件；人身伤害案件数量从 7 597 件增至 8 455 件；强奸案件数量从 369 件增至 450 件；

① Mayen Jaymalin, "Probe sought on surging number of foreign workers", *The Philippine Star*, Aug. 14, 2014; Lira Dalangin-Fernandez, "TUCP urges Congress to probe rising number of illegal foreign workers in PH", Aug. 13, 2014, http://www. interaksyon. com/article/93224/tucp-urges-congress-to-probe-rising-number-of-illegal-foreign-workers-in-ph。

② "BI nabbed 659 aliens in 2013", 菲律宾移民局网站，http://www. immigration. gov. ph/index. php/news/press-release/56-january-2014-press-releases/375-bi-nabbed-659-aliens-in-2013。

③ "BI strictly enforces Deportation Orders", 菲律宾移民局网站，http://www. immigration. gov. ph/index. php/news/press-release/83-may-2014-press-releases/621-bi-strictly-enforces-deportation-orders。

④ 《春节近　多名两岸诈嫌菲落网》，（菲律宾）《菲律宾华报》，2014 年 1 月 17 日。

⑤ 《菲中合作逮捕 42 电信名诈嫌》，（菲律宾）《世界日报》，2014 年 8 月 1 日。

⑥ 《菲警方没收 40 亿披索毒品　4 名华人毒贩落网》，（菲律宾）《菲律宾华报》，2014 年 9 月 13 日。

抢劫案件数量从 4 510 件增至 9 170 件；汽车盗窃案件数量从 985 件增至 1 278 件。①

菲律宾治安形势的恶化不可避免地波及国际游客。比如 2013 年，在菲律宾发生的针对韩国游客的犯罪案件已达 780 件，菲律宾因此成为韩国游客及外侨最危险的国家，② 而菲律宾华人和在菲律宾的中国公民也在所难免。根据菲律宾恢复和平与秩序运动组织（Movement for Restoration of Peace and Order，MRPO）在 2014 年 9 月提供的数据，在 2014 年前 9 个月，总共发生了 33 起绑架案件，共涉及 50 名被害者，其中 17 名是华人，③ 中国公民也成为菲律宾治安恶化的牺牲品。

5 月 22 日，一对中国籍母女在菲律宾南部巴西兰省的伊莎贝拉市被"阿布沙耶夫"极端组织成员绑架；9 月 8 日，在大马尼拉地区加洛干市，一名中国公民被两名警察绑架，后趁绑架者熟睡时幸运地得以逃生；9 月 11 日，一名中国公民在菲律宾南部三宝颜—锡布盖省遭身份不明的武装人员绑架；9 月 13 日，在菲律宾北部布拉干省的梅卡瓦延市，一名中国公民遭到枪击，后因伤重抢救无效去世。截止到 2014 年 9 月，根据中国方面的统计，至少有 4 名中国公民在意外中身亡，另外 14 人分别在绑架及谋杀事件中死亡。④ 10 月 2 日，在菲律宾北部省份卡加延省（Cagayan）首府株艺牙佬市连续发生两起枪杀案件，3 名华人遇害，其中 2 人可能拥有中国国籍。

鉴于菲律宾国内安全形势的恶化，以及中国公民频频沦为受害者，中国外交部、旅游局于 2014 年 9 月发出对菲律宾旅游警报，提醒中国公民谨慎赴菲律宾。

三、中菲关系与华侨华人

（一）中菲关系对华人的影响

2015 年 1 月，笔者带领课题组在马尼拉进行调研，考察菲律宾人对菲律宾华人的认知。调研共回收有效问卷 483 份，其中年龄在 15～25 岁的受访者占 92.7%，97.3% 的受访者为大学以上教育水平，88.7% 的受访者为学生。我们希望以此来考察中菲关系的紧张是否影响到菲律宾人对华人的认知，或者说在中菲政治关系冷淡的背景下，菲律宾人对于华人与中国的互动持何种态度。

---

① "PNP: Crime up by 17 percent", *GMA News*, Jun. 27, 2014, http：//www.gmanetwork.com/news/story/367656/news/nation/pnp-crime-up-by-17-percent.

② "Philippines is most dangerous country for Koran", *ABS-CBN news*, Sep. 12, 2014.

③ Francisco Tuyay, Joyce PangcoPanares, "Kidnapping on the rise", *Manila Standard Today*, Sep. 5, 2014.

④ 《今年已有 18 中国人在菲意外死亡》，（菲律宾）《菲律宾商报》，2014 年 9 月 21 日。

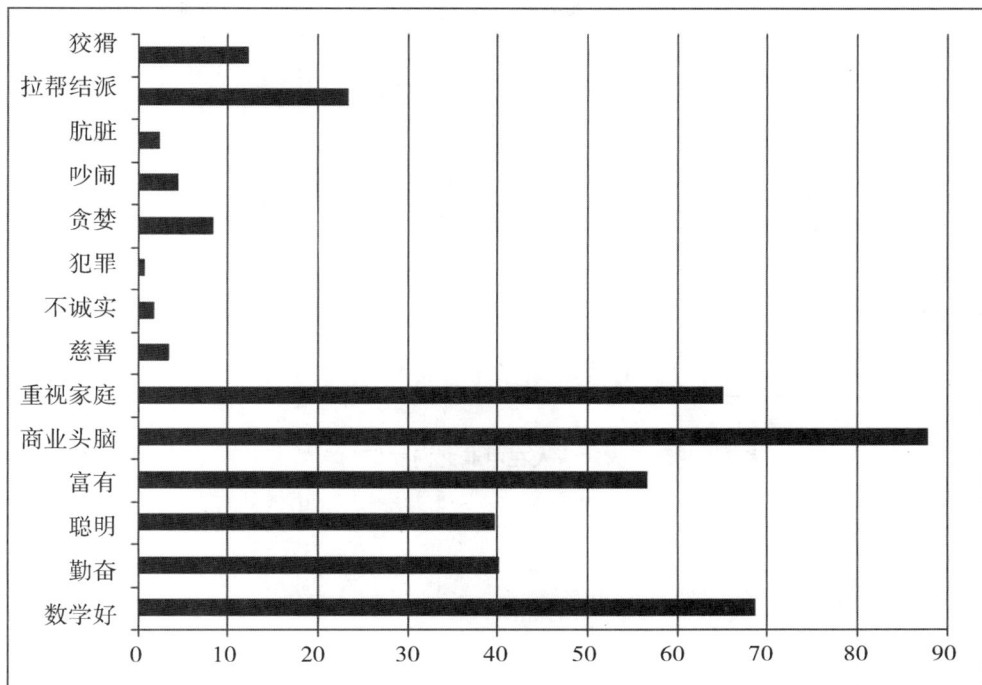

菲律宾人眼中的华人形象（%）

我们选取了正负各 7 个符号来考察菲律宾人眼中的华人形象，百分比越高，说明受访者越认可这一符号对华人的描述。如上图显示，除"慈善"这一符号外，菲律宾人对"重视家庭""商业头脑""富有""聪明""勤奋""数学好"6 个正面评价的分值都比较高，而对华人的负面评价，则普遍较低。这充分说明，华人在菲律宾人眼中的形象是积极正面的。[①] 此外，如表 6 所示，对于华人文化、生活方式以及华人企业和经济之于菲律宾的影响，菲律宾人也普遍持赞成的态度，菲律宾人也普遍认可华人在促进中菲关系中的角色。不过，对于"华人与中国的合作影响菲律宾的安全"这一命题，有 36.2% 的人持赞成态度。另外，如表 7 所示，当中国与菲律宾之间发生南海冲突时，认为华人会站在菲律宾一方的比例仅为 36.5%。由此可见，尽管华人已经在菲律宾社会中树立起积极正面的形象，但菲律宾人对华人的政治效忠仍然存在一定程度的怀疑。

---

① 这些正负形象符号的选择，我们参考了 Allen L. Tan，Grace E. De Vera 在 1969 年的研究，以便进行历史的比较。参见 Allen L. Tan，Grace E. De Vera，"Inter-ethnic images between Filipinos and Chinese in the Philippines"，*Asian Studies*，7：2（1969），pp. 125 – 133.

表6 菲律宾对华人与中国关系的认知（%）

	华人文化和生活方式有利于菲律宾	华人及其企业有利于菲律宾经济	华人对中国的投资和贸易有利于菲律宾	华人促进中菲关系的发展	华人与中国的合作影响菲律宾的安全
非常反对	4.8	7.5	8.5	7.9	8.5
比较反对	5.4	7.7	7.7	9.8	16.0
既不赞成也不反对	32.6	17.3	14.8	19.4	39.2
比较赞成	48.2	52.1	52.7	44.2	30.4
非常赞成	9.0	15.4	16.3	18.8	5.8

表7 菲律宾人对华人在中菲之间立场的判断（%）

	菲律宾	中国	不确定
足球赛	52.7	17.6	29.7
南海冲突	36.5	26.2	37.3

（二）中菲关系对中国的影响

在2013年的侨情评估中，笔者曾谈到中菲文化交流受到双边政治关系的影响，中国外派的华文教师包括孔子学院的教师在申办工作签证上受到菲方的刁难。尽管这一问题可能由于菲律宾华人的帮助而在某种程度上得以解决，[1] 但整体而言并没有得到有效的纾缓，而且中国企业也受到了一定的负面影响。如前所述，这种影响首先表现在中资企业员工的签证问题上，即菲律宾方面对中国公民的工作签证发放难度加大。

以中国国家电网公司为例。2014年1月初，中国国家核电力院与菲律宾国家电网公司在马尼拉签署战略合作协议。根据合作协议，双方将共同推动和服务菲律宾电网建设与发展，中国国家核电力院并将承担菲律宾国家电网位于马尼拉近郊的一座枢纽变电站的勘察设计工作。[2] 2014年2月，菲律宾能源部长赫里乔·佩蒂利亚表示，中国国家电网于2012年正式收购菲律宾国家电网公司，该收购是鉴于中国国家电网在输电技术以及中国国内电网的成功运营的经验上。收购后的菲律宾国家电网公司引入了先进技术和管理经验，运行情况还不错。[3] 但实际上，由于过去几年中菲关系的持续恶化，中国国家电网公司外派菲律宾的员工在工作签证的办理上一直不是非常顺畅。此外，一些中资公司在菲律宾的运行或多或少都受到了双边大环境的影响。比如在过去几年，菲律宾政府批准的一些大型基础设施项目招标中，中资企业已经逐渐被边缘化，而韩国和日本企业则渐渐成为主导。不过在民间层面，根据笔者在菲律宾的观察，并不存在排华情绪。

---

[1] 据笔者2015年1月在菲律宾的调研。

[2] 《中国核电力院与菲律宾国家电网签订战略协议》，（菲律宾）《菲律宾华报》，2014年1月8日。

[3] 《菲律宾能源部长佩蒂利亚：国家电网在菲运行还不错》，（菲律宾）《菲律宾华报》，2014年2月18日。

泰　国

　　在世界各国的华侨华人群体中，泰国华侨华人是一个比较特殊的群体，他们在居住国的社会地位较高，对居住国的认同感较强，与居住国其他族群的融合程度较深，彼此关系也更为和谐。2014 年，泰国华侨华人的各项事业继续稳定发展。与此同时，由于泰国国内政治形势的变化，泰国华侨华人也面临新的局面。而中泰两国政治、经济、文化等各方面关系在新形势下的维系与发展，为泰国华侨华人境遇的稳定和发展提供了良好的条件。但是，今后泰国国内政治局势的走势对中泰关系以及泰国华侨华人的影响，仍然是一个值得关注的问题。

一、泰国基本国情

表 1　泰国概况

国家全名	泰王国	地理位置	中南半岛中南部	领土面积	513 115 平方公里
首都	曼谷	官方语言	泰语	主要民族	泰族、老挝族、华族、马来族、高棉族
政体	君主立宪制	执政党/主要反对党	军政府	国家元首/政府首脑	普密蓬·阿杜德国王/巴育·占奥差总理
人口数量	6 768 万 (67 681 723)①	华侨华人人口数量	1 000 万	华侨华人占总人口比例	15%
GDP/人均 GDP	3 872.52 亿美元（2013 年）②/5 674 美元（2014 年）③	CPI	2%④	失业率	0.6%⑤

---

① http：//www. phb123. com/city/renkou/2457. html.

② http：//data. worldbank. org/indicator/NY. GDP. MKTP. CD.

③ http：//ranking. icccq. com/article/217309. html.

④ http：//th. mofcom. gov. cn/article/jmxw/201412/20141200816523. shtml.

⑤ http：//th. mofcom. gov. cn/article/jmxw/201501/20150100863975. shtml.

二、泰国基本侨情

（一）概况

由于地理位置的缘故，泰国成为中国人早期移民的主要目的国之一。早在 13 世纪末，中国商人已定居在暹罗湾沿岸的市场和港口。到 16 世纪初期，在大城已经形成华人区，而曼谷地区的华人移居区则在 17 世纪上半期开始逐渐形成。①

在 1767—1782 年的吞武里王朝时期出现了华人大规模移居泰国的第一个高潮。当时的国王郑信是华侨后裔。他在率军击败入侵缅军、恢复国家的独立和统一之后，大力鼓励从中国招入侨民，以帮助其在吞武里营建新都和恢复被破坏的国家经济。于是，支持华人来泰国经商创业成为吞武里王朝一项重要政策。当时泰国有华人约 23 万，约占总人口的 4.8%。② 曼谷王朝初期，中国人移民到泰国的热潮持续，华人人口迅速增加，使泰国的民族结构和社会经济发展都发生了重大变化。为了使华人能够在泰国的经济活动中充分发挥才能，华人享有自由择业并到各地经商的权利和赋税优惠。1882—1910 年的曼谷王朝拉玛五世时期实行大规模的社会改革，在促进了商品经济的新发展的同时，更是需要大批自由劳动力。由于国王及其大臣们希望扩大国家生产，华人来泰受到了史无前例的鼓励，③ 这一时期来到泰国的中国人数量从每年 1 万多增至 6 万多，形成了华人大规模移居泰国的第二次高潮。1891 年，拉玛五世还下令修建华人聚居的街区，赐名"耀华力路"，即今天俗称的曼谷"唐人街"。④ 此后，在 1918—1931 年的第一次世界大战后的景气时期和 1946—1949 年，由于泰国经济的繁荣和华南遭受自然灾害以及中国的内战，华人移居泰国的人数达到了历史上的最高水平。⑤

学界对目前泰国华侨华人总数的估计一直存在很大争议。据查尔斯·艾夫·凯斯估计，现在居住在泰国的华侨华人有 600 余万人（包括华侨 21 万余人），在泰国 6 000 余万人口中，约占 1/10。又据潮州会馆报道："一般估计，如果将有中国血统的华裔也算在内，那么在泰国的华人、华侨、华裔要占其人口的 20% 左右，约有 1 000 万。"⑥ 实际上，与东南亚其他国家相比，由于泰国华人的融入程度非常高，因此华裔人口的数量难以精确统计。

至于泰国华侨华人的来源，如果按方言区域来划分，移民泰国的华人主要分为潮州人、广府人、福建人、客家人和海南人。其中，潮州人来自潮安、潮阳、澄海、普宁、揭阳、饶平 6 个沿海和沿江河口地区的县；广府人，以广州人为主；福建人，以泉州人和漳州人居多；客家人，大多与来自其他地区的中国南方人混居；海南人，多为移居海南的福建人，主要来自海南岛东北的文昌和琼山两县。⑦ 潮州人是旅居泰国数量最大的华人群体，

---

① ［美］施坚雅著，许华等译：《泰国华人社会：历史的分析》，厦门：厦门大学出版社 2010 年版，第 1、4、26 页。

② 转引自陈健民：《泰国对华人的政策和战后华人社会的变化》，《华侨华人历史研究》1989 年第 4 期。

③ 转引自［美］施坚雅著，许华等译：《泰国华人社会：历史的分析》，厦门：厦门大学出版社 2010 年版，第 29 页。

④ http：//www. thaicc. org/culture/culture/417 – 2010 – 09 – 20 – 06 – 31 – 43. html.

⑤ 同注④。

⑥ 转引自吴群、李有江：《二战后泰国华侨华人社会的变化》，《云南师范大学学报》2004 年第 36 卷第 5 期。

⑦ http：//www. thaicc. org/culture/culture/417 – 2010 – 09 – 20 – 06 – 31 – 43. html.

在 20 世纪初约占泰国华人总数的 40%，其他如海南人占 18%，客家人占 16%，福建人占 16%，广府人占 9%。① 另据 1998 年一项资料统计，潮州人占泰国华人总数的 56%，客家人和海南人各占 12%，福建人和广东人各占 7%，来自其他地区的占 6%。潮州人在泰国占绝对多数，这是由于潮汕地区与泰国之间有着密切的商贸联系。据研究，从 19 世纪末至 20 世纪 30 年代，暹罗和中国之间商品贸易的 90% 以上都是通过汕头港进行的。②

中国人移居泰国历史久远，在长期民族融合的过程中也形成了自己的鲜明特色。事实上，华人融合于泰国社会经历了一个漫长的渐进演变过程，它既是一种自然的融合，又有当权者的倡导和制约，这和泰国历朝政府的对华关系及其华人政策密不可分。在中泰关系友好的大背景下，泰国政府对华人采取了比较温和的同化政策，并取得了巨大成功。早在 700 多年前的素可泰时代，中泰两国就建立起良好的外交关系，而民间的交往和友谊更是源远流长，形成了"中泰一家亲"的局面。泰国政府对已经入籍的华人采取"一视同仁，不加歧视"甚至特别优待和重用的政策。正因为如此，在东南亚诸国中，泰国华人自觉融入当地社会的程度最深，说明泰国政府对华侨华人政策之成功。只有当社会狭隘的民族主义情绪偶尔膨胀时，政府才会谨慎地对华人施加压力，使其在社会影响方面保持低调。③

正是政府的温和同化政策，使泰国华人对当地政治的参与程度相当高。在历史上，泰国华人很早就参与当地的政治活动。早在阿瑜陀耶王朝时期，泰国王室就给一些对泰国社会作出重要贡献的华人封官赐爵。虽然泰国也曾出现过短时期的排华现象，但政府不久便取消了对华人的政治歧视，使他们获得与泰人同样的选举权和被选举权。由于战后泰国政治体制的改革，政府官员和公务员主要通过普选、任命和公开招考的竞争方式进行征聘，所以一些受过高等教育和有才干的华人能够获得担任政府职务的机会。④ 随着归化泰籍、文化水平和政治意识的提高，泰国华人也很早就意识到参政的重要性。他们之中有不少人通过选举步入政坛，成为政府要人。由于他们早已深深地融入泰国社会，得到泰国其他各族群的认可，因此也不必避讳自己的华裔身份。例如，前任泰国总理英拉不仅承认自己的华人身份，下野后还曾于 2014 年 11 月初携带儿子陪伴其兄长、前政府总理他信，一同到祖籍所在地——广东省梅州市丰顺县寻根⑤。泰国学者 Vorasakdi Mahatdhanobol 教授认为，虽然泰国华人人口仅占总人口的 10% ~ 15%，但 70% 的泰国国会议席及 75% 的省议会席位是由华人、华裔所占据，⑥ 泰国华人参政程度之深，由此可见一斑。

此外，泰国历届政府对华人的经济政策也与其在政治上的同化政策相辅相成，为华人成功地深度融入泰国社会创造了有利条件。泰国政府认可华人在王国经济事务中所发挥的重要作用，因此大批富有朝气的华人企业家在泰国的银行、制造、贸易、进出口等各行各业中均有出色表现。一大批杰出的华人企业家在工业、金融、投资等部门担任领导职务。泰国经济的这一特色也使华人经济事实上与该国经济完全融为一体，不可分离，而且也没

---

① http：//www. pintour. com/info/notes/2077110.

② https：//www. academia. edu/1678843/The_ Chinese_ communities_ of_ Thailand_ Le_ dragon_ et_ le_ Kinaree_ les_ communautés_ chinoises_ de_ Thaïlande.

③ 王望波：《泰国华人政策及其影响》，《八桂侨史》1996 年第 1 期。

④ 陈健民：《泰国对华人的政策和战后华人社会的变化》，《华侨华人历史研究》1989 年第 4 期。

⑤ http：//news. xinhuanet. com/world/2014 – 11/01/c_ 127165101. htm.

⑥ https：//www. academia. edu/1678843/The_ Chinese_ communities_ of_ Thailand_ Le_ dragon_ et_ le_ Kinaree_ les_ communautés_ chinoises_ de_ Thaïlande.

有出现其他东南亚国家所谓的华人经济从外侨经济转变为民族经济的过程，从而真正成为泰国经济中富有活力的组成部分。也正因为如此，那些指称华侨华人控制泰国经济的说法是站不住脚的。诚如经济学博士李国卿所言："泰国经济如不能有现代化的发展，就不会有泰华经济之现代化，相反的，没有泰华经济之快速成长，也就不会有泰国经济的快速发展。"①

与此同时，到泰国经商居住的华人也带来了他们的思想、生活方式、艺术和知识，为曼谷等商业城市增添了活力与清新的色彩，也为泰国社会文化的发展作出了令人瞩目的贡献。正因为如此，泰国政府的融合政策取得了成效，华人与泰人的关系十分融洽。正如泰国前副总理、泰中友好协会会长功·塔帕朗西先生于 2014 年 9 月在中国成都举行的第九届中国—东盟民间友好大会上所说的："我相信，在这个世界上，没有一个国家能像泰国跟中国这样宛如一家了，'中泰一家亲'是两国关系的基石。"②

（二）社团

泰国的华人社团是旅泰华人以合法而有章可循的形式组织起来的，相当完善和发达，且数量众多。据不完全统计，仅首都曼谷就有 180 多个向政府注册的华人社团。③

泰国的早期华侨社团组织是以佛寺、神庙等形式出现的。它们的建立、组织与维持，一般都由侨胞中的宗族或同乡资助，除进行宗教祭祀活动外，还在旅居海外的同乡、宗族间起着联谊团结、宴集聚会、调解纠纷、互相帮助的作用，在很大程度上带有同乡会、宗亲会的职能和性质。例如，遍及泰国 72 府的水尾圣娘庙，至今仍是琼侨云集，弘扬海南乡土文化的场所。

后来，随着侨社的发展，泰国的华人社团也和世界各国的华社一样，逐渐分为依方言区（地缘）设立的会馆、姓氏（血缘）宗亲会、行业（业缘）协会和慈善机构四大类。泰国著名的九属会馆，即潮州会馆、客属总会、广肇会馆、海南会馆、福建会馆、江浙会馆、台湾会馆、云南会馆、广西会馆等，就是按方言成立的会馆。以姓氏宗亲为纽带组织起来的社团主要为成员提供相互联系的机会，建立彼此间的友谊，同时也提醒后代不要忘记家族的传承、中国传统文化以及与国内族人的亲情。目前，泰国有 60 多个宗亲总会，并打破了以往以单一姓氏分别结社的传统，成立起"泰华各姓宗亲总会联合会"，以共谋福祉。依照职业或行业组织起来的行业协会旨在为同一行业的企业提供信息、知识交流，制定统一的章程，以便与政府法规相协调，避免同行之间的过度竞争。泰国中华总商会创立于清宣统二年（1910），是泰国规模最大、历史悠久的华人行业协会，成为华人最重要的组织和代言人。泰国中华总商会创立伊始，就在当时暹罗华侨社会中担负起了一种其他任何华侨社团所不能替代的社会职能，拥有非常特殊的地位。商会宗旨虔诚，崇敬王室，遵守侨居地法律，其地位得到社会的承认与肯定。华人慈善机构则旨在为在泰华人提供救助，这种救助不分方言或姓氏，甚至覆盖泰国全社会。例如，成立于 1904 年的天华医院，就是由五大会馆的华商领袖联手共建，以帮助解决华人治病就医的问题。报德善堂于 1909

---

① 转引自王望波：《泰国华人政策及其影响》，《八桂侨史》1996 年第 1 期。

② http：//gb. cri. cn/42071/2014/09/22/6071s4701223. htm.

③ http：//blog. sina. com. cn/s/blog_dbbe504c0102v4cp. html.

年由 12 位华商捐款建立，至今仍在扶贫济困、救死扶伤等方面发挥着重要作用。在曼谷，凡有大型活动，均可见到报德善堂人员忙碌的身影。①

2014 年，泰国各类华人社团的活动保持发展态势。12 月 27 日，中华总商会举行了第 24 届理事会。据商会主席刘锦庭在开幕词中介绍，该会不仅在泰国华社中发挥了重要作用，而且以世界华商大会秘书处的名义，与新加坡中华总商会和香港中华总商会联合考察了将由印度尼西亚中华总商会承办的第十三届世界华商大会筹备进度；督导了由日本中华总商会承办的第三次世界华商大会顾问委员会会议；主持了第十四届世界华商大会的申办工作，还主持召开了三次世界华商大会召集人组织会议，从而切实发挥了团结世界华商的桥梁和纽带作用。②

此外，一些成立年代不太久远的华人社团也异军突起。例如，由泰国知名华商的接班子女于 2001 年发起创立的泰国青年企业家协会，在促进泰国和中国及其他国家青年企业家之间的联谊与合作，提高各行业青年企业家地位，鼓励青年企业家为国家、社会及世界公益事业作贡献等方面作出了显著的贡献。③ 2014 年 6 月，该协会获得在北京举行的第七届世界华侨华人社团联谊大会的褒扬，被授予"华社之光"的荣誉，以表彰其在回馈社会、促进融合、爱侨护侨、积极参政议政、维护权益、传承文化、保障侨胞安全等方面作出的突出贡献。④

（三）华文教育

据记载，泰国历史上的第一所民营华文学校诞生于阿瑜陀耶王朝时期的 1782 年⑤。华人会馆对早期华校的发展作出过卓著贡献，许多热心教育的华人也以私人名义在各处华人社区开设华校。虽然华文教育曾因泰国政府的政策而遭受过挫折，但随着中国经济的迅速发展，中泰之间的交往日益频繁，泰国官方于 1992 年宣布汉语在泰国学校拥有和英语、法语、德语、日语等外国语同等的地位，并准许从中国聘请拥有学士学位或师范学历的教师任教。此后，泰国的华文教育越来越受欢迎，汉语成为热门外语。20 世纪 90 年代末，华校已恢复至 150 所。泰国的汉语教学除小学、中学和大学教育外，还有许多民间的语言培训中心。尤其在曼谷，这些语言中心每日开课，既有日课班也有夜课班，而且学生颇众。此外，许多大学也向社区提供汉语教学服务。2005 年，正式注册的民办华校达 119 所，学生多的有千余人，少的有数十人。另据 2007 年泰国教育部的统计，全国 3 000 多所公立学校中，设有华文班的有 500 多所⑥。目前泰国的华文学校数量从小学、中学、商业学校到大学；从各种中文补习学校、师资进修班到师范学院，总数有 300 余所⑦。创立于 1997 年的泰国华文民校协会目前下属 120 多所华文学校，仅首都曼谷就有 20 余所。各学校的规模大小不一，规模最大的华文民校拥有学生 2 300 多名⑧。

---

① http：//www. thaicc. org/culture/culture/417 - 2010 - 09 - 20 - 06 - 31 - 43. html.

② http：//www. thaicc. org/culture/culture/417 - 2010 - 09 - 20 - 06 - 31 - 43. html.

③ http：//www. chinaqw. com/kong/2014/07 - 02/8613. shtml.

④ http：//www. chinaqw. com/kong/2014/06 - 09/5778. shtml.

⑤ http：//www. thaicc. org/culture/culture/417 - 2010 - 09 - 20 - 06 - 31 - 43. html.

⑥ 李屏：《泰国华文教育史研究综述》，《东南亚纵横》2012 年第 8 期，第 36 页。

⑦ http：//qwgzyj. gqb. gov. cn/hwjy/121/417. shtml.

⑧ http：//www. chinanews. com/hr/2014/12 - 12/6871670. shtml.

泰国华社的华文教育得到各界人士和社团的支持。除了首都曼谷以外，泰国其他地区华社的华文教育也得到不断发展。例如，2014 年 12 月，由泰南华文民校联谊会、国光中学孔子课堂主办的第四届"汉语桥—国光杯"泰国南部中小学生汉语学业大赛在合艾市国光中学举行。来自泰南 14 府的中小学、大中专院校、职业成人学院、语言培训中心和华侨华人社团等的 1 600 多名选手参与演讲、小品、朗诵、唱歌、书写、听写和诗词背诵等 7 个项目 4 个级别的预赛，对推动泰国内部地区的华文教育发挥了重要作用。[①] 随着中国经济实力、综合国力的持续增强，汉语教育在泰国的普及程度会越来越高。

（四）华文媒体

目前，泰国的华文报纸主要有《星暹日报》《亚洲日报》《新中原报》《京华中原联合日报》《中华日报》《世界日报》6 家，[②] 且都有 50 年以上的历史，这些传统华文报纸大都具有明显的本地及侨团特色，泰国各地新闻、华侨社团活动、宗教和慈善活动等内容占据主要版面。由于中泰关系的发展，这些报纸也都十分重视有关中国的报道，并开辟多个中国大陆及港台新闻的版面。尽管泰国的华文报纸受到新媒体的挑战，但大多数办得还是比较成功的，拥有一定的读者群，如《中华日报》至今在潮州人社团中依然受到广泛的欢迎[③]。

随着电子信息技术日新月异的发展，泰国的华人新媒体也在不断发展。

泰国的中文电视台是于 2005 年中泰建交 30 周年之际在中泰两国政府的直接支持下创办的，泰国的华侨华人在该台的运行和发展方面发挥着主要作用。2006 年，该台还倡导建立了"全球华语电视媒体联合会"，以形成全球华语电视的共同声音。2008 年改组后，泰国中文电视台通过"泰空 5 号"卫星的频道全天 24 小时播放，使可以接收到泰国中文电视台播出信号的国家超过 25 个。[④]

互联网也已成为泰国华侨华人交流信息的重要途径。不仅华文报刊纷纷建立各自的网站以方便读者阅读，而且还出现了许多专为泰国华人服务的中文网站，如"泰华网"（www. thaicn. com）、"泰国华人论坛"（www. taihuabbs. com）等。这些网站为泰国华侨华人网友们交流旅居泰国的经验、互通信息、探讨热点新闻等提供了园地，形成泰国华侨华人的网络社区，并为增强泰国华人之间、华人与中国大陆及港澳台地区之间、华人与当地社会不同族群之间、华人与当地主流社会之间进行更直接和迅速的信息交流提供了方便，更有利于泰国华人社会显示其包容性特征和开放的形象。

东盟一体化进程的推进，特别是东盟社会文化共同体的建设，为泰国各类华文媒体的发展开拓了更大的市场。例如，泰国东盟传媒有限公司创办《东盟经济时报》网络版和双语杂志《东盟商界》的定位就是面向东盟未来发展的大趋势。其中，《东盟商界》杂志最初投资约为 1 000 万泰铢，在新加坡、马来西亚都有发行，并计划未来在东盟各国设立记

---

① http：//www. thaicsa. org/index. php？ langtype = cn&pageid = cn_10&add = view&id = 176.

② http：//www. thaicc. org/culture/culture/417 - 2010 - 09 - 20 - 06 - 31 - 43. html.

③ https：//www. academia. edu/1678843/The_ Chinese _ communities _ of _ Thailand _ Le _ dragon _ et _ le _ Kinaree _ les _ communautés_chinoises_de_Thaïlande.

④ http：//www. nrct. go. th/th/Portals/0/data/2555/10/1stThai - Chinese_doc/Chinese - Presenters/Zheng% 20Wenbiao_ Chinese_. pdf.

者站。而双语杂志的创办发行，也有益于华文媒体的影响力冲出华人社团的小圈子，在泰国及东南亚各地产生更加广泛的影响。然而，面对新的机遇，泰国华文媒体也面临着新的挑战，其中最大的问题是人才缺乏。①

（五）华文文学

泰国的华文文学的发展曾经经历"三起二落"。首先蓬勃于 20 世纪 20 年代末至 30 年代末，当时的文学作品多以新诗为主，并出现 40 多个文学社、读书社、诗社。但在 30 年代末至 40 年代末受到打压。从 50 年代初至 60 年代中期，又出现一波高潮，不少华文报刊办起文艺副刊，出现了大批的优秀文学作品，短篇小说方面收获更为丰硕。60 年代后期，由于政局变化以及经费拮据等因素的制约，许多华文报刊停刊，影响了泰华文学的发展。80 年代中期，由于泰中关系的发展和华文教育的振兴，泰华文学出现了前所未有的繁荣景象。特别是进入 90 年代以后，泰国王室诗琳通公主热心宣扬中国文化，在泰国掀起"华语热"，也使泰华文学的发展迎来了又一个难得的机遇。随着为数颇众的中国文学工作者定居泰国，泰华文学的发展更是如虎添翼，大量文学刊物和有一定影响的作品问世，一批华文文学社团也应运而生。进入 21 世纪以后，泰华文学更加欣欣向荣，文坛新星不断涌现，特别是一大批女作家在泰华文学中占据着重要的地位②。

近年来，微小说、闪小说等一些新的文学体裁在泰华文坛崭露头角。2014 年 1 月，泰国华文作家协会主办的"2013 年闪小说征文有奖比赛"举行颁奖仪式，为从参赛的 244 篇闪小说中评选出的优秀作品颁奖。③ 同年 10 月，在马来西亚吉隆坡举行的第十届世界华文微型小说研讨会上，首届世界华文微型小说双年奖揭晓，泰华文学成绩斐然，有 7 篇作品获奖，泰国华文作家协会还荣获"优秀组织奖"，并将于 2016 年在曼谷主办第十一届世界华文微型小说研讨会。④ 与此同时，泰国留学中国大学校友总会文艺写作学会也通过举办文学讲座、出版文学作品集等多种方式，为促进泰华文学的发展作出贡献。2014 年 5 月，泰国留中总会派出由 20 人组成的代表团出席在厦门、泉州召开的第十届东南亚华文文学研讨会，就"东南亚华文新文学：创作与批评新探讨"主题开展交流。泰华代表介绍了泰国留中总会文艺写作学会成立 10 年来的历程以及泰华闪小说的创作情况，并就六行内小诗之诗体建构等问题进行了探讨，都受到好评。⑤ 11 月，该会举行换届选举，新任会长林太深表示将通过实际行动，创出成绩，使泰华文学的发展更上一层楼。⑥

在东盟一体化的背景下，泰华文学界也特别注重与东南亚其他国家华文学界的交流，经常举办和参与相关的活动。2014 年 12 月，泰国华文作家协会代表团前往印尼雅加达参

① http：//www. baidu. com/link？ url = ZNGFl3GErf7jjyohf5vVtUjMmbueXoe8B5AmJTnFM9K4FH7DfLpTwMbij4oyyEnCOiGervUwu9uPkuW8RG7v5ILOMDtKPkahfMtotXTv3xC.

② 吴佳怡：《泰国华文文学之回顾与展望》，http：//www. doc88. com/p－088677988500. html。

③ http：//www. thaisinoliterature. com/index. php？ option = com_ content&view = article&id = 96：2014－02－07－02－44－40&catid = 34：news&Itemid = 53.

④ http：//www. thaisinoliterature. com/index. php？ option = com_ content&view = article&id = 100：2014－11－07－08－48－31&catid = 34：news&Itemid = 53.

⑤ http://blog. sina. com. cn/s/blog_4bac6bc40101ky52. html.

⑥ http：//www. thaiwind. net/index. php？ option = com_content&view = article&id = 529：2014－12－16－06－56－08&catid = 2：panorama-on-thailand&Itemid = 48.

加第十四届东盟华文文艺营大会，就"多元交流 承传齐飞"的主题展开充分的探讨。泰华作家的论文《闪在湄南河黄河上空的星光》表达了泰华文学走出湄南河、走向更广阔的世界天空的强烈愿望，引起了与会者的共鸣。①

三、泰国国内形势与华侨华人

2014 年是泰国国内形势发生巨变的一年。自 2013 年 8 月开始，围绕当时执政党为泰党提出的特赦法案草案的反政府示威抗议活动规模不断扩大，进入 2014 年后更是愈演愈烈。虽然泰国社会各界都在不断试图寻找能够让泰国走出困局的方案，但对立的两个政治派别都坚持固守自己的立场，不愿作出丝毫让步，各种努力都未见成效，导致危机陷入僵持状态。政治动荡致使国家经济受损，并给社会秩序造成了冲击。爆炸枪击事件时有发生，造成近 30 人死亡和 700 多人受伤的严重后果。② 在这样的情况下，泰国军方于 5 月 20 日凌晨突然宣布全国戒严，组建"国家维持和平秩序委员会"，并在翌日组织相关政治力量和国家权力机关各方举行谈判，商讨出路，但各方仍旧坚持己见。面对僵局，时任陆军总司令的巴育在 22 日的第二轮谈判中宣布接管国家政权，扣押所有参会人员，并要求各部部长及国有企业负责人在 23 日上午前往陆军俱乐部报到。由于军方事实上已经为应对事变做了长期的规划和准备，而且民众也对无休止的对抗和混乱感到厌倦，因此在政变发生后 72 小时内，军方就全面接管了国家的一切事务，整个过程基本顺利，组织流畅，保持了社会平稳。

在 8 月 21 日举行的泰国国家立法议会上，巴育当选为泰国第 29 任总理，并得到国王的恩准。9 月 12 日，新总理巴育向国家立法议会阐述了其施政纲领，表示将根据临时宪法规定来管理好国家，恢复国家经济和实施全方位的改革，并努力增进社会团结。为此，将由国家立法议会、国家改革委员会、宪法起草委员会、内阁及国家维持和平秩序委员会来共同承担这些艰巨的任务。但巴育政府仍然面临着严峻的挑战：国内抗议政变的势力仍然强大，使戒严法难以在全国解除；由于受到全球经济放缓以及美国等西方国家对军政府制裁的影响，泰国经济增长缓慢；又由于政局的不稳定，一些原定的政治进程路线图也被迫改变，如原定于 2015 年底举行的大选将被推迟到 2016 年举行。

对于发生在身边的动荡，泰国华侨华人大多采取置身事外的态度，除了华裔的政界人士及其忠实的支持者以外，普通华侨华人参与其中者寥寥。然而，虽然泰国的政局动荡并未给华侨华人的生命财产带来威胁，但是经济上的影响却难以回避。正是由于示威活动持续不断，且示威者占领地点集中在曼谷旅游景点及商业闹市附近，泰国经济的重要部门——旅游业和商品零售业受到严重冲击，使本来就已经萎靡不振的泰国经济雪上加霜。因此，主要从事经贸和旅游等经济活动的华侨华人一直期盼泰国的政治形势早日明朗化，尽快恢复稳定的社会秩序。因此，泰国的华侨华人对泰国军人政变的态度大都比较"淡然"。他们认为，军方控制了长期持续的混乱局面，恢复了社会秩序，为他们的正常经济

---

① http://www.thaisinoliterature.com/index.php? option = com_content&view = article&id = 43：051214&catid = 34：news&Itemid = 53.

② http://news.xinhuanet.com/2014 - 06/05/c_1111002041.htm.

活动提供了保障。但是，泰国民众在这场政治动荡中由于各人都有不同的观点而导致社会撕裂的现象日趋严重，华侨华人对这一现状可能产生的影响感到忧心忡忡。因此希望军方执政期间能够尽快解决问题，恢复泰国经济，加强民众间的团结，使社会各方面都得以发展，"让泰国再变成跟以前一样和平的国家"①。

由于华商和军界都希望能够恢复社会秩序，发展泰国经济，因此双方之间也保持着正常而良好的互动。例如，2014年9月泰国华人投资商会在曼谷成立，泰国、老挝、中国的商界人士和泰国军方代表都参加了成立大会。② 2014年11月，泰国前副总理、泰国前陆军总司令颂提·汶雅叻格林上将访问泰国华人青年商会，受到青商会会长、副会长及总干事等的热烈欢迎。③

但是，一些华裔知识分子对政变后军方对媒体甚至社交网络进行严格管控的做法感到担忧，认为电视上的信息由军队控制，军政府所说所做的算是唯一的真实，而人民所看到的信息是军政府想让他们看到的，从而剥夺了思想的多元性，并使人们以前拥有的基本权利减少了很多。④ 在经济方面，一些学者也认为，军政府建立以来，社会秩序恢复了稳定，华人中小企业的生意比较好做了。但是，曼谷、清迈等地的一些规模较大、与国外业务关系比较密切的企业，则由于合作伙伴对泰国国内政治局势的未来发展缺乏信心而难以获得外来投资，从而受到一定的影响。总体来说，华人普遍希望能够在维持社会稳定的情况下尽早实现国家政治的正常化和社会的持久稳定，以利于泰国的长期发展。

四、中泰关系与华侨华人

（一）中泰关系的维系与稳定发展有利于泰华社会

中泰自古就是友好邻邦，两国地缘相近、文化相通，有着逾千年的友好交往史和深入两国民心的传统友谊。1975年7月1日中泰建交后，两国关系保持健康稳定发展，成为中国同周边国家中最亲密的双边关系之一。中泰两国在多领域和多层次的友好合作关系不断扩大，持续发展，成为不同社会制度的国家和睦相处与互利合作的典范。2013年中泰关系全面提升，为泰国华侨华人在当地的生活和经济活动提供了更为厚实与广阔的基础。

2014年，尽管泰国国内政治形势发生了重大变化，但并未对中泰两国关系造成重大冲击。两国高层领导人之间仍然保持着密切往来，在多个场合进行了会面，促进了双方之间的互信与合作。11月9日，中国国务院总理李克强与来华出席第二十二届亚太经合组织领导人会议的泰国总理巴育举行会谈。李克强指出，中泰关系一直在全面发展和深化，可以将中泰关系称为"深厚的友谊""亲上加亲"。中方表示理解泰国的政治情况，对泰国政府和人民予以支持，并希望通过在2015年中泰建交40周年之际举行各种活动，以庆祝两国的友好关系。巴育总理对此表示感谢，并强调泰方将继续在各领域推进泰中关系的坚定立场。双方还在推动中泰以及周边区域互联互通的交通建设、农产品的贸易投资合作以及

---

① http：//www.apdnews.com/asia/seasia/2014/0603/41438.shtml.

② http：//www.aseanecon.com/？action-viewnews-itemid－166370.

③ http：//www.tycc.org/index.php？langtype＝cn&pageid＝cn_10&add＝view&id＝1181.

④ http：//www.apdnews.com/asia/seasia/2014/0603/41438.shtml.

两国人文的交流合作方面达成共识。① 12 月 4 日，泰国国家立法议会批准了《中泰铁路合作谅解备忘录》草案。② 12 月 19 日，中国国务院总理李克强到曼谷出席大湄公河次区域经济合作领导人第五次会议，再次会见泰国总理巴育，其间，中泰双方签署了《中泰铁路合作谅解备忘录》和《中泰农产品贸易合作谅解备忘录》。李克强总理希望双方抓紧开展中泰铁路项目前期相关工作，为项目尽早开工建设奠定良好基础。巴育则表示，泰方愿与中方和其他有关各方一道努力，推动区域合作取得更多成果。③ 此后不久，巴育总理又对中国进行了正式访问。中国国家主席习近平于 12 月 23 日在会见巴育总理时指出，中方将继续尊重和支持泰国为实现政治稳定、经济发展、民生改善所作的努力；对两国合作又取得新成绩，特别是铁路合作取得重大突破感到欣慰，并指出两国领导人经常互访和见面，是"中泰一家亲"的生动体现。习近平希望双方要切实推进铁路、农业等领域合作，在中国与东盟关系中继续发挥引领和示范作用，带动区域互联互通。他表示中国愿意同泰方一道，深化亚洲各国互利合作，携手建设更为紧密的中国—东盟命运共同体。巴育表示，泰国正致力于改革和发展，希望借鉴中国的成功经验，发展更为紧密的泰中关系。他指出，泰中双方就铁路合作达成协议，这是中方送给泰国人民最好的新年礼物；泰方愿意积极参与中方关于共建"21 世纪海上丝绸之路"的倡议，深化铁路、通信、旅游等领域合作，促进区域互联互通，朝着建立亚太自由贸易区的目标迈进。④ 中泰两国最高层的领导人在短短两个月内多次会面，这在两国关系史中颇为罕见，充分说明双方对两国关系的高度重视，特别是对开展双边的密切务实合作充满信心。

中泰两国关系在泰国政局于 2014 年出现重大变化的情况下继续得以维系和发展，并且取得多项重大的具体成果，对泰国华人社会的稳定和经济的持续发展也产生了积极而深刻的影响。华侨华人作为中泰经济交往的主体，中泰两国保持持久稳定的国家关系，必然会使当地华侨华人能够直接从双边经济合作中受益。近年来，中泰经济合作处在大发展的重要时期，其主要指标就是中国对泰国投资的急速增加，而高速增长的中国投资势必将给泰国华侨华人带来更多的创业和发展机会。

2014 年，中国开始大力推进建设"丝绸之路经济带"和"21 世纪海上丝绸之路"的战略构想，泰国作为 2012—2015 年东盟—中国对话关系联络国，高度重视加强东盟与中国在各个层面，尤其是经济层面的关系，因此对参与"一带一路"的热情很高。泰国是中国与东盟互联互通的枢纽，根据规划，拟议中的泛亚铁路建设工程东南亚方向的三种方案都需要经过泰国，使泰国成为"一带一路"，特别是"21 世纪海上丝绸之路"上的重要枢纽。中国将参建的纵贯泰国南北的两段复线铁路，即总长度为 734 公里的廊开府经沙拉武里府至罗勇府线，以及总长度为 133 公里的沙拉武里府至曼谷线，都将构成"一带一路"规划中的重要环节。中国参建泰国的这两段铁路工程预计总投资为 3 500 亿泰铢至 4 000 亿泰铢，约合 710 亿元至 820 亿人民币，⑤ 这将是泰国最大规模的基础设施建设项目之一。2014 年，泰国政府与中国政府签署了这两条铁路建设计划的备忘录，如果这两条铁路的合

---

① http：//www. thaigov. go. th/th/apec-th/item/87446 – id87446. html.

② http：//gb. cri. cn/42071/2014/12/19/5931s4810600. htm.

③ http：//news. sina. com. cn/c/2014 – 12 – 20/023931306773. shtml.

④ http://news. xinhuanet. com/world/2014 – 12/23/c_1113751588. htm.

⑤ http：//gb. cri. cn/42071/2014a/12/19/5931s4810600. htm.

同最终能够由中国获得并实施，那么大批当地的华侨华人企业不仅能够从参与铁路建设及其附属工程中获益，而且更能够从由这两条铁路带来的辐射效益中得到长远的发展机会。正因为如此，泰国华侨华人对"一带一路"规划满怀憧憬。泰国中华总商会主席刘锦庭在2014年年底时说："中国国家主席习近平阁下提出了构建'21世纪海上丝绸之路'的著名倡议，在今年的中国政府工作报告中，又正式确定要抓紧实施。东盟经济共同体也将于明年建成。泰国是东盟的重要成员，拥有独特的区位及资源优势，是中国企业走出去的首选目的地。在这样的大好形势下，大家要适时把握机遇，积极拓展商机，共创双赢局面。"① 同时，结合"一带一路"项目和2015年建成东盟经济共同体的目标，泰国华人青年商会在2014年已经启动建设中国商品基地——"东盟城"项目。该会在曼谷素万纳普国际机场附近买下了4 000多亩土地，准备建设拥有学校、酒店、会展中心、服装城等的大型建筑综合体，以便让中国的商品借助泰国的中心位置向东盟辐射，同时也为泰国吸引中国投资、繁荣贸易建立新的平台。②

（二）泰国华侨华人与祖（籍）国各方面的联系进一步加强

中泰关系的全面发展和加强，也在一定程度上拉近了当地华侨华人与祖（籍）国——中国的距离。2013年李克强总理首次访泰就参加华社活动，让泰国侨界感到欢欣鼓舞，认为此举彰显中国政府对华侨华人的高度重视。③ 正是在这样的政策背景下，泰华各界长期以来得以团结和谐，在全力建设泰国的同时，密切关注并积极参与祖（籍）国的建设事业，为深化泰中友谊和合作交流、弘扬中华文化、促进中国和平统一等作出了重要贡献。

许多泰国侨团和侨商继承了祖辈的优良传统，力图在创造出更好的业绩同时，努力回报祖籍地的父老乡亲。例如，泰国华人青年商会会长李桂雄就曾在祖籍地潮阳表示，海外华侨非常关心家乡的经济建设。泰国华人青年商会还联合新加坡华侨银行、香港康宏金融投资集团组团到家乡投资合作项目，在当地推出"反哺工程"，激发海内外乡贤的爱心，募集善款，用于改善当地民生。④ 2014年6月，泰国华人青年商会与汕头市潮阳区人民政府签署合作开发"练江新城项目"的战略框架协议。为了推动中泰两国的经贸合作，商会还牵线搭桥，促成了泰国正大集团与广东湛江的"新农村"农业合作项目。⑤

2014年，泰国华侨华人与祖（籍）国——中国在文化、教育等领域的交流与合作也不断增强。为了便于和祖（籍）国人民联系，泰国华人，尤其是华裔子弟学习汉语的人数也越来越多。他们通过参加由中国教育部设立的国家汉语水平考试委员会全权领导的汉语水平考试（HSK）来验证自己的学习成果，并获得相应的汉语水平证书。仅以2014年泰国东方大学孔子学院考点为例，2014年度参加各项汉语水平考试的人数就达2 395人，年增长率为40.8%，⑥ 而据统计，参加HSK的考生绝大多数为华人和华裔。为了提高汉语教

---

① http：//www. thaicc. org/activities/information/1046 – 2014 – 12 – 29 – 06 – 55 – 02. html.

② http：//world. cankaoxiaoxi. com/2014/0207/343839. shtml.

③ 《中泰友好里程碑 同圆共享中国梦》，http：//world. huanqiu. com/regions/2013 – 11/4521233. html，2013年11月2日。

④ http：//www. chinanews. com/hr/2014/06 – 04/6244653. shtml.

⑤ http：//world. cankaoxiaoxi. com/2014/0207/343839. shtml.

⑥ http：//www. chinaqw. com/hwjy/2014/12 – 09/29180. shtml.

学水平，多由华裔组成的泰国汉语教师队伍积极参加由中国教育部门举办的各类师资培训活动。例如 2014 年 10 月，就有上百名泰国的汉语教师参加了由中国国务院侨办主办、地区侨办及广西华侨学校、暨南大学等学校承办的"2014 年'华文教育·教师研习'泰国班"的培训，在通过严格的课程培训及测试后顺利结业，获得"华文教师证书"。①

同时，泰国的侨团也积极参与华社与祖（籍）国的文化教育交流活动。如泰国华人青年商会就曾在 2014 年组织了 4 个夏令营，让华人青少年回中国认祖寻根，了解祖籍地的风俗和文化；推荐 50 多名学生到中国留学；在已经与中国 4 个省市的数所大学建立合作关系的基础上，又促成了曼谷宣苏南他皇家大学与北京对外经济贸易大学的友好关系，并正在大力促进中国的大学到泰国办分校。② 2014 年是中国—东盟文化交流年，泰国侨界也积极参与，如组织中国的民乐团到泰国演出，举办中国书画艺术交流展等，不仅加强了侨界和华人华裔与祖籍国的文化交流，同时也让更多的泰国人民了解中国的文化艺术。

由于泰国华侨华人与中国关系的日益密切，也出现了一些值得关注的现象和深思的问题。

首先，由于泰国政府和人民对外来人口的宽容态度，加之泰国的气候与生活条件等多方面因素的影响，近年来以结婚、从业等各种方式在泰国长期生活的中国人数量大增，其中有的已经成为实际上的新移民，有的则经常往来于中泰两国之间，被称为"候鸟式"移民。例如，由于双方教育交流的不断加强，加之泰国学校费用相对低廉等因素，泰国已经成为东南亚各国中吸引中国留学生最多的国家。据泰国博仁大学人士介绍，该校办起了专门招收中国学生的学院，提供本科、硕士和博士等多种层次的教育，在 2014 年已经拥有中国学生约 1 500 人，加上来自中国的任教老师和管理人员，已经形成了泰国高校中最大的中国人社区。③ 泰国的其他高校及各类国际学校也在纷纷吸引中国留学生前去就读。在泰国的中国留学生中，有不少人表示，如果能够找到合适的工作或生活条件，他们将争取在泰国长期居留。泰国华侨华人成分构成的变化、新老华侨华人之间的关系及其影响等，将成为一些新的研究课题。

其次，由于泰国华人与中国的关系日趋密切，出现了许多华商与中国做生意、大批华人子弟到中国的学校就读、泰国华人华裔学习汉语的热情不断提高等现象，因此在西方的泰国华侨华人研究者中出现了对有关泰国华人"再中国化"，或称"再华化"问题的研究。如何正确、客观地看待泰国华侨华人与祖（籍）国的关系，特别是深入探讨其身份认同在新形势下是否有变化及其可能产生的后果等问题，也应引起中国华侨华人研究界的重视。

---

① http：//www. hwjyw. com/info/content/2014/10/11/30867. shtml.
② http：//world. cankaoxiaoxi. com/2014/0207/343839. shtml.
③ 该校在 2015 年 1 月举行的招生推介会上的介绍。

缅 甸

　　从华侨华人的角度，更准确地讲，从对在缅甸工作和生活的中国公民影响的角度，梳理和分析 2014 年缅甸的主要事件，择其要者，主要有以下几个方面：一是缅甸中央政府对原木出口的禁止，以及为此而展开的对所谓的非法盗采盗伐活动的打击，这一举动致使几百名中国伐木工人和运输工人被缅甸政府逮捕。二是缅甸进行的人口普查，这一次人口普查的最终数据虽然还没有公布，但初步公布的数据还是有利于我们认识华侨华人在缅甸人口中的相对位置。三是莱比塘铜矿事件（Letpadaung Copper）的最新进展。在 2014 年年底，以中国万宝公司为主开发的莱比塘铜矿项目在围挡扩建施工过程中，负责维持秩序的缅甸警察和当地的居民发生冲突，导致一名当地妇女死亡，20 名相关人员受伤。这一事件发生后，相关各方进行了信息公开的做法，很快让事件得以平息。这一事件告诉我们，正确地处理突发事件，将有利于树立良好的中国企业形象。

一、缅甸基本国情

表 1　缅甸概况

国家全名	缅甸联邦共和国（Republic of the U-nion of Myanmar）	地理位置	地处中南半岛西部，位于东经 92°10′—101°11′，北纬 9°32′—28°31′之间	领土面积	677 000 平方公里①
首都	内比都（Nay Pyi Taw）	官方语言	缅甸语	主要民族	缅族、克伦族、掸族、克钦族、钦族、克耶族、孟族和若开族等，缅族约占总人口的 65%
政体	总统制（根据缅甸 2008 年宪法第 16 条，总统既是国家元首也是政府首脑）	执政党/主要反对党	巩固与发展党（The Union Solidarity and Development Party）/全国民主联盟（National League for Democracy）	现任总统/总理	登盛（Thein Sein）

---

　　① 关于缅甸的领土面积，有不同的说法，这里采用的是缅甸外交部官方网站提供的数字，http://www. mofa. gov. mm/？ page_id=12,2013 年 12 月 19 日。

（续上表）

人口数量	约 5 141.9 万（2014 年）	华侨华人人口数量	约 250 万	华侨华人占总人口比例	4.86%①
GDP/人均 GDP	564 亿美元/1 097 美元②	CPI	5.8%③	失业率	没有相关数字

二、一百多名中国伐木劳工被捕，警示经济风险

2014 年 1 月 13 日，缅甸政府宣布从 2014 年 4 月 1 日起，缅甸将禁止原木出口。经仰光港装船出口原木的截止时间为 2014 年 3 月 31 日凌晨 24 时，从 4 月 1 日开始将正式停止原木出口，只允许出口木制品。④ 为此，3 月 8 日，缅甸副总统吴年吞责成执法机构严厉打击违法开采自然资源和违反环保规定的企业和个人。他表示，目前违规使用大型机械采矿的行为屡见不鲜，部分沿河道采矿者和石油开采者也存在违法行为。他要求相关部委和地方政府审核修订现有环保法律法规并严格执法，尽可能降低自然资源开发对环境的影响。⑤

缅甸中央政府的这一举措可以从以下几个方面进行解读：一是保护和鼓励自己的木材加工制造业；二是加强中央政府对森林资源的控制。缅甸的林业资源主要分布在缅甸国境的四周，这些地区往往被少数民族武装所控制。对盗采盗伐资源活动进行严厉打击，一方面可以以保护环境为名，加强中央政府对相关自然资源的控制，另一方面可以名正言顺地对少数民族武装进行打击，削弱他们控制资源的能力，可谓一举多得。但从中国劳工的角度进行分析，这一行动的直接影响就是导致了一百名中国劳工被缅甸政府逮捕。

2015 年 1 月初，缅甸政府军在北部少数民族武装控制的克钦邦境内采取"闪电行动"，行动从 1 月 2 日持续到 1 月 6 日，共逮捕 122 人，其中缅籍人员 20 名，外籍人员 102 名。这次抓捕行动还查扣约 470 辆各类车辆，其中包括 447 辆运木材的卡车、4 辆起重机运载车、4 辆帕杰罗越野车、4 辆北京吉普等。⑥ 缅甸军方在披露这一消息时没有点出这些"外国人"的国籍，但"据信其中大多数是中国公民"。关于这一事件我们关注的焦

---

① 华侨华人所占的比例由笔者用华侨华人的人数除以 2014 年缅甸的人口数计算得来。

② 缅甸的财政年度从当年的 4 月 1 日到次年的 3 月 31 日。这里引用的 GDP 数字是中国外交部网站提供的缅甸 2013—2014 财政年度的统计数字。人均 GDP 是笔者以 564 亿美元除以 2014 年的人口数计算出来的。

③ 中国外交部网站，http://www.fmprc.gov.cn/mfa_chn/gjhdq_603914/gj_603916/yz_603918/1206_604498/。

④ 《缅甸宣布自 2014 年 4 月 1 日起禁止原木出口》，中国商务部网站，http://www.mofcom.gov.cn/article/date/zwshanghui/201401/20140100463608.shtml。

⑤ 《缅甸拟重点打击非法采矿行为》，环球网，http://china.huanqiu.com/News/mofcom/2014 – 03/4896396.html。

⑥ 《缅甸政府打击"非法伐木"抓上百中国伐木者》，环球网，http://world.huanqiu.com/exclusive/2015 – 01/5367714.html。

点有以下几个：一是这些工人的采伐活动是否合法；二是中国政府如何救援，如何避免此类事件的再次发生；三是缅甸政府如何处置这些人。

中国工人的采伐活动是否合法？这个问题的答案并不简单。如果单单依据缅甸中央政府的禁令，中国工人的采伐活动显然是违法的。但如果从具体的管理主体的允许来看，则又有一定的合法性。这些采伐活动是得到克钦邦、掸邦地区自治政府的许可的，是与这些自治政府签了采伐合同的，"中国商人和工人带着合同过去伐木，从法律角度看，克钦邦是缅甸一个合法的邦，与当地签订合同应该合法，但缅甸中央政府不承认这种合同，中国公司不一定搞清楚那么多。这就使得事情变得复杂起来"①。这一次的中国工人被捕事件告诉我们：在进行具体的经济活动时，必须搞清楚缅甸中央政府的相关规定，否则就可能冒巨大的财产损失风险。

在中国工人被捕之后，中国驻缅甸使领馆迅速采取了行动。根据报道，我们大致可以得出中国使领馆在这类事件中对中国公民保护的一般程序：一是了解大致情况。缅甸相关媒体在1月6日的报道中，虽然提及有100多名劳工被捕，但并没有提及被捕劳工的国籍。使领馆要求予以保护，必须搞清楚被捕劳工的国籍。对此事，1月7日，中国外交部发言人洪磊表示，中国驻缅使领馆正在核实了解情况，并将会同缅方妥善处理此事，维护好中缅边境地区的正常秩序。二是向相关政府部门提出交涉申请。在经过初步了解，得知被捕劳工是中国公民之后，中国大使馆向克钦邦政府提出了交涉申请。三是了解具体情况，明确具体问题。通过与当地政府和侨领的接触以及对来自相关求助人员函电的甄别，中国大使馆了解到一些具体的情况，如被捕中国劳工的具体人数，对一些不实的信息予以澄清。1月19日，中国大使馆通过权威媒体发布信息：经过确认，以前一些媒体报道的数百名中国伐木工人、玉石商和金矿业主被困战区等消息不实。② 四是探望被关押的中国公民。1月20日，中国使领馆领事保护联合工作组赴密支那监狱和歪莫镇（Waingmaw）警察局看守所探视被关押的100多名中国公民，为他们提供有关领事保护服务。③ 五是通过微博及时通报援救的进展情况。通过以上的归纳可以看出使领馆在援救过程中的具体作用是：了解情况，弄清问题；看望被关押的犯罪嫌疑人；敦促当地政府依法解决，保护嫌疑人的合法权利；与当事人沟通，抚慰当事人的情绪。

为了避免此类事件再次发生，中缅两国林业环保部门合作的"中缅林业治理项目"于1月14日正式启动，为此，中缅两国的专家在缅甸首都内比都召开了中缅森林治理与木材合法性体系研讨会，该会议探讨中缅林业合作的机遇，推动两国达成一定的木材合法性互认机制，更好地规范双边木材贸易。④

缅甸政府将如何处置这些被抓的中国工人？按照以往的惯例，缅甸政府将可能以非法入境罪和破坏国有森林罪提起诉讼，判处有期徒刑，在案件审理期间，犯罪嫌疑人亲属或

---

① 《缅甸政府打击"非法伐木"抓上百中国伐木者》，环球网，http://world.huanqiu.com/exclusive/2015-01/5367714.html。

② 《中国驻缅甸使领馆：数百中国公民被困消息不实》，环球网，http://mil.huanqiu.com/china/2015-01/5446363.html。

③ 《中国使馆人员探望被缅甸扣押的中国公民》，环球网，http://world.huanqiu.com/hot/2015-01/5473161.html。

④ 《中缅森林治理与木材合法性体系研讨会在内比都召开》，云南省商务厅商务信息，http://www.bofcom.gov.cn/bofcom/4334736932224436864/20150127/384600.html。

其代理人不能与之会见。

三、人口普查让我们更清楚华侨华人的人口状况

缅甸自 1983 年以后，就没有再进行过人口普查，全国的人口有多少、少数民族的人口是多少，都只能进行大致的估算。2014 年，缅甸进行了人口普查，使我们对缅甸的总人口、华侨华人在缅甸人口中的比重、华侨华人在各地的分布都可以有一个相对准确的数据。

2014 年 3 月 30 日至 4 月 10 日，缅甸进行了 30 多年以来的第一次人口普查。这次人口普查的全称是"缅甸人口与住房普查"（Population and House Census）。这次人口普查由缅甸移民与人口部负责实施，具体从事人口普查的是缅甸受过专门培训的 100 000 多名中学老师。普查的形式是普查员在逐家走访的基础上填写调查表格，表格用缅语印制。虽然这次人口普查涉及的技术问题很多，但这里主要从政治学的角度解读这次人口普查，分析其可能具有的政治含义，特别是对华侨华人的政治影响。

具体说来，可以从以下两个方面理解这次人口普查的政治含义：

第一，为 2015 年的缅甸选举提供最基础的数据。2015 年缅甸将举行议会和总统选举。通过人口普查，可以为缅甸 2015 年的选举提供最基本的数据：谁将有选举权、选民的性别与年龄如何、财产和宗教情况如何、主要分布地区等。这将是一个政党制定选举策略的重要基础数据。根据安排，2014 年 8 月 30 日，缅甸中央政府人口普查委员会公布了人口普查的初步数据，具体见表 2：

表 2　2014 年缅甸人口普查初步数据

省/邦名字	男子总数	女子总数	人口总数	人口总数在全国所占百分比
仰光省	3 517 486	3 837 589	7 355 075	14.3%
伊洛瓦底省	3 010 195	3 164 928	6 175 123	12.01%
曼德勒省	2 919 725	3 225 863	6 145 588	11.95%
掸邦	2 908 259	2 907 125	5 815 384	11.31%
实皆省	2 518 155	2 802 144	5 320 299	10.35%
勃固省	2 324 214	2 539 241	4 863 455	9.46%
马奎省	1 814 993	2 097 718	3 912 711	7.61%
若开邦	1 529 606	1 659 357	3 188 963	6.2 %
孟邦	986 454	1 063 828	2 050 282	3.99%
克钦邦	877 664	811 990	1 689 654	3.29%
克伦邦	775 375	797 282	1 572 657	3.06%
德林达依省	700 403	706 031	1 406 434	2.74%
内比都	565 181	593 186	1 158 367	2.25%
钦邦	230 005	248 685	478 690	0.93%

（续上表）

省/邦名字	男子总数	女子总数	人口总数	人口总数在全国所占百分比
克耶邦	143 461	143 277	286 738	0.56%
全国	24 821 176	26 598 244	51 419 420	100 %

资料来源：本表转引自《缅甸人口普查，上百万人的资料无法确认》，缅华网，http：//www. mhwmm. com/Ch/NewsView. asp？ID＝6399。

根据安排，2015 年 3 月缅甸政府将公布这次人口普查的最终调查结果，包括人口的宗教构成、种族构成和公民身份构成等相关数据。

第二，人口普查进一步明确人们的族群身份。根据著名人类社会学家本尼迪克特·安德森的研究，人口普查是想象一个民族的主要技术手段。人口普查表格中所填的一个重要选项就是族群身份。因此，一次人口普查也就可以看作一个人申明自己族群身份的一个仪式，也是政府打造民族国家认同的一个重要仪式。缅甸人口普查时发生的一些骚乱事件也说明人口普查在族群身份甄别方面的重要意义，这一点在罗兴加人（Rohingya）问题上表现得特别明显。

在最初的计划中，政府原来允许人们在填写人口普查的表格时，把"罗兴加人"作为一个族群选项进行填写。政府的这一计划在缅甸西部罗兴加人聚居的若开邦引起了佛教徒的骚乱，骚乱的矛头直指信奉伊斯兰教的罗兴加人。

3 月 16 日，著名的佛教极端主义僧人维拉督（Wirathu）在若开邦的眉宇镇（Myebon Township）举行的集会上，公开鼓励集会的口号"缅甸没有罗兴加人"。3 月 26 日，在若开邦实兑市（Sittwe），佛教极端主义分子走上街头，抗议国际组织为罗兴加人提供援助，抗议政府允许罗兴加人在人口普查时作为一个族群进行登记。[①] 政府以此作为借口，对若开邦实兑市实行宵禁，宣布在人口普查中对罗兴加人不予以登记和承认。3 月 29 日，普查前一天，总统发言人耶图（Ye Htut）称，在普查中，"罗兴加人"这一名词将被禁用。他指出："如果一个家庭自认为'罗兴加人'，我们将不予以登记。"[②] 依据政府的这一规定，缅甸西部若开邦几十万穆斯林人将不能以罗兴加人的身份进行登记，他们只能被登记为来自孟加拉的难民，否则将不能登记。那些在填写民族时填了"罗兴加"的人有可能会因为提供不实信息而面临指控。

据估计，由于缅甸现政府与某些族群的政治冲突和制度歧视，估计将有一百多万人无法获得合法的身份，这些人口主要集中在克钦邦、克伦邦和若开邦，具体数据如表 3[③]：

---

① "Buddhist mobs in Myanmar attack aid workers' homes"，缅甸新闻网，http：//www. myanmar. com/politics/entry/buddhist-mobs-in-myanmar-attack-aid-workers-homes-1. html。

② "Rohingya' banned from census：Myanmar"，缅甸新闻网，http：//www. elevenmyanmar. com/index. php？option = com_content&view = article&id =5049：no-code-name-for-rohingya-in-census-minister&catid =32：politics&Itemid =354。

③ 《缅甸人口普查，上百万人的资料无法确认》，缅华网，http：//www. mhwmm. com/Ch/NewsView. asp？ID＝6399。

表3　未被统计在内的族群人口分布及估算

邦名	克钦邦	克伦邦	若开邦	全国
接受普查的人数	1 643 054	1 502 904	2 098 963	50 213 067
无法普查而通过估算所得人数	46 600	69 753	1 090 000	1 206 353
总计	1 689 654	1 572 657	3 188 963	51 419 420

资料来源：本表转引自《缅甸人口普查，上百万人的资料无法确认》，缅华网，http：//www.mhwmm.com/Ch/NewsView.asp？ID＝6399。

从华侨华人的角度看，缅甸的人口普查也是让缅甸的华侨华人再一次明确自己身份的一个机会。在缅甸，并不像在马来西亚和印度尼西亚，有一个加入当地国籍的华族。因此在人口普查的表格上，并没有"华族"这样一个选项。在遇到自己的族群身份选项问题时，加入缅甸国籍的汉族人或其他族群的人，在缅甸如果没有相对应的族群，只能选择"其他"（得到缅甸政府承认的一共有8个大的族群和135个小的族群，其中一些族群和中国的一些少数民族同宗同源，名称也一样，如佤族；有一些同宗同源但名称不同，如缅甸的克钦族，在中国相对应的少数民族是景颇族）。

四、莱比塘铜矿事件的启示：公平分享投资收益，紧密依靠当地力量

莱比塘铜矿位于缅甸中北部实皆省（Sagaing）蒙育瓦市（Monywa），是近年来中缅合资的大型项目之一。该矿原本由加拿大艾芬豪矿业公司经营，但因西方对缅甸的持续制裁，艾芬豪最终决定退出。2010年6月3日，在中缅两国总理的见证下，莱比塘铜矿项目产品分成合同正式签署，项目总投资为10.65亿美元。

2012年3月20日，项目举行开工仪式。但六七月份以后，针对该铜矿项目的抗议不断升级。当地农民先是要求增加征地补偿，后又提出项目的环境污染等问题。从11月18日起，数百名当地农民、僧侣和维权人士进入莱比塘铜矿作业区抗议，一些抗议者开始提出与项目无关的政治要求，政府对抗议者进行了镇压，导致一些人员受伤，从而引起了国际舆论的高度关注。12月2日，缅甸总统吴登盛任命了以全国民主联盟主席、联邦议会人民院议员昂山素季担任主席、由30人组成的调查委员会，开始对莱比塘铜矿项目进行全面调查评估。铜矿项目暂时停工。

2013年3月12日，以昂山素季为首的调查委员会完成并发表了调查报告。报告认为：并没有发现莱比塘铜矿项目存在严重的破坏环境现象，其释放的气体也达到了世界卫生组织制定的标准；莱比塘铜矿项目为当地提供了660个就业岗位。莱比塘铜矿项目对失地农民进行了补偿，为他们修建了移民新村，并建设了小学、图书馆和佛教寺庙等配套设施。但调查报告同时指出，莱比塘铜矿项目没有对这一项目所造成的社会影响进行评估，在征

地补偿方面没有按照市场价格进行，因此需要进行整改。①

　　2013 年 7 月 25 日，缅甸政府同中国万宝公司重新修订了莱比塘铜矿项目合同。根据调整后的合同，缅甸政府将获取该铜矿 51% 的利润，远超出其原先的 4% 的份额。而铜矿的运营者——隶属于缅甸军方的缅甸经济控股有限公司（简称"经控"）和中国北方工业公司下属的万宝矿产（缅甸）铜业有限公司将分别占有 19% 与 30% 的利润份额，此外万宝矿产（缅甸）每年还将拿出纯利润的 2% 用于社会公益。新的协议签订以后，缅甸政府组成了以总统府部长吴拉吞（U Hla Tun）为主席的调查报告执行委员会，指导措施落实。莱比塘铜矿于 2013 年 10 月 3 日低调复工。但"由于当地一些村民没有完全按计划领取土地补偿，矿区内涉及搬迁和土地补偿的地区有近一半土地仍然无法施工"②。

　　为了尽快全面复工，万宝公司在 2014 年做了诸多的准备工作，其中主要的一项工作是向当地居民发放待业补助金。"待业补助金计划"于 2014 年 7 月开始实施，截至 11 月底，莱比塘矿区附近村庄的 1 000 多名失地村民中已有近 600 名村民领到了待业补助金。山间佛塔搬迁方面，项目公司与合作方于 2014 年 8 月 18 日举行新佛塔落成仪式，标志着山间佛塔搬迁顺利完成。在环保方面，公司聘请澳大利亚矿业咨询公司 Knight Piesold 完成环境和社会影响评价（ESIA）报告，已进入最后审批阶段。报告结论认为，莱比塘铜矿项目环境和社会风险在可接受和可控范围内，应继续推进。③ 在其他方面，万宝公司也尽了自己最大努力，"2014 年，公司继续为 5 个村庄修路、9 个村庄通电、6 个村庄通水，受益村民人数超过 1 万人"④。

　　正是在这种背景下，莱比塘铜矿准备在 2014 年 12 月围挡扩建，不料事情再一次出现了转折。

　　扩建计划在 12 月 21 日引发当地一些民众的示威抗议，22 日缅甸警方与示威群众发生冲突，最终导致 1 人死亡、20 人受伤。该事件在近期受到国际社会的广泛关注，部分西方媒体借机炒作，使用"镇压""警方滥用职权"等刺激性的字眼对其进行渲染式报道。

　　需要指出的是，这次事件很快就得到了平息，12 月 24 日，项目完成扩建围挡，在 2015 年 1 月全面复工。⑤ 总结这起事件的处理，可以得出一些经验教训：一是万宝公司充分利用各种手段，对事件的过程进行了及时的说明和报道。针对村民死亡的突发情况，万宝公司在事发的第二天，即 12 月 23 日就向中国的权威媒体——环球新闻网发了一份公司声明，同时通过公司自己的网站发布公司声明，及时回应路透社、BBC、《华尔街日报》、《纽约时报》香港《明报》、DVB 等国际媒体以及当地媒体的电话采访和电子邮件采访。在公司声明中，项目公司对死者表示哀悼，并声明此次事件与公司无关，公司也不赞同以任何暴力形式解决分歧。公司的回应让人们了解到事情的真相、公司的责任与人道，及时化解了由此可能引发的矛盾。二是落实调查报告委员会及时发声，在应对事件的过程中，

---

①　《缅甸联邦共和国调查委员会最终调查报告》，缅甸金凤凰网，http：//www. mmgpmedia. com/home/3092 – 97 – a。

②　《中国在缅莱比塘铜矿低调复工》，环球网，http：//world. huanqiu. com/depth_ report/2014 – 02/4851886. html。

③　《缅甸中资铜矿冲突致 1 人死 中企：反对暴力支持沟通》，环球网，http：//world. huanqiu. com/exclusive/2014 – 12/5281367. html。

④　《中缅莱比塘铜矿复工有序推进》，人民网，http：//world. people. com. cn/n/2014/1129/c1002 – 26116213. html。

⑤　《莱比塘铜矿全面复工计划 2016 年初试生产》，人民日报网，http：//news. china. com/zh_cn/internationalgd/10000166/20150203/19272133_1. html。

万宝公司的及时回应固然重要，但公司毕竟是直接的利益相关方，难免有推卸责任之嫌，因此落实调查报告委员会的声明就显得特别重要。

莱比塘计划落实委员会于 1 月 5 日发表新闻公报，公报的二十点声明用事实阐述了莱比塘计划落实的每一个环节和过程。就土地赔偿、补充赔偿、生计补贴、环保、居民就业、居民健康方面、居民教育方面、社会福利、电力供应、饮水卫生、社区发展、尊重宗教信仰风俗习惯、澳大利亚铜业权威组织的认证，作了详细的阐述和规划。计划落实委员会的声明就事件的性质明确指出，这是"部分居民在国外组织煽动下，听信谣言蒙骗，在一小撮人唆使下，采用暴力行为阻止莱比塘计划的围栏工作，造成一人死亡、多人受伤的遗憾事件"①。

笔者认为，在 2014 年的莱比塘铜矿事件中，计划落实委员会的公报对事件的最终处理结果有着重要的意义。莱比塘铜矿事件不仅仅是一个万宝公司的拆迁补偿事件，也不仅仅是一个企业的社会责任问题，它是缅甸国内政治各方——过去的军人集团、现行政府、民间环保组织、议会反对派等各种势力相互角力的一个政治事件，同时夹杂了中美之间的外交较量。在 2014 年的事件中，计划落实委员会之所以会发表公报，对事件予以说明，关键在于通过 2013 年的新合同，使缅甸政府成为一个重要的利益相关方。表面上看，合同调整后，万宝公司的利润变少了，但这也大大减少了万宝公司在缅甸转型期可能承担的政治风险，使公司的利润变得更加可以预期。但愿万宝公司在缅甸这几年的经历能够让我们在国外的企业学到更多的东西。

总结上述内容，笔者尝试提出以下结论：中国公民在出境工作时必须了解清楚可能遇到的政治和法律风险，中资企业在国外进行投资时，必须尽可能求得各方利益的平衡，在遇到突发事件时，必须尽可能及时公布相关信息，必须紧密依靠当地力量。作为加入当地国国籍的华人移民，也要认清自己在整个族群中的身份和地位，理性从事。

---

① 《缅甸就中资铜矿冲突发表公报　称外国势力煽动制造》，环球新闻网，http：//world. huanqiu. com/exclusive/2015－01/5358552. html.

文　莱

文莱是一个非常特殊的国家。从政治体制看，文莱是世界上为数不多的仍然实行君主制的国家；从经济层面看，文莱是一个石油输出国，石油对国内生产总值的贡献高达70%，其人均国内生产总值达 48 000 美元（2013 年）；从民族与宗教的角度看，国内居民绝大部分为马来人，多信仰伊斯兰教；而且，文莱也是东南亚国家联盟的成员国。这些特征深刻地影响了该国华侨华人在政治、经济、社会和文化领域的方方面面。

一、文莱基本国情

表 1　文莱概况

国家全名	文莱达鲁萨兰国	地理位置	亚洲东南部，濒临南中国海，与马来西亚接壤
领土面积	5 765 平方公里	首都	斯里巴加湾市
官方语言	马来语	主要民族	马来族、华族
政体	君主立宪制	执政党/主要反对党	文莱国家团结党
现任国家元首/政府首脑	哈吉·哈桑纳尔·博尔基亚苏丹	人口数量	412 200（2012 年）①
华侨华人人口数量	46 000 人②	华侨华人占总人口比例	约 11%
GDP/人均 GDP	169.5 亿美元/48 000 美元（2013 年）	CPI	2.02%（2011 年）
失业率	9%（2013 年）		

资料来源：根据世界银行等机构提供的相关信息综合整理

二、文莱基本侨情

（一）华侨华人历史

根据史书记载，早在公元 6 世纪，文莱就与中国有贸易往来，华商在那时就陆续往来于文莱和中国之间。《明史·渤泥》中记载，永乐六年（1408），文莱国王麻那惹加乃曾率妻子、弟妹、陪臣等 150 多人，渡海抵达中国，受到明王朝隆重欢迎。17 世纪，清朝解

---

① 世界银行，http：//data. worldbank. org/country/brunei – darussalam。
② 由文莱中华中学校长许月兰提供的数字，截至 2013 年。

除海禁后，许多华人移居到婆罗洲北岸（当时文莱所属的沙捞越和沙巴一带），从事胡椒、水稻的种植以及淘金和商业贸易。

20 世纪 30 年代初，由于国内遭受日本侵略，加上文莱发现了石油，需要大量劳工，以致华人大量移民并定居文莱。在移民并定居文莱的华人里，来自沙捞越、新加坡与中国香港的华人技工，主要从事石油工业，而从其他地方来的华人则主要从事耕种劳作。

文莱第一次人口调查显示，1911 年，文莱的华人有 736 人。到 1960 年，华人在文莱的人口总数高达 21 795 人，占文莱人口的 26%，这是华人人口占文莱总人口比例最高的时期。1991 年，华人人口在文莱已达 40 621 人，但其中一半是持有 1~3 年短期工作准证的临时居民。而且，在 52% 的华人永久居民中，只有 23% 是公民，剩下的 29% 尚未取得公民权。

1961 年，文莱通过新的国籍法，对华人入籍实行严格的限制。该国籍法规定：在文莱一直居住 20 年以上，能操流利马来语，并通过一般性知识考试，才能成为文莱的公民。根据新的国籍法，华人中只有 10% 的人可以成为文莱当地的公民。有些华侨因为不能入籍，于是向其他国家迁移，致使文莱华侨华人人口呈下降的趋势。

根据文莱中华中学校长许月兰提供的数字，截至 2013 年，文莱华侨华人约有 4.6 万人，占文莱总人口的 11%。从文莱国家统计局 2011 年公布的 2008 年、2009 年和 2010 年的统计数据看，文莱华人人口 2009 年比上年增长 2.06%，2010 年比上年增长 1.56%，依此类推，到 2013 年，文莱华人达到 4.6 万人，这个数字基本上是准确的，也有可能会更多一点。

表 2　文莱各民族人口（千人）

	2008 年	2009 年	2010 年
总数	398.0	406.2	414.4
马来人	265.1	269.4	273.6
华人	43.7	44.6	45.4
其他	89.2	92.2	95.4

资料来源：文莱国家统计局 2011 年公布的数据。

文莱华人之中，80% 的人的祖籍为中国福建省大、小金门岛，其余来自福建省的其他县市、广东省以及海南岛等地。华人早期主要分布在白拉奕区，其中多数就职于油田或务农、经商。随着首都斯里巴加湾市所在的文莱—穆阿拉区经济的发展，华人逐渐向城市地区转移。白拉奕区至斯里巴加湾市之间高速公路的通车和穆阿拉港口与文莱国际机场的建成，更加速了文莱华人大量移居首都附近。据 2013 年最新统计，文莱 85% 的华人集中在文莱—穆阿拉区和马来奕哥地区。

（二）华侨华人与当地民族关系

文莱的主体民族是马来族，约占全国人口的 2/3；华族是文莱的第二大民族，约占 10%。文莱独特的政治制度是马来伊斯兰君主制。"马来"这一概念严格规定了文莱国家人民的基本社会生活方式，即文莱国家应始终维护和沿袭传统的马来文化与习俗，文莱的马来族享有不可置疑的特权。因此，文莱政府的民族政策重点是保护和提高马来人的地位与利益，对华人等外来人种进行严格的限制。这一政策首先体现在公民权问题上，只有获得公民权才能在文莱购置房产和土地，才能享受种种特权。文莱华人中多数还没有获得当地国籍。因此，作为非公民的华人不能享受免费医疗保健、免费教育及其他社会福利，而且他们在政府机构中任职的可能性很小。

尽管文莱是一个以马来人为主的国家，在各个领域奉行马来人优先的政策，而且对其他群体和文化持排斥态度，但大多数文莱华人在语言文化、宗教信仰乃至生活习俗等各个方面仍保持着自身的传统。虽然文莱政府对外来人种进行严格的限制，但是华人在文莱生活的社会环境还算比较宽松，而且当地马来人一般都与华人相处融洽。尤其是每逢穆斯林开斋节或华人春节期间，大家都相互上门祝贺，互致问候。特别在每年苏丹寿辰之际，也都有华人社会名流受到苏丹的册封。

（三）华人政治与经济

文莱特殊的马来伊斯兰君主制深刻影响了文莱华人的政治参与。文莱国家规定：除信仰伊斯兰教的马来人外，其他人没有资格被任命为大臣和副大臣。文莱华人中只有10%的人获得文莱国籍，具有参与国家政治生活的资格。而对于绝大多数的华人来说，参与国家政治生活是遥不可及的事情。但是，随着文莱华人经济地位的提高，华人的参政意识也越来越强。

在文莱的政治舞台上，现在也可以看到华人的身影。文莱现任第二外交部部长林玉成、文莱外交部常任秘书林玉辉、文莱经济发展局代局长王德旺、财政部高级官员卜源生、议员吴景进等都是文莱华人参与政治的杰出代表。由此可见，华人在文莱的参政热潮在不断高涨。在不久的将来，或许会看到更多的华人身影出现于文莱国家政治的舞台之上。

文莱华人在"二战"前主要从事商业和种植业，"二战"后，由于文莱经济发展迅速，政府对华人政策较为宽松，华人开始投入到石油、天然气等支柱产业以外的各种行业之中。在较为宽松的政策下，华人经济发展较为顺利，经济活动几乎遍及各行各业。其中，主要还是以杂货业居多，大多都是经营杂货的零售、批发、进出口及国外烟酒或大宗货物的代理。

工业是文莱华人经济中的重要行业。除炼油厂、液化气厂及大型橡胶厂外，70%以上的中小型企业多由华人经营。这些中小型企业主要有锯木厂、碾米厂、小型橡胶厂、食品加工厂、家具制造厂以及工艺品制作厂等。近年来，文莱华人开始涉足化工、电子等新行业，并开始崭露头角。文莱华人也活跃在机械、运输等经济领域，其中与运输业相关的车、船、电器维修等行业几乎都由华人经营。

文莱华人在服务业有突出表现，尤其是在旅馆餐饮业方面。由于文莱政府十分重视社会福利，而马来族又不愿从事服务性行业，这使得文莱的旅馆餐饮业几乎为华人所包揽。随着文莱旅游业的发展，尤其是越来越多的中国人到文莱旅游，越来越多的文莱华人加入此行业。在农业领域，目前有20余家从事农业的华人企业，他们大多以种植蔬菜、瓜果及饲养禽畜为主。

总体来说，文莱特殊的政治体制确保了马来人在政治、经济上的核心地位，而华人的经济发展受到了一定的限制，导致文莱华人的经济发展远不如新加坡、马来西亚、菲律宾等其他东南亚国家的华人。文莱华人的经济比重在文莱经济中所占比重较小，但是，随着经济全球化的发展，文莱华人经济已逐渐向企业化、现代化和国际化方向发展。根据政府经济政策的变化，华人寻找机会涉足各个领域，并在一些领域占据重要位置。

（四）华人社团

旅居海外的华人都有建立会馆和社团的传统，以达到"联络乡谊、互相帮助"的目的，文莱华人也是如此。1984 年文莱独立后，政府允许华人社团存在，华人社团纷纷建立。据非正式的统计显示，现有的文莱华人社团为 45 个左右，当中以业缘性和地缘性的华人社团居多。

文莱华人组织中大大小小、各种形式的团体，深深地融入了文莱的社会生活之中，在马来伊斯兰君主制国家的环境和制度下，成为其社会组织结构中不可分割的一部分。这些团体在扶助弱小、联络感情、开拓事业、调解纠纷等方面发挥着极大作用，并对社会进步、经济发展作出了重要贡献。

据统计，文莱华人约有 9 个地缘性社团。在文莱首都地区，华人祖辈大多来自福建金门，交流也以闽南语为主。因此，尽管文莱福建会馆成立的时间不长，但在文莱华人社团中却有着相当重要的影响力，目前较为活跃的社团有 19 个。

但是，因为特殊的环境及因素，在现有的 45 个华人社团中，并没有血缘性的团体。这种情况在世界各国的华人社团中是十分罕见的。[1] 最难能可贵的是，不同类型的华社，在赞助教育、支援华教发展上，还能以"维护华教，支援华教"为己任。[2]

文莱大学前任讲师饶尚东博士在一篇《新世纪，新华团》的论文中指出，文莱华社的出现是文莱华人文化的具体表现，是华人结社行为的产物。它是华人的一种社会管道，同时能够促进社会的发展、弘扬中华文化。他提到不论是传统的宗乡会，还是非传统的商会等，都已经在文莱存在了近 80 年光景。一路走来，这些组织在照顾同乡会员的福利上、在推动社会进步和经济的繁荣上扮演着重要的角色。文莱华人社团不仅在团结华人、相互扶持、相互帮助等方面起到了很好的作用，而且对推动文莱经济社会的发展作出不小的贡献。除此之外，这些社团在华文学校和华文教育等方面也作出了很大贡献，华人社团在华人社会的各个领域都扮演着重要的角色。华人社团应该积极发挥其领导者、组织者的作用，要在改善华人在文莱的生存与发展等方面，起到应有的、不可替代的作用。

（五）华文教育

19 世纪末 20 世纪初期，华人从中国下南洋谋生，为了文化的传承以及让子女学习母语，开始兴办华文学校，进行华文教育。根据文莱政府公报，文莱第一所华文学校创办于 1916 年，即现在斯市中华中学的前身——文莱市中华学校。1931 年，马来奕县华人创办了中华学校，1938 年诗里亚华社创办了中正学校。

---

① 《文莱华社》，易华网，http://www.e-huawang.com/brunei_CA3.htm。
② 《文莱华团特色》，易华网，http://www.e-huawang.com/brunei_CA4.htm。

文莱目前共有 8 所华文学校，全部为私立学校，其中 5 所小学、3 所中学，提供从幼儿园至中五的教育。8 所华文学校学生总人数约为 5 711 人，其中绝大部分为华人子弟，但也有一些当地民族子女就读。"华校办学宗旨在为华人及友族子弟提供良好之学习环境。全国八所华校皆有为数不少友族子弟报名就读，并呈逐年增长趋势。由此可见，华教不但是华族所看重的千秋大业，它的办学方针及成效也受到友族的肯定及赞赏，特别是近年来随着中国经济的崛起，更成为寻求经济发展机遇的实用工具。"①

5 所小学是都东中华学校、双溪岭中岭学校、九汀中华学校、那威中华学校以及淡武廊培育小学，每间学校的人数在 50 ~ 300 人不等。

3 所中学是婆罗乃中华中学（斯市）、诗里亚中正中学、马来奕中学。在华校规模中，以中华中学最大，学生人数为 3 120。诗里亚中正中学以及马来奕中学的学生人数也超过 1 000。

（六）文莱中华中学的办学特色

文莱中华中学是目前文莱历史最悠久、学生人数最多、最有办学特色的一所华文学校，创办于 1922 年，几代华人历尽艰辛，使得中华文化在文莱薪火相传、生根发芽。在近百年浓郁的文化浸润和熏陶之下，中华中学一方面跟中华文化的母体始终保持着深厚的历史渊源，另一方面又扎根于文莱的现实生活，植根于主流文化土壤之中，在漫长的发展历程中探索出了一条成功之道，形成了自己独有的特色——"三语并重，五育兼修"。中华中学以"礼、义、廉、耻"为校训，以教书育人为目标，秉持"有教无类"的办学方针，使华文教育得以持续发展，形成了在文莱乃至东南亚独具特色的华文教育模式。目前在校学生 3 120 人，华族占 22%，教职员工 227 人。该校是文莱最大的学校，是首屈一指的私立学校，同时也是非营利性的教育机构。

三年前，针对学生华语水平下降，有些中学生中学毕业还不能阅读中文书报、杂志等问题，中华中学为此进行了华文教学改革，不仅引进教材，同时引进师资，决心突破海外华文教学多年来存在的困境。教学改革的主要内容是根据不同年龄段学生的特点，制定了各阶段的教学目标：低小阶段（小一到小三），三年内完成原来小学六年 1 800 个汉字的任务，为阅读和写作打下坚实的基础；高小阶段（小四到小六），在完成识字任务的基础上，以巩固识字量、强化阅读和写作的教学任务为主导，使"四会"（听、说、读、写）基本功稳固扎实；中学阶段（初中到高中），强化提升华文的实际应用水平，使其融会贯通，最终参加新加坡剑桥文凭高级华文毕业考试。

文莱华文学校除经费自主外，课程、教学媒介语、教师的聘请、学费的多寡等，均受到教育部的约束。

各阶段的毕业考试和政府学校一样，学生们必须参加教育部统一的会考。华校除了要遵循双语（马来语及英语）的教育政策外，另需将华文列为从小一至中五的必修科。在学校的行政、课外活动以及人际沟通上，要使用这三种语言。由此也可以看出，这是文莱华校的一大特色。

---

① ［文莱］许月兰：《世界各地华文教育发展的现状与展望——文莱华文教育发展现状》，载［马来西亚］叶新田主编：《2014 年世界华文教育论坛论文集》，马来西亚新纪元学院 2014 年版，第 58 页。

三、文莱政治经济及中文关系变化对华侨华人的影响

2014 年，文莱政治保持稳定，几乎没有什么大的变化。文莱经济则受世界经济的影响很大，尤其是石油价格急速下跌，这对文莱这样一个严重依赖石油经济的国家而言是一个沉重的打击。据国际能源专家估计，国际石油价格下跌趋势在 2015 年还将持续一段时间，目前已跌破至 50 美元，文莱经济受到的冲击已经显现。从各方面情况看，文莱经济在 2014 及 2015 年两年可能出现较为严重的衰退，对文莱华侨华人经济将会产生一定的消极影响。

（一）文莱经济简介

文莱是一个小而富裕的经济体，长期以来，经济保持低速而稳定的增长，在过去 20 年，经济增长一直维持在 1.5% 左右。文莱人民享受着高品质的生活，人均国内生产总值达 48 000 美元（2013 年），在东南亚地区居第二位，仅次于新加坡。长期以来，文莱经济严重依赖石油和天然气，石油和天然气等碳氢产品占其总出口的 90% 和国内生产总值的 50%。当今文莱是东南亚第四大石油生产国，在全球天然气输出国中位居第 19 位。然而，政府已经意识到过分依赖自然资源的危害，正在努力使经济结构多元化，以减少对石油和天然气的过分依赖。政府计划包括：进一步提升劳动力的质量、减少失业率、发展金融和旅游业、拓宽非石油天然气的其他经济部门。

文莱食品的 80% 依赖进口，政府对大米、白糖、水电、汽油和天然气等日用品提供补贴，还提供综合医疗服务和免费教育至大学阶段。

为了更好地促进经济发展，文莱政府自独立以来一直推行五年发展计划。第九个五年发展计划（2007—2012 年）完成之后，文莱政府推出一个名为"2035 年宏愿"的长期发展规划，以取代原来的五年计划。根据"2035 年宏愿"，到 2035 年，文莱要发展成为发达的经济体，拥有受过良好教育的高素质人民、高品质的生活及充满活力、可持续发展的经济。

（二）中国—文莱关系

中国和文莱于 1991 年 9 月 30 日建立外交关系，双边关系发展顺利，各领域友好交流与合作逐步展开。1999 年，两国签署联合公报，进一步发展在相互信任和相互支持基础上的睦邻友好合作关系。2013 年，两国建立战略合作关系，两国高层交往频繁。

进入 21 世纪，中国—文莱双边贸易额大幅上升。2013 年中国—文莱贸易额为 17.9 亿美元，增长 11.6%，中方从文莱进口的商品主要是原油，向文莱出口的商品主要为纺织品、建材和塑料制品等。两国在投资、承包劳务等方面合作成效显著。截止到 2013 年底，文莱累计对华实际投资 25.5 亿美元，中国累计在文莱非金融类直接投资 6 980 万美元；中国累计在文莱签订承包劳务合同额 5.1 亿美元，完成营业额 3.5 亿美元。中资企业在文莱投资也取得迅猛发展，涉及能源、基建、农业、渔业多个领域。目前，越来越多的中国企业到文莱考察和寻找商机。中国驻文莱临时代办房新文在 2014 年 8 月接受中新社记者采访时说，中国提出的建设"21 世纪海上丝绸之路"战略，同文莱在"东盟东部增长区"

的引领角色和多元化经济战略相契合，可谓正逢其时。此外，中国和文莱有很好的人文交流基础，比如中国南京和文莱首都斯里巴加湾市是结对的友好城市。2014 年是中国—东盟文化交流年，两国人文交流十分活跃且有自己的特点。双方政府、媒体、青年、宗教、教育、体育、文化等领域的交往频率很高。①

中国—文莱关系的全面发展，对文莱华侨华人在当地的生存与发展是非常有利的，尤其是中国企业在文莱的投资和大量中国游客的到来，将会为文莱华侨华人提供更多的就业机会和更多的商业机会。此外，中国—文莱关系的进一步发展，也将为文莱的华文教育注入新的动力，文莱华人社会将出现一个新的发展机遇期。

四、结论与趋势

华人在文莱有着久远的历史，大多数华人已深深融入文莱的社会生活之中。目前，文莱华人在政治、经济等领域都开始扮演重要的角色，尤其在经济领域，文莱华人为文莱的经济发展作出了较大贡献。

文莱特有的政治制度对华侨华人未来的发展具有深远影响。马来伊斯兰君主制严格限定了文莱国家人民的政治生活方式，而这也恰恰保障了伊斯兰教和马来族的主导地位，因此，华人作为这个制度外的群体，无法享有群体内部的权利。同时，文莱通过对国籍法和公民权的修改，对华侨华人入籍进行严格限制。现在想要入籍文莱，已经由原来规定的 25 年内连续在文莱居住 20 年，改为 30 年内在文莱连续居住 25 年以上，且没有接受过本国救济，还必须通过马来语和一般性知识考试。这样就使得多数华人在文莱很难入籍，无法获得公民权利，也导致他们的生活过得相对贫苦。但是，由于越来越多的华人进入文莱政界，参与国家事务的管理，文莱华人以后的政治环境和社会环境有望得到改善。

文莱的国教为伊斯兰教，信仰伊斯兰教的人口占总人口的 2/3，而文莱的华人大多信仰佛教或其他华人传统宗教。这种文化差异使得华人很难完全融入文莱社会。通过文化交流，虽不能完全融合，但华人与马来人之间可以增进了解，可以更好地相处。随着中国进一步加强与文莱的政治经济交流，文莱华人作为连接中国与文莱的桥梁，可以发挥更大的作用。

---

① http：//www. chinanews. com/gn/2014/08 – 06/6466667. shtml.

柬埔寨

柬埔寨 2013 年大选后的政治僵局一直持续到 2014 年下半年，由此引发的一系列示威活动和罢工潮影响了社会稳定和正常的经济秩序，而华人的经济活动也不可避免地受到影响，尤其是对从事制衣业的华商冲击较大。随着人民党和救国党达成政治妥协，政治僵局最终化解。洪森领导的人民党依然控制着政权和局势，虽然柬埔寨政治经济形势未受太大影响，经济继续保持增长，柬埔寨华人社会发展稳定，中柬关系持续发展，但也存在一些值得关注的问题。

一、柬埔寨基本国情

柬埔寨概况

国家全名	柬埔寨王国	地理位置	东南亚中南半岛南部	领土面积	181 035 平方公里
首都	金边	官方语言	高棉语、英语、法语	主要民族	高棉族
政体	君主立宪制	执政党/主要反对党	人民党/救国党	现任国家元首/政府首脑	诺罗敦·西哈莫尼/洪森
人口数量	1 440 万	华侨华人人口数量	约 70 万	华侨华人占总人口比例	约 5%
GDP/人均 GDP	151.9 亿美元/1 036 美元（2013 年）	CPI	2.9 %（2013 年）	失业率	1.7%（2012 年）

资料来源：中华人民共和国外交部网，http://www.fmprc.gov.cn/mfa_chn/gjhdq_603914/gj_603916/yz_603918/1206_604282/,2014 年 10 月。

柬埔寨王国位于中南半岛南部，北部与老挝相邻，东部和东南部与越南接壤，西部和西北部与泰国相连，国土面积 18.1 万多平方公里，在东南亚国家中位居第八。柬埔寨人口有 1 440 多万，共有 20 多个民族，主体民族高棉族占总人口的 80%，少数民族有占族、普农族、老族、泰族、斯丁族等。高棉语为通用语言，与英语、法语共同列为官方语言。佛教为国教，93% 以上的居民信奉佛教，占族信奉伊斯兰教，少数城市居民信奉天主教。华人、华侨约 70 万人。①

———————————

① 中华人民共和国外交部网，http://www.fmprc.gov.cn/mfa_chn/gjhdq_603914/gj_603916/yz_603918/1206_604282/,2014 年 12 月 12 日。

柬埔寨是君主立宪制国家，现任国王是诺罗敦·西哈莫尼。国会是柬埔寨国家最高权力机构和立法机构，每届任期 5 年。第一届国会成立于 1993 年。2013 年 7 月 28 日，柬埔寨举行了第五次全国大选，人民党再次赢得选举，韩桑林连任国会主席，洪森蝉联首相。第一届参议院成立于 1999 年 3 月 25 日，任期 6 年。2012 年 1 月 29 日，参议院举行换届选举，人民党主席谢辛连任参议院主席。

柬埔寨属于传统的农业国，是世界上最不发达的国家之一，工业基础薄弱，贫困人口占总人口的 26%。但近 20 年来，在首相洪森的领导下，柬埔寨政府实行对外开放的自由市场经济体制，推行经济私有化和贸易自由化，把发展经济、消除贫困作为首要任务。并实施"四角战略"，把农业、加工业、旅游业、基础设施建设及人才培训作为优先发展领域，同时推进政治、财经、军队和司法等改革，以提高政府工作效率，改善投资环境，并取得了一定成效。

二、基本侨情

华人移居柬埔寨的历史最早可以追溯到公元 11 世纪左右，距今已有上千年。据有关数据记载，1890 年，柬埔寨约有华侨华人 13 万人，20 世纪 60 年代中期则达到 43 万人[①]。20 世纪 70 年代中后期，由于众所周知的原因，华侨华人数量急剧减少，直到 80 年代才开始逐步回升。目前，柬埔寨有 70 万华人，约占总人口的 5%，大都分布在经济较发达的省份及省会城市，其中首都金边的华人最多，有十几万人。

自 1991 年开始，柬埔寨政府放宽华人政策，尤其是 1993 年柬埔寨王国政府建立后，在政府的支持下，柬埔寨华人社会逐渐恢复并发展起来。目前柬埔寨华人社团的最高领导机构是柬埔寨华人理事总会，现任会长是杨启秋。共有五大宗乡会馆，即潮州会馆、福建会馆、广肇会馆、客属会馆、海南会馆。柬埔寨华人还按照姓氏成立了不少宗亲会，如杨氏宗亲会、蔡氏宗亲会、黄氏宗亲会等，共有 13 个宗亲会，管理宗亲事务。在柬埔寨华人理事总会的统筹管理下，柬埔寨华文教育的发展十分兴盛，这与柬埔寨宽松的华人政策和对柬华社团的重视是分不开的。目前，柬埔寨共有大小华文学校 78 所，学生最多时 5 万多人。端华学校是柬埔寨最大的华文学校，也是东南亚规模最大的华文学校，共有学生 14 000 人。[②] 作为华社"三宝"之一的柬埔寨华人报刊的发展也十分迅速。目前，影响比较大的华文报刊主要有：《柬华日报》（有柬埔寨华人理事会的机关报之称）、《华商日报》、《星洲日报》，还有 2012 年由华人创办的《高棉日报》（有柬文版和中文版）。华人文化已渗透到柬埔寨生活的各个方面。

此外，柬埔寨华人在经济领域的发展更为显著。据柬埔寨学者仲力的调查数据，约有 90% 的华人从事商业，柬埔寨约有 50% 的商业是由华人控制的。[③] 金融业、制造业、房地

---

① 《柬埔寨的华侨华人》，《人民日报》（海外版），http：//www. people. com. cn/GB/paper39/8858/826655. html，2003 年 4 月 3 日。

② ［柬］仲力：《柬埔寨华人的崛起》，柬埔寨中文社区网，http：//www. 7jpz. com/thread－4353－1－1. html，2013 年 11 月 15 日。

③ ［柬］仲力：《柬埔寨华人的崛起》，柬埔寨中文社区网，http：//www. 7jpz. com/thread－4353－1－1. html，2013 年 11 月 15 日。

产和酒店业等也逐渐成为华商的重要经营领域。可以说，柬埔寨税收的大部分是来自华人经营的公司和企业。华商为柬埔寨经济的发展作出了很大贡献，为此，柬埔寨政府专门为这些有突出贡献的华商颁发"勋爵"荣誉头衔以示表彰。经济上的成就和地位的提高也推动华人在政治上有所作为，不少有经济实力和影响力的华人积极参政议政，他们既是企业家，又是参议员，如刘明勤、曹云德、徐光秀等。可见，华人已在柬埔寨安居乐业并受到普遍的尊重，他们积极融入当地社会，效忠国家，在柬埔寨政治、经济、文化等各个领域中发挥着积极作用。柬埔寨学者仲力认为，柬埔寨华人已融入当地主流社会，成为柬埔寨的一个民族；柬埔寨华人目前的处境不仅是东南亚地区最好的，也是柬埔寨各历史时期中最好的。[①]

三、2014 年柬埔寨华社动态

柬埔寨华社领导层动态。与东南亚其他国家相比，柬埔寨的华人社会相对和谐，也更加团结和稳定，除了柬埔寨政府推行宽松的华人政策等外在助力外，柬埔寨华社较为独特的呈金字塔状的组织结构，以及相应的领导机制在其中更是发挥了重要的作用。柬埔寨华人理事总会是柬埔寨华人社会的最高领导机构，各省市县均设有基层柬埔寨华人理事分会，还有 5 大会馆和 13 家宗亲会，柬埔寨华人总会的副会长和常务理事均由这些分支机构的馆长和会长担任，这也是现任会长杨启秋在 1995 年采取的改革措施。这一组织架构不仅改变了以往柬埔寨华人总会与广大华人脱节的情况，促进了华社凝聚力的形成，也树立并强化了柬埔寨华人理事总会的领导权威，便于对华社进行统筹管理。在柬埔寨华人理事总会的领导下，柬埔寨华人主动融入主流社会，并积极投身柬埔寨的国家建设与经济、社会发展事业，日渐成为中坚力量。

柬埔寨华人理事总会之所以能在柬埔寨华人社会中拥有长期的领导地位和较高威望，也与其注重不断加强并完善自身机制有很大关系。2014 年，柬埔寨华人理事总会在筹备第五届理事会的过程中又出台了新的举措。在 2014 年 3 月 22 日的会议上，会长杨启秋宣布，为壮大柬埔寨华人社会，吸收新兴社会力量，更好地开展未来的工作，决定增设康乐处和青年处，共拟定设立 13 个办事处，各个处的处长均由副会长兼任。在初步方案中，确定下届柬埔寨华人理事总会将由 61 名理事组成，其中正副会长 15 人，其他理事由各会馆和宗亲会提名推选。[②] 青年处的设立，说明柬埔寨华人领导层开始关注并吸收华社新生代力量的加入。

此外，德高望重的华人领袖人物，再加上有突出贡献的华人精英组成的领导集体，在很大程度上决定了柬埔寨华人理事总会在柬埔寨华人社会乃至柬埔寨社会中拥有较高威望。现任柬埔寨华人理事总会会长杨启秋，也是柬埔寨一直以来最大的华人会馆——潮州会馆的主席，1995 年担任第二届柬埔寨华人理事总会秘书长，但实际履行着会长的职责（由于当时的会长身体不佳，主要工作均由杨启秋负责），到第三、四届连续当选会长至

---

① ［柬］仲力：《柬埔寨华人的崛起》，柬埔寨中文社区网，http：//www.7jpz.com/thread-4353-1-1.html，2013 年 11 月 15 日。

② 参见《柬华理事总会开会·筹备成立第五届理事会》，（柬埔寨）《星洲日报》，http：//www.7jpz.com/article-29284-1.html，2014 年 12 月 9 日。

今，并被推举为下一届会长。杨启秋先生对柬埔寨华人理事总会和柬埔寨华人社会作出的贡献和成绩有目共睹。在他的领导下，柬埔寨华人理事总会的地位和影响力不断提升，不仅赢得了华人的认同与信任，也引起了柬埔寨政府的重视。杨启秋作为对柬埔寨有杰出贡献的华人，被柬埔寨政府授予了"勋爵"头衔。至今，相继有20多位华人被柬埔寨政府授予"勋爵"头衔。2014年2月25日，为表彰柬埔寨华社名流杨国璋勋爵、许书利勋爵、许贞木勋爵为国家经济和社会发展作出的贡献，首相洪森特向三人颁授"国家最高贡献勋章"，这是柬埔寨向对国家经济社会建设与发展作出显著成绩的各界人士颁授的最高荣誉奖章。

自1990年成立以来，柬埔寨华人理事总会不仅承担着领导柬埔寨华人社会的责任，还协助政府管理华人事务，同时在柬中关系的发展中担负着重任，发挥了桥梁作用，也因此得到中国政府的肯定与鼓励。2014年9月29日，中国国务院侨办、中国海外交流协会向包括杨启秋先生在内的40多个国家和地区的100位侨领授予"服务华社荣誉人士"称号，以表彰他们多年来为侨社的团结进步，以及在中国与世界各国友好关系中所作出的突出贡献。2014年3月中国"两会"召开期间，柬埔寨华人理事总会副会长、柬埔寨金边国际书局董事长蔡迪华勋爵，作为21个国家35位海外代表中的一员，应邀列席会议。柬埔寨华文媒体评论认为，蔡迪华先生的参会，说明了柬埔寨华侨华人在祖（籍）国的影响力和知名度的巨大提升。[①] 对此，中国驻柬埔寨大使馆也给予了积极评价，认为这体现了中柬关系的密切，以及海外华人对中国发展的关心。

柬埔寨华人社团的主要动态。长期以来，在柬埔寨华人理事总会的领导下，柬埔寨华人社团之间团结互助，同时也与中资企业及其他华人企业组建的商会密切合作，加强沟通。目前柬埔寨华人理事总会与柬埔寨中国商会、柬埔寨中国港澳侨商总会已共同成立了柬埔寨中国和平统一促进会和柬埔寨中华文化基金会。柬埔寨中国港澳侨商总会目前有86个会员企业，大部分来自中国内地、柬埔寨和中国香港、澳门。商会遵循"服务华商，建设和谐华社"的宗旨，本着"友好合作，共谋发展"的理念开展工作，不仅促进了柬埔寨侨界力量的凝聚和侨社的和谐发展，也对柬埔寨经济社会的发展与中柬关系起了极大的推动作用。2014年9月，柬埔寨中国港澳侨商总会举行第八届理事会就职典礼，柬埔寨华人企业家任瑞生继续蝉联商会总会长一职。此外，柬埔寨华人社会还与世界性的华人社团组织保持着密切联系。2002年成立的越柬寮华人团体联合会，是越南、柬埔寨和老挝华人共同组建的世界性华人社团组织，柬埔寨华人欧佳霖是创会会员，他于2014年当选为第一秘书长。越柬寮华人团体联合会已于不久前成立了商会，将重点发展包括柬埔寨在内的东南亚地区与美国华人之间的商业往来。

2014年，柬埔寨最大的华人会馆——潮州会馆迎来了20周年生日，会馆举办了隆重的庆祝活动，各界华人社团都到场祝贺。2014年7月，柬埔寨华人传媒集团举行两周年庆典活动。2012年才成立的高棉集团，在董事长曹云德的领导下，秉承"为柬埔寨政府服务、为柬埔寨人民服务、为外商服务"的宗旨，立足于柬埔寨和东南亚，面向华人社会和世界，积极拓展媒体的影响力，取得了丰硕的成果。目前其已拥有《高棉日报》（中文、

---

① 参见《"两个首次"开启历史新天地　柬华人侨胞、媒体首次赴京参加"两会"》，（柬埔寨）《华商日报》，http：//www.7jpz.com/article - 28963 - 1.html，2014年12月13日。

柬文)、《高棉经济杂志》、高棉出版社、高棉传媒网站等媒体平台，并正在筹备创办高棉国际广播电台和高棉银河电视台（高棉卫视），希望将集团"整合为一个集报纸、杂志、出版、广播、电视、网络和新媒体为一身的媒体集群"①。同时集团还准备将业务范围向其他领域扩展。2014 年初，董事长曹云德就宣布，集团将正式进军通信、银行和房地产领域。②

柬埔寨华文教育与文化交流情况。2014 年，在会长杨启秋与柬埔寨华人各界的共同努力下，柬埔寨华人社会持续稳定地向前发展，加强并推进华文教育依然是华社工作的重点。2014 年上半年，柬埔寨华人理事总会文教基金处向柬埔寨 41 所华校提供了 3.08 万美元的资助，以支持华文教育事业。柬埔寨中华文化发展基金会向柬埔寨华文教育基金会捐赠 5 万美元支持华教发展。③ 2014 年 9 月，由贡布省、西哈努克省、白马省等地的柬埔寨华人理事会负责人组成考察团，对中国广西的华侨学校进行考察访问，针对华文教育展开交流与合作。为弘扬中华文化，增进柬中青少年间的沟通与往来，柬埔寨华社还举办或协办了以下一系列大型文化交流活动：2014 年 7 月 17 日，金边崇正学校和民生中学的 21 名师生，参加了在中国广西举行的"2014 年海外华裔青少年中国寻根之旅夏令营"活动；④2014 年 8 月，柬埔寨福建会馆、柬埔寨福建商会与中国厦门市侨联联合举办了 2014 年"闽南文化寻根之旅夏令营"活动，来自柬埔寨的 20 多位祖籍是福建和广东的华裔学生参加了这次活动；2014 年 3 月，柬埔寨潮州会馆成立 20 周年之际，特意邀请了中国汕头潮剧团前来助兴，也希望通过此举让更多的柬埔寨潮裔后代对祖籍地文化有更多了解。此外，为加强柬中教育领域的交流与合作，提升柬埔寨华裔学生的中文水平，柬埔寨高棉控股集团与中国首都师范大学于 2013 年开展了四年制中文本科"留学生培养项目"的合作，2013 年有 17 位柬埔寨学生赴首都师范大学读书，2014 年又有 26 位获得奖学金的柬埔寨学生前往留学。⑤ 2014 年正值柬埔寨最大的华文学校——端华学校建校 100 周年大庆，学校于 11 月 23 日举行了隆重的庆典活动，来自 20 多个国家的端华校友出席庆典。法国端华校友联谊会向学校捐赠了 1 万欧元，用于华文教育，并聘请柬埔寨华人理事总会会长杨启秋和加华集团董事长方侨生担任联谊会永远名誉会长。⑥

柬埔寨华人理事总会为弘扬中华文化、兴建华文教育所付出的艰辛与努力，也赢得了中国政府的赞誉和支持。2014 年，中国国务院侨办和中国驻柬埔寨大使馆分别向柬埔寨华人理事总会、示范华文教育学校和贫困学校提供 1 万美元和 120 万人民币的资助。2014 年 3 月，中国驻柬埔寨大使布建国专程走访了桔井中山学校、仕伦光华学校和棉末启华学校

① 《高棉国际传媒集团隆重举行两周年庆　设立多个奖项数十媒体人受表彰》，（柬埔寨）《柬华日报》，http：//www. 7jpz. com/article－32312－1. html，2014 年 12 月 14 日。

② 《高棉国际传媒集团钻石岛举办新春盛宴　现场大奖高达 9999 美金》，（柬埔寨）《华商日报》，http：//www. 7jpz. com/article－28426－1. html，2014 年 12 月 12 日。

③ 《中华文化发展基金会捐 5 万美元　支持柬华教事业》，（柬埔寨）《星洲日报》，http://cn. thekhmerdaily. com/index. php？ page＝news_detail&ref_id＝904119&ref_aid＝74312939，2014 年 12 月 7 日。

④ 《不断增进柬中青年交流　崇正、民生师生参加广西夏令营》，（柬埔寨）《柬华日报》，http：//www. 7jpz. com/article－32266－1. html，2014 年 12 月 14 日。

⑤ 《高棉集团助 26 学子赴华留学》，（柬埔寨）《华商日报》，http：//www. 7jpz. com/article－32706－1. html，2014 年 12 月 13 日。

⑥ 《端华校友喜聚钻石岛　共庆端华百年大典》，（柬埔寨）《华商日报》，http：//www. 7jpz. com/article－33288－1. html，2014 年 12 月 13 日。

等几所华校，向学校赠送了书籍和体育、学习、生活用品。布建国大使了解到两所学校办学遇到很多的困难，特别是缺少资金的情况后，向在柬埔寨的中资企业呼吁捐款援助，共为两所学校捐赠了 39 000 美元。这些捐款主要用于兴建教室和操场等。① 2014 年 6 月，为了增进柬埔寨华裔青少年对中华文化的了解，提高学生学习汉语的兴趣，由中国海外交流协会主办、甘肃省海外交流协会承办、柬埔寨潮州会馆端华学校协办的 "2014 年中华文化大乐园——柬埔寨金边营" 开营，950 多名柬埔寨华裔学生参与了中国传统文化、书法、国画、手工、音乐、舞蹈、武术等项目的学习活动。这次活动提供了良好的互动交流平台，拉近了华裔青少年与祖籍国的距离。

四、2014 年柬埔寨政治形势与中柬关系及其影响

（一）柬埔寨大选后的政治僵局与罢工潮的消极影响

2013 年柬埔寨举行全国大选，反对党救国党认为大选中存在舞弊现象，拒绝接受大选结果，并组织发起了多次大规模的示威抗议活动，导致政治僵局持续发酵并一直延续至 2014 年下半年。而支持救国党的工会则借此机会不断号召工人举行罢工，借机要求将工人月薪从 80 美元提升至 160 美元，并引发了一系列暴力事件。这场被柬埔寨制衣业厂商协会称作 "有史以来最严重的罢工潮"，给柬埔寨的投资和经商环境带来前所未有的挑战，90% 从事商业的华人，以及投资制衣制鞋业的华人企业（主要包括港资、台资、中资企业）不可避免地受到冲击，影响了投资者的信心。

柬埔寨反对党——救国党自 2013 年 12 月 15 日开始发动大规模示威活动后，金边、柴桢、干拉、磅清扬等地相继出现大规模的工人罢工事件，一些地方局势出现失控，不少工厂遭到洗劫和破坏。据有关统计，2014 年 1 月到 5 月，柬埔寨共发生 842 起罢工和示威活动。② 其中最严重的一次是 2014 年 1 月 2 日和 3 日，示威者与防暴警察发生冲突，导致 4 人死亡、80 人受伤③。柬埔寨有近 600 家制衣厂，雇用了 60 多万名本地工人，服装厂每停业 1 天，估计厂方将损失 1 700 万美元。④ 据柬埔寨内政部的估算数据，在救国党最初发动示威和工人罢工期间（2013 年 12 月 15 日—2014 年 1 月 5 日），被破坏的公共财产损失约 56 000 美元，私人财产损失金额达 72 778 300 美元，其中超过 99.25% 是工厂的损失。共有 95 间工厂遭到破坏，工厂因停产造成的损失约 72 233 700 美元。⑤ 柬埔寨雇主协会主席、制衣厂商会主席文舒扬在答记者问时表示，服装厂工人罢工 15 天，已导致厂商出口损失超过 2 亿美元；已有 5～7 家计划来柬埔寨投资的服装厂商改变意向选择去越南

① 《中国驻柬大使馆发起 中资企业响应捐助桔井省两所华校》，（柬埔寨）《星洲日报》，http://cn. thekhmerdaily. com/index. php？page = news_ detail&ref_ id =596119&ref_ aid =74416227，2014 年 12 月 8 日。

② 《国内政局不稳定 今年共发生 842 起罢工活动》，（柬埔寨）《柬华日报》，http://www. 7jpz. com/article – 30802 – 1. html，2014 年 12 月 14 日。

③ 《内政部公布罢工调查报告·20 天损失逾 7 千万》，（柬埔寨）《星洲日报》，http://www. 7jpz. com/article – 29491 – 1. html，2014 年 12 月 9 日。

④ 《罢工致劳资双方损失惨重 资方逾 2 亿 工人近 2 千万》，（柬埔寨）《华商日报》，http://www. 7jpz. com/article – 28140 –1. html，2014 年 12 月 12 日。

⑤ 《内政部公布罢工调查报告·20 天损失逾 7 千万》，（柬埔寨）《星洲日报》，http://www. 7jpz. com/article – 29491 – 1. html，2014 年 12 月 9 日。

投资；有 10～12 家工厂准备把订单转到其他国家生产；如果工人一定要求工资翻番达到 160 美元的话，会导致大部分工厂撤资转移到其他国家发展。① 据柬埔寨媒体报道，2014 年柬埔寨服装出口深受罢工潮的影响，尤其是第三季度订单减少，服装出口额 16.1 亿美元，同比下降 4%，好在全年累计服装出口仍呈增长态势。②

为了减轻罢工潮的压力，2013 年 12 月底，柬埔寨劳工部会同工会和雇主三方组成劳工咨询委员会，协商加薪问题，提出 2014 年起将工人基本工资从 80 美元提升至 100 美元，但遭到 8 个工会组织的反对。由于劳资双方在薪酬问题上无法达成一致，罢工活动一直没有停息。为了应对随时可能出现的新的罢工活动，一些工厂取消了大额订单，有些则尽量赶工以减少罢工期间的损失。与此同时，劳工部寻求国际劳工组织的支持，与劳资双方不断进行谈判协商，最终以表决的形式于 2014 年 9 月达成意向，将工资调至 120 美元/月，但最后在首相洪森的提议下，工人 2015 年的基本月薪定为 128 美元。③ 与此同时，2013 年大选后出现的政治僵局，最终也于 2014 年 7 月经过人民党和救国党长达一年的谈判协商达成妥协，两党决定按照 7∶6 的比例分配国会领导职位，人民党议员任国会主席、第二副主席，以及 5 个专门委员会的主席；救国党议员任第一副主席和 5 个专门委员会的主席。④ 在 8 月 27 日的国会特别会议上，救国党副主席金速卡当选国会第二副主席。政治僵局的化解和罢工潮的平息，使柬埔寨的政治经济生活得以步入正轨，这对广大投资商和大部分从事商业的华人来说无疑是个好消息。

（二）2014 年中柬关系的发展及其影响

2014 年，尽管柬埔寨大选后政治经济形势出现了一些波动，但中柬关系依然保持着持续与稳定的发展，尤其是在经贸领域发展迅速。中国已连续多年成为柬埔寨最大的外资来源国。有关资料显示，2014 年 1—10 月，中国对柬埔寨的投资额已超过 4 亿美元，预计全年将超过 5 亿美元，约占柬埔寨吸引外资总额的 30%。截止到 2014 年 10 月，中国累计对柬埔寨协议投资额已上升至 101 亿美元，投资领域涵盖农业、能源、制衣、金融、电信、地产、旅游等多个行业，目前在柬埔寨投资的中资企业已有近 1 000 家。⑤ 在贸易领域中，2014 年 1—10 月，中柬贸易额超过 31 亿美元，其中，中国对柬埔寨出口 34.1 亿美元，自柬埔寨进口 3.6 亿美元，与去年相比增加 37%。此外，中国政府提供给柬埔寨的无偿援助和优惠贷款也有大幅增加。⑥ 2014 年 1 月 20 日，中国无偿援助兴建的柬埔寨参议院大厦，总面积 4 779 平方米，总造价 4 846 万人民币，约合 770 万美元，历时两年正式竣工投入

---

① 《罢工致劳资双方损失惨重　资方逾 2 亿　工人近 2 千万》，（柬埔寨）《华商日报》，http：//www.7jpz.com/article－28140－1.html，2014 年 12 月 12 日。

② 《受罢工影响，第三季度柬服装出口下降》，中国使馆驻柬埔寨经商参处，http：//cb.mofcom.gov.cn/article/ddgk/zwfengsu/201410/20141000775979.shtml，2014 年 12 月 12 日。

③ 《明年工人基薪涨至 128 美元　劳方欢迎资方不满》，（柬埔寨）《星洲日报》，http://cn.thekhmerdaily.com/index.php？page＝news_detail&ref_id＝904112&ref_aid＝2718311，2014 年 12 月 14 日。

④ 《莫淑华、任索万当选国会专门委员会主席流产　沈良西吁人民党遵守两党政治妥协协议》，（柬埔寨）《华商日报》，http：//www.7jpz.com/article－32742－1.html，2014 年 12 月 13 日。

⑤ 《山东省农机产品进军柬埔寨　宋晓国：中国仍是柬最大投资国》，（柬埔寨）《柬华日报》，http：//www.7jpz.com/article－32325－1.html，2014 年 12 月 14 日。

⑥ 《驻柬埔寨使馆经商处召开 2014 年在柬部分中资企业年度工作座谈会》，中国使馆驻柬埔寨经商参处，http：//cb.mofcom.gov.cn/article/jmxw/xmpx/201412/20141200850711.shtml，2015 年 1 月 12 日。

使用。据柬埔寨媒体报道，柬埔寨参议院自 1999 年成立以来，中国先后提供了 11 次无偿援助。① 公路、桥梁等基础建设领域是柬埔寨经济发展的重点领域，也是中国政府对柬埔寨援助和支持的重点领域，截至目前在桥梁建设方面共有 7 个在建项目，其中三座桥梁已经竣工通车。2014 年 4 月，由中国政府提供优惠贷款、上海建工集团公司承建的巴萨克河大桥，成为已竣工的第四座桥梁并正式投入使用。

此外，中国也是最早在柬埔寨投资兴建水电站的国家，主要项目有甘再水电站、基利隆一水电站、基利隆三水电站、斯登沃代水电站、额勒赛下游水电站等，总投资额约为 16 亿美元。② 经过几年的投资建设，大部分已陆续进入投运营阶段。2014 年 3 月，经过 5 年建设，由中国大唐集团投资的菩萨省斯登沃代水电站建成发电。2014 年 8 月，由中国重型机械有限公司投资建设的柬埔寨达岱水电站 1 号机组，调试成功开始并网发电，这是迄今为止中国企业在柬埔寨投资建设的装机容量最大的一级水电站。这些水电站的建成，大大缓解了柬埔寨长期以来电力紧张的局面，对推动当地经济社会的发展起了积极的作用。但与此同时，水电站项目的发展也面临一些阻碍，主要是来自柬埔寨非政府组织对建设大坝会对环境造成破坏的质疑，以及因赔偿问题导致当地居民的抱怨和反对声音，已有国会议员要求政府对中国承建的水电站项目作出解释。2014 年已发生了几起针对中资公司水电站项目的示威抗议活动。另外，因投资开发引起的土地纠纷问题也日益突出，这些都是当前乃至今后中资企业以及其他华人企业在投资过程中需要重视的问题，如果处理得不好，不仅会影响到中柬合作，也容易引发当地民众对中国的误解和抵触，进而影响到参与项目建设的当地华商，以及为中柬合作牵线搭桥的柬埔寨华人。

---

① 《中国无偿援助柬参议院大厦竣工　布建国大使、柬参议院第一副主席为大厦剪彩》，（柬埔寨）《华商日报》，http：//www.7jpz.com/article - 28312 - 1.html，2014 年 12 月 12 日。
② 《柬埔寨电力设施逐渐完善　金边今年起将"不缺电"》，（柬埔寨）《柬华日报》，http：//www.7jpz.com/article - 29579 - 1.html，2014 年 12 月 12 日。

老　挝

2014 年，老挝（Laos）政局基本稳定，经济发展较快；老挝党政高层 3 次访问中国，对推动老—中关系意义重大；同年在老挝成立的中国文化中心，推广中国文化，这些都有助于老挝华侨华人的兴业、生活与发展。老挝是东南亚国家中华侨华人数量较少的国家，但也是中国在外新侨增长较快的国家。老挝的华侨华人大多从事商业与手工业，生活水准略高于当地其他族群。老挝华人从政者较少。老挝华人社团以万象中华理事会为主。老挝的华文教育发展迅速，并有望继续扩大发展。中老同为社会主义国家，双边关系快速发展，有助于老挝华人创业；而且老挝华侨华人也是中老关系的"桥梁"。

一、老挝基本国情与华侨华人数量

老挝位于亚洲中南半岛北部。北与中国云南省接壤，西邻缅甸，南邻泰国，东邻越南。2008 年 11 月，老挝第六届国会审议确定：老挝只有一个民族，即老挝族，一个老挝族之下又有 49 个少数民族。

表 1　老挝概况

国家全名	老挝人民民主共和国（Lao People's Democratic Republic）
地理位置	中南半岛北部
气候	热带、亚热带季风气候
领土面积	23.68 万平方公里
执政党	人民革命党（Lao People's Revolutionary Party，LPRP）
总理	通辛·坦马冯（Thongsing Thammavong）
官方语言	老挝语（Lao）
首都	万象（永珍）（Vientiane）
国际机场	瓦岱机场（Wattay International Airport）
人口数量	669 万多
华人数量	3 万多
华人所占总人口比例	不到 1%
主要民族	老挝族（Lao People）
经济增长率	7.4%（2014 年）
通货膨胀率	4.7（2014 年）
国内生产总值	82.9 多亿美元（2013 年）
人均国内生产总值	1 130 美元（2013 年）

因地缘之便,中国云南的边民从宋代末期就开始移居如今叫作老挝的这块土地。① 清朝中后期,来自广东、福建等地的民众经越南、泰国、柬埔寨等地移居老挝。20世纪70年代,包括老挝在内的印支半岛政局动荡,老挝华侨华人生活深受影响,不少华人离开了老挝。目前在澳大利亚与北美等地的一些华人社团就是由当时离开老挝的华侨华人建立的。

据中国外交部的数据,目前在老挝的华侨华人有3万余人。这一数据与老挝华社万象中华理事会提供的数据基本一致。② 不过,台湾"侨务"部门的相关统计数据与上述数据差异较大。据"中华民国侨委会"2005年的数据:在老挝的华人(Ethnic Chinese)有185 765人(2004年有181 571人);华人人口增长率为2.31%;③ 占老挝人口总数的0.4%。④ 上述差异可能是统计的对象、时间等不一所致。因此,关于老挝华侨华人的人数,仍没有一个较为确切且一致认可的数据。

历史上老挝华侨华人的数量也缺乏准确统一的数据,仅有大致的数据。1927年,法国殖民政府的统计显示,在老挝的华侨华人有2 000人;⑤ 到了1959年,有4万人;⑥ 1954年7月在日内瓦会议期间,老挝外长告诉中国总理周恩来,老挝有中国人1万多。当地华人曾告诉西方学者,老挝华侨华人最高峰时大概有10万人。但西方的相关统计数据更多地采用了"4万多"这个数据,学者们也多采用"4万"这个数据,⑦ 国内的相关研究中也有采用"4万多"这个数据的。⑧ 台湾1988年出版的《寮国华侨概况》称老挝有华侨华人15万人之多,是根据老挝各个主要市镇的华人人口推算出来的。⑨ 据估计,20世纪90年代中期时,在老挝的华侨华人有1万多人,其中首都万象有华人8千余人。⑩

近些年,随着老挝与中国关系的快速发展,到老挝从事商务活动的中国人越来越多,构成侨居老挝的中国新侨民。在老挝北部临近中国云南的边境地区,来自云南的商务人士和务工者较多。在首都万象,湖南邵东人占有较大比例,他们基本是在近十年来到老挝的。这些新到老挝的中国商务人士,流动性较大,在老挝时间不一,也较难统计其具体数量。

---

① Florence Rossetti, The Chinese in Laos: Rebirth of the Laotian Chinese Community as the Peace returns to Indonesia, *China Perspectives*, September-October, 1997.

② 李家忠:《印支外交亲历》,上海:上海辞书出版社2010年版,第208页。李家忠于1994年到1995年担任中国驻老挝大使,他提供的老挝华侨华人数据应该是较有参考价值的。

③ The Ranking of Ethnic Chinese Population,http://www.ocac.gov.tw/english/public/public.asp? selno = 1163&level = B,2012年11月9日。

④ 海外华人人数, http://www.ocac.gov.tw/public/public.asp? selno =9429&no =9429&level =C, 2012年11月9日。

⑤ Centre des Archives d'Outre-Mer in Aix-en-Provence, France. Division of Economic Affairs, Indochina General Government, Courrier 1927. 转引自: Florence Rossetti, The Chinese in Laos: Rebirth of the Laotian Chinese Community as the Peace returns to Indonesia, *China Perspectives*, September- October, 1997.

⑥ Joel Martin Halpern, The Role of the Chinese in Lao Society, *The Journal of Siam Society*, Vol. 99, July 1961.

⑦ Florence Rossetti, The Chinese in Laos: Rebirth of the Laotian Chinese Community as the Peace returns to Indonesia, *CP13*, September-October, 1997.

⑧ 朱芳华:《老挝汉语推广的对策初探》,《海外华文教育》2010年第1期。

⑨ 蔡天:《寮国华侨概况》,台北:中正书局1988年版,第57~59页。

⑩ 李家忠:《印支外交亲历》,上海:上海辞书出版社2010年版,第193页。

二、华侨华人地域分布与从业状况

老挝华侨华人主要集中在老挝的中南部，首都万象（Vientiane）与沙湾拿吉（Savan-nakhet）、巴色（Pakse）、琅勃拉邦（Luang Phrabang）等省会城市最为集中。多以经商为主，生活水平略高于其他族群。从事的行业包括餐饮、旅馆、服装贸易、食品加工、日用百货。

近些年到老挝的中国新侨民多从事矿产、交通、银行、酒店、网络、手机、摩托车等行业。来自湖南邵东的中国商人在老挝经贸领域发挥越来越大的作用，在摩托车、手机、服装和箱包生意等领域都占有较大份额。万象的宏格亚星商业街被称为"邵东街"。不过，随着中国的援助与投资在老挝的份额逐渐增长，关于中国经济和中国人在老挝负面影响的猜测与报道也出现了。[①]

华人在老挝政治领域的表现逊色于经济领域。华人参与政治活动者较少，但也不乏位居高位者，如进入老挝党政高层。

三、万象中华理事会

2014 年 9 月 29 日，以万象中华理事会为首的老挝侨界举办了庆祝中国 65 周年国庆暨中老建交 53 周年晚会。万象中华理事会（Vientiane Chinese Association）是老挝最大也是历史久远的华人社团，其前身为万象华侨公所，成立于 1934 年。1948 年 9 月 28 日，中国政府要求法国殖民政府取消公所名称，代之以"永珍中华理事会"；1959 年，老挝政府要求取消中华理事会，代之以"中华会馆"，受"中华民国"驻万象的"领事机构"指导。

中国驻老挝大使馆 2014 年也延续了往年同万象中华理事会互动的传统，如拜访永珍善堂。永珍善堂是中华理事会管理下的华人慈善机构，成立于 1966 年，每年在盂兰节等节日举行慈善捐助活动，还收养一些孤寡老人，目前共赡养 11 位孤寡老人。善堂还为贫困人士办理丧葬事宜，并在传统节日举行慈善捐助活动，其善行赢得了老挝各界的赞誉。

此外，理事会下属机构还包括万象寮都公学、福德庙、伏波庙、寮都教育基金会、寮都修校委员会、中华妇女会、中华少狮团、寮都校友总会。"目前拥有会员 1 000 多人，多数为粤籍潮汕地区的乡亲"。万象中华理事会的委员会由 15 位经过选举的人员组成，现任理事长为李燕金。

四、华人代表

2014 年 11 月 15 日，老挝万象中华理事会的前会长、终身荣誉会长林振潮在万象因病去世。林振潮是老挝华人的代表。中国驻老挝大使高度评价林振潮的贡献，称"（他）毕生服务华人社会，为推动和谐侨社建设、弘扬中华传统文化、支持祖国和平统一大业和促

---

① Ian Storey, China and Vietnam's Tug of War over Laos, *China Brief*, Vol. 5, Issue 13, June 7, 2005. Tom Fawthrop, Laos's Chinese Gamble, The Diplomat, December 24, 2010, www. thediplomat. com/2010/12/24/laos's-chinese-gamble/, 2012 - 11 - 09.

进中老友好做出了重要贡献"。除林振潮之外，老挝华侨华人的代表主要包括华社的领导与重要的企业界人士。

　　张贵龙是老挝华人企业家，被称为老挝华人首富。他与林振潮两人都是中国海外交流协会第四届理事会理事，也是该协会仅有的两位来自老挝的华人。1997年，张贵龙作为老挝华侨华人代表参加香港回归仪式；1999年到北京参加新中国成立50周年庆典。[①] 除经营企业外，华人企业家也都投身公益事业。张贵龙积极投身于公益事业，担任了数个民间社团的职务，如担任老挝中国和平统一促进会会长、崇德学校名誉董事长、万象寮都公学副董事长、万象中华理事会监事、老挝潮州乡亲会会长等。[②]

　　另一位华人企业家姚宾是老挝吉达蓬集团董事长，他于20世纪90年代到老挝经商，涉足房地产开发、建筑、政府采购贸易、木材加工、酒店旅游等行业，目前担任老挝万象中华理事会副理事长。他每年都向慈善机构捐赠，曾多次捐款给福德庙、永珍善堂等华侨华人文化和慈善机构，还曾资助文化与体育事业，赞助过参加广州亚运会的老挝体育代表团、老挝乒乓球队以及老挝贫困地区的学校。他常随老挝政府代表团访问中国，以更多的实际行动促进两国友谊与经贸合作。

五、华文学校与华文教育及中华文化

　　老挝华文教育以本土的华文学校为主，此外还有大学里设置的中文系与孔子学院。2014年11月成立的中国文化中心有望开启在老挝传播中国文化的新局面。

（一）中国文化中心

　　2014年11月在老挝首都万象成立的中国文化中心，是在老挝传播中国文化的新机构。与中国汉办在老挝设立的孔子学院以教授汉语不同的是，由中国文化部组织设立的中国文化中心旨在让当地民众更直接地体验中国文化。中国文化中心有望与当地的华文学校、孔子学院一道，成为在老挝传播中国文化的主力军。

（二）华文学校

　　在老挝的孔子学院、中国文化中心成立之前，当地的华文学校是教授汉语和传播中华文化的主要力量。老挝的华文教育办学条件较好，师资力量较强，教学水平较高，不仅华人子女到华文学校就读，家庭条件较好的其他族裔也会把子女送到华文学校。由当地华社创办的华文学校遍布老挝许多地方，主要有以下几所：

　　（1）寮都公学是中华理事会所属的主要华文学校之一。寮都公学于1937年创办，是老挝规模最大、学生最多、师资力量最强的华文学校。该校是中国国务院侨办确定的老挝3所华文教育示范学校之一，现有学生两千余名。寮都公学每年都有毕业生到中国接受高等教育，主要是到暨南大学和华侨大学。中国驻老挝大使每年都会访问寮都公学，并为寮都公学提供支持和帮助。

---

① 辛秀玲：《张贵龙：力促中老友好合作的华人首富》，《民营经济报》，2011年9月29日。
② 陈玩穗：《张贵龙：老挝华人首富》，《民营经济报》，2012年9月29日。

（2）拥有85年历史的巴色华侨公学是老挝南部最著名的华文学校，是当地华社创办管理的学校，也是"汉语桥"在老挝的协办单位。2014年9月19日，该校举办了85周年校庆。

（3）其他华文学校：寮东公学、崇德学校与新华公学。寮东公学是甘蒙省他曲中华理事会创办的华文学校。崇德学校建于1931年，位于沙湾拿吉省的崇德学校被中国国务院侨办、中国海外交流协会评为"华文教育示范学校"，理事会派专人负责华校工作，筹集办学经费，争取政府对华校的支持，解决师资、教材等方面的困难，改进教学方法，提高教学质量等。琅勃拉邦新华公学也是老挝知名的华文学校。

（三）其他

在老挝教授汉语及传播中国文化的机构还有：①老挝国立大学中文系，成立于2003年。老师由中国汉办委派，使用从中国进口的教材。②孔子学院，成立于2010年3月，由中国广西民族大学对口支援；2014年9月26日，举办了孔子学院建立十周年暨首个全球"孔子学院日"庆祝活动。③琅勃拉邦的中文培训中心由中国昆明理工大学与老挝苏发努冯大学合作设立。④短期培训班，是老挝华文教育的另一种方式，培训班有政府办的和私人办的。私人办的华文培训班，其规模和收费都很灵活。

六、华文报纸

目前，老挝还没有本土编辑出版的华文报纸。老挝曾经有过华文报纸，但存在时间短、销量小。1959年创办的第一份华文报纸《寮华日报》因销路有限而停办。随后创办的《自然报》和《虎报》也都时间不长。1965年创办的《华侨新闻》和1967年创办的《永珍日报》发行量都不超过1 000份。20世纪70年代创办的《老华日报》于1978年被查封。[①]

七、2014年老挝局势与老中关系及其影响

2014年，老挝政局基本稳定，经济快速发展。包括副总理兼国防部长在内的老挝四位重要领导人在5月17日的空难事件中遇难，是2014年老挝政坛的重要事件，有可能影响到老挝政坛的稳定性与连续性。老挝经济自1997年在亚洲金融危机期间受到短暂冲击后，多年来都保持较高的发展速度。

2014年，老挝同中国关系也在原有良好的基础上稳定发展，客观上有助于老挝华侨华人的生活与创业。老挝革命党总书记、国家主席2014年两度（7月和11月）访问中国；老挝总理2014年4月访问中国，并同中国达成了修建老挝铁路的协议。老挝、中国两党两国的高层互动于2014年达到了前所未有的高度，这对于推动老挝、中国两党两国关系发展至关重要，客观上也有利于老挝华侨华人的创业与生活。

老挝华侨华人是老中关系发展的见证者，也是发展两国关系的纽带；华侨华人也积极

---

① 傅曦、张愈：《老挝华侨华人的过去与现状》，《八桂侨刊》2001年第1期。

地通过自身的努力为老挝同中国关系的健康发展作贡献。老挝华侨华人深受老中关系变化的影响。当老挝同中国关系健康发展之时，就会有不少中国人到老挝从事经济、文化活动，如近 20 年来的情况就是如此。当老挝同中国关系不佳时，不少老挝的华侨华人就被迫离开老挝，留在老挝的华侨华人的文化活动也受到限制。目前老中关系的状态越来越有利于华侨华人在老挝生活、发展。如今，老挝政府对待华侨华人的政策较为宽松，基本不存在歧视华侨华人的现象。

展望 2015 年及未来，老挝有望继续保持政局稳定、经济快速发展的态势，并积极发展同中国之间的良性互动。老挝政局稳定、经济快速发展以及老中关系稳步发展，这一切都有望为老挝华侨华人的生活与创业提供更加有利的条件；反过来，老挝华侨华人也有望在推动老挝经济与老中关系发展方面发挥更大的作用。

日 本①

2014 年，中日关系依然处于两国邦交正常化以来的低点，政治互信减弱，经贸关系持续下降，民众相互认同日趋冷淡。尽管中日首脑在 11 月的 APEC 会议期间实现了近 3 年来的首次会见，但两国关系在短期内难有较大的改善，未来还会出现波折。在过去的一年中，日本华侨社会的发展与日本经济的起落息息相关，与中日关系的冷暖紧密相连。在日本经济持续低迷的环境下，华侨社会仍有所发展：社团组织有所扩容，队伍不断壮大；在日华商大中型企业稳步发展，积累有加；华侨回国投资、深化合作，与中国关系也更加紧密。

一、日本基本国情

表 1　日本概况

国家全名	日本国	地理位置	太平洋西岸	领土面积	约 37.79 万平方公里
首都	东京	官方语言	日语	主要民族	大和民族
政体	天皇为国家象征；以立法、司法、行政三权分立为基础的议会内阁制	执政党/主要反对党	自民党、公明党/民主党、维新会等	现任首相	安倍晋三
人口数量	12 707 万（2014 年 12 月 1 日公布）	华侨华人人口数量	华侨华人、留学生、在日中国人共约 83 万	华侨华人占总人口比例	0.65%
GDP/人均 GDP	47 698 亿美元/38 491 美元（2014 年）	CPI	2.4%	失业率	3.6%

---

① 本文为中华全国归国华侨联合会课题"中日关系视域下的华侨华人现状研究"（课题编号：13BZQK214）的阶段性成果。

二、2014 年中日关系

（一）政治关系

2014 年，在以安倍晋三为代表的右翼势力掌权的背景下，日本国内政治右倾化加速，继续推行对中国的强硬路线，中日关系面临的挑战更为严峻。

1. 领土争端加剧，导致中日关系日趋紧张

2014 年，日本政府延续因"9·11 购岛"闹剧所导致的领土纷争，继续加剧两国间的紧张局势。中国政府针对日本的挑衅，加强了对钓鱼岛的巡逻，维护中国的领土主权。日本非但不承认钓鱼岛主权存在争议，还加大经费和力量的投入，与中国强悍对峙，双方互不相让，正面冲突的风险明显上升。2014 年 5、6 月间，日本自卫队战机采取危险动作，曾多次发生中日战机异常接近的事态，致使中日乃至东海局势日趋紧张。

2014 年 11 月，中日两国政府就改善中日关系达成四点原则共识。其中，建立危机管控机制是重要内容。2015 年 1 月，中日两国的防务部门就海空联络机制相关内容及有关技术性问题进行了协商，达成了一定共识。但是日本政府及其官员的近期言行，却反映出他们对改善中日关系、维护地区稳定的诚意不足。例如：日本防卫大臣无端指责中国舰船在东海进入日本领海，批评中国划设东海防空识别区；在历史问题上不断挑起事端，东京数研出版的高中社会学教科书中删除"慰安妇"及"强征外国劳工"等内容，该书得到文部科学省批准，将在今年 4 月发行。① 日本外相岸田访问印度时声称，"很明确，阿鲁纳恰尔邦②是印度的领土"，反映了日本到处煽风点火、激化矛盾，利用第三国力量牵制和围堵中国的卑鄙伎俩。

2. 以"中国威胁论"为借口，行"军事大国化"之实

近年来，日本极右势力借助中国崛起的现实，大肆炒作"中国威胁论"，加快推进自卫队扩军、解禁集体自卫权的步伐。

2014 年 4 月 1 日，日本内阁决定通过"防卫装备转移三原则"，将武器出口由"原则禁止"改为"原则放开"，大幅放宽向外输出日本武器装备和军事技术的条件。目前，日本军工业制造水平亚洲第一，以三菱重工为代表的日本 12 家军工企业早已具备了自行研发、制造先进战斗机、宙斯盾驱逐舰、深海潜艇和军事卫星等武器装备的能力。放宽"武器出口三原则"之后，便会释放出本就具备的生产进攻性武器的能量，研发进攻性武器的能力也会大幅提升。这一系列的行为，暴露出日本社会中潜伏的一种危险心态，即已经不甘于"专属防卫"，正准备积极向外扩张和进攻，这为亚洲安全增加了不安定因素，也使中日关系处于一个关键的十字路口。2014 年 7 月 1 日，日本通过了"解禁集体自卫权"

---

① ［日］三木陽介：《＜高校教科書＞数研出版「従軍慰安婦」「強制連行」を削除》，（日本）《毎日新聞》，2015 年 1 月 9 日。

② 日本外务大臣就中印领土之争以如此明确的方式表达立场，这还是第一次。在此之前，日本一向的态度是对中印界问题不持立场，但在外务省官网的地图上，藏南地区包含在印度领土内。阿鲁纳恰尔邦辖区面积的 90% 以上为我国藏南领土。

的内阁决议，导致宪法第九条名存实亡。安倍政权"解禁集体自卫权"的目的，是要使日本获得所谓"普通国家都能实行的集体自卫权"，意味着自卫队未来要加速推进扩军，以行使集体自卫权之名，出现在世界更多地方，最终使日本成为拥有战争权的国家，达到实现所谓"正常国家"的政治目标。根据安倍计划，2015 年 1 月下旬启动围绕"集体自卫权行使"等内容的安全保障法制的审议工作，并在例行国会上获得通过。由于执政的自民党、公明党在众参两院占据绝大多数议席，该议案通过审议当无悬念。① 此举明显加快了日本实现"军事大国"的步伐，是安倍政权急欲摆脱战后体系束缚，实现其成为"军事大国"图谋的战略措施，是将矛头指向中国的一场战略博弈，对中国及周边国家的安全造成威胁，不能不引起包括中国在内的亚洲邻国对日本发展走向的强烈担忧和高度警惕。

3. 加速修宪的步伐，为对外扩张奠定法律基础

2014 年 12 月 14 日，日本进行了第 47 届众议院选举，其结果是自民党大胜，巩固了国会优势，强化了一党独大的政治局面。当前的日本国会几乎是处于对安倍晋三"言听计从"的状态，"无法阻止其暴走"。自民党干部称，大胜后，安倍晋三主导政策、人事，"政高党低"的倾向越来越强，想表达的话不能说是很可怕的，简直像北朝鲜的独裁体制。② 目前，日本的"朝野"对决呈现向执政党"一边倒"的趋势，"安倍法案"将更为快速、顺利地推进。

安倍第二次执政后的政治理想之一，就是修改和平宪法。他多次在媒体公开表示，修宪是他的"政治夙愿"，是他"毕生的使命，也是自民党成立以来的一个重要目标"。近年来，安倍借"中国威胁论"高喊"危机"，煽动民众的"国防意识"，借势而为，采取曲线、变通的方式不断"蚕食"和平宪法，逐步地接近其最终目标。目前，通过大选，执政的自民党获得 291 个议席、公明党获得 35 个议席，执政联盟共获得 326 个议席，占全部 475 个议席中的 2/3 以上，已经跨过修宪所需的 317 个议席的门槛。③ 不仅如此，根据《每日新闻》调查，赞成修宪的众院议员达到 390 人，占总数的 83%。④ 在这种形势下，安倍政权会加快修宪的步伐，为扩军、武器出口等一系列政策的变更，奠定法律基础。因此，我们在努力改善对日关系的同时，不能忘记日本还存在着危险性的倾向。⑤

中日关系出现今天的局面，完全是安倍政权的所言所行背叛了中日复交的精神，破坏了中日关系的根基造成的。2014 年 11 月 7 日，中日双方就处理和改善两国关系达成并发表四点原则共识，中日关系朝着改善的方向迈出了重要一步。但是，破解中日关系的困局，还要看安倍政权如何反省、纠正以往的错误政策，按照共识精神和要求正确对待、妥善处理历史问题等。只有如此，才能为逐步构建和积累政治互信、推动两国关系扎实地走向改善提供保障。

---

① ［日］影山哲也：《安倍首相、憲法改正に意欲　集団的自衛権などは理解得た》，（日本）《每日新聞》，2014 年 12 月 15 日。

② 《議長も首相も町村派「まるで北の独裁」と幹部》，（日本）《読売新聞》，2014 年 12 月 21 日。

③ 《自民圧勝「他党よりまし」65% 読売世論調査》，（日本）《読売新聞》，2014 年 12 月 16 日。

④ ［日］高山祐：《衆院選、憲法改正「賛成」の当選者83%　発議要件超える》，（日本）《每日新聞》，2014 年 12 月 15 日。

⑤ 周永生：《切忌放松对日本的警惕》，新华网，2014 年 10 月 10 日。

（二）经贸关系

中日政治关系的持续僵冷已严重波及两国间的经贸往来。中日邦交正常化以来，两国的经贸关系基本保持了平稳健康的发展。2004年，中日两国的贸易总额达到2 050亿美元，中国首次取代美国成为日本最大的贸易伙伴。2011年，中日贸易总额达到3 400多亿美元，占日本贸易总额的20.6%。① 日本挑起"9·11购岛"争端后，双边贸易在2012年、2013年持续萎缩。国际货币基金组织2014年4月8日公布的数据显示，2013年全球GDP总量达到73.98万亿美元，美国为16.8万亿美元，位居第一；中国为9.2万亿美元，位居第二；日本为4.9万亿美元，位居第三。日本与中国贸易仅有0.4%的微弱增长，与中国欧盟、中国美国和中国东盟分别增长10.1%、6.4%和8.4%形成鲜明对比。2013年，日本对华直接投资比2012年萎缩4.35%，2014年1—11月日本实际对华投资为40.8亿美元，同比下降39.7%。而同一时期，中国依然是仅次于美国的世界第二大吸引海外直接投资的国家。

中日经贸关系对促进两国各自经济发展具有重要作用与意义，得到两国政府及经济界高度重视。近年来，中日经济发展出现明显反差：中国经济高速增长，而日本经济则每况愈下，持续萎缩。2014年中国GDP总量为10.4万亿美元，位居世界第二；日本为4.8万亿美元，位居第三。中国经济总量已为日本的两倍多，中日贸易已经不及中美和中欧贸易的规模，日本对华贸易逆差额更创下历史新高，位居中国对外贸易伙伴的第五名。

日本经济要走出目前的困境，发展与中国的经贸关系至关重要。中日经济具有很强的互补性，中国连续多年是日本最大贸易伙伴和最大出口对象国。崛起的中国对走向低迷的日本经济有很强的推动力。对此，日本经济界及有识之士都有清醒的认识，也具有改善目前中日经贸局面的强烈愿望。

中国也充分肯定两国经贸关系是世界上最重要的经贸关系之一，它在中日双边关系中具有重要地位和意义，中国愿意致力于开展中日经济合作，以增加两国人民的福祉，促进两国互利双赢和共同发展。但是，自2012年日本挑起"9·11购岛"闹剧以来，日本政府变本加厉推行一系列与中国抗衡的政策，已经影响、损害了中日经贸关系的正常发展。中国重视发展中日经贸合作，但重要的是，日方应拿出诚意纠正错误，妥善处理当前面临的问题，为两国合作恢复良好的环境和条件。

（三）民间关系

中日民间交往历史悠久，不仅是中日关系的基础和重要支柱，而且在推动与维系双边关系稳定发展方面发挥着不可或缺的重要作用。新中国成立至中日恢复邦交正常化以前，民间往来是中日交流的主要渠道与重要形式。在实现中日邦交正常化的历史过程中，民间交流起着润滑剂的作用，经贸界、文艺界、教育界、体育界、学术界及妇女、青年等民间团体及个体间广泛开展活动，"以民促官"，为实现中日邦交正常化发挥了重要作用。1972年中日邦交正常化以后，随着官方关系进入空前的友好时期，民间交往也迎来了高潮。

近年来，日本政府推行了一系列与中国对抗的政策，右翼势力几乎把持了日本所有的

① 张红：《面对外交困局：安倍搞得定吗?》，《人民日报》（海外版），2012年12月27日。

主流媒体，极力炒作"中国威胁论"，甚至日本国内一些书店内专门设有"中国威胁""中日必有一战"等图书角，这在很大程度上误导了日本民众，导致中日民间情感持续降温。由日本非营利组织"言论 NPO"和《中国日报》共同实施的国民相互感情和认识民意调查结果显示，2012 年，84.9％的日本人和 64.5％的中国人对对方国家"印象不好"；2013 年，90.1％的日本人和 92.8％的中国人对对方国家"印象不好"，分别比 2012 年增加了 5.2 个和 28.3 个百分点；2014 年，93％的日本受访者对中国持有负面情绪，这是该调查项目启动以来的最高点。①

"国之交在于民相亲"，但国家间关系的好坏直接影响着民间交往的广度与深度。官方关系密切则民间交往旺盛，官方关系恶化则民间交往受影响。自中日邦交正常化以来，中日民间关系打下了比较坚实的基础，据日本国自治体国际化协会中文网站公布的统计数据，截至 2014 年 5 月，中日两国地方政府间缔结的友好城市关系的数量达到 354 对，规模仅次于日美，位居第二。日本 47 个都道府县（相当于 47 个省、直辖市）的省会城市都与中国相应城市建立了友好城市关系；日本地方自治体设置的海外办事处共有 174 个，有 75 个设在中国，数量上排名第一。② 正因为如此，即便在中日关系严峻的 2014 年，中日民间团体仍保持着往来交流。如 5 月，日本青年会议所"日中友好之会代表团"来京访问，高村正彦率领的跨党派议员团体"日中友好议员联盟"访华；9 月，"日中经济协会访华团"访问北京；12 月，"新日中友好 21 世纪委员会"在北京重启正式会议等。虽然民间交流不可能直接解决中日在政治、领土等问题上的争端，但民间力量可以为政府间解决这些问题营造良好的氛围和环境，尤其可以对增进中日民众相互认知、深入理解，发挥独特作用。尽管坚冰尚未破解，但只要中日民间团体及个体本着以史为鉴、面向未来的精神，更多开展教育、文化、地方、青少年等各领域的友好交流，增强两国关系的民意基础，就能不断为两国关系的改善积累条件，中日民间关系也会迎来新的发展。

三、2014 年侨情的变化

2014 年，日中关系持续僵冷，以往中日关系出现波折时所表现的"政冷经热"不再重演，代之而来的是"政冷经亦冷"的局面。日本华侨社会的发展与日本经济的起落息息相关，与中日关系的冷暖紧密相连。在过去的一年中，尽管中日关系与日本经济低迷给华侨社会的发展带来不利影响，但华侨华人具有在逆境中求生存、在困局中谋发展的品格与精神，华侨社会依然维持着平稳发展的局面：社团组织有所扩容，队伍不断壮大；在日华商大中型企业稳步发展，积累有加；华侨回国投资，深化合作，与中国关系更加紧密。

---

① 该调查项目于 2005 年启动，每年实施 1 次。第九次调查完成于 2013 年 6 月至 7 月，第十次调查完成于 2014 年 7 月至 8 月，在日本全国以及中国的北京、上海、成都、沈阳和西安等城市实施。日中两国分别有 1 000 人和 1 540/1 539 人回答了问卷。

② 中日机构高层专访系列：《地方政府间与民间交流应成为中日两国交流的另一大支脉——专访日本国自治体国际化协会北京事务所所长长寺崎秀俊》，人民网"日本频道"，http：//japan.people.com.cn/n/2014/1031/c390349－25946368.html，2014 年 10 月 31 日。

（一）在日华侨华人人口数量及类别

近年来，在日华侨华人人口规模呈现出相对平稳的发展态势。据日本法务省最新公布的在日外国人统计调查数据显示，截至 2014 年 6 月，在日中国人总人数为 685 699（含台湾），占在日外国人总数的 32.86%。其中，留学生有 107 355 人，占外国留学生总数的 54.52%。[①] 多年来，在日华侨中已有相当一部分人加入了日本国籍，据统计，截至 2012 年底，取得日本国籍的中国人总数已达 127 200 人;[②] 另外，战后中国遗留孤儿归国者及眷属有 12 608 人（共 5 882 个家庭，18 608 人中 6 000 人左右是日本人，眷属虽为中国人，但也绝大部分加入了日本国籍)。[③] 综合各类数据，目前，包括日本的华侨、华人、留学生、就学生、研修生、日本人配偶、持有工作签证的中国人及非法滞留的中国人（截至 2014 年 1 月 1 日为 8 257 人)[④] 等，在日华人可统计人口已达 833 764 人（包括台湾)[⑤]，较去年（826 836 人）略有增加。

（二）在日华侨华人性别、籍贯及年龄比例

在日华侨性别比例呈现不均衡状态，根据日本入国管理局的统计数据，截至 2014 年 6 月末，在日华侨总数为 68.569 9 万人，其中女性为 40.170 9 万人，占总人数的 58.58%，男性人数为 28.399 0 万人，占总人数的 41.41%，女性比男性多出 11.771 9 万人。

在日华侨多数为东北三省籍贯。其中辽宁人最多，达 10.51 万人，占总数的 15.33%；紧随其后的是黑龙江人，为 7.78 万人，占总数的 11.35%；第三为吉林人，为 5.69 万人，占总数的 8.3%。东北三省人数共占总人数的 34.97%，达到总数的 1/3 以上。另外，福建、上海籍人也是在日华侨中较多的群体，其中福建人有 6.4 万人，占总数的 9.33%；上海人约有 5.68 万人，占总数的 8.28%。

自改革开放后，新华侨大量移入日本，改变了以往华侨社会的年龄结构。据统计，2014 年，在日华侨中，20 岁至 30 岁年龄段的年轻人高达 27.279 0 万人，占在日华侨总数的 39.78%。[⑥] 由此可以看出，在日华侨中年轻人占绝对主体。这与日本社会的年龄结构形成鲜明反差，在一定程度上给老龄化的日本社会增添了一些活力。

（三）日本华侨华人职业状况分析

自新华侨华人移居日本后，改变了以往老华侨职业结构较单一的状况，华侨社会的职

---

① ［日］财團法人入国管理协会:《在留外国人统计》，http：//www.e-stat.go.jp/SG1/estat/List.do？lid = 000001127507。

② 根据周宏:《每三个在日外国人中就有一中国人》，《中文导报》，2011 年 6 月 8 日。文章中"截至 2010 年年末入籍华人是 120 343 人"，笔者又加入最新统计的 2011 年 3 259 人、2012 年 3 598 人，因此在日入籍的华人人数共计 127 200 人。

③ ［日］财團法人入国管理协会:《在留外国人统计》，http：//www.nyukan-kyokai.or.jp/，2001 年。

④ 乔聚:《在日中国人"黑户"为何大幅减少》，日本新华侨报网，2014 年 12 月 18 日。

⑤ 中日邦交正常化以后，日本出入国管理局的《在日外国人统计》历年都是中国（包括台湾）的统计数字，然而，自 2012 年以来，每年的统计却将台湾在日人数单列出来，这也是日本政局向右转，妄图分裂中国的一种体现，所以笔者统计时特别强调包括台湾。

⑥ ［日］财團法人入国管理协会:《在留外国人统计》，http：//www.e-stat.go.jp/SG1/estat/List.do？lid = 000001127507。

业构成逐步发生变化。尤其是进入 21 世纪后，随着新华侨在日本逐步立稳根基，华侨社会的职业结构呈现多样化与时代化的特点。2014 年，在日华侨华人的职业构成仍沿着近年来的轨道向前发展。具体情况是，除了一部分人从事贸易、加工、运输和餐饮等传统行业外，绝大多数华侨华人在公司就职或从事教学、科研领域的工作，也有相当一部分人在医疗、信息、环保、IT、金融等新兴行业和高科技领域工作。更有佼佼者独立创办公司，并形成规模，如已有 6 家华人公司在东京证券交易所上市。

据日本法务省在 2014 年 6 月发布的在日外国人登陆统计（见表 2）显示，华侨及在日中国人从事技术、技能、知识行业者已经占有相当高的比例。

表 2　2014 年华侨和在日中国人人数及其占外国人总数比例的统计表

名称	外国人总数	中国人	比率	名称	外国人总数	中国人	比率
教授	7 739	1 997	25.8%	艺术	422	81	19.2%
宗教	4 588	138	3%	报道	224	49	18.8%
投资经营	14 206	6 111	43%	法律会计	153	6	3.9%
医疗	710	542	76.3%	研究	1 902	653	34.3%
教育	9 967	97	0.9%	技术	45 039	21 854	48.5%
人文知识、国际业务	76 021	37 945	49.9%	企业内转勤	15 573	6 121	39.3%
演出	1 991	158	7.9%	技能	33 203	17 804	53.6%
文化活动	2 619	790	30.1%	特定研究及情报处理	137	56	40.8%
留学	196 882	107 355	54.5%	家族滞在	123 441	63 263	51.2%
研修	1 406	289	20.5%				
高级人才	1 446	939	64.9%	技能实习	162 154	105 389	64.9%

根据日本法务省在留外国人登陆统计情况制作上表，http://www.e-stat.go.jp/SG1/estat/List.do。

如表 2 所示，2014 年，日本在住外国人中，从事人文知识、国际业务的外国人总数为 76 021 人，其中中国人为 37 945 人，占 49.9%，占总人数近一半；在日外国人从事医疗的人数为 710 人，其中中国人为 542 人，占 76.3%，占到总人数的 7 成以上；从事技能工作的外国人为 33 203 人，其中中国人为 17 804 人，占总数的 53.6%；研究机构中的外国人学者为 1 902 人，其中中国人研究者为 653 人，占总数的 34.3%；在日本居住、具有"教授"签证的外国人为 7 739 人，其中中国人为 1 997 人，占整体的 25.8%。如果将加入日本国籍的华人教授、担任中国语非常勤讲师的华侨华人统计在内，则数量将更加庞大。由此可见，新华侨华人活跃在日本的经济、科技、文化、教育等多个领域，事业稳步发展，并取得了令人瞩目的成就。

四、华侨华人社团

2014 年，面对中日关系的严峻局面，在日华侨华人更感到发挥社团作用的重要性：既要发挥华侨华人社团在促进中日民间关系的特殊作用，又要发扬华侨华人"抱团取暖"的传统，共同应对环境的变化，求得自身的发展。在这一年，以下华侨华人社团的发展体现出新亮点。

（一）扩充规模，向集团化迈进——日本中华总商会

2014 年，日本中华总商会迎来了成立 15 周年这个值得庆祝的日子，这一年他们举办了"世界华商经济论坛"，承办了世界华商大会顾问委员会会议，向世界展示了在日华商的实力与风采。一年中，总商会在扩展规模、调整组织布局、增加会员结构等方面取得了显著的成绩：设立地方直属分会，把民间交流从首都向地方扩展；组织形式不断向集团化方向迈进，相继成立了以地域划分的东京中华总商会和关西中华总商会的各地方总商会；积极吸收按出生地组成的华人商会，如日本浙江总商会等入会；积极接纳各类友好团体，如日中投资促进机构、日中友好会馆等作为团体会员入会；总商会还在中国的北京、上海成立了联谊会。

日本中华总商会秉持"继往开来"的精神，进入了新的发展阶段，截至 2014 年末，日本中华总商会有企业会员 300 多家。其中，以华侨华人经营者为主体的正会员 230 家，有 6 家在东京证券交易所上市。正会员企业注册资本总额超过 300 亿日元、员工 15 000 余人；最近的年商总额超过 2 200 亿日元，属下子公司达到 600 余家。

日本中华总商会在不断壮大自己的同时，注重开展同日本及他国商贸团体的合作与联合，接纳日本企业及在日跨国公司为赞助会员，目前已达到 100 多家，其中近半数是大型上市企业。据不完全统计，赞助会员企业注册资本总额超过 3 兆日元，员工 12 万余人。近年商会总额超过 9 兆日元，属下子公司达 1 000 家，迈向了组织集团化。[①]

2014 年，日本中华总商会继续积极开展与日本企业界、经济界人士的交流活动，通过开展商务研讨会、经济形势报告会、高尔夫交流会等，以自身的力量维护中日经贸健康发展。总商会确定：今后会继续以集团化组织模式，以中日经贸合作为纽带，通过加盟、合作等方式，发展、吸收各地华商组织及社团组织，协同运作、实现共赢。

（二）整合力量，不断壮大——全日本华侨华人联合会

全日本华侨华人联合会是由成立 10 年并不断发展壮大的日本新华侨华人会更名而来，是日本华侨界最大的社团组织。该会已由最初的 8 家华侨华人团体发展成现在的 43 家，团体会员不断扩容，日益成为旅日侨胞可以信赖和依靠的组织。联合会现有老华侨华人协会、新华侨华人协会，从会员团体的行业看，有教授会、总商会、律师会、华艺联、博士会、科盟会以及各地方会。

将日本新华侨华人会更名为"全日本华侨华人联合会"，标志着社团构成的新变化，即成员已不局限于新华侨华人，而是凝聚新、老华侨华人在内的综合性团体。该会更名后，社团宗旨也随之扩延，接纳在日华侨华人的各类侨团，有效地整合各社团的优势、消除彼此之间的隔阂，协调新、老华侨的关系，为提高在日华侨华人的整体力量发挥作用。现任联合会会长为原中国人民解放军总政治部歌舞团舞蹈演员颜安。

---

① 日本中华总商会，http：//www.cccj.jp/。

（三）发挥专长，为侨服务——在日中国律师联合会

2014年，在日中国律师联合会（2000年成立）也走过了15年的光辉历程。该会是由在日本的中国律师自愿组成的非营利性民间团体，也是全日本唯一的中国律师专业团体。该会会员包括律师事务所的执业律师，企业、公司的法律代表，大学法律专业与研究机构的教师、研究学者，也有部分在校的法律专业的大学生、研究生。该会会员各有业务特长，几乎涉及所有法学领域，其中相当一部分会员具有日本的外国法事务律师资格。该会成立以来，以服务在日华侨华人为基础，根据在日华侨华人生活特点及环境，联合日本律师，持续不定期地举行面向在日华侨华人的咨询服务，为在日华侨华人排忧解难，提供切实有效的免费法律帮助。

近30年来，在日华侨华人数量持续增加，在日生活逐步稳定，与日本社会产生了多渠道、多层次的关系，但也不可避免地出现摩擦与碰撞，需借助法律来解决各种与切身利益相关的问题。该会成立以来，对日本华侨华人社会的正常发展提供了有效保障。在中日关系错综复杂的今天，该会的存在价值更显重要。

五、华商经济

2014年，日本经济持续衰退，据日本政府2015年1月12日公布的日本国内生产总值（GDP）的预测数值报告显示，2014财年，日本实质GDP与2013财年相比将出现0.5%的负增长，[①] 安倍政权推行的"安倍经济学"未能挽救日本经济持续下滑的局面，在日华商经济不可避免地遭受冲击。对此，在日华商不断调整经营坐标，进行组织改革、行业调整，努力发掘自身优势，在产业规模和经营质量上都有了新的发展。以下华人商社的业绩具有一定的代表性。

（一）EPS集团

EPS集团是日本最大的从事医药与医疗器械研发服务外包的专业公司，由在日华商严浩[②]于1991年创立。严浩现任EPS集团总裁，兼任中国国务院侨办海外专家咨询委员、中华海外联谊会理事、中国海外交流协会理事、清华大学健康科学基金理事长、日中医学交流中心副会长、日本中华总商会会长等职，是横跨中日两国的商界精英领袖。

EPS集团自1991年成立以来，奉行"以客为先""以商为轴"和"以人为本"的企业理念，经过10年的创业与发展，于2001年7月9日在日本店头市场（Jasday Market）成功上市。EPS集团是第一家日本CRO的上市公司，也是日本首家进入资本市场融资的华人企业，开启了华人企业在日本股票市场上市的先河。如今EPS已是一个拥有3 300多

① 《2014年日本のGDP推移》，http：//asset-alive.net/article.php？mode=show&seq=4424。
② 严浩：1962年11月出生于江苏省张家港市。1981年春，经过教育部的严格选拔和一年的培训，作为教育部第二批公派留学生赴日本留学。他在东京大学医学部攻读博士期间创立了"益普思东京"股份公司（EPS集团），成为一位亚洲CRO领域的领军人物。此后，EPS集团发展顺利，成为日本主板的上市企业。所谓"CRO"，就是指医药品研发业务承包机构。严浩的公司从事的是CRO最核心的临床试验业务领域，包括面向制药公司的临床试验外包业务和向医疗机构提供的临床试验现场支援服务（SMO）。

名员工的企业集团，是国际公认的亚洲 CRO 老大、世界 CRO 前 10 强。集团旗下拥有 30多家子公司，遍布日本、韩国、新加坡、菲律宾、美国、中国大陆、中国台湾、中国香港等地，业务范围涉及新药研发、临床试验开发管理、临床数据统计分析、人才派遣以及 IT软件开发等高科技领域。

随着事业的蒸蒸日上，集团总裁严浩开始思考如何将自我价值体现在为祖国实业作贡献的问题上。2008 年全球金融危机发生时，集团投资 1 500 万美元，在中国苏州成立了"益新（中国）有限公司"。2013 年继续扩大在华医疗保健相关事业规模，在江苏南通经济技术开发区成立 2 家新公司，与之前成立的以保健商品网络销售为主要业务的公司一起，构建从产品销售到提供服务的全方位医疗保健业务体系。截止到 2014 年，集团已在中国国内投资 7 000 万美元，用于培育和发展国内健康产业。严浩说，他希望通过在中国国内开发各种药品、医疗器械，建立并拥有自主品牌的产品，同时将更多精力放在国内的养老医疗和护理领域。用他自己的话说，他要做"中日技术合作的桥梁"。①

（二）Laox 株式会社

Laox 株式会社是日本观光免税事业的开拓者，一直以来致力于在日本全国构筑免税商业网络，在海内外享有盛誉。近年来，受日本国内经济大环境整体不景气以及同行业竞争日趋激烈等不利因素影响，连续 9 年亏损，在 2009 年进入业务重整程序，2011 年成为苏宁云商控股子公司。现任董事长为日本中华总商会副会长罗怡文②，所有店铺内都聘有中国员工。2014 年受旅游市场和政策的双向利好，11 月的 Laox 股价一度冲破 300 点。在日本经济普遍不景气的形势下，Laox 株式会社之所以取得如此业绩，注重开拓中国市场是其重要因素之一。这也从一个方面说明，中国市场对日本经济恢复具有重要作用。

目前，Laox 正在扩大在中国零售业的发展。2014 年 11 月，董事长罗怡文发布了 Laox乐购仕日本免税事业战略，提出扩大商圈构想，今后 3 年致力于构筑日本首屈一指的免税门店网络，通过 3 年时间，门店由现有的 17 家扩增至 50 家。

（三）剑豪集团

在日华人企业"剑豪集团"是一家横跨中日两国的投资型公司。创始人郑剑豪③ 20世纪 80 年代留学日本，之后白手起家，经过不断积累，创办了剑豪集团，事业蓬勃发展。2014 年 1 月，剑豪集团斥巨资成功收购造价达 230 亿日元的美国宝洁集团位于神户市东滩

---

① 新华网，http：//news. xinhuanet. com/fortune/2013 - 08/27。

② 罗怡文：1963 年出生于中国上海。1985 年从上海财经大学毕业，来到日本，并于 1996 年完成横滨国立大学研究生课程。在校期间，他创立了中文报纸《中文导报》，1995 年创立中文产业株式会社，就任首席执行董事，以"成为中日交流的专家"为口号，开展中日商业往来，为在媒体、广播通信行业、商业物流行业等所有行业的在日华人提供一揽子的服务，确立了稳固的地位。他还担任日本观光免税株式会社（原上海新天地株式会社）的首席执行董事。2009 年促成 Laox 株式会社和中国大型家电零售商苏宁电器股份有限公司的战略合作，2011 年使其成为苏宁云商控股子公司。罗怡文成为了 Laox 株式会社董事长。

③ 郑剑豪：出生于 1964 年，神户大学法学修士、北京大学光华管理学院 EMBA。早在学生时代，他就白手创业，在长达 20 多年的经营生涯中，他为人豪爽，广交朋友，潜心研究，珍爱友情。此次收购美国宝洁集团亚洲总部大厦是集团准备实施庞大中日企业并购事业的一个步骤。未来，将在大厦内设立"全球并购中国整合基金"本部，让并购与被并购企业在十分友好的气氛中直接对话，消除不必要的误解，大大促进各国企业之间的高效交流与合作。此外，还会引进包括中国在内的亚洲各国著名企业等入驻大厦，为中国企业进入世界主流市场打造桥头堡。

区的亚洲总部大厦，成为这栋大厦的新主人。美国宝洁集团是世界著名企业、全球生活用品第一品牌，亦有世界企业干部的黄埔军校之称。美国宝洁集团亚洲总部大厦占地 7 100 平方米，由地上主楼 30 层、地下 1 层及裙楼 10 层组成，合计建筑面积 43 500 平方米，是神户市的标志性建筑物之一。此次大手笔收购，不仅让郑剑豪旅日 20 多年的创业生涯翻开了新的一页，也充分展现了在日华商的实力。

剑豪集团成功收购美国宝洁集团亚洲事业总部大厦，是 2014 年华人经济的亮点，也为日本经济界的经营方针提供了思考，正如郑剑豪所言："日本也面临诸多问题，能不能融入中国大市场也是对日本盛衰的一大考验。"剑豪集团在不断做强做大的同时，始终遵循着一个奋斗目标："能为祖国发展做贡献、能为促进中日两国友好发展做贡献。"①

（四）源清田商业会社

源清田商业会社是经营农产品加工贸易的在日华人商贸公司，创办人是来自福建泉州的王秀德，现为该会社董事长。目前，该会社在日本拥有 3 家公司和 3 家工厂，在中国有 2 家公司和 1 个检测中心，经营业务覆盖进口生鲜系列、水煮系列、板栗花生有机食品系列、日本生鲜系列。②

2014 年为源清田商业会社创办 10 周年，会社举行隆重庆典，展现出日本经济不景气氛围中的一些亮点。10 年的发展历程，也为在日华商提供了一些值得借鉴的商贸经营模式：一是中国食品在日本销售，二是日本食品在日本销售，三是开拓中国市场。

在日华商的发展永远同祖（籍）国息息相关，多数华商创业初始就开始对祖（籍）国进行投资，其后凭借在资金、技术和人文语言方面的优势，充分利用当地劳动力和资源，结合祖国对海外华侨的政策优惠，很快在诸多领域取得了成功。源清田商业会社在创业之初，就将目光瞄向了中国农业大省山东，在潍坊安丘投资建设现代化蔬菜种植基地，生产加工国家地理标志产品——安丘大姜，并销往日本。王秀德还将目光瞄准了山东的另一农产品——大蒜。他曾实地考察大蒜之乡，并在当地开辟了优质大蒜种植基地。基地内所产大蒜全部运至设在安丘的加工厂进行深加工，而后销往日本。2013 年，会社加大了对中国的投资力度，出巨资修建厂房。目前，源清田商业会社的大姜、大蒜等核心业务已跻身日本同行业前三甲，其中剥皮蒜米产品份额在日本市场占据第一，创造了华商在日本创业的商业传奇。

2014 年，在日华侨华人一如既往，努力经营，在困境中寻找商机，靠坚韧求发展，其业绩与经验可圈可点。

六、华文传媒

20 世纪 80 年代后，伴随着中国改革开放，大批留学生赴日，为日本华文媒体的发展带来了新的契机。此后短短的 30 多年中，在日华文报纸、华语电视、华语广播等媒体取得了飞跃性的发展。2014 年受中日关系的左右，在日华文媒体经受着历练和考验，他们坚

---

① 杨文凯：《剑豪集团成功收购宝洁集团亚洲总部大厦》，《中文导报》，2014 年 4 月 21 日。
② 新华网，http：//news. xinhuanet. com/world/，2013 年 8 月 31 日。

持宗旨，发挥特性，团结在日华人，增进两国民间交流，传递真实信息，客观评价事件原委，为促进中日关系发展做力所能及的工作。这些工作主要体现在以下几点。

（一）发挥媒体作用，促进中日民间理解

中日邦交正常化以来，凡是中日关系出现波折时，日本媒体更倾向于报道中国的负面信息，其中不乏夸大及虚假的成分，让日本社会形成"对立情绪的传染"，致使日本民众对华好感日益下降，在日华人更是直接遭到冷漠、疏远乃至歧视。每当这种现象出现时，《日本新华侨报》《中文导报》等华文媒体都会本着促进中日民间理解的愿望，自觉担负起尊重事实、还原真相的责任，如日本侨报社出版的《超越日中对立的传播力》《中国新思考》《中国的主张》《新编认知中国》等图书，为日本民众提供了认识中国的客观素材，也给某些对中国持有偏见的人以有力反击，受到日本各界的广泛好评。日本侨报社为促进中日两国人民之间的相互理解，自 2007 年开始，每年推出一本《必读——有趣的中国》，从《人民日报》中精选 60 篇文章，翻译成日文，向日本读者介绍中国最新的发展趋势及改革成果，至 2014 年已经出版了 8 卷。该报社 1998 年开始涉足出版业务，截至 2014 年 1 月已经出版了介绍中国社会、经济、文化及中日交流的书籍 260 余种。其中，有的书被著名媒体评介，有的被选为大学教科书，有的被日本图书馆协会评为推荐图书。[①]

（二）增进合作平台，扩大传播领域

日本华文媒体努力构筑在日华人与祖（籍）国联系和交流的渠道，而与国内媒体合作，是构筑这一渠道的必要保证。近年来，日本华文媒体与国内媒体紧密合作，已经成为传播中国各种信息的重要平台。如《日本新华侨报》与《人民日报》（海外版）合作出版日语版《人民日报·海外版日本月刊》，直接影响日本政经高端；与中国新闻社开展紧密合作，开辟"中国新闻社专稿版"，用大篇幅的版面介绍中国最新发展成就；该报还推出"西藏专版""新疆专版"，介绍西藏和新疆的发展成就。"CCTV 大富公司"与中国中央电视台签署了《关于 CCTV 中文国际频道在日本实施日语化落地播出的合作协议》，这是中央电视台第一次在海外进行国际频道本土化译制、播出。"CCTV 大富公司"对央视新闻节目采用日语同声传译方式实时直播，非新闻类节目全部采用配制日语字幕方式延时播出，这使电视台受众群体由华人社会扩大到整个日本社会，增强了中央电视台在日本的影响力。

（三）坚持经营根本，打造媒体品牌

目前，在日华文媒体大部分是新华侨华人创办的。创办之初，资金、队伍乃至经验均缺乏，可谓困难重重，在日本社会的影响更是微乎其微。如今，经历了 30 多年的发展，华文媒体已经在日本传媒界占据了一席之地，产生了一定的品牌效应。其中，《中文导报》是主要代表。

2014 年 5 月 29 日，《中文导报》创刊 22 周年，迎来了发行 1 000 期的纪念时刻，中央电视台新闻联播播放了《中文导报》1 000 期《纪念专刊》的镜面，产生了轰动效应，

---

① 刘军国：《在日中国媒体人的中国梦：为中日交流注入正能量》，环球网，2014 年 1 月 11 日。

受到世界中文报业界及读者的关注与好评。《中文导报》的 1 000 期，记载着该报的风雨历程，反映出他们在异域文化的沙漠中坚持不懈地努力辟出了绿洲，为日本的华文媒体建立了坐标，显示出该报已成为具有广度和深度的综合性的品牌华文媒体。①

《中文导报》的成功，为在日华文媒体提供了可资借鉴的经验：坚持为在日华人提供喜闻乐见、值得信赖的信息服务，为华人社会提供属于自己的历史和文化积累；坚持走中日之间、日本各媒体之间的互动之路，营造和谐共荣、理解包容的社会氛围；坚持实事求是准则，在创造和分享之间达成新的平衡。这是在日华文传媒界的共识，也是各类华文媒体不断发展壮大的基础与动力。

七、结论与趋势

2014 年 11 月 7 日，中日就处理和改善双方关系达成了四项原则共识，给两国关系的改善和今后重启对话、建立各种交流机制创造了良性的条件。但是，达成"四项共识"后两个多月的种种迹象表明，安倍高度右倾化的政治价值观不大可能改变，甚至会愈加明显。钓鱼岛等问题的"隐患"尚未消除，影响中日关系正常发展的诸多因素仍然存在，如历史问题、东海油气田问题、两国发展竞争问题等。因此，中日关系改善的过程会比较长，变数还会很大，不排除会再度出现严重波折的可能，这值得我们警惕和关注。

在日华侨华人是中日关系波折不断、震荡迭起的直接经历者。从战后两国没有官方接触到两国恢复邦交正常化的过程中，中日民间交往都离不开日本华侨华人的支持与参与。如今日本华侨华人社会越来越壮大，不仅人数增多，经济实力也比过去有了飞跃性的增长，并活跃在经贸、科技、文化、金融、教育等各个领域。但是，日本经济持续低迷，中日经贸往来呈现萎缩，且短期恢复的可能性不大，对在日华侨华人经济将产生不利影响。同时，由于以安倍政权为代表的右翼势力的反华渲染，日本民间对华情感逐步恶化，在日华侨华人的社会生活环境也将面临一些困难与不便，这在一定程度上会制约日本华侨华人社会的发展。

今后一个时期，中日关系严峻、复杂的局面仍将持续，破解目前僵局的关键在于日方能否与中方相向而行，以实际行动为改善两国关系做出努力，为两国领导人接触营造必要的环境。在日华侨华人在加强自身实力的同时，仍将一如既往地发挥桥梁与纽带的作用，增进民间交往，为促进中日关系走向正常而努力。

---

① 《中文导报》编辑部：《〈中文导报〉走过千期创新大事记》，2014 年 6 月 6 日。

韩　国

2014 年是中韩关系处于两国建交以来的历史最好时期：在政治方面，经过多年努力，两国建立战略合作伙伴关系并得到全面发展；在经济方面，韩国已成为中国第三大贸易合作伙伴；在人文交流方面，友好民意基础更加巩固。中韩关系的全面深入发展，对韩国华侨社会产生了积极影响，对华侨社会的稳定发展起到了重要的促进作用。

一、韩国基本国情

表 1　韩国概况

国家全名	大韩民国	地理位置	东北亚	领土面积	9.97 万平方公里
首都	经济首都：首尔 行政首都：世宗	官方语言	韩语（朝鲜语）	主要民族	韩民族（朝鲜族）
政体	总统共和制	执政党/主要反对党	新世界党（原名大国家党）/开放国民党	现任总统	朴槿惠
人口数量	5 094.8 万	华侨华人人口数量	（老）21 381 （新）147 301	华侨华人占总人口比例	0.331%
GDP/人均 GDP	韩国 GDP 总值为 13 218.6 亿美元/人均 24 329 美元（2014 年）	CPI	2014 年 CPI 同比平均上涨 1.3%	失业率	2.9%（2013 年 12 月）

二、2014 年中国与韩国的关系

近年来，在中日关系、韩日关系不断恶化的情况下，中韩关系一直保持了良好的发展势头。这与两国政府元首实现互访、政治互信加深、经贸合作愈加紧密、各领域交往日益频繁有关。目前，两国正朝着实现充实战略合作伙伴关系的目标切实地向前迈进，中韩关系进入了历史上最好的发展时期。

（一）政治关系

2013—2014 年，中韩两国元首实现互访，中韩领导人开展了广泛的接触会晤，双方全面总结中韩关系发展经验，规划新形势下两国合作，达成了许多新共识，进一步夯实了政治互信基础。

2013 年 6 月 27—30 日，韩国总统朴槿惠对中国进行了非常成功的访问。习近平主席与朴槿惠总统进行会谈。两国元首就发展中韩战略合作伙伴关系、加强在朝鲜半岛局势等重大国际和地区问题上的合作深入交换意见，并达成广泛共识。

此次中韩国家元首会晤，签署了《中韩面向未来联合声明》与《充实中韩战略合作伙伴关系行动计划》两份重要文件。《中韩面向未来联合声明》构建了"新的中韩关系"的发展方向及原则，《充实中韩战略合作伙伴关系行动计划》具体而细致地明确了两国紧密合作的战略蓝图。

此后，中韩双方领导人在多个场合进行接触、沟通与合作，推进了两国业已达成的共识。2013 年 10 月 7 日至 8 日，亚太经合组织（APEC）第二十一次领导人非正式会议在印度尼西亚巴厘岛召开。会议期间，中国总理李克强与韩国总统朴槿惠就中韩关系及共同关心的问题进行了讨论。2014 年 3 月 25 日，习近平主席出席了在海牙召开的第三届核安全峰会。会议期间，习近平主席与朴槿惠总统会晤，就相关问题达成共识。

2014 年 7 月 3—4 日，习近平主席访问韩国，受到韩国政府和人民的热烈欢迎。访问期间，习近平主席同朴槿惠总统举行元首会谈。两国元首积极评价中韩合作，全面总结中韩关系发展经验，规划新形势下的两国合作，达成许多新共识。两国元首一致决定，进一步丰富中韩战略合作伙伴关系内涵，使两国成为实现共同发展的伙伴、致力地区和平的伙伴、携手振兴亚洲的伙伴和促进世界繁荣的伙伴。会谈后发表的中韩《联合声明》指出："双方一致认为，习近平主席此次对韩国的国事访问对两国关系实现新的飞跃具有里程碑意义。"

习近平主席访韩取得了重要的成果，有力推动了中韩关系的深入持续发展。2014 年 11 月 10 日—11 日，亚太经合组织第二十二次领导人非正式会议在北京怀柔雁栖湖国际会议中心举行。会议期间，习近平主席会见与会的朴槿惠总统，就"共建面向未来的亚太伙伴关系"主题深入交换意见，并取得广泛共识。2014 年 11 月 12—14 日，李克强总理参加在缅甸内比都举行的东亚领导人系列会议，即东盟领导人会议、中国—东盟领导人会议（10＋1）、东盟与中日韩领导人会议（10＋3）和东亚峰会（10＋8）。会议期间，李克强总理会晤了与会的朴槿惠总统。

中韩两国领导人之间的密切交往和良好沟通，为两国关系发展注入了源源不断的动力，双方有关部门积极落实，使两国关系的发展方向相融相通，共同利益不断扩大，战略合作关系得到了全面加强。

（二）经贸关系

2014 年，中韩两国经贸合作愈加密切，利益融合不断加深。

2014 年 7 月 3 日，习近平主席在韩国媒体《朝鲜日报》上发表署名文章，题为"风好正扬帆"。文章指出："中韩建交 22 年来，在双方共同努力下，中韩各领域合作取得巨大成就。中国已经成为韩国最大贸易伙伴、最大出口市场、最大进口来源国、最大海外投资对象国、最大留学生来源国、最大海外旅行目的地国。中韩双边贸易额超过了韩美、韩日、韩欧贸易额的总和，两国成为名副其实的利益共同体。"① 近年来中韩经贸得到了快速发展，贸易额从 1992 年建交之初的 60 亿美元增长到 2013 年的 2 700 亿美元。2014 年 1—9 月，中韩累计贸易总额为 1 717.38 亿美元，同比增长 2.16%。其中，韩国自华进口 656.53 亿美元，同比增长 7.1%；对华出口 1 060.85 亿美元，同比减少 0.7%；对华贸易顺差 404.32 亿美元，同比减少 11.18%。中韩双边贸易占韩国对外贸易总额的近四分之一②，超过韩国同美、日、俄贸易之和。截至 2014 年 4 月，韩国对华实际投资额达到 577 亿美元，中国对韩实际投资累计约 12 亿美元③，均创历史新高。经贸的紧密合作如实地反映了两国友好关系的发展状况。

为进一步落实两国元首达成的各项协议，2014 年 7 月，中国商务部与韩国产业通商资源部又签署了《关于加强两国地方经贸合作的谅解备忘录》。8 月 15 日，中韩贸易合作区在青岛西海岸新区正式启动。11 月 10 日 APEC 领导人非正式会议期间，中韩自贸区结束实质性谈判，意味着双方在敏感问题和敏感领域已达成共识。根据谈判成果，双方货物贸易自由化比例均超过"税目 90%、贸易额 85%"④。协定范围涵盖货物贸易、服务贸易、投资和规则等共 17 个领域。由此，中韩经贸合作驶入了合作的快车道，东亚区域经济一体化有望提速。2014 年，在中韩政府的共同努力下、在两国各界人士的关心和支持下，两国经贸合作更加密切，利益融合不断加深，呈现出全面、快速、深入发展的良好局面。

（三）人文交流、民间往来

中韩两国都是亚洲重要国家，地缘相近、人文相亲、文缘相通。2014 年，中韩两国人文交流日益活跃，民间往来更加频繁，友好民意基础更加巩固。2013 年 6 月，朴槿惠总统访华期间，两国领导人就双方加强人文交流，成立中韩人文交流共同委员会，扩大教育、文化、媒体、旅游、青少年、地方等领域的交流合作达成重要共识。一年来，双方有关部门积极落实，大力推进两国学术、青少年、地方和传统艺术等人文领域的交流合作，不断丰富两国公共外交领域合作和多种形式的文化交流。据统计，2014 年中韩两国人员交流超过 820 万人次，双方在对方国家常住人口均约 70 万，每周 850 多个航班，平均每天 2 万多人往返于两国之间。目前，中韩已建立 154 对友好省（道）市关系⑤，进行对口合作交流。两国的许多城市举办学术研讨会、饮食文化展以及武术、绘画、民间艺术展演，青少年之间的互访交流、经贸商业洽谈也十分频繁，搭建了研究、交流、相互理解的平台。中

---

① 习近平：《风好正扬帆》，（韩国）《朝鲜日报》，2014 年 7 月 3 日。
② 中国驻韩国大使馆经济商务参赞处网站，http://kr.mofcom.gov.cn/article/ddgk/。
③ 中国驻韩国大使馆：《邱国洪大使就习近平主席对韩国进行国事访问接受韩国〈中央日报〉专访（2014 年 7 月 1 日）》，http://www.chinaemb.or.kr/chn/sgxx/t1170380.htm。
④ 《中韩自贸区 14 轮谈判后结束实质性谈判》，中国日报网，http://world.chinadaily.com.cn/2014apec/2014 – 11/10/content_ 18893731.htm，2014 年 11 月 10 日。
⑤ 中国驻韩国大使馆：《邱国洪大使就习近平主席对韩国进行国事访问接受韩国〈中央日报〉专访（2014 年 7 月 1 日）》，http://www.chinaemb.or.kr/chn/sgxx/t1170380.htm。

国每年去韩国旅游人数已超过 500 万人次，韩国半数旅游收入来自中国游客。①

教育合作是中韩关系的重要内容。自中韩建交以来，两国互派留学生，逐年呈上升趋势。中国教育部 2014 年 2 月发布的统计数据显示，韩国在华的留学生约 6.2 万名，数量最多，占全体外国留学生总数的 21.3%，比排在第二、三位的美、泰留学生总和还多。在韩中国留学生也是在韩外国留学生中的最大群体，截至 2013 年底，在韩中国留学生为54 235 人，占在韩外国留学生总数的 65% 左右。②

"国之交在于民相亲"。地缘相近、文化相通是中韩关系发展得天独厚的优势。随着中韩关系日益密切，"汉语热"在韩国也持续升温。1992 年中韩建交以来，韩国的汉语教学进入一个快速发展的时期，整个社会出现了持久的、大范围的"汉语热"。2004 年底，世界上第一所孔子学院和亚洲第一个中国文化中心在韩国首都汉城（2005 年初更名为"首尔"）挂牌，至 2014 年，韩国已建立 20 所孔子学院和 4 所孔子课堂。据不完全统计，目前韩国全国学习汉语的人数已超过 50 万人。参加汉语水平考试（HSK）的人数不断增多，以在韩国举行的 HSK 考试为例，1993 年首次举行 HSK 考试时，总应试人数共 487 人；1999 年，应试人数增至 2 980 人；2005 年突增至 25 706 人，是 1993 年的 52.8 倍；2006年应试总人数突破 4 万人大关；2007 年达 48 000 人；2008 年报考人数突破 5 万人；2012年已经有 7 万余人③，始终保持世界各国考生的首位。随着"汉语热"的不断升温，汉语教材销量也快速增长，截至 2014 年 10 月 22 日，汉语教材销量在外语教材中所占比例由去年的 15% 猛增至 33%，销量同比增幅高达 54%，远远超过英语教材销量 23% 的同比增幅。④ 专门播放中国节目的"HAOTV""CHINATV"和"中华 TV"等电视台相继开播，两国民众和青少年学习对方国家语言、体验对方文化的热潮方兴未艾。

当然，中韩关系的发展也会受到其他众多因素的影响，如历史认知的差异、贸易摩擦、互联网"负面言论"、半岛南北关系、外部势力的介入与干扰等。但是我们相信，在两国政府的积极引导下，中韩经贸关系正沿着平稳快速、均衡全面的方向健康发展，两国人民相互了解和友好感情会不断增进，中韩战略合作伙伴关系发展会更加巩固和坚实。

三、基本侨情

（一）韩国华侨社会结构变化

在中国移民史上，韩国华侨首先揭开了中国人通过陆路移居海外的序幕。自 1882 年至今，华侨已在韩国生活了 130 余年。虽然历史久远，但在两国关系的制约下，韩国华侨的人数由最初的百余人增至 2 万余人，其后始终在 2 万人左右徘徊。1992 年，中韩建交后，两国经贸往来日益扩大，人员交流也与日俱增，尤其是新华侨的大量进入，使韩国华侨的结构发生了重大变化，截至 2012 年，韩国华侨已达 173 121 人，其中新华侨为151 945 人。

---

①　劳木：《韩国可以媚美国但不能损中国　须知善恶终有报》，环球网，2014 年 9 月 18 日。
②　中国教育部：《2013 年度我国留学人员情况》，2014 年 2 月 21 日。
③　解妮妮等：《新汉语水平考试在韩国实施情况报告》，《理论与实践》2012 年第 4 期。
④　万宇：《韩国汉语水平考试人数将超 10 万人》，《人民日报》，2014 年 11 月 6 日。

表 2　韩国华侨长期居留（登记）人口变化表

年 人数	1883	1893	1906	1910	1915	1920	1925	1930	1935
老华侨	112	2 182	3 661	11 818	15 968	23 989	46 196	69 109	57 939

年 人数	1940	1944	1945	1948	1952	1956	1960	1965	1970
老华侨	63 976	74 000	12 648	17 443	17 687	22 149	24 723	28 942	31 918

年 人数	1975	1980	1985	1990	1991	1992	1993	1994	1995
老华侨	32 434	29 254	24 742	22 842	23 464	23 479	23 461	23 259	23 265
新华侨					67	516	2 661	6 597	11 825
朝鲜族					125	419	2 143	4 667	7 367

年 人数	1996	1997	1998	1999	2000	2001	2002	2003	2004
老华侨	23 283	23 150	22 928	22 985	23 026	22 791	22 699	22 585	22 285
新华侨	17 387	23 571	19 169	19 431	26 541	30 740	36 279	77 202	80 036
朝鲜族	9 345	11 800	11 769	20 305	32 443	42 827	48 293	108 283	128 287

年 人数	2005	2006	2007	2008	2009	2010	2011	2012	
老华侨	22 178	22 118	22 047	21 798	21 689	21 490	21 381	21 176	
新华侨	70 654	90 298	111 008	121 754	125 456	139 261	147 301	151 945	
朝鲜族	146 338	221 525	310 485	362 920	363 087	366 145	389 389	322 861	

资料来源：①1991—2012 年数据：韩国法务省：《出入国管理统计年报》；②1945—1990 年数据：王恩美：《东アジア现代史のなかの韩国华侨——冷战体制と「祖国」意识》，东京：三元社 2008 年版，第 243 页；③1996—2004 年数据：统监官方文书课编的《统监府统计年报》、朝鲜总督府的《朝鲜总督府统计年报》各年号；④1883、1893、1944 年数据：宋伍强：《朝鲜半岛北部地域の华侨社会关にする社会经济分析》，兵库县立大学博士学位论文，2011 年，第 14、76 页。

　　由表 2 可以看出，自 1992 年起，韩国华侨社会逐步发生重要变化，主要特征是：华侨社会由以老华侨为主体向以新华侨为主体转变；由以持"中华民国"护照的老华侨为主体向以持中华人民共和国护照的新华侨为主体转变；华侨来源地由以山东省为主体，转变为以东北三省（黑龙江、吉林、辽宁）为主体；① 华侨民族构成由以汉族为主体向以朝鲜族为主体转变。这种转变，在 2013 年至 2014 年，又有了明显加速，截至 2014 年 7 月，在韩居留 3 个月以上的中国公民已达 86.587 5 万人，获得韩国永居权（F5 签证）的新华侨已经超过 10 万人。②

----

　　① 韩国朝鲜族华侨绝大多数来自吉林、辽宁两省。

　　② 中国日报网，http：//www.chinadaily.com.cn/hqgj/jryw/2014 - 09 - 23。

（二）韩国华侨政策的转变

韩国华侨社会的兴衰，始终与中韩关系之冷暖相伴随。中日甲午战争前，朝鲜是清朝的附属国，中国是其主要贸易国，华侨作为"大国人"，享有优越地位，生产经营活动自由；日本吞并韩国后，在韩华侨遭到排挤、打击，生产经营举步维艰，至"二战"结束前，华侨社会百业凋敝；"二战"结束后，华侨燃起重整事业的希望，并取得了明显的效果。但是，随着大韩民国成立、朝韩分治，韩国政府制定颁发了限制、排挤、歧视、打压华侨社会生活的种种法律法规，致使华侨社会在40余年间（1948—1992）发展停滞，人口日趋萎缩。

表3 韩国政府限制、排斥外侨政策一览表

时期（年）	内容	法律、法规、法令名称	对华侨的影响
1948	对外国人外汇的管制	外汇管理制度	提高了华侨的贸易成本
1949	对外国人出入境的管制	有关外国人出入境及登记的法律	禁止了华侨的出国和移民
1950	封锁华侨仓库		华侨财产损失惨重
1961	禁止外国人拥有土地所有权	有关禁止外国人土地所有法（1962年）	
1962	货币改革		持有大量旧韩币的华侨受到打击
1968	外国人的土地所有范围限于住宅200坪、商用地50坪	有关外国人土地取得及其管理法	华侨得到土地的部分所有权
20世纪70年代	冻结炸酱面价格，华侨饭店经营米饭实施认定税制		经营餐饮业的华侨收入直线下降
20世纪50—90年代	遏制归化		华侨在社会生活各方面遭受差别待遇
1992	中韩建交		
1993	增加接收海外研修生人数		韩国新华侨的开端
1998	修订《外国人土地法》；扩大外国人投资领域；废除限定外国人投资股市份额的制度；废除并放宽对外国人的不动产限制		作为外国人的华侨在法律上得到投资的权利
1999	修改外国人教育制度	有关各种学校的规则	华侨学校在法律上得到了一定的认可

（续上表）

时期（年）	内容	法律、法规、法令名称	对华侨的影响
2002	对长期居留的外国人实施永住制度	出入国管理法规	老华侨与临时居住的外国人区别对待
2003	积极引进外国劳动力	有关外国人劳动力的雇佣等法律	新华侨增加
2004	实施外国人雇佣许可		新华侨（体力劳动者）增加
	修改海外同胞法	海外同胞法	200万中国朝鲜族纳入韩国同胞范围内
2005	修改《公职选举法》，允许取得永住权3年以上且年满19周岁的外国人参加地方选举		华侨直接参加地方选举
2007	实施访问就职制度		大批朝鲜族人合法赴韩就职
	共创与外国人和谐相处的多元社会	在韩外国人待遇基本法	华侨社会地位上升
2008	建设与外国人共存的世界一流国家	第一次外国人政策基本计划	华侨社会地位上升

资料来源：据韩国相关法规综合整理。

从表3可以看出，自1948年至1992年，韩国政府相继制定颁布针对华侨的歧视性政策法规，包括外国人入籍限制、土地限制、经营领域限制、融资资金限制以及企业公司任职资格限制等。因此，无论是在韩国独立后的经济恢复阶段，还是经济高速成长阶段，韩国华侨不但没能得到机遇，反而不断遭到歧视、排斥，始终处于韩国主流经济之外。

1992年，中韩建交，上述诸种状况开始得到改善，归化入籍、永久居住、就业、置产及选举权等多年来令华侨痛心疾首的问题都有了不同程度的改善。

1. 放宽了华侨入籍、永住的条件

1994年修改《关于外国人取得土地及管理法》，依据该法，1992年以后在韩国出生的华侨，年满18岁即可选择成为韩国公民；1997年修订了《国籍法》，将原本以父系血统为国籍认定的标准，放宽为以父系、母系任一方血统皆可认定的标准；2002年3月，韩国法务部修改出入境管理法施行令，规定对持有"居住签证"（F2）在韩国境内住满5年以上，或以其他资格停留10年以上的旅韩外国人士赋予类似"绿卡"的可无限期居住韩国的永居权。这些政策法规的修订，在一定程度上改善了在韩华侨的生存境况，但其诸多限制性条款，仍束缚着华侨社会的发展。①

2. 修改限制外国人的经济政策

1992 年中韩建交后，两国贸易往来持续增长，中国已经成为韩国最大的贸易对象国。② 韩国政府修订了歧视、排斥华侨经济的一些政策法规：1998 年修订《外国人土地法》，废除并放宽对外国人的房地产限制，允许外国人拥有土地所有权及交易权；2004 年 8 月 17 日制定了雇佣许可制，规定劳动基本法、最低工资法、产业安全保健法等适用于外国劳动者。③ 尽管韩国政府修订了一些歧视性的政策法规，在一定程度上改善了华侨的境遇，但由于历史及华侨自身等原因，华侨经济占韩国经济的比重仍微乎其微，其生活境况尚没有明显改观，华侨社会发展仍面临诸多制约。

3. 赋予华侨地方选举权

韩国是单一民族国家，实施严格的移民政策，外国人即便取得永久居住权，在政治上也不享有选举权，外国移民被排斥在国家的政治生活之外。随着全球化的发展，韩国的移民政策有所改变，在放宽"永居权"之后，2004 年 1 月 29 日，韩国制定了《居民投票法》，规定年龄在 20 岁以上，根据出入境管理法规继续居住在韩国，并符合地方自治团体条例规定的外国人，享有对行政事务的"公投"权利，但并不涉及地方政府选举。2005 年 6 月，韩国修改了《公职选举法》，根据该法和《出入国管理法》有关规定，凡取得永住权 3 年以上、年满 19 岁的外国人，到 2006 年 5 月 12 日为止到所在地自治团体（市厅、区厅或郡厅等）登记，均有资格参加当年 5 月 31 日的地方选举投票。据了解，目前有投票资格的外国人共有 6 579 人，其中华侨 6 516 人，占具有投票资格外国人总数的 99.04%。但是，外国人永住者虽然有参与地方政府选举的权力，但他们只有选举权，没有被选举权。尽管如此，在韩华侨还是获得了表达自己意见的机会，政治生存环境得到了改善，彰显出华侨在韩国社会地位的显著提升。

四、韩国的华文教育

重视子女教育是旅居海外的华侨的传统与显著特点，韩国华侨更是突出，这与早年移居韩国的华侨大多来自山东省有关。早年韩国华侨的子女教育主要延续家乡的模式，以私塾的形式进行。在教育内容上，从《三字经》《百家姓》《弟子规》等启蒙读物开始，逐步接触"四书五经"。尊孔读经是山东的民风，韩国华侨至今仍保留这一习惯。

（一）华侨学校的发展历程

19 世纪末，亚洲的中国、日本等国开始接受西方教育体制，开办学堂。受此风气影

---

① 如即使获得了永住权，并非享有与韩国国民完全相同的待遇。根据韩国政府的规定，永住者不能与韩国国民一样享受如下福利、权利：无住宅国民可以获得住宅分让；可以申请住宅贷款；加入国民年金；障碍者享受国家补助；报考国家公务员等。

② 据中国海关统计，中韩贸易额 1992 年为 60 亿美元，至 2012 年增至 2 151 亿美元。

③ 其适用的产业包括制造业、建筑业、农业、畜牧业、水产业和服务业六项。实际上，这些规定在一定程度上是为缓解"难、脏、险（difficult，dirty，dangerous）"从业人员缺乏的困境。

响，韩国华侨也开始走出私塾教育模式，先后创办了 3 所学堂。① 受当时财力条件等制约，这 3 所学堂规模不大，招收学生数量有限，很难满足华侨子弟的教育需要，华侨子弟大部分仍在私塾接受教育。1910 年，日本吞并韩国后，实施严酷的殖民统治，推行奴化教育，不但华侨学校遭到严令限制，韩国学校也被强令禁止使用朝鲜语教学，并因此引发了反日的"三一运动"②，因此，自第一所华侨学校创办后的 40 余年间，无论学校数量、规模，还是在校学生人数，基本处于停滞状态。但韩国华侨重视教育的传统理念一息尚存。

1945 年日本战败后，韩国华侨获得了发展机遇，华侨教育也有了快速发展。1945 年至朝鲜战争爆发前，共新建 14 所华侨小学、2 所华侨中学。朝鲜战争爆发后，包括华侨学校在内的韩国中小学基本停办。战争结束后，各地华侨学校先后复课，规模也逐渐扩大。到目前为止，韩国共有全日制华侨中学 4 所、小学 26 所、幼儿园 2 所，学生总数 3 000 多人，教师 200 余人。③

（二）华侨学校的运营及特点

韩国华侨学校的建立与发展，与韩国华侨子女的教育理念密切相关。与世界其他国家的华侨相比，韩国华侨子女入读华侨学校的比例最高，绝大多数华侨子女的初级教育是在华侨学校完成的。但是，因华侨学校的侨办性质，在权利与待遇上，韩国政府制定了种种限制规定，束缚了华侨学校的发展，尤其是华侨学校不被纳入韩国政府国民教育序列，而是划为外国社团，致使华侨学校不具有学校的主体资格，因而不能享有与韩国学校同等的地位与待遇，享受不到政府在税收方面（如财产税、附加价值税）的各种优惠，华侨学校的运营及学生毕业出路面临诸多困难。

中韩建交后，两国政治互信不断加深，经贸往来日益密切，为华侨学校的发展开启了新的局面。1999 年，韩国政府修订外国人教育制度，华侨学校资格由以前的"外国人团体"改为"各种学校"序列，华侨学校的主体资格得到承认，学校在税收、学生升学等方面得到了改善，在一定程度上缓解了经济、经营的困难。

（三）华侨学校发展所面临的问题

韩国华侨学校历史悠久，克服了诸多不利因素，顽强延续、保持了中华传统教育的特色，对华侨子女教育及中华文化传承发挥了积极作用。但是，学校仍面临诸多困难，主要是：①按照韩国"学历认定学校指定规则"及"有关各种学校的规则"，华侨学校仍不能享受韩国普通学校的待遇，严重束缚了学校的发展。②韩国华侨社会逐步步入老龄化与少子化，加之年青一代华侨持续外流，华侨学校面临生源不足的局面。③学校运营相对困

---

① 1902 年 4 月，仁川领事张国威等借用中华商会（现仁川华侨协会）东厢房建立仁川华侨小学，其后副领事金庆章兼任该校首任校长。历经坎坷，至今已走过百年历程；1910 年，由汉城工商界领袖张士英、前驻韩总领事马廷亮等共同筹资在汉城中国街创建了"汉城华侨学堂"；1912 年，由釜山华侨共同集资，创建"釜山华侨学堂"。

② 1919 年 3 月 1 日，因日本禁止在学校内使用朝鲜语，朝鲜半岛展开大规模反抗活动。柳宽顺等青年学生在汉城钟路区的塔洞公园发表"三一独立宣言"，并把独立宣言传遍全国。这些独立活动唤起人民的反抗意识，民众冲击各地的日本警察机关，从而导致日本警察的暴力镇压，史称"三一运动"。

③ 中华人民共和国人民政府网站，http：//www.gov.cn/gzdt/2013－02/18。

难，① 办学经费缺乏保障。教师待遇较低，导致教师队伍整体水平下滑，甚至面临后继无人的窘况。

中韩建交后，韩国华侨学校迎来了新的发展机遇，华侨学校与中国大陆交往日益频繁，为华侨学校的发展开辟了新途径。中国国务院侨办、驻韩使领馆及国内相关教育机构都给予了韩国华侨学校必要的帮助，如培训华侨学校教师、派遣教师赴韩任教、赠送必要的教学仪器设施、接待韩国华侨学校师生回国联谊等，在一定程度上促进了华侨学校的发展。同时，随着新华侨的大量移入，学校生源得到补充，为华侨学校发展带来新的生机。

五、韩国华侨社团

韩国华侨社团既具有海外华侨社团的共同点，也有其自身的发展历程，初始便展现了地域性与行业性相互交织的特点，如以地域性为基础的帮会和以业缘性为背景的商会。其发展过程，各阶段、各类别又相互交融、联合，时荣时损，至今在韩国各地仍有数以百计的华侨社团。

1992 年中韩建交后，韩国华侨社团组织结构发生了重大改变：具有历史传统的帮会，即南帮、北帮，日益衰微，逐渐从华侨社团阵营中消失；行业性社团，即"中华商会"，经过整合，官方色彩已然减退。伴随着中韩经贸交流快速增长，新的行业性社团——"韩国华侨经济人协会"于 1999 年 5 月成立，在此基础上，"韩国中华总商会"于 2004 年 2 月成立，并于 2005 年 10 月成功承办了"第八届世界华商大会"。综合性社团虽然成立较晚、历史较短，但因其强大的社会功能，成为韩国华侨社团的主要组织形式。

拓展、加强和祖国内地的联系与合作，是华侨社团工作重心的重要改变。由于历史原因，韩国华侨社团与台湾当局始终保持着往来。中韩建交后，华侨社团与台湾当局的关系呈现疏离现象，并加强了与中国大陆的交往和联系。汉城（首尔）华侨协会是成立最早的华侨团体，韩国老华侨均为其会员，中韩建交后，仍受"台北代表处"监督指导。2003年，该会在"台北代表处"进行续期登记的同时，正式在中国大使馆登记，开启了韩国华侨团体在两岸派驻机构双重登记的先例，并频繁与中国政府及机构团体建立联系往来。② 同时，一批新成立的华侨社团舍弃了与台湾当局"侨务部门"的联系，单独在中国驻韩机构登记注册，先后成立了"汉城（首尔）中国侨民协会""在韩中国侨民协会总会""韩华中国统一促进委员会""中国在韩大邱市侨民协会""首尔永登浦中国侨民协会""在韩华人协和会"等社团，为韩国华侨社团的发展掀开了新的一页，为团结韩国华侨、增进中韩民间经贸往来与文化交流等发挥了重要作用。

---

① 韩国华侨学校经费主要来源于募捐与学费。规模大的学校每年可获台湾当局 5 万美元的资助。教师工资待遇远低于韩国学校教师。

② 2013 年 10 月 15 日，驻韩总领事董敏杰走访首尔华侨协会，与首尔华侨协会会长李忠宪及协会侨领代表座谈；2014 年 3 月 13 日首尔华侨协会会长李忠宪在首尔接受人民网记者张悦采访，谈到"中国梦"时说：习主席提出的"中国梦"，令我们深信两岸三地及海外华人同胞们一定能在 21 世纪里，携手同心地实现这个伟大的"中国梦"；2014 年 8 月 11 日，驻韩大使邱国洪会见首尔华侨协会会长李忠宪等侨领，接受首尔华侨协会和华侨图书馆大厦管理委员会向云南鲁甸地震灾区提供的 1 000 万韩元捐款。2014 年 10 月 14 日至 17 日，李忠宪会长率领韩国各地协会代表团参加在威海及日照两地举行的"山东旅韩华侨华人恳亲大会"。

六、结论与趋势

2014 年是历史上中韩关系最好的时期，两国在政治、经贸、人文等各领域的合作与交往得到了快速发展，给韩国华侨社会提供了一个前所未有的发展机遇。尤其是新华侨的大量进入，带来了生机和活力，使韩国华侨的社会结构发生了重大变化。伴随着韩国华侨社会结构的变化，华侨社会也将重新审视未来的社会定位和发展重点，即注重加强华侨群体的综合融入能力，使华侨的社会地位得到整体提升，在促进中韩两国交流方面发挥了更大的作用。

（一）培育华侨社会杰出人物

韩国疆域仅 9.97 万平方公里，人口却达 5 094.8 万，面积不大，人口稠密，加之韩国又是单一民族的非移民国家，不可能吸收大量外来移民，因此华侨加入韩国国籍、变为华人移民的前景并不广阔，华侨社会不可能有大规模的发展。因此，韩国华侨社会的发展前景不在人口数量的增长，而在于提升在韩华侨的自身素质与实力，使更多华侨成为经贸、科技、文化、教育领域的领军人才，带动韩国华侨社会地位的整体提升。2014 年 1 月，在韩中国侨民协会总会表彰了"2013 韩国华侨华人年度优秀人物"，说明韩国华侨社会已开始着手这项工作。同时，韩国华侨也积极融入韩国上层社会，如在 2014 年 5 月，韩中文化友好协会会长曲欢荣获韩国第 33 届"世宗文化奖"的国际合作单元大奖，成为该奖项的首位华人获奖者，华人爵士乐歌手罗玧宣获得该奖的艺术单元奖，首尔大学人文学院国文系教授李翊燮获"学术单元"奖，[①] 这些都对提升华侨在韩社会地位产生了良好影响。

（二）注重提升新华侨群体的融入能力

由于历史原因，老华侨所从事的职业一般科技含量较低，社会经济地位不高。新华侨中，相对多数是以劳务身份进入韩国的，进入韩国时并没有明显的专业技能，大多从事体力与服务型工作，社会经济地位难以提升，为其融入韩国社会增添了难度。对此，韩国政府采取了相应的措施，于 2015 年第一季度，每月对 2 500 名中国人进行技术培训。持有同胞（朝鲜族）访问签证（C - 3 - 8）、年龄在 25 岁至 49 岁的中国人均可报名参加培训。技术培训领域包括家具制作、电焊、食品加工、鞋类制造、服装生产、汽车装备维修、船舶建造、水产养殖、园艺、生态农业、糕点制作等。这是韩国政府为在韩中国人实施的第四轮技术培训，目的是帮助他们早日适应在韩国的生活。[②] 对于韩国政府采取的相应措施，华侨社会应予以关注和配合，发挥华侨社团的作用，创造条件，协助新华侨提升融入韩国社会的能力。

---

① 中国侨网，http：//www.chinaqw.com/，2014 年 5 月 13 日。
② 中国侨网，http：//www.chinaqw.com/，2014 年 11 月 26 日。

吉尔吉斯斯坦

吉尔吉斯斯坦是中亚五国之一，地理面积约 20 万平方公里。中吉两国有约 1 100 公里的共同边界。2013 年中国国家主席习近平提出建设"丝绸之路经济带"的倡议后，吉尔吉斯斯坦作为"丝绸之路经济带"上重要的枢纽国家，将在推动中国与中亚国家的互联互通方面发挥重要作用。截至 2014 年 11 月，吉中两国贸易在吉尔吉斯斯坦外贸总额中的比重为 17%，中国为吉尔吉斯斯坦第二大贸易伙伴国。吉尔吉斯斯坦自华进口额占吉总进口额的 21.3%，中国为吉尔吉斯斯坦第二大进口来源国。[①] 目前，吉尔吉斯斯坦有各族华侨华人同胞约 15 万人。尽管 2014 年以来受乌克兰危机、俄罗斯受制裁等问题影响严重，吉尔吉斯斯坦经济社会发展遭遇一定挫折，但是吉尔吉斯斯坦与周边国家合作发展的前景仍被看好。

一、吉尔吉斯斯坦基本国情

吉尔吉斯斯坦概况

国家全名	吉尔吉斯斯坦共和国	地理位置	地处中亚，与中国接壤	领土面积	19.99 万平方公里
首都	比什凯克	国语/官方语言	吉尔吉斯语/俄语	主要民族	吉尔吉斯族
政体	民主共和制	执政党/主要反对党	社会民主党、尊严党、祖国党组成执政联盟/共和国党和故乡党为议会反对党	现任总统	阿坦巴耶夫
人口数量	566.31 万人（截至 2013 年 1 月 1 日）	华侨华人人口数量	约 15 万	华侨华人占总人口比例	约 2.64%
GDP/人均 GDP	3 972.8 亿索姆/7.0152 万索姆（2014 年 1—12 月份数据）	通胀率	10.5%	失业率	2.4%（2015 年 1 月 1 日数据）

注：《吉尔吉斯斯坦国家概况》，中华人民共和国外交部网站，http://www.fmprc.gov.cn/mfa_ chn/gjhdq_ 603914/gj_ 603916/yz_ 603918/1206_ 604258/，最近更新时间为 2013 年 11 月；《2014 年 1—11 月吉尔吉斯 GDP 为

[①] 《2014 年 1—11 月吉中贸易额 11 亿美元》，中国驻吉尔吉斯斯坦大使馆经济商务参赞处网站，http://kg.mofcom.gov.cn/article/zxhz/tjsj/201501/20150100877064.shtml，2015 年 1 月 23 日。

3 477.79亿索姆》，全球经济数据网，http：//www.qqjjsj.com/zyjjdt/45648.html；《截至2015年初吉尔吉斯全国失业率为2.4%》，中华人民共和国商务部网站，http：//www.mofcom.gov.cn/article/i/jyjl/e/201501/20150100865023.shtml，2015年1月13日；《2014年吉尔吉斯国民经济增长3.6%》，中亚新视野，http：//www.zyxsy.com/list.asp? id = 1064，2015年1月23日。

二、中吉两国关系发展现状

吉尔吉斯斯坦是位于中亚东南部的内陆国，边境线全长约4 170公里，北和东北接壤哈萨克斯坦，南部紧邻塔吉克斯坦，西南毗邻乌兹别克斯坦，东南和东面与中国接壤。2014年受乌克兰危机、俄罗斯受制裁等因素影响，吉尔吉斯斯坦国民经济发展遇到较大挫折。根据吉尔吉斯斯坦国家统计委员会数据，2014年1—9月，吉尔吉斯斯坦吸引外国直接投资4.43亿美元，同比下降35.4%，其中吉尔吉斯斯坦吸引的中国直接投资总金额为1.08亿美元，同比下降57.4%，中国仍为吉尔吉斯斯坦的最大投资国。吉尔吉斯斯坦吸引的来自俄白哈关税同盟的直接投资总金额为5 344万美元，同比下降40.5%。其中，俄罗斯对吉尔吉斯斯坦直接投资为1 487万美元，同比下降71.7%；哈萨克斯坦对吉尔吉斯斯坦直接投资为3 851万美元，同比上涨4.4%；白俄罗斯对吉尔吉斯斯坦直接投资6万美元，同比增长3.2倍。[①] 2014年1—11月，吉尔吉斯斯坦与中国的双边贸易额为11.087亿美元，同比下降15.4%；其中，吉尔吉斯斯坦出口额为3 030万美元，同比下降10.6%，进口额为10.784亿美元，同比下降15.5%。吉中贸易在吉尔吉斯斯坦外贸总额中的占比为17%，中国为吉尔吉斯斯坦第二大贸易伙伴国。自中国进口额占吉尔吉斯斯坦总进口额的21.3%，中国为吉尔吉斯斯坦第二大进口来源国，主要进口商品为服装及服装配件（1.35亿美元）、铸铁和钢铁（0.95亿美元）等。[②] 根据吉尔吉斯斯坦官方数据显示，截至2013年底，在吉尔吉斯斯坦经营的中资企业雇用当地员工总数为4 543人，其中2 123人在中方全资公司工作。中资企业雇用员工数量最多的行业为：①加工业，占58%；②批发零售业，占9%；③建筑业，占8.8%；④采矿业，占7.6%。[③] 而截至2014年1月1日，在吉尔吉斯斯坦服务业经营的中资企业数量为125家，较2009年减少16.1%，其中48家经营贸易及汽车与日用品维修等，9家经营宾馆饭店，68家提供市场服务。中国商品在吉尔吉斯斯坦市场颇受欢迎。自吉尔吉斯斯坦独立以来，中国商民为吉尔吉斯斯坦居民提供了各领域的商品和物资，"中海""国英""大唐"等商城已成为中国商品的直接代表，而且从事中国商品对吉尔吉斯斯坦进口的绝大多数都是个体商户。[④] 可见，随着近年来中吉两国关系的不断发展，中国赴吉尔吉斯斯坦的人数也在增多。

目前吉尔吉斯斯坦有各族华侨华人同胞约15万人，其中包含维吾尔族、回族（含东

① 《2014年1—9月中国为吉尔吉斯最大直接投资来源国》，中国驻吉尔吉斯斯坦大使馆经济商务参赞处网站，http：//kg.mofcom.gov.cn/article/zxhz/tjsj/201412/20141200817194.shtml，2014年12月2日。

② 《2014年1—11月吉中贸易额11亿美元》，中国驻吉尔吉斯斯坦大使馆经济商务参赞处网站，http://kg.mofcom.gov.cn/article/zxhz/tjsj/201501/20150100877064.shtml，2015年1月23日。

③ 《在吉中资企业工作的吉尔吉斯员工数量为4 543人》，中国驻吉尔吉斯斯坦大使馆经济商务参赞处网站，http：//kg.mofcom.gov.cn/article/zxhz/tjsj/201410/20141000775306.shtml，2014年10月28日。

④ 《在吉尔吉斯服务业经营的中资企业数量为125家》，中国驻吉尔吉斯斯坦大使馆经济商务参赞处网站，http：//kg.mofcom.gov.cn/article/zxhz/tjsj/201410/20141000775303.shtml，2014年10月28日。

干人）、汉族、哈萨克族、乌孜别克族、柯尔克孜族等。① 其中，从商人数约 4 万。② 吉尔吉斯斯坦与中国在民族关系上有互融互通之处。吉尔吉斯斯坦的主体民族吉尔吉斯族，与中国境内的柯尔克孜族同属一个民族，而清代从中国西北迁居于此的中国回族人口形成当地的"东干族"，是吉尔吉斯斯坦几个主要民族之一，他们日常使用陕甘方言，在饮食习惯和宗教信仰方面保留了中国陕甘地区回族传统。③ 东干人在居住国当地多从事农业、商业工作，是推动中国与居住国友好关系发展的桥梁。此外，在吉尔吉斯斯坦首都比什凯克还有一条"邓小平大街"，以此纪念中国改革开放的总设计师；街道起始处有一座邓小平半身塑像纪念碑，碑文以吉、俄、中三种文字铭刻在花岗岩纪念碑正面。而比什凯克以东 60 公里的托克马克古城附近的碎叶，据传是中国古代大诗人李白的诞生地。④

在中吉双边政治关系方面，2014 年 9 月中国国家主席习近平出席在塔吉克斯坦首都杜尚别举行的上海合作组织成员国元首理事会第十四次会议期间，会见了吉尔吉斯斯坦总统阿坦巴耶夫。习近平在会见中强调，中方坚定支持吉尔吉斯斯坦人民自主选择的发展道路。中方愿同吉尔吉斯斯坦加强在边境管控、网络反恐等领域的合作，建立打击"东突"等"三股势力"部门间专门会晤和快速反应机制。中方愿同吉尔吉斯斯坦共同制订未来 10 年的合作规划，共同推进丝绸之路经济带倡议下的双边合作。中方将继续鼓励本国企业赴吉尔吉斯斯坦投资，促进当地经济发展和民生改善。中方愿同吉尔吉斯斯坦在上海合作组织框架内加强沟通协调，促进成员国团结合作，共同推动本组织发展。阿坦巴耶夫完全赞同习近平主席所提的主张，吉尔吉斯斯坦坚决支持中方打击"东突"恐怖势力，同时也希望中方继续支持吉尔吉斯斯坦国内建设，积极参与铁路、公路基础设施建设和电力项目，愿意同中方加强在上海合作组织框架内的合作。⑤ 特别是在中国大力提倡丝绸之路经济带建设的前提下，中吉合作将有较为广阔的前景。

三、中国大型国企在吉尔吉斯斯坦参与建设

中国大型国企参与吉尔吉斯斯坦国家基础设施建设，已经成为中吉两国合作的重要内容。2013 年吉尔吉斯斯坦吸引外国直接投资 9.93 亿美元，同比增长 68.1%。其中，中国对吉尔吉斯斯坦直接投资 4.55 亿美元，占吸引外资的 45.8%。⑥ 而如前文所引数据，2014 年 1—9 月在乌克兰危机和俄罗斯受制裁的影响下，吉尔吉斯斯坦仍吸引外国直接投资 4.43 亿美元，其中吉尔吉斯斯坦吸引的中国直接投资总金额为 1.08 亿美元。诸如中国石

---

① 庄国土：《华侨华人分布状况和发展趋势》，《侨务政策研究》2010 年第 4 期；刘宏宇、王静、张全生：《吉尔吉斯斯坦维吾尔华人华侨社会探究》，《中亚局势新动向》，北京：社会科学文献出版社 2012 年版。

② 《〈大陆桥〉杂志和〈吉尔吉斯华商报〉开辟对中亚外宣工作的新途径》，亚心网，2008 年 7 月 9 日。

③ 《从舌尖到出行——感受吉尔吉斯斯坦人的中国情结》，人民网，http://chinese.people.com.cn/n/2014/0708/c42309 - 25252870.html，2014 年 7 月 8 日。

④ 《吉尔吉斯纪行》，德州新闻网，http://www.dezhoudaily.com/xiuxian/liuhu/whdl/2013/11/2013 - 11 - 12509244.html，2013 年 11 月 12 日。

⑤ 《习近平会见吉尔吉斯斯坦总统阿坦巴耶夫》，http://www.gov.cn/xinwen/2014 - 09/13/content_ 2749842.htm，2014 年 9 月 13 日。

⑥ 《2014 年 1—9 月中国为吉尔吉斯最大直接投资来源国》，中国驻吉尔吉斯斯坦大使馆经济商务参赞处网站，http://kg.mofcom.gov.cn/article/zxhz/tjsj/201412/20141200817194.shtml，2014 年 12 月 2 日。

油天然气集团公司、中国路桥工程有限责任公司、中国有色金属建设股份有限公司、中国国电集团、中国水电建设集团国际工程有限公司、中能国际石油勘探有限公司、中国冶金地质总局山东局等著名国企，均先后参与到吉尔吉斯斯坦国民经济建设和发展项目之中，以下举例说明。

1. 中石油投资建设途经吉尔吉斯斯坦的中亚天然气 D 线

中亚地区油气资源储量丰富，仅土库曼斯坦、哈萨克斯坦、乌兹别克斯坦三国的天然气储量合计就占世界的近 1/7。目前从中亚进口至中国的天然气已覆盖中国 25 个省、市、自治区和香港特别行政区的用户，造福 5 亿多人。根据测算，1 000 亿立方米天然气大约替代 1.33 亿吨煤炭，减少二氧化碳排放 1.42 亿吨、二氧化硫 220 万吨。据统计，中石油通过驻中亚各企业，为资源供给国政府缴纳税费累计超过 300 亿美元，为当地百姓提供就业岗位 3.4 万余个，并用于社会公益事业的投入超过 2 亿美元。2014 年兴建的中亚天然气 D 线是以土库曼斯坦复兴气田为气源，途经乌兹别克斯坦、塔吉克斯坦、吉尔吉斯斯坦，止于中国新疆乌恰末站，全长 1 000 公里，其中境外段 840 公里，设计年输气量 300 亿立方米，投资总额达 67 亿美元，预计 2020 年底全线完工。此次中亚天然气管道 D 线首次途经塔吉克斯坦和吉尔吉斯斯坦两国，与已建成的途经土库曼斯坦、乌兹别克斯坦、哈萨克斯坦的 A、B、C 线一道，形成中国—中亚天然气管道网。到 2020 年 D 线建成投产后，中国—中亚天然气管道的整体输气能力将达到 850 亿立方米，加上原油管线，来自中亚的油气能源供应总计将达 9 000 万吨油气当量。[①] 其中，中国—吉尔吉斯斯坦天然气管道的建设将给吉尔吉斯斯坦带来显著的经济和社会效益，大幅带动当地经济发展；创造大量就业机会，建设与运营期预计可直接和间接创造近千个工作岗位，管道建设、运营期超 35 年，预计缴纳税费超 20 亿美元。[②]

2. 中国路桥承揽吉尔吉斯斯坦基础建设工程

中国路桥工程有限责任公司（简称"中国路桥"）是中国最早进入国际工程承包市场的四家大型国有企业之一。中国路桥吉尔吉斯斯坦办事处成立于 2002 年，截至 2014 年 4 月，办事处在当地累计承建道路桥梁项目 15 个，总里程达 1 295 公里，占该国国际道路总长的 1/3。举例而言，中国路桥于 2013 年 7 月 8 日同吉尔吉斯斯坦交通通信部成功签署了吉尔吉斯斯坦口行四期南北第二条公路建设项目商务合同。该项目是目前中资公司在吉尔吉斯斯坦签订的最大工程项目，道路全长 169 公里，其中包含一条 3 700 米的隧道，总造价近 4 亿美元，工期 64 个月。同时，这条公路也是连接吉尔吉斯斯坦南北地区的又一道路中枢，将现有的比什凯克—奥什—伊尔克斯坦公路（中吉乌公路）与比什凯克—纳仑—土尔尕特公路（中吉哈公路）相连接，由此构成吉尔吉斯斯坦境内公路网的主动脉。道路的修建极大提升了中国物资通过吉尔吉斯斯坦陆路通道向乌兹别克斯坦、塔吉克斯坦和哈萨克斯坦等周边国家以及欧洲地区的出口运输能力，对促进中吉贸易往来、拉动地区经济

① 《中亚油气管道点亮丝路经济带》，中国石油天然气集团公司官网，http：//www. cnpc. com. cn/cnpc/mtjj/201411/def628a979f445ce827c47d4725d3880. shtml，2014 年 11 月 17 日。

② 《中资企业及华商：带动吉尔吉斯斯坦民众就业》，中国新闻网，http：//finance. chinanews. com/cj/2014/07 – 05/6353971. shtml，2014 年 7 月 5 日。

快速增长意义重大。① 中国路桥承建的吉尔吉斯斯坦 ADB60 公里公路项目全长 60 公里，于 2012 年 11 月 1 日开工，工期 36 个月。该项目的建设，改善了中吉两国边境的交通运输条件，为中吉两国之间的贸易往来提供很大的便利，对促进吉尔吉斯斯坦的经济发展起到了重要作用。②

四、吉尔吉斯斯坦华商受到关注

2014 年 6—7 月，中国国务院侨务办公室下属中国新闻网"新世纪丝绸之路华媒万里行"采访组进入吉尔吉斯斯坦采访，并与吉尔吉斯斯坦华侨华人举行了座谈会。参与座谈的吉尔吉斯斯坦南方华商商会代表樊立玲于 2007 年就参加过在中国新疆举行的喀什交易会，之后她组织中国商人到吉尔吉斯斯坦奥什州参展，推进了中吉两国商品贸易交流，奥什当地的"红太阳""北京商城"等多个市场的产生、发展就与此有关，而且还为当地提供了数千个工作岗位。③ 奥什是吉尔吉斯斯坦第二大城市，周边与乌兹别克斯坦、哈萨克斯坦及塔吉克斯坦相邻，奥什附近的卡拉苏市场是当地的大型商品集散地。樊立玲在座谈会中提出，南方华商商会成员的最大优势是熟悉中国东南沿海的生产企业，把乌鲁木齐作为中转枢纽，扎根中亚消费市场，有自己较为完备的商业销售网络，对奥什贸易量的提升有很大作用。例如 2004 年喀什海关出口奥什的贸易额约 9 亿元人民币，而到 2008 年时贸易额就达到 96 亿元人民币。进口商品的种类包括服装鞋帽、电子设备、家用电器等，且喀什开发区和奥什开发区的相关合作已在探讨。目前，在中国提出丝绸之路经济带建设后，大量在吉尔吉斯斯坦的华商纷纷将吉尔吉斯斯坦产品介绍给中国商人，还将吉尔吉斯斯坦的法律法规翻译后向中国商人宣传，以便吸引更多来自中国的投资。此外，吉尔吉斯斯坦广大民众也十分喜欢中国传统医药文化，每年都有患者选择到乌鲁木齐中医院求医问诊。吉尔吉斯斯坦当地华侨华人协会副会长赵伟在座谈会上说："推广中国的传统文化，其实是提高了商品的档次与附加值，只要你注意就会发现传统文化无处不在。"④

据吉尔吉斯斯坦中海市场中商商会会长介绍，目前中海市场大约有 700 个摊位，一半是由中国浙江、福建等地的商人经营，可带动千余名吉尔吉斯斯坦人就业。奥什的"北京商城"商户中有 43 户是吉尔吉斯斯坦人，只有 3 户是中国商人。"大唐市场"中有 70% 是吉尔吉斯斯坦人，30% 是中国人。⑤ 随着在吉尔吉斯斯坦中国人数量的增加，相关的华侨华人社团、华商商会也逐渐成立，目前较大的几家社团组织有：吉尔吉斯斯坦华商（民族）联合商会、吉尔吉斯斯坦华侨华人联合会、吉尔吉斯斯坦中亚华侨华人友好协会、中

---

① 《中国驻吉尔吉斯斯坦参赞金玉龙考察吉尔吉斯口行四期南北第二条公路项目》，中国路桥工程有限责任公司官网，http：//www.crbc.com/site/crbc/zwjgdt/info/2013/1625.html，2013 年 8 月 16 日。

② 《吉尔吉斯 ADB60 公里公路项目》，中国路桥工程有限责任公司官网，http：//www.crbc.com/site/crbc/zjgc/info/2014/2052.html，2014 年 1 月 9 日。

③ 《华商借新疆"喀交会"搭建中吉合作平台》，中国新闻网，http：//www.chinanews.com/df/2014/07-28/6433406.shtml，2014 年 7 月 28 日。

④ 《吉尔吉斯华人华侨座谈会侧记：彼此尊重，和谐相处》，中国新闻网，http：//www.chinanews.com/hr/2014/07-01/6337252.shtml，2014 年 7 月 1 日。

⑤ 《中资企业及华商：带动吉尔吉斯斯坦民众就业》，中国新闻网，http：//finance.chinanews.com/cj/2014/07-05/6353971.shtml，2014 年 7 月 5 日。

海市场中商商会等。2014 年 12 月，中海市场中商商会成员自发捐款购置新年礼物，并赴比什凯克敬老院、孤儿院，用彩灯、彩带以及几棵高大的圣诞树装点那里的楼道、活动室。据统计，2014 年商会陆续为比什凯克的敬老院和孤儿院捐款 2 000 多美元，主要用于修建雨棚、改善生活以及购买节日礼物。商会成员希望在吉尔吉斯斯坦经商的同时能够回报当地社会。吉尔吉斯斯坦首都敬老院院长苏拉伊马诺娃说，非常感谢华商的探访和献爱心，尤其是在节日前主动上门为敬老院营造节日氛围。[1]

五、吉尔吉斯斯坦华文教育和中国历史教育

(一) 孔子学院

吉尔吉斯斯坦孔子学院的办学规模在整个中亚地区是最大的，仅比什凯克两所孔子学院的在读学生数就超过一万。而在吉尔吉斯斯坦第二大城市奥什的国立大学，孔子学院已成为一个正式的本科院系。[2] 据比什凯克人文大学孔子学院院长苏白·阿那别克介绍，该院注册学员从一开始的 37 人增加到目前的 7 000 多人，生源不仅覆盖吉尔吉斯斯坦的幼儿园、小学、中学、大学，他们还把培训班办进外交部、妇女协会、海关、缉毒总局、检察院等政府部门，吉尔吉斯斯坦相关部门还委托人文大学孔子学院培训了半年驻广州的领事，以致他上任时就已经会用中文对话了。2014 年该校孔子学院又启动了"新汉学计划"，与中国的北京大学举行联合培养博士计划，以此为吉尔吉斯斯坦培养更高级的汉语人才。[3] 2014 年 9 月 26 日在卡拉库尔市伊塞克湖国立大学礼堂举办了以"孔子纪念日及孔子学院十周年庆典"为主题的活动。伊塞克湖国立大学历史系主任、外语系汉语教师以及伊塞克湖国立大学孔子学堂负责人等分别为活动致辞。此次活动分中华传统文化艺术展和中吉文艺会演两部分。中华传统文化艺术展主要向广大师生展现了中国书法、国画、剪纸、茶艺等，现场还进行了中国传统饰品、书籍展示，同时还组织了踢毽子比赛，广大师生都积极地参与和体验了这场文化盛宴；文艺会演由伊塞克湖国立大学学生优美的吉尔吉斯独舞和卡拉库尔市三中欢快喜庆的舞蹈《好运来》拉开序幕。文艺节目形式多样，精彩纷呈，有快板、武术和戏剧《唱脸谱》《天仙配》，还有古诗词朗诵《鹅》《静夜思》以及舞蹈《找朋友》《健康歌》等，节目中还穿插有当地大学生带来的吉尔吉斯斯坦传统歌舞表演。[4] 2014 年 11 月由比什凯克人文大学孔子学院主办的第一届"丝绸之路杯"吉尔吉斯斯坦全国大学生暨华人华侨、中资企业乒乓球赛在吉尔吉斯斯坦首都比什凯克国立工业大学举行，包括中国和吉尔吉斯斯坦共 28 个队、134 名参赛选手参加了比赛。据孔子学院中方院长所说，因为乒乓球运动对场地要求不高，因此在吉尔吉斯斯坦的乡村、中学、

① 《中国商人给吉尔吉斯斯坦孤寡老人和孤儿送温暖》，环球网，http：//world. huanqiu. com/hot/2014 – 12/5266998. html，2014 年 12 月 19 日。

② 《从舌尖到出行——感受吉尔吉斯斯坦人的中国情结》，人民网，http：//chinese. people. com. cn/n/2014/0708/c42309 – 25252870. html，2014 年 7 月 8 日。

③ 《吉尔吉斯华人华侨座谈会侧记：彼此尊重，和谐相处》，中国新闻网，http：//www. chinanews. com/hr/2014/07 – 01/6337252. shtml，2014 年 7 月 1 日。

④ 《纪念孔子诞辰 体验中国文化》，中亚新视野，http：//www. zyxsy. com/list. asp？id =912，2014 年 10 月 2 日。

大学都有这项运动，受到广大学生的喜爱。①

（二）关注中国国家公祭日

在吉尔吉斯斯坦中亚华侨华人友好协会的协助下，在吉尔吉斯斯坦的部分华侨华人于 2014 年 12 月 13 日一起观看了南京大屠杀死难者国家公祭仪式的直播，一些年长者还结合自己亲眼看见的日军暴行，道出对和平的珍视。正如一位定居于吉尔吉斯斯坦的老华侨说，他很高兴看到中国用立法的形式设立国家公祭日，这可以让后代记住日军侵华的那段悲惨历史，是很好的爱国主义教育。作为旅居海外多年的华侨，他希望祖国国泰民安。吉尔吉斯斯坦中亚华侨华人友好协会会长虎玉梅也说，南京大屠杀死难者国家公祭日是全国人民对在大屠杀中死难同胞的最高祭奠，"相信世界上一切爱好和平的人民都将和中国人民一道来祭奠死难者，而我们旅居海外的华侨华人也和祖国人民一样，心系着这个日子，铭记着这段历史，希望能够守护我们得之不易的和平"②。

（三）中吉合作开展华文教育

2014 年 12 月 1 日至 3 日，吉尔吉斯斯坦比什凯克人文大学副校长穆克塔率队访问了位于甘肃兰州的西北师范大学。西北师范大学校长刘仲奎和穆克塔签署了《西北师范大学与比什凯克人文大学合作框架协议》。同时，西北师范大学华夏文明传承发展协同创新中心和比什凯克人文大学签订了合作协议，双方就丝路文明方面的议题将开展共同研究。根据两校合作框架协议，西北师范大学和比什凯克人文大学将以教师访学、短期培训、客座讲学、攻读学位等形式开展师资培养合作，加强青年教师队伍建设，实施资源共享；开展本科生和研究生短期学习，"2＋2""3＋2"联合培养等，提高人才培养质量；立足"丝绸之路经济带"建设，加强科研合作，开展"古丝绸之路文化与文明"研究，进一步深化对丝路文化内涵的认识；实现刊物共享，西北师范大学《丝绸之路》杂志与吉尔吉斯斯坦《回族》《人文大学信息》杂志实现稿件互通，同时《丝绸之路》杂志社在吉尔吉斯斯坦设立工作站，聘请吉尔吉斯斯坦专家为刊物联络人；两校共同就中亚问题展开研究，西北师范大学还答应将适时成立中亚研究院，确定吉尔吉斯斯坦比什凯克人文大学为核心合作院校。③

六、结论与思考

（1）2014 年受到乌克兰危机、俄罗斯受制裁、哈萨克坚戈贬值等外来因素的影响，吉尔吉斯斯坦国内货币市场发生动荡，对吉尔吉斯斯坦国民经济造成负面影响，引起通货膨胀率和商品价格的提高。2014 年吉尔吉斯斯坦外汇储备在一年内缩水 12.5％，但 2015

---

① 《（乒乓球）第一届"丝绸之路杯"吉尔吉斯斯坦全国大学生暨华人华侨、中资企业乒乓球赛开幕》，新华网，http：//news. xinhuanet. com/sports/2014－11/14/c_127212576. htm，2014 年 11 月 14 日。

② 《吉尔吉斯斯坦华侨华人关注国家公祭日》，凤凰网，http：//news. ifeng. com/a/20141214/42713777_0. shtml，2014 年 12 月 14 日。

③ 《西北师范大学和吉尔吉斯斯坦比什凯克人文大学签署合作框架协议》，每日甘肃网，http：//edu. gansudaily. com. cn/system/2014/12/05/015298967. shtml，2014 年 12 月 5 日。

年以来索姆贬值势头仍未减弱。由于吉尔吉斯斯坦外债为美元计价，倘若索姆继续贬值，将导致吉尔吉斯斯坦外债的索姆数额上涨，占国内生产总值的比例恐接近60%的红线。预计到2015年底吉尔吉斯斯坦外债余额有望达到41.868亿美元。[①] 目前吉尔吉斯斯坦最主要的三个债权方为：中国进出口银行，11.16亿美元，占吉尔吉斯斯坦外债总额的32.47%；世界银行，6.72亿美元，占19.55%；亚洲开发银行，5.84亿美元，占16.99%。[②] 索姆贬值势头仍然继续的话，中方对吉尔吉斯斯坦的投资恐受较大影响。

（2）2014年6月受吉尔吉斯斯坦内政因素影响，该国南部奥什州阿莱依区部分居民阻断自奥什市至中吉边境伊尔克什坦口岸的公路，并向国家提出政治要求，以及要求将当地一家中资煤矿国有化，事件导致中方上百辆从事国际运输业务的车辆受阻、人员遭困。尽管经中国驻吉尔吉斯斯坦使领馆持续推动和吉尔吉斯斯坦加大内部调解工作力度，6月22日吉尔吉斯斯坦南部地区奥什—伊尔克什坦公路封路事件得以解决，中方滞留人员及车辆、物资均确保安全，并顺利抵达奥什，[③] 但是吉尔吉斯斯坦国内政治局势的波动给中吉关系及大量华商造成的问题仍应引起高度警惕。目前《严惩封锁战略公路法案》已在吉尔吉斯斯坦议会立法、法制及打击犯罪委员会通过，吉尔吉斯斯坦议会通过后将正式实施。法案规定，如果使用武器等暴力手段或与警方进行对抗，将被判处10年监禁。[④]

---

① 《吉尔吉斯议员称索姆继续贬值将为吉国民经济带来潜在风险》，中亚新视野，http：//www. zyxsy. com/list. asp？ id＝1085，2015年1月30日。

② 《截至2014年底中国为吉尔吉斯外债的最大债权方》，中亚新视野，http：//www. zyxsy. com/list. asp？ id＝1086，2015年1月30日。

③ 《中方司机及车辆在吉南方受阻事件得以彻底解决》，中国驻吉尔吉斯斯坦共和国大使馆，http：//kg. chineseembassy. org/chn/lsqws/lsfw/t1168045. htm，2014年6月23日。

④ 《吉拟严惩封锁战略公路行为　最高可判10年监禁》，环球网，http：//world. huanqiu. com/exclusive/2014 - 06/5037213. html，2014年6月27日。

塔吉克斯坦

　　塔吉克斯坦共和国是中亚五国之一，周边分别与中国、阿富汗、乌兹别克斯坦、吉尔吉斯斯坦相邻。塔吉克斯坦独立后，各种政治、宗教、地方势力斗争激烈。1992 年 3 月塔吉克斯坦爆发内战，政局持续动荡。1997 年 6 月，在联合国及俄罗斯、伊朗等国斡旋下，拉赫蒙总统和联合反对派首领在莫斯科签署《关于在塔实现和平和民族和解总协定》，开始了民族和解进程。此后，拉赫蒙连续三次当选总统至今。[①] 塔吉克斯坦与中国有着紧密的贸易合作关系，2014 年中国占塔吉克斯坦贸易总额的 17%，仅次于占 27.5% 的俄罗斯，排在第二位。[②] 据估算，目前在塔华侨华人及中国务工人员数量约为 1.5 万。塔吉克斯坦华侨华人联合会于 2011 年 1 月正式成立，这是塔吉克斯坦国内经官方注册的最大华侨华人团体。此外，中塔语言文化交流合作前景也日益广阔。

一、塔吉克斯坦基本国情

塔吉克斯坦概况

国家全名	塔吉克斯坦共和国	地理位置	中亚东南部的内陆国家	领土面积	14.31 万平方公里
首都	杜尚别	国语	塔吉克语	主要民族	塔吉克族
政体	总统制	执政党	人民民主党	现任总统	拉赫蒙
人口数量	816.04 万人（截至 2014 年 1 月 1 日）	华侨华人人口数量	1.5 万~2 万人（含劳工）	华侨华人占总人口比例	0.18%~0.24%
GDP/人均 GDP	92.4 亿美元/1 132.29 美元	通胀率	7.4%	失业率	2.5%

　　注：《塔吉克斯坦 2014 年主要经济数据》，中国驻塔吉克斯坦大使馆经济商务参赞处网站，http：//tj. mofcom. gov. cn/article/jmxw/201501/20150100871300. shtml，2015 年 1 月 15 日；《塔吉克斯坦国家概况》，中国外交部网站，http://www. fmprc. gov. cn/mfa_chn/gjhdq_603914/gj_603916/yz_603918/1206_604618/，2013 年 11 月。

---

　　① 《塔吉克斯坦的基本政治架构》，中国驻塔吉克斯坦大使馆经济商务参赞处网站，http：//tj. mofcom. gov. cn/article/ddgk/201412/20141200818989. shtml，2014 年 12 月 3 日。
　　② 《中国是塔吉克斯坦第二大贸易伙伴》，中国驻塔吉克斯坦大使馆经济商务参赞处网站，http：//tj. mofcom. gov. cn/article/jmxw/201501/20150100883860. shtml，2015 年 1 月 30 日。

二、中塔关系发展

塔吉克斯坦共和国位于中亚地区东南部，周边与阿富汗、乌兹别克斯坦、吉尔吉斯斯坦和中国新疆接壤，是一个典型的内陆多山国家，在中亚五国中地理面积最小。塔吉克斯坦境内多山，山地约占国土面积的93%，有"高山国"之称。境内有3条主要山脉：北部天山山脉；中部吉萨尔—阿赖山脉；东南部为帕米尔高原。境内有独联体最高峰索莫尼峰，海拔7 495米。① 2014年塔吉克斯坦GDP总量为456亿索莫尼，约合92.4亿美元，经济增长率6.7%，同比下降0.7%。其中，工业增长率5.1%，农业增长率4.5%，固定资产投资增长率25.3%，零售贸易总额增长6.5%，对外贸易总额为53.16亿美元，同比增长6.6%，失业率2.5%，通胀率7.4%。② 塔吉克斯坦与中国有着紧密的贸易合作关系，2014年中塔贸易总量25.17亿美元，中国占塔吉克斯坦贸易额的17%，仅次于占27.5%的俄罗斯，排在第二位；③ 其次是哈萨克斯坦，占15.7%，瑞士占5%。④ 中塔两国领导人提出在2020年将贸易额提升至30亿美元。此目标估计能够提前完成。

在中塔政治关系领域，2014年9月中国国家主席习近平和塔吉克斯坦总统拉赫蒙在塔吉克斯坦首都杜尚别签署了《中华人民共和国和塔吉克斯坦共和国关于进一步发展和深化战略伙伴关系的联合宣言》，宣言包括：双方将发展中塔关系置于本国外交优先方向之一，坚定支持对方根据本国国情选择的发展道路，支持对方为维护国家主权、安全和发展利益所采取的措施；双方重申，不参与任何有损对方主权、安全和领土完整的同盟或集团，不采取任何此类行动，不同第三国缔结此类条约，不允许在本国领土上成立任何损害对方国家主权、安全和领土完整的组织和团体，并禁止其活动；双方将继续努力，完善贸易和投资环境，在平等互利互惠的基础上为对方商品、服务、技术、资本准入提供良好条件，便利两国人员往来，根据双边条约和本国法律采取有效措施保障对方国家公民和法人在本国境内人身、财产安全和各项合法权益；双方将继续用好中塔政府间经贸合作委员会新疆—塔吉克斯坦经贸合作分委会、中国—亚欧博览会等机制和平台，全面提升两国毗邻地区合作水平；中方愿继续为塔吉克斯坦优秀留学生提供中国政府奖学金，帮助塔吉克斯坦培养各领域专业人才，共同探讨联合办学，并根据实际需要在塔吉克斯坦增设孔子学院，稳步扩大汉语教学规模；双方重申，保持中亚地区和平与稳定，符合本地区所有国家的共同利益。双方坚决反对外部势力以任何借口、任何方式干涉中亚国家内政，破坏中亚稳定。双方将继续保持密切联系，共同维护本地区和平与稳定，促进地区国家间合作与共赢等。⑤

① 《塔吉克斯坦的地理环境》，中国驻塔吉克斯坦大使馆经济商务参赞处网站，http://tj.mofcom.gov.cn/article/ddgk/201412/20141200817196.shtml，2014年12月2日。

② 《塔吉克斯坦2014年主要经济数据》，中国驻塔吉克斯坦大使馆经济商务参赞处网站，http://tj.mofcom.gov.cn/article/jmxw/201501/20150100871300.shtml，2015年1月15日。

③ 《中国是塔吉克斯坦第二大贸易伙伴》，中国驻塔吉克斯坦大使馆经济商务参赞处网站，http://tj.mofcom.gov.cn/article/jmxw/201501/20150100883860.shtml，2015年1月30日。

④ 《2014年中国为塔吉克斯坦第二大进口国》，中国驻塔吉克斯坦大使馆经济商务参赞处网站，http://tj.mofcom.gov.cn/article/jmxw/201501/20150100873456.shtml，2015年1月16日。

⑤ 《中塔关于进一步发展和深化战略伙伴关系的联合宣言》，新华网，http://news.xinhuanet.com/politics/2014-09/13/c_1112468962.htm，2014年9月13日。

在两国关系顺利开展的前提下，中国企业赴塔吉克斯坦合作、投资、援建等工作不断增多，赴塔经商、劳务等人口也相应增长。据 2014 年不完全统计，目前在塔吉克斯坦工作和生活的华侨华人超过 1 万人，另外，随着中塔合作的大型项目的开工，越来越多的中国务工人员进入塔吉克斯坦。华商经济的发展给塔吉克斯坦提供了不少的就业机会和先进的管理经验。① 而据统计，2012 年 11 月，中国赴塔吉克斯坦公民已超过 1 万人次，其中在塔吉克斯坦劳务人员达 8 231 人，比 2011 年增加 1 819 人；在塔吉克斯坦注册各类企业 152 家，比 2011 年的 134 家增加了 13%。② 此外，塔吉克斯坦在苏联时期就有维吾尔族人口，据估计至 2006 年时塔吉克斯坦维吾尔族人数为 0.5 万~0.6 万。③ 如果考虑到其他中国在塔少数民族人口并加上近年来人口自然增减，那么在塔华侨华人及中国务工人员总数量为 1.5 万~2 万。塔吉克斯坦侨情随着这两年中国人数量的不断增加而逐步突显出重要性，加强与以塔吉克斯坦侨界为代表的中亚侨界的广泛接触和联系，将为进一步密切中国与中亚国家的友好往来奠定坚实基础。现阶段，塔吉克斯坦侨情的最大特点体现在：因中资机构、企业大量进入塔吉克斯坦，中国赴塔吉克斯坦劳工数量不断增多，从事两国边贸者亦持续增多，当地侨团建设因此获得一定发展，中国文化获得推广，各类学习汉语热潮在塔吉克斯坦兴起，中塔文化交流事业得到推动。

三、中国在塔吉克斯坦的企业投资与合作

据塔吉克斯坦统计署数据，截至 2014 年 6 月底塔吉克斯坦吸引外资总额为 26.59 亿美元，中国对塔吉克斯坦投资额为 4.67 亿美元，是塔吉克斯坦第二大投资来源国。俄罗斯为塔吉克斯坦第一大投资来源国，对塔吉克斯坦投资 9.86 亿美元；伊朗为塔吉克斯坦第三大投资来源国，投资额为 3.02 亿美元。在接受无偿援助方面，2014 年上半年塔吉克斯坦接受了来自 32 个国家约计 4 360 万美元援助。援助塔吉克斯坦的主要国家有：美国（70.9%）、荷兰（8.2%）、俄罗斯（5%）、中国（3.9%）、韩国（2.2%）。中国是塔吉克斯坦第四大援助国。④ 2014 年 10 月据《金融时报》，塔吉克斯坦副财长亚莫利丁·努拉列表示，中国将在未来 3 年内向塔吉克斯坦至少投资 60 亿美元。这个投资额相当于塔吉克斯坦 2014 年国内生产总值的 2/3，并且超过该国全年外国直接投资额的 40 倍。⑤ 在两国政治关系顺利开展的前提下，以华新水泥、紫金矿业、特变电工、中国路桥、中石油、中国有色集团、中国水电股份公司等为代表的中国大型企业集团不断赴塔吉克斯坦开展合作、投资、援建等工作，在经济领域有力地推进了中塔关系向前发展。

中亚天然气管道 D 线着力推动塔吉克斯坦经济发展。2011 年 11 月，中国与土库曼斯

---

① 《"丝绸之路经济带"实施　对塔吉克斯坦华商利好多》，中国侨网，http：//www.chinaqw.com/hqhr/2014/11 -21/26881.shtml，2014 年 11 月 21 日。

② 《年关将至，使馆召集在塔中资企业召开安全防范座谈会》，塔吉克斯坦华人论坛，http：//www.mytjk.com/ forum.php？mod=viewthread&tid=657&extra=page%3D1，2012 年 12 月。

③ 《塔吉克斯坦的维吾尔族》，中华网，http：//club.china.com/data/thread/1011/127/88/22/6_1.html。

④ 《数据解读：中国已成塔吉克第二大投资国第三大贸易伙伴》，中国经济网，http：//intl.ce.cn/specials/zxxx/ 201409/11/t20140911_3520157.shtml，2014 年 9 月 11 日。

⑤ 《中国将向塔吉克斯坦至少投资 60 亿美元》，中研网，http：//www.chinairn.com/news/20141024/08303686. shtml，2014 年 10 月 24 日。

坦政府签署每年增供 250 亿立方米天然气协议，途经塔吉克斯坦的天然气管道 D 线建设随即开始筹划。D 线全长约 1 000 公里，其中在塔吉克斯坦境内的有 410 公里，从西到东横穿塔吉克斯坦。由于塔吉克斯坦 93% 国土都是山地，因此施工难度较大，管道将经过 47 处河流、76 公里隧道。管道的 30 年运营期，加上建设期、运营期的就业、项目建设等，D 线管道在未来将为塔吉克斯坦累计带来数十亿美元的直接经济收入。D 线建设使中国—中亚天然气管道真正做到了中亚五国全覆盖，成为新的丝绸之路，将中国与中亚五国联结起来，有利于形成互利共赢的经济带。①

华新水泥是一家中国大型国有控股企业、中国水泥行业龙头企业。2011 年该公司走出国门的第一个水泥生产线项目——华新亚湾水泥有限公司年产 100 万吨新型干法水泥生产线项目，就在塔吉克斯坦哈特隆州亚湾市开工。2014 年 9 月在中国国家主席习近平和塔吉克斯坦国总统拉赫蒙的共同见证下，华新水泥总裁与塔吉克斯坦投资和国资委主任分别代表华新和塔吉克斯坦政府正式签署投资协议，确定在塔吉克斯坦建设和运营第二条与第三条水泥生产线项目，将分别于 2015 年和 2016 年建成投产。届时华新水泥在塔吉克斯坦总产能将达到 350 万吨，彻底扭转塔吉克斯坦水泥依赖进口的局面，并可辐射阿富汗、吉尔吉斯斯坦、乌兹别克斯坦等国，成为塔吉克斯坦经济重要的支柱产业。②

除大型国企在塔投资外，大量华商在塔吉克斯坦的民间投资也不容小觑。据塔吉克斯坦当地华商、塔吉克斯坦东方阳光工程公司董事长韩东起介绍，华商的经济活动多为新侨所为，按构成来讲主要以新疆人和福建人为主。新疆人多从事布匹和鞋帽的批发，福建人多经营日用百货。还有 10 多家红砖企业、29 家炼钢企业。总体来说，华商经济还处于边缘状态，所占比例偏小，但不是说华商经济在塔吉克斯坦无足轻重，如在红砖行业，华商企业占塔吉克斯坦全国市场份额的 90% 以上。早些年中塔两国的双边贸易额才几亿美元，而 2013 年双边贸易额已经突破 21 亿美元。华商经济的发展给塔吉克斯坦提供了不少就业机会和先进的管理经验。当地人对华人非常友好，95% 的人都会用中文说"你好"，很多塔吉克斯坦人都向往中国，认为前往中国留学是一种荣耀。③

四、塔吉克斯坦华侨华人社团的建立推动中塔关系发展

随着中国企业大量进入塔吉克斯坦以及中国在塔吉克斯坦华侨华人、务工人员数量快速增多，2011 年 1 月 1 日塔吉克斯坦华侨华人联合会在杜尚别正式成立，可以说这是在塔吉克斯坦国家司法部正式注册成立的塔吉克斯坦最大的华侨华人民间社团组织。联合会的宗旨是："团结在塔吉克斯坦华人华侨，热爱祖国；发挥侨力，维护在塔吉克斯坦侨民权益；关爱在塔吉克斯坦侨民，凝聚侨心；汇集侨民智慧，共创未来。"联合会根据塔吉克斯坦华侨、华人、华商、华企的实际情况，下设钢铁协会、砖业协会、市场协会、其他待

① 《中亚天然气管道 D 线将成"新丝路"　有益于互利共赢》，人民网，http：//finance. people. com. cn/n/2014/0923/c387602 - 25713377. html，2014 年 9 月 23 日。

② 《中塔两国元首共同见证华新水泥与塔吉克斯坦签署投资协议》，华新水泥股份有限公司官网，http：//www. huaxincem. com/company - news/2014/0916/1963. html，2014 年 9 月 16 日。

③ 《"丝绸之路经济带"实施　对塔吉克斯坦华商利好多》，中国侨网，http：//www. chinaqw. com/hqhr/2014/11 -21/26881. shtml，2014 年 11 月 21 日。

定协会、监察委员会、常务理事会、秘书处、外联部、财务等。其中外联部、秘书处为常设机构，负责处理联合会日常事务。常务理事会根据需要不定期召开会议，讨论联合会重大事宜等。各协会根据所在行业，经自荐、提名、表决等方式选举领导，并分管各机构工作。①

2014 年 10 月 1 日，塔吉克斯坦第一届"中国餐饮文化日"在塔吉克斯坦首都杜尚别隆重举行。本次餐饮文化日活动是在中国驻塔吉克斯坦大使馆支持下，由塔吉克斯坦华人华侨联合会主办。中国驻塔吉克斯坦大使夫人赵向荣参赞以及塔吉克斯坦外交部、文化部代表和各界友好人士、外国驻塔吉克斯坦使节、在塔吉克斯坦中资机构和华侨华人代表等200 余人出席。赵向荣参赞强调，当今的中国经济突飞猛进，人民生活水平不断提高，中国人民有理由为祖国取得的成就感到骄傲，为自己是一名中国人感到骄傲。中塔合作面临着大发展的历史机遇。中塔关系目前发展迅速，各领域交流与合作不断深化，两国人民互相了解的热情高涨。通过举办此次活动，一定可以让更多的塔吉克斯坦人民真正了解和体验中国餐饮文化的丰富多彩，不断增进两国人民之间的相互了解，加深人民之间的友谊。②

在对中塔关系认识方面，现任塔吉克斯坦华侨华人联合会主席商登美可谓比较深刻。现在正在使用的塔吉克斯坦国家图书馆的设计建造者之一就是商登美。塔吉克斯坦国家图书馆建筑面积约 4.6 万平方米，楼高 56 米，是一座现代化风格的图书馆，馆内设有 5 个多功能会议厅，其中有专门为塔吉克斯坦总统准备的会客厅。这座图书馆藏书 600 多万册，可同时容纳 1 000 名读者在此借阅图书。塔吉克斯坦国家图书馆馆长助理沙立夫·库米卢左达说，虽然我们国家还不是很富有，但是国家举全国之力，首先建立起了一座目前中亚国家中最大的图书馆，正说明了我们国家对文化的重视，并使之成为国家的标志性建筑。在图书馆内，我们还开设了中国图书馆，为塔中两国的文化交流奠定了很好的基础，可以让更多的塔吉克斯坦人在这里了解中国。商登美说，通过塔吉克斯坦国家图书馆的建设，也确立了中国企业在塔吉克斯坦的形象。目前中国建筑和筑路企业在塔吉克斯坦承建的项目越来越多，比如塔吉克斯坦的外交部大楼、国家税务总局大楼、塔中公路等都是由中国建筑企业承包建设的。这些项目的顺利完工直接带动了两国贸易额的发展，形成双方互利共赢的良好发展局面。特别是中国公司建成的塔吉克斯坦至乌兹别克斯坦的"塔—乌公路"，极大地方便了塔吉克斯坦南北地区之间的联系，路途所需时间由最初的 15 个小时缩短为 3 个半小时。特变电工集团建设的"南—北"输变电线项目，完善了塔吉克斯坦国内电网系统，对塔吉克斯坦实施"能源独立"战略具有重要意义。③

五、塔吉克斯坦华文语言文化的传播与发展

在华文教育方面，与新疆师范大学合作的塔吉克斯坦唯一一所孔子学院是塔吉克斯坦

① 《关于海选第二届塔吉克斯坦华人华侨联合会会长（主席）的公告》（附联合会简介），塔吉克斯坦华人论坛，http：//www. mytjk. com/forum. php？ mod = viewthread&tid =660&extra = page%3D7，2012 年 12 月。

② 《首届塔吉克斯坦中国餐饮文化日活动在杜尚别举行》，中国驻塔吉克斯坦大使馆网站，http：//tj. china - embassy. org/chn/xwdt/t1197528. htm，2014 年 10 月 2 日。

③ 《塔吉克斯坦的中国印记》，《新疆日报》（网络版），http：//xjrb. xjdaily. com/jryw/1065295. shtml，2014 年 5 月 16 日。

国立民族大学孔子学院。该学院自 2009 年 3 月运行以来，积极面向幼儿园、中小学、大学开展不同层次的汉语教育，该学院在塔吉克斯坦设有 12 个教学点，逐步形成了覆盖塔吉克斯坦全国的汉语教学网络，成为塔吉克斯坦汉语教学的核心机构。2011 年，该孔子学院注册学员近 2 000 人，2013 年注册学员 3 414 人。孔子学院充分利用中塔文化优势和特色，开展了不少大型文化交流活动，有效地提升了汉语的吸引力与感召力，成为中塔文化交往和互相学习的重要平台。① 2015 年 1 月 29 日，由中国驻塔吉克斯坦大使馆、塔中友好协会和塔吉克斯坦国立民族大学孔子学院联合举办的"塔吉克斯坦 2015 年中国电影周"启动仪式在杜尚别市三八剧场开幕。中国驻塔吉克斯坦大使馆参赞赵向荣表示，举办此次电影周旨在吸引更多的塔吉克斯坦民众了解中国、喜爱中国文化；感谢塔中友好协会与国立民族大学孔子学院的努力。塔中友好协会主席希望此次活动能够进一步促进塔吉克斯坦民众对中国的了解，加深两国人民的友谊。此次电影周的开幕电影是纪录片《春节里的中国》，该片不仅展现出丰富多彩的中国节日文化，也展现出当代中国高速发展的成果，使塔吉克斯坦民众看到一个传统与现代并存的中国形象。此次电影周放映了《大兵小将》《一代宗师》《非诚勿扰》《泰囧》和《十二生肖》，分别展示中国古代历史、武术文化、喜剧方式及中国人的爱国情怀。② 塔吉克斯坦国立民族大学孔子学院中方院长在接受媒体采访时称，近年希望学习汉语并想去中国深造的塔吉克斯坦学生成几何倍数增长，现在孔子学院一年四季开设课程，但因名额有限，有些没能进入学院学习的学生甚至愿意自己准备桌椅旁听。在塔吉克斯坦首都杜尚别有大小中餐馆十几家。周末时的中餐馆常常门庭若市，一座难求。吃中餐在塔吉克斯坦已成为一种时尚。③

为加强塔吉克斯坦国民对中国的认识和了解，在中国驻塔吉克斯坦大使馆等帮助下，2013 年 1 月 24 日塔吉克斯坦国家图书馆中国厅正式建成并投入使用。在使用仪式上，中国驻塔吉克斯坦大使、塔吉克斯坦文化部部长、塔吉克斯坦国家图书馆馆长、塔吉克斯坦外交部副部长、驻塔吉克斯坦中资机构、塔吉克斯坦代表等中塔高层官员均出席。中国厅总面积达到 200 平米，内部分为阅读区、教学区、电脑区和休闲区。阅读区现有图书 5 286 册、电子书籍 773 册、杂志 2 470 册、报纸 174 份等。而教学区可供 65 人同时使用。该厅的开放成为中国文化在塔吉克斯坦的另一个展示窗口。④

六、结论与思考

（1）应进一步加强领事保护工作，进一步推动华侨华人社团自身发展壮大，扩大华文教育事业的人员队伍和传播能力，加强对外劳人员的外语、法律知识、个人素质培训和监管，加大对国内中介劳务机构的认证、监督和管理等，这些举措是进一步确保中国赴塔吉

---

① 《塔吉克斯坦国立民族大学孔子学院》（2011 年 12 月），第六届孔子学院大会网站，2011 年 12 月；《塔吉克斯坦民族大学孔子学院举行学期总结活动》，中国新闻网，2012 年 7 月 11 日。

② 《塔吉克斯坦 2015 年中国电影周开幕》，国家汉办官网，http：//uk. hanban. org/article/2015 – 01/30/content_572517. htm，2015 年 1 月 30 日。

③ 《学汉语迷中餐　塔吉克斯坦劲吹中国风》，海外网，http：//huaren. haiwainet. cn/n/2014/0912/c232657 – 21073754. html，2014 年 9 月 12 日。

④ 《塔吉克斯坦国家图书馆中国厅 1 月 24 日启用》，塔吉克斯坦华人论坛，http：//www. mytjk. com/forum. php？mod = viewthread&tid =744&extra = page%3D1，2013 年 1 月。

克斯坦人员安全和较顺利地参加塔吉克斯坦经济社会建设的重要前提。

（2）中塔关系的较快发展不可避免地会引起一部分人重提"中国威胁论"，事实上应警惕这种论调，要维护中塔关系来之不易的局面，就要加快和加深中塔两国文化交流、融合并加强文化引介力度，消除疑虑，提速发展。

（3）要加大口岸开放力度。虽然塔吉克斯坦与中国有长达430公里的边境线，但两国陆路口岸只有位于新疆塔什库尔干塔吉克自治县境内的卡拉苏口岸，这是目前中国唯一一个对塔吉克斯坦开放的陆路口岸，该口岸距离新疆喀什市219公里，距塔吉克斯坦边境城市穆加尔布近90公里，距离塔吉克斯坦首都杜尚别1 009公里。卡拉苏口岸海拔高达4 300多米，自然环境十分恶劣，2004年5月实行临时开放，由于自然环境十分恶劣，卡拉苏口岸每年12月1日至次年4月20日为闭关期。① 此举严重限制了中塔商品贸易的交流水平和数额，应采取措施予以解决。

---

① 《数据解读：中国已成塔吉克第二大投资国第三大贸易伙伴》，中国经济网，http：//intl. ce. cn/specials/zxxx/201409/11/t20140911_3520157. shtml，2014年9月11日。

美洲地区

美　国

一、美国基本国情和中美关系态势

（一）美国基本国情

美国概况

国家全名	美利坚合众国	地理位置	本土位于北美洲中部，另有阿拉斯加州位于北美大陆西北方，夏威夷州则为太平洋中部的群岛	领土面积	962.9万平方公里
首都	华盛顿	官方语言	英语	主要民族	欧洲各族后裔、拉美裔、非洲裔、亚裔、印第安裔
政体	联邦共和立宪制国家	执政党/主要反对党	民主党/共和党	现任国家元首/政府首脑	巴拉克·奥巴马
人口数量	320 278 135人[1]	华侨华人人口数量	424万[2]	华侨华人占总人口比例	1.3%
GDP/人均GDP	17.4万亿美元[3]/5.44万美元	CPI	0.8%[4]	失业率	5.63%[5]

①　U. S. Census Bureau，U. S. Population，Feb. 4，2014.

②　中国国务院侨办主任、中国海外交流协会副会长裘援平2014年12月15日在侨界"纪念中美建交35周年研讨会"作主旨演讲时特别提到，目前在美华侨华人已有450万。

③　International Money Fund，World Economy Outlook（WEO）Databases，Issued October，2014，http：//www. imf. org/external/pubs/ft/weo/2014/02/index. htm.

④　CPI not seasonally adjusted（Jan. – Dec. 2014），http：//www. bls. gov/news. release/pdf/cpi. pdf，Feb. 4，2015.

⑤　Labor Force Statistics from the Current Population Survey：Unemployment Rate，Feb. 4，2015，http：//data. bls. gov/timeseries/LNS14000000.

从 2013 年第三季度到 2014 年第三季度，有四个季度的经济增速超过 3%。① 相比 2013 年，美国的国内生产总值和人均国内生产总值都有稍许增长。2014 年度，美国的失业率呈下降趋势，从 1 月份的 6.6% 降至 12 月份的 5.6%，整体比 2013 年低了 1% 多。②

（二）中美关系

2014 年是美中正式建交 35 周年。美中关系从解冻到发展，可谓改变了全球面貌。中美两国虽然一直存在分歧，但双边关系在逐步深化和加强。2014 年 6 月 25 日，美国负责东亚和太平洋事务局助理国务卿拉塞尔在参议院就美中关系发表讲话，承认中美双方经济体正日益相互交融和互惠互利的事实，表示美国"不寻求遏制中国；相反，我们欢迎一个稳定、和平和繁荣的中国兴起"③。数据显示，1979—2014 年间，中美贸易额增长逾 200 倍，投资从无到有，达到 1 000 多亿美元。现今中美已互为第二大贸易伙伴，建立了 90 多个政府间对话机制，平均每天有 1 万多人往返于太平洋两岸。④ 2014 年，美国向中国出口货物总值达 1 236.76 亿美元，而从中国进口货物总值为 4 667.55 亿美元，与中国的贸易逆差达 3 430.79 亿美元，相比 2012 年和 2013 年均有所缩小。⑤

中美关系在 2014 年末出现了一个标志性的突破，那就是两国签证政策的放宽。美国总统奥巴马 11 月 10 日出席 2014 年亚太经合组织工商领导人峰会时表示，此次访问期间，美中两国同意作出新的签证安排。中国公民赴美商务和旅游签证（B 类签证）有效期延长至 10 年，赴美学生签证（F、M 类签证）、交流访问学者签证（J 类签证）延长至 5 年。美国对华新签证政策预计 11 月 12 日起正式实施。⑥ 相应，中国政府对美国公民的签证政策也作出对等改变。在此之前，商务和旅游签证有效期为 1 年，中美公民需每年更新此类签证，新签证出台令许多经常往返于中美之间的商人或旅游者欢欣鼓舞，新政策也给在美留学生及赴美探亲的留学生父母提供了便利。两国新签证政策的实施，无疑会大大推动两国间经贸、旅游、教育和人文方面的交流与合作。

不过，与此同时，中美间的经济竞争愈演愈烈。由于中国企业加快了进军美国的步伐，引起美方企业的惊慌和反弹。刚在美国尝试开展业务的中国电商阿里巴巴就遭到了竞争者的强烈反对。美国几家大型零售商（Target、Bestbuy、Homedepot、JC Penny）组成的大众商业公平联盟在电视广告中向美国国会发出警告称，阿里巴巴集团可能会扼杀本土公司，除非美国国会能堵住针对在线零售商的税收漏洞。阿里巴巴集团则表示，美国零售商

---

① 《美国向上修正 3Q 实际 GDP，成发达国家里的优等生》，福布斯中文网，http：//www. forbeschina. com/review/201411/0039091. shtml。

② Labor Force Statistics from the Current Population Survey：Unemployment Rate，Feb. 4，2015，http：//data. bls. gov/timeseries/LNS14000000.

③ 《助理国务卿拉塞尔在参议院就美中关系发表证词》，http：//iipdigital. usembassy. gov/st/chinese/texttrans/2014/06/20140626302679. html#axzz3fp7PFmuc。

④ 《侨报：旅美华侨华人时刻扮演中美外交大使角色》，中国侨网，http：//www. chinaqw. com/hwmt/2014/12-16/30180. shtml。

⑤ United States Census Bureau，2014：U. S. Trade in Goods with China，https：//www. census. gov/foreign – trade/balance/c5700. html.

⑥ 《2014 年美国签证新政策内容》，中国人才网，http：//www. cnrencai. com/zengche/106223. html。

的相关指责并没有事实依据，阿里巴巴集团一直按业务经营所在国家的要求缴纳税项。[1]有数据显示，阿里巴巴的电子商务规模超过了亚马逊和 ebay 的总和，对竞争对手的压力可想而知。

二、侨情新变化

（一）华侨华人人口数量和分布

由于新移民的不断涌入，美国华侨华人增长迅速。据台湾"侨委会"统计，截至 2012 年底，全美华人总人口达到 424 万人。[2]另据美国联邦人口普查局 2014 年公布的数据显示，亚裔人口已达到 1 891 万，其中华裔合计 433 万多。[3]超过一半（57.6%）的华人居住在两个州：加州（38.4%）和纽约州（19.2%）；从分布上看，60% 以上的华人都住在大都市区（Metropolitan regional urban area）。[4]

从婚姻状况看，第一代华人一般族内通婚，而土生华裔跨族裔（种族）通婚的比例比较高。在美国，有一种说法，华人女性爱嫁白人男性，统计数据证实确实如此：第一代华人女性嫁白人男性的比率几乎是反过来的 5 倍（8.8%∶1.8%），1.5 代华人[5]女性嫁白人男性的比率是反过来的 1.54 倍（20.8%∶13.5%）；土生华裔女性嫁白人男性的比率更高（41.6%∶26.7%）。而华人男女与其他非亚裔少数族裔的通婚率都很低（最高不到 3%），与其他亚裔通婚率也不过 14%。[6]

美国华埠人口面临老龄化问题。年青一代土生华裔和新入美的华人技术移民与投资移民多选择环境优美、空间宽敞的郊区居住。纽约市人口普查数据显示，曼哈顿华埠 86.4% 的人口为 18 岁以上的成年人；65 岁以上的长者人数占比高达 16.1%，比全市平均多了 4 个百分点。华文媒体报道了曼哈顿华埠 3 所公校的生源变化情况，由此能看出华埠年轻人口减少的速度：2006—2007 年度，3 所学校注册人数总共 2 698 名；2012—2013 年度，剩下 2 302 名学生，华埠流失将近 400 名学生。这显示出生育年龄内的华裔人口已较少选择住在华埠。华埠居住环境比较不好，许多华人第二代"生长在唐人街，但不喜欢住在唐人街"，又因为经济能力比上一代好、住得起较贵的小区而离开。对他们来说，帮孩子选学区、给孩子更好的学习环境是重要的。老唐人街通常位于市中心位置，以服务业为主，区域扩展有限，不易容纳和发展新产业。而那些富裕和受教育程度高的移民则倾向于直接搬往美国南部，如佛罗里达州、佐治亚州、北卡罗来纳州和得克萨斯州，因为那里发达的高科技业和制造业能提供更多优质的就业机会。在美国很多大中城市的老唐人街中，纽约唐人街的没落并不是个例。在波士顿、华盛顿、费城这些老牌城市，曾以地标出现的唐人街，许多已经萎缩成几条街道，甚至更少。而休斯敦、圣路易斯等一些新兴城市的唐人街

---

① 《成美国传统零售商头号公敌？阿里集团：指责没有根据》，侨报网，http://news.uschinapress.com/2014/1201/1000629.shtml。

② 《海外华人前二十大排名国家人口数》，http://www.ocac.gov.tw/public/public.asp？。

③ 《亚裔为美国人口成长最快族裔　华裔成最大分支》，（美国）《星岛日报》，2014 年 5 月 8 日。

④ 《数据话现状："黑"在美国的华人在做什么？》，（美国）《侨报》，2014 年 9 月 3 日。

⑤ 指那些童年时代赴美、在美成长的一批人。

⑥ 《数据话现状："黑"在美国的华人在做什么？》，（美国）《侨报》，2014 年 9 月 3 日。

早已脱了中华味儿。大多数城市的唐人街已不再是华人的生活、政治和文化中心。唐人街还继续服务那些受教育较少、技术低、寻求低级工作的移民，以及英语水平较低的老一代移民或者没有驾照的移民。以福州人为主的新移民仍在流入华埠，只是其中有许多尚未记录的无身份移民，"常常一个公寓住好多人，有些房东藉（借）此增加房租，甚至一个床位三班制，原本是两家庭式的楼房隔好多间，变成民宿（家庭旅馆）"[①]。

在许多城市，市中心物业成本上升等因素正威胁着唐人街移民传统的生存状态。由于老唐人街多位于城市中心，地段好，很多房产投资者看中那里，从而推高了当地的房价，"逼走"了很多华人住户。亚裔美国人法律辩护与教育基金会的一项研究显示，费城唐人街受到的冲击尤其明显，不少投资者涌入那里大举购买周边的豪宅，推高房地产价格和房租。具有讽刺意味的是，很大一部分热钱来自中国大陆。旧金山的唐人街也面临类似的命运。硅谷就业机会迅速增长对旧金山的房地产市场形成支撑，推动该地房价和租金上涨。房东们正在利用《埃利斯法案》（Ellis Act）摆脱不识趣的住户，以出售房产。该法案规定，房东可向租户下"逐客令"，前提是他们随后不将房子租出去。在旧金山，抗议者和租户在市政厅外示威，反对唐人街内及周边地区的驱逐租户行为和房地产投机活动。[②]

随着美国华人居住模式的改变，不断有学者提出关于"唐人街"的新观点。最近加州大学尔湾分校历史系副教授陈勇提出"隐形中国城"之说。随着富裕华裔群体的不断壮大，在全美范围内，一种新型的中国城，即"隐形中国城"已经兴起。所谓富裕华裔群体，包括人数越来越多的中国大陆富有新移民，以及美国本土的富裕华人。这个群体选择安家之所的基本条件有两个，即好学区和高科技产业发达地区。如南加州的尔湾市即是他们的一个理想落脚点。在许多华人心目中，即使是在那些远在北京、上海而即将移民来美国的人的心目中，尔湾已是一座"中国城"了。可对于那些非亚裔民众来说，从市容上看，尔湾并不是一座传统意义上的中国城。尔湾市属于中上阶层家庭聚居区，根据 2010 年的人口普查数据，尔湾市总人口数量为 212 375，亚裔占该市总人口的 39.2%，其中多为华裔和韩裔。当地的学区是一流的，加州大学尔湾分校等多所高校在这座城市内。同时，该市 10 余年前即有 230 余家高科技公司。全美类似尔湾这类"外人"看不见，而实际上又居住着大量华人的城市已被视为新兴起的"隐形中国城"。陈勇说，这类"隐形中国城"没有明显的地域界限，没有族裔特色鲜明的建筑群，看不到华裔社区的独立存在（华裔家庭已完全融入社区之中），这即是"隐形中国城"的特色。[③]

（二）华人的受教育状况

据台湾"侨委会"委托的追踪调查，台湾地区赴美移民具有高学历的特征，大专以上教育程度者超过 70%，硕士、博士合计占 30.7%（硕士为 20%，博士为 10.7%）。远远超过美国平均受教育水平。[④] 美国华裔子弟在学业上的成就一直引人注目，他们在很多名

---

① 《人口老龄化问题凸显　美华埠发展受阻隐忧频现》，（美国）《星岛日报》，2014 年 4 月 21 日。

② 《揭美国唐人街豪宅高热之痛：华人无奈出走避难》，中国新闻网，http：//www.chinanews.com/hr/2014/02-02/5802468.shtml。

③ 本段文字参见《美富有华裔向高发达区迁移　渐构筑"隐形中国城"》，中国新闻网，http：//www.chinanews.com/hr/2014/09-01/6549093.shtml。

④ 台湾"侨委会"：《美国台湾侨民长期追踪调查之十（2012）》，2013 年，第 14～15 页。

校占据相当高的比例，这为白人种族至上主义者所担忧，一些常青藤院校为此针对华裔设置了更高的入学门槛，竞争越来越激烈。

大多数华裔移民父母通常把成功定义为考试得 A、毕业于一所名牌大学、获得高等学历，成为医生、律师、药剂师或者工程师等专业人士。这正是华裔子弟比一般美国家庭的孩子受教育程度更高、收入更高且更富裕的原因。华人多信奉"教育是出人头地的唯一道路"。此外，作为美国非白人移民，亚裔移民父母担心，他们的孩子会在职业生涯中遭到歧视。所以父母就把孩子们都引入了保守的、高社会地位的职业，在这些领域，他们被雇主、顾客和客户歧视的可能性更低一些。华人父母认为写作、表演、时尚和艺术领域的职业风险大，因为这些职业涉及主观判断，孩子极可能受到歧视。

（三）华人的职业和经济状况

当前，美国华人中，工程师、会计、医生、管理和律师等专业人士的比例越来越高。他们聪明能干、勤奋上进，实力获得美国社会的高度认可，他们用言行和成绩诠释着华人的骄傲，赢得了尊重。第一代华人移民通过自己的努力逐步得到美国主流社会的认可。总部位于纽约的卡内（耐）基基金会在《纽约时报》上整版刊登年度公共服务广告，标题为"移民，美国的骄傲！"该版表彰了 41 位具有代表性的第一代移民，他们都是各领域的精英。华裔著名作曲家兼指挥家谭盾、服装设计师谭燕玉、影音网站 YouTube 创办人之一的陈士骏悉数入围。谭盾先后获得最佳作曲家、格莱美奖、格文美尔古典音乐作曲大奖等多项荣誉，用实力为全球华人赢得了荣耀。时下当红华人服装设计师谭燕玉用 30 年的努力成就了自有品牌，也让纽约时尚圈认可了她的"中国概念"。她用服饰的语言向世界诠释着中华文化的多彩缤纷和博大精深，在 T 形舞台上为东方时尚赢得了大批拥趸。网络创业家陈士骏是影音网站 YouTube 创办人之一，2006 年 YouTube 被谷歌以 16.5 亿美元收购，创造了新一代华裔创业的传奇神话。[①]

不过，华人中两极分化的现象很明显。从华人在各行业的分布比例看，高达 12.3% 的华人是在饮食行业谋生，这几乎是管理（4.6%）、教育（4.5%）、医疗（4.1%）等领域从业者的总和。上述四类工作类别位居华人从业比例的前四位。值得一提的是，单从中国大陆移民看，男性从事行业比例最高的是厨师（13.4%）和管理人员（8.2%）；女性则是管理人员（6.1%）和会计（5.2%）；另外，还有 4.8% 的女性在当侍应生，4.0% 的女性在当收银员。鉴于中国大陆移民占所有华人的 59.5%，不难看出，华人在白领—蓝领行业的两极分化现象很突出。[②]

无论是从中位数还是从均值看，华人在个人收入、家庭收入上，都在随着代际的变化而显著提高。实际上，收入表现最好的是 1.5 代移民。从各方面的比较看，美国土生华裔在收入上除在"部分大学教育"中略胜 1.5 代以外，其他各教育层次都输给 1.5 代。尤其是有硕士以上学位中，平均差距更是达到了 5 000 美元之多（1.5 代 106 053 美元，而土生华裔 101 281 美元）。从行业来看，土生华裔只有一个行业——经理，挣得比 1.5 代多（1.5 代 115 138 美元，而土生华裔 200 325 美元），其他行业中，无论是金融从业者、电

---

① 崔安琪：《华人移民被美主流社会称赞》，《人民日报》（海外版），2014 年 7 月 9 日。
② 本段文字参见《数据话现状："黑"在美国的华人在做什么？》，（美国）《侨报》，2014 年 9 月 3 日。

脑程序员、工程师、律师，还是医生，土生华裔均落后于 1.5 代。当然，无论 1.5 代还是土生华裔，都挣得比第一代移民多很多。此外值得一提的是，华人低收入群体也不少，所以华人收入中位数比较低，而且还有 9.4% 的人口在贫困线左右，在亚裔群体中，贫困率居第三高（第一韩裔 11.7%，第二越南裔 11.5%），只是比美国平均贫困率 9.8% 略低。①在纽约和旧金山的老唐人街，华裔老人的贫困率比较高。在法拉盛，大约有 60% 的华裔老人生活在贫困线以下。有些老人无儿无女、孤寡、身体残疾等；有的则是爱子心切，被儿女骗得身无分文。虽然美国也为老人提供各种福利待遇，但很多华裔老人特别是新移民老人很难申请到。即使"幸运地"申请到，一个月的生活补助金也仅有 400 美元到 600 美元不等，很多老人不得不开源节流。有位来自广东台山的唐老太住在旧金山唐人街，她现在基本靠社区组织派发的免费食物过日子。她每天四处打听免费食物派发点，只要腿脚听使唤就去排队领食物。因迫于生计，许多华裔老人甚至干起了捡垃圾的活儿。很多华裔老人用月收入的 35% 来付房租，有的还需要支付高额的水电煤气等费用。在旧金山，许多华裔老人都蜗居在唐人街上狭小的散房里。②

美国劳工部在 2014 年 8 月底发布了《经济危机后亚太裔经济状况》的长篇报告，对亚裔在美国的状况作了全面分析。报告指出，华人社会经济状况存在很明显的两极分化现象，与华人移民的途径差异有很大关系。一类为技术移民身份（含留学转定居者），另一类为家庭团聚移民。此外还有为数不少的偷渡移民，后来通过大赦获得合法身份。留学定居的华人移民，接受美国的高等教育，找到高薪工作，就成为受教育程度高、收入较高的一个群体。偷渡赴美的华人移民，赴美后为身份所困扰，加上不懂英文、缺乏一技之长，多数从最底层的工作做起。许多人在偷渡赴美后，由于种种原因难以融入当地社会，无论从工作还是生活层面都属于比较底层。

虽然早先的华人移民有些通过自己的努力，或是下一代已经在美国站稳脚跟而生活状况有所改善，可是随着一批又一批的新移民接踵而至，受教育程度低、生活水平低的这一个群体依然存在，数量上也并未减少。华人移民普遍很重视教育，即便生活水平低的家庭，也依旧将子女受教育作为家庭的头等大事，第一代为劳工阶层者，第二代也必成为专业人士。不过，由于华人移民的背景和受教育水平呈现两极化，因此华人整体受教育水平被拉低。相比较而言，印度裔的教育程度高居 76.1%，这主要是由于移民美国的印度人属于印度的高阶层群体，无论是教育上还是工作上，总体水平会比较高。上述报告揭示，华人移民的失业率为 4.4%，属于较低水平。邝治中分析说，华人移民吃苦耐劳且身上所肩负的经济责任大，令他们在工作条件、环境及压力上的忍耐和负荷程度较大。许多华人移民，作为整个家庭的经济支柱，更是宁愿忍气吞声、降低薪资条件，也不会轻易让自己失去工作。在几年前的经济危机中，许多行业大幅裁员，华裔雇员也不无例外地面临失业。不过，由于华人移民吃苦耐劳的特性，许多华人移民愿意配合企业减薪而保住工作机会，或是在失业后，降低择业标准而使自己能够迅速再找到工作。在住房方面，老唐人街普遍生活环境相对狭小和恶劣，最为恶劣的是旧金山华埠，人口拥挤程度高达 24.4%，是全市

---

① 《数据话现状："黑"在美国的华人在做什么？》，（美国）《侨报》，2014 年 9 月 3 日。
② 参见《很多华人老人难适应美国：儿女很近　幸福很远》，《广州日报》，2014 年 1 月 26 日。

社区平均拥挤程度的 5 倍。①

另外，华人在职场上依然遭受歧视，其超高的学历往往与他们的就业前途和社会发展成就不成正比。美国华人在职场上遭遇所谓的"玻璃天花板"瓶颈限制。在美国众多科技公司中，华人员工虽然在人数上一直占据优势，却很少有人能够进入高级管理层。笔者2014 年底在美国纽约、波士顿、费城等地调研时采访过一些华人专业人士，他们反映华人在科研领域往往很受重用，但很难升到高级管理岗位，老板们通常以英语不够流利或是沟通能力不足而不给他们晋升机会。《旧金山纪事报》也报道，在美国各大公司的高管会议上，华人总是鲜少露面，即使出现也常是形单影只，显得有些寂寞。②

不过，除了种族歧视之外，华人自身语言、沟通、领导能力不足的情况确实存在。曾在全球最大芯片软件设计公司担任多年高级工程师的华人沈赐恩认为："要做到公司高层，更需要的就是个人的组织、沟通能力，而不仅仅是业务或技术。"而这恰恰是大部分习惯了"说得少做得多"的华人们的短板。尤其是对于第一代移民，相对薄弱的英语水平以及常被忽略的领导力训练往往成为他们升迁之路上的"拦路虎"。不过，在中国崛起和中美经贸合作日益拓宽加深的背景下，具有中文沟通能力的华人经管界精英得到了大显身手的机会。随着中国对外开放的扩大，在世界经济版图上的地位愈加突出，广阔的中国市场逐渐成为许多美国企业的"香饽饽"，有能力的华人自然而然也成为高管职位的优先候选者。一些美国企业正在有意识地提拔华人负责中国市场甚至亚洲市场的事务。硅谷一家天使投资基金的创始合伙人李强认为，"相比老一代华人，80 后、90 后华人在语言、沟通等方面已不存在明显短板。他们应该让自己的个性、思维更好地适应美国的企业文化，这有利于他们在职场中获得更好的发展"。还有一些已在美国公司摸爬滚打多年的华人，在积累经验后华丽转身，自主创业，成为破解"玻璃天花板"瓶颈的另一种巧妙选择。

随着美国华人教育水平和经济实力的增强，华商投资的行业愈来愈广，已不再局限于餐馆、杂货店等小本经营，房地产、银行、高新技术公司呈欣欣向荣的发展态势，华资的实力越来越引人注目。华美银行、国泰银行是华资银行中数一数二的。2014 年 11 月 18日，华美银行在深圳开设分行。在房地产领域，纽约的林氏集团目前在房地产开发、酒店行业做得风生水起。林氏集团由广东台山籍移民林建中先生创建，是集制衣、房地产收购、开发、管理及酒店建造、经营于一体的综合性地产集团，拥有 40 年历史、30 多年的房地产投资收购和开发经验。在过去 10 年间，林氏集团已建成 22 家酒店，为当地创造了数以亿计的财富，仅其旗下酒店就创造了 2 000 多个新的永久工作机会。根据纽约市观光局的资料显示，目前在纽约每五家新建酒店中，就有一家属于林氏集团。从 2007 年开始，每两个月即有一家林建中旗下的酒店正式投入营业。林建中在商业上的成功令人称颂，在媒体介绍纽约时装业、房地产业、酒店业时，他是最常被媒体提及的企业家之一。他的头上戴着"制衣大王""地产大亨""酒店巨子""华人川普""美国李嘉诚"等耀眼光环，是美国梦的成功典范、纽约客的传奇人物。③

---

① 本段文字参见《受赴美方式影响 华裔移民在美国发展呈现两极化》，中国新闻网，http：//www. chi-nanews. com/hr/2014/09-17/6599216. shtml。

② 《在美华人如何打破高管"天花板"？》，《人民日报》（海外版），2014 年 9 月 19 日。

③ 《商业奇才——专访美国林氏集团主席林建中》，《台山人在美国》2012 年第 3 期，第 6～16 页；另见未公开出版的宣传册《商业奇才——专访美国林氏集团主席林建中》（2014 年 1 月 11 日获取于纽约林氏集团）。

近年来，美国的房地产行业特别是华人房地产开发商或经纪人因中国大陆富豪在美购房而获得生机。地产界人士指出，由于加拿大去年收紧了移民政策，美国楼市更加成为中国买家的首选。据美国《世界日报》报道，中国人在美国购置房产的"地盘"呈横向展开趋势：由纽约、旧金山、洛杉矶、休斯敦、亚特兰大一些热门城市逐渐向新泽西州、得克萨斯州、马萨诸塞州、伊利诺伊州、华盛顿州、宾夕法尼亚州、马里兰州和佛罗里达州等地区渗透、扩大。[①] 据《纽约时报》（New York Times）报道，中国富翁不但将资产存放海外，还计划将他们的家人移居外国。该趋势为西雅图郊区的房地产市场造就了繁荣景象。房地产经纪人表示，近年来，中国富豪无疑已经成为西雅图最大的国际房产买家，在某些地区，超过百万美元的房产有 1/3 属于中国富豪。西雅图的房地产经纪人雇用会说普通话的工作人员，并在北京开设办公室。房地产开发商修建的大部分新房屋也专门为中国买家设计。西雅图的房地产经纪人甚至在与中国买家打交道的过程中，增加了一个新词：风水。西雅图成为吸引来自中国数十亿美元资产的"蓄水池"。虽然中国买家也在纽约、洛杉矶以及伦敦购买房产，但他们对西雅图的影响更为集中，他们专注于小型高档的郊区房产。房地产经纪人与分析人士称，2014 年西雅图东部郊区 20% ~40% 售出的房产由中国买家购买。[②]

随着富裕华人多在郊区购房生活，老唐人街的餐馆、酒楼及连锁生意链也受到影响，失去往日的热闹。在纽约，很多原居曼哈顿华埠的老移民迁去了皇后区和布碌仑，加上华埠停车难，也不会回到华埠办酒席；法拉盛和布碌仑的大型酒楼近年来越开越大，越开越红火。随着喜宴的减少，相应的连锁生意链也受到影响。有金店老板表示，本来很多福州人结婚都会送黄金饰品，例如购买龙凤手镯等给新人佩戴。但是随着喜宴的分流，本来很多来华埠吃酒、购买金饰的人也减少了。2014 年的生意额还不到 2013 年的 1/3，而 2013 年的生意本身就已经算差的了。

（四）华人的政治参与近况

放眼全美，华人参政最为活跃是在加州，而且胜选率较高。在已经结束的 2014 年 11 月中期选举中，整个加州至少有 15 人参与了从联邦到地方的决选，形成了进军美国主流社会的一支不可忽视的参政军团。这些华裔候选人基本上全面告捷。在联邦层级，赵美心无悬念连任，加州民主党籍参议员刘云平（Ted Lieu）[③] 成功当选为本届国会第三位华裔众议员。

在加州政府主要职位的竞选中，江俊辉（John Chiang）、余淑婷（Betty Yee）和马世云（Fiona Ma）分别赢得加州财务长、主计长和第 2 选区税务委员的职务。加州第 6 选区的潘君达（Richard Pan）当选州参议员，17 选区的邱信福（David Chiu）、19 选区的丁右立（Phil Ting）、25 选区的朱感生（Kansen Chu）、28 选区的罗达伦（Evan Low）当选为

---

① 《中国买家购买美房产热情持续　不再局限热门城市》，中国新闻网，http：//www.chinanews.com/hr/2014/09-05/6565997.shtml。

② 《中国富豪购买西雅图东郊四成百万房产　24 人抢一栋》，美华网，http：//www.cner.com/article-23316-1.html。

③ 刘云平现年 45 岁，3 岁时随父母从台湾移民美国，曾就读于斯坦福大学计算机系，毕业后又在乔治城大学攻读法学博士学位，并曾在美国空军服役 4 年。他从 2005 年至 2010 年担任加州众议员，2011 年转战加州参议员，并成功当选。

州众议员。南加州 49 选区的周本立（Ed Chau）和 55 选区的张玲龄（Ling Ling Chang）也分别成功当选为加州众议员。31 岁的罗达伦则成为加州历史上最年轻的亚裔州众议员。尽管角逐加州第 41 区众议员的 18 岁华裔小将蔡内森（Nathan Tsai）未能打败对手，但首次参加竞选竟获得了 41% 的选票，这一成绩仍然是值得庆贺的。在地方层级，阿罕布拉市长沈时康成功连任。橙县尤巴林达市的华裔女将黄瑞雅成功当选市议员成为亮点。① 加州华人竞选者的胜选，不能不归功于日益壮大的选民力量。旧金山华裔选民教育委员会行政主任李志威指出，邱信福当选为首位代表旧金山东面的华裔州众议员，华裔选民功不可没，邱信福胜出印证着旧金山东南面的华裔选民力量正式崛起。对比 6 月初选时的投票率，邱信福在 11 月大选中发动了更多选民出来投票支持，他在华人聚居的地区，如华埠、访谷区、肖化区等地，均出现 23% 至 71% 的增长。随着越来越多华裔搬到旧金山的东南面，如访谷区、肖化区及湾景区等，东南面的华裔选民力量越来越成熟，有机会看到更多华裔当选。②

在加州之外，纽约州和马萨诸塞州的吴修铭与张礼能分别竞选两州副州长，两人初选均宣告失败，但分别获得 39.4%、29% 的选票支持，票数不低。特别值得一提的是，在华裔人口并不算多的罗得岛州，共和党籍州长候选人冯伟杰成为该州有史以来第一位挑战州长职务的华裔，初选获胜，但最终以微弱票数失败。总体来说，美东、美中、美南的华人参政总体实力不及美西。

从参与竞选及获胜者的祖籍地或来源地看，要么是祖籍广东的美国土生华裔，要么是来自台湾或香港地区的归化公民，中国大陆新移民在美国政坛上几乎听不到声音。这是几种原因造成的：一是中国大陆移民成长于一种迥异于美国的政治体制中，对于美国的政治规则不熟悉；二是中国大陆新移民来美不久，很多人还在为生计而打拼，没有精力和财力去顾得上参政；三是参政需要一定的人脉关系，在这一点上土生华裔明显要优于中国大陆新移民；四是美国政府对来自"红色中国"的新移民本能上有一种不信任感，他们往往难以通过参与竞选前必须要经过的政治审查。③

华人参政议政的现象固然可喜，但也存在很大隐忧。现今虽然华裔整体社会地位和政治地位提高了，美国各级政府内都有华裔民选官员，可仍有相当数量的华裔公民缺乏权利意识和参与公共事务的热情，他们不积极参与社区公益活动和服务，不屑于参加义工工作，不积极注册为选民，不踊跃投票。结果就是得不到主流社会应有的重视和尊重。造成这种现象有很多原因：首先，因为美国华人社区有一种重生计打拼、轻政治参与的传统；其次，与其他族裔相比，美国华裔选民选举投票率往往不高，族群"抱团"意识更低。曾有华文媒体抱怨说"印巴两国在南亚针锋相对，但印巴裔美国人却可以在选战中抱团打拼，而同样来自中国大陆、台湾的华裔选民，却可能因为各种理由相互拆台"。这种现象让绝对人数本来就不多的美国华人，在选举中很难产生和选民人数相称的影响力。

---

① 《南加州华裔候选人几乎全站告捷》，海外网，http：//opinion. haiwainet. cn/n/2014/1106/c232601-21348089. html。

② 参见《旧金山华裔选民数量创新高 65% 符合资格者已登记》，中国新闻网，http：//www. chinanews. com/hr/2014/11-12/6767930. shtml。

③ 第四点原因以前较少有学者提到，笔者于 2015 年初在华盛顿期间访问莫天成先生，他特别提到了制约中国大陆新移民参与美国政治的这一因素。也正是为表明对美国的政治效忠，一些华裔参政人士会尽量避免与中国大陆接触过多，以免被 FBI 找去谈话。

另外也有华文媒体反映，华裔民选官员在华人利益受到伤害之际，往往不是毅然挺身而出，为华人争取权益。比如说，有位华裔民选议员在竞选筹款时来到华社，但当华社发展的一些事情伤害到附近大财团的利益时，该议员站在了华社的对立面，挺身维护大财团的利益。迄今为止，大多数成功的美籍华人政治家，其成功的关键仍在于其更像一名"主流美国人"，而非华人。这表明，美籍华人作为一个族群整体，在美国政治生活中的分量仍然有限。

（五）华侨华人社团发展动向

在全美各地，有一百多年或近百年的老侨团——中华会馆（公所）、地缘会馆、宗亲会馆以及由过去的堂口演变而来的工商会（如洪门致公堂、安良堂、协胜公会和秉公堂）等依然矗立在唐人街，见证着美国华人社会的变迁。这些老侨团在章程、会员接纳等方面依然沿袭传统，但其宗旨和活动内容已随着时代变迁发生了很大的改变。它们不再形成一个自治的小社会，游离于主流社会之外，而是在保持同乡、同宗、结义兄弟情谊和互助的同时，亦努力融入当地社会。这些老侨团大多面临会员老化、人数减少、青黄不接的困境，如纽约台山宁阳会馆现在会员仅有百余人①。不过它们大多有购置物业，亦有银行存款，通过出租或投资能获得较稳定的收入，在财力上要好过一些新移民社团。

自 2013 年旧金山中华总会馆改挂五星红旗之后，美西地区传统侨团对中国大陆的立场已发生根本性的转变。而在美东，尤其是在纽约和波士顿两个重市，当地以中华公所为首的老侨团仍然挂"中华民国"的青天白日满地红旗。笔者于 2014 年 12 月底至 2015 年 1 月初跟随调研团在美东纽约、费城、华盛顿、波士顿访问了十几家传统侨团和新移民社团，发现它们在章程、宗旨、会员接纳、会务和对中国的政治立场上存在很大的差异。大多数传统侨团墨守成规，不太愿意接纳同籍贯的新移民加入，对中国大陆依然持不太友好的态度，最突出如纽约、波士顿和费城的中华公所，纽约的台山宁阳会馆、联成公所、安良工商总会（安良堂）等，亲台势力比较强。这一方面是因为很多人从来不回国，对国内已发生的变化不了解，依然对共产党执政的中国政府持有成见；另一方面是由于马英九上台后加大了对美东传统侨团的笼络和控制。每逢有社团领袖改选或其他重要活动时，传统侨团一般都邀请台湾方面的官员参加。当然，因大势所趋，这些偏保守的传统侨团也不是铁板一块，这当中有一些人与中国大陆官员的会外接触开始增多。② 另有少量传统侨团，如纽约至孝笃亲公所（胡、袁、陈三姓宗亲公所）、纽约和费城的崇正会③、波士顿洪门致公堂欢迎新移民加入，社团不断壮大，而且很早就挂五星红旗，与中国大陆保持友好往来。举例来说，成立于 1917 年的纽约至孝笃亲公所至今已有近百年历史，由于接纳新移民会员，其规模不仅没有萎缩，反而逐渐壮大，现会员已有 3 000 多人。该公所前主席陈卫平（公所现任最年轻元老）在职期间，于 2002 年首倡改挂五星红旗。④ 每逢有中国领

---

① 笔者随调研团在纽约访问期间，有台山新移民称台山宁阳会馆由于既有利益的关系，拒绝接纳新会员，现在会员人数只有一百多。

② 有新移民社团人士表示，这是因为传统侨团害怕新移民进去会分去老会员的利益。

③ 根据中国驻纽约总领事馆马领事的介绍，除中华公所外，费城的新老侨团总体上对中国大陆比较友好。崇正会表现尤为突出，早在 1976 年就开始悬挂五星红旗。

④ 根据笔者 2014 年 12 月 31 日在纽约至孝笃亲公所的调研访谈记录。

导人到访时，通常是该公所和崇正会代表传统侨团与新移民团体代表前去欢迎。

也有不少由老一辈华侨创立的、对中国大陆友好的侨团境况堪忧，其中最典型的代表就是成立于 1933 年的纽约华侨衣馆联合会（简称"衣联会"）。该会至今已有 80 多年的历史，在新中国成立之日，就在纽约唐人街上升起第一面五星红旗，这也是美国华社的第一面。[①] 衣联会的前辈们在 20 世纪 50—70 年代中美对立时期，曾遭受美国联邦调查局和唐人街亲国民党势力的百般迫害及刁难，但仍坚忍不拔抗争，团结一致，共渡难关。而今，华人洗衣业已退出历史舞台，衣联会创会元老和会员大多故去，只剩下少数年逾古稀的元老（其中陈锦棠先生已 92 岁）勉强支撑，连会所也遭遇变卖的困境，令人唏嘘。[②]

在纽约，台山籍移民先辈成立的宁阳会馆已有一百多年的历史，至今仍和联成公所轮流推选中华公所主席，亦是台湾国民党政府拉拢的重点对象，但实际上它的会员人数已非常之少。20 世纪 60 年代末以来，从中国大陆转道香港赴纽约或直接赴纽约的台山籍新移民有 10 余万，但他们中绝大多数并未被宁阳会馆吸纳为会员。这些新移民经过多年努力、打拼之后，扎根下来，一群意气相投之士于 1997 年创建了美国台山联谊会，后来的台山籍新移民通过乡亲、亲友介绍，加入该会，现登记会员已超过千人。通过会员的共同努力，联谊会买了一座楼，并将其由三层改建成六层。[③]

20 世纪 90 年代至 21 世纪，美国出现了大量高科技、新经济等新兴产业，有大批留学人员赴美学习这些专业，并逐渐从事相关的专业工作，这一时期，与高新技术、知识经济、新兴产业有关的专业社团大批成立，如中国旅美科学技术协会（1992 年）、全美华人金融协会（1994 年）、美国华人生物医药科技协会（1995 年）、华源科技协会（1999 年）等，许多社团与中国大陆保持着密切的联系。美国的华侨华人专业社团是全世界最多的，美国的教育体系以及繁荣的知识经济、高科技产业，能够培养、吸引、使用专业人才，能提供很好的工作平台以及个人待遇，自然地，美国就成为华侨华人专业社团的主要聚集地。美西加州的硅谷地区、美东的大华府地区（弗吉尼亚州、马里兰州）、纽约地区（新泽西州、宾夕法尼亚州）、美南休斯敦地区集中了大量信息技术和电子科技、医学以及金融类的华人专业团体，此外西雅图、洛杉矶、波士顿、芝加哥等地，也是专业人士团体较多的城市。[④]

美国华侨华人社团是在海外提升中国影响力的一支重要公共外交力量，其中一个表现就是他们一直致力于对抗日战争史实的维护，成立了"抗日战争史实维护委员会"，并开展相关的纪念活动，告诫人们勿忘历史。每年 12 月，全美各地华侨华人社团多会举行"南京大屠杀公祭"活动。美国旧金山湾区华侨华人自 1991 年以来已连续 24 年在 12 月 13 日举办"南京祭"活动。美国华侨华人社团还发起在旧金山建立中国海外首座抗日战争纪念馆，馆址曾是 1927 年创办的《美洲国民日报》的报社旧址，见证了当年华侨宣传抗日活动的历史。自该馆建设项目于 2014 年 7 月在旧金山启动以来，4 个多月内已有数万人响应主办方提出的"一人一元"的捐款活动。目前善款总数已超过 15 万元，但这与整个展

---

①　《纽约华侨衣馆联合会八十周年纪念特刊》，纽约：纽约华侨衣馆联合会 2013 年版，第 25 页。
②　根据笔者 2014 年 12 月 29 日在纽约华侨衣馆联合会的调研访谈记录。
③　根据笔者 2014 年 12 月 31 日在纽约美国台山联谊会的调研访谈记录。
④　王辉耀、苗绿：《海外华侨华人专业社团的新特点与新作用》，《华人研究国际学报》2014 年第 1 期。

馆所需的修缮费用还相差甚远。①

美国华侨华人社团也表达了对香港"占中"（占领中环）行动的反对意见。旧金山湾区中国统一促进会（简称"旧金山统促会"）港澳关注小组 6 月 21 日在中国城会所举行新闻发布会，就香港有人发起"占中"行动公投一事发表看法，指出"占中"行动犹如绑架人质，逼迫对方按照他们的意愿行事，不仅担心此次行动对经济、民生带来很大破坏和负面影响，更担忧有可能导致流血冲突。旧金山统促会 10 月 5 日在中国城会所举行反对香港"占中"研讨会，侨社多个社团代表出席了研讨会并踊跃发言，反对"占中"违法行为，强烈要求香港警方依法执法，维护香港的社会秩序和稳定，并计划采取更多行动，表达美国华侨华人对香港非法"占中"行为的谴责。②

在构建中美新型大国关系进程中，旅美侨胞比以往任何时期都更加热情而富有建设性地参与其中。广大旅美华侨华人是中美友好关系发展的积极支持者、建设者和促进者，是发展中美关系不可或缺的力量。中国通过华侨华人及社团的人脉关系，拓展与主流社会的沟通渠道，可以促进与美国友好关系的发展。由中国海外交流协会、美国百人会、全球华人政治学家论坛联合举办的侨界"纪念中美建交 35 周年研讨会"于 2014 年 12 月 15 日在北京开幕。旅美华侨华人和中国内地学者 130 余人参加了会议，旧金山湾区也有多位代表与会。与会代表围绕"战略互信与中美关系"和"华侨华人与中美关系"话题进行了深入研讨。美国百人会会长关德铨表示，华人族群守望相助的同时，应该加强构建和谐侨社，积极回馈社会，注意族群形象，促成中美之间构建起良性的大国关系。美国百人会会员、芝加哥大学政治学教授杨大利表示，美国百人会希望在经贸合作、帮助中国企业走出去、培养下一代中美关系优秀人才、青年领导能力培养和促进慈善事业等方面多做工作。全球华人政治学家论坛召集人赵全胜强调发挥智库作用的重要性，认为要做好打造全球华人智库的准备工作，促进新形势下新型中美大国关系常态化。③

华侨华人社团致力于丰富华人社区文化活动，也向美国主流社会传播中华文化。美东华人社团联合会共同主席梁冠军于 2014 年 5 月 13 日在纽约宣布，为满足海外侨胞多层次、多样化的文化需求，"文化中国"美国艺术团在纽约正式成立。今后，"文化中国"美国艺术团将与中国国内著名演艺人士合作，在美国举办相关演出活动。④

（六）华文教育和中华文化的传播

2014 年举行的第三届世界华文教育大会表彰了 38 所海外华文教育示范学校，其中包括美洲中华中学校、圣路易斯现代中文学校、克利夫兰当代中文学校、底特律中文学校、俄亥俄现代中文学校和匹兹堡中文学校 6 所美国华文学校。美国华文学校的负责人提出了华文教育发展面临的问题和解决的途径。参加大会的美国洛丽汉语学校校董傅嘉荣在接受美国《侨

---

① 《海外首个抗日战争纪念馆筹备遇阻　万人响应捐款》，中国侨网，http：//www.chinaqw.com/zhwh/2014/11-24/27220.shtml。

② 《美国旧金山侨社发表联合声明反对香港"占中"》，国际在线，http：//gb.cri.cn/42071/2014/10/06/6891s4716320.htm。

③ 《侨界"纪念中美建交 35 周年研讨会"与会代表达成多项共识》，中国青年网，http：//news.youth.cn/jsxw/201412/t20141217_6280149.htm。

④ 《"文化中国"美国艺术团在纽约成立》，中国新闻网，http：//www.chinanews.com/hr/2014/05-14/6167896.shtml。

报》记者采访时说，"华文教育与学校在当地的发展，离不开稳定和谐的外部环境。要获得当地政府的支持，首先要和他们做朋友"。傅嘉荣说，当地一所以华裔、西班牙裔为主的英语、汉语、西班牙语三语学校险些因为遭到抵制而改为单一英语语种学校。正是由于华裔群体合法的抗议，并且在听证会期间表达了意愿与态度，这所特色的三语学校才得以保留。在现实中，像傅嘉荣这样积极与当地政府、机构进行沟通的华人学校负责人不在少数。美国费城第一中文学校董事长任美清就积极促成了该校与常春藤学校宾夕法尼亚大学教育学院的合作，为该教育学院的学生提供实习机会，通过这样的合作，不仅优秀的高学历人才能对中文学校教师队伍水平的提升有促进作用，而且华文学校也越来越得到费城当地主流社会的认可。克利夫兰当代中文学校校长王黎明认为，"华文教师需要同时拥有中文、英语的高水平之外，还需要对中国文化有理解。因为华文学校不仅是教授中文，更是传递中国文化的第一线"。他坦言："除了中文课程，为了激发学生的兴趣，我们有各种中国文化、艺术的培训班，这还需要华文教师有艺术专修，这样的人才很稀缺。"来自美国底特律中文学校的教师王刘葵就是中国国务院侨办华文教师培训班的受益人。她认为，让华文教师回国培训不仅仅是全方位、系统性地进行教学培训，更重要的是，能加深与祖国的感情。王刘葵在多年的一线教学中，深刻地体会到对中国文化的理解在工作中的重要性，"因为一些华二代，对中文的理解只是字面上的，并没有对中国文化及一些传统有理解，这就会影响他们的学习与积极性。而如果老师自身对这些文化理解透彻，在教学中，更容易因地制宜，引导学生从文化的层面学习语言"。①

除了华文学校外，孔子学院在美国的发展有喜有忧。自 2004 年以来，在中美双方的密切合作和共同努力下，美国现已设立 100 所孔子学院和 366 个孔子课堂，267 万美国民众参加了孔子学院活动。旧金山州立大学孔子学院是美西地区成立的第一家孔子学院，从成立之时直至今天，每年都为学生和家庭提供中文与中国文化学习的项目。举办的活动包括"汉语桥"比赛、春节联欢晚会等，其中"汉语桥"比赛分中学、大学等组进行，孔子学院还为旧金山湾区本地的教师提供了业务提高以及学习的平台。2014 年 11 月 15 日上午，旧金山州立大学孔子学院和圣塔克拉拉县教育局举行圣荷西—硅谷地区首届中小学生"中文之星"大赛颁奖典礼。这次比赛共吸引了 100 多所学校共计 470 名学生参赛，最终遴选出一等奖 27 名，二等奖 28 名，三等奖 32 名，充分肯定了本地区学生的中文水平及对中国文化的学习热忱。②近年来，洛杉矶加州大学孔子学院与音乐学院多民族音乐系一起，为推广中国的民族器乐，在社区和孔子课堂所在学校组织了不少相关的活动，通过民族音乐来促进中美之间的文化交流。2014 年 4 月 21 日，该校孔子学院邀请中央音乐学院的扬琴表演艺术家刘月宁教授，在音乐学院举办了一场扬琴演奏技巧教学演示活动。举办扬琴演奏技巧教学演示活动，正是孔子学院通过音乐来促进中美文化交流的一种努力。

不过，这几年随着越来越多的孔子学院落户美国，也引起了一些争议，其中争议最大的要数汉办的政府背景和孔子学问与美国宪法之间的冲突。为此，美国官方和合作方一直试图限制孔子学院的发展。在美国学者眼里，孔子学院的政府背景以及孔子学问的君臣父

---

① 《海外华教代表：师资短缺成束缚华教发展"瓶颈"》，中国侨网，http：//www.chinaqw.com/hwjy/2014/12-08/28966. shtml。

② 《硅谷首届中小学"中文之星"大赛圆满结束》，金山在线，http：//sf. uschinapress.com/2014/1117/999209. shtml。

子伦理与美国价值观之间存在着严重的冲突。2014 年 5 月，美国芝加哥大学 100 多名教授发起联署，要求校方在 9 月与孔子学院的合约到期后不要续约。① 在全美拥有四万七千名会员的美国大学教授协会，亦在官网发表报告，呼吁各大院校让孔子学院退出校园或重新签订合作新约。在美国，孔子学院一般较受资源不足的学校欢迎，因为借此可以获得免费的中文老师和教材，芝加哥大学是拥有孔子学院的为数不多的名校之一，除芝加哥大学外，在精英大学中还有斯坦福大学和哥伦比亚大学有孔子学院。9 月 25 日，美利坚大学宣布停止与孔子学院合作，紧接着 10 月 1 日宾夕法尼亚州立大学也宣布于 2014 年底终止与孔子学院长达 5 年的合作。②

孔子学院在美国的另一大争议是关于它的运作方式，一方面是中国不计成本的巨额经费投入，另一方面却对美国学生免费。在美国建设孔子学院需要很多钱，根据汉办的官方数据，每所孔子学院建设费用要 50 万美元，每个孔子课堂 6 万美元，中国政府在美国建校方面的投入就高达 6 000 万美元。学院和课堂建成后还需要运营经费，汉办会为每所孔子学院提供 5 万 ~ 10 万美元的启动资金，此外还要提供免费教材，支付专职教职工和外派志愿者的工资、福利、交通等费用，如果再算上给孔子学院所在学校各种专项经费资助的话，据不完全统计，这些年孔子学院的投入早已超过 5 亿美元。③ 相反，孔子学院的课程对美国大、中、小学生来说不仅免费，而且还提供奖学金，组织到中国学习培训，举办演出和中文比赛等。这种不计成本的做法招致了一些西方学者的质疑，尤其是在中国尚有大量的失学儿童，边远地区的学校没教室、学生没有课本的情况下，却对教育发达、生活富裕的美国学生提供高额资助，这似乎与孔子的教育理念背道而驰。

在中文学校和孔子学院之外，一代又一代的美国华人学者在推进美国汉学研究和传播中华文化方面发挥着至关重要的作用。哈佛大学于 1879 年开始聘任的中国教师戈鲲化，开中文教育之先河。哈佛大学作为美国历史最为悠久的学校已经存在 378 年，而在哈佛开设中文课，向海外学子教授中国文化的传统也走过了 135 年。1928 年哈佛大学燕京学社成立，开始了互派学者的研究计划。中国在各个领域的先进成果逐步借助哈佛大学的平台被世界知晓。在以英语文化为主导的哈佛大学，汉学仍旧处于边缘地位，但经过了百余年华裔学者的努力，汉学传播的成果非常可观。哈佛大学华人教授的影响力越来越大。哈佛大学燕京学社前社长杜维明在哈佛开设的本科生必修课有近千人选修，学生在歌剧院上课，课程很有影响力。2005 年，文化学者李欧梵创立了哈佛中国文化工作坊，该组织以哈佛为基地，该组织为学者提供交流平台，将华人学者的汉学研究与哈佛紧紧相连。作家张凤把哈佛百年华裔学人传播中华文化方面的作为付诸笔端，写成《哈佛问学录》，让中国读者更多地了解汉学在哈佛大学的发展。④ 可以说，哈佛华裔学者，在百年间教化了西方，丰富了哈佛和世界的历史。

---

① 《评论：抵制孔子学院损害中西文化交流自由》，新华网，http：//news. xinhuanet. com/world/2014-06/23/c_1111276191. htm。

② 《美国叫停孔子学院背后：中国背景冲突美国宪法》，网易教育，http：//edu. 163. com/14/0929/15/A7AQ8MP800294IIH. html。

③ 《美国叫停孔子学院背后：中国背景冲突美国宪法》，网易教育，http：//edu. 163. com/14/0929/15/A7AQ8MP800294IIH. html。

④ 《张凤〈哈佛问学录〉将出版 书写哈佛百年华裔文化史》，人民网，http：//culture. people. com. cn/n/2014/1119/c87423-26051655. html。

（七）新移民

在美国 400 多万华裔人口中，70% 以上都是出生在美国之外，也就是说，新移民占据了全部美国华人的七成以上。在新移民中，85% 来自中国大陆、台湾和香港，剩下 15% 是马来西亚、印度尼西亚、泰国等地的华人再移民。数据显示，1980 年时全美境内华人移民有 38.4 万人，2013 年则增至 201.8 万，翻了 4 倍多，目前是美国第三大移民群体，位居墨西哥和印度移民之后，占美国总移民人口的 5%。[①] 美国华人移民中大约有一半是通过家庭团聚的途径获得绿卡，其余是通过技术移民优先权或取得政治庇护身份。与美国所有外来移民群体和全部土生人口相比，华人移民的受教育水平、职业地位和家庭收入均相对较高。[②] 据美国移民统计局发布的数据，2013 年获得美国合法永久居民身份（绿卡）的中国大陆移民有 71 798 人，占当年世界各国移民到美国总数的 7.2%，仅次于墨西哥移民；从数量上看，相比 2012 年减少了近 1 万人。[③] 另外，不少中国大陆公民以申请庇护（Asylees）获得美国居留身份，2013 年达到 8 604 人，居各国获得美国庇护人数之首。[④] 中国大陆移民的数量虽然高于菲律宾和印度移民，但入籍人数却少于上述两国移民，2013 年只有 3.5 万多人入籍，占当年美国入籍总数的 4.5%。[⑤] 大多数来自中国的移民定居在加州（31%）和纽约州（21%）；加州洛杉矶县（Los Angeles County），纽约州的皇后县（Queens County）、国王县（Kings County），加州旧金山县的中国移民数量居全美前四位，合计占全美中国大陆新移民总数的 29%。2009—2013 年间，华人移民数量最多的三大都市是纽约、旧金山、洛杉矶，合计占美国华人移民数量的 46%。[⑥]

由于中国大陆移民的持续涌入，美国说汉语的人数直线上升。美国移民研究中心（Center for Immigration Studies）2014 年 10 月 6 日公布的报告指出，2010—2013 年，全美境内说西班牙语、汉语与阿拉伯语的居民增加数量最多。2000 年，美国有 202.21 万居民说汉语，2013 年增至 302.9 万人。[⑦] 2013 年美国社区普查揭示 62% 的华人移民（5 岁以上）英语不流利，在家只说英语的比例大约仅有 10%。[⑧]

自 20 世纪 90 年代以来，中国向美国的移民具有鲜明的人才移民特征，中国已成为美国第一大人才输出国。数据显示，2013 年，25 岁以上的美国华人移民中，47% 拥有学士

---

① Kate Hooper and Jeanne Batalova, Chinese Immigrants in the United States (Jan. 28, 2015), http://www.migrationpolicy.org/article/chinese – immigrants – united – states/.

② Kate Hooper and Jeanne Batalova, Chinese Immigrants in the United States (Jan. 28, 2015), http://www.migrationpolicy.org/article/chinese – immigrants – united – states/.

③ U. S. Department of Home Security, Year books of Immigration Statistics, *U. S. Lawful Permanent Residents*：2013, p. 4.

④ U. S. Department of Home Security, Year books of Immigration Statistics, *All Asylees by Country of Nationality*：*Fiscal Years 2011 to 2013*, p. 6.

⑤ U. S. Department of Home Security, Year books of Immigration Statistics, *U. S. Naturalization*：2013, pp. 1 – 2.

⑥ Kate Hooper and Jeanne Batalova, Chinese Immigrants in the United States (Jan. 28, 2015), http://www.migrationpolicy.org/article/chinese – immigrants – united – states/.

⑦ 《美国 6 175 万人在家不说英语　说汉语者 3 年增 22 万》，中国新闻网，http://www.chinanews.com/hr/2014/10-08/6653899.shtml.

⑧ U. S. Census Bureau, American Community Survey Briefs, *English – Speaking Ability of the Foreign – Born Population in the United States*：2013, p. 14.

以上学位，而整个外来移民中只有 28% 拥有同等学力。① 研究预测，至 2018 年，赴美的中国技术移民将增加 3 倍，达到 50 万人，其中 35%～41% 以技能为基础。此外，随着美国富裕阶层的增加和美国加大吸收投资移民的力度，投资移民也将越来越多。

2012 年，通过投资移民到美国的中国人就有 6 124 人。在富裕阶层海外资产转移目的地的选择上，中国香港、美国和加拿大成为主要集中地，分别占比 22%、21% 和 16%。"中国与全球化研究智库"的调查显示，2010—2012 年，中国投资移民美国的人数迅速增长。2010 年获得 EB-5 有条件绿卡的只有 772 人，2012 年获得 EB-5 有条件绿卡的人数为 6 124 人，是 2010 年的 7.9 倍。美国移民局发布的最新数据显示，在 2013 年美国颁发的投资移民签证中，中国人占了 3/4 以上。同时，中国人已成为美国第二大海外房地产买家。截至 2013 年 3 月底之前的一年里，中国人在美国购房总价值达 123 亿美元，占当年外国人在美国购房总额的 1/8。更令人惊叹的是，这 123 亿美元的购房款中，有 69% 为全额现金支付。

从表面上看，中国大量富豪和知识精英流向美国，是中国的"资产流失"和"人才流失"，但经过辩证分析，可看到移民反过来会有益于中国。新移民首先会给中国带来巨额侨汇收入。统计数据显示，2012 年，国际移民汇款回国超过 4 000 亿美元。更重要的是，新移民是中国巨大的海外人才库，将可能为祖（籍）国带来更大的效用。以留学生为主要群体的移民回流现象在中国、印度、日本等留学生输出国较为明显。② 很多华侨华人希望国家相关部门用更灵活和更务实的态度来吸引他们归来，带回资本技术和最新的科学创新。

留学生是庞大的移民后备军。美国国际教育协会 12 月 17 日发布的《2014 美国门户开放报告》显示，2013—2014 学年留美人数再创新高，达到 88.6 万人，比上一学年增长 8%，其中中国赴美留学人数超过 27 万，占总人数约 31%，比上年度增长 16.5%，依然居首位，中国是 15 年来赴美留学生增长最快的国家。该报告显示，中国留学生为美国贡献 80.4 亿美元（约合人民币 500 亿元）。以 2005—2013 年 8 年间中国留学生数量变化为例，赴美留学生人数从 2005 年的 62 582 人增长到 2013 年的 235 597 人，8 年间的变化近 4 倍。在这些增加中，本科生从 9 309 人增加到 93 768 人，超过 10 倍；但增幅最猛烈的是赴美就读私立高中的小留学生，他们从 2005 年的 65 人增加到 2013 年的 23 795 人，增幅高达 365 倍。③

成为美国公民是很多移民的梦想，但在纽约市有超过 12 万符合资格的华人尚未申请公民，一些公民促进团体呼吁华人积极利用免费资源，递交公民申请。很多绿卡持有者对入籍后的好处了解不足，对相关的费用减免项目也并不清楚，导致很多符合资格的人并没有申请入籍。

美国总统奥巴马 2014 年 11 月 20 日颁布行政命令"特赦"500 万非法移民，宣布不再驱逐美国公民或永久居民的父母、扩大童年入境暂缓递解的受益范围等措施。奥巴马此举

---

① Kate Hooper and Jeanne Batalova, Chinese Immigrants in the United States（Jan. 28, 2015），http：// www. migrationpolicy. org/article/chinese - immigrants - united - states/.

② 《中国人 23 年移民近千万 中国成第四大移民输出国》，《第一财经日报》，2014 年 1 月 22 日。

③ 《中国赴美留学生低龄化 意外伤亡事件中 90 后渐增》，中国新闻网，http：//www. chinanews. com/lxsh/2014/ 10-15/6679503. shtml.

是美国移民政策的一大进步，将会有约 500 万非法移民从中获益，其中，10 万多华人非法移民将因此可以合法留在美国生活、工作。可是，据美国《侨报》报道，华人社区对奥巴马总统的"缓遣"令反应平平，符合申请资格又有意愿提出申请的人数有限。对此，移民权益机构推测，恐惧心理是主因。[①]

三、2014 年度美国涉侨重大事件及其后果

（一）种族歧视问题

华人在美国属于少数族裔，但华人由于自身的一些特殊情况，又时常在少数族裔中处于尴尬地位。譬如在工资收入方面，有很多人批评少数族裔与白人收入不均、存在隐形种族歧视，可少数族裔中只有亚裔的平均收入水平不在白人之下。又比如教育，在大学招生中，各大学招生虽然给少数族裔倾斜，但作为少数族裔的华人学生不仅得不到照顾，反而要比白人、非裔和西班牙裔付出更多的努力、获得更高的分数才能有机会进入名校。华人的不满和尴尬则在 2014 年加州关于 SCA5 提案的争议中表现得最明显。加州于 1996 年通过了第 209 号提案，禁止政府在公务员招聘、政府合同招标和公立大学招生中考虑种族、性别和族群因素。这个提案施行以来，华裔学生在加州各大学的比例一直上升，最终引起了其他少数族裔（主要是西班牙裔和非裔群体）的不满。加州参议会于 2014 年 1 月 30 日通过的第 5 修宪案（SCA5 提案），要求限制亚裔学生入学比例，提高非裔和拉丁裔学生等少数族裔学生入学率，此举立刻引发加州乃至全美其他地区亚裔和华裔社区的强烈反弹。亚裔居民在白宫前发起请愿，反对 SCA5 提案；南北加州华人社区连续发起反对 SCA5 提案的投票活动，并且日益获得草根民众的积极参与，让州政府的政客们只能暂时搁置提案。这次对 SCA5 提案的抗争，提出了一个新的问题。在美国，一牵涉种族歧视话题，通常情况是指白人主流社会对少数族裔，可这一次，却是少数族裔之间的对立。在美国社会，华人通常被归入亚裔中，除了在人口普查中有详细的分类外，基本是把亚裔作为一个整体看待。例如"模范少数族裔"，是对整个亚裔的称呼而不是单给华裔。但是在这次关于 SCA5 提案的抗争中，亚裔中社会经济地位相对低下的越南、柬埔寨等族裔中很多人都选择站在了西裔一边。这些都不能不令华人感到尴尬。[②]

华裔在美国被誉为"模范少数族裔"，但又被视为"永久的外国人"。美国社会种族偏见的潜流一直时隐时现，即便是已成为美国公民的华人，也常常免不了受到各种攻击和指责。《美国之音》近期就"美国公众怎么看待华裔美国人"（U. S. public views of Chinese Americans）这一话题进行了持续报道。报道指出，美国对华裔的歧视持续存在，但相较以往有所缓解。有华裔评论人士称，外界对华人社群不同于一般社群的看法导致了对华人的刻板印象与歧视。加州大学哈斯汀法学院院长弗兰克·吴（Frank H. Wu，音译）说："被问及从哪里来已成为我每天的例行公事。"身为土生华裔，吴先生总是被人问起从哪儿来。对于这个问题吴先生的答案是：密歇根州底特律。不过提问者总是对这个回答不满

① 《洛杉矶无证华裔对缓遣令反应平淡　恐惧心理作祟》，中国新闻网，http：//www. chinanews. com/hr/2014/12-19/6892836. shtml。

② 《美华人被指遭选择性忽视　在少数族裔中处境尴尬》，中国新闻网，http：//www. chinanews. com/hr/2014/09-23/6621070. shtml。

意，他们会摇着头继续说道：“不不，我的意思是你到底从哪儿来？”华裔居民有时还会听见自己被称为“社会主义者”，并被认为对中国存在独特的忠诚。华裔维权人士谢汉兰（Helen Zia）认为，对华裔社区的猜疑已不仅限于华裔居民对美国不忠的问题上。2013 年公布的一份关于华裔居民的调查报告指出，72% 的华裔受访者认为，针对华裔社区的歧视一直存在，只有 24% 的人不这么认为；另外，21% 的华裔受访者表示，自己曾经有过被歧视的经历，另有 10% 的华裔居民曾被取过歧视性外号，这些外号都与中国有关。谢汉兰指出，华裔居民能感觉到美国政界和民众对华裔社区的“怨恨”。只要美中关系遇冷，华裔居民就会被牵扯进来。美中贸易关系就是一个鲜明的例证。美国工业界人士抱怨，中国对手向美国出口的商品价格低廉，甚至低于“公平”价值，这迫使美国公司裁员。比如，2014 年 4 月，加州大蒜产业领头人物比尔·克里斯多夫表示，大约一半最具规模的大蒜包装公司在过去 10 年消失，一部分原因是中国出口到美国的大蒜价格太低，是不公平的“倾销”。政客们一直相互指责对方接受来自中国的资金。在谢汉兰看来，这是对公众情绪的一种操纵，使公众对任何一种中国“侵入”形成厌烦情绪。①

美国新闻媒体不时出现辱华言论。2013 年的 ABC 电视台辱华风波曾引发全美范围内华人的联合抗议行动。2014 年又发生福克斯电视台新闻评论员贝克尔（Bob Beckel）使用辱华言词“中国佬”直指中国人的事情，激起美国华侨华人的强烈愤慨。多位民选官员和团体纷纷发表声明，斥责贝克尔的辱华言行，要求他马上辞职。旧金山唐人街侨领也指责贝克尔的说法有辱华裔尊严，必须下台负责。中华总会馆总董张冠荣指出，贝克尔在电视节目中口出狂言，极力渲染“中国威胁论”，还出言不逊，使用以前种族主义者侮辱中国人的语言，是对中国人民和海外华人的极大侮辱，他要求贝克尔马上辞职。从 CNN 到 ABC，再到 FOX 的电视主持人和评论员，为什么中国人经常成为美国主流媒体攻击的箭靶？张冠荣号召华人应该团结努力，争取自身合法权益，杜绝此类仇视、歧视事件再次发生。旧金山中华总会馆 7 月 16 日在唐人街会所大堂举行记者新闻发布会，斥责贝克尔的反华辱华言论，要求他辞职下台。与会者希望广大华侨华人团结起来，共同争取美国华裔的正当权益。中华总会馆代总董暨宁阳总会馆主席蔡文灿、冈州总会馆主席陈振民、阳和总会馆主席吴耀庭、三邑总会馆代表关沃明，还有宁阳总会馆副主席黄权运、冈州总会馆副主席刘志明等出席了新闻发布会，中华通事刘荣浩主持了新闻发布会。②

（二）在美华人的人身和财产安全问题

2014 年美国华人颇不平安，发生了元旦之夜惊爆纵火案、得克萨斯州休斯敦和纽约州府奥伯尼多起华裔家庭灭门案、南加州留学生命案及小留学生意外事件、纽约耆老郭伟权被非裔推下地铁碾死、耆老阮文辉被非裔当街打死等案件。③

7 月 24 日凌晨，南加州大学中国留学生纪欣然（音译）在学校旁边的公寓附近遇害。由于两年前南加州大学的 2 名中国留学生曾遭抢劫并被杀害，此次纪欣然再次遇害事件引

---

① 本段文字参见《华裔坦承美国仍有歧视：永远的外国人》，侨报网，http：//news. uschinapress. com/2014/0902/990794. shtml。

② 《华人社团拒受美辱华主播敷衍式道歉 要求辞职下台》，中国新闻网，http：//www. chinanews. com/hr/2014/07-18/6400146. shtml。

③ 《2014 年美国华人十大新闻事件》，美国华人网，http：//www. chinese9999. com/article-36925-1. html。

发全校震惊，该校学生纷纷对校园附近的安全环境提出质疑。近年来，华人留学生在海外频频遭劫。家境殷实的留学生因"露富"常被窃贼和暴徒盯上，就读初、高中和大学本科的留学生是受害的高发群体。受害学生的特点往往是全身名牌，女生多用 LV 等奢侈品牌的名包，男生多开宝马之类的豪车，相互间爱攀比。曾有家境殷实的留学生被歹徒盯上后，遭遇长达一周的跟踪，歹徒摸底踩点之后，入室将财物洗劫一空。另外，成群结队、高调外出的富有留学生，通常也比住在寄宿家庭、低调行事的学生更容易引人注意。①

除了留学生外，一般华裔住户也易成为偷窃或抢劫的目标。2014 年中国春节前后，法拉盛地区有数户华人家庭被入室盗窃。他们的相同点就是，都在门口贴了春联。被《纽约时报》称为法拉盛地区"真正市长"的华人社区守望互助队队长朱立创表示，华裔家庭不习惯装防盗系统，很容易让盗贼感到有恃无恐。他劝说很多华裔家庭改变观念，安装防盗系统。此外，他提倡华人互相提醒，盗贼感到这地区邻里之间常常沟通，就会望而生畏，减少遭劫抢的概率；反之，则是鼓励盗贼作案。除入室盗窃外，华人也常常是街头抢劫的主要目标。

圣诞购物季是每年盗窃、抢劫最为猖獗的季节，而且犯罪分子常把目标锁定在华人身上。旧金山、纽约、洛杉矶、芝加哥、天普等市均发生多起针对华人的抢劫案和华人居所的盗窃案。作案歹徒们已经摸清了华人在购物季节喜欢随身携带大量现金，很多人还喜欢珠光宝气的穿戴，自然而然就成了抢劫、盗窃的首选目标。有些歹徒专门针对华埠那些手无寸铁的华裔耆老下手。

（三）华人的心理健康问题

这些年，华人心理健康问题逐渐引起人们重视。2014 年，纽约布鲁克林华人社区接连发生多起华裔居民自杀案件，令人惋惜。这些案件从侧面反映了华裔移民存在的心理健康问题。9 月 24 日，羊头湾一名 62 岁的中国粤籍老人李航（音译），被发现在家中一楼的车库悬梁自尽。10 月 2 日，日落公园 29 岁的中国闽籍华裔男子江兵（音译）从家中三楼一跃而下，跳楼自杀。老年人和青年人是两个自杀高发的群体。②

有心理医生分析称，新移民面对生活压力、心理落差等问题，容易情绪暴躁，采取暴力行为，残害他人或自杀。加州大学伯克利分校心理学教授、清华大学心理学系主任彭凯平在洛杉矶举办的世界积极心理学大会上指出，华裔的心理健康问题非常严重，其中文化适应困难和传统上对心理问题的关注不够是两大主要致病因素。外部有文化适应的挑战，而内在又对心理问题不了解，所以造成华人心理问题越来越严重。老年移民的心理问题是由于生理器质性变化和文化适应问题造成的。

此外，年青一代有很多青春期冲突和成长的烦恼，美中文化冲突在年轻人身上体现得特别多。根据侨报网统计，仅仅在 2014 年 4 月，就有 3 名身在名校的华裔学生选择结束自己的生命。美国心理学会资料显示，在亚裔青年（15～34 岁）的死亡案例中，自杀是第二大致死原因。③ 频发的悲剧将一个严峻的事实摆在我们面前，华裔青少年的心理健康

---

① 《留学生露富易成"致命伤"》，《世界日报》，2014 年 8 月 7 日。

② 《纽约华人自杀案频发　华裔青年、老人成高危群体》，新华网，http://news.xinhuanet.com/yzyd/overseas/20141023/c_1112948266.htm。

③ 《华裔少年你为何心事重重？》，《人民日报》（海外版），2014 年 12 月 26 日。

已经成为社会不容忽视的问题。华人家庭普遍重视学习成绩，望子成龙的父母往往对孩子有很高的要求和期望，这在无形中给华裔青少年增添不小的压力。特别是那些跟随父母赴美的华裔青少年移民，因语言障碍影响学习，来自父母的期望又压得他们喘不过气，于是内心产生焦虑并进一步引发心理问题。此外，校园中的种族歧视也将一些华裔青少年孤立起来，进而影响他们的心理健康。更让人忧心的是，由于"面子观"等文化原因，很多华人都认为家有心理疾病患者是难以启齿的事情，不愿同亲朋好友交流，也不积极寻求救治。

多项研究表明，亲密的家庭关系对移民成功融入新的国家至关重要。华人父母如果可以经常与孩子交流，关注孩子的变化，就可以更加及时地发现并预防孩子的心理问题。加强对华裔青少年非智力素质的培养，让他们懂得生命的价值，培养他们豁达的胸怀、正视困难和克服困难的勇气，是遏制他们走向极端的必修课程。此外，如果学校能够配备了解中华文化或能讲中文的辅导老师，也对解决华裔青少年的心理问题有益。

四、美国侨情发展趋势预测

（1）美国延长旅游和商务类签证有效期，将有助于美国经济复苏。中国目前是世界上出境旅游增长最快的国家，长期以来美国一直是中国旅客向往的目的地国，但每年仅有低于2%的中国出境旅客选择美国，其中出行成本和签证问题是最受关注的两个问题。根据白宫发布的数据，2013年共有180万中国旅行者访问美国，为美国经济作出211亿美元贡献，帮助美国增加了10.9万个就业岗位。白宫预计，实施"有竞争力"的签证政策后，到2021年将有730万中国旅行者来到美国，为美国经济贡献850亿美元，帮助美国增加44万个就业岗位。[1] 同时，中国在美国企业雇用的当地员工数量迅速增长，为美国人民创造了就业机会。通过延长商务签证期限，方便中资企业人员往来美国，进一步深化双方经贸投资合作，将给两国人民带来更多就业机会。签证有效期的延长也可能减少非法移民的人数。目前很多在美的非法移民都是通过旅游签证进入美国的，但半年到一年的有效期完全不能满足入境者的需要，这使得他们逾期不归。如果签证时间延长，也让民众多了一个选择，不至于担心来美后再次入境受到其他任何阻碍。

（2）中美互延签证为很多美籍华人回国工作和探亲提供便利。美籍华人返乡不再受签证时效限制，5年或10年内可多次往返，基本上等于有了10年期的侨民证件；同时他们在国内的亲人来美探亲也比较方便。

（3）在美国延长中国公民签证有效期。此举在中国楼市价格持高不下，很多中国富豪会选择环境优美、空间宽敞的美国市郊购房的情况下，会带动美国房地产行业复苏。在美国买了房子却住不了，一直是美国买房投资的吐槽点之一（还包括收益不高、房产税高、难打理等）。不过新的签证政策通过以后，对于"享受型"的购房者，无疑是大大的利好。虽然还不知道每次入境时间的限制，但是对于计划在美国买栋大别墅、每年过去住几个月的人来说，放开签证政策正中下怀。

---

① 本段文字参见《2014年美国签证新政策内容》，中国人才网，http：//www.cnrencai.com/zengche/106223.html。

（4）中美互延签证有效期对投资移民利处多多。以往投资移民递交申请后，就很难再拿到非移民签证，这对于其经营美国事业是一个头疼的问题。现在投资人可先去拿一个 10 年有效的商务或观光签证，即使投资移民审批时间漫长，依然可以用旅游签证进出美国经营事业。

（5）美国将中国公民的旅游类签证有效期延长至 10 年，可能对当下正热的赴美生子起到了推波助澜的作用。有报道称，美国罗兰岗孔雀园"孕妇村"的 600 户居民当中已有近 500 户被孕妇占领。照此势头发展下去，旅游签证有效期的延长将会使孔雀园成为名副其实的"孕妇村"。①

（6）在中美经济竞争日趋激烈的背景下，"中国威胁论"会在美国继续发酵，在美华人是中国崛起的受益者，亦有可能成为反华势力攻击的"箭靶"。

（7）2008 年的金融危机使美国金融业遭到重创，而中国金融业呈现高速发展态势，在此背景下，华人金融人士中出现一波回国潮。一部分华人白领认为，国内金融业以及互联网产业的快速发展给回国的华尔街人才提供了更多的发展平台。此外，随着更多国内企业到美投资，中美双向投资越来越频繁，需要专业金融服务，这也给华人金融人士提供了机会。不过，还是有许多金融界的华人精英暂时没有回国发展的打算。一方面，他们在华尔街金融行业所从事的具体工作，多是基于美国的金融监管标准，和中国的标准并不相同；另一方面，一些常年在华尔街"征战"的华人，思维和做事方式已经适应了海外模式。②

---

①　《中美互延签证或助长赴美生子热　游客暂未显著增长》，（美国）《侨报》，2014 年 12 月 18 日。
②　本段文字参见《华尔街华人精英也迷茫？》，《人民日报》（海外版），2014 年 11 月 19 日。

加拿大[①]

2014 年，中加两国的政治交往进一步加强，哈珀总理第三次访华，中加达成一系列推进双边关系发展的政治框架协议，尤其是反腐合作成新亮点；经贸方面最大的进展是中国第一次在北美设立多伦多人民币清算中心；文化交流更为频繁。华侨华人与当地民族的关系出现新进展。继联邦政府 2006 年就人头税和排华法案道歉之后，卑诗省第一个以省政府的名义就历史上的人头税与排华法案向华人道歉，温哥华市议会也通过动议，并积极收集证据，准备就过去排华的历史向华人道歉。华人在温哥华的市选和安大略省的省选中参选人数创新高，对加拿大政治参与的积极性增强。

一、加拿大基本国情

加拿大概况

国家全名	加拿大	地理位置	北美洲北部	领土面积	9 984 670 平方公里
首都	渥太华	官方语言	英语和法语	主要民族	英裔、法裔
政体	联邦议会民主与君主立宪制	执政党/主要反对党	保守党/新民主党	现任国家元首/政府首脑	戴维·约翰斯顿/斯蒂芬·哈珀
人口数量	35 675 834[②]	华侨华人人口数量	170 万[③]	华侨华人占总人口比例	4.8%
GDP/人均 GDP	1.578 万亿美元/44 519 美元（按购买力平价计算）[④]	CPI	2.36%（2014年6月）[⑤]	失业率	6.5%（2014年11月）[⑥]

---

① 本文系吴金平与暨南大学外语学院讲师刘燕玲共同完成，也是"'二战'后粤籍华侨华人社团组织研究"（广东省哲学社会科学"十二五"规划 2014 年度特别委托项目，编号 GD14TWO1 - 1）的前期成果。

② http：//en. wikipedia. org/wiki/Canada.

③ 加拿大平权会估计华裔人口达到 170 万，参见 http：//www. chinanews. com/hr/2013/05 - 10/4803963. shtml。

④ http：//en. wikipedia. org/wiki/Canada.

⑤ http：//en. wikipedia. org/wiki/Canadian_ economy.

⑥ http：//en. wikipedia. org/wiki/Canadian_ economy.

二、2014 年加拿大与中国的关系

在 2014 年，中加关系继续得到发展，在政治、经贸和文化教育等各领域的交流取得了新的突破与进展，两国友好省市关系已达到 56 对，全年人员往来达到 120 多万人，每天有 3 000 多人来往于太平洋两岸，这比两国建交之初一年的总和还多。[①]

（一）政治关系新看点：反腐合作

除各层次的双边互访之外，11 月上旬，哈珀率团访华并出席亚太经合组织领导人会议。这是哈珀任内第三次对中国进行正式访问。双方决定加强两国领导人之间的联系与沟通，建立外长年度对话和经济财金战略对话机制。此次访问最大的看点就是，双方一致认为应在包括追逃追赃在内的执法领域加强合作。哈珀总理也强调，加拿大无意收留逃犯，愿意在遣返方面同中方开展合作。这将为中加共同打击贪腐行为、推动国际反腐败合作迈出关键一步。[②]

（二）经贸新突破：人民币结算中心落户多伦多市

在 2014 年，中加两国经贸方面的最大进展是，两国央行在 2014 年 11 月 8 日签署了规模为 300 亿加元的双边本币互换协议，决定在多伦多建立北美首个人民币清算中心。据悉，中加两国同意人民币离岸结算中心落户多伦多之后，将允许加元与人民币进行直接兑换和贸易结算，不必再通过中间货币，从而降低了成本和汇率风险。这将在未来 10 年为加拿大企业节省至少 62 亿加元，并促进贸易和经济成长。同时，中方将给予加方初始规模为 500 亿元人民币的境外合格机构投资者（RQFII）额度。这一安排或意味着加拿大对华出口增加，尤其将惠及力图在中国拓展业务的中小企业。[③]

在 2014 年，中加双方就开通蒙特利尔、卡尔加里至北京的直航达成一致。两国还将加大农业合作，加拿大鲜食蓝莓、樱桃、牛肉等优良产品将出口中国市场。双方将加强民用核能合作，加坎杜公司将同中国核工业集团建立合资公司，联合开拓中国及国际核能市场。双方同意建立"二轨对话"机制，研究促进双边经贸合作的新举措，包括未来启动商谈中加自由贸易协定及建设环境友好型海上能源走廊。[④]

（三）文化交流：双向互动

在 2014 年，中加两国文化交流比上一年更多，并且越来越具有双向互动的色彩。

在 2014 年 1 月 16 日，中国西藏文化交流代表团访问卡尔加里。17 日，"欢乐春节——

---

① 《中加关系迎来新机遇　驻加拿大大使罗照辉接受人民网驻加记者采访》，http://ca. china - embassy. org/chn/zjwl/t1213331. htm。

② 《中加关系迎来新机遇　驻加拿大大使罗照辉接受人民网驻加记者采访》，http://ca. china - embassy. org/chn/zjwl/t1213331. htm。

③ 《中国和加拿大签署双边本币互换协议》，http://ca. china - embassy. org/chn/zjwl/t1209355. htm。

④ 《2014 加拿大华人社区十大新闻》，http://vanzsnews. com/2014/12/31/2014 e5% 8a% a0% e6% 8b% bf% e5% a4% a7% e5% 8d% 8e% e4% ba% ba% e7% a4% be% e5% 8c% ba% e5% 8d% 81% e5% a4% a7% e6% 96% b0% e9% 97% bb/? from = timeline&isappinstalled = 0。

南京文化周"新闻发布会在多伦多锦绣中华举行，南京文化局率团于春节期间到多伦多，为加拿大民众奉献了包括越剧、南京小吃、云锦服饰表演及民间手工艺展示等文化节目。

2月3日，多伦多交响乐团"欢乐春节——万马奔腾迎新春音乐会"在多伦多罗伊—汤姆森音乐厅举行。这是加拿大首次为一个外国传统节日举办专场音乐会。① 2 月 19 日晚，"文化中国·四海同春"慰侨演出在加拿大哈利法克斯市举行，此次是"四海同春"首次在哈利法克斯市进行慰侨演出，加拿大总理哈珀为演出发来贺信。他说，"枫叶之国"的广大华人和来自不同文化背景的朋友正在一起庆祝农历马年，在此特殊时刻，加拿大人有机会分享中国新年的独特文化传统。② 杨洪基、董文华、蔡国庆、刘燕燕等歌唱家，京剧名家于魁智、李胜素，著名二胡演奏家杨积强等奉献了自己的拿手好戏。

此后，几乎每个月都有文化交流活动：3 月 5 日，由中国故宫博物院与加拿大皇家安大略博物馆共同举办的"紫垣撷珍——明清宫廷生活文物展"在多伦多开幕；4 月 13 日，由多伦多中华文化中心、皇家安大略博物馆与中国驻多伦多总领馆共同举办的"中国文化传统日"在安大略博物馆揭幕③；5 月 6 日，加拿大佛教会湛山精舍举行盛大的浴佛法会，庆祝释迦牟尼佛诞 2 558 周年，并邀请来自中国大陆、香港、台湾和斯里兰卡、缅甸等地 21 个佛教团体共襄盛举。为期一周的"加中佛教文化交流展"将与"首届水陆大斋胜会"同期举行，展览邀请到来自中国佛教协会、江苏省佛教协会、广州市佛教协会及金山寺、苏州寒山寺、广州大佛寺的高僧和加拿大的政要出席。5 月 13 日，由中国景德镇美术家协会、加拿大健康时报社、加华艺术协会、随艺轩艺术学院联合举办为期两天的加拿大"首届中国景德镇艺术陶瓷收藏展"在渥太华历史博物馆拉开帷幕；在 6 月 4 日举办的上海奢华旅游展期间，加拿大不列颠哥伦比亚省（卑诗省）旅游局携手加拿大不列颠哥伦比亚省原住民旅游协会，首次推出探访加拿大西部原住民主题深度旅游线路④；7 月 11 日，中加文化交流史上迄今为止规模最大的中国民俗文化展在多伦多举行，来自中国 15 个省、市、自治区近 70 多位各民族表演艺术家、民间手工艺家和非物质文化遗产传承人，与生活在加拿大本土的华裔艺术家们一道，向加拿大民众介绍并展示中国鲜为人知的民俗文化与历久弥新的传统技艺，包括泥人张、剪纸、刺绣、羌族音乐、苗族飞歌、安徽花鼓和泉州木偶等⑤；8 月 10 日晚，中国中央电视台王牌节目《我要上春晚》加拿大专场选拔总决赛在多伦多万锦剧院上演，最终评出了《生命轮回》等 7 个节目晋级，代表加拿大于 9 月份赴北京参加中国中央电视台《我要上春晚》加拿大专场节目录制。《我要上春晚》加拿大专场是专为所有身居加拿大，热爱表演、身怀绝技者而设，以多伦多和温哥华为核心辐射加拿大，涵盖多族裔的文化盛会，促进了中加两国人民的文化交流⑥；11 月 2 日，由中国国务院新闻办公室、西藏自治区人民政府和中国驻温哥华总领事馆共同举办的"2014 加拿大·中国西藏文化周"在温哥华大酒店开幕。此次文化周是近年来在加拿大举办的最具规

---

① 《中加音乐家合奏中国新年音乐会　宋祖英苗族盛装出场》，http：//ca. china – embassy. org/chn/zjwl/t1125908. htm。

② 《"四海同春"首次走进哈利法克斯　加拿大总理致贺》，http：//ca. china – embassy. org/chn/zjwl/t1130653. htm。

③ 《百年加拿大博物馆月余时间两办中国文化展》，http：//ca. china – embassy. org/chn/zjwl/t1146852. htm。

④ 《加拿大不列颠哥伦比亚省原住民旅游协会首次来华推广》，http：//ca. china – embassy. org/chn/zjwl/t1163624. htm。

⑤ 《中国民俗文化亮彩加拿大　规模空前》，http：//world. huanqiu. com/photo/2014 –07/2740659_ 2. html。

⑥ 《〈我要上春晚〉加拿大总决赛多伦多落幕》，http：//news. xinhuanet. com/world/2014 –08/12/c_ 126862313. htm。

模的西藏文化介绍活动，希望吸引加拿大各个族裔，尤其是吸引主流族裔的参与，让加拿大民众充分了解西藏的真实状况。[①]

2014 年，两国教育合作上了一个新台阶，两国领导人设定的两国双向留学人员增至 10 万人的目标已经实现。[②]

三、华侨华人与当地民族的关系

在 2014 年，加拿大华侨华人与当地民族关系进一步改善，其标志之一就是不列颠哥伦比亚省就历史上的排华法案道歉。

加拿大联邦在 2006 年就人头税和排华法案做出了正式道歉和象征性赔偿。但是，在 2014 年之前，作为人头税的主要受益方的卑诗省却一直不愿道歉。在征收人头税的 38 年间，加拿大共向 8.1 万名华人收取人头税 2 300 万加元，折合现加币 12 亿元。[③] 其中的 850 万加元被转移给了卑诗省政府，这笔钱等于现在的 10 亿加元。[④] 在历史上，卑诗省不仅是人头税政策的最大获益者，也是排华现象最严重的省份。从 1871 年到 1947 年，卑诗省议会通过了 100 多项排挤与歧视华人的立法和政策。当年对华人的歧视是系统性的，并延伸到经济、政治与社会生活的各个领域。这些法律曾使华人不能享有白人所享有的最基本的人权，比如投票权、拥有自己物业的权利等，在就业、教育等方面受到诸多歧视性限制，并在居所和医疗等方面被实施种族隔离。

2014 年 5 月 15 日，不列颠哥伦比亚省议会 15 日通过一份决议，为该省在历史上歧视华人的一系列行为向华人社区正式道歉。这是加拿大首个省级政府就过去的排华历史进行道歉。卑诗省省长简蕙芝（Christy Clark）在道歉申明中说："当时的省政府支持征收人头税并实际征收，这种种族歧视的做法在今天是不可接受和不能容忍的。今天的正式道歉就是要结束该省历史上的黑暗一页。"[⑤] "我们很遗憾曾经制定过歧视性的立法和种族歧视的政策。我们保证这永远不会再次发生。"[⑥] 简蕙芝也透露，省政府将拨出 100 万元，成立"遗产基金"（Legacy Fund），资助道歉后的教育工作，包括将有关历史及华裔贡献写进教科书内。[⑦]

当然，卑诗省的道歉并不彻底，因为道歉并没有涉及赔偿问题。致力于为华人争取权利的加拿大平权会（CCNC）称，不接受卑诗省的道歉，并要求省政府将人头税象征性返

　　① 《中国"西藏文化周"在加拿大温哥华隆重揭幕》，http：//news. xinhuanet. com/photo/2014 – 11/03/c_ 127173 466. htm。

　　② 《中加关系迎来新机遇　驻加拿大大使罗照辉接受人民网驻加记者采访》，http：//ca. china – embassy. org/chn/zjwl/t1213331. htm。

　　③ 《加拿大平反华人人头税》，http：//www. zj. xinhuanet. com/magazine/2006 – 08/21/content_ 7836083. htm。

　　④ 《加拿大卑诗省为排华历史道歉　曾向华人征人头税》，http：//mil. huanqiu. com/observation/2014 – 05/4998 253. html。

　　⑤ 《加拿大不列颠哥伦比亚省就排华史向华人正式道歉》，http：//www. chinanews. com/hr/2014/05 – 16/6176523. shtml。

　　⑥ 《加拿大卑诗省为排华历史道歉　曾向华人征人头税》，http：//mil. huanqiu. com/observation/2014 – 05/4998 253. html。

　　⑦ 《顺民意，加拿大卑诗省府拟将歧视华人史纳入教科书》，http：//mil. huanqiu. com/observation/2014 – 05/4998 253. html。

还给缴纳人。①

紧随加拿大卑诗省议会就历史上歧视华人的政策道歉后，温哥华市议员雷健华提出的研究温哥华市过往歧视华人政策动议，于2014年5月27日在市议会上得到一致通过。温哥华将指令专人研究撰写研究报告，并咨询华人小区的意见，最终将做公开道歉。不过有市议员指出，到正式道歉，至少还需要一年时间。②

与省政府一样，温哥华教育局学务委员曾在4月21日的教育局会议中，提出动议在高中课程中增加一门选修课程，讲述华人对加拿大历史的贡献，以及加拿大对历史错误道歉的进程。动议希望借由在温哥华进行试验计划，最终将此课程扩展到全卑诗省的中学。③

四、华人参政

参政的概念可以从狭义和广义两方面来界定。狭义的参政是指参选公职或出任政府官员，即在政府任职；广义的参政则不单指政府任职一个方面，还包括争取政治待遇和参与投票等。本文是从广义上来谈加拿大华人参政的。

回望2014年，华人踊跃参政是最大的看点之一。在6月的安大略省议会选举中，3名华裔候选人陈国治、黄素梅以及初次参选的大陆新移民董晗鹏，全部成功当选，创下同一届议会中华裔议员人数之最。其中陈国治更是第3次获任移民厅长；在10月份的安大略省新一届市镇选举中，有60多名华裔候选人竞逐市长、市议员、区域议员和教育委员职位，打破了历年华人参选人数的纪录，结果有16人胜出，是历届华人获选最多的一届。

2014年11月15日，在卑诗省举行的市级选举中，华裔参选人数激增，共计55名华裔候选人分别参选市长、市议员、学务委员和公园局委员，人数创下历年新高。参选人数多是件好事，这些勇于参政的华人，对社区最大的贡献就是向社会传递了"我们不再冷漠，我们正在积极参与"的信息。

与此同时，2014年华人参加投票的比例也大幅提高。选举期间，候选人举行筹款活动，招募义工，并在各自选区挨家挨户敲门拉票。华人一改腼腆、冷漠的态度，投票率明显高于往年，这表明华人参政议政的意识明显加强。

华人参政成绩显著的原因在于：加拿大华人的社会结构有了很大的变化，从早年的劳工型转变为目前的知识密集型；这个经济实力雄厚的社会群体，已成为加拿大各领域的重要组成部分；华人人口比例增加，成为加拿大最大的少数族裔群体，通过参政议政来维护自身合法权益的意识日益增强；华人在中加两国经贸往来、文化交流等方面的影响力越来越大。此外，这种突出表现得益于加拿大政府对华人社区的重视，也得益于中国日益强大的国力。④

除了竞选政治职位和参与投票之外，华人在争取政治权益方面也有大动作。当已经实

---

① 《加拿大卑诗省为排华历史道歉　曾向华人征人头税》，http：//mil. huanqiu. com/observation/2014 – 05/4998
253. html。

② 《加拿大温哥华市议会一致通过就排华历史道歉动议》，http：//www. chinanews. com/hr/2014/05 – 29/62250
27. shtml。

③ 《温哥华教育局将讨论增设华人对加国历史贡献课程》，http：//www. chinaqw. com/hqhr/2014/04 – 22/1375. shtml。

④ 《加拿大华人参政（2014海外华媒热点追踪）》，http：//www. xound. net/a/gw/2015/0101/38937. html。

施了 28 年的加拿大联邦投资移民计划无预警地彻底"关张",中国 5.7 万个家庭的移民梦想化为泡影的时候,加拿大华人在 2 月 25 日质疑该做法为新《排华法案》,倡议集体维权,要求政府公平对待中国移民。① 受加拿大联邦投资移民"一刀切"政策影响的逾千名华人申请人集体对加拿大移民部提出控告,案件在 6 月 4 日开审。②

新《入籍法》(即 Bill C - 24)出台后,华人忧心新法案影响其在加权益,也积极参与了由加拿大卑诗公民自由协会(BCCLA)组织的网上抗议签名活动,他们当中不少人居住于中国大陆及香港,他们虽然是加拿大公民,但仍担心新《入籍法》通过后,影响他们的公民权益。共 2.6 万个反对新《入籍法》的抗议签名,要求移民部撤回新《入籍法》。签名由协会代表佩特森(Josh Paterson)于 6 月 3 日送往移民部温哥华办公室,但移民部未派代表接收签名。③

尽管取得了长足的进步,但是仍然有许多华人对参政不感兴趣,不愿意付出,尤其是中国大陆新移民。客观地说,港台移民在政治参与方面的成熟度远远高于大陆移民。我们现在耳熟能详的华裔地方议员鲜有大陆移民背景。而不论隶属于哪个党派,成为加拿大联邦议员的大陆移民竟无一人,更不用说华人在加拿大各级政府中出任过高官的伍冰枝(加拿大总督)、林思齐(省督)、林佐民(省督)以及李绍麟(省督)都非大陆移民。

在西方民主国家,政治参与的首要方式便是投票,通过投票的方式让各个党派重视自己的诉求。政党和政客需要选票才能成功当选,那么自然需要更多选民的支持。为了争取选票,他们提出的政纲和计划就必须对选民有吸引力,必须满足选民的诉求。什么样的群体投票率最高,那么他们的诉求就不得不受到关注。

可喜的是,现在有些新移民认识到了自己的弱点,并尝试改进。作为新移民,同时也是加拿大华人同乡会联合总会首届执行会长的谭耕博士说:"其实政治就是你的生活,它以各种政策影响你的衣食住行方方面面。小到停车费的罚单,大到每年交税的多少。""如果你放弃参与政治的权利,就等于被动地接受,接受别人制定的政策。与其被动接受,为什么我们不主动掌握?"谭耕博士更看重自己的政治参与行为的社会意义,"我们大陆移民确实需要熟悉西方的政治规则,这条路还很长,我希望我和我团队的第一步,能给华人社区带来以后更多的每一步"。④

① 《加拿大叫停投资移民被斥新"排华法",华人吁维权》,http://www.chinanews.com/hr/2014/02 - 25/5878473. shtml。

② 《千余中国申请人起诉加拿大移民部案开庭,攻辩交锋》,http://www.chinaqw.com/hqhr/2014/06 - 06/5585. shtml。

③ 《加拿大 2.6 万签名反新入籍法,华人忧新法影响权益》,http://www.chinanews.com/hr/2014/06 - 05/6248126. shtml。

④ 《看加拿大华人参政:大陆移民还只是"年轻人"?》,http://edu.163.com/14/0609/10/9U9RLIQB00294MAD_all. html。

五、华侨华人社团与华文教育

（一）华侨华人社团

在 2014 年，加拿大华侨华人社团引人注目的变化在于，一些新兴的、服务华人社区的全加拿大性质的总会或社团日益活跃。这些新兴的社团，如加拿大华人自由党协会、加拿大华人同乡会联合总会、多伦多华商会和加拿大华侨文化保护与发展协会等，都积极为华人争取权益而行动，也日益得到华人和主流社会的认可。

2014 年加拿大华人参政之所以取得好成绩，同加拿大一些华人社团的积极推动是分不开的，这些社团首推加拿大华人自由党协会和加拿大华人同乡会联合总会等。

"加拿大华人自由党协会"（Chinese Canadian Liberal Association，简称 CCLA）由加拿大一群支持自由党的华裔小区人士自发组成，于 2007 年 7 月 18 日正式成立。据 CCLA 首任会长李信杏介绍，CCLA 是由一群支持自由党的华裔人士自发成立的一个非营利性社团组织，其宗旨是在全加拿大范围内向广大华裔介绍加拿大的政治体系、政治制度，宣传联邦自由党和省自由党的政治理念，培养和支持各级华裔候选人，并积极参与各种社区及政治等方面的事务。她指出，联邦自由党和省自由党，无论在政纲理念上，还是在传统友谊上，都得到了广大华裔的支持。因此，CCLA 的宗旨之一，就是加深和各级自由党的联系，宣传自由党的纲领，发展自由党成员，培养自由党候选人。[①]

在 2014 年举行的安省省选中，共有 3 名华人自由党人当选为省议员，另外在联邦选补选中，有一位华人自由党人当选，写下了自由党历史上华人出任安省及联邦议席最多的光辉一页。曾先后担任加拿大华人自由党协会主席的陈国治和董晗鹏，目前都是省议员。

加拿大华人自由党协会 9 月 7 日在万锦市举行周年大会，选出新一任主席，由简慧儿接替董晗鹏。简慧儿虽然暂无参加竞选的计划，但她表示愿意以自己 20 年从政的经验，帮助华人自由党人出来竞选。[②]

总部位于多伦多的加拿大华人同乡会联合总会成立于 2011 年，秉承"服务、帮助、融入"的宗旨，致力于促进华人社区的进步和中加关系的发展。目前有 22 个省、直辖市级别的同乡会成员。第一届执行会长是谭耕，第二届和第三届执行会长是杨宝凤。在 2014 年 8 月 15 日召开的理事会上，安徽同乡会会长俞荧被选为同乡会联合总会的执行会长，其他 6 名共同会长分别为：北京协会会长杨宝凤、福建联谊会会长王清官、河北协会会长何峻、湖北同乡会会长杨申、湖南同乡会会长谭耕和内蒙古同乡会会长庞一工，总会秘书长继续由北京协会秘书长韩志伟担任。[③] 同乡总会经历 3 年多的运行已经走向成熟，各同乡会之间建立起了深厚的友谊和密切合作的关系，联手积极为华人社区做有益的事情，每年的新春庙会、大型公益讲座、紧急援助机制、寻根夏令营等活动，都能充分体现各同乡

---

① 《加拿大华人自由党协会成立 联邦自由党党领祝贺》，http：//news. qq. com/a/20070720/002178. htm。

② 《简慧儿任加拿大华人自由党协会主席 支持华人参政》，http：//www. chinanews. com/hr/2014/09 – 09/6572806. shtml。

③ 《加拿大华人同乡会联合总会选出第四届常务理事会》，http：//www. chinaqw. com/hqhr/2014/08 – 19/14613. shtml。

会联合做事的力量。

多伦多华商会在 2014 年最引人注目的活动当属多伦多第 26 届龙舟节。该节日于 6 月 21 日（周六）及 22 日（周日）在多伦多中央岛举行。该项一年一度的夏季活动盛事的入场费用全免。在为期 2 天的龙舟节期间，大会除了安排历史悠久的中国传统运动项目龙舟竞赛外，更同时提供精彩的文娱表演、全球美食，以及适合一家大小参与的活动项目等。华商会于 1989 年举办首届龙舟节时，仅是一项华裔社区活动，至今已发展成多伦多的最大型户外节日盛事之一，吸引了全国乃至世界各地超过 160 支队伍参赛。①

加拿大华侨文化保护与发展协会成立于 2013 年，是由一批热心于华侨文化与历史的老华侨与新移民在多伦多发起成立的，旨在发掘、抢救华侨在加拿大留下的珍贵历史遗迹，组织开展华侨文化的研究与宣传推广，提升华人元素在加拿大多元文化中的地位和影响力；同时与中国侨务部门保持沟通，为保护居住在加拿大的华人在祖居地创造的华侨文化遗迹提供帮助。长远目标是集中华人的力量，在多伦多中华牌楼侧筹建一座加拿大华侨文化博物馆。加拿大华侨文化保护与发展协会是加拿大第一个致力于华人文化保护与发展的组织，首任会长为汤有志，副会长包括付松山、张哲旋、张雄长、周亨利、王燕云和黄学昆（兼秘书长），顾问有维多利亚大学历史学教授黎全恩和《加拿大华侨华人史》的作者贾宝蘅等。在 2014 年 9 月 15 日，加拿大华侨文化保护与发展协会在列治文山市举办中秋联欢宴，公布该会近期工作计划：一是筹组一次以铁路华工和华裔移民为主题的全加书画展；二是与多伦多大学合办一场华侨历史与文化国际研讨会，扩大华侨历史文化的专业研究工作。②

2014 年 6 月 25 日，加拿大华侨文化保护与发展协会副会长张雄长与张哲旋代表广州市，向捐出 9 件人头税史料给广州市华侨博物馆的多伦多华人张练奇及其 107 岁的母亲叶心善，转交了广州市华侨博物馆藏品证书，以表彰他们对中国华侨历史展示与研究的支持。2013 年 11 月，广州市政协代表团赴加拿大为筹建中的广州市华侨博物馆收集史料时，张练奇向代表团捐出 9 件史料，其中包括其母亲叶心善的丈夫张胜乾当年的"移民纸"、支付人头税金正本、哈珀接见叶心善时交给她的有哈珀亲笔签名的"就华裔人头税正式道歉"的演说稿、叶心善与哈珀的合照等。据了解，1920 年，年仅 13 岁的张胜乾来到加拿大时，因未筹够 500 加元的人头税款，被移民局关押了一个月，筹够后才被释放。后来张胜乾回国与叶心善结为夫妻，但直到 1947 年《排华法案》被废除以后，叶心善才与儿子到加拿大与丈夫团圆。③

（二）华文（汉语）教育

2014 年，加拿大华文（汉语）教育可以说是喜忧参半。

喜的是，在年初的 1 月 22 日，加拿大魁北克市利姆瓦鲁学院孔子课堂举行揭牌仪式，中国驻蒙特利尔总领事赵江平、魁北克孔子学院理事会主席、道森学院院长理查德·菲利

---

① 《华商会宣布第 26 届多伦多国际龙舟节 6 月 21 日举办》，http：//www.sinonet.org/news/ca/2014 - 05 - 22/337746.html。

② 《加拿大华侨文化保护和发展协会筹办铁路华工书画展》，http：//www.chinaqw.com/hqhr/2014/09 - 15/17817.shtml。

③ 谢君：《捐人头税史料　苦主后代获表扬》，《世界日报》，2014 年 6 月 26 日。

昂（Richard Filion）先生、魁北克省国际关系厅唐纳德·勒布朗（Donald Leblanc）先生、利姆瓦鲁学院院长路易斯·格鲁（Louis Grou）先生及该校师生代表等出席揭牌仪式。该孔子课堂的开办，说明一年来中加及中国与魁北克省在教育领域的合作交流情况进展良好，而利姆瓦鲁学院孔子课堂的开办，必将成为满足当地学生和民众学习汉语需求，培养与中国在教育、文化、经贸交流方面的人才，增进双方人民相互了解和友谊的平台。①

9月，为庆祝全球孔子学院创办10周年，加拿大圣玛丽大学和卡尔顿大学分别举办了"孔子学院日"系列活动，其中包括二胡音乐会和中国文化开放日活动。27日，即孔子学院诞生10周年之日，新不伦瑞克省省督J.J.格兰特夫妇参加了孔子学院当日的活动。

在中国文化开放日活动开幕式上，J.J.格兰特省督在致辞中充分肯定了圣玛丽大学孔子学院在短短三年中取得的骄人成绩，高度评价了圣玛丽大学孔子学院积极融入哈利法克斯社会，以及为传播中国语言文化、增进中加两国相互了解等方面所做出的贡献。他还特别强调，圣玛丽大学孔子学院已经成为哈利法克斯市多元文化的重要标志。省督J.J.格兰特夫妇和圣玛丽大学校长柯林·多兹博士、副校长戴维·高蒂尔博士还一起会见了专程赶来参加"孔子学院日"活动的中国驻加拿大大使馆教育公参杨新育女士。双方商讨了孔子学院开展的汉语教学及中国文化推广活动三年来在哈利法克斯地区所凝聚起的声誉与影响，以及圣玛丽大学与厦门大学、北京师范大学等国内高校开展合作的成果及进一步合作的设想。戴维·高蒂尔博士还代表校方表达了与孔子学院续签合约的强烈愿望。厦门大学党委书记杨振斌表示，厦门大学将一如既往地支持圣玛丽大学孔子学院的工作。②

12月5日，福建农林大学对外披露，该校拟与加拿大不列颠哥伦比亚大学（简称UBC）合作建设孔子学院。在UBC提出的建设孔子学院的设想中，拟对茶文化、中医药、竹类工艺、林业及园林艺术等方面进行宣传推广。福建农林大学相关负责人介绍，两校校长期保持着密切的合作关系，并于2006年签订了双方合作备忘录。2013年，两校签署了交换生培养协议，同年教育部批准两校合办生态学专业"3+2"本科生教育项目。迄今为止，双方已联合培养了近百名的本科生和研究生。该负责人称，福建农林大学将不断凝练和实践孔子学院的办学思路，与UBC充分沟通好关于孔子学院的办学规划，最广泛地宣传中国文化、闽文化以及独具特色的蜂学、茶学、林学等学科特色文化。③

2014年，加拿大华文（汉语）教育也遭遇了一些挫折，出现了一丝隐忧，即多伦多停办孔子学院。经过5个多月的辩论和教委的讨论，加拿大多伦多公校教育局（TDSB）的教育委员们于2014年10月29日晚投票表决，最终以20比2高票通过取消与孔子学院的合作计划，同时投票通过，将已经收到的22.5万美元/人民币归还中方，彻底解决了这个困扰了多伦多近半年的问题。孔子学院在海外遭到抵制，并非第一次。2013年4月，同属安大略省的汉密尔顿麦克马斯特大学就宣布停办其孔子学院。2014年6月，美国大学教授协会（AAUP）曾公开呼吁近百所大学取消或重新谈判与孔子学院的后续合作。

---

① 《加拿大魁北克利姆瓦鲁学院孔子课堂揭牌》，http：//ca. china - embassy. org/chn/zjwl/t1123641. htm。

② 《加拿大圣玛丽大学举办孔子学院成立十周年活动》，http：//news. xinhuanet. com/world/2014 - 09/30/c_ 1270 56366. htm。

③ 《福建农林大学拟与加拿大一高校联合申办孔子学院》，http：//www. chinanews. com/hr/2014/12 - 05/68478 84. shtml。

六、加拿大移民政策变化与华侨华人

2014 年以来，加拿大政府收紧了技术移民、投资移民、企业家移民的政策，却放宽了对外籍家政护理员的移民政策，加大了吸引留学生的力度，促使申请家政护理工作签证和留学签证的华人人数明显增加，对投资移民"一刀切"的政策则会影响投资移民的人数。

加拿大政府规定，家政护理员持工作签证赴加工作 2 年后，即可申请永久居民，并且在半年内获得绿卡。申请家政护理员工签证的要求包括：英文水平达到雅思 G 类 5 分、有高中以上学历、曾接受 6 个月专业护理培训、持有加拿大雇主工作合同。

由于家政护理员的政策利好，一些原本打算投资移民或技术移民的申请者，近日也纷纷转向申请家政移民。一些高学历的人，了解到通过技术移民的方式来加拿大很难，也改当家政护理员。这表明中国人的思想在转变，对家政行业的成见减少了，不会计较这个名称，而是将其作为跳板，目的是最终拿到绿卡，同时花费少、时间快。

总部设在美国的"研究生入学管理委员会"（Graduate Management Admission Council，GMAC）发布报告指出，加拿大欢迎国际学生以及熟练技术工人的移民政策，使加拿大仅次于美国及欧洲，成为全球工商管理学生选择研究的第三地点。报告同时表示，加拿大的移民政策吸引了越来越多的国际学生。自 2009 年以来的 5 年内，加拿大的国际学生大幅增加，从 49% 增加到 63%（其中大部分为中国人和印度人）。[①]

由于对投资移民的"一刀切"政策，受波及的数万投资移民纷纷将目光转向澳大利亚，而澳大利亚政府今年来也出台了一系列优惠政策吸引中国投资移民。投资移民的减少，对加拿大华人社会来说，少了一些实力雄厚的企业家，对华人经济与社区建设多少有些负面的影响。

随着加拿大移民政策的改变和加拿大侨社自身的变化，未来加拿大华人社会受教育人群的比例必将会得到提高，参与主流社会的积极性也会逐步增长，新兴的、致力于参政与服务侨社的全加或地区性的社团力量将会壮大，并日益得到加国主流社会与华人社会的认同与支持。而华人与当地社会的关系也会得到持续改善，华人的中国文化元素在加拿大这样一个多元文化社会中也会占有一席之地。我们对新兴的社团，如加拿大华人自由党协会、加拿大华人同乡会联合总会、多伦多华商会和加拿大华侨文化保护与发展协会等，应给予更多的关注与支持。

---

① 《加拿大移民政策：吸引留学生仅次于美欧》，http：//www.51test.net/show/4786310.html。

哥斯达黎加

哥斯达黎加社会稳定，人民生活富足，民众对待华侨华人友善，华侨华人在哥国获得较好的发展机会，尽管融入当地社会的程度不高，但华侨华人在哥斯达黎加受到较高的认同并逐渐进入当地主流社会。2015 年 1 月，应国家主席习近平的邀请，哥斯达黎加共和国总统路易斯·吉列尔莫·索利斯·里维拉对中国进行国事访问，中哥两国建立起平等互信、合作共赢的战略伙伴关系，这不仅能够促进两国政治、经贸合作，而且为哥斯达黎加华侨华人提供了更好的生存发展机遇。

一、哥斯达黎加基本国情

哥斯达黎加位于中美洲南部，东临加勒比海，西濒太平洋，北接尼加拉瓜，东南与巴拿马毗连。官方语言为西班牙语，其国名在西班牙语里是"富饶的海岸"的意思。哥斯达黎加原为少量印第安人聚居地，1564 年沦为西班牙殖民地，于 1821 年 9 月 15 日宣布独立，1823 年加入中美洲联邦，1838 年退出中美洲联邦，1848 年成立共和国至今。经历了20 世纪上半叶的地区动乱后，哥斯达黎加于 1948 年宣布废除武装力量，成立国民警察部队，成为没有军队的国家。[①] 其后，哥斯达黎加民族解放党和基督教社会团结党交替执政，政局稳定，重视环境保护和教育事业，现已是中美洲地区整体发展水平最高的国家。华侨华人移居哥斯达黎加已有 160 多年的历史，由于社会较为安定、生活水平较高，华侨华人在哥国发展也较为顺利。

哥斯达黎加概况

国家全名	哥斯达黎加	地理位置	中美洲	领土面积	51 100 平方公里
首都	圣何塞	官方语言	西班牙语	主要族群	白人和印欧混血种人
政体	三权分立的共和制	执政党/主要反对党	公民行动党/民族解放党、基督教社会团结党	现任国家元首/政府首脑	路易斯·吉列尔莫·索利斯·里维拉

---

① 《哥斯达黎加介绍》，中华人民共和国驻哥斯达黎加大使馆网站，http://cr.china-embassy.org/chn/gsdljjj/t524100.htm，2014 年 6 月 20 日。

（续上表）

人口数量	471.3 万（2013 年）	华侨华人人口数量	5 万左右	华侨华人占总人口比例	1%
GDP/人均 GDP	496.21 亿美元/10 528.2 美元（2014 年统计）	宗教信仰	天主教	重要节日	独立日（9 月 15 日）
失业率	8.3%（2014 年统计）	全国贫困率	20.7%（2013 年）	与中国建交	2007 年 6 月 1 日

资料来源：《哥斯达黎加国家概况》，中华人民共和国外交部网站，http：//www. fmprc. gov. cn/mfa_chn/gjhdq_603914/gj_ 603916/bmz_607664/1206_607938/，2014 年 9 月。

二、哥斯达黎加与中国的关系

由于历史原因，中国与哥斯达黎加直至 2007 年才正式建交。哥斯达黎加是第一个与中国建交的中美洲国家，也是中国在中美洲的唯一建交国家。自建交后，两国关系迅速发展，高层的政治互访频繁，胡锦涛、习近平前后两任国家主席均对哥斯达黎加进行过国事访问。[①] 继 2007 年阿里亚斯总统应邀对中国进行国事访问之后，2015 年 1 月 4 日至 10 日，应国家主席习近平邀请，哥斯达黎加共和国总统路易斯·吉列尔莫·索利斯·里维拉对中国进行国事访问，两国元首共同宣布中哥建立平等互信、合作共赢的战略伙伴关系，同意紧紧把握政治互信和互利合作两个轮子，带动中哥关系持续向前发展。[②] 两国在政治、经济贸易合作、人文教育与合作交流等方面达成了多项共识，标志着中哥关系进入了一个新的阶段。

（一）中哥战略伙伴关系

尽管建交时间不长，但中哥两国一直保持着密切的高层政治往来，建立起较为牢固的政治互信。2007 年，阿里亚斯总统应邀对中国进行国事访问，开启了两国首次国家元首对话；2008 年 11 月，胡锦涛主席对哥斯达黎加进行了国事访问，两国签署了多项合作协议。2012 年 8 月，钦奇利亚总统访华，胡锦涛主席与其举行会谈，吴邦国委员长、温家宝总理和习近平副主席分别会见，两国签署多项合作协议。2012 年 12 月，中国全国政协主席贾庆林对哥斯达黎加进行正式友好访问，同哥斯达黎加总统钦奇利亚、立法大会主席格拉纳多斯等哥国领导人举行了会晤，并在哥斯达黎加立法大会上发表重要演讲，就双方共同关心的问题进行了深入探讨，进一步推动了中哥双边关系的发展。2013 年 6 月，国家主席习近平访问哥斯达黎加，与哥斯达黎加达成了经贸、基础设施、炼油等方面的多项协议，促

---

① 《哥斯达黎加国家概况》，中华人民共和国外交部网站，http：//www. fmprc. gov. cn/mfa_chn/gjhdq_603914/gj_ 603916/bmz_607664/1206_607938/，2014 年 9 月。

② 刘华：《习近平同哥斯达黎加总统索利斯举行会谈》，新华网，http：//news. xinhuanet. com/politics/2015 – 01/ 06/c_1113900417. htm，2015 年 1 月 6 日。

使两国关系逐渐走向更广泛的领域。① 2015 年 1 月，索利斯总统访华期间，两国元首共同宣布中哥建立平等互信、合作共赢的战略伙伴关系，同意紧紧把握政治互信和互利合作两个轮子，带动中哥关系持续向前发展。

（二）逐渐升温的经贸关系

建交以来，两国经贸合作进展顺利，双方签订了促进和保护投资协定，建立双边经贸磋商委员会的谅解备忘录等合作协议。2010 年 4 月，两国签署自由贸易协定。2011 年 8 月，该协定获哥斯达黎加议会批准后正式生效。

哥斯达黎加是中国在拉美的第九大贸易伙伴，在中美洲是第二大贸易伙伴。中国是哥斯达黎加全球第二大贸易伙伴。目前，中国向哥斯达黎加主要出口产品为电器及电子技术产品、运输工具、钢铁板材、棉纺织品等；主要进口电器及电子产品、电子技术、集成电路及微电子组件、计算机与通信技术、电子零配件等。哥斯达黎加对中国出口顺差主要源自英特尔公司在哥斯达黎加的分厂向中国出口电子产品配件。

根据中国海关统计，2011 年中哥贸易总额为 47. 28 亿美元（比建交前的 2006 年增长 120%），较 2010 年增长 24. 6%。2012 年中哥双边贸易额达 61. 7 亿美元，同比增长 30. 5%。其中中国向哥斯达黎加出口 9 亿美元，从哥斯达黎加进口 52. 7 亿美元，同比分别增长 1. 96% 和 37. 1%。2013 年中哥贸易额略有下降，总额达 56. 85 亿美元，同比下降了 7. 89%；其中中方出口 9. 27 亿美元，同比增长 2. 76%，进口 47. 58 亿美元，同比减少 9. 71%。2014 年，中哥贸易总额为 52. 9 亿，同比下降 6. 8%；其中中方出口 11. 1 亿美元，同比增长 19. 7%，进口 41. 8 亿美元，同比减少 12%。②

（三）人文教育与合作交流密切

1. 文化

2005 年，哥斯达黎加政府和议会通过决议，将每年 10 月的第一个星期一定为"中国文化日"。2007 年 10 月，中哥签订两国政府间文化合作协定。2008 年 4 月，中国作为主宾国应邀参加圣何塞国际文化节，约 40 万当地民众观看了中国艺术团的演出。2011 年 3 月，中央歌舞团应邀访哥，并在中国援建国家体育场移交启用仪式等多个场合演出，均获得圆满成功。2011 年 10 月，首届中国电影节在哥斯达黎加成功举办。近年来，中国天津市青年京剧团、民乐杂技团、国家武术代表团、天津"华夏未来"少儿艺术团、国务院侨办"四海同春"艺术团、广东艺术团等曾先后到哥斯达黎加演出。2012 年，"哥中文教交流平台"初步建立，为中国在哥斯达黎加各大学进行展览、文化教育宣传等活动提供了有利条件。③

---

① 《哥斯达黎加国家概况》，中华人民共和国外交部网站，http：// www. fmprc. gov. cn/mfa_chn/gjhdq_ 603914/gj _603916/bmz_607664/1206_607938/，2014 年 9 月。

② 《2013 年及 2014 年 1—3 月中国与哥斯达黎加贸易情况》，中华人民共和国商务部网站，http：// www. mofcom. gov. cn/article/i/dxfw/nbgz/201405/20140500569569. shtml，2014 年 5 月 1 日。

③ 《哥斯达黎加国家概况》，中华人民共和国外交部网站，http：// www. fmprc. gov. cn/mfa_chn/gjhdq_ 603914/gj _603916/bmz_607664/1206_607938/，2015 年 3 月。

2. 教育

自两国建交以来，双方的教育交流和合作逐渐深入和密切。2008年5月，中哥签署换文，确定自2009年起，中国政府每年向哥斯达黎加提供40个政府奖学金名额。2008年，中国人民大学承办的哥斯达黎加大学孔子学院成立，在双方的共同努力下，哥斯达黎加大学孔子学院为增进两国人民的相互了解、促进双方文化教育交流发挥了重要作用。2011年共有161名哥斯达黎加学生在华学习，其中政府奖学金学生80人，其余为自费生或校际交流生。2012年8月，钦奇利亚总统访华期间，中方承诺未来5年内将向哥方提供各类奖学金名额增加至400人次。中哥文化教育中心自2010年成立以来，一直致力于在哥斯达黎加推广汉语教育、传播中华文化及推进两国文化交流。2014年11月15日，圣何塞中国街的中哥文化教育中心华文示范学校举行揭牌仪式，中国驻哥斯达黎加大使宋彦斌、哥斯达黎加公共教育部副部长米盖尔·古铁雷斯出席。宋彦斌大使对"中哥文教中心"取得的成绩表示祝贺，鼓励中心教职员再接再厉，为传播汉语言文化作出更大贡献。米盖尔·古铁雷斯表示，哥斯达黎加重视在当地学校中推广汉语教学，希望能有更多的哥斯达黎加学生学习汉语。[①] 索利斯总统在访华期间也表示，哥斯达黎加欢迎更多中国教师、科研人员、艺术家、体育教练前往哥斯达黎加开展交流合作，相信今后两国在文化、教育方面的交流前景会更加广阔。

3. 科技

2008年11月，中科院、农科院分别与哥斯达黎加科技部签署合作协议。2010年，中国杂交水稻在哥斯达黎加试种成功。2011年10月，两国举行中哥首届地质论坛。2012年6月，两国举行中哥科技混委会首次会议。2012年11月，哥斯达黎加科技部长亚历杭德罗·克鲁斯访问中国，与多家科研机构举行会谈，取得丰富成果。2015年1月，索利斯总统对深化两国科技教育、投资、基础设施等方面合作，提高哥斯达黎加经济整体水平和竞争力深表期待，两国科技领域的合作将迈向新台阶。

4. 旅游

拥有伊拉苏火山、原始雨林和西班牙殖民文化遗址等旅游资源的哥斯达黎加，旅游业是其外汇收入的主要来源之一。2008年，中国宣布哥斯达黎加为中国公民出境旅游目的地国。2008年1月，哥斯达黎加旅游部长贝纳维德斯访华期间，双方签署《关于中国旅游团队赴哥斯达黎加旅游实施方案的谅解备忘录》。2013年，中国赴哥斯达黎加旅游人数约8 000人次，哥斯达黎加来华旅游人数约6 000人次。从这个数字来看，两国旅游往来暂时不是很频繁，还有很大的发展空间。2015年1月哥斯达黎加总统索利斯访问中国国家旅游局时表示，旅游业已成为哥斯达黎加最有活力的产业，欢迎更多中国游客到访，哥斯达黎加旅游业界愿为中国游客提供更优质的服务。他赞同国家旅游局局长李金早关于简化游客出入境手续的建议，表示将积极研究简化中国游客访哥斯达黎加签证手续。索利斯还宣布计划在上海设立领事馆，为中国游客赴哥斯达黎加旅游提供便利。[②] 未来两国的旅游往

---

① 《宋彦斌大使为哥斯达黎加华文示范学校揭牌》，中华人民共和国驻哥斯达黎加大使馆网站，http://cr.china-embassy.org/chn/xwdt/t1212423.htm，2014年11月19日。

② 钱春弦：《我国公民赴哥斯达黎加团队游有望启动》，新华网，http://news.xinhuanet.com/2015-01/07/c_1113915473.htm，2015年1月9日。

来将会有更大的突破。

三、哥斯达黎加华侨华人概况

哥斯达黎加与中国相距遥远，但历史上早有联系。19 世纪中叶，美国人在哥斯达黎加开辟香蕉种植园，为解决劳动力问题，熟知华人吃苦耐劳的美国人，在澳门招收了不少华工。此后，又有一批华人从美国南下，在哥斯达黎加加勒比海沿岸的利蒙港落脚。初时，由于哥国境内没有其他亚洲人，但凡长着亚洲人面孔的移民，均被称为"中国人"。

20 世纪初至 20 世纪六七十年代，在哥斯达黎加的华侨华人的数量没有太大的增长，基本维持在 2 000～3 000 人这一数量。改革开放以后，国门重启，华侨华人瞄准时机，大量涌入哥斯达黎加，使得华侨华人人数陡然增加。到 1984 年，哥斯达黎加华侨华人已达7 000 多人。而据统计，1999 年哥斯达黎加华侨华人达到 6.3 万人，15 年间增长了 9 倍，可见增速之快。目前在哥斯达黎加的华侨华人约 5 万人，他们大部分聚居于首都圣何塞、克波斯港、蓬塔雷纳斯和加勒比海沿岸的利蒙港等地。他们中的 90% 来源于华侨华人大省广东省，其中又以中山、恩平等传统侨乡为最。[①]

哥斯达黎加华侨华人的主要职业是开餐馆和超市，也有一些经济实力雄厚的开工厂、做外贸。华侨华人一多，社团就多，哥斯达黎加有大大小小将近 30 个华侨华人侨团，政治团体有和平统一促进会，经济团体有工商联合会、贸易促进会，还有曲艺团、象棋协会和乒乓球协会之类的文娱团体。哥斯达黎加首都圣何塞有 100 多万人口，却有百余家中餐馆，广式早茶、北京烤鸭都能品尝到。首都圣何塞还有很多传统的中国百货店。[②]

尽管在哥斯达黎加的华侨华人人数不少，但华人与当地社会接触不多，融入当地社会的程度还不高。从第一批到哥斯达黎加来打工的老华侨算起，华侨华人在哥斯达黎加已有160 多年，但在当地人眼中的形象还是相对陌生。在当地居民眼里，中国人勤劳节俭、沉默寡言，全部的生活几乎就封闭在自己开的餐馆或超市中。一方面可能是由于中国人性格比较内敛，生活圈子几乎局限于华侨华人自身；另一方面也是因为很多华侨华人不会西班牙语，除了简单的商业往来，与当地人无法用言语沟通，语言成了相互深入了解的障碍。

四、哥斯达黎加华人经济

哥斯达黎加工业不算发达，除了部分农业产品能够自给自足之外，大多数生活用品均需要从国外进口，而华侨华人利用往来中国与哥斯达黎加之间的便利，架设两国经济贸易的桥梁。因此，在哥斯达黎加的华侨华人所从事的行业以商业、服务业为主，其次为工业和农牧业。在哥斯达黎加的华人商业以经营超市、百货店较多，有些商场规模很大，主要售卖从中国大陆，尤其是产自广东的食品、工艺品、百货、茶叶和陶瓷等。哥斯达黎加"中哥工商联合会"副会长黄燕庭在圣何塞经营两个商场，营业面积近 3 000 平方米，主

---

① 高伟浓：《拉丁美洲华侨华人移民史、社团与文化活动远眺》（下），广州：暨南大学出版社 2012 年版，第 36～37 页。

② 海北：《5 万华人在哥国闯事业》，国际在线，http://gb.cri.cn/12764/2008/11/18/3365s2328240.htm，2008年 11 月 18 日。

要经营广东生产的家具、文具，在哥斯达黎加中高档家具市场占有一席之地。

在圣何塞生活了 10 年的郑女士，老家在广东，在圣何塞开了一家超市，供应中国的面、酱油等商品。在她看来，身边的哥斯达黎加民众很会享受生活，"他们很热情，走在路上即使不认识，也会跟你打招呼"。郑女士的当地朋友很多，互相之间还会串门，不过"因为超市的事很多，不能经常去他们家里吃饭"。郑女士感觉，相比国内，圣何塞的生活水平比较高，但是，"要跟国内相比，可能治安不太好"。①

服务业方面，在哥斯达黎加的大街小巷，到处可以看到中国餐馆。哥斯达黎加最负盛名的华人餐厅是"新华楼"，为著名侨领邓煦平及翁翠玉夫妇所开。1978 年，当时哥斯达黎加的中餐厅还不多，他们开办了一家中餐厅，起名"新华楼"。翁翠玉做得一手好菜，餐厅很快出名了，哥斯达黎加的名流政要几乎都来光顾过。"政府前总统、部长、环球小姐、世界小姐，好多人都来我们这里吃饭。"提到这一点，翁翠玉非常自豪："我们餐厅还获得了哥斯达黎加全国最佳餐厅的称号。不是在中餐厅里面，而是与哥斯达黎加全国所有的餐厅评比中胜出。"② 可见在当地，中餐文化已广为社会各界所接受。

吴老板在哥斯达黎加生活了 5 年，他的中西餐馆开在首都圣何塞。"店里的中国炒饭和烧鸡，当地人比较喜欢。"他说，当地人对中国人很友好，也很喜欢中国食物。前驻哥斯达黎加大使李长华说道："当地人喜欢吃糖醋口味的菜。也很喜欢吃鸭子，以前当地餐馆大多供应广东的腊味，如烧鸭、烧鹅、叉烧等。近几年，也开始供应北京烤鸭了。"③

除了美食，在哥斯达黎加的街头，从大客车到小轿车，从公交车到私家车，中国品牌的汽车随处可见，很多中国品牌的汽车在哥斯达黎加都有代理商。此外，各种来自中国的商品，如电器和服装鞋帽等，也是琳琅满目。

在哥斯达黎加，华侨华人投资经营农业种植已渐成规模。旅哥华侨经营的 ACON 集团是华人农业成功的典型，其香蕉、菠萝种植加工企业规模居哥斯达黎加私营企业前列，雇用员工总数达 7 000 余人，产品主要出口至美国、欧洲、亚洲等多个国家和地区的大型超市与跨国公司，香蕉、菠萝出口额分别占哥斯达黎加总出口量的 19% 和 9%，其规模之大可见一斑。据了解，ACON 集团的香蕉也已经出口至中国。④

哥斯达黎加华侨华人不在少数，但直到 2012 年，才在首都圣何塞建立起"唐人街"。2009 年 10 月，时任哥斯达黎加总统奥斯卡·阿里亚斯·桑切斯、北京市市长郭金龙、哥斯达黎加首都圣何塞市长阿拉亚和中国驻哥斯达黎加大使汪晓源在圣何塞市中心共同为"唐人街"举行了奠基仪式，经过几年的筹划和建设，圣何塞"唐人街"终于于 2013 年 12 月落成并投入使用。这条"唐人街"长 650 米，耗资 200 万美元，中国方面援助了一半的建设资金。唐人街有珠宝店和中国餐馆等，街上还装饰有中国特色的传统拱门，是全世界 100 多座"唐人街"当中最年轻、最新的一座。随着两国关系的发展，经贸往来的活

①　《哥斯达黎加中餐馆供应北京烤鸭》，新京报，epaper. bjnews. com. cn/html/2013 - 06/04/content_ 437311. htm，2013 年 6 月 5 日。

②　高美、储信艳：《加勒比华人传奇》，新浪网，http：//style. sina. com. cn/news/b/2013 - 06 - 10/0951123984. shtml，2013 年 6 月 10 日。

③　《哥斯达黎加中餐馆供应北京烤鸭》，新京报，epaper. bjnews. com. cn/html/2013 - 06/04/content_ 437311. htm，2013 年 6 月 5 日。

④　《驻哥斯达黎加使馆馆员参观香蕉菠萝种植加工企业》，中华人民共和国驻哥斯达黎加大使馆网站，http：//cr. china - embassy. org/chn/sghd/t1177352. htm，2014 年 7 月 23 日。

跃，"唐人街"的经济活力会进一步提升。

五、哥斯达黎加华人与当地社会

来到异国他乡，最初少不了艰辛，但凭借着勤劳朴实，华人在哥斯达黎加慢慢地闯出一片天地。前大使李长华说，"刚来时，华人在餐馆打工，有些人积攒了钱，就开始做小生意。也有人很成功，开大餐厅，办百货，还有一些人做房地产"。如今，"华人后代已融入当地社会。他们受过良好教育，在当地做律师、大学教授、医生，甚至有些人步入政界。有几位华人还担任了政府部长和驻外大使"。

在帮助华侨华人融入哥斯达黎加主流社会、加强当地社会对华人的了解、促进两国关系发展等方面，哥斯达黎加华侨侨领贡献甚巨。

哥斯达黎加华侨华人华裔协会会长翁翠玉祖籍福建，出生在香港，16 岁时移居哥斯达黎加，迄今，翁翠玉在哥已经生活了近 40 年。2007 年之前，中哥两国尚未建交，翁翠玉自愿推动两国文化交流、促进华人与当地社会彼此之间的了解。旨在提升华裔社会地位的"中国哥斯达黎加工商联合总会"于 1992 年成立，翁翠玉后来出任会长。

2005 年，翁翠玉创办了《工商》杂志——中美洲第一份中西双语会刊，向哥斯达黎加民众介绍中国的情况，传播中国文化和经济的正面信息，成为中哥建交前哥斯达黎加政府部门和主要机构了解中国和华人的重要窗口。杂志从内容、翻译、排版都是翁翠玉夫妇两人亲自动手。杂志是免费的，而杂志的出版和员工费用都要翁翠玉自己掏腰包。为了增加杂志的影响力，翁翠玉说："每期杂志出来，我都会送到总统府、国会、大学等等，每一个议员、部长，都会看到我们的杂志，让大家了解中国。"[1] 当时两国还没有外交关系，也有一些反对的声音，但翁翠玉顶住了压力，坚持把杂志办下来。哥斯达黎加前总统、诺贝尔和平奖获得者阿里亚斯也在《工商》杂志上发表过文章。2007 年为适应中哥建交的形势变化，哥斯达黎加华人社团成立了"哥斯达黎加华人华侨华裔协会"，翁翠玉当选为会长，协助完成了哥中建交初期一系列重要活动，并组织协助了多项宣传中国和中华文化的活动，在哥斯达黎加产生了重要影响，其中包括：宣传和推动北京奥运会和上海世博会并推动哥斯达黎加首都圣何塞与北京、广州建立友好城市，并在首都圣何塞市建立"唐人街"。2013 年 6 月，中山市人民政府向圣何塞唐人街捐赠一对石狮子，加强两地友好交往。2013 年春节，哥斯达黎加唐人街成功创造并申报吉尼斯世界最大炒饭纪录；2013 年11 月，为了表彰她长期以来的不懈努力，时任哥斯达黎加总统劳拉·钦奇利亚在总统府向翁翠玉女士颁授杰出贡献奖状牌匾，这是哥斯达黎加立国 192 年来首次授予华人这个最高荣誉。正如钦奇利亚总统在授奖时说："我认为她虽然不是中国官方任命的大使，却是中国在哥斯达黎加最杰出、最真诚的民间大使。"[2] 2015 年 1 月 8 日，在北京举行的中国——拉共体论坛首届部长级会议期间，翁翠玉即陪同哥斯达黎加总统访华，见证中哥建

---

① 高美、储信艳：《加勒比华人传奇》，新浪网，http：//style. sina. com. cn/news/b/2013 - 06 - 10/0951123984. shtml，2013 年 6 月 10 日。

② 《哥斯达黎加知名侨领翁翠玉喜获"中华之光"年度人物》，中山市外事侨务局网站，http：//faob. zsnews. cn/2014/01/27/2573834. shtml，2014 年 1 月 27 日。

立平等互信、合作共赢的战略伙伴关系。①

在 2014 年巴西世界杯上，哥斯达黎加在小组赛上战胜乌拉圭和意大利，成为该届世界杯最大的一匹黑马。有意思的是，哥斯达黎加足协主席爱德华多·李就是一名华人。"我是华人，但是在哥斯达黎加出生，所以不会讲中文。"爱德华多·李介绍说，他的父亲是早期到哥斯达黎加的中国移民，20 世纪 50 年代回中国娶了他的母亲，他是在哥斯达黎加出生的，不会说中国话，不会写中国字，但他对中国有着特殊的情节，"我 100% 是个中国人，我的老家在广东。中国是我的祖国，我的根"。大学里学习工程设计的爱德华多·李和不少哥斯达黎加的中国移民一样，毕业后走上了经商之路。直到现在他还是一个商人，足协主席只是他其中一个身份。对他而言，涉足足球领域，是他跻身主流社会的一个重要阶梯。爱德华多·李毫不避讳地说他当足协主席的一个原因是为了融入上层社会。他说："我喜欢体育，哥斯达黎加也是个热爱足球的国度，我需要向社会上层发展，所以来到了足协。"2003 年，爱德华多·李买下了哥斯达黎加乙级联赛的一支球队，两年后球队升入甲级。"管理球队不是容易的事"，在球队晋级后，爱德华多·李就将它转卖了，转而投身足协工作。"尽管现在足协的工作会占去我很多的精力，但我觉得是值得的。一来我喜爱体育喜爱足球，二来也能更多地接触上层人物"，爱德华多·李说道。谈到中国足球，虽然 2002 年爱德华多·李当时并未担任足协主席一职，但对中哥之战印象深刻，并表达出对中国足球的关注和希望，"我希望中国足球强大起来，我期待着中国国家队再次打进世界杯的那一天"。②

很多第二代之后的哥斯达黎加华裔对中国文化了解不深，中文不太好。哥斯达黎加华人协会会长翁翠玉说，有不少哥斯达黎加华裔做医生、律师，但因为没注重中文教育，所以对中国文化了解不深，中文也不好，这很遗憾。

总体上来看，哥斯达黎加华人与当地社会相对隔绝、与当地人接触不多，华人融入哥斯达黎加社会的程度不高，二者也时常会产生误会。比如在对中餐馆的报道中，就出现失实的情况，给华侨造成极大损失。在两国建交前，哥斯达黎加民众对中国了解甚少，一些人认为中国人都很穷苦，到哥斯达黎加就是为了赚其金钱。因此，加强华人与本土人的沟通就尤为必要，这也是当前哥斯达黎加华侨华人融入主流社会亟须解决的问题。

六、中哥关系发展对华侨华人的影响

（一）良好的政治互信有助于华人融入哥斯达黎加社会

中哥建交时间虽然短暂，但双边关系不断升温，两国政治互信也不断增强。习近平指出："我们要站在战略高度，把握中哥长期友好、共同发展的大方向，在涉及彼此核心利益问题上相互理解和支持。要保持密切高层交往，加强两国政府部门、立法机构、政党友好交流，为双方合作凝聚广泛共识。"随着两国建立平等互信、合作共赢的战略伙伴关系，华人尤其是华社精英在促进两国关系发展的作用日益凸显，哥斯达黎加主流社会民众对华

① 《哥斯达黎加乡亲邓煦平夫妇陪同新任总统访华》，中山市外事侨务局网站，http://faob.zsnews.cn/2015/01/14/2726211.shtml，2015 年 1 月 14 日。

② 《哥斯达黎加足协主席是华人　希望中国足球变强大》，大河网，http://news.dahe.cn/2014/06-22/103027983.html，2014 年 6 月 22 日。

人的了解也逐渐增多，华人融入主流社会的前景较为乐观，其进程也在加快。

（二）频繁的商贸往来有助于华侨华人经济的发展

中国现已发展成为哥斯达黎加第二大贸易国，两国的经贸往来还在进一步加强。今年初，索利斯总统访华期间，与习近平主席达成一致，双方均认为要尽早着手研究、制订《2016 年至 2020 年中哥合作共同行动计划》，充分发挥两国自由贸易协定的作用。要继续开展经济特区建设合作，积极推进基础设施建设、农业科技、数字电视和移动通信技术、清洁能源等领域合作。华侨华人熟知哥斯达黎加的经济发展情况，也了解哥斯达黎加社会、文化、观念等国情，华侨华人的参与既能促进两国经贸关系的发展，对华侨华人自身的经济发展也大有裨益。随着两国经贸关系的推进，华侨华人所发挥的作用将会更为突出。此外，随着两国旅游关系的进一步密切，拥有便利的华侨华人在哥斯达黎加发展旅游业、餐饮业及相关的服务行业将更为方便。

（三）日渐升温的中哥文化交流有助于主流社会了解并接纳华侨华人

建交后，中国与哥斯达黎加的教育文化交流日渐活跃，在 2015 年索利斯总统访华期间，两国达成文化交流的一系列协议：中方支持哥斯达黎加开展汉语教学，鼓励两国文化机构互办展览，同哥斯达黎加加强旅游合作；哥斯达黎加简化中国公民入境手续。相信随着两国文化交流的开展，哥斯达黎加民众对华侨华人的了解和认识会更加深入，误解和隔阂会逐渐减少，华侨华人与当地人的误会与冲突也会得到缓解。

七、结语

哥斯达黎加境内没有反政府武装，国内居民生活平静。但随着近年来大量外来移民涌入，社会失业率上升，治安状况不断恶化，偷盗、抢劫事件频发，且法律对一般犯罪惩罚不重，造成哥斯达黎加社会犯罪率上升。当地居民经适当训练后可合法持有枪械，且富人家庭多雇用保安。针对外国人的犯罪主要为盗窃和抢劫财物。因此，华侨华人所面临的生命财产安全威胁也日益增多，华侨华人需加强自身防范，中国驻哥斯达黎加使馆及侨领也应加强对华侨华人的引导和保护。

总的来说，哥斯达黎加社会稳定，经济发展平稳，教育、医疗水平较高，生活富足，是华侨华人生存发展的乐土。中哥两国日益密切的外交关系也为华侨华人赢得更多、更好的发展机遇，华侨华人的经济社会发展处于上升的趋势，其社会地位也日益提升，但与主流社会的交流仍需加强，华侨华人融入当地主流社会进展仍旧缓慢。此外，华侨华人移民对中华文化的传承也令人堪忧，许多第二代华人已不会讲华语，也不认得华文，第四、第五代华裔中华文化缺失的问题更为突出，如何加强他们对中华传统文化的传承值得深思。

智　利

　　智利是第一个与中国建交的南美洲国家，建交后中智关系稳步发展，两国已由全面合作伙伴关系发展成为战略合作伙伴关系。智利政局稳定，法治严明，政府廉洁程度较高。智利法制比较健全，注重保护工人利益。华人在智利投资办厂的不多，更多从事商业及服务业。2014 年，智利经济增长放缓，通货膨胀加剧，失业率上升，社会治安恶化，犯罪活动猖獗，给华商带来极大的困扰，智利华侨华人的利益保护面临巨大挑战。

一、智利基本国情

　　智利位于南美洲西南部，安第斯山脉西麓。东邻玻利维亚和阿根廷，北接秘鲁，西濒太平洋，南与南极洲隔海相望。海岸线总长约 1 万公里，是世界上最狭长的国家，有"丝带国"的美誉，又因拥有世界上已知最大的铜矿而有"铜之王国"之称。① 境内多火山，地震频繁。智利原为阿劳干人、马普切人、火地人等印第安人居住地，16 世纪初以前属于印加帝国。1535 年，西班牙殖民者从秘鲁侵入智利北部并于 1541 年建立圣地亚哥城，开启了西班牙对智利将近 300 年的殖民统治，智利沦为西班牙殖民地。1810 年 9 月 18 日成立执政委员会，实行自治。此后，智利人民在民族英雄贝尔纳多·奥希金斯率领下开展反殖民统治斗争，于 1818 年宣告独立。1973 年以皮诺切特为首的军人推翻阿连德"人民团结"政府上台，开始了长达 17 年的军政府统治。1989 年，社会党、基民党等组成"争取民主联盟"参加议会选举和总统大选，基民党人艾尔文当选为总统，从而恢复了代议制民主。②

智利概况

国家全名	智利共和国	地理位置	南美洲	领土面积	756 715 平方公里
首都	圣地亚哥	官方语言	西班牙语	主要族群	白人和印欧混血种人
政体	三权分立的共和制	执政党/主要反对党	新多数派联盟/中左政党联盟	现任总统	米歇尔·巴切莱特·赫里亚

---

　　① 高伟浓：《拉丁美洲华侨华人移民史、社团与文化活动远眺》（上），广州：暨南大学出版社 2012 年版，第 108 页。

　　② 《智利国家概况》，中华人民共和国外交部网站，http：//www.fmprc.gov.cn/mfa_ chn/gjhdq_ 603914/gj_ 603916/nmz_ 608635/1206_ 608928/，2014 年 8 月。

（续上表）

人口数量	1 756 万人（2013 年）	华侨华人人口数量	约 2 万人	华侨华人占总人口比例	0.11%
GDP/人均 GDP	2 769.76 亿美元/15 791 美元（2013 年统计）	宗教信仰	天主教	重要节日	独立日（9 月 18 日）
失业率	5.9%（2013 年统计）	全国贫困率	14.4%（2012 年统计）	与中国建交时间	1970 年 12 月 15 日

二、中国与智利的关系

（一）中智政治关系稳定

中智两国于 1970 年 12 月 15 日建交。智利是第一个同中国建交的南美洲国家。建交 45 年来，两国关系发展顺利。双方高层接触频繁，在国际多边领域保持良好合作。智利政府坚定奉行一个中国原则。2004 年 11 月，胡锦涛主席访智，两国建立全面合作伙伴关系。2012 年 6 月，温家宝总理访智，两国建立战略伙伴关系。

2013 年 10 月，亚太经合组织第二十一次领导人非正式会议期间，习近平主席同皮涅拉总统举行双边会见。2014 年 3 月现任总统巴切莱特上任，习近平主席特使、交通运输部部长杨传堂出席智利总统权力交接仪式。

2014 年 11 月 12 日，巴切莱特总统对华进行国事访问，国家主席习近平指出，中智两国高度互信，要把这一优势转化为合作动力，推动中智战略伙伴关系持续稳定发展。双方要抓紧制订两国政府共同行动计划，特别是以中智自由贸易区的全面建成为契机，加强基础设施建设、互联互通、清洁能源、农业、金融、科技等领域的合作，办好 2015 年智利"中国文化年"活动。中智要共同推动亚太区域合作。[①] 可见，中国与智利在增进政治互信的基础上，在自由贸易、文化交流等方面均有望取得突破。

两国签有贸易、科技、文化、互免外交和公务签证、投资保护、文物保护、植物检疫、民航运输等协议。1988 年，两国建立外交部间政治磋商制度，迄今已举行 12 次磋商。2006 年，两国建立中智议会政治对话委员会，迄今已举行 7 次会议。目前，两国共有 13 对友好省市关系。中国在智利伊基克市设有总领事馆，智利在沪、穗、港设有总领事馆。[②]

（二）中智经贸合作发展顺利

智利是第一个就中国加入世界贸易组织与中国签署双边协议、承认中国完全市场经济

---

① 刘华：《习近平同智利总统巴切莱特举行会谈》，新华网，http://news. xinhuanet. com/2014 – 11/12/c_1113221806. htm，2014 年 11 月 12 日。

② 《智利国家概况》，中华人民共和国外交部网站，http://www. fmprc. gov. cn/mfa_chn/gjhdq_603914/gj_603916/nmz_608635/1206_608928/，2014 年 8 月。

地位、同中国签署双边自由贸易协定的拉美国家。两国建有政府间经贸混委会，迄今已举行 19 次会议。近年来，中智双边经贸关系保持快速增长势头。

智利近期在官方公报中的表述，正式启动了 2012 年签署的《中智自由贸易协定关于投资的补充协定》。这是自中国与智利 2006 年签署《中国—智利自由贸易协定》以来追加的第二份补充协定。在双边自由贸易协定实施的带动下，中智经贸关系快速增长，据中国海关统计，2013 年双边贸易额为 338.06 亿美元，其中中方出口 131.13 亿美元，进口 206.93 亿美元，同比分别增长 1.7%、4.1% 和 0.3%。目前，中国是智利全球第一大贸易伙伴、第一大出口目的地国和第二大进口来源国，智利是中国在拉美第三大贸易伙伴和进口铜的最大供应国。中方对智利主要出口机电产品、纺织品、钢材和家电等，从智利主要进口铜、铁矿砂、纸浆、鱼粉、水果、葡萄酒等。[1]

（三）文教科技交流频繁

中智签有文化和科技合作协定。两国文化交流始于 20 世纪 50 年代。中国国家汉办同智利圣托马斯大学和天主教大学合作，在智利建有两所孔子学院。两国建有政府间科技混委会，迄今已举行 8 次会议。多年来，智方为中方在南极开展科考工作予以协助。双方在地震和天文领域的交流与合作进展顺利。2013 年 10 月，中国首个海外天文研究机构——中国科学院南美天文研究中心暨中智天文联合研究中心在智成立。智利也是中国公民出境旅游目的地国。[2]

三、智利华侨华人概况

华人在智利的生存历史，有据可查的可以追溯到近 200 年前。根据智利华商总会会长王何兴的描述，"19 世纪初智利独立战争时期，华人帮了智利人的忙。那时有很多华人被抓到南美做苦力，多数都在秘鲁、巴拿马当奴隶，只有智利把他们当自由人，很多人就跑到智利，还帮忙打仗"。[3]

太平天国运动失败以后，一些人为了活命被当作猪仔卖到国外当"契约矿工"，太平军余部约 3 万人选择了这条出路。1862 年，1 万多太平军余部连同他们的亲属被运到南美秘鲁的伊基克从事挖鸟粪和硝石矿的营生，矿主经常打骂和虐待他们，食物像猪食一样，每天要干苦役 14 个小时以上，连苦役犯都比他们轻松。他们多次想反抗但四周都是荷枪实弹的洋人，想要回中国去，又怕被杀头，所以也只能默默忍受，因此病死和自杀的人很多。[4]

直到 1866 年，智利和秘鲁、玻利维亚发生"硝石战争"，这让流落到伊基克的中国太

① 《智利国家概况》，中华人民共和国外交部网站，http：//www.fmprc.gov.cn/mfa_chn/gjhdq_ 603914/gj_ 603916/nmz_608635/1206_608928/，2014 年 8 月。

② 《智利国家概况》，中华人民共和国外交部网站，http：//www.fmprc.gov.cn/mfa_chn/gjhdq_603914/gj_ 603916/nmz_608635/1206_608928/，2014 年 8 月。

③ 李颖、何涛：《智利华人：生活在离中国最远的国家》，《广州日报》，2010 年 3 月 16 日。

④ 《横扫千军：太平军余部大胜秘鲁玻利维亚》，新华网，http：//news.xinhuanet.com/mil/2014 - 01/02/c_ 125945218.htm，2014 年 1 月 2 日。

平军余部看到了希望。为了摆脱"猪仔"的悲惨命运，他们以太平军原有的编制进行整编，以湖南人翁德容和广东人陈永碌为领袖，与智利军队里应外合，一起攻取伊基克市。由于太平军不畏牺牲奋勇杀敌，战争结束后，智利政府曾决定将伊基克赠给太平军余部，成立一个自治镇，但条件是继续帮助智利攻打秘鲁。不过，太平军不愿意继续为异国当炮灰，而甘愿融入当地社会。①

据统计，伊基克当地人口中 1/4 的人有华人血统，如今，这里仍保留着很多中国的风俗和习惯，比如，当地语言中餐馆叫"其发"（广东话"吃饭"），馄饨被称为"完蛋"（浙江话"馄饨"）。时至今日，伊基克人仍对中国人十分友好，有时甚至当作自家人。曾任伊基克市常任副市长爱尔奈思多·罗·卡拉斯就是广东后裔，虽然不会讲汉语，却认同中国文化。他数次自费来中国，追寻先人的足迹。②

智利华侨习惯叫那些在智利打拼几十年的华人为"老侨"，晚辈在说起老侨时，总会肃然起敬。老侨的个人经历，就是华人在智利的生存史。老侨来到智利后，大多选择开餐馆。2000 年后，智利的华人数量增长很快，大多为江浙人，主要在圣地亚哥从事进出口贸易和旅游业。而在伊基克的自由贸易区 ZOFRI，聚集着大量的中国商人。伊基克的 2 300 家国际公司中，有 50 家由中国人开设，另外还有 400 家大大小小的华商。

目前在智利华人的总数，并没有准确的统计，粗略估计大概有 2 万人，主要聚居在首都圣地亚哥和北部海港城市伊基克。智利华侨华人主要来自广东、福建、浙江等地。据 2011 年统计，广东鹤山籍智利华侨华人约为 5 781 人，大部分居住在首都圣地亚哥；③ 来自广东中山的有 700 人，主要居住在伊基克；福建福清、浙江温州、浙江青田等地华侨紧随其后。目前在智利的青田人约有 600 人。他们虽然都是 2008 年后到达这里的，但在智利所有地方性侨民人数中已跻身第四。在智利的青田籍侨胞大都以家族化发展，他们勤奋、团结、互助，约 100 人在智利首都圣地亚哥从事进口批发业务，其余约 500 人分布在智利全国各省地市，从事零售行业。④

四、智利华侨华人经济

智利是个鼓励国际竞争的全方位开放国家，包括其公共事业。如，圣地亚哥的公共汽车都进行国际招标，自然资源如铜矿也可以自由买卖。有人形容智利是"美国的管理制度，欧洲的生活方式，发展中国家的经济环境"的特殊国家。在南美洲国家中，智利的政治经济环境比较有利于发挥华侨华人的聪明才智，最适合有现代化管理理念和文化程度高的华人去发展。但是，在这里投资设厂仍然受到劳工法和人文习性的制约。智利的劳工法比较注重保护工人的利益。在那里，9 个工人就可以成立工会，影响老板的决策，参与企

---

① 《横扫千军：太平军余部大胜秘鲁玻利维亚》，新华网，http：//news. xinhuanet. com/mil/2014 - 01/02/c_125945218. htm，2014 年 1 月 2 日。

② 《智利震中城市 1/4 市民有华人血统　可追溯至清末》，搜狐网，http：//history. sohu. com/20140402/n397634503. shtml，2014 年 4 月 2 日。

③ 《鹤山市侨情概况》，鹤山市外事侨务局网站，http：//tzb. heshan. gov. cn/wuzhuang/showarticle. asp? articleid = 579，2011 年 8 月 24 日。

④ 徐一评：《青田人开店开到"世界尽头"》，《人民日报》（海外版），http：//reader. peopledaily. ca/content. aspx? qkid = 124&pageid = 1829&id = 8244，2014 年 12 月 26 日。

业管理。这是投资设厂的老板最为头疼的事情。①

由于华侨华人在智利择业时，通常选择成本不高的行业，所以多从事雇用人手相对较少的中餐业。这种职业选择尤以"老侨"最为明显，与时下学界通行的说法不同的是，智利华侨习惯叫那些较早到达智利的华侨华人为"老侨"，"新侨"一般指 2000 年后到智利的华人。以 2000 年为界划分"老侨""新侨"，从一定程度上也能看出智利华侨华人移民的特点，2000 年之前移民主要以广东人为主，其后福建、浙江等地的人才逐渐移往智利。

"老侨"的个人经历，就是华人在智利的生存史。"老侨"来到智利后，大多选择开餐馆。而开餐馆的华人中，约有七成是广东人，目前仅圣地亚哥就有约 600 家中餐馆。圣地亚哥智京中华会馆 13 位理事中 12 位是广东人，均以开餐馆为业。据祖籍广州的中餐业老板李国伟所言："2000 年前来的华人，基本上都是到智利后白手起家的。而 2000 年后来的，基本上都是带着钱来的，在国内已经有些经济基础了。"② 华人在智利经营广东餐饮，因为"餐馆利润丰厚，毛利约有七八成"。智利的中餐馆多数已演化为适合当地人的口味，因而大受当地人欢迎。

来得早的广东人在餐饮业方面占了先机，10 年前花 200 万美元盖的房子，现在投 500 万美元也"搞不掂"。因此，2000 年以后到智利的江浙人大多经营进出口贸易和旅游业。"新侨"多数集中在圣地亚哥火车站旁的商业街，从事百货批发零售生意，货品来自中国大陆。有些人在大陆开设工厂，比如染织厂，商店就设在智利，货品都是中低档的。

中国大陆新移民有个别人做医生，如中华会馆副主席彭奋斗。也有些华侨华人开办工厂，目前最引人注目的是大陆新移民胡为民先生用 600 万美元买下智利银山铜矿。③ 据胡为民介绍，智利的工人喜欢享受，铜矿实行周薪制，每到星期五工人领了工资就去喝酒跳舞，狂欢之后星期一又重新开工。他们没有积累意识，用未来钱，也不想当老板，容易满足。所以很多新华侨华人根据以上情况采集当地及南美洲的产品需求信息，在中国大陆投资设厂，建立自己在南美的产品营销网络来谋求发展。智利国家的劳工制度及民众的习性，是华侨华人甚少投资设厂，多数从事商业活动的重要原因。

另外，智利政府官员比较廉洁，办事透明，税法完善，检查严格。做进出口贸易的人一般都不敢偷税漏税，否则一旦被查处，处罚很严。近年来，许多原本在智利做生意的台湾人因此都跑到巴西和秘鲁发展。

近些年，智利华侨华人面临的最大困扰莫过于智利经济下滑、通货膨胀加剧、社会治安恶化，华侨华人经济利益受到严重威胁。智利首都圣地亚哥火车站为华人贸易批发集中地，其中一座商城，总共有 90 多家店面，其中 70 多家为华人商户，主要从事针织品进口批发贸易。他们基本都于 2009 年前后到智利创业，经历了最艰难的创业初期，有 4～5 年的销售经验和资本积累，眼看马上就小有成就。然而 2014 年，受智利严重的经济增速放缓影响，智利各行业都出现了 2009 年以来前所未有的销售萧条。许多华商都处于勉强维

①　林克风：《巴西、秘鲁、智利华侨华人经济与中国企业"走出去"》，广东侨网，http：//www. qb. gd. gov. cn/qw2index/2006dzkwlsfbq/200610120036. htm，2006 年 10 月 12 日。

②　李颖、何涛：《智利华人：生活在离中国最远的国家》，《广州日报》，2010 年 3 月 16 日。

③　林克风：《巴西、秘鲁、智利华侨华人经济与中国企业"走出去"》，广东侨网，http：//www. qb. gd. gov. cn/qw2index/2006dzkwlsfbq/200610120036. htm，2006 年 10 月 12 日。

持经营或受货币不断贬值而引起资金无形蒸发的困境中。①

不仅如此，该商场租户还面临着租金涨价的难题。自 2014 年 9 月份起，每家商户根据店面大小涨租 100 到 1 500 美元（约涨 40%），而且还要加缴 3 个月的保证押金，市场外围的临街店面更要附加缴纳 2 万 ~4 万美元、仅仅只有 2 年有效的使用权力金。尽管逐年涨房租、续合同是智利地产行业的一种潜规则，但这样一份通知无疑使该商城所有华商们陷入了雪上加霜的境地。

2014 年以来，堪称南美洲治安最好的智利，治安也越来越恶化，偷盗和抢劫事件频频发生，这给华商带来惨重的损失。几乎每天都有针对华商的盗窃、抢劫、欺诈案件发生。在华商开设的超市，有些服务员甚至与"伪客户"里外勾结，偷盗横行，手法千奇百怪，给日常运营管理带来了极大的难度。华商们对此甚是无奈，"总之，赚的多偷的少，也就想开了，平时加强防范就是"。

进入 2015 年，这种情况并没有得到好转，甚至有愈演愈烈之势。不到一个月，智利华商多次住家被抢，住在首都富人区的华人同胞也遭入室捆绑抢劫，大型公共仓库被盗，多家游戏机店被抢。目前，已有上百名华人侨胞遭受不同程度的损失，甚至连生命安全都受到威胁。为加强防范，智利华商联合总会发出紧急通告，提醒华人同胞加强防范意识和措施。

这些现象也引起了中国驻智利大使馆的重视，2015 年 1 月 28 日，中国驻智利大使馆于洋领事在智利华商联合总会会长王何兴陪同下，专门为侨民生活、经商环境安全等问题，急忙约访了智利内政部公共安全调查局，向调查局负责人海梅·罗哈斯（JAIME RO-JAS FLORES）反映了近期以来中国旅智华商遭遇的安全威胁和严重损失，并呼吁智利政府当局能高度重视，希望采取强有力的措施，严惩匪贼、安抚民心，共同维护智利良好的国际形象。海梅先生对此非常重视，当场表示成立安全防范联合委员会，专题研究安全防御措施，并确定于 2 月初在智利内政部公共安全调查局办公室召集多方代表，举行联席会议商讨华商保护事宜。②

五、智利华侨华人社团

智利华侨华人人数不多，社团数量也不算太多，但社团活动非常活跃。目前活跃在智利的华侨华人社团主要有智利智京中华会馆、智利华商联合总会、智利中国和平统一促进会、智利华人华侨妇女联合会、浙江商会、江苏商会、福建总商会、温州商会、智利华侨联谊会和智利北京海外联合会等。

智利智京中华会馆是智利华侨华人社团的"百年老店"，也是智利历史最为悠久的华人社团。智京中华会馆于 1893 年在圣地亚哥成立，距今已有 122 年历史，起初称"智利亚洲会馆"，1923 年改名"智利智京中华会馆"。会馆最初的宗旨是联络旅智侨胞，为新抵达智利的华工提供帮助。据前任主席胡金维介绍，智京中华会馆起初成立时，只是一个

---

① 徐阿基：《智利华商萧条中艰难维持经营　行情差又遭店面涨租》，广东侨网，http：//gocn. southcn. com/hsxw2010/201411/t20141103_ 517907. htm，2014 年 11 月 3 日。

② 《智利华商的安全　惊大使　忙领事　奔走呼吁智利当局政府》，智利中文网，http：//www. chilecn. com/26552. html，2015 年 1 月 30 日。

只有几十人的华人组织，逐渐发展壮大，到今天已拥有上千名会员。会员从做苦力和小本生意的下层社群，发展成为今天拥有从事各行各业的企业家。从一个几乎无人认识并被看不起的社团，成为今天得到智中两国政府和人民认可的华人社团。①

一直以来，智京中华会馆秉承"慈善，爱国，团结，发展"的宗旨，充分发挥桥梁纽带作用，坚持正信正行，树立正面的华人形象，发展及推行中文教育事业，倡导公益慈善，深化华人之联谊活动，服务社会，为促进侨胞在智发展、侨社和谐积极作贡献。在2013年智京中华会馆120周年庆典活动上，时任中国驻智利大使杨万明对智京中华会馆的贡献予以高度赞扬，他指出："作为成立最早的在智侨社，智京中华会馆的建立和发展几近贯穿在智华侨华人在智发展的历史全过程。成立至今，该社团为团结服务侨胞、增进中智人民友好、弘扬中华传统文化、推动两国各领域合作作出了积极贡献。"②

尽管历史悠久，但智京中华会馆活力不减。2003年，智京中华会馆开办中国国务院侨办支持建立的中文学校，有学生近百人。智京中华会馆还办有会员通信杂志月刊《旅智华声》。2014年，智京中华会馆商讨扩建事宜，在前期的筹备活动中，仅48名侨领即筹集61 000 000智利比索（约合人民币60万元）。③ 相信经过扩建之后的智京中华会馆在智利华侨华人社会将发挥更大的作用。

在智利的中华会馆并不是圣地亚哥独有，随着智利各地华侨人数日益增多，在华侨比较集中的伊基克、阿里卡、阿托法加斯塔、托皮科、瓦尔帕莱索和比尼市等都成立中华会馆，彼此之间没有隶属关系但相互有联系。④ 相对而言，地方性的中华会馆规模、活跃程度均不及智京中华会馆。

智利华商联合总会（EMPCH A. G.）是根据智利社团法组建并登记注册的非营利性质的民间社团组织（简称"华商总会"），于2009年成立，总部设在智利共和国首都圣地亚哥。华商总会创始会员汇集了来自"五湖四海的"智利华人社会各界精英。

华商总会的宗旨是维护智利华商会员的合法权益，协助会员合法经营、和谐发展，为会员搭建平台，促进会员间相互往来与交流，协助沟通会员企业与政府间的联系，壮大智利华商的实力和影响力，弘扬中华民族优秀文化，推动智中两国的经贸往来，增强智中两国和两国人民的友好情谊。⑤ 华商总会成立时间不长，迄今只有短短6年时间，但已然成为智利最为活跃的华侨华人社团，秉着"凝聚侨心，维护侨益，服务侨商，壮大侨力"的信念，智利华商总会为华社利益奔走呼告，充当沟通华社和主流社会的桥梁，在维护华侨利益、凝聚侨力方面发挥了重要作用。

为了更好地服务于会员、加强信息交流与沟通，华商总会先后创立了《智利华商报》

① 《智利智京中华会馆隆重庆祝成立120周年》，智利华人网，http：//www. datochinos. com/html/news/clchino/2013－12－01/65389. html，2013年12月1日。

② 《智利智京中华会馆隆重庆祝成立120周年》，智利华人网，http：//www. datochinos. com/html/news/clchino/2013－12－01/65389. html，2013年12月1日。

③ 胡百均：《智京中华会馆慈善之光》，智利华人网，http：//www. datochinos. com/html/news/clchino/2014－05－20/68968. html，2014年5月20日。

④ 高伟浓：《拉丁美洲华侨华人移民史、社团与文化活动远眺》（上），广州：暨南大学出版社2012年版，第111页。

⑤ 《智利华商联合总会简介》，智利华商联合总会网站，http：//www. chilehs. net/zz/bencandy. php？fid＝4&id＝2465，2009年5月22日。

和"智利华商网",宣传中华民族的优秀文化,宣传中国政府对智利华侨华人的关怀、问候和指导,宣传华商优秀人才和优秀企业在智利投资的成功经验,宣传华商投资智利的前景、条件和注意事项,为会员排忧解难,引导华商合法经营、和谐发展。与此同时,《智利华商报》和智利华商网还将真正发挥信息交流的平台和窗口作用,及时报道中智签署自由贸易协定以来的相关政策、成果和经验,包括智利企业在中国的投资现状和前景,成为两国经贸交流的有效渠道,促进两国经贸往来向更深、更高的层次发展。①

智利中国和平统一促进会成立于 2002 年 2 月 23 日,其宗旨是维护"一个中国"原则,反对任何分裂国家的行径。以中华文化为纽带,构建华夏共同文化精神,深化华夏同胞的交流与合作,促进祖国和平统一。② 十多年来,智利华侨华人心系祖(籍)国,始终坚定不移地反对一切形式的"台独"主张和行径,为祖国和平统一和民族复兴精诚奋斗,充分体现了华侨华人的爱国之情。在此过程中,智利中国和平统一促进会发挥了重要的团结、带动和引领作用,为反"独"促统、传承中华文化作出了重要贡献。

智利华侨联谊会成立于 1981 年,会员以台湾移民为主体。该会实行理监事负责制,会长由会员代表大会选举产生,每两年选举一次。该会成立以来,致力于兴办社会福利事业,办有小报《智利侨讯》和一个华文学习班,并在伊基克等地区设立分会。

六、智利华侨华人与当地社会的关系

智利华侨华人人数不算多,较早的移民已繁衍至第五、第六代,有的甚至完全融入当地社会,总体来说,"老侨"融入当地社会程度虽较深,但对中国传统文化的传承还热情未减,对后代的中华文化教育常紧抓不懈。智利也是一个"新侨"人数较多、来源地也较多的国家,但"新侨"与"老侨"表现出较好的聚合力。"老侨"专注于中餐馆行业,"新侨"的重心更集中于商贸领域。他们成立了各自的社团,同时加强彼此之间的合作,运用各自的优势,共同应付复杂多变的经济形势,努力搞好与居住国政府和居住地民族的关系,这可谓智利华侨华人处理新老侨社、处理侨社与当地社会关系的一大特色。

(一)华社精英助推智利华侨华人融入当地社会

智利华侨社会精英在融入主流社会、充当两国交往桥梁、塑造华侨华人形象方面起到了示范作用。他们辛勤耕耘、打拼事业,积极参与公益活动,与当地人民和睦相处。他们用勤劳善良、讲信修睦、互助友爱、遵纪守法的传统美德,塑造了良好的华侨华人形象。

1984 年到智利定居的王何兴是智利华商联合总会会长。他在发展自己事业的同时积极引导广大旅智同胞融入当地社会、承担更多的社会责任、切实回馈当地社会,通过一系列善举,改善和提高了华侨华人在智利的社会形象。

智利杰出华商陈晓岚大学时学习医学专业,后弃医从商独闯海南,从打工到创业,逐步拥有自创品牌服装公司。1999 年,陈晓岚到智利发展,两年后中国加入世贸组织,与国

---

① 《智利华商联合总会简介》,智利华商联合总会网站,http://www.chilehs.net/zz/bencandy.php? fid = 4&id = 2465,2009 年 5 月 22 日。

② 《智利华侨庆祝和统会成立十周年》,新华网,http://news.xinhuanet.com/overseas/2012 - 03/27/c_111709824.htm,2012 年 3 月 27 日。

际市场的融合，再次为陈晓岚的事业送来了"东风"，公司也从最初的小商品进口逐步发展到现在的当地零售企业主流供货商。在智利打拼 10 多年的陈晓岚目前担任智利华侨华人妇女联合会会长，她的生意还拓展到拉美的秘鲁等国家。在事业上获得成功的同时，陈晓岚还积极投身慈善事业，以感恩的心回馈社会。除了为中国灾患积极组织捐款捐物外，她每年都参与侨团为智利当地残疾和贫困儿童组织的捐赠活动。不仅自己身体力行，陈晓岚还引导越来越多的华侨华人加入爱心捐赠的行列，不间断地为残疾儿童奉献爱心，关爱遭受家庭暴力之害的妇女，积极参与慈善募捐活动，展现华人女性真善美的精神风貌。她的善举得到智利主流社会的广泛认可和赞颂，在 2008 年被智利发行量最大的《信使报》评为智利华侨华人女性代表。①

智利鸿展集团执行总裁沈咏菡祖籍湖北，出生于台湾，1984 年随父母移民巴拉圭。后来沈咏菡到智利读大学，1992 年说服全家移民智利。1993 年，沈咏菡中断大学学业和朋友一同创业，先后涉足电脑行业和旅游业，后成立涵盖会展和大型活动、国际交流、顾问咨询、文化培训和语言翻译五大领域的鸿展集团，从促进中智两国民间交流起步逐步发展成为拉美和亚洲之间集商务、文化和学术交流为一体的管理专家，赢得了智利商界、政界和文化界人士的认可。目前，鸿展集团是唯一一家被智利国会图书馆聘为顾问的私人企业，同时也是直属总统府的智利国家形象基金会的顾问。2010 年，鸿展集团成为政府指定的唯一一家华人企业，作为上海世博会智利馆的官方赞助商。由于她的巨大影响力及突出贡献，2010 年智利独立 200 周年之际，当地媒体选出"百名杰出女性领导者"，沈咏菡是其中唯一的东方面孔。②

（二）对智利弱势群体的帮助有助于提升智利华侨华人的形象

一直以来，智利华侨华人善于通过自身的努力，帮助智利的弱势群体改善、提升自身的形象。

智利大型电视慈善募捐活动自 1978 年创立以来，每年在 11 月底到 12 月初举办电视募捐直播，为全国残疾儿童筹集资金。30 多年来，该平台的影响力越来越大，智利政府也越来越重视。每到募捐日，上到总统下至普通百姓都积极参与，文艺团体义务演出，银行昼夜营业，各家电视台竞相转播。所有新闻机构、艺术人员和各大企业都会联合起来共献爱心，全国募捐日俨然成了一个民族节日。

近年来，智利华侨华人就利用了这一平台，积极为智利残疾儿童捐献爱心。与以往以个人名义捐款不同，华社愈来愈注重以华侨华人整体的名义捐款，大大提升了华侨华人的形象。2012 年慈善募捐活动中，智利华商联合总会会长王何兴率领旅居智利的华人商会社团和华侨代表共捐献 2 000 万智利比索（合 4 万多美元）。智利华社的善举展现了华侨华人紧密团结的整体形象，赢得了当地人的尊重，为进一步增强中智两国人民的友谊和商贸交流作出了贡献。电视慈善活动的创始人、享誉拉美的主持人弗朗西斯科用中文连说"谢

---

① 李丹、冷彤：《当好祖（籍）国的形象大使——智利华侨华人的故事》，新华网，http：//news. xinhuanet. com/world/2013 -09/22/c_117452857. htm，2013 年 9 月 22 日。

② 李丹、冷彤：《当好祖（籍）国的形象大使——智利华侨华人的故事》，新华网，http：//news. xinhuanet. com/world/2013 -09/22/c_117452857. htm，2013 年 9 月 22 日。

谢"，感谢智利华侨华人的善举。①

智利虽然风景秀丽、环境宜人，但亦是一个火山、地震频发的国度，每当这样的"天灾"降临的时候，华侨华人总是不遗余力地捐钱捐物，和智利当地民众共渡难关。2014年4月12日，智利第二大城市瓦尔帕莱索（Valparaíso）12日晚发生山火，15日山火被扑灭。连续3天的大火，已确认造成15人死亡，超过500座房屋被烧毁，受灾范围波及1 400多座房屋，万余居民被迫紧急疏散。

得知噩耗，智利华商联合总会紧急筹集现金统一购买毛毯、服装、袜子、大米、食用油、罐头、水、妇女用品、尿布等灾区急需用品，于4月17日和当地市政联盟物资赈灾车队一起以全体中国人名义送往灾区物资，本次赈灾华侨华人捐献现金13 685 000智利比索，捐赠货物价值4 910 000智利比索，合计捐款18 595 000智利比索（合人民币18万多元）。②

智利北京海外联合会捐赠的大米、意大利面、饮用水、食用油等生活必需品，由代表亲自驾车抵达火灾重灾区，将物资直接送到灾民手中，受到了灾区居民的热情欢迎，场面感人至深。一路上灾区居民见到运送物资的中国车队，高呼"中国万岁"，有的人热泪盈眶，有的人激动地大力拍着代表的肩膀，嘴里重复着一句话："VIVA CHINA！"（中国万岁）③

（三）智利侨社与当地社会的合作与抗争

智利矿产资源丰富，气候适宜农作物生长，与中国在矿产资源和农作物方面有广阔的合作前景。智利华商总会瞄准商机，积极与当地政府展开合作。2014年5月，智利华商总会便与智利第六大区33个城市签订合作协议，这种由华商促成、中智商家相互提供合作项目的经贸合作方式，不仅有助于推动当地经济的发展，也增加了该地区矿产资源和农作物对华出口，扩大了中智两国合作空间，互利共赢、前景广阔。

毋庸置疑，华侨华人生活在法律法规、生活习俗、行事风格迥异的异国他乡，与当地社会必然会有摩擦和冲突。华侨华人也会通过各种途径，据理力争，维护自身的合法权益。

智利伊基克自由贸易区是南美洲最大的自由贸易区，但最近几年，ZOFRI S. A和ITI等管理公司任意提高各种收费标准，各种政策的变更从来不考虑自贸区投资人的利益。ZOFRI　S. A公司主要控制了仓库合同到期续签的高额转期费，单方面肆意调高管理费和土地使用费，直接增加了投资人续投资的运营成本。同时ITI码头的低工作效率及经常性罢工，使所有贸易区的商户均无法保证按时完成订单，许多客户纷纷改到ARICA港口。这些公司的行径，极大地损害了华商的利益。针对以上一系列问题，自贸区约300家华商在中国驻伊基克总领馆的领导下，成立联合机制，联合组成律师团，控告ITI码头因为罢工事件带来的经济损失，要求ITI赔偿延迟交货所带来的损失，以及异地拖柜费和巨额货

---

① 冷彤、李丹：《智利华侨华人为当地残疾儿童募捐》，新华网，http：//news. xinhuanet. com/overseas/2012 – 12/02/c_113875754. htm，2012年12月2日。

② 《瓦尔帕莱索特大火灾捐献名单赈灾》，智利中文网，http：//www. chilecn. com/8120. html，2014年4月25日。

③ 《智利北京海外联合会赴Valparaíso一线灾区》，智利华人网，http：//www. datochinos. com/html/news/clchino/2014 –04 –21/68051. html，2014年4月21日。

柜超期使用罚金。另外，通过法律诉求途径抵制 ZOFRI　S. A 集团自贸区管理费用和土地使用费过快增长；敦促 ZOFRI S. A 公司改进管理理念和投资环境，增强自贸区综合公共竞争力；以此来维护广大华人同胞在自由贸易区的合法权益。[①] 第二天，智利伊基克自由贸易区主席即接受华商联盟维权，同意改善自贸区管理机制、转变管理理念、提升服务质量。

七、结语

2000 年之前，智利华侨华人以"老侨"为主，人数也相对比较稳定，维持在 1 万人左右。进入 2000 年以后，随着中智关系的发展，前往智利经商的华人移民越来越多，十多年来，人数增长迅速。"新侨"在经贸方面比较活跃，具备一定的实力。他们更注重与政府、与主流社会之间的联系，并运用自身实力争取在智利的合法权益。"新侨"的到来，给智利传统华社注入新的活力，他们与"老侨"一起，在发展中智关系、促进中智经贸发展、传承中华传统文化方面发挥了重要的作用。

总体来说，智利华侨华人与当地社会和谐共处，华社在融入智利主流社会、提升华人形象方面做了大量工作，也收到了良好的效果。但近几年智利经济形势恶化，就业率、贫困率升高，与华侨华人在智利获得巨大的成功形成鲜明对比，因而不少犯罪分子将矛头对准华商，偷盗、抢劫等案件频发，如何切实保护好智利华侨华人的利益，将成为今后侨务部门、驻智使领及华社长期关注和工作的重点。

---

① 《智利伊基克建立华人团体联合协商机制》，智利华人网，http://www.datochinos.com/html/news/clchino/2014 - 05 - 14/68958. html，2014 年 5 月 14 日。

欧洲地区

荷 兰

2014 年 3 月，中国国家主席习近平访问荷兰，两国签署了一系列协议，共同发表了联合声明，建立了开放务实的全面合作伙伴关系，中荷关系迈上了新台阶。荷兰总体经济形势趋于低迷，总体经济复苏依然十分缓慢。荷兰华人社会经济发展势头平稳，华侨华人的参政意识在逐渐上升，华人社会总体融合程度不断加深。

一、荷兰基本国情

荷兰[①]王国由荷兰本土，圣俄斯塔休斯、博纳尔、萨巴 3 个海外特别行政区和阿鲁巴、库拉索、荷属圣马丁 3 个自治国组成。[②] 荷兰经济高度发达，人均 GDP 位于世界前列，其农产品出口、食品加工、造船、石化等行业处于全球领先地位。

表 1 荷兰概况

国家全名	荷兰王国	地理位置	欧洲西北部以及加勒比海地区	领土面积	41 543 平方公里
首都	阿姆斯特丹	官方语言	荷兰语	主要族群	大多数为荷兰族，摩洛哥、土耳其、苏里南族裔为排名前三位的少数族裔
政体	君主立宪制	执政党/主要反对党	自由党、工党/新自由党、社会党	现任国家元首/政府首脑	威廉·亚历山大/马克·吕特

---

① 笔者认为，"荷兰"（Holland）是"尼德兰"（Netherlands）的一个地区，但汉语中经常将两词混用，并且在大多数情况下用荷兰指代尼德兰，这种翻译方法容易引发误解。但本文仍然按照翻译习惯，使用"荷兰"这一称呼。关于 Holland 与 Netherlands 两词的区分使用，请参见 *The BBC News Styleguide*，第 57 页，http：//www. media. uoa. gr/lectures/linguistic_ archives/academic _ papers0506/notes/stylesheets _ 3. pdf；以及参见 *Reuters Handbook of Journalism*，http：//handbook. reuters. com/index. php？ title ＝ H#Holland。

② 《荷兰国家概况》（更新时间：2014 年 8 月），中华人民共和国外交部网站，http：//www. fmprc. gov. cn/mfa_chn/gjhdq_ 603914/gj_ 603916/oz_ 606480/1206_ 606944/。

（续上表）

人口数量	约 1 690 万人①	华侨华人人口数量	20.14 万人（估计②）	华侨华人占总人口比例	1.19%
GDP/人均GDP	7 669.3 亿美元/45 577.3 美元	2014 年全年 CPI	115.83③（较 2013 年增加 1.13）	2014 年全年失业率	8.0%④

资料来源：荷兰中央统计局网站，http：//www. cbs. nl/en－GB/menu/cijfers/default. htm；《荷兰国家概况》，中华人民共和国外交部网站，http：//www. fmprc. gov. cn/mfa_ chn/gjhdq_ 603914/gj_ 603916/oz_ 606480/1206_ 606944/。

二、荷兰华侨华人概况

（一）荷兰华侨华人简史

中国人最早到荷兰是在 1607 年。第一个到荷兰的中国人叫恩浦，从荷属东印度来到荷兰。⑤ 其后，有零零星星的华人来到荷兰的土地上，但他们并没有在此永久定居，只是进行游历和短期的逗留。早期移居荷兰的华人大多来自当时的荷属东印度。其原因有二：第一，在荷属东印度，土生华人子女最早接受西方式教育是在建立于爪哇的荷兰教会学校，而最早进入这些学校的主要是当地华人官员及华商的子弟，这些人接受了荷兰的文化教育之后在 19 世纪 80 年代前后将生意做到荷兰；第二，据定居荷兰的印尼华裔回忆，1911 年荷属东印度华人学生在荷兰组织了"中华会"，其中有小部分成员自幼在荷兰学习、成长，随后继续接受初等、中等教育。据此判断，19 世纪末已有一些来自荷属东印度的华人家庭移居荷兰。⑥

而来自中国本土的华人移民则出现得相对较晚，最初为一些船员和小商贩。船员基本上受雇于荷兰轮船公司，随后由于待货、候签、疾病等多种原因滞留在荷兰两大港口城市。在这些滞留的华人当中，有一部分"跳船"后留居荷兰，成为最早的一批"荷兰华侨"。荷兰早期侨领如梅中微、钟心如、蔡志坚、梁鸿基和邓容等皆属此类。商贩则主要来自浙江温州和山东。温州 1876 年被列为商埠，因此温州人出国经商，涉足荷兰。而青岛 1898 年被德国强行租占之后，陆续有山东人到德国做生意，有一些商人将分公司开到了与德国临近的荷兰。⑦

在 20 世纪上半叶，由于两次世界大战的影响，中国人前往并移民欧洲的数量并不多。第二次世界大战期间，由于荷兰与中国相似的境遇，在世界反法西斯的大背景下，荷兰华

---

① 此为截至 2014 年 11 月的数据，荷兰中央统计局网站，http：//www. cbs. nl/en－GB/menu/cijfers/default. htm。

② 笔者根据"2008 年荷兰华人为 16 万"的人口数据估算得出，其中 2008 年数据来自第 15 届欧洲华侨华人社团联合会提供的资料，转引自荷兰百年华人志庆典基金会编：《荷兰华人百年》，澳门：中华出版社 2011 年版，第 94 页。

③ 2014 年度数据，荷兰中央统计局网站，http：//statline. cbs. nl/Statweb/publication/？DM＝SLEN&PA＝71311eng&D1＝0－6&D2＝0&D3＝（1－39）－l&LA＝EN&VW＝T，以 2006 年基数为 100。

④ 2014 年度数据，荷兰中央统计局网站，http：//www. cbs. nl/en－GB/menu/cijfers/default. htm。

⑤ 梅旭华：《试述早期华人移民荷兰》，《华侨华人历史研究》1994 年第 1 期。

⑥ 李明欢：《华人移民荷兰开端考》，《八桂侨刊》1993 年第 1 期，第 31 页。

⑦ 李明欢：《华人移民荷兰开端考》，《八桂侨刊》1993 年第 1 期，第 32 页。

人也加深了与当地社会的友谊。在荷兰人民的帮助下，当地华人冲破各种阻碍，支持中国的抗日战争。1942 年，中华民国（重庆国民政府）与荷兰政府建立了大使级外交关系。1945 年日本战败投降之后，荷兰当地华人也举行了庆祝活动，庆祝中国人民的抗战胜利。1949 年中华人民共和国成立，荷兰政府于 1954 年与我国建立外交关系，并于 1972 年由代办级外交关系升为大使级外交关系。

20 世纪 50 年代，全世界掀起了民族独立运动，亚非拉国家纷纷摆脱宗主国的控制，其中荷属东印度独立之时，华裔知识分子已经属于当地中产阶层，所受教育程度较高且会说荷兰语，他们选择加入荷兰国籍并移民荷兰。这一部分群体构成了欧洲华侨华人社会中总体知识水平最高的群体。[①] 20 世纪 70 年代以来，随着中国大陆实行改革开放，向外移民的政策逐渐放宽，有不少人也移民荷兰。21 世纪以来，中国与世界的交往更加频繁，有大量中国人以留学、工作、经商、委派、婚姻等各种形式前往荷兰。荷兰中央统计局最近的数据显示，从 1995 年至 2009 年间，累计有 146 378 名中国人到访荷兰，同时有 85 357 名中国人从荷兰离境。[②]

荷兰早期的华侨埋头经济事务，政治参与程度较低，与当地社会的融合程度有限。随着新生代华人的成长，这种情况出现了一些改变：一是华人逐渐有了政治参与意识，开始关心政治事务；二是华人二代在荷兰本土出生，他们熟悉当地语言与文化，教育程度较高，与当地的社会融合程度相对老一代华人有所提升。当今，大多数新生代荷兰华人并不认为"融入"是一个问题，他们认为相对于其他欧洲国家的华人，自己是融入得最好的。[③] 但总体来看，荷兰华侨华人仍然难以跻身当地上流社会，"透明天花板"现象仍然存在。

（二）当代华人人口分布与结构

荷兰中央统计局 2015 年 1 月 1 日的统计数据显示，2014 年华人数量为 85 313 人。其中，中国大陆 64 097 人，香港 18 218 人，澳门 116 人，台湾 2 882 人。[④] 但正如荷兰学者彭柯和中国学者庄国土所指出的，荷兰政府根据出生地和其父母的出生地原则来统计华人，第三代华人和非正常移民没有计算在内，数字明显偏低。[⑤] 同时，来自印度尼西亚、苏里南、越南、柬埔寨、老挝、新加坡等国的华人也没有计算在内。为此，台湾方面估计，截至 2012 年，持台湾护照的侨胞 2 256 人，来自中国大陆（含港澳）的有 80 198 人，

① 根据李明欢教授在"百年暨南文化素质教育讲堂"上发表的《欧洲百年华侨华人史》录音整理，载于暨南大学新闻网，http：//zxdj. jnu. edu. cn/jt/jzlc/2013/11/25/20521925397. html，2013 年 11 月 25 日。

② 荷兰中央统计局，http：//www. cbs. nl/en－GB/menu/themas/bevolking/cijfers/extra/mappingworld－1. htm。

③ 中华网"荷兰留学专栏"，http：//kaoshi. china. com/abroad/News/career/News－15－42－99943. html。

④ 数据来源于荷兰中央统计局，http：//statline. cbs. nl/Statweb/publication/？ DM＝SLEN&PA＝37325eng&D1＝a&D2＝0&D3＝0&D4＝0&D5＝50，99，122，221&D6＝17－18&LA＝EN&HDR＝G3，T，G4&STB＝G5，G1，G2&VW＝T。

⑤ 荷兰学者彭柯指出，"要研究荷兰华人人口，首先要解决的是如何界定'华人'的问题。华人热衷于加入荷兰国籍，因此，华人中的这一日益增加的部分不再出现在国家统计资料中。根据出生地和其父母的出生地原则，他们中的一些人仍被界定为华人。然而，随着第二代华人数量的增长和第三代华人的出现，界定他们的可能性越来越趋于零。相反的是，人们可能要问，如果他们出生于荷兰而且（或者）是由出生于荷兰的父母所生，那么，人们难道还要再根据全国和地区性统计资料，仍将他们归入华人这一特定的人口群体？"庄国土也认为，"界定华人的标准是根据国籍、出生地和父母出生地，也即第三代华人不在其统计之列。由于其统计资料不全，加上很多非法入境者和第三代华人没有计算在内"，因此，荷兰内政部和科学教育部委托课题组估计的全荷华人数字显然偏低。参见彭柯著，庄国土译：《荷兰华人的社会地位》，台北："中央研究院"近代史研究所 1992 年版，"译者前言"第 1 页、第 222 页。

含早期加入荷兰籍的其他地区（如印度尼西亚、苏里南、越南、柬埔寨、老挝等）的华侨及在荷兰出生的第二代华人，共计约13万人。① 而笔者依据欧洲华侨华人社团联合会2008年的统计资料，并结合荷兰官方统计的华人人口增长率（见表2）进行估算，在荷兰生活的华侨华人已突破20万，达到20.14万人。

表2　荷兰官方统计的华侨华人人口变动情况（2008—2014）

单位：人

年份	中国大陆	香港	澳门	台湾	总计
2008	47 108	18 165	118	2 381	67 772
2009	50 377	18 201	117	2 525	71 220
2010	53 328	18 202	119	2 596	74 245
2011	55 880	18 261	121	2 698	76 960
2012	59 097	18 197	119	2 785	80 198
2013	61 890	18 192	112	2 806	83 000
2014	64 097	18 218	116	2 882	85 313
2008—2014年变动（%）	36.06	0.29	-1.69	21.04	25.88

资料来源：荷兰中央统计局，http：//statline. cbs. nl/Statweb/publication/？DM＝SLEN&PA＝37325eng&D1＝0，2－4&；D2＝0&D3＝0&D4＝0&amp；D5＝50，99，122，221&；D6＝12－18&amp；LA＝EN&HDR＝G3，T，G4&amp；STB＝G5，G1，G2&VW＝T。2008—2014年变动为笔者计算。

表3　2014年荷兰华人人口结构

单位：人

来源地	总数	百分比（%）	第一代		第二代					
					总数		父母一方出生在国外		父母双方出生在国外	
			人数	百分比（%）	人数	百分比（%）	人数	百分比（%）	人数	百分比（%）
中国大陆	64 097	75.13	44 915	70.07	19 182	29.93	3 714	5.79	15 468	24.13
香港	18 218	21.35	9 653	52.99	8 565	47.01	2 045	11.23	6 520	35.79
澳门	116	0.14	81	69.83	35	30.17	4	3.45	31	26.72
台湾	2 882	3.38	2 275	78.94	607	21.06	378	13.12	229	7.95
总计	85 313	100	56 924	66.72	28 389	33.28	6 141	7.20	22 248	26.08

注：①本表中的"国外"指荷兰领土之外。②百分比由笔者计算得出。

资料来源：荷兰中央统计局网站，数据截止日期为2014年8月20日，参见：http：//statline. cbs. nl/Statweb/publication/？DM＝SLEN&PA＝37325eng&D1＝a&D2＝0&D3＝0&D4＝0&D5＝50，122，221&D6＝17－18&LA＝EN&HDR＝G3，T，G4&STB＝G5，G1，G2&VW＝T。

① 资料来源：台湾"侨委会"网站，http：//www. ocac. gov. tw/OCAC/SubSites/Pages/VDetail. aspx？site＝fbb3d7c0－34af－4f33－bd29－343b41c5d94c&nodeid＝1294&pid＝6505。

根据表 3 的数据，在 2014 年，无论是第一代华人移民还是第二代华人移民，来自中国大陆地区的华人占据了最主要部分，约占据全体华人移民数量的四分之三；其次是来自香港的华人移民，约占据全体华人移民数量的五分之一。通过第一代华人移民与第二代华人移民的对比，我们可以发现，第一代华人移民占据了很大的比例。在第二代华人移民当中，父母有一方出生于国外的占 21.63%，父母均出生于国外的占 78.37%。

荷兰华侨华人主要分布在鹿特丹、海牙、阿姆斯特丹等大城市，侨团、侨胞分散于各地，所以未出现有特定聚集于唐人街的情况，大部分侨团也无固定会所。早期移民因多经营餐饮、旅游业，因此多聚居于阿姆斯特丹与鹿特丹两大城市；新近台湾移民则因多从事电子产品、自行车、运输、贸易业等，较集中于鹿特丹及安多芬地区。

表4　2014 年荷兰华人第一代移民婚姻状况

单位：人

来源地	性别	人数	从未结婚	已婚	丧偶	离婚
中国大陆	总计	44 915	22 591	18 659	897	2 768
	男	20 895	11 531	8 254	157	953
	女	24 020	11 060	10 405	740	1 815
香港	总计	9 653	1 838	6 431	422	962
	男	4 707	949	3 306	83	369
	女	4 946	889	3 125	339	593
澳门	总计	81	36	39	——	6
	男	37	19	18	——	——
	女	44	17	21	——	6
台湾	总计	2 275	1 229	948	26	72
	男	765	458	291	2	14
	女	1 510	771	657	24	58

资料来源：荷兰中央统计局网站，数据截止日期为 2014 年 8 月 20 日，参见 http：//statline. cbs. nl/Statweb/publication/? DM = SLEN&PA = 37325eng&D1 = 1&D2 = a&D3 = 0&D4 = a&D5 = 50% 2c99% 2c122% 2c221&D6 = l&LA = EN&HDR = G3% 2cT% 2cG4&STB = G5% 2cG1% 2cG2&VW = T。

从表 4 的数据来看，在性别比例方面，来自中国大陆、香港、澳门地区的第一代华人群体的男女比例相对均衡，但台湾地区的华人群体女性约为男性的 2 倍。在婚姻状况方面，第一代华人中从未结婚者约占 45.14%。在已婚人群中，来自香港地区的华人男女比例较为均衡，而来自中国大陆、澳门以及台湾地区的女性比例明显高于男性，其中来自台湾地区的女性已婚人数约为男性的 2.26 倍。总体来看，2014 年第一代移民的离婚率较低，这说明其婚姻稳定程度较高。

表5　2014年荷兰华人第二代移民婚姻状况统计

来源	性别	人数	从未结婚	已婚	丧偶	离婚
中国大陆	总计	19 182	17 355	1 550	52	225
	男	9 857	8 973	779	9	96
	女	9 325	8 382	771	43	129
香港	总计	8 565	6 960	1 463	8	134
	男	4 360	3 660	647	—	53
	女	4 205	3 300	816	8	81
澳门	总计	35	29	6	—	—
	男	18	16	2	—	—
	女	17	13	4	—	—
台湾	总计	607	600	4	—	3
	男	316	314	1	—	1
	女	291	286	3	—	2

资料来源：荷兰中央统计局网站，数据截止日期为2014年8月20日，参见http：//statline. cbs. nl/Statweb/publication/? DM = SLEN&PA = 37325eng&D1 = 2&D2 = a&D3 = 0&D4 = a&D5 = 50，99，122，221&D6 = l&LA = EN&HDR = G3，T&STB = G5，G2，G4，G1&VW = T。

从表5的数据来看，在性别比例方面，来自中国大陆、香港、澳门和台湾地区的第二代华人群体均出生于荷兰本土，男女比例也相对均衡。与第一代华人相比，在已婚人群当中，无论是来自哪个地区的华人群体，其男女比例都比较均衡。在婚姻状况方面，从未结婚者仍然占据了大多数，主要来自中国大陆和香港地区。值得注意的是，在2014年第二代华人移民中，女性离婚者数量高于男性，大陆地区的女性离婚者数量约为男性的1.3倍，香港地区约为1.5倍。

表6　2012—2014年荷兰华人婚姻状况统计

单位：人

来源地	年份	从未结婚			已婚			丧偶			离婚		
		2012	2013	2014	2012	2013	2014	2012	2013	2014	2012	2013	2014
中国大陆	总计	37 006	38 876	39 946	18 419	19 211	20 209	895	911	949	2 777	2 892	2 993
	男	19 026	19 940	20 504	8 326	8 648	9 033	148	153	166	968	1 011	1 049
	女	17 980	18 936	19 442	10 093	10 563	11 176	747	758	783	1 809	1 881	1 944
香港	总计	8 981	8 879	8 798	7 760	7 824	7 894	398	413	430	1 058	1 076	1 096
	男	4 718	4 657	4 609	3 905	3 931	3 953	82	83	83	403	411	422
	女	4 263	4 222	4 189	3 855	3 893	3 941	316	330	347	655	665	674

（续上表）

来源地	年份	从未结婚			已婚			丧偶			离婚		
		2012	2013	2014	2012	2013	2014	2012	2013	2014	2012	2013	2014
澳门	总计	69	61	65	42	45	45	—	—	—	8	6	
	男	31	30	35	16	19	20	—	—	—	2	—	
	女	38	31	30	26	26	25	—	—	—	6	6	
台湾	总计	1 760	1 797	1 829	932	912	952	27	25	26	66	72	
	男	776	781	772	312	286	292	2	2	2	13	13	
	女	984	1 016	1 057	620	626	660	25	23	24	53	59	

资料来源：荷兰中央统计局网站，数据截止日期为 2014 年 8 月 20 日，参见 http：//statline. cbs. nl/Statweb/publi-cation/？ DM = SLEN&PA = 37325eng&D1 = 0&D2 = a&D3 = 0&D4 = 1 – 4&D5 = 50，99，122，221&D6 = 16 – 18&LA = EN&HDR = G3，T，G5&STB = G2，G4，G1&P = T&VW = T。

单一年度的数据统计只能说明当年情况，而连续 3 年的婚姻状况数据大概可以反映出荷兰华人当前的婚姻状况。根据近 3 年已婚和离婚者的数据对比分析发现：来自中国大陆地区的华人的离婚率相对香港、澳门和台湾地区要高得多。来自中国大陆的移民群体的婚姻稳定程度不如香港和台湾地区的华人群体。通过对近 3 年丧偶者的数据对比分析发现：女性丧偶者相对于男性丧偶者明显居多。因此推测，如果按照自然死亡（非其他因素导致）的假设，那么在荷兰地区的华人女性寿命普遍要长于男性。另外，通过将近 3 年离婚者的数据进行对比分析发现：来自中国大陆地区的女性离婚者数量约为男性的 2 倍，香港地区约为 1.6 倍，澳门地区约为 6 倍①，台湾地区约为 4 倍。由此可见，荷兰第一代华人女性的婚姻状况不如男性稳定。

（三）华侨华人经济

总体来看，近年来欧洲华商面临着双重的压力：一方面是在欧洲债务危机的大环境下，各国经济萧条，这也严重影响了欧洲华商的生存与发展；另一方面是一些欧洲国家的政府对华商加强了管制，加强了执法力度，这极大地压缩了欧洲华商的生存空间。欧洲华商走法律灰色地带、"打擦边球"的传统模式已经很难继续下去，只有走合法、守法经营的模式才能持久下去。

虽然荷兰 2014 年总体经济形势低迷，但华侨华人的经济发展平稳，并没有出现大的波动。来自中国大陆地区的华商仍然以传统的餐饮业为主，其他行业也发展平稳。据荷兰当地媒体报道，阿姆斯特丹地区未来数年将出现 8 家中国酒店，以中国游客和商人为主要的服务对象。② 其原因是近些年来前往荷兰旅游的中国游客数量逐渐增多，仅 2013 年就达 22.5 万人次。这些新建的酒店致力于满足中国客人的要求，均设有中餐部，其中的设施也按照中国人的习惯布置。另外，荷兰侨商还心系祖国，注重回国投资。2014 年 11 月，侨

---

① 笔者认为，由于总人数较少，这一倍数值并没有太大的参考意义。

② 《阿姆斯特丹地区近期将出现 8 家中国酒店》，（荷兰）《华侨新天地》，http：//asiannews. nl/chinese/news/dek2u3/，2014 年 8 月 11 日。

资企业——四川盛誉包装有限公司董事长陈敏在四川省德阳市外侨办副主任于坚和四川华商会秘书处人员的陪同下，赴四川省广汉市和平玻璃厂考察，就酒类包装、销售渠道等方面与厂方负责人员进行了交流，并深入生产车间进行了实地考察，就双方共同关心的问题达成了共识。①

近年来，随着中国台湾与荷兰经贸关系的发展，尤其是在网络、绿色能源、高科技系统及智能农业等领域上的合作日益密切，荷兰方面也十分注重促进与荷兰台商的关系。位于海牙的西荷兰外国投资局（WFIA）为推广该局业务，与荷兰台湾商会于 2014 年 11 月 23 日举办了"荷兰台商家庭日"活动，有近 90 位台商及眷属参加。活动由荷兰台湾商会会长黄荣光主持，西荷兰外国投资局局长玛伦·赛格豪特（Marleen Zuijderhoudt）发表了致辞，表示对台商十分重视，并欢迎台商到西荷兰地区投资。西荷兰外国投资局除了介绍本局的业务之外，还邀请在辖区内成功发展生物科技事业的台商分享了创设公司的经验。②

（四）中文教育

荷兰是欧洲开展中文教育最好的国家之一，荷兰中文学校的历史可追溯到 1930 年，当时第一所中文学校（那时称中文班）设于鹿特丹长顿斯特莱的唐人区。③ 荷兰全国现有约 40 所华人创办的中文学校，学生数千人，也包括不少本土荷兰人。其主要分布在四大城市：首都阿姆斯特丹 2 所，世界第一大港鹿特丹 5 所（含丹华文化教育中心），交通枢纽中心乌特勒支 2 所，国家机构所在地海牙 3 所，北、西、东部各省会都设有中文学校，甚至南端靠近比利时的边关马斯特里赫特市也有中文学校及普通小学附设的中文班。④

荷兰教育部于 2007 年正式批准了希尔弗瑟姆市立中学的申请，将中文课列入高中会考科目。⑤ 这也标志着荷兰的中学汉语教学进入了新的历史阶段。该校聘请专家制定了汉语教学大纲，并且为中文课争取到了与法语、德语同等的外语选修课地位。荷兰学生可以参加全国高中会考中文科目的考试以证明自己的汉语能力。⑥ 目前，荷兰教育部已经将中文纳入荷兰中学的外语选修课。但荷兰华文教育仍存在中文学校经费不足、华人对学习中文的重要性认识不够以及教学人才缺乏等问题。⑦

在中文教育方面，孔子学院起到了十分重要的作用。截至 2014 年 12 月，荷兰共建有 2 所孔子学院，分别是莱顿大学孔子学院、格罗宁根大学孔子学院；3 所孔子课堂，分别是特雷西亚学校孔子课堂、文森特·凡·高基督综合学校孔子课堂、康定斯基中学孔子课

① 《荷兰侨商赴四川广汉市考察投资项目》，中国侨网，http：//www.chinaqw.com/jjkj/2014/11 – 13/25740.shtml，2014 年 11 月 13 日。

② 资料来源：台湾"侨委会"网站，http：//www.ocac.gov.tw/OCAC/Pages/Detail.aspx？nodeid = 345&pid = 27814。

③ 《华文教育：荷兰华人中文教育纵横（上）》，中国新闻网，http：//www.chinanews.com/2002 – 09 – 11/26/221536.html，2002 年 9 月 11 日。

④ 《荷兰华人社会中文教育蓬勃发展》，中华人民共和国侨务办公室网站，http：//qwgzyj.gqb.gov.cn/hwzh/175/2373.shtml。

⑤ 国家汉办网站，http：//www.hanban.edu.cn/article/2010 – 08/04/content_161968.htm。

⑥ 江苏侨网，http：//www.jsqw.com/html/dv_453118714.aspx。

⑦ 《中国侨联主席访听侨声：我们还能为侨胞做些什么》，中国新闻网，http：//www.chinanews.com/zgqj/2011/08 – 01/3224924_3.shtml，2011 年 8 月 1 日。

堂。① 随着中国经济的发展、国际地位的提高，越来越多的外国人意识到了解中国语言文化的重要性。

中荷两国教育交流频繁，从 1972 年至今，中国已经派出大量留学生前往荷兰学习深造。2013 年，中国赴荷留学人员总数为 2 176 人，截至 2013 年底，共有 9 321 名中国留学生在荷兰学习。② 近些年来，中国政府也很关心荷兰的华文教育事业的发展。2014 年新年伊始，中国驻荷兰大使陈旭一行奔赴鹿特丹，走访了丹华文化教育中心与鹿特丹中文学校，考察了两校的教学运营情况，调研了荷兰华文教育的现状，慰问了两校教职员工并向他们致以新春祝福。随着孔子学院和孔子课堂的开办，中荷两国学生之间的交往将会更加密切，这将进一步促进两国之间的文化交流，也帮助荷兰新生代华侨华人更好地了解中国。2014 年 11 月，中国花灯展亮相乌德勒支大学植物园，在荷兰历史名城展现了中国传统艺术的风采。

（五）华人社团

欧洲各国都有许多华人社团。总体来看，目前荷兰的华人社团有百余个，包括全国性和地方性的社团。各社团之间在国庆、春节、赈灾等一些影响大的活动时也相互展开合作。荷兰的侨团之间主流还是以团结为重，相互尊重，相互支持，相处和谐。③ 总体来看，荷兰当地的华人社团仍然起到了维系与祖国的情感、促进当地华人社会与融合、帮助华人群体进步等积极的作用。2014 年，荷兰当地的华人社团除了积极管理好本社团自身的事务之外，还心系祖国，与欧洲其他国家的华人社团一起，共同为促进欧洲华人社会的发展而努力，主要体现在以下几个方面：

第一，荷兰当地的华人社团心系祖国，在重大纪念日举行了各种纪念活动。2014 年 9 月 3 日是中国人民抗日战争暨世界反法西斯战争胜利 69 周年纪念日，当晚，荷兰中国和平统一促进会（和统会）在马尔森（Maarssen）举办了一场纪念抗战胜利座谈会，通过回顾历史的黑暗时刻，让人们铭记教训，避免历史悲剧重演。而 2015 年是抗战胜利 70 周年，在这个具有重大历史意义的时刻，和统会打算着手开展大型纪念活动的相关筹备工作，以此告诫国人不能对军国主义复燃的苗头放松警惕。④ 2014 年 10 月 1 日，来自荷兰各界的 300 余名华侨华人欢聚在港口城市鹿特丹，共同庆祝新中国成立 65 周年。荷兰华侨华人庆祝新中国成立 65 周年国庆庆典组委会主席刘海跃表示，65 年来中国共产党带领全体中华儿女团结一心、艰苦奋斗，使新中国各项事业蓬勃发展，综合国力大大增强，国际地位日益提高。中国欣欣向荣、蒸蒸日上，巍然屹立在世界东方，成为全世界中华儿女的坚强后盾。⑤

---

① 孔子学院总部网站，http：//www. hanban. edu. cn/confuciousinstitutes/node_ 10961. htm。

② 《中国同荷兰的关系》，中华人民共和国外交部网站，http：//www. fmprc. gov. cn/mfa_ chn/gjhdq_ 603914/gj_ 603916/oz_ 606480/1206_ 606944/sbgx_ 606948/，2014 年 8 月。

③ 王剑光：《浅谈荷兰华侨华人社会》，《侨务工作研究》2011 年第 1 期，http：//qwgzyj. gqb. gov. cn/hwzh/158/1721. shtml。

④ 《荷兰中国和平统一促进会举办座谈会　时刻铭记历史教训　避免重蹈悲剧覆辙》，（荷兰）《华侨新天地》，http：//asiannews. nl/chinese/news/cdfre24/，2014 年 9 月 11 日。

⑤ 《海外华侨华人举行活动　庆祝新中国成立 65 周年》，新华网，http：//news. xinhuanet. com/overseas/2014 –10/05/c_ 127065717. htm，2014 年 10 月 5 日。

第二，荷兰当地华人社团联手合作，共同加深华裔青少年对祖国的认识及归属感。2014 年 7 月 4 日，由旅荷华侨总会、荷兰华人总会、荷兰温州同乡会联合主办的"2014年全荷华裔青少年联谊活动"在马尔森的大众美食总汇（Wok De Mallejan）成功举行。该项活动旨在通过交流加深旅荷华裔青少年对祖国的认识及归属感，并借此建立真挚的友谊，促进交流，搭建同胞人脉，学习汉文化等。来自荷兰各地的近百名华裔青少年欢聚一堂，交流互动，共享彼此的生活体会和感受，共话旅荷华裔青年的使命和未来，中国驻荷兰大使馆秘书郑皓茬临了活动现场，并发表了讲话。他高度评价了 3 个社团为广大的旅荷华裔青年搭建交流平台的建设性意义。另外，在荷兰华人社团蓬勃发展的进程中，由于各社团间也不可避免地出现了一些诸如发展方向、内部队伍建设等方面的摩擦或"互异"，在过去的几年里，华侨总会和华人总会虽然各自发展迅速，齐头并进，却又处在两条平行线上。而此次两大社团的合作，也是在潘世锦与刘海跃两位会长协同其理事会成员共同友好协商和努力之下的成果，深具"破冰"的意义，而这也势必会成为荷兰侨界发展史上的美谈。①

第三，荷兰当地的华人社团还心系国内发展，资助教育事业，根据家乡建设需要，引导智力回流。2014 年 8 月 7 日，荷兰瑞安教育基金会会长张光木一行 4 人，来到广西博白县双旺镇初中、双旺镇那青小学开展助学捐赠活动。此次活动，荷兰瑞安教育基金会共捐款人民币 12 万元，资助双旺镇初中家庭困难学生 20 名，每位学生获一次性资助人民币3 000 元。资助双旺镇那青小学家庭困难学生 30 名，每位学生获一次性资助人民币 2 000元。② 广西博白县、容县、宜州共有 5 所学校 117 名中小学生获得资助，其中博白县获助学金额 12.5 万元、容县获助学金额 7.5 万元、宜州获助学金额 10 万元，助学金额共计人民币 30 万元。张光木会长表示："我们的想法很简单，只想用这点微薄的资助，以解部分贫困学生的燃眉之急。因为乡情、亲情所系，我们奉献一点爱心，我们不需感恩，不求回报。"2014 年 10 月，荷兰广东总会组团拜访佛山市外事侨务局。访问团得知佛山正在培育和引进人才时，表示将利用荷兰在空间、微电子、生物工程等高技术产业培育先进技术人才方面的相对优势，提供海外人才，支持佛山发展。③ 2014 年 10 月 11 日，荷兰温州同乡会回乡考察团一行 20 余人在会长张铁林的带领下访问了温州市侨办，同时还对温州市鹿城区藤桥中学进行了捐助。考察团在考察完当地的一些招商引资项目之后，表示愿意为推动海外温商回归以及发展实体经济方面作出一些贡献。④

第四，留学荷兰的新生代华人群体不断增多，该群体知识水平高，且在荷兰的影响力也在不断扩大，这是一个值得注意的新现象。2014 年 10 月 4 日，由荷兰华人学者与工程师协会（VCWI）组织举办的"第三届知识与创新论坛"在荷兰代尔夫特大学举行，本次论坛分享和启发创新理念，交流、探讨了如何将创新概念转化成价值和生产力，以"创新

---

① 《构建和谐侨社　燃放青春风采　全荷华裔青少年联谊活动成功举行》，（荷兰）《华侨新天地》，http：//asian-news. nl/chinese/news/fr4u2p4u/，2014 年 7 月 5 日。

② 《荷兰瑞安教育基金会到博白捐资助学》，广西壮族自治区侨务办公室网站，http：//www. gxqb. gov. cn/bencan-dy. php？ fid =72&id =1126，2014 年 8 月 8 日。

③ 《荷兰广东总会组团访佛山　探讨人才交流事宜》，中国侨网，http：//www. chinaqw. com/gqqj/2014/10 - 29/23825. shtml，2014 年 10 月 29 日。

④ 《荷兰温州同乡会考察团访问温州侨办　对接招商项目》，中国侨网，http：//www. chinaqw. com/jjkj/2014/10 -11/21093. shtml，2014 年 10 月 11 日。

实践，合作共赢"为主题，① 吸引了大量荷兰华人学者和工程师参与讨论。2014 年 11 月 15 日，"第十二届荷兰华人生命科学协会年会暨抗癌研究研讨会"在阿姆斯特丹举行。本届年会由荷兰华人生命科学协会与欧洲华人生物医药联合会主办，以抗癌研究为主题，邀请来自荷兰各大医疗研究机构的抗癌专家做专题报告，旨在为科研人员提供交流机会，研究讨论抗癌最新进展。②

荷兰华人科学类的协会和组织自创立以来，长期致力于构建海外华人与中国科学发展相互沟通的桥梁，为中荷两国在科学技术领域提供人才交流平台，增进中荷两国在科学技术领域的交流与合作，引荐海外高层次人才回国（来华）创业创新，已成为中荷科技交流活动中充满活力和极具有影响力的组织。

第五，除了科学技术类协会和组织之外，一些校友会组织也在促进两国关系中起到了重要的作用。目前，在欧洲的中国大学校友会也逐渐蓬勃发展，2014 年 6 月 20 日，暨南大学荷比卢校友会在阿姆斯特丹成立；③ 同年 9 月 20 日，校友会首次理事会议在海牙召开，明确了未来的工作重点。校友会除了作为联结欧洲各地暨大校友的枢纽之外，更重要的是力争促进欧洲与母校各方面学术研究的交流和合作，充分利用海外各行各业暨南人的知识和资源，为母校的发展作出一份贡献。④

传统的海外华人社团的组建要么是遵循地域或祖籍，如各类会馆、同乡会等；要么是依据行业或职业，如各类商会、技术协会等；而校友会则打破了海外华人传统的按地域和行业划分的结社方式。校友可能来自不同地区，不同学科专业的毕业生的就业领域也各不相同，而曾经求学过的母校则成了海外学子们的共同身份认同。当来自同一个大学的校友在异国相遇之时，总会激发出"他乡遇故知"的感触。大学海外校友会实际上就等于在一个更大范围内，跨祖籍、跨行业地整合了当地华侨华人的社会资源。同时，校友会也时常与母校保持联系，这种教育层面的"二轨外交"，将会促进两个国家的交流和互信。

（六）华侨华人的政治参与

随着荷兰华人参议机构于 2005 年正式成立之后，荷兰政府也正式宣布华人成为荷兰的少数民族，可以和其他少数民族一样享受同等的权利。参议机构要协助政府，通过举办各种活动向华人宣传各种政策、法律，使华人了解政府的意图。参议机构作为政府和华人之间的桥梁向双方传递消息，以达到相互沟通、了解的目的。华人参议机构自成立后为争取华人的权利做了许多工作，除了向华人宣传政府的法令政策外，还促使政府通过了华人的《回归法》。该法使华人与其他少数民族（土耳其、摩洛哥、苏里南族裔等）一样，被允许回归祖籍国，同时享受荷兰政府给予的长期的生活费、医疗保险费以及旅费等，使回

① 《荷兰华人学者与工程师协会举办知识与创新论坛》，中国侨网，http：//www. chinaqw. com/hqhr/2014/10 – 10/20968. shtml，2014 年 10 月 10 日。

② 《荷兰华人生命科学协会年会研讨抗癌新进展》，新华网，http：//news. xinhuanet. com/overseas/2014 – 11/16/c_ 1113265143. htm，2014 年 10 月 16 日。

③ 《暨大荷比卢校友会阿姆斯特丹成立 曾穗琴任会长》，中国侨网，http：//www. chinaqw. com/hqhr/2014/06 – 26/7958. shtml，2014 年 6 月 26 日。

④ 《暨南大学荷比卢校友会第一次理事会议顺利召开》，欧洲传媒网，http：//www. ouhuaitaly. com/？ action – viewnews – itemid – 83990，2014 年 9 月 24 日。

归的华人生活有保障。①

伴随着全球华人参政热情的不断高涨、荷兰华人社会规模的不断壮大，以及近两年在荷华人的形象与利益受损等社会事件的发生，更多在荷华人越来越清晰地意识到参政议政对荷兰华人整体利益的重要性。只有华人队伍中有了自己的议员，华人的切身利益、权益才会得到切实可行的全面维护和保障。越来越多的华人希望能够让中国人的脸和声音出现在荷兰主流社会。2014 年春节期间，华人企业家周蔚宗作为海牙基督教民主联盟党（CDA）第 39 号候选人在海牙开始竞选活动。以"向世界展示中国人的勤劳谦逊"为座右铭，周蔚宗的竞选活动得到中国侨领及社团的热切支持。虽然最后仅夺得 578 票，② 票数不足以获得席位，但是周蔚宗以其获得了超过 10% 的选票成为海牙当地有史以来得票率最高的一位华人，③ 从而创下华人参政的新纪录。华裔参政离不开华裔选民的投票支持，目前华裔选民虽人数众多，但投票率却偏低，这一现象值得关注。

在老一代华人为参政不断尝试、不懈努力的同时，越来越多的华人二代开始在社会各领域崭露锋芒，因此，鼓励与发动更多华人二代树立参政议政意识，利用他们的语言和文化优势帮助在荷华人创造发展机会和增强融入社会与政治一体化的意识、为维护华人形象及共享财富作出贡献，将是华人参政发展的新方向。

三、中荷关系

中荷两国于 1954 年 11 月建立代办级外交关系，1972 年 5 月升格为大使级外交关系。④进入 21 世纪以来，两国关系发展比较稳定，双方互访频繁。

2014 年中荷关系有了新进展，两国发表了联合声明，决定建立开放务实的全面合作伙伴关系，这为中荷双边关系发展注入了新的活力。总体来看，一年来两国在各领域、各层面的务实合作持续推进，并取得了丰硕的成果。

第一，在政治方面，中国驻威廉斯塔德总领馆和荷兰驻重庆总领馆相继开馆。目前中国正积极筹备在荷兰设立中国文化中心，使两国民间、人文往来更加频繁、深入。相信在双方的共同努力下，中荷互利合作将取得更大成绩。另外，两国在海牙发表了《中华人民共和国和荷兰王国关于建立开放务实的全面合作伙伴关系的联合声明》⑤，标志着双方将进一步推进务实合作，这无疑将会有益于荷兰华侨华人。荷兰内阁和王室都有重要人物于2014 年来华访问，显示了两国关系的密切。应中国政府的邀请，荷兰王后马克西玛以联合

①　王剑光：《浅谈荷兰华侨华人社会》，《侨务工作研究》2011 年第 1 期，http://qwgzyj. gqb. gov. cn/hwzh/158/1721. shtml。

②　周蔚宗（Atom Zhou）的个人博客，http://www. atomzhou. nl/index. php/zh/。

③　《2014 荷兰华侨华人十大新闻》，（荷兰）《中荷商报》，http://www. chinatimes. nl/% E3% 80% 90% E5% B9% B4% E6% 9C% AB% E7% 9B% 98% E7% 82% B9% E3% 80% 912014% E8% 8D% B7% E5% 85% B0% E5% 8D% 8E% E4% BA% BA% E5% 8D% 8E% E4% BE% A8% E5% 8D% 81% E5% A4% A7% E6% 96% B0% E9% 97% BB% EF% BC% 88% E4% B8% 8B% EF% BC% 89/，2014 年 12 月 31 日。

④　《中国同荷兰关系》（更新时间：2014 年 8 月），中华人民共和国外交部网站，http://www. fmprc. gov. cn/mfa_chn/gjhdq_ 603914/gj_ 603916/oz_ 606480/1206_ 606944/sbgx_ 606948/。

⑤　《中华人民共和国和荷兰王国关于建立开放务实的全面合作伙伴关系的联合声明》（全文），中华人民共和国外交部网站，http://www. fmprc. gov. cn/mfa_ chn/zyxw_ 602251/t1139925. shtml，2014 年 3 月 24 日。

国秘书长普惠金融特别代表的身份，于 2014 年 11 月 24 日至 28 日对中国进行了为期 5 天的访问。马克西玛此行商讨了金融服务，解决中国低收入农户获得小额贷款的问题。她还访问了一些贫困地区依靠贷款创业脱贫的农户，并参观了杭州的阿里巴巴总部。

第二，在经济方面，中荷双边贸易保持强劲增长，两国相互直接投资蓬勃发展。2014 年 3 月，中国国家主席习近平前往荷兰，与荷兰国王威廉·亚历山大共同出席中荷经济贸易论坛开幕式，更进一步表明了两国加深经济合作的意向。中方鼓励更多有实力的中国企业到荷兰投资，希望荷方提供宽松环境，也欢迎更多荷兰企业赴华投资，设立研发中心和地区总部。[1] 习近平主席还表示，双方要充分发挥双边合作机制作用，促进贸易便利化，大力拓展高技术产品贸易和金融、旅游、运输、文化等服务贸易，在深化农业合作的同时，拓展节能环保、城市规划等领域的合作。[2] 2014 年 10 月 27 日至 30 日，荷兰对外贸易与发展合作大臣莉莲·普璐曼（Lilianne Ploumen）前往中国进行访问，商讨了企业和政府在持续发展过程中所发挥的作用等问题。在总共 4 天的访问行程中，中荷双方一共缔结了 12 份合作协议，签署了总值达 5 亿欧元的合约，涵盖了电子、造船、电信和运输等行业。预计未来数年，中荷双方的合作将进一步加强。荷兰外商投资局公布了中荷贸易投资的最新数据。截至 2014 年 10 月 13 日，中国企业已在荷兰设立了 447 家运营机构，中国企业对荷兰的投资总额达 56 亿欧元。作为中国对欧洲投资的第三大目的地，荷兰获得的来自中国的外商投资额仅次于英国和德国，在近 10 年中增长显著。[3] 在投资荷兰的中国企业中，一半以上的企业（247 家）选择将荷兰作为其开拓欧洲市场、管理欧洲销售业务的基地。与此同时，荷兰也是中国企业设立欧洲总部或地区总部的主要选址所在，现有 45 家中国企业选择在荷兰设立欧洲总部，其中包括美的、迈瑞、比亚迪、欧普照明、中集集团和中国货运航空等。[4]

第三，在文化方面，中华传统文化在荷兰也深受欢迎。由中国健身气功协会与荷兰健身气功协会联合主办的健身气功推介会于 2014 年 11 月 4 日在荷兰安全与司法部礼堂举行。荷兰安全与司法部、外交部、内政部近百人参加。中国驻荷兰大使陈旭、荷兰安全与司法部国务秘书特文应邀出席并致辞。中国健身气功协会与荷兰健身气功协会的合作始于 2005 年，此后，荷兰健身气功协会每年都邀请中国健身气功专家赴荷兰讲学，培训荷兰的健身气功教练，近 10 年来，荷兰健身气功协会已吸引荷兰及其他欧洲国家学员近千人。[5]

最后值得注意的是，中国的企业在进行海外并购的时候，因不遵守和约而引发的纠纷并不罕见，这损害了中国人的国际形象。2014 年 7 月 17 日，来自北京的合力万盛国际体

① 《习近平寄语中荷关系：在中欧关系中一马当先》，新华网，http：//news.xinhuanet.com/world/2014-03/23/c_119901111.htm，2014 年 3 月 23 日。
② 《新华每日电讯》，2014 年 3 月 24 日，http：//news.xinhuanet.com/mrdx/2014-03/24/c_133208390.htm。
③ 《2014 荷兰华侨华人十大新闻》，（荷兰）《中荷商报》，http：//www.chinatimes.nl/%e3%80%90%e5%b9%b4%e6%9c%ab%e7%9b%98%e7%82%b9%e3%80%912014%e8%8d%b7%e5%85%b0%e5%8d%8e%e4%ba%ba%e5%8d%8e%e4%be%a8%e5%8d%81%e5%a4%a7%e6%96%b0%e9%97%bb%ef%bc%88%e4%b8%8a%ef%bc%89/，2014 年 12 月 29 日。
④ 欧洲联合新闻网，http：//www.euxinwen.com/index.php?m=content&c=index&a=show&catid=15&id=5227，2014 年 12 月 24 日。
⑤ 《中国健身气功走进荷兰》，中华人民共和国驻荷兰大使馆网站，http：//nl.china-embassy.org/chn/zhgx/whjw/t1211284.htm，2014 年 11 月 15 日。

育发展公司和荷兰的甲级球会海牙队（ADO Den Haag）签订协议，中方以 800 万欧元收购，付款期最先定为 9 月中旬，但是，中方两次违约，这引起了荷兰媒体议论纷纷，最后付款期限确定在年底。① 因此，我们要吸取这一方面的教训，中国企业在开展海外业务的时候应注意履行法律合同和遵守当地的规章制度，以免给双边关系带来不利的影响。

四、荷兰政治经济形势对华侨华人的影响

2014 年荷兰总体经济形势趋于低迷。该国第一季度经济出现萎缩，虽然在后续两个季度里出现了小幅增长，并在第三季度时增长率达到 1.1%，但总体经济复苏依然十分缓慢，在过去的六个月内，经济周期并没有表现出任何转暖的迹象。② 根据荷兰中央统计局发布的数据，荷兰 2014 年平均通胀率为 1%，创 25 年来新低，大部分商品和服务价格均未上涨。而根据欧洲统一方法（HICP）计算，2014 年荷兰平均通胀率为 0.3%，低于 2009 年的 0.4%，创 1997 年采用 HICP 计算以来的最低纪录。③

目前，荷兰已成为中国企业赴欧投资的第三大目的国。中荷贸易历经 20 多年的发展，荷兰不仅为中资企业试水欧洲搭建了良好平台，更为他们深入耕耘欧洲市场、孕育国际化梦想提供了土壤。中荷贸易早期以转口贸易居多，很多中国出口的产品是经过荷兰的港口、机场输送到欧洲各地的，所以荷兰是中国企业物流通往欧洲大陆的一个门户，很多中国企业在荷兰投资从物流、承销中心开始。如今，荷兰已是中国企业青睐的投资目的地之一。在最近 5 年中，平均每年落户荷兰的中资企业有 40 家，平均每年对荷兰的投资额为 7 200 万欧元，其中包括中国检验认证集团、华为、中国工商银行等大型企业，年均创造就业岗位约 8 000 个。④ 同时，也有很多中国大企业都已经在荷兰设立研发中心。

进入 21 世纪以来，荷兰华人社会也发生了一系列的深刻变化，华人群体总体数量规模在不断增大，经济实力不断增强，参政意识不断上涨。总体来看，2014 年荷兰华侨华人与当地社会的关系表现平稳，但荷兰国内某些领域的变化对当地华人造成了一定的影响，主要表现在以下几个方面：

第一，在政治方面，荷兰某些法律法规的变动对生活在荷兰的华人造成了一定的影响，甚至引发了当地华人的抗议。2014 年 4 月 1 日，数百名从事餐饮业的荷兰华人齐聚国会大厦门口，举行集会示威，抗议政府年初突然修改《外国人劳工法例》（WAV），完全没有过渡期，造成一些已经在荷兰工作了 36 个月的中国厨师也面临着要返国的情况，而荷兰的中餐业者欲申请新的专业厨师来荷兰，也遭遇到很大的困难。当地华人在与政府几经交涉并且曾经诉诸法庭而无效的情况下，被迫发起抗议行动，在荷兰国会要进行表决的

① 欧洲联合新闻网，http：//www. euxinwen. com/index. php？ m = content&c = index&a = show&catid = 15&id = 5227，2014 年 12 月 24 日。

② 荷兰中央统计局公告，http：//www. cbs. nl/en－GB/menu/themas/macro－economie/publicaties/artikelen/archief/2014/2014－tweede－raming－cbs－economische－groei－licht－neerwaarts－bijgesteld－mededeling. htm，2014 年 12 月 24 日。

③ 《2014 年荷兰通胀率创 25 年来新低》，中华人民共和国驻荷兰大使馆网站，http：//nl. mofcom. gov. cn/article/jmxw/201501/20150100867228. shtml，2015 年 1 月 15 日。

④ 《荷兰愿意成为中国拓展欧洲的枢纽》，（荷兰）《华侨新天地》，http：//asiannews. nl/chinese/news/% e8% 8d% b7% e5% 85% b0% e6% 84% bf% e6% 84% 8f% e6% 88% 90% e4% b8% ba% e4% b8% ad% e5% 9b% bd% e6% 8b% 93% e5% b1% 95% e6% ac% a7% e6% b4% b2% e7% 9a% 84% e6% 9e% a2% e7% ba% bd/，2014 年 12 月 29 日。

时刻组织示威抗议。这是荷兰华人有史以来为自身的权益进行抗议示威的第二次大行动，也是迄今为止当地华人直接对话荷兰中央政府规模最大的一次行动。虽然荷兰内阁部长表示在短期内会和中餐业代表再行磋商，但是合理解决中餐业劳工的问题仍然任重道远。①因此，荷兰当地中餐业华商的动态值得我们继续关注。

除了国家法律和政府法规之外，政党政治对外来移民也会产生一定的影响，而欧洲极右势力是否会成为夺得话语权的强势政党，是法国"《查理周刊》事件"之后真正值得人们担忧的。作为荷兰目前主要的反对党之一，新自由党（PVV）② 对外来移民一向持反对态度，该党认为基督教和人文主义传统应被作为荷兰的主要文化，外来移民应迅速适应。2015 年 1 月 7 日法国发生恐怖袭击事件后，PVV 领导人基尔特·威尔德斯呼吁强化外来移民管理，尤其是限制穆斯林移民。他表示，"伊斯兰教根本不属于荷兰，它在荷兰是危险的，我们需要去伊斯兰化"③。虽然目前暂时没有提出针对华裔的限制法案或议题，但是该党在 2009 年的议会讨论中曾提出过"中国在欧洲的新殖民主义"这一议题，认为"中国在荷兰包括整个欧盟内的大型投资项目背后都有政治影响"④。由此可见，新自由党对荷兰少数族裔并非持一种友善的包容心态，作为荷兰的主要反对党之一，有可能影响到荷兰外来移民政策的制定，因此其政治走向值得我们继续关注。

第二，在经济方面，荷兰政府拟集资支持中小企业发展，这对当地华人企业将有促进作用。据荷兰《电讯报》的消息，荷兰政府拟于 2019 年前筹集 1.55 亿欧元设立"中小企业发展促进资金"，以帮助中小企业缓解资金短缺问题。该笔资金将由各种基金集合而成，同时荷兰政府希望吸引更多私人投资，使可用资金规模达到 25 亿欧元。荷兰经济大臣坎普表示，中小企业在经济复苏中看到了商机，却因风险太大难以获得银行贷款。"中小企业发展促进资金"旨在帮助难以通过银行融资的中小企业。此外，荷兰政府将设立 4 亿欧元的担保基金，鼓励中小企业通过信用担保和集资等方式融资。同时，荷兰还将设立 5 亿欧元投资保证金，帮助中小企业以少量自有资金启动项目后，吸引更多外来投资助其发展。⑤ 这个举措无疑会有利于以中小企业为主的华人经济发展。

第三，在社会方面，华人代购奶粉事件引发了荷兰社会对华人的众议。2014 年底，一部由荷兰当地媒体"omroepwest. nl"拍摄的视频在荷兰华人论坛中流传开来。视频中，被暗中拍摄的中国人从超市买了一盒奶粉后，放入自己停在超市外的单车购物袋里，又转身跑进超市继续扫货，视频全过程配有解说，荷兰节目组还邀请相关教授对代购现象进行评说。当地华人对此事件反应各不相同。有一部分华人网友对荷兰节目组的行为有些不满，

① 《2014 荷兰华侨华人十大新闻》，（荷兰）《中荷商报》，http：//www. chinatimes. nl/% E3% 80% 90% E5% B9% B4% E6% 9C% AB% E7% 9B% 98% E7% 82% B9% E3% 80% 912014% E8% 8D% B7% E5% 85% B0% E5% 8D% 8E% E4% BA% BA% E5% 8D% 8E% E4% BE% A8% E5% 8D% 81% E5% A4% A7% E6% 96% B0% E9% 97% BB% EF% BC% 88% E4% B8% 8B% EF% BC% 89/，2014 年 12 月 31 日。

② 笔者注：新自由党由基尔特·威尔德斯（Geert Wilders）在 2006 年成立，荷兰语为 Partij voor de Vrijheid，简称"PVV"，意为"自由党"；中华人民共和国外交部网站的《荷兰国家概况》一文将其称为"新自由党"。

③ 《威尔德斯关于巴黎恐怖袭击案的书面辩论》，荷兰自由党网站，http：//www. pvv. nl/index. php/36 - fj - related/geert - wilders/8103 - geschreven - tekst - geert - wilders - bij - debat - over - aanslag - parijs. html，2015 年 1 月 25 日。

④ 《中国在欧洲的新殖民主义——议会问题》，荷兰自由党网站，http：//www. pvv. nl/index. php/11 - in - de - kamer/kamervragen/2354 - chinees - neokolonialisme - in - europa - kamervragen. html，2009 年 9 月 29 日。

⑤ 中华人民共和国商务部网站，http：//www. mofcom. gov. cn/article/i/jyjl/m/201407/20140700655376. shtml，2014 年 7 月 8 日。

认为荷兰媒体对中国的负面报道，表现了西方对中国日益强大充满了妒忌和害怕。另一部分网友则对视频真实性进行了质疑，认为荷兰超市有"每个家庭每天只可购买一罐奶粉"的规定，也遇见过超市员工制止荷兰一家三口一次性买两罐奶粉的行为，因此对视频的真实性产生了怀疑，认为视频中刚刚买完奶粉的中国人转身再买奶粉竟没有被制止，有可能是超市员工故意"放水"，以方便节目组偷拍，或者播出的视频已经经过剪辑。① 无论事实真相如何，经常性代购行为可能涉嫌偷税漏税与非法经营，当这种代购涉及商业行为时仍应该遵守地方法律法规，当地华人在此方面的法律意识有待提升。

第四，在治安方面，荷兰华人被盗案频发，其中华人餐馆业主成为盗贼的主要目标。据荷兰《华侨新天地》报道，在荷兰，很多盗窃惯犯盯上了华人业主，中餐馆店内及业主家中时常遭受窃贼洗劫。荷兰北部省份在短时间内便有 20 位华人餐馆业主成为入室盗窃的受害者，弗里斯兰省的一家中餐馆更是连续两次被盗。荷兰警方发言人表示，此情况不仅仅发生在荷兰北部，在荷兰全国都时有发生，但目前在北部省份极为严重。② 另外，由于荷兰华人抢购当地奶粉并进行海外代购，引发了当地社会部分人士的不满，华人也因此成为当地窃贼的作案目标。③

从 2014 年荷兰华侨华人所经历的事件来看，华人社会在荷兰仍然受到一些不公正的待遇。同时，部分华人由于文化素质水平不高，自身很难遵守或是无意间触犯了当地的文化习俗；或是由于缺乏法律常识，违反了当地的法律法规，这些都给当地华人带来了负面影响。但是，总体来看，荷兰华人的总体形象仍然是积极正面的，且由于中荷两国合作的不断加深，交往不断密切，当地华人参政意识不断增长，荷兰华商数量进一步增长，华人的社会地位将会逐渐提高。

五、荷兰侨情未来发展趋势

目前就中荷两国经济形势来看，中荷务实合作成果颇丰，荷兰已经连续 11 年保持中国在欧盟的第二大贸易伙伴地位。目前在荷中资企业和项目近 400 个。深入、广泛的经贸合作为推动两国经济社会发展起到了积极的作用。④ 因此，在这样一个大背景之下，两国的政治、文化、社会交流将会逐渐深入，荷兰当地华人社会也会因此受益。

总体来看，荷兰华人社会发展将会呈现以下几个特点：

第一，华侨华人的人口规模将进一步扩大。荷兰中央统计局的数据显示，从 1996 年至 2014 年底，在荷华裔人口的数量一直处于增长的态势。⑤

---

① 《荷兰媒体偷拍华人代购奶粉引众议　代购需遵守法规》，中国侨网，http：//www. chinaqw. com/hqhr/2014/12 - 31/32140. shtml，2014 年 12 月 31 日。

② 《荷兰华人被盗案频发　华人餐馆业主成盗贼主要目标》，中国新闻网，http：//www. chinanews. com/hr/2014/12 - 10/6864695. shtml，2014 年 12 月 10 日。

③ 《2014 荷兰华侨华人十大新闻》，欧洲联合新闻网，http：//www. euxinwen. com/index. php？m = content&c = index&a = show&catid = 15&id = 5227，2014 年 12 月 24 日。

④ 《中荷两国元首共同出席中荷经贸合作论坛开幕式》，新华网，http：//news. xinhuanet. com/world/2014 - 03/23/c_ 119901129. htm，2014 年 3 月 23 日。

⑤ 荷兰中央统计局网站，http：//statline. cbs. nl/Statweb/publication/？DM = SLEN&PA = 37325ENG&D1 = 0&D2 = 0&D3 = 0&D4 = 0&D5 = 50&D6 = a&LA = EN&VW = T，2014 年 8 月 20 日。

第二，华侨华人的经济实力将进一步增强。华商传统经营的中餐业总体发展顺利，部分中餐馆已走出了低档的定位，开始占据高档餐饮业的一些份额。在欧洲经济整体下滑的大背景下，荷兰中餐业实现了逆势上涨。[①] 除此之外，华人在超市、进出口批发零售业务、中医诊所药房、中文印刷和美容美发等行业也逐渐兴起，还有华人开设了律师所、会计行和翻译公司等技术含量高的公司。

第三，华人社会地位逐渐提高。这主要表现在大多数荷兰华侨华人已加入荷兰国籍，成为荷兰多元文化的一个重要组成部分，他们参政议政的意识在增强，在中华文化传承、发挥中荷文化间的桥梁作用等方面展示了积极向上的精神面貌。此外，年轻的华人二代群体由于受教育水平高，熟悉本地的语言环境，相对于他们的父辈社会融入程度更高，参与社会活动的意愿更强烈。

六、结论与趋势

目前，中荷之间的友好关系为荷兰华人社群积极融入当地社会提供了有利的环境，荷兰华人社团对两国贸易、文化交流所起的桥梁作用也日益明显。但是荷兰华人社群中也存在一些问题，如华人参政、华社团结、非法移民等问题。解决这些问题，一方面需要中荷双方在政府层面加强交流、互通信息、共同合作，另一方面也需要荷兰华人社团的共同努力，以及中国涉侨部门的鼓励和引导。

第一，建议中荷两国加强针对非正常移民问题的共同治理。非正常移民不但会影响中荷双方的关系，也会给正常移民带来诸多不利的后果。因此，建议我国涉侨部门学习并借鉴外国先进的出入境管理法规，并结合我国实际国情，完善相关制度。同时与荷兰方面合作，建立健全通报与合作机制，为华人进入荷兰、融入荷兰提供引导和帮助。

第二，建议驻荷领事馆进一步做好领事服务，积极参加并落实涉及中国公民的领事保护案件。驻外领事部门在展现国家主权与尊严，展示开放自信的国家形象，准确执行国家政策的同时，提供人性化的服务，打造良好的领事服务形象，积极扩大领事服务工作的影响力、亲和力和感召力也是很有必要的。为满足旅荷侨胞、留学生、中资机构对领事服务和领事保护的需求，建议驻荷总领事馆可以适时利用国庆、中秋等传统节日时间节点，在距离较远、侨胞集中的地方举办领事保护座谈会、现场提供领事服务等，让海外侨胞、留学生感受到祖国的温暖。

第三，针对荷兰右翼政党的排外、反华言论，尤其是新自由党的挑衅性言论，进行公开批评。在具体操作上，可通过华社侨领，并联合其他族裔精英，公开反击右翼言论，讲述华人等少数族裔对荷兰的融入和贡献。

第四，建议荷兰华商转变思路，寻求新的生意模式。具体来说，首先是改变同行业的恶性竞争及粗放的经营模式。因为以降低品质与价格来维持生计的恶性竞争方法并不足取，也难以为继，最终还会损害整体华商的经商环境。其次是规范经营且守法经营。虽然放弃灰色利润可能意味着一段时间内会有经济损失，但是长久来看，融入地方社会并遵守

---

① 《廉价实惠 经济危机下荷兰中餐业仍现逆势增长》，中国侨网，http://www.chinaqw.com/hqhr/2014/08-15/14203.shtml，2014 年 8 月 15 日。

当地经商法律是势在必行的趋势。华商与当地政府及公众和谐共处才能更好地发展自身经济。最后是团结一致，共同抗争。面对本土商家的强势资本和当地政府为保护本土经济，而对华人经济采取一些打击行为，当地华人应利用法律武器维护自己的权益，此外还可以积极参与政治，在荷兰社会体制框架内部发出自己的声音，将华人的意志上升为法律，为华人自身的经济、社会、文化发展提供良好的上层制度保障。

第五，发挥荷兰华人科技人才优势，促进中荷科技合作，推进我国人才引进工作。如前面提到的荷兰华人学者与工程师协会、荷兰华人生命科学协会以及校友会等都可以成为中荷两国在科学技术领域合作以及中国吸引海外高层次人才来华创业创新的桥梁与平台。

第六，建议对荷兰华人参政继续给予更多的鼓励与支持。长期以来，华人群体在海外一直处于失语的地位，在很多问题上缺少话语权。早期欧洲华人埋头经济而不问政事，在面对涉及自身的不合理、不公正的事务时，往往选择"我惹不起，但我躲得起"的处理方法，而这种"鸵鸟政策"其实并不能从本质上解决问题。现如今，荷兰华人的积极参政，不仅可以推动在荷华人群体更快更好地融入主流社会，更是表达华人社会声音、反对不公正待遇、维护华人正当权益的有效途径。从全球形势来看，2014年是华人从选举失利中汲取经验之年。虽然总体来看欧洲华人参政才刚刚起步，但我们必须看到选举失利也是政治道路上的必经过程，而从中收获的自信心更是一笔宝贵的财富，因此，我们对荷兰华人参政应抱有信心。

英　国

　　2014 年是中英两国关系发展良好的一年，6 月李克强总理访英期间，两国签署了总金额至少 300 亿美元的合作协议，英国华人社会普遍认为中英关系的全面发展将给英国华人带来各方面的发展机遇。从本年度的情况来看，英国华人社会呈现出以下特点：投资移民数量有较大增长，但留学生仍构成新移民来源的主体；华人社团仍在稳步发展，特别是以新移民为主的社团和以白领人士为主的社团在不断增多；由于英国反移民舆论的抬头，华人仍然有时会面临较严重的种族主义欺凌；由于英国经济衰退和收紧福利，华人的生意和福利水平都受到影响，在普通劳工阶层中，中老年人的贫病问题比较严重；英国华人参政整体水平偏低，种种问题都值得反思。

一、英国国情和华侨华人简史

英国概况

国家全名	大不列颠及北爱尔兰联合王国	地理位置	西欧岛国，隔多佛尔海峡、英吉利海峡与欧洲大陆相望	领土面积	24.41 万平方公里
首都	伦敦	官方语言	英语	主要族群	白人、亚裔人、黑人、阿拉伯人等
政体	君主立宪制、议会内阁制	执政党/主要反对党	保守党、自由民主党/工党	现任国家元首/政府首脑	女王：伊丽莎白二世/内阁首相：戴维·卡梅伦
人口数量	6 410 万人（2013 年）	华侨华人人口数量/占总人口比重	60 万人/0.94%	GDP 增长率	2013 年全年 1.7%；2014 年第 4 季度比 2013 年第 4 季度增长 2.7%
GDP/人均 GDP	2.678 万亿美元（2013 年）/约 41 778 美元（2013 年）	CPI	0.5%（2014 年第 4 季度录得的本年度数据）	失业率	5.8%（2014 年 9—11 月录得的数据）

　　注：本表中的人口数据、GDP 增长率、CPI、失业率来自英国国家统计局网站，http://www.ons.gov.uk，2015 年 2 月 1 日；GDP 数据来自世界银行网站，http://www.worldbank.org，2015 年 2 月 1 日；领土面积数字来自中国外交部网站。英国华人人数没有特别确切的数据，60 万为英国华文媒体中流行的估计数字，但本文中一些信息来源也使用"超过 50 万""75 万"等数据，详见后文。

中国人移民英国可以追溯到 17 世纪。1685 年，中国南京学者沈福宗受邀为牛津大学图书馆的中国馆藏做编目工作，在英居留两年，此为华人在英国的历史开端。19 世纪中期以来，居英华人开始增多，中国海员在英国滞留并开办洗衣店、小商铺。"二战"后，大批香港人（尤以新界村民居多）移民英国，形成了第一波移民潮。20 世纪 80 年代以来，来自中国大陆的餐饮业、中医业、建筑业等行业的人员和留学生形成了第二波移民潮，英国华人的职业也向多元化、专业化、白领化发展。近年来由于中国经济发展，华人投资移民、父母陪读移民有所增加。目前华人在英国大多数城镇均有分布，从中国香港与内地来的华人最多，此外亦有来自马来西亚、越南、新加坡、中国台湾乃至非洲等地的华人。

二、华人移民英国与入籍英国的状况

据英国《英中时报》报道，2013 年度，中国人投资英国获移民签证的人数增加了 80%，在"100 万英镑投资移民"项目方面，30% 的申请人来自中国。而另外一项来自中国的移民调查显示，在将近 500 位受访者中，将近 80% 的中国人选择移民的首要原因是为了子女教育。[①] 这显示了英国的教育和孩子成长环境对中国家长们有很大的吸引力，其要点包括：全英语环境、空气清新、食物安全、鼓励独立思考和创造性思维，多元文化与多元族群的校园环境可以培养孩子国际化意识和跨文化社交能力等。也正因为如此，目前在英国陪读的中国父母也越来越多（根据英国的《保护儿童法》等法律，年龄低于 18 岁的在英留学生必须有合法监护人），但这些父母对英国环境的适应与融入程度低于其子女，也导致了一系列亲子关系方面的问题。当然，这些低龄中国留学生也可找当地人士担任监护人，由此也使一些当地华人把担任监护人当成了职业。此外，由于工作繁忙、福利减少，也出现一些英国华人父母把子女送回中国接受教育的现象。

2014 年，获得英国投资者签证的中国公民人数翻了一番，截至 2014 年 9 月底的 12 个月期间，英国共向中国公民签发了 357 个"Tier 1"投资者签证，占该期间签发的投资者签证总数的 43%。[②] 尽管 2014 年 10 月英国发布了最新的移民法规改革方案，将最低投资移民门槛从 100 万英镑提高到 200 万英镑，但基于前述英国教育方面的种种优势以及中国富豪家庭持续增多，来自中国的投资移民热潮看来仍将持续。

留学是英国华人入境长居的最主要方式。早在 2012 年，据英国国家统计局在海关口岸进行的"国际旅客调查"发现，当年入境的中国人占到所有人员总数的 8.7%，人数达到了 4 万。印度、波兰、美国和澳大利亚分列第二位到第五位。4 万名入境的中国人当中绝大多数都是学生。据统计，目前在英国持有中国护照的人员总数为 60 万[③]，其中包括

---

① 转引自中评社香港 2014 年 5 月 20 日电：《英国三成投资移民来自中国　多为子女教育》，http：//www. CRNTT. com。

② 《2014 年获得英国投资者签证中国公民人数翻一番》，中国新闻网，2015 年 1 月 14 日。

③ 由于英国承认双重国籍，所以这个数字涵盖了那些已入籍的来自中国的英国华人和并未入籍的来自中国的英国华人，另外按照英国人口普查的口径，在英国居住 3 个月或 3 个月以上的外籍人士就必须参加人口普查，被视为定居人口，这个标准比中国一般认定的必须取得住在国连续 5 年（含 5 年）以上合法居留资格并在住在国居住才算是定居侨民的口径要宽松很多，所以英国目前有 60 万持有中国护照者这个数据是有可能的，但同时也表明目前英国华人总数可能大幅度超出 60 万，因为英国华人中也有相当多人来自中国以外的国家，他们并没有中国护照。

12 万留学生。英国首相卡梅伦特别强调，英国对中国留学生数量不设置上限。① 数据显示，在 2014 年，有 58 810 名中国籍留学生在英国开始了本科阶段的学习，超过来自非英国的欧盟国家的新生总人数 57 190 人，这在历史上是首次。② 2014 年 4 月，英国教育部下属机构公布的 2012—2013 学年外国硕士留学生人数显示，来自中国大陆的留学生占总数的 23%，几乎为英国高校所有硕士生的 1/4，与英国本土硕士人数相差无几（26%）。③ 随着留英中国学生毕业后在英国居留、工作，他们已经逐渐成为英国华人新移民的一个重要来源。华人老移民多从事餐饮、中医药行业，而这些新移民的职业范围比较多元化，包括教育、科研、咨询、地产、金融、贸易、IT 和文化等。

但是在申请永久居留权和入籍方面，据英国《华商报》报道，英国内政部 2014 年 9 月公布的数据显示，2013 年共有 207 989 名外国人加入英国国籍，其中华人只有 8 088 人，是过去 4 年来人数最少的一年。尽管保守党在 2010 年 5 月上台后提出移民收紧政策，包括控制入籍人数，但实际入籍人数在近几年一路走高。在此期间，华人入英籍数量却逐年下降。华人入英籍大体通过 3 种途径——结婚、工作或留学 10 年居英，人数基本上各占 1/3。而以配偶签证 2 年获永久居留权的华人中，86% 是华人女性嫁到英国。④ 据《华商报》分析，华人申请永久居留权被拒主要有三大原因：一是申请材料造假，包括假文凭、假银行单、假英国常识考核（Life in UK）等；二是有犯罪记录，包括无证无保险驾车、种植或运输大麻、打架斗殴、贩卖盗版光碟等；三是工作签证或学生签证间断较长。⑤

此外，华人留居英国也受到其他欧盟成员国移民潮的冲击。据笔者在英国所见，由于欧债危机的影响，有许多西班牙、葡萄牙公民来英国找工作，2012 年 6 月，一位旅居英国的日本人对笔者表示，这些人因来自欧盟成员国而享有比东亚移民更多的福利，并引发英国对入境移民数量的控制，这对东亚移民等于是双重不利。2014 年 1 月起，英国向罗马尼亚和保加利亚这两个较穷的欧盟成员国开放边境，也引发了英国朝野关于减少净移民的热议。

据英国国家统计局的统计，截至 2014 年 6 月，年度移民输入人数是 58.3 万人，其中多数来自欧盟成员国；移出人口 32.3 万人，因而净移民为 26 万，比上一统计年度的 18.2 万增长了 7.8 万。2013 年度，英国主要的外来移民来源国前 5 名依次是：中国（46 000 人，占该年度外来移民总数的 9%）、西班牙（33 000 人，7%）、印度（33 000 人，7%）、澳大利亚（29 000 人，6%）、波兰（27 000 人，6%）。⑥

近年来，英国公众对高移民率的担忧逐渐加深。2012 年《英国社会态度调查报告》显示，在 2002 年，只有 43% 的民众认为移民会损害本国经济。而 10 年后，这一数据已经攀升到 52%，更有将近 75% 的低收入者和低技能者把经济受到冲击归咎于移民。"移民有助于英国经济发展"沦为少数国民的观点，有超过半数的民众认为移民并不会给英国经济

---

① 转引自中评社香港 2014 年 11 月 30 日电：《留学生助推中国站上英国移民榜首位》，http：//www. CRNTT. com。
② 小欧、徐一彤：《留英中国籍新生人数超欧盟国家总和》，（英国）《英中时报》，2015 年 1 月 23 日。
③ 转引自中评社香港 2014 年 6 月 15 日电：《中国留英学生人满为患 像在国内上外教课》，http：//www. CRNTT. com。
④ 转引自中评社香港 2014 年 9 月 6 日电：《外国人入英籍 华人入籍数连续 4 年下降》，http：//www. CRNTT. com。
⑤ 转引自中评社香港 2014 年 1 月 7 日电：《英华人申请永居逐年上升 三大原因致被拒》，http：//www. CRNTT. com。
⑥ Office for National Statistics（ONS），"Migration Statistics Quarterly Report"，http：//www. ons. gov. uk/ons/rel/migration1/migration – statistics – quarterly – report/november – 2014/stb – msqr – nov – 2014. html.

带来好处并希望政府采取紧缩的移民政策。① 由于无法阻止欧盟成员国的移民，英国只能对非欧盟成员国的移民下手以减少净移民数量，也包括打击各种非法移民，这直接导致了华人餐饮业招工困难。这种严控政策若持续下去，将导致今后华人留居英国只能以高学历者或投资移民为主。

针对上述状况，英国华人工党主席梁辛尼认为，超过50万华人已经把英国当作自己的家，是英国社会、英国未来的一个重要的、有价值的组成部分；现在关于移民的讨论不是健康的对话，这场讨论已经被英国独立党绑架。他表示，要应对经济衰退，就必须正视移民对英国的重要性，并且在全球建立各种伙伴关系。英国华人对英国社会的贡献是巨大的，影响也是多方面的，包括文化、经济、学术、科技等方面，高锟（拥有英国和美国国籍，在英国工作期间成为"光纤之父"，后来因此而获得诺贝尔物理学奖）、丘德威（Alan Yau，Wagamama面馆的创办人）、周仰杰（Jimmy Choo品牌的创始人）等都是英国社会的骄傲，因此，英国必须有一个继续邀请海外精英入境的签证制度。②

三、英国华人的就业与生存状况

华人在英国的第一大职业仍然是餐饮业。据《英国侨报》报道，在英国约有6 000家中餐馆，1.4万家中餐外卖店，中餐业雇工占华人劳动人口近一半，华人餐饮业每年为英国政府带来15亿英镑的税收。③ 近年来，由于英国华人来源日趋多元化，华人餐饮业也从过去的粤菜一枝独秀到派系多样。

根据英国国家统计局的统计，2009年英国华人从事最多的职业依次是：① 住宿和餐饮业；②卫生和社会工作；③批发零售业。但2013年排名变为：①住宿和食品服务行业；②批发零售业；③教育行业。此外，从事科学技术研究的专业人士也显著增加，与从事卫生和社会工作的人数相当，并列第4位，而排名第5的则是金融和保险行业。有研究显示，印度人和华人的就业率及收入水平与白人相当，而来自加勒比海地区、非洲、巴基斯坦和孟加拉等地的居民则远远不如这两个少数族裔。据英国国家统计局的统计，英国华人失业率在2014年为7.4%，高于6.4%的全国平均水平，这个数字与人们的日常观感有出入，一种解释是一些英国华人以失业为由申请福利，但实际上仍从事某种受薪工作。④ 这当然属于违法行为。在华人实际失业人口中，家庭妇女为数较多。华人在英国的再就业方向主要有两个，一是为中英商务担任翻译工作，二是担任中文教师，因为英国的许多中小学都开设了中文课程。当然这些工作都需经职业培训方能胜任。

近年来受英国经济衰退、消费缩减、租金上涨的影响，英国部分华人（特别是餐馆、超市、旅行社从业者）的实际收入有所下降。一些华人餐馆改营薄利多销的自助餐。2014

---

① 转引自中评社香港2013年3月5日电：《东欧移民大量涌入英国　华人如何应对引深思》，http：//www. chinareviewnews. com。

② Sonny Leong， "The Chinese community is an important and valued part of our society and of our future"，http：//www. chineseforlabour. org.

③ 转引自中国新闻网2014年6月7日报道：《英国中餐业招工难　老外经营"洋中餐"抢生意》。

④ 转引自中评社香港2014年8月25日电：　《英华人就业人数去年增四万　住宿餐饮业为主》，http：//www. CRNTT. com。

年还发生多起英国华人导游上街抗议事件，他们要求政府禁止中国游客团的领队给本团提供导游服务（这导致他们失业或半失业）。此外，2014 年 4 月底起，英国市场上的所有草药制品（包括中成药）必须通过传统草药注册方案（THR）方可继续销售，但华人中医药从业者极少能注册成功，这也使他们的生意陷入困境。

英国华裔中的贫病现象值得关注。英国《华商报》的调查发现，生活在贫困线以下的华人退休老人比例远超过英国白人，有 40% 多华人老者的周薪低于贫困线（单身 168 镑或夫妻 251 镑）。这些贫穷华人大多是 20 世纪 70 年代从香港移民来的，多是餐馆或外卖店的大厨或侍应生，他们打工时交税不多，餐饮业一般都没有养老基金，所以他们在退休后所领取的养老金十分有限。[①] 在华人餐饮业工人中，还普遍存在各种职业病以及乙肝、烟瘾、抑郁、赌瘾等问题，这使得他们的生活质量更加低下。

老一代华人生存艰难还有一个重要原因是英语水平低下。据《华商报》调查，近半数英国华人不会英语（92% 华人大厨根本或几乎不会英语，多数中医师也不能使用英语工作，多数从中国嫁到英国的妇女也不能使用英语），这导致他们正常的权益保障大打折扣，同时也导致华人在驾照考试、入籍考试中出现大面积作弊事件。伦敦红桥市前市长陈德良表示，近 10 年来，英国华人人口大幅增加，整体素质却在下降；华人不会英语的比例太高，高得让人担忧；1/3 的华人不通英语，这严重影响他们融入主流社会和维护自身权益。[②]

与此同时，英国华社也出现了较富有的一群人，那就是中国的投资移民。例如在房价增幅超出伦敦和牛津的剑桥地区，近年来该地区房产的 6% 由华人购买，新房买家则约有 20% 是华人，个别新建楼盘有 1/3 被包括在当地居住的、来自中国国内以及世界各地的华人所购得。[③]

在英国华社中存在的问题还包括赌博、餐饮业不讲卫生遭重罚、华人企业和华人员工偷税漏税等。好消息是华人犯罪率逐年下降，这与非法移民减少和大麻贩运业重心转向爱尔兰有关。由于华人喜欢携带现金，针对华人的抢劫案仍然比较多。在 2012 年英国决定举行苏格兰独立公投之后，许多华人非法移民移居苏格兰以求通过大赦获得合法身份，但 2014 年的公投结果让他们大失所望。

种族歧视是英国华人面临的一个严峻的现实问题。据 BBC 报道，英国华人遭遇种族主义袭扰（暴力殴打或语言侮辱）时并没有作出足够的严肃反应，来自英国"华人参政计划"的 Michael Wilkes 说，华人一般只是将他们所受到的身体或语言凌辱告知本社群的人，该机构收到过来自全英各地华人关于种族主义凌辱的大量电话和电邮；由于华人社群在英国分散居住，这意味着许多华人孤立无援；大量凌辱行为没有被报告是因为华人对警方不信任，以及华人传统上不愿意去麻烦别人。据调查，华人外卖人员较易受到种族主义

---

① 转引自中评社香港 2012 年 11 月 10 日电：《四成英国华人生活在贫困线下　津贴仅温饱》，http：//www. CRNTT. com。

② 转引自中评社香港 2013 年 9 月 8 日电：《近半英国华人不会英语　严重影响权益保障》，http：//www. chinareviewnews. com。

③ 转引自中评社香港 2014 年 11 月 26 日电：《华人热衷在英国剑桥置业》，http：//www. CRNTT. com。

袭扰。① BBC 报道说，杜伦大学的 Gary Craig 教授认为针对华人的种族歧视正在加剧，他的一项调研显示，在英国所有少数族裔中，华人所受到的种族主义暴力或骚扰是程度最重的。由于华人不愿意向政府或媒体报告此类行为，这使得那些行为越来越得到纵容。2014年的两个好消息是：维冈足球俱乐部主席 Dave Whelan 因使用辱华语言"Chink"被英国足协罚款 5 万英镑，英国独立党（UKIP）的 Kerry Smith 也因为使用类似语言而失去该党议员候选人资格。②

其至像卢曼华（Anna Lo，北爱尔兰地方议会议员）这样有较高知名度的华人政治家也遭遇过严重的种族歧视，同时她也因北爱尔兰盛行的歧视各少数族裔的风气而愤怒，为此她于 2014 年 6 月决定将在 2016 年退出政坛，不再寻求连任。

英国歧视华人的现象有深厚的社会基础。BWCHINESE 中文网专栏作家张立新认为，英国人对中国的了解，大多数来自英国的新闻媒体，主要以 BBC 为主，以及在英国居住的中国人和来英国旅游的中国人的表现。他介绍说，英国独立调查公司 Populus 进行了一项调查，英国普通民众对中国的总体评价相对较低：调查根据英国普通民众对不同国家态度的热情程度从低（0 分）到高（100 分）进行测评，中国平均得分为 38 分，略高于俄罗斯，但远远低于法国（48 分）和美国（53 分）。在 2004 年波兰人大批涌向英国之前，中国人是英国的第二大少数民族。英国人对中国人的基本认识，主要来源于在英国的中国人。而对于英国人来说，不论是大陆人、香港人、台湾人，还是海外华人，都统称为 Chinese（私下里则普遍称 Chinaman，这个称呼含有歧视意味）。英国民众对华人的普遍负面印象包括不讲礼貌、不讲卫生等。③ 这种刻板印象的消除还需要在英华人的共同努力，也需要到英国的中国游客们作出努力。

社群自治与自助一直是英国华人的优良传统。近两年为伦敦唐人街改造问题，华人团结一致与房主公司进行了抗争，以求维护华人小商户的利益和唐人街的整体风貌。英国华人资料咨询中心、英国全国华人保健中心、华心会以及各地华人之家、华人社区中心等众多华社机构长期为华人的养老保健、再就业培训、慈善、娱乐提供服务。新一代华人社团也在涌现，例如 2014 年 6 月成立的全英职业华人联合会，该社团旨在促进中英文化和职业经验交流，以帮助在英华人职业发展和拓展职业网络为目的，其会员来自英国的各个职业领域，设置了移民、法律、金融、财会、健康、教育、科技、媒体、餐饮和港澳台新马 10 个工作小组，会员不限年龄、种族、性别、国籍。当然，新老华人之间的联系与协作仍有待加强。

四、英国华人为融入主流社会而作出的努力

2014 年 4 月 16 日，BBC 中文网刊登署名"许意"的《海外生存之惑：华人社会一盘散沙？》一文，作者援引一位在海外做中国问题研究近 20 年的学者的调研结果说：近 20

---

① Emily Thomas，"Chinese people say racism against them is 'ignored'"，BBC，Newsbeat，January 6，2015. http：//www. bbc. co. uk/newsbeat/30538929.

② Emily Thomas，"Chinese people say racism against them is 'ignored'"，BBC，Newsbeat，January 6，2015. http：//www. bbc. co. uk/newsbeat/30538929.

③ 张立新：《英国人眼中的中国人：负面看法居多》，BWCHINESE 中文网，http：//www. bwchinese. com/article/1023016. html？jtss = kaixin001。

年，来英国的华人人数急速增长，结构上也发生很大变化，最大的变化是留学生增多，在人口结构上，过去以香港移民为主，现在的主力军却是中国大陆移民，其中有许多是技术移民和留学生。然而这位学者依然认为华人社会总体上还是一盘散沙，没有太多改变。近年来这位学者致力于推动留学生和英国社会的融合，并希冀能建立起一个健全的新型结构，即以留学生为生力军和志愿者，以华人中产阶级（知识分子和事业有成的中坚力量）等来引领英国华人社群，主动和英国社会对接，但是其中也存在一些障碍。这位学者分析说，中英不同的大学体制培养出来的学生背景和素养有偏差：中国留学生虽然有爱心，想投入当地社区工作，但缺乏工作经验，不知道从何下手；中国留学生大部分家境比较好，对社会公平和正义关注的敏感度不太高；然而英国的公民素养教育，早在中小学就已经完成；中国学生有自己的社团组织，但大多是自娱自乐，也很少有比较大的融入当地社会的实际活动。[①]

从笔者初步了解到的相关情况来看，英国华人融入主流社会比较成功的人群主要是较早期来自中国香港、东南亚等地的第一代移民中的杰出者，或第一代移民在英国本土出生的子女。与新近以中国大陆留学生为主体的新移民相比，这些成功融入者在英国居留的时间更长，由于来自英国的前殖民地，他们的文化适应能力也更强，涌现出许多杰出人物。

例如，在 2015 年 1 月英国女王颁布的 1 251 名授勋名单（其中 3/4 是由于杰出的社区贡献而获此殊荣）中有 3 名华人，他们分别是：在饮食业、慈善方面颇有成就的丘玉云，对英格兰北部城市赫尔华社工作贡献良多的 Luana Wai Wai Smith，在商界和慈善界颇有影响力的香港商人潘迪生（英国伦敦国王学院法律学院以他的名字命名）。[②] 他们都属于上述移民类型。"华人参政计划"的创建人李贞驹也属于上述类型，30 多年前，11 岁的李贞驹随父母从香港移居英国。东萨塞克斯郡无党籍独立议员成世雄也出生在香港，1970 年移民到英国，一直从事餐饮业，并在当地政坛很有名望。

又如，有机会在 2015 年国会选举中胜出的拥有一半华裔血统的 Sarah Owen 在英国华人工党官网上曾自述说："我很自豪作为我的家乡 Hastings & Rye 的候选人，我同样也很自豪我是一名血缘上中英各半的国会议员候选人，我母亲是马来西亚华人，41 年前来英国做护士；我们华人是英国第三大少数族裔，我们也是一个数量增长迅速的族裔，并为英国作出了许多贡献，但是迄今在英国下议院还没有一名华裔议员；希望今年这个状况会因我和 Rebecca Blake（工党的另一名华裔国会议员候选人）的努力参选而获得改变。"[③]

Sarah Owen 的这段自述中，称英国 Hastings & Rye 为自己的"家乡"，她的母亲 41 年前从马来西亚移民到英国，可以说她是融入主流社会较好的那些华裔群体中的一个典型代表。在谈及为什么没有更多英国华裔参与政治这个问题时，Sarah Owen 认为与祖籍国（主要指中国大陆）的政治文化有关；作为选战策略，她呼吁英国的东亚裔移民（包括中国大陆移民、中国香港移民以及来自马来西亚、新加坡、印度尼西亚、菲律宾的移民）团结起

---

① 参见许意：《海外生存之惑：华人社会一盘散沙？》，BBC 中文网，2014 年 4 月 16 日，http：//www.bbc.co.uk/ukchina/simp/uk_ life/contributions/2014/04/140416_ life_ chinesesociety. shtml。

② 转引自中评社香港 1 月 5 日电：《英女王公布新年授勋名单　三华人获嘉奖》，http：//www.CRNTT.com。

③ Sarah Owen, "Reaching new communities", December 15, 2014. http：//www.chineseforlabour.org/reaching_new_communities.

来共同为自己的权益而奋斗。① 这种开放的族裔意识其实也是融入主流社会所必需的。

属于中英混血儿的知名案例还有英国华裔作家兼演员叶西园。叶西园于1951年出生于利物浦，他的父亲是中国人，母亲是英国人，年轻时没有中文名字，只有英文名字David Yip，后来华人朋友帮他取名叫叶西园。叶西园曾在007系列和"夺宝奇兵"系列中担任角色，并且是在英国主流电视剧中担任男主角的首位华人演员。尽管叶西园不会说中文，但他作为华裔在英国社会中的成功对于英国华裔还是能起到鼓舞作用的。

还有一个案例是在英国出生的中英混血儿王德伦（Darren Wee），其父是马来西亚华人，母亲是威尔士人。据《华闻周刊》报道，王德伦在十几岁时开始自学中文，大学时选择到伦敦大学亚非学院学习中文专业。2006年，王德伦到北京师范大学学习了一年的中文。2011年夏天，回到英国的王德伦在卡迪夫开设了一家俱乐部，给一些英国人教授中文课。而他的理想职业，是到中国做记者。②

在英国出生的华裔新生代中融入主流社会较为成功的案例还有定居在曼彻斯特的周氏姐妹，她们因创办Charley Chau宠物狗奢侈床上用品品牌及随后的商业成就而入围2014年"融合奖"（Fusion Awards）的年度企业家奖项最后名单。

又如June Yee和许伟廉（Billy Hui），两人都是BBC默西赛德电台的兼职主播，每周主持一小时《东方快车》（Orient Express）英语节目。June小时候随父母移居到利物浦，与20世纪六七十年代移居英国的很多华人一样，父母每天忙着外卖店生意，她则如其他英国孩子一样上学，她说在学校与白人孩子做朋友，没有被视为外人。June认为自己的思想完全是英式的，她没有中文名字，也不会说粤语或普通话，只懂父母说的台山话。许伟廉则在英国土生土长，父母分别从广州和香港移居到利物浦，在这里相识结合，许伟廉成长于70年代的利物浦，一直积极学习中文，最近开始研究华人历史。③

据《英国侨报》报道，不少在英国出生的华人（British Born Chinese，简称BBC）一开始就认为自己是英国人，直到长大成人才开始慢慢感激他们身上所保留的一些中国特性。也有一些"BBC"出生在非常传统的中国家庭，在家里只说中文，后来随着成长也慢慢开始融入周边的环境，"总体而言，大部分的BBC都对自己身上所传承的两种文化遗产非常自豪，并努力从东西两种文化中汲取其中的精髓"。该报转述"华人参政计划"行政总监胡沛成的话说，早年的"BBC"由于不懂中文，与上一代沟通时会出现问题，他们的外貌又被英国人视为"非我族类"，难以成为深交，因此较易出现身份认同危机。随着教育普及、媒体及网络通信的发达，再加上近年来中国经济发展迅速，学中文成了不少"BBC"的潮流，一些"BBC"虽然不懂中文，却会唱中文歌，并开始结交其他华人，寻找共同话题，逐渐加深对自己族群的了解及认同。④ 该报举例说，在英国出身的陆勤业（Johnny Luk）目前是慈善机构Inspired Hired的创始人，在英国贸易投资总署负责"全球企业家特别项目"。他在接受记者采访时表示更喜欢称自己为"British Chinese"（英籍华人）而不是"Chinese"（中国人），他说："作为一个世界公民，身份认同并不是在'英

---

① Sarah Owen, "Reaching new communities", http：//www. chineseforlabour. org/reaching_ new_ communities.

② 转引自中国新闻网2012年7月15日电：《英学生留学中国势头渐猛，华裔二代热衷"逆留学"》。

③ 《BBC利物浦华人主播谈英国成长感受》，BBC英伦网特写，2014年3月21日，http：//www. bbc. co. uk/ukchina/simp/uk_ life/2014/03/140321_ whys_ liverpool_ chinese. shtml.

④ 转引自中评社香港2014年1月11日电：《英国华人后代对未来充满信心》，http：//www. CRNTT. com。

国人'和'中国人'两种身份中二选一，更多时候取决于你对自己的肤色是否感到自豪。每个人都是独一无二的，正是这样，我的世界才变得丰富多彩。身份认同不但是关于国籍，更多的是关于自信。"该报举的另一个例子是在英国出生的 Martin Chen（中餐厅老板），谈到身份认同问题时，Martin 说："当我听到别人说我既不是英国人也不是中国的人的时候我会抓狂，但是我觉得自己很幸运地继承了中国和英国的传统。从个人来说，我觉得自己更加英国，我的家庭会保留一些中国的传统，但是我会选择我喜欢的保留下来。"Martin 说在上大学以前他的朋友 80% 是英国人，20% 是"BBC"，上大学以后 50% 是"BBC"，25% 是中国人，5% 是英国人。这是一个逐渐找回归属感的过程。①

不过，据欧洲《星岛日报》报道，由曼彻斯特大学少数族裔动态中心的 James Nazroo、Anthony Heath 和李姚军 3 位学者牵头撰写的一份进行了 5 年的研究报告显示，少数族裔虽拥有更高学历，总体而言社会流动机会却比白种人少；就华人在英国社会的总体情况而言，第一代华人男性和第二代华人男性向社会上层流动的机会比英国男性分别超出 15% 和 14%。华人女性则与英国女性旗鼓相当，华人在英国社会流动中表现良好。然而报告发现，第二代华人不如第一代华人突出，也许是因为不如其父母一辈那么用功。李姚军称，"若分析其他少数族裔社群，我们会看到值得学习的发现——第一代印度人普遍不如白种英国人，但第二代印度人，尤其是男性则表现得非常卓越，工作地位明显比白种英国人更有优势"②。

但是英国"华二代"在受教育期间的表现普遍好于本地同学也是事实。据英国《华商报》报道，近日，由权威研究机构——英国公共政策研究所公布的报告显示，英国华人孩子的成绩进一步领先白人和其他族裔；英国公共政策研究所 2014 年 3 月 22 日公布最新的社会融合报告，报告称华人孩子的学习成绩在过去 7 年稳定提高；该研究机构的报告显示，除了华人学生有长足进步，斯里兰卡、伊朗、越南、印度和尼日利亚等国孩子的成绩都比英国白人孩子好了很多，英国白人孩子的成绩则明显倒退；报告也指出，葡萄牙、索马里、巴基斯坦、土耳其、阿富汗等族裔的孩子的成绩在过去几年逐渐走下坡路，比英国白人孩子还要差。③ 2014 年公布的一个数据显示，英国公立学校各族裔学生中，华裔学生申请上大学的比例最高，南亚裔学生次之，非洲裔黑人学生的比例增幅最大，而白人学生比例最低。④ 相信给予足够时间的话，这些从小在英国长大、学习成绩优良的年轻华裔，仍然有可能在各个专业领域获得良好发展。

值得一提的是，英国华裔女性中有不少人通过自身努力，在各行各业取得了优秀的成绩。2014 年 10 月 29 日，一年一度的英国"木兰奖"颁奖，11 位来自商界、法律、科学、文化艺术、慈善及公共事务等领域的杰出华裔女性喜获殊荣，其中包括国际成就奖：江冰，Huilin Proctor；艺术文化成就奖：Betty Yao MBE，肖获；青年成就奖：尚瑶谦；教育贡献奖：常向群博士；科技贡献奖：Sharon Heng 博士；商务创业贡献奖：Carol Hui，Teresa Li；慈善事业贡献奖：Viola Wong；社区与公共服务贡献奖：Catherine Zeng。⑤

---

① 转引自中评社香港 2014 年 1 月 11 日电：《英国华人后代对未来充满信心》，http://www.CRNTT.com。
② 转引自中国新闻网 2014 年 6 月 15 日电：《"华二代"不如第一代突出 英少数族裔发展遇障碍》。
③ 转引自中评社香港 2013 年 4 月 4 日电：《英国华人孩子成绩优于其他族裔》，http://www.chinareviewnews.com。
④ 转引自中评社香港 2014 年 8 月 3 日电：《英国华裔申请上大学比例最高》，http://www.CRNTT.com。
⑤ 何越：《十一位英国杰出华裔女性获"木兰奖"》，(英)《英中时报》，2014 年 11 月 3 日。

其他相关案例还有在 2014 年 5 月初的"全英一叮"才艺比赛中，以自创的"机械人舞"赢得四大评审青睐的 17 岁华裔少年黎冠麟（Kieran Lai），他出生于英国，其父于 20 世纪 90 年代移民英国。还有在 2013 年 BBC 电视台一频道的《顶级厨师》（Master Chef）中打入前 3 名的华裔参赛者岑敬祖（Larkin Cen），岑敬祖的家族来自广东，其外祖父是出色的厨师，后移居英国威尔士首府卡迪夫，经营外卖店。尽管岑敬祖已在英国获得律师资格，但他表示，自己最大的兴趣是在餐饮行业创立自己的品牌。又如 2013 年自组音乐品牌 Beat Nations 的华裔青年梁启浩（Andy Leung）等。

当然也有不少从中国大陆来的华裔专业人士在英国获得良好发展的案例，例如本科毕业于星海音乐学院声乐系，曾在深圳市文化局工作的女歌唱家王蓓蓓到英国发展，2014 年成功地在普契尼的歌剧作品《蝴蝶夫人》中扮演女主角。由中国留学生组织的"引擎"（Hiding Emotion）乐队在谢菲尔德也有一定的知名度。此外，英国卫生大臣杰里米·亨特（Jeremy Hunt）的太太 Lucia Guo 来自中国西安。

在积极融入英国主流社会的同时，英国华社也注重保存华裔历史文化遗产。2014 年，"英国华人文化遗产/伯明翰华人生活剪影"项目，经过 15 个月的制作过程，有关资料已永久保存在伯明翰图书馆档案部（该项目的博客地址：http：//chineselivesinbirmingham. com）。伯明翰华人社区中心行政总裁严珊女士表示："这些资料可以帮助认识一些华人移民及在英国出生的华人的经历，加深了解伯明翰华人社区的发展。"该项目采访了伯明翰华人社区的精英，包括叶焕荣先生、黄丽松教授（黄教授是最年长的受访者，今年已 95 岁）以及多位华裔企业家，他们来自荣业行（Nechells）、中英饭店集团（Wrottesley St.，Thorp St. 和 Colmore Row）、荣华集团（Arcadian，Hurst St. 和 Nechells）、开心豆（Arcadian 和 Upper Dean St.）、英亨那利律师行（Arcadian 和 Willenhall）等。① 2014 年 8 月 14 日，英国华人社会论坛、英国"华人参政计划"等多家华裔社团在伦敦联合发起"确保我们永记"活动，倡议在英国为"一战"期间支援协约国的中国籍劳工建立永久性纪念碑。"一战"期间，应英国、法国、比利时等协约国的要求，中国政府先后派遣约 14 万中国劳工远渡重洋支援协约国，承担挖掘战壕、建桥修路等战勤保障任务，有些人还直接参加了战斗，为"一战"协约国的胜利作出了巨大贡献和牺牲。其中，英国招募的华工达 9.6 万人。② 此前，"'一战'华工在欧洲"大型资料图片展于 2014 年 5 月 16 日至 18 日在查宁阁中文图书馆举行。2014 年 6 月，英国皇家国际事务研究所举办活动，放映并讨论了曾获得过艾美奖的英国女电影导演海伦·菲茨威廉姆拍摄的纪录片《西线上的中国》，该片反映了 14 万名华工在西线战场上为英美法赢得第一次世界大战的胜利所作出的重要贡献。

最后值得一提的是，2014 年 4 月 15 日，"习近平思想研究中心"在英国伦敦成立，这是中国民营企业在国际上成立的第一家专门研究习近平思想的高层智库。4 月 28 日，该研究中心在伦敦和英国生态能源有限公司（British Eco Power Ltd.）联合举办了"习近平思想全球论坛之习近平将如何改变中国与世界"研讨会。

---

① 《"伯明翰华人生活剪影"完成收藏》，（英国）《英中时报》，2014 年 11 月 3 日。
② 《英华社促建立"一战"华工纪念碑》，（英国）《华闻周刊》，2014 年 8 月 18 日。

五、英国华人的参政状况

英国华裔参与英国政治的行动，既是他们积极融入英国当地社会的一个重要途径，也是他们积极维护自身权益的一个重要方法。英国华裔侨领单声表示："目前英国有超过 75 万华人，我们应当向政府提议，按照人数给华人 3 个国会议员名额，让华人社区自己投票选出议员。"① 但是英国在 2015 年国会选举之前，一直没有华裔国会议员。与南亚裔、阿拉伯裔和黑人等族群相比，英国华裔的参政热情和在英国社会的政治影响力都比较弱。

在卡迪夫大学攻读文化研究博士学位的张鑫在英国华社的调研结果显示：尽管没有精确的关于英国华人参与投票比例的数据，但媒体和部分华人政党领袖的估计数字为不足两成。大部分华裔受访者表示他们从未注册投票过，平时也比较少关注英国政治。其原因可总结为以下几点：①语言障碍；②族群散居；③缺乏对英国政治制度的系统知识；④相对薄弱的政治教育；⑤经济因素。这些因素也存在内部的因果联系，共同导致了目前华人政治参与不积极的现状。张鑫的调查还发现，尽管华人二代没有语言障碍，作为英国公民的身份认知也强于他们的父母，但华人二代的参政热情仍然不高。对此张鑫分析说：首先，从家庭层面上来说，由于父母对英国政治兴趣不高，华人二代移民没有一个关心和参与英国政治的家庭环境。华人二代通常都努力进入律师、医生、会计、工程师这些专业性极强的领域，来自中国大陆的新移民则更是集中在商科以及理工科行业，甚少踏足政治、哲学、社会科学和社会服务类领域。其次，经济因素对华人参与政治竞选也是一个很大的挑战。张鑫发现，在英国屈指可数的积极参与竞选的华人之中，大部分从事法律以及高级管理顾问行业，这些行业跟政治的联系比较紧密，这使得他们更加了解以及更容易参与到政治活动中。②

整体来看，英国华裔的参政成果还是比较有限。2010 年的英国国会选举中共有 8 名华裔候选人参选，不过全部落败。2014 年的英国地方议会选举，9 名华裔候选人又全部落败。这些候选人包括：来自新加坡，毕业于剑桥大学的自民党华人主席杜淑真；23 岁的张劲龙，他出生于香港，11 岁移民英国；钟琳达，伦敦市中心北侧 Camden 区的自民党议员，争取连任；凌家辉，英国土生土长的香港第二代移民，代表自民党。Alex Melia，代表自民党；宏琳（Hongling Dyer），代表自民党。此外还有 3 名保守党华裔候选人：杨庆权，伦敦华人资料与咨询中心的主席；王鑫刚，来自中国东北的留英学生；陈黄碧婵，英国首位华裔市长陈德梁的太太。上述 9 人的得票率基本上都不理想，这可能与华裔参政还是喜欢走上层路线、在基层的深耕力度不够有关，也与华裔投票率较低有关。令人费解的是，这其中没有华裔工党候选人，而传统上工党关于少数族裔的政策主张比保守党更积极。

2014 年，在地方行政职位选举中，自民党华人议员李良福在东萨克斯郡路易斯（Lewes）市成功当选副市长。李良福 1984 年辞去香港的公务员工作，举家移民英国并定居路易斯，以经营餐饮为业。

---

① 转引自中评社香港 5 月 22 日电：《英国"华人参政计划"举行慈善筹款》，http：//www.CRNTT.com。
② 张鑫：《观点：英国华人政治参与的困难与阻碍》，（英国）《英中时报》，2014 年 3 月 21 日。

　　2015 年 5 月的英国国会选举中，至少有 10 名华裔候选人将参选，这个数字打破了以往的纪录。其中保守党有 4 名华裔候选人：黄精明是律师，目前担任保守党华人之友负责人，同时也是保守党上议员韦鸣恩勋爵的助理；何易今年 30 岁，出生于中国重庆，18 岁到英国留学，目前是一名工程师；王鑫刚来自中国东北，拥有英国帝国理工学院和牛津大学双硕士学位；Alan Mak 则是香港移民的后代，毕业于剑桥大学，是一名律师和企业家，他还是保守党内部重要的国家募款网络负责人。自民党有 3 名华裔候选人：凌家辉是会计师，也是华人自民党副主席；张劲龙也是华人自民党的副主席，出生于香港，11 岁随父母移居英国；李沛腾在伦敦格林尼治出生长大，母亲是新加坡华人，父亲是英国人，他本人曾就读于牛津大学，1998 年成为律师，曾当选为西伯克郡的萨切姆（Thatcham）市市长。工党有 2 名华裔候选人：莎拉·欧文（Sarah Owen）有一半中国血统，从政前曾在英国国民保健系统（NHS）任职，目前担任英国上议院议员阿伦·舒格的政治顾问，并参与制定工党的全国小企业政策；丽贝卡·布莱克（Rebecca Blake）也是一名有华人血统的混血儿，曾经在伍斯特郡雷迪奇市担任地方议员多年。绿党有 1 名华裔候选人 James Chan，他来自利物浦，职业是医生。① 在上述华裔候选人中，Alan Mak 和 Sarah Owen 因被所在党派分配到安全选区，有胜出的可能。

　　2015 年国会选举对于英国华裔是一次重大机会，这不仅需要华裔投票率的提高，也需要华裔候选人和白人族群及其他少数族群通力合作，由于华裔居住较分散，其他族裔的票也很重要。"华人参政计划"在动员华裔注册为选民和参与投票方面一直非常努力，该机构还推动保守党、工党、自民党成立了华人分部并积极支持华裔候选人参选。

六、结论与趋势

　　从以上情况（以 2014 年度为主）来看，英国华人社会呈现出以下一些特点和趋势：①尽管英国采取收紧非欧盟国家移民政策，但华人移民数量仍在稳步增长，留学生仍构成新移民来源的主体，投资移民数量增幅较大。②由于英国经济衰退和收紧福利，英国华人的生意和福利水平都受到影响，在普通劳工阶层中，中老年人的贫病问题比较严重；华人社团仍在稳步发展，特别是以新移民为主的社团和以白领人士为主的社团在不断增多。③在融入英国当地社会方面，早期第一代移民及其在英国出生或长大的子女（含中英混血子女）的成绩较好，以留学生为主体的新移民在英国的发展势头也比较良好。④在参政方面，整体水平偏低，2014 年的英国地方议会选举中有 9 位华裔候选人全部失利，值得反思，特别是英国华人的注册选民率和投票率仍亟待提高，竞选方式也要改进；不过在 2015 年国会选举中，至少有 10 名华裔候选人（分别代表保守党、自民党、工党、绿党），其中 2 人因被所在党派分配到安全选区而有机会当选。

　　此外，中英关系的发展也对英国华社有较大的影响。2012 年卡梅伦会见达赖喇嘛后，中英官方关系一度受到影响。2014 年中英关系已经回暖，6 月 16 日至 19 日李克强总理访英期间，中英签署多项政府间商业协议，内容涉及金融、科技、教育、能源和基础设施建设等多个领域，总额超过 300 亿美元，中英关系出现了新热潮，英国华社对此也给予了高

---

① 　参见《10 名华裔候选人参选英国大选创下纪录》，（英国）《英国侨报》，2015 年 1 月 22 日。

度评价，认为可以为英国华裔带来更多发展机遇。

在李克强抵英当晚，英国内政部宣布从 2014 年 8 月起，向中国游客推出 24 小时"特别优先"签证服务，已完成欧盟申根签证申请的所有中国游客，将不再需要单独提交入英签证申请表。目前，中国游客已成为英国商家极力争取的财富之源。《英国侨报》报道说，根据英国官方的数据，2013 年有 29 万中国大陆游客持旅游签证到英国观光，比 2012 年增长了 39%；作为此次李克强访英的成果，中英将携手推进英国汉语教学和在华英语教学，中国将在今后 5 年派遣 1 万名公派留学人员赴英学习，英国将在 2020 年前输送 8 万名学生来华学习。届时，热爱中国文化的华人子女将有更多来华学习的机会。① 与此同时，中国留英学生与国内的互动由于社交媒体的发展也越来越活跃，"英国那些事儿""日不落下的红领巾"在中国国内也是比较热门的微博，留英学生和国内的年轻人之间，已经形成了广泛的跨国交往网络。

关于华裔在中英关系中的作用，英国华人工党主席梁辛尼表示，英国华人和其他族裔一样，都能够以自己的方式为英国未来的发展提供大量机会，例如，可以把许多人才和投资带入英国。英国是中国在欧洲的第一大投资地点，中国公司投资了希斯罗机场和曼彻斯特机场，投资了维他麦公司和北海石油公司。中英经济合作关系对两国都有利，英国华裔能够帮助英国与迅速发展的中国经济联系起来，全球发展最快的 10 个城市全部在中国，中国 2010 年至 2020 年的大学毕业生比同期美国和欧盟加起来的还要多。② 从总的趋势来看，中英关系的全面发展对英国华人的生存与发展有诸多连带的积极效应。

不过，随着 2015 年 5 月英国国会选举的临近，中国因素朝着不同的方向发酵。例如，随着伦敦市长鲍里斯·约翰逊（Boris Johnson）被推选为下任首相的呼声渐高，由伦敦市政府批准的两个大规模中资项目同时遭到了质疑。2013 年 11 月，笔者在英期间也曾见过英国政党和社会团体对中资参与英国高铁和核电项目的诸多批评和抗议，不过 2014 年 6 月李克强总理访英期间，这两个敏感项目的协议还是获得了正式签署。这表明中国在国际经济合作中的地位不断提高，海外华人有许多机会可以从中获益。目前英国华裔还是以中下层的普通劳动者为主体，希望他们能在中英关系的不断发展中切实获得普遍的发展机会和实惠。

---

① 转引自中评社香港 2014 年 6 月 20 日电：《李克强总理访英助力华人发展》，http：//www. CRNTT. com。

② Sonny Leong Sonny Leong，"The Chinese community is an important and valued part of our society and of our future"，cited from http：//www. chineseforlabour. org.

法　国

2014 年法国市镇选举，执政的社会党失利，奥朗德政府启动了多项改革，华人参政亮点颇多。欧债危机以来，法国经济一直低迷，华商也在困境中寻找机遇，不断探索，创新模式。2014 年，是中法建交 50 周年，双边人文交流更加频繁，互信加深。展望 2015 年，法国经济前景依旧扑朔迷离，奥朗德政府的改革是否有成效，我们将拭目以待。目前，华侨华人的经济环境未有实质性改善，华商唯有进一步把握经济发展趋势，强化品牌效应，结合新的发展模式，才能在不断的竞争中实现突破。

一、法国基本国情与中法关系发展

（一）法国基本国情表

法国概况

国家全名	法兰西共和国	地理位置	欧洲西部	领土面积	632 834 平方公里（包括 4 个海外省，其中本土面积 543 965 平方公里）
首都	巴黎	官方语言	法语	主要民族	主要是法兰西人，少数布列塔尼人、巴斯克人、科西嘉人、日耳曼人等
政体	总统制	执政党/主要反对党	社会党/人民运动联盟	现任总统/总理	弗朗索瓦·奥朗德/曼努埃尔·瓦尔斯
人口数量	65 856 609 人（截至 2014 年 12 月 11 日）	华侨华人人口数量	约 60 万人	华侨华人占总人口比例	0.914%
GDP/人均 GDP	20 681 亿欧元/31 403 欧元①	CPI	1.15%（2014 年 11 月）	失业率	10.4%（截至 2014 年 10 月）②

资料来源：表格中除华侨华人人口数量和比例，其余未注释数据来自欧盟官网，http：//europa. eu/publications/statistics/index_ en. htm，2014 年 12 月 11 日。

---

① 数据是根据法国统计局公布的 2014 年经济增长率为 0. 3％ 以及 *Eurostat Pocketbooks Key Figures on Europe*，2014 *edition* 中的相关数据计算得出的；《法国下调 2014 年和 2015 年经济增长预期》，http：//www. mofcom. gov. cn/article/i/jyjl/m/201409/20140900726412. shtml。

② 法国统计局，http：//www. insee. fr/en/default. asp。

（二）法国与中国关系发展

1964 年 1 月 27 日，中法两国建立大使级外交关系。建交后，两国关系总体发展顺利。20 世纪 90 年代初，中法关系因法国政府批准售台武器一度受到严重影响。1994 年 1 月 12 日，两国政府发表联合公报，法方承诺不再批准法国企业参与武装中国台湾，双边关系得以恢复正常。两国在政治、经济、文化、科技、教育等各个领域的合作富有成果。2008 年，中法关系因涉藏问题出现重大波折。2009 年 4 月 1 日，中法发表新闻公报，中法关系逐步恢复良好发展势头，各领域合作进展顺利。2010 年 11 月，胡锦涛主席访法，两国元首共同发表联合声明，宣布建设互信互利、成熟稳定、面向全球的中法新型全面战略伙伴关系。

2012 年 5 月，奥朗德总统上任后，两国关系继续稳定发展。2013 年 4 月 25 日，奥朗德就任总统后首次访问中国，也是中国新一届领导集体履新后首次接待西方大国元首。12 月，法国总理埃罗访华。2014 年，双方以纪念建交 50 周年为契机，进一步深化双边关系。2014 年 3 月 25 日，习近平主席在首次对法国进行国事访问之际，在《费加罗报》发表题为"特殊的朋友，共赢的伙伴"的署名文章，提出把 2014 年打造成为名副其实的"中法年"，在新的历史起点上共同谱写中法关系的新篇章，[①] 共同实现"中法梦"。

2014 年，中法两国在经济、科技、文化、教育与军事等方面的双边交往与合作也保持着良好势头。据欧盟统计局统计，2014 年中法双边贸易额为 550.2 亿美元，同比增长 5.3%。其中，法国对中国出口 213.2 亿美元，同比增长 9.0%；法国从中国进口 336.9 亿美元，同比增长 3.1%，中国为法国第八大出口市场和第七大进口来源地。运输设备、机电产品、化工产品是法国出口中国的几大类主要产品，约占法国对中国出口的七成。法国从中国进口的主要商品为机电产品、纺织品及原料和家具、玩具、杂项制品，占法国从中国进口总额的 64.2%。除上述产品外，贱金属及其制品、鞋靴等轻工产品也是法国从中国进口的主要大类商品。[②] 2014 年，法国在华新增投资项目 159 个，实际投资 7.2 亿欧元，主要集中在能源、汽车、航空、通信、化工、水务和医药等领域，大部分为生产性企业。我国对法国非金融类直接投资金额为 21 亿美元。[③]

二、法国侨情概况

第一位法国华侨也是第一位娶法国女子的中国人，姓黄，教名为 Arcadius（中文原名没有记录）。黄氏 1679 年生于福建兴化，1702 年底到达巴黎，在法国国王路易十四的图书馆担任翻译工作，他于 1713 年结婚，1716 年在法国去世。[④] 19 世纪中叶，湖北的天门人

---

① 《习近平在法国〈费加罗报〉发表署名文章》，http：//news. xinhuanet. com/world/2014 - 03/26/c_ 119941373. htm。

② 《2014 年法国与中国的双边贸易额为 550.2 亿美元》，http：//www. askci. com/news/2015/05/05/105232rtkzshtml。

③ 《中国同法国的关系》，http：//www. fmprc. gov. cn/mfa_ chn/gjhdq_ 603914/gj_ 603916/oz_ 606480/1206_ 606844/sbgx_ 606848/。

④ Elisseeff（Danielle），"Moi，Arcade，interprete du Roi - Soleil"，Paris，Arthaud，1985。引自斐天士（Thierry Pairault）：《法国华人经济地位之初探》，http：//www. pairault. fr/documents/com1993. html，2013 年 11 月 12 日。

和浙江的青田人、温州人，途经西伯利亚辗转到法国、荷兰、德国等西欧国家，成为早期的旅欧华侨。第一次世界大战期间，被招募赴法的华工约有 14 万人。战后部分滞留法国，成为早期的旅法华侨。1919 年至 1921 年，中国掀起赴法勤工俭学浪潮，约有 2 000 名中国学生抵达法国。1964 年，中法建交后，中国大陆移民涌入法国。20 世纪 70—80 年代，法国接纳了大量印支难民，其中绝大部分是华人。1990 年以后，法国成为华人移居欧洲的首选目的地，移民人数一直保持较快增长。在法国华人当中，从东南亚各国移民来的华人占 40%，浙江温州人、青田人占 50% 以上，来自中国其他地区的华人只占很少部分，主要聚居于大巴黎地区，如巴黎 13 区、美丽城和龙城（Lognes）唐人街，其余散居在马赛、里昂、里尔、波尔多、南特和斯特拉斯堡等大城市。[①]

经济方面，法国华侨华人主要从事餐饮、皮革、家具、制衣、食品杂货、进出口等行业。其中餐饮业、皮革业、服装业是法国华人经济的三大支柱产业。餐饮是传统行业，以潮州菜最为有名，其次是温州菜和粤菜。目前法国各式中餐馆有 8 000 家以上。皮革业、服装业也以批发为主，温州商人居多，主要从中国进口，到法国销售，过去主要集中在巴黎第 3 区的庙街和巴黎 11 区。近年来，东 10 区、93 区等也开始有大量华商进驻，在法国巴黎大区内，从事批发生意的华人公司有 2 000 余家。其他行业包括百货业、进出口贸易、金融、房地产、法律、会计、旅游、运输等，其中百货业和进出口贸易发展迅速。[②]

参政方面，近年来，法国华人社会逐渐打破长期以来给外界留下的"自我封闭""重商轻政"等刻板印象，开始涉足政坛。同时，第二代、第三代华人新生力量的涌现，为法国华人社会注入了新的活力。目前法国有选举权的华裔人数有 20 多万。华裔族群融入主流社会、参政议政的愿望日益凸显，近两年通过多种形式，产生了巴黎 13 区副区长陈文雄、法国人民运动联盟政治局委员吴振华等一批参政积极人士。2014 年更是有所突破，华人以多种形式参政扩大了华裔族群的社会影响力。

社团方面，目前法国华侨华人社团有 100 多家，相对活跃的有 20 多家。华人社团多以亲缘、业缘、地缘等因素组建，近年来专业性社团逐步涌现。影响力较大的有法国华侨华人会、法国潮州会馆、法国青田同乡会、法国华商总会、法国法华工商联合会、法国亚裔社团联盟、华人融入法国促进会、法国"中国和平统一促进会"、法国华侨教育基金会等。

华文媒体方面，目前有 7 家纸媒，分别是《欧洲时报》《星岛日报》《法国侨报》《华人街报》《欧洲商报》和《看中国》等。中文电视台有通过长城平台的 14 家电视台和直接在 free 上收看的新唐人电视台。另外，还有部分中文网站、微博等，如法国中文网、法国侨网、法国华人网等。

华文教育方面，20 世纪 70 年代中期，华文教育首先在巴黎 13 区开始出现，80 年代中期出现规模性发展，目前有 100 多个机构设有各类中文补习班，学生数万人，多为华侨华人子女，其中潮州会馆学校有 800 多名学生，被中国国务院侨办评为示范学校。

---

① 《法国华侨华人概况》，http：//www.chinadaily.com.cn/hqpl/zggc/2012－05－29/content_6039962.html，2013 年 12 月 8 日。

② 《法国华人经济的特点与发展趋势》，http：//gocn.southcn.com/qw2index/2006dzkw/，2013 年 10 月 12 日。

三、法国政治经济形势变化对华侨华人的影响

（一）市镇选举左翼失利，政府加大改革力度

2014 年对于法国总统奥朗德而言，过得很不平顺。失业率不断上升，个人信誉不断下降，使奥朗德成为第五共和国历史上民意支持率最低的总统。2014 年 3 月 30 日结束的法国市镇选举第二轮投票结果显示，执政近两年的社会党在 150 多个市镇失守。在民意压力面前，奥朗德被迫改组政府，原政府总理让·马克·埃罗为市镇选举失利承担责任而辞职，内政部长曼努埃尔·瓦尔斯出任新总理。奥朗德当晚发表电视讲话说，他将在保持原有政策方向的基础上作出必要的改变，并且会坚持履行在竞选总统期间所作的承诺。① 他还表示要进一步改革，要以"勇气""信任"与保守主义、与危险的民粹主义作斗争。

长期以来，法国以相对完善的社会保障体系、稳定的工作和收入、世界上时间最长的休假时间以及独树一帜的法兰西文化为内容的"法国模式"让法国人引以为傲。但在全球化竞争异常激烈的今天，"法国模式"却给法国带来沉重负担。失业率、公共债务和缺乏经济竞争力成为压在法国头上的"三座大山"。②

（二）经济持续低迷引发右翼势力崛起，华人社会安全存隐忧

近年来，法国经济下滑也导致种族主义兴起，"反犹""损华"事件时有发生，而且法国拟把反种族主义上升为"国家大业"。此次市镇选举中，极右翼政党国民阵线取得突破，中右的在野党人民运动联盟更是成为这一选举的主要赢家。2014 年 11 月 29 日，法国前总统萨科齐以 64.5% 的支持率当选法国反对党人民运动联盟主席。接下来，萨科齐可能以此为重要的"政治跳板"，谋求再次入主爱丽舍宫。

然而，就在政治失利、经济低迷之际，恐怖分子再添新乱。2015 年 1 月 7 日，法国巴黎查理周刊杂志社遭到恐怖分子袭击，导致包括多名《查理周刊》漫画作者、3 名警察和 4 名杂货铺劫持案件中的犹太人在内的 17 人遇难。此次恐怖袭击事件给法国乃至整个欧洲政局带来深刻影响。《欧洲时报》指出，在巴黎枪击案后，法国政坛向右的拐点已经非常明显。在左翼的社会党总统奥朗德民意支持率持续走低的现状下，右翼的崛起早已是定局。恐怖袭击事件的发生同时也为法国极右势力的排外论调提供了新的支持。法国右翼的人民运动联盟国会议员阿兰·马尔索在恐怖袭击事件发生后说："我相信，要是我们今天或者明天进行总统大选投票，玛丽·勒庞女士（法国极右翼政党国民阵线主席）将在第一轮就成功当选共和国总统！"③

右翼的崛起与社会治安环境的恶化的确给法国华侨华人及中国游客带来隐忧。2014 年 4 月 20 日，一个 23 人的中国旅行团在巴黎遭遇多名歹徒抢劫，护照、财物被洗劫一空。5 月 28 日，另一个 48 人的中国旅行团在巴黎被蒙面歹徒拦截，5 名游客遭殴打，2 人受伤。

① 《法国社会党市镇选举失利 奥朗德宣布改组政府》，http：//www.chinanews.com/gj/2014/04 - 01/6014680.shtml。

② 《法兰西困境重重？华人观点：伟大与衰落并存》，http：//www.oushinet.com/home/mainnews/20141229/177061_ 2.html。

③ 《法国：恐袭之后 右翼归来？》，http：//www.apdnews.com/world/Europe/2015/0112/151273.shtml。

此外，法国、西班牙、意大利等地的华人商店也频频成为盗匪的目标。华人安全受到威胁也与欧洲经济及社会结构大环境有关，欧洲经济长期低迷，大量移民在欧洲各国自由流动，给华人安全增添了不稳定因素。同时，海外华人安全意识较差，部分华侨华人在海外大手笔购车置业的"露富"行为，易让当地民众心生妒忌，也容易被犯罪分子觊觎。①

此外，右翼势力对外部经济介入法国非常反感。2014 年 12 月，两家中国公司组成的财团以 3.08 亿欧元收购法国图卢兹·布拉尼亚克机场 49.99% 的股权。2015 年 1 月，中国企业复星集团收购了以经营度假村而驰名海内外的法国地中海俱乐部，激起极右翼政党国民阵线的强烈反弹。国民阵线副主席菲利博称："地中海俱乐部将要变成一个'中国海俱乐部'。地中海俱乐部是法国名牌自然延伸的一部分，是法国生活艺术和法国节日艺术的形象大使，它不是一个简单的旅游企业，法国失去这家企业是法国社会党政府和反对党人民运动联盟的一个政治污点。"②

（三）经济复苏乏力，债务规模扩大，华商经济构建新模式

2014 年法国经济复苏依旧乏力，预计 2014 年和 2015 年法国经济增长率将分别为 0.4% 和 1%，低于预测的 0.5% 和 1.7%。此外，法国财政部长萨潘承认 2014 年法国财政赤字占 GDP 的比例达到 4.4%，高于此前承诺的 3.8% 的目标，而 2015 年的削减支出方案将有助于财政赤字在 GDP 的占比下降到 4.3%，2017 年进一步下降到 3% 以下。对于法国未能实现财政目标，萨潘解释称，法国既不要求改变欧元区财政规则，也不寻求成为特例，然而请所有人认清现实，即经济增长太弱，通胀率太低。③

另外，法国全国统计和经济研究所发布的统计数据显示，法国 2014 年第三季度公共债务达 20 315 亿欧元，比第二季度增加 78 亿欧元，净债务猛增 214 亿欧元，达到国内生产总值的 95.2%。统计表明，法国 2014 年三季度国债减少 48 亿欧元，但社会保险机构债务猛增 120 亿欧元，地方行政机构债务和中央政府附属各机构债务增加 6 亿欧元。12 月中旬，国际评级机构惠誉曾因法国债务水平偏高、经济增长低迷将法国主权信用评级从"AA +"降至"AA"，但他们同时认定长期展望仍为稳定。④ 不过，尽管经济状况不佳，法国人在衣、食、住、行、教育、娱乐以及卫生保健等方面的消费开支仍比欧盟国家的平均数高 14%，消费水平在欧盟国家中名列前茅。⑤

2014 年，在欧洲经济复苏乏力和法国经济低迷的冲击下，法国华商生意依旧堪忧，行业发展面临重重难题。华人批发商圈的发展模式进入"瓶颈期"已是不争的事实，2015 年以来的欧元贬值又给多数从事进口贸易、旅游等行业的华商平添了几分压力，对出口业的华商却是利好。如何从"后危机时代"进入"新常态"，实现经济转型升级是在法华商

---

① 《2014 欧洲华人十大新闻：参政上台阶　慰侨活动上档次暖侨心》，http：//www. oushinet. com/news/qs-news/20141230/177173_ 2. html。

② 《中企复星收购地中海俱乐部　法国极右翼激烈反弹》，http：//www. guancha. cn/europe/2015_ 01_ 05_ 305340. shtml。

③ 《法国下调 2014 年和 2015 年经济增长预期》，http：//www. mofcom. gov. cn/article/i/jyjl/m/201409/ 20140900726 412. shtml。

④ 《复苏路漫漫　法国第三季度公共债务规模继续扩大》，http：//www. oushinet. com/news/europe/france/20141225/176752. html。

⑤ 《法国人消费水平高出欧盟平均数 14%》，http：//www. cnfrance. com/info/caijing/20141127/11760. html。

们共同思考的问题。部分华商经过数次经济危机的洗礼，逐渐摸索出了自己的转型之路，那就是创立品牌与电子商务，两者相互交融、相得益彰。

目前，法国在欧洲电子商务市场的规模排名第三，排在英国和德国后面，市场潜力非常大。法国华人电商开始进入"群雄争霸"的时代竞争，主要的华人电商有法国温州商会名誉会长刘若进的"Miss Coquines"、法国华人进出口商会黄小杰的"Achat Gros"、法国文成联谊会名誉会长洪震波的"imoda. com"、欧洲首家华人上市公司欧华集团总裁黄学胜即将正式上线的奢侈品购物网站等。2014 年 11 月 7 日，"义乌购"法国跨境电商与法国万利贸易公司签订了合作协议，法国华人电商进入了一个新的发展时期。

法国华侨华人电子商务的发展，也为华文传媒的发展创造了新的路径。海外华侨华人特殊的生活环境和生活方式使其内部交往日益密切。海外华文网络的发展也为电子商务提供了更广阔的发展空间。例如，杭州华商陈翔创立的"新欧洲"，从原来的论坛网站、华商黄页转向电子商务，获得一定成功。欧洲时报传媒集团旗下的法纵网、微信平台"欧洲时报内参"也向电子商务平台转型，并且多次成功策划了企业推广活动。而一些华文媒体有一定的受众人数，运用读者优势"兼职"电子商务，对华商的转型有一定的引导意义。[①]

（四）移民政策放松，吸引高层次人才留法，有利于侨务资源发展

近年来，法国经济不景气，人才流失也比较严重。据法国外交部报道，6 年来移居国外的法国人以每年 3% 到 4% 的速度递增，总人数已达 161 万，这还不包括 50 万未申报者。一些大集团高管、大富豪或企业主对这种颇似人才流失的现象感到不安，故法国政府宣布特别富人税到期，就不再延续。同时，为了吸引外国人才，弥补法国人才流失，政府积极酝酿一系列提升法国吸引力的措施，其中就包括设立 4 年期居留证和"人才护照"，以吸引创业者、投资者、企业主和其他高端人才以及高素质的在法留学生。4 年期居留证是指向那些申请续签居留（即第二年申请居留）并符合条件的外国人直接发放 4 年有效期的居留证。目前法国 29 万名外国留学生中，只有 1. 3 万人拥有多年居留证，且这些居留证只发放给硕士生和博士生。"人才护照"是为有技术专长和特殊专长的外国人设立的。技术人才和特殊人才包括艺术家、科学家、体育运动员、企业主等。[②] 当前，中国每年约有10 000 名学生赴法留学，在法留学生总数为 35 000 人，[③] 并将逐年增加，他们将成为新移民政策的主要受益团体，也将是未来重要的侨务资源。

此外，法国还推出了留尼旺购房投资移民政策，并被列入由福布斯发布的"2014 年十大最适宜华人投资移民国家榜单"，名列第七。移民方式购房，只需支付 33 万欧元的购房款就可以获得 5 年的法国居住许可，所购房产还能与政府指定的国际知名的酒店管理方签署年回报 7% 的 18 年包租协议，更能享有法国免费医疗、免费子女教育等福利。但这一

---

① 《后危机时代的法国华商：抓住电商 转型有道》，http：//www. oushinet. com/home/mainnews/20141230/17721
2_ 4. html。

② 《法国将进一步放宽移民政策》，http：//www. jfdaily. com/guoji/bw/201407/t20140724_ 586141. html。

③ 《法外长：人数虽增 法仍望接待更多中国留学生》，http：//world. huanqiu. com/exclusive/2014 – 02/4854
197. html。

购房移民政策只适用于法国留尼旺省，法国本土并没有购房移民政策。①

（五）华人选票受重视，华人参政创佳绩，华侨华人维权意识增强

早在 2013 年 12 月底，华人参政的论坛组织者呼吁华人积极参加投票，表达自身诉求，维护合法权益，促进社会发展。华人选票日渐成为法国政坛一股不容小觑的政治力量。时任巴黎市第一副市长、巴黎市长候选人伊达尔戈，法国国民议会法中友好小组主席勒甘，法国政坛的华人领军人物、巴黎 13 区副区长陈文雄曾与 400 多名侨团领袖、华商、文化名人、学界精英等法国华人代表进行了交流。伊达尔戈在见面会上指出，她本人也是从外国移民到法国的，并且在法国获得发展，因此能理解在法国打拼天下的华人群体。她鼓励华人积极参政议政，并表示，如果当选巴黎市长，她将认真对待华人提出的改善社会治安和周日商铺营业等问题。巴黎 13 区副区长陈文雄表示："我们有很多事情，如果没有代表为华人讲话，政府不会注意，变成当地政府不重视我们。在当地政府里，我可以多了解当地情况，为华人争取发言的权利和机会。"②

2014 年 3 月 30 日，法国市镇选举结束。伊达尔戈当选巴黎市长，大巴黎有 6 名华人进入胜选名单，成为华人参政以来最大的收获。其中，陈文雄顺利当选首位巴黎市华裔议员，他将作为巴黎市长对外关系特别顾问，加强巴黎对外特别是与中国的联系。他还当选巴黎 13 区副区长，继续为 13 区的发展服务。在 19 区参选的华人律师王立杰当选区议员，在 20 区参选的施伟明当选区议员，在 77 省龙城参选的陈汉光成功当选市议员，在 77 省碧西市参选的法国潮州会馆理事刘志伟成功当选碧西市副市长，在 92 省库尔布瓦市（Courbevoie）参选的法国文成联谊会副会长、欧洲刘基文化学会常务副主席杨熙伟当选该市议员。③ 华人候选人巴黎"连胜"，在旅法华侨华人中引起热烈反响与期待。当地华媒称，2014 年法国市镇选举投票率再创新低，但华人投票、参政、议政的热情"逆势"高涨，这说明华人候选人及选民形象日渐成熟，华人政治分量增加。当选的华人副区长都主管经济，凸显了华商经济在当地举足轻重的地位，可见，华人商业圈的发展将为当地经济带来新活力。

华侨华人力量的崛起还表现在群体维权意识的增强。2014 年 12 月 11 日，法国华界在巴黎国际大酒店庆祝"亚裔社区争取周日营业权和工作权"万人联署签名活动一周年。活动发起人、法国华侨华人会执行主席王加清呼吁华界继续努力，引起法国政府的重视，支持、推动了《促进经济活动和经济增长法案》的实施。

就在"亚裔社区争取周日营业权和工作权"万人联署签名活动一周年之际，法国经济部长马克隆 10 日将《促进经济活动和经济增长法案》（又称《马克隆法案》）提交部长会议审议。其中最重要的内容之一，就是每年商店周日营业的天数从 5 天增至 12 天，并允许"国际旅客观光区"内的商店营业至午夜。毋庸置疑，华界为争取自身权益而团结起来一致发声，并上书奥朗德总统，在一定程度上产生了影响。现在，法国政府在此问题上的态度与华界呼声趋向一致，这非常值得庆贺。如果法国将来真的实现修法，开放周日营业

---

① 《法国将进一步放宽移民政策》，http：//www.jfdaily.com/guoji/bw/201407/t20140724_586141.html。
② 《2014 法国市镇选举 华人选票受重视》，http：//news.xinhuanet.com/world/2013－11/27/c_118310463.htm。
③ 《法国市镇选举尘埃落定 大巴黎 6 华裔步入政坛》，http：//www.chinanews.com/hr/2014－10/6049791.shtml。

权，必将有助于法国经济恢复增长，这其中也包含了法国华界的努力与贡献。①

（六）中法建交 50 周年，双边人文交流加强，侨胞迎来新机遇

2014 年是中法建交 50 周年庆祝年。9 月，中法两国启动了高级别人文交流机制，将人文交流打造成为中法关系继政治、经济对话之后的第三支柱。两国决定促进双方在教育、文化等领域的交流与合作，进一步加强两国青年学生间的往来，深化高等教育、科研、创新领域的合作。2014 年，"中法文化之春"迎来它的第九个年头。至 2014 年底，庆祝中法建交的相关活动已经由最初确定的 300 余场增加到了 800 余场，其中文化类的交流活动有 500 余场。主要包括：3 月 27 日，凡尔赛宫皇家歌剧院演出的庆祝中法建交 50 周年音乐会；5 月在巴黎举办的"第四届法国中国电影节"；7 月在法国阿维尼翁戏剧节上，中国话剧参加 OFF 单元演出；4 月至 10 月在中国举办的"法国电影节"等；4 月在北京举行的法国国家级博物馆十大名作展，汇集了法国五大国立博物馆（卢浮宫博物馆、奥赛博物馆、凡尔赛宫、毕加索博物馆及蓬皮杜艺术中心）的藏品；7 月在昆明举行的恩特林登博物馆藏品展；12 月在巴黎中国文化中心举办的重庆三峡中国博物馆"明清花鸟画作品展"等。②

中法两国领导人和政府都高度重视双边合作，迎来许多新的发展机遇，广大侨胞也积极参与其中。1 月 31 日，巴黎华人社团在 13 区政府隆重举办了"庆祝中法建交 50 周年暨春节团拜会"，广大侨胞参加了此次盛会。中国驻法大使翟隽肯定了广大侨胞对促进法国经济繁荣和丰富法国文化多样性所作的贡献，鼓励侨胞们积极融入法国社会、参政议政、维护自身合法权益、团结互助，期待侨胞们为进一步推动两国友好关系的发展作出努力。③

四、结论与趋势

2014 年法国市镇选举中，执政的左翼社会党并未获得佳绩，失去众多阵地，右翼势力崛起，这也表明民众对奥朗德执政两年来的成绩不满意，其中持续低迷的经济是主要原因，高失业率、低增长率、高赤字等拖累法国经济，"法国模式"前景迷茫，民众期待更多的改革。经济不景气也导致很多法国人出国就业，人才流失，促使法国政府对移民政策作出变革，以吸引高层次人才。

令人振奋的是，华人在此次市镇选举中表现甚佳，更多华人政治精英脱颖而出，华人族群在法国政坛的话语权得到进一步提升，华人政治力量更受关注。华侨华人应该进一步利用友好力量，改善在法生存和发展空间。华人经济发展的宏观大环境未有多大改观，部分法国右翼势力甚至对来自中国的经济力量持强烈抵触态度，由此可见侨务公共外交仍然很有必要。但部分有战略远见的华商仍能适应经济发展趋势，逐步创新发展模式，利用品

---

① 《为争取权益一致发声　法国华界力挺"周日营业权"》，http：//www. oushinet. com/news/qs/qsnews/20141215/175522. html。

② 《2014 中法建交 50 周年：庆"金婚"人文交流奏强音》，http：//china. huanqiu. com/News/scio/2014 – 12/5324764. html。

③ 《2014 中法建交 50 周年纪念活动在旅法侨界掀起热潮》，http：//news. eastday. com/eastday/13news/auto/news/china/u7ai3214543_ K4. html。

牌与电子商务相结合的方式为华商经济注入了新的活力。

　　展望 2015 年，在中法建交 50 周年纪念之际构筑的良好基础上，两国多层次的合作将进一步深入，政治、经济、人文等高级别交流机制将日趋发挥实质性功效，进一步推动双边关系的全面发展，增进两国人民的理解与互信。这也将有助于为华侨华人在法国的进一步发展构建更加宽松和谐的社会环境。随之而来的欧盟宽松货币政策可能导致欧元持续大幅贬值，给从事进口行业的华商带来挑战，但给出口、旅游等其他行业带来机遇。华侨华人应该根据形势变化，抓住机遇，适时调整布局。

德 国

2014 年，德国政局稳定，受欧元区及外围影响，经济保持低速增长，国内消费及就业环境有所改善。中德关系升温，高层互访频繁，助推政治、经济、人文等全面合作进一步深化，给华侨华人的发展带来更多良机。但同时，外来移民增多引发右翼势力排外大游行不断，给社会环境带来一些隐忧。此外，近年来，中国赴德留学生的数量持续增长，华侨华人结构将出现新的变化。展望 2015 年，德国经济仍将保持低速稳定增长，在中德关系及中欧关系平顺的机遇期，华侨华人可在经贸合作、人文交流等领域发挥独特作用，发掘更多机遇。

一、德国基本概况及中德关系发展

（一）德国基本国情表

德国概况

国家全名	德意志联邦共和国	地理位置	欧洲中部	领土面积	357 124 平方公里
首都	柏林	官方语言	德语	主要民族	主要是德意志民族、少数丹麦人和索布族人
政体	议会民主制下的总理负责制	执政党/主要反对党	联盟党（基民盟和基社盟）、自民党/社会民主党、左翼党等	现任总统/总理	约阿希姆·高克（Joachim Gauck）/安格拉·默克尔（Angela Merkel）
人口数量	80 780 000 人（截至 2014 年 12 月）	华侨华人人口数量	约 16 万人①	华侨华人占总人口比例	0.198%

---

① 《驻德国大使史明德在 2013 年华侨华人国庆招待会上的讲话》，http：//www. fmprc. gov. cn/mfa_ chn/dszlsjt_ 602260/t1080387. shtml，2014 年 1 月 2 日。

（续上表）

GDP/人均GDP	284 883 300万欧元/35 266欧元①	CPI	0.9%②	失业率	6.4%（2014年12月）③

资料来源：表格中除华侨华人人口数量和比例，其余数据来自欧盟官网，http：//europa. eu/publications/statistics/index_ en. htm，2014年12月25日。

（二）德国与中国的关系

中国与德意志联邦共和国于1972年10月11日建交，建交后各方面关系总体发展顺利。2004年5月，温家宝总理正式访问德国，两国发表联合声明，宣布在中国与欧盟全面战略伙伴关系框架内建立具有全球责任的伙伴关系。2009年1月28日至29日，温家宝总理第三次正式访问德国，与默克尔总理举行会谈，共同出席第五届中德经济技术合作论坛，发表《中德关于共同努力稳定世界经济形势的联合声明》，签署了多项双边合作文件。2010年7月，默克尔总理第四次访华，中德双方发表《中德关于全面推进战略伙伴关系的联合公报》，中德关系进一步深化。中德作为在各自地区和世界上具有重要影响力的国家，作为第二和第四大经济体及重要贸易和出口国，有着广泛的共同利益，在应对全球性挑战方面肩负着重要责任。2012年2月和8月，默克尔两度访华，与中国高层会面交流，就世界形势、欧债危机、中德关系发展等交换了意见，凸显了中德之间的特殊关系。2013年5月25日至27日，李克强总理访德，双方发表《联合新闻公报》；9月6日，习近平主席在出席二十国集团圣彼得堡峰会期间同默克尔总理会面。2014年3月，习近平主席对德国进行国事访问，决定将两国关系提升为全方位战略伙伴关系。2014年7月，默克尔总理第七次访华。此外，两国立法机构往来密切，中国全国人民代表大会已经同德国联邦议院建立交流合作机制。地方合作也日益加强，截至2013年底，两国已建立77对友好省州（市）关系。④

近年来，德国一直是我国在欧洲的最大贸易伙伴。2013年，双边贸易额为1 615.6亿美元，同比增长0.3%，其中中国对德国的出口额为673.6亿美元，进口额为942亿美元。中国从德国主要进口汽车、汽车零部件、金属加工机床、医药品、集成电路、纺织机械及零件、医疗仪器等；主要出口自动数据处理设备及其部件、服装及衣着附件、纺织纱线及织物制品、家具及其零件、农产品、鞋类、太阳能电池、打印机、船舶等。德国也是对华直接投资最多的国家之一，截至2013年底，中国累计批准德国企业在华投资项目8 193

---

① 数据是在德国统计局和德国央行预测德国2014年经济增长率为1.4%的基础上计算得出的，http：//finance. eastmoney. com/news/1365，20141215457313269. html；https：//www. destatis. de/EN/FactsFigures/NationalEconomyEnvironment/NationalAccounts/NationalAccounts. html，2014年1月10日。

② 德国统计局，https：//www. destatis. de/EN/FactsFigures/NationalEconomyEnvironment/Prices/Prices. html，2014年1月10日。

③ 德国统计局，https：//www. destatis. de/EN/FactsFigures/NationalEconomyEnvironment/LabourMarket/Unemployment/Unemployment. html，2014年1月10日。

④ 《德国国家概况》，http：//www. fmprc. gov. cn/mfa_ chn/gjhdq_ 603914/gj_ 603916/oz_ 606480/1206_ 606796/。

个，德方实际投入 218.4 亿美元，其中 2013 年全年 20.8 亿美元，同比增长 43.3%。中国对德国非金融类投资 39.4 亿美元，其中 2013 年全年 8.3 亿美元，同比增长 28.8%。① 2014 年被称为中德关系的一个独特"超级年"。2014 年，中德两国贸易额为 1 777.5 亿美元，较去年同期增长 10.1%。② 另外，中德两国在文化、教育、军事和地方交流等方面也有快速发展。

二、德国基本侨情

中国人移居德国已有上百年的历史，早期的华人主要是来自浙江、广东的商贩和海员。20 世纪初，开始有中国留学生留学德国。"二战"期间，约有 600 名中国人死于集中营，几百人死于劳工营。1937 年，有 3 700 名中国人在德国生活，到"二战"结束时，只剩 400 人了，至 1970 年在德华侨华人只有数百人。③ 20 世纪中叶，部分中国大陆和港台人士及印支华裔再移民先后定居德国。改革开放以来，大批中国公民以亲友团聚、留学、旅游、劳务输出等形式进入德国，1990 年德国华侨华人人数达到 4 万，目前增至 16 万左右，籍贯也由原来的粤、浙两省扩展到闽、苏、沪等省（市），其中粤籍和浙籍各占总数的 40%，其他省（市）籍（福建、江苏、上海、东北）约占 20%。他们居住分散，遍布全德 100 多个大、中、小城镇。④ 华人相对集中的城市有柏林、汉堡、法兰克福、慕尼黑、纽伦堡、不来梅、杜塞尔多夫和斯图加特等。⑤

据欧洲华侨华人社团联合会统计，截至 2008 年，德国华侨华人社团总数为 80 余家。由于历史和社会原因，德国没有唐人街，华侨华人社团一般没有专门会所。华侨华人的许多聚会、活动，一般都在中餐馆里进行，有的中餐馆门口甚至挂着社团的牌子，成为华侨华人社团活动的场所。

德国华人经济主要集中在三个产业：餐饮业、中医及旅游业。其中经营餐饮业的华人比例最大，德国有中餐馆和中式快餐店 6 000～7 000 家。中医在德国民间也十分受欢迎。德国约有 5 万名医生使用针灸作为辅助疗法，影响巨大。20 世纪 90 年代以后，华侨华人的职业朝多元化方向发展，包括进出口贸易、杂货贸易、旅行社、食品制造业、运输业、药业、教育、金融和 IT 等行业。

华人参政方面，德国社会相对保守，既没有美国的移民传统，也不像英、法有长期的殖民历史。德国政府强调移民融合必须遵循明确的标准，尤其以移民者"接受德国的价值"为前提，语言及社会法律知识必须过关。华人要融入主流社会，尤其是参政非常艰难。近年来，这种状况正在悄悄改变。华人参政的热情逐渐高涨，不仅体现在从政人数逐

---

① 《德国国家概况》，http：//www.fmprc.gov.cn/mfa_ chn/gjhdq_ 603914/gj_ 603916/oz_ 606480/1206_ 606796/。

② 《中国同德国的关系》，中华人民共和国外交部网站，http：//www.fmprc.gov.cn/mfa_ chn/gj_ 603916/oz_ 606480/1206_ 606796/sbgx_ 606800。

③ 《日益兴盛的德国中文学校》，http：//www.zhgpl.com/crn－webapp/cbspub/secDetail.jsp？bookid＝32601&secid＝32628。

④ 《德国华侨华人概况》，http：//www.chinataiwan.org/zt/gjzt/diqijie/pindaoliu/huarengaikuang/200803/t20080327_ 614125.htm。

⑤ 《欧洲华人生活比较：法国华人人数和社区规模居首》，http：//news.163.com/07/0701/14/3IASB9N5000120 GU.html。

年增多，也体现在参政意识的加强、参选人数的增多、选举参与热情的提高等方面。

华文教育方面，1973 年在汉堡诞生了由汉堡中华会馆创办的德国第一所中文学校——汉堡中华学校（也叫汉堡华侨子弟学校）。近几十年在德华侨华人人数倍增，使华文教育成为德国华侨华人的迫切需求；加上中国经济持续强劲发展，中德经济关系日益加强，华文经济价值提升，促使近 10 年来德国中文学校迅速发展，并逐渐呈现出兴盛的局面。德国目前有各类中文学校 70 多所，分散于各个地区。① 现在，德国华文媒体有 10 多家，大多数发展不错，其中，《华商报》《欧华导报》等比较有影响力。

三、德国政治经济形势变化对华侨华人的影响

（一）德国政局稳定，中德关系友好，有助于华侨华人发展

欧洲自债务危机以来，经济不振，各国离心离德，但 2014 年的乌克兰危机却使得欧盟各国表现出空前的团结。而经济一枝独秀的德国在欧盟的重要地位也更加凸显。

与此同时，欧洲对华政策更加趋于务实。2014 年上半年，欧洲是中国外交的亮点和热点，双边关系持续快速发展，双方在经贸等领域的"互需"程度加深。德国是欧洲的"三驾马车"之一，更是欧盟的重要成员，因此，由于德国在欧盟的影响力，中德合作对于中欧合作具有引领和示范作用。"德国目前正在稳步提升其在欧盟中的影响力，也正面临如何将自己的经济影响力转化成外交影响力的问题，所以，中德之间讨论的问题往往可以很快在中欧关系层面体现。"②

中德关系正处于全面发展的"快车道"，特别是 2011 年启动的"中德政府磋商机制"作为中德合作的新机制，标志着中德关系有了新进展。7 月，默克尔总理开展了其任期内的第七次访华，凸显中国在德国外交中的重要地位。中国国家主席习近平在钓鱼台国宾馆会见德国总理默克尔。双方积极评价中德关系的发展，表示要进一步拓展和深化两国务实合作，不断提升中德关系战略内涵。习近平指出，中德互为战略伙伴，又都是大国，双方应该在世界大棋局里审视和运筹中德关系，相互尊重，相互谅解，交流互鉴，不断增进战略沟通与互信，加强战略协调与合作，共同推动全球经济治理和国际体系变革发展，促进世界和平、稳定、繁荣。中德务实合作是全方位的，双方步伐应更大一些，打造更响亮的合作品牌。中方欢迎德方共同参与丝绸之路经济带建设。③ 中国的崛起以及中德关系的稳定发展无疑为在德华侨华人的生存和发展环境的改善提供了有力支持，同时也给华商的经济发展与转型带来了很多机遇。

（二）德国经济发展良好，中德经济合作加强，华商机遇大增

进入 2014 年下半年后，欧洲经济数据表现不佳，通胀率在低位徘徊、失业率居高不下、经济景气指数难以改善，专家预测，欧元区可能陷入"长期性经济停滞"状态。欧洲

---

① 《日益兴盛的德国中文学校》，http：//www. zhgpl. com/crn－webapp/cbspub/secDetail. jsp？bookid＝32601&secid＝32628。

② 《德总理默克尔今起第 7 次访华　经贸议题或贯穿全程》，http：//finance. sina. com. cn/world/20140706/001019 618500. shtml。

③ 《媒体盘点默克尔访华成果》，http：//finance. sina. com. cn/china/20140708/023919633314. shtml。

整体经济萧条拖累德国经济，不过截至 2014 年年底，德国经济形势有所好转，许多德国公司因此得以继续运营。德国经济研究所的统计数据显示，截至 2014 年，申请破产的德国公司有 2.37 万家，而全年的数字或将降至 1999 年以来最低。2014 年申请破产的德国公司较去年减少了 9%，所造成的 2 610 万欧元的经济损失也是近 10 年来的最小值。① 2014 年经济增速估计为 1.4%。②

近期，国际原油价格下跌对原油进口国德国和欧洲来说是重大利好。据德国智库慕尼黑经济研究所预测，2015 年欧元区 GDP 增长率为 0.8%，德国为 1.5%。③ 德国经济界信心不及去年。科隆经济研究所发布的其对德国各行业协会进行的年度调查结果显示，受访行业协会中，约有半数预计 2015 年行业产值与 2014 年持平或略有增长。仅有 7 家行业协会认为 2014 年行业发展态势好于 2013 年，有 20 家行业协会表达了悲观情绪。引起企业不安的主要原因是地缘政治问题。机械设备制造行业对明年持乐观预期，主要源于对中国和美国等国外市场寄予厚望。银行和保险业相对悲观，主要原因是德国投资项目持续减少、利率低以及相关法规日趋严厉。④

事实上，为了应对欧元区购买力不足的问题，近年来德国不断加强与非欧盟国家的合作。2008 年德国对第三国的出口只占 36.7%，对欧盟国家的出口占 63.3%，而 2013 年德国对第三国（尤其是亚洲市场）的出口达到了 43%，对欧盟国家的出口降到了 57%。在亚洲市场中，中国是德国最重要的贸易伙伴。从 1990 年到 2010 年，德国对华出口额增长了 30 倍，进口额增长了 20 倍，预计 2015 年将达 2 000 亿欧元。德国企业对华投资则达到 448 亿欧元，是中国对德投资 14 亿欧元的近 40 倍，双方还有很大的合作空间。传统意义上的中德合作大多局限于"中国需要德国技术，德国需要中国市场"，但随着中国自主研发能力的增强，越来越多的德国企业把中国当作一个旗鼓相当的伙伴，并且希望开启新的研发模式。在当今国际局势不稳定的情况下，德国与中国建立紧密合作关系，一方面两国都能够从中受益，另一方面对于维护地区的和平与稳定也非常重要。⑤

中德经济相互依赖的加强和相互合作的深化为华侨华人带来了更多发展空间。首先，华侨华人群体将进一步壮大；其次，中资企业的注入将为中国在德留学生的发展提供更多机遇。目前，华资在德国的形象也得到了企业界一定的认可。近年来，中国对德投资增加，2011 年收购或部分收购了 11 家德国中型企业，2012 年上半年又增加了 7 家。许多德国人对此心存疑虑：这些中国人是否只对"德国制造"的高科技感兴趣？他们有没有在德国长期发展的战略？近期，一个由德国工会下属的汉斯·伯克勒基金会进行的专项调查表明，德国工会对来自中国的投资者给予"高分"评价，至少在保证员工岗位、工资和劳资

① 《德国经济形势好转　破产公司数量或降至 15 年来最低》，http：//gb.cri.cn/42071/2014/12/29/6992s4822631.htm。

② 《德国央行：德国经济 2014 年经济增速预期为 1.4%》，http：//finance.eastmoney.com/news/1365，20141215457313269.html。

③ 《2014 年欧洲经济增长乏力　德国努力寻找新机遇》，http：//world.people.com.cn/n/2015/0103/c157278-26314140.html。

④ 《2015 年德国经济预测——多数行业将实现微幅增长》，http：//news.eastday.com/eastday/13news/auto/news/china/u7ai3276367_K4.html。

⑤ 《2014 年欧洲经济增长乏力　德国努力寻找新机遇》，http：//world.people.com.cn/n/2015/0103/c157278-26314140.html。

谈判等问题上，还没发现消极结果。该报告还认为，中国人表现出的合作精神要好于某些只顾短期内利润最大化的金融投资商。研究报告的作者奥利弗·埃蒙斯说道："不要低估这些来自亚洲的新主人的长远战略利益，中国不仅希望利用庞大的外汇储备进行投资，还想进入德国市场，摆脱对国外制造商和高科技的依赖。如果你不能打败他们，就和他们一起合作吧。"①

在经贸合作及人员往来日益密切的大背景下，2014 年 10 月 10 日，双方在第三轮中德政府磋商中决定将签证便利化举措作为具体成果纳入《中德合作行动纲要》，以将短期签证审发时间缩短为 48 小时为目标，通过简化签证申请程序，加快签证审发时间，实施便利申请人的签证审发程序；为商务人员申请签证提供便利，增加多年有效和多次入境签证的发放，延长签证的停留期；尽可能将长期性工作签证的审发时间缩短至 2 个月内。② 这是继英、意、法等国之后，又一欧洲国家推出的面向中国公民的签证便利化举措，将为华侨华人在中德商贸、投资和旅游等领域的合作与交流提供更多便利。

（三）外来移民剧增，移民政策引争议，右翼势力再掀排外浪潮

近年来，德国一直是欧洲经济危机中的"绿洲"，吸引大量移民前往寻找就业机会。据经合组织（OECD）的最新统计数据显示，2013 年德国的外来移民达到了 46.5 万人，实现了人数上连续 3 年的高速增长。德国已经成为经合组织 34 个成员国中仅次于美国的第二大移民目的地。2013 年有超过 1/3 进入欧盟的外来移民选择了德国，而这一比例在 2007 年仅为 1/10。③ 之所以出现此种情况，是因为德国难民政策存在历史背景，由于"二战"后期大量德国难民逃亡，获许多国家大量接收，故德国一直执行宽松的难民政策。2014 年接收了 20 万名难民，大部分难民来自中东，人数较 2013 年多出 60%，是 2012 年的 4 倍。

移民的急剧增长一方面为德国的经济发展提供了大量急需人才，但另一方面也可能对本土居民就业及福利等形成冲击，引发排斥心理。德国《明镜》周刊的最新民调显示，34% 的受访者认为，德国接收的难民太多，德国社会越来越"伊斯兰化"。自 2014 年 10 月以来，德国慕尼黑、波恩、卡塞尔等城市每周一都会有反移民游行，且人数逐渐增加，参加游行的抗议者抗议政府的移民和难民政策。2015 年 1 月 5 日，德国多个城市再次爆发反对国家移民政策的抗议游行，活动参与者担忧"欧洲伊斯兰化"，其中德累斯顿市的抗议活动规模最大，约有 1.8 万人参加。④

活动的组织者之一就是名为"欧洲爱国者反西方伊斯兰化"（Pegida）的排外运动组织，近年来借助民众对移民与日俱增令社会难以负荷的忧虑而迅速崛起。德国目前有 1 630 万人来自移民家庭，其中 890 万人已获得德国公民身份。移民人口中以土耳其及波兰两大族裔为主，其中伊斯兰教徒有 400 万人，占整体人口的 5%，当中 98% 居于德国西部。Pegida 要求政府制定更严格的移民政策，防止更多穆斯林难民涌入，损害德国的传统

---

① 《友好的中国人接管德国企业还不错》，http：//oversea. huanqiu. com/article/2014－03/4936237. html。

② 《德国将对中国公民实行签证便利化措施》，http：//www. fmprc. gov. cn/mfa_ chn/gjhdq_ 603914/gj_ 603916/oz_ 606480/1206_ 606796/xgxw_ 606802/t1199488. shtml。

③ 《经合组织：德国成为仅次于美国第二大移民目的地》，http：//gb. cri. cn/42071/2014/12/02/6992s4788281. htm。

④ 《德国爆发反伊斯兰化游行 抗议政府移民政策》，http：//www. askci. com/news/2015/01/07/1358132sj2. shtml。

价值观。

Pegida 运动传播的排外主义令德国各界忧心，担心造成社会不安且损害国家形象。2015 年 1 月 6 日，德国前总理施罗德、施密特和现任外交部部长施泰因迈尔及国防部部长冯德莱恩等 80 名德国重量级人物在德国《图片报》上刊登自己的照片，抗议 Pegida 运动。德国总理默克尔也呼吁人们要和右翼极端主义、排外行为作斗争，移民有益于德国。①

右翼势力的活跃可能给社会环境带来不安定因素，也可能波及在德国的华侨华人。英国广播公司（BBC）公布的 2014 年全球民意调查结果传递出了一个让人感到惊讶的数据：德国是对中国看法最负面的国家。该国高达 76% 的受访者认为，"中国对世界的影响主要是消极的"。这一比例甚至超过了日本（73%）。② 目前的右翼游行虽然未针对华侨华人，但民粹分子的排外行动需要提高警惕。因此，华侨华人加强与德国当地社会的互动，增进相互了解，始终是一个持续努力的方向。

（四）政社联合构建平台，增进与当地社会交流，华人参政再创新绩

2014 年 2 月 7 日，德国华侨华人公共外交协会举办了"了解侨情、倾听侨声"座谈会。来自中国山东、辽宁、北京、上海、江苏、福建、安徽、四川、云南、陕西和浙江省杭州、温州、宁波、仙居、青田等 10 多个省市的 40 多位侨胞参加了座谈会。中国驻德国大使馆领事部周安平主任、来丹副主任与大家一起座谈。座谈会上，大家反映的问题主要有：华人签证手续问题、海外华文教育问题、华侨华人退休权益保护问题、华侨华人在中国投资创业权益保护问题、华人在中国权益保护问题以及中德学历相互认可问题等。协会根据侨胞座谈情况和一些侨胞提供的书面资料以及电子邮件，进行筛选和整理，对有代表性的、针对性强的、突出的问题，及时向德国和中国有关部门反映和进行沟通。③ 12 月 16 日，协会在德国柏林阳光大酒店举办了慰问老侨领座谈会，来自柏林的部分老侨领和中国驻德国大使馆韩光明公参、领事部周安平主任和史宇秘书等 20 多人应邀出席，大家就如何引导华人侨社融入德国社会，以更好地争取和维护华人权益，针对促进德国华人侨社的和谐化、规范化和年轻化建设等问题提出了各自的见解。座谈会为德国侨界开创了一个良好的开端，给侨胞提供了一个反映问题和相互交流的平台，切实做到了为侨服务。

针对外界称德国华人在融入当地主流社会时常出现的"融而不入"的情况，德中文化交流会会长张彧指出，融入是一个建立在理解上的互动，自身在主动融入的同时，也要设法吸引当地人向你靠近。融入并不是把自己完全变成德国的华人，融入是一个互动的过程，要学会把自身的优势、精粹的文化，感染周围的社会圈，尤其是德国朋友社会圈。④

在积极融入当地社会的同时，近几年德国华人参政也是风生水起。早在 2010 年 11 月，顾裕华就当选法兰克福外国人参事会议员，成为法兰克福第一位参政、议政的华人女

---

① 《移民政策牵动德国神经极右组织发起排外游行》，http：//gb. cri. cn/42071/2015/01/07/6611s4831548. htm。

② 《2014 年全球民意调查：德国对中国看法最负面》，http：//news. longhoo. net/gj/content/2014 – 07/02/content_ 11337899. htm。

③ 《德国华侨华人公共外交协会举办"了解侨情、倾听侨声"座谈会》，http：//qx. lsnews. com. cn/system/2014/ 02/08/010482859. shtml。

④ 《德国华人张彧：华人融入主流社会的关键在于互动》，http：//www. chinaqw. com/hqhr/2014/10 – 29/237 92. shtml。

性，积极维护法兰克福华人的合法权益。她希望到 2015 年选举时，能有更多亚洲人参与竞选。此外，另一位华裔政治人物谢盛友风头正劲。2014 年 3 月，他所在的基社盟在德国巴伐利亚州班贝格市的议会选举中获得 12 个议员席位，成为该市第一大党，而谢盛友以第一名高票当选议员。①

（五）　中德人文交流加强，华侨华人桥梁作用显现，新生力量进一步壮大

近 10 年来，中德人文交流与合作表现出数量多、规模大、形式多样、内容丰富等特点。这不仅是由于中国与德国在人口规模、教育与文化机构数量上存在优势，还在于中国传统文化与德意志传统文化对两国人民具有一定吸引力。两国的人文交流促进了两国人民间的对话和沟通，增进了相互间的理解与信任。2014 年 7 月，国家主席习近平与默克尔会晤时表示，中德要持之以恒推进人文交流，大力促进双方人员往来，通过合作编写教材、推广对方杰出文学艺术等方式，增进两国青年一代的相互了解和友谊。②

语言是连接中德友好交流的纽带，2013 年至 2014 年为"中德语言年"。2013 年 5 月，"中德语言年"启动仪式在德国举行，李克强与默克尔共同出席仪式。2014 年 7 月 7 日，李克强与默克尔来到北京天坛，在天坛祈年殿前同近百名中德青少年代表交流，共话中德人文交流。此次中德两国总理共同会见两国青少年代表，为"中德语言年"画上圆满的句号。

2014 年是德国柏林与中国北京缔结友好城市 20 周年。7 月 18 日至 24 日，"德国中国艺术节"于德国首都柏林再次举办，"德国中国艺术节"是展现中德两国青少年文化风貌的大型综合文艺演出活动，旨在促进两国之间的文化交流，致力于为年青一代中有艺术梦想的人提供世界级的演出平台，艺术节项目包含合唱、器乐、舞蹈、美术、摄影和校园童话情景剧等。③

在推动两国人文交流的过程中，华侨华人一直扮演着重要角色，值得关注。在德华侨华人很多是留学后定居德国的，他们与主流社会交往较多，可发挥积极作用。例如，刚当选德国巴伐利亚州班贝格市议会议员的谢盛友毕业于中国广州中山大学德语专业，近年来为母校中山大学和班贝格大学牵线搭桥，建立了合作关系。中国留学生团体一直是德国高校最大的外国学生团体。2013 年在德国留学的中国学生有 2.3 万人左右，约占在德国留学生人数的 27%。④ 中德人文交流的加强将进一步吸引中国学生赴德留学，扩大华侨华人资源，提升整体素质。

四、结论与趋势

总体而言，2014 年中德关系发展良好。双方都将对方提到一个非常突出的位置来处理

---

① 《聚焦海外华人参政：欧美喜忧参半　亚洲亮点闪现》，http://world.huanqiu.com/article/2014-06/5038262.html。

② 《媒体盘点默克尔访华成果》，http://finance.sina.com.cn/china/20140708/023919633314.shtml。

③ 《"2014 德国中国艺术节"再次汇聚德国，盛装亮相柏林》，http://www.east-vision.org/yishujie/0115170.html。

④ 《中国稳居德国海外生源第一大国　中国学生稳中有升》，http://www.chinanews.com/lxsh/2014/03-27/6001466.shtml。

双边关系。默克尔总理任内七次访华，可见中国在德国外交中的重要性。中德关系友好也为中国企业、个人及华侨华人创造了宽松环境，有利于他们的更大发展。与此同时，华侨华人加强与双边政府及当地社会的沟通交流，增进理解，能够创建更加和谐的生存与发展空间。

不过，在欧洲整体经济不景气的大背景下，德国经济社会面临的压力也非常大。尤其是近年来外国移民大量涌入德国，引发右翼民族主义势力的兴起，对其经济与社会环境带来一定冲击，德国移民政策的适时调整势在必行。同时，我们也看到德国人对中国的负面看法还非常严重，因此，加强团结，增进交流，加深了解，回馈社会，始终是在德华侨华人与当地社会和谐相处的生存与发展之道。

捷　克

2014 年是中国与捷克建交 65 周年，双边关系也是 1989 年之后最好的时候，中国大使馆举办了相当多的庆祝活动，借此拓展了中捷双边的友好关系；捷克总统泽曼 10 月份访问中国，这是捷克领导人 10 年来首次前往中国进行国事访问；中国与中东欧地方领导人的经济论坛于 9 月份在布拉格召开，中国许多省份纷纷组建代表团访问捷克各州，寻求合作的商机；到捷克的中国观光客人数不断攀升，2014 年可望打破 2013 年 18 万人次的纪录。随着中国经济实力的上升，打算投资捷克的中资机构也纷纷前往捷克评估设点的可行性。2014 年是中国与捷克关系好转的关键一年，但捷克华侨华人也面临经济转型及社会融入的新挑战。

一、捷克基本国情①

表 1　捷克概况

国家全名	捷克共和国	地理位置	欧洲中部	领土面积	78 886 平方公里
首都	布拉格	官方语言	捷克语	主要民族	主要是捷克民族和少数斯洛伐克人
政体	议会民主制下的总理负责制	执政党/主要反对党	社会民主党（CSSD）、不满公民行动党（ANO）及基督教民主党（KDU－CSL）/共产党（KSCM）、传统责任荣誉党（TOP09）、公民民主党（ODS）、直接民主黎明党（UPD）	现任总统/总理	米洛什·泽曼（Milos Zeman）/博胡斯拉夫·索博特卡（Bohuslav Sobotka）
人口数量	10 512 419 人（截至 2014 年 12 月）	华侨华人人口数量	5 587 人（截至 2014 年 12 月）	华侨华人占总人口比例	0.053%
GDP/人均 GDP	2 856 亿美元/26 300 美元	CPI	1.4%（2013 年）	失业率	5.8%（2014 年 12 月）

资料来源：维基百科，http：//zh. wikipedia. org/wiki/%E6%8D%B7%E5%85%8B，2014 年 2 月 5 日；欧盟官网，http：//europa. eu/publications/statistics/index_ en. htm，2014 年 2 月 5 日；（捷克）《捷华通讯》，2015 年 2 月 1 日第 377 期，第 2 版。

---

① https：//www. cia. gov/library/publications/the － world － factbook/geos/ez. html；http：//www. chinaembassy. cz/chn/jkgk/t169821. htm.

捷克总人口数为 10 512 419（2014.12），世界排行第 83 名。其中捷克人占 64.3%，摩拉维亚人占 5%，斯洛伐克人占 1.4%，其他为 1.8%，尚有 27.5% 为无法认定。官方语言是捷克语，占 95.4%（2011 年）。信仰罗马天主教的人口为 10.4%，基督教新教为 1.1%，无宗教信仰为 34.5%，尚有 54% 无法认定。人口增长率在 2014 年时为 0.17%。GDP 总量为 2 856 亿美元（2013 年），世界排行第 46 位，人均 GDP 为 26 300 美元（2013 年），世界排行第 56 位。失业率为 7.1%（2013 年），世界排行第 74 位。年轻人（15 ~ 24 岁）失业率为 19.5%（2012 年），世界排行第 62 位。

二、捷克基本侨情

（一）华侨华人简史

匈牙利学者聂宝臻（Nyiri）将 20 世纪 90 年代中国移民前往中东欧的路径分为四条：①从俄罗斯远东地区到俄罗斯的欧洲区域。一些来自中国东北的移民从俄罗斯远东地区到莫斯科，主要为贸易商和学生。②从莫斯科到匈牙利、罗马尼亚和捷克共和国。1991 年至 1993 年，许多中国人从莫斯科迁离去寻找更好的商业机会和安全保障。当时罗马尼亚和捷克共和国对持有中国护照者都规定免签，中国护照不难申请，因此有一大批中国人前往这些地区。③从匈牙利到捷克共和国、罗马尼亚、南斯拉夫、俄罗斯和东欧国家的其他地方。1992 年初，罗马尼亚和捷克斯洛伐克（后来的捷克共和国）是最受欢迎的目的地，中国移民也到斯洛文尼亚、波兰、阿尔巴尼亚、保加利亚、乌克兰、俄罗斯、立陶宛；波斯尼亚战争结束后，也有中国移民去了南斯拉夫和波斯尼亚。④从匈牙利和捷克共和国到德国、奥地利、意大利。[①] 中国移民自 80 年代以来即把俄国及中东欧地区作为前往西欧的过境国，捷克正好位于中国移民向西前进的缓冲地带，80 年代末及 90 年代的捷克经常扮演中国移民西进的过境国角色。

捷克在 90 年代的移民政策相当宽松，许多前共产主义国家如白俄罗斯、俄罗斯、吉尔吉斯、摩尔多瓦及古巴等国家的人民都能免签进入捷克，不过 90 年代中期以后，捷克为了加入欧盟而制定了一些关于移民的相关法规，包括《外人法》（Alien Law）、《庇护法》（Asylum Law）及新的签证措施，并于 2000 年开始实施，取消上述国家的免签措施。根据新设立的《外人法》，外国人必须在捷克境外申请入境许可，且入境后不能改变原本的入境目的。90 年代初捷克对中国移民的签证管制不严，中国移民相对容易申请到捷克签证进入捷克，不过 2000 年之后也受制于捷克新的移民法规，导致成功申请捷克签证的概率降低。此外，捷克的移民融合政策配合 2004 年欧盟所提出的 "移民融合共同基本原则"（Common Basic Principles on Integration of Immigration），缩短了移民申请永久居留许可的时间，从原本的 10 年减为 5 年，并且在持有永久居留许可 5 年后，即可申请捷克公民资格。[②] 捷克为吸引外国高级人才前来移民，规定（2009 年）在捷克获得硕士、博士学位后，留在捷克工作分别满三年及一年，即可获得捷克永久居留许可。另外，为了强化社会

---

① Nyiri，Pal. Chinese Migration to Eastern Europe. *International Migration*，2003，Vol. 41，pp. 239 – 265.

② 陈若筑：《欧洲统合下捷克劳工移民政策之研究》，淡江大学欧洲研究所硕士学位论文，2012 年。

融合政策，规定永久居留许可的申请者需加考捷克语及捷克国情基本常识。①

在曲北兰的学位论文中，她分析了捷克移民政策的变化和捷克中国移民社区发展的关系。曲北兰指出，20 世纪 90 年代初捷克与其他欧洲后共产主义国家成为世界移民系统的一部分，而其宽松的移民政策和新的商机吸引了很多来自不同国家，包括中国大陆的移民。然而，在 90 年代中期，捷克为加入欧盟及申根区域做准备，因此采取了更为严格的移民政策以符合欧盟的移民法规。结果，捷克的主要拉动因素之一，即针对移民的开放，随着欧盟的东扩而消失，甚至在移民过程中增加了许多限制。在这种情况下，移民的社会网络成为推动新移民进入捷克的主要管道。②

（二）华侨华人人口概况

根据捷克内政及统计部门的资料（2014 年 6 月），目前在捷克持有居留许可的外国人总数为 446 500 人。③ 从表 2 的统计数字来看，在捷克居留的外国人总数逐年增长，其中以 2005—2008 年期间的增长幅度最大。金融危机之后（2010 年 9 月），总数稍微下降，不过这几年的外国人总数呈现稳定的小幅成长。截至 2014 年 6 月底，在捷克持有永久居留许可的外国人数为 246 853 人，长短期居留 199 650 人，非欧盟国家的外国人数为 268 989 人。④ 与 2013 年 12 月相比，长短期居留人数合计减少了约 2 982 人，永久居留增加了 7 949 人。外国人总数增加 4 967 人，非欧盟国家的外国人减少了 2 453 人。⑤

在捷克最多的外国人是乌克兰人，尽管从 2008 年以来其人数呈现不断减少的情况，但其目前仍是唯一在捷克超过 10 万人的外国人族群。2014 年 6 月的统计数字显示，乌克兰人数量最多，为 104 290 人，其次为斯洛伐克人（93 752 人），第三为越南人。越南人在 2008 年突破 6 万人，不过这几年又跌回 5 万多人，比较特别的是，越南移民在 2013 年成功争取到捷克第 13 支少数民族的法律地位。其他的外国移民人数的排序分别为俄罗斯人、波兰人、德国人、保加利亚人、美国人、罗马尼亚人，中国人紧接在后，人数为 5 540 人，排第 10 位，比 2013 年前进 1 位。

---

① 郑得兴、胡丽燕：《欧盟共同移民政策与会员国之挑战——捷克的"移民整合"及中国移民视角》，张台麟主编：《欧洲联盟推动建构共同对外政策之发展：机会与挑战》（会议论文集），2013 年，第 253～294 页。

② ［捷克］曲北兰，《移民政策与社会网络——九十年代以来的捷克中国移民》，政治大学东亚研究所硕士学位论文，2009 年。

③ 《上半年捷克居有外国人 446 500 人，持有中国护照 5 540 人》，（捷克）《捷华通讯》，2014 年 8 月 17 日，第 5 页。

④ 《上半年捷克居有外国人 446 500 人，持有中国护照 5 540 人》，（捷克）《捷华通讯》，2014 年 8 月 17 日，第 5 页。

⑤ 《上半年捷克居有外国人 446 500 人，持有中国护照 5 540 人》，（捷克）《捷华通讯》，2014 年 8 月 17 日，第 5 页。

表 2　在捷克的外国人（2001—2014）

时间	2001	2003	2004	2005	2007	2008	2010.9	2013.12	2014.6
总数	210 794	240 421	254 294	278 312	392 315	437 565	425 568	441 536	446 500
乌克兰	51 825	62 282	78 263	87 789	126 721	131 921	126 521	105 293	104 290
斯洛伐克	53 294	64 879	47 354	49 446	67 889	76 034	71 676	90 948	93 752
越南	23 924	29 046	34 179	36 833	51 101	60 253	60 605	57 406	57 289
俄罗斯	12 424	12 605	14 747	16 273	23 278	27 086	31 297	33 415	34 473
波兰	16 489	15 766	16 265	17 810	20 601	21 710	18 328	19 452	19 499
中国	3 359	3 036	3 426	3 580	4 978	5 203	5 425	5 508	5 540

资料来源：*Foreigners in the Czech Republic*，Czech Statistical Office。

截至 2014 年 6 月的捷克统计资料显示，持合法居留身份的中国侨民有 5 540 人，其中长期居留人数为 1 578 人，永久居留为 3 962 人，永久居留占 71.5%。从表 3 的数据来看，最近这几年在捷克的中国侨民人数在 5 500 人上下，持长期签证的人数逐年递减，而在目前捷克移民政策趋于严格的情况下，持有永久居留许可的人数逐年增加，这也显示出中国侨民对融入所在地社会的积极性。在中国大陆侨民中，男性 2 922 人，女性 2 618 人。按登记住址统计，3 926 名中国人住在布拉格，占中国大陆侨民总数的 70.8%，其他居住城市包括 Ostrava 及 Brno 等地。①

表 3　捷克的中国移民总数（2011—2014）

时间	长期居留	永久居留	合计
2011.12	2 142	3 445	5 587
2012.12	1 990	3 617	5 607
2013.12	1 650	3 858	5 508
2014.6	1 578	3 962	5 540

资料来源：转引自《捷华通讯》，2014 年 2 月 1 日第 4 页及 2014 年 8 月 17 日第 5 页。

三、中捷关系与华侨华人社会

新中国与捷克早在 1949 年 10 月 6 日就建立了外交关系，但过去 65 年的中捷关系呈现出多段波折的情况。20 世纪 50 年代捷克大力援助新中国，河北沧州"中捷友谊农场"见证了 20 世纪 50 年代中捷的友好关系。② 60 年代捷克跟随苏联与中国交恶，双方往来日渐生疏。70 年代中捷的国内政局有了新变化，双方关系逐渐好转。不过，80 年代末捷克社会转型，中捷在政治意识形态上仍有差异。90 年代有大量的中国移民移入捷克社会。2014

---

① 《上半年捷克居有外国人 446 500 人，持有中国护照 5 540 人》，（捷克）《捷华通讯》，2014 年 8 月 17 日，第 5 页。

② 《马克卿大使在国庆 65 周年暨中捷建交 65 周年招待会上的讲话》，http://www.chinaembassy.cz/chn/rdzt/jjzn/t1195685.htm，2014 年 9 月 27 日。

年是中捷建交 65 周年，也是捷克社会转型至今的第 25 年，这一年的中捷关系有了新变化，同时也对华侨华人社会产生了重大影响。

（一）中捷建交 65 周年的文化内涵

1950 年 8 月 18 日，中国首任驻捷克斯洛伐克大使谭希林率驻捷全体外交官及工作人员从北京搭乘国际列车赴捷克任职，9 月 5 日抵达捷克首都布拉格。1950 年初，中国精挑细选的一批留学生，依同样的国际列车路线来到布拉格，他们在布拉格中央车站受到热烈欢迎，成为中国最早的"捷克通"。同一时间，捷克亦选出一批留学生到中国，他们中有许多是捷克著名汉学家普实克（Jaroslav Prusek）的学生。50 年代的中国与捷克留学生成为连接中国与捷克 65 年来的关系的最重要桥梁。

2013 年 12 月 28 日，著名的捷克语翻译家丛林教授过世，他是 50 年代初的中国留学生，著名的捷克语翻译家，欧美同学会东欧分会创始人、首任会长，留学捷克斯洛伐克同学会前任会长，北京外国语大学捷克语教授，《新捷汉辞典》主编。① 捷克的华文报纸《捷华通讯》随即在 2014 年 1 月 2 日以 5 个版面专题报道丛林教授的纪念文章，以示对丛林教授的敬意。中国驻捷克大使马克卿女士于 2014 年 12 月 13 日专程看望 91 岁高龄的捷克著名汉学家、翻译家何德佳女士。何德佳女士曾与丈夫（捷克著名汉学家何德理）于 20 世纪 50 年代担任捷克驻北京大使馆的首任文化参赞，时间达 5 年之久。②

2014 年 6 月 9 日，马克卿大使在中国驻捷克使馆举行中捷建交 65 周年留华人士联谊会，邀请了 100 多位曾经在中国留学、工作的各界人士，以及捷克外交部、教育部的代表等，他们之中有 20 世纪五六十年代在中国的学习者和工作者。③ 2014 年 8 月 18 日，中国驻捷克大使馆举办庆祝中捷建交 65 周年《我与中国》文集发布仪式，文集作者、部分中捷新闻媒体记者及中国使馆外交官共 80 余人出席，《我与中国》系中国驻捷克大使馆为庆祝中捷建交 65 周年而编辑的。文集采用捷中双语，征集了捷克老、中、青三代共 20 位作者回忆他们与中国交往的文章。④

2014 年 8 月 8 日开始为期三个月的"华夏瑰宝"展览，于 11 月 9 日在布拉格城堡马厩展览馆闭幕，参观人数超过 23 000 人次。这次展览亦是为了纪念中捷建交 65 周年所举办的，主要由中国交流中心、捷中友好合作协会、布拉格城堡管理中心联合主办，并选择了由陕西历史博物馆、南京博物馆、承德博物馆提供的文物精品 90 组 161 件，其中一级文物就有 13 组，涵盖了从新石器时代到清朝的文物。两尊秦始皇陵兵马俑真品首次亮相捷克，5 000 年中华历史文化之精粹，在中捷之间的展览史上史无前例。⑤

文化是重要的软实力，代表中国在世界各地散播中华文化的孔子学院，于 2007 年在捷克 Palacky 大学设立，是捷克目前唯一的一所孔子学院，每年约有 300 人报名学习。

---

① 《著名捷克语翻译家丛林教授去世》，（捷克）《捷华通讯》，2014 年 1 月 2 日，第 13 ~ 17 页。

② 《马克卿大使看望捷克最年长汉学家何德佳女士》，http：//www. chinaembassy. cz/chn/rdzt/jjzn/t1219386. htm，2014 年 12 月 15 日。

③ 《驻捷克使馆举行中捷建交 65 周年留华人士联谊会》，http：//www. chinaembassy. cz/chn/zjgx/t1167914. htm，2014 年 6 月 23 日。

④ 《驻捷克使馆举行〈我与中国〉文集发布仪式》，http：//www. chinaembassy. cz/chn/rdzt/jjzn/t1184280. htm，2014 年 8 月 20 日。

⑤ 《华夏瑰宝展成功落幕，观众数突破 23 000》，（捷克）《捷华通讯》，2014 年 11 月 17 日，第 1 页。

2014 年 11 月 19 日，Palacky 大学孔子学院布拉格分院在布拉格举行成立仪式。孔子学院布拉格分院与布拉格外交学院合作，面向公众开设汉语培训课程。自 11 月以来，已有 30 多人报名。① 孔子学院主要为外国人士提供学习汉语的机会，起到搭建两国文化桥梁的作用。2014 年 5 月 28 日，马克卿大使专程前往布拉格中华国际学校，提早与该校学童共同庆祝"六一"国际儿童节。"六一"国际儿童节的由来，主要是为了纪念捷克 Lidice 村在 1942 年被德国纳粹屠杀 88 名儿童的历史事件。而中华国际学校主要"提供华侨子女学习汉语的机会，以作为中华文化传承之地"②。2014 年 1 月 13 日，布拉格中华国际学校获得"海外华文教育帮扶专款十万元"的奖励，以让学校改善办学条件。布拉格中华国际学校已成立 18 年，于去年初（2014）入选第三批"海外华文教育示范学校"，校长为戴波先生。③ 不管是捷克孔子学院，还是布拉格中华国际学校，尽管教育对象有差别，但它们促进中华文化的散播与传承的目的是一致的。

中国大使馆及捷克的华文媒体对 20 世纪 50 年代及之后的文化资产，以具体行动对其表达敬意，这不仅是中国与捷克 65 周年关系中最值得重视的文化现象，同时也是中国与捷克双边关系能够在 65 周年之际再找到更多共同情感的重要基础。中国与捷克建交 65 周年，可以说是从寻找彼此之间的共同记忆中重新出发。而对中捷关系的文化联结表示高度的重视，亦有助于所在地华人社群的文化认同与社会融合。中捷建交 65 周年可以形成重要的论述，当中最重要者并非在政治经济层面，而是在文化层面。这也是自从 90 年代以来中国移民被所在地社会接纳的重要契机，中捷的未来关系亦必须在过去 65 年的基础上出发，重视中捷过去的文化财富才是华人社会会被所在地社会尊敬的关键。从中可以看出，中国大使馆及华文媒体扮演了最积极、最重要的角色。文化作为软实力的体现，孔子学院承载外国人汉语学习的任务，布拉格中华国际学校亦承担起传承中华文化的重任，而在捷克的中国儿童更扮演起跨文化/双文化交流的角色。

（二）中捷政经关系与华侨华人社会

2014 年是中捷建交 65 周年，也是捷克国家元首 10 年来首次再访问中国，象征中捷关系的更进一步发展。捷克总统泽曼应中国国家主席习近平的邀请，于 2014 年 10 月 24 日至 27 日对中国进行国事访问。这是习近平主席与泽曼总统在 2014 年的第二次会面，第一次是在俄罗斯索契冬季奥运会上。泽曼总统 10 月访问中国的代表团成员包括捷克工贸部长姆拉代克、内务部长霍瓦内茨及卫生部长涅麦切等。捷克驻华大使塞奇卡、中国驻捷克大使马克卿陪同泽曼总统出席活动。随总统访问中国的企业家代表团成员近百人，④ 在他们访问中国期间，中捷企业界签署多项合作协议，例如布尔诺（Brno）的 PBS 航空机械公司与中航工业江西洪都航空工业集团有限公司签署合作开发航空运输系列微型涡轮机协议；中国四川与捷克签署了合作建设环保技术工业园，环保技术、纳米技术转让和合作生

---

① 《Palacky 大学孔子学院布拉格分院成立》，（捷克）《捷华通讯》，2014 年 12 月 1 日，第 9 页。

② 《驻捷克大使马克卿"六一"国际儿童节慰问布拉格中华国际学校》，http://www.chinaembassy.cz/chn/zxdt/t1161115.htm，2014 年 5 月 30 日。

③ 《驻捷克大使馆向布拉格中华国际学校转交国侨办赠款》，http://www.chinaembassy.cz/chn/zxdt/t1118782.htm，2014 年 1 月 14 日。

④ 《泽曼总统成功访华》，（捷克）《捷华通讯》，2014 年 11 月 1 日，第 1 页。

产纳米材料等协议。①

2014 年 4 月 28 日至 30 日，捷克外交部部长扎奥拉莱克访问中国，这是捷克外长 15 年来第一次访问中国。中捷双方签署了《中捷外交部新闻公报》（2014 年 4 月 29 日），这是中捷两国继 1999 年政府联合公报和 2005 年政府联合声明之后发表的又一重要政治文件。《中捷外交部新闻公报》中说："双方重申高度重视中捷关系，愿以两国建交 65 周年为契机，在相互尊重、平等相待、照顾彼此核心关切基础上，本着中华人民共和国政府和捷克共和国政府于 1999 年和 2005 年发表的联合声明中确定的原则进一步深化合作，为两国传统友好关系发展注入新动力。"②

2014 年 8 月 28 日至 29 日，在布拉格举行第二次中国—中东欧国家地方领导人会议，中国由国务院副总理张高丽率团出席，与会期间，张高丽会见了捷克总统泽曼与总理索博特卡。泽曼说，捷克将积极利用"16＋1"合作平台，促进中东欧以及欧盟国家同中国的合作。③ 本届投资论坛，中国与会者中除了政府高官，还有重要的中国企业代表，包括中信集团、中化集团、华信能源等在世界 500 强之列的中国大企业。捷克方面则积极争取全球资产规模最大的银行——中国工商银行来布拉格开设分行。捷克期待更多中国游客的到来，双方交通部长、捷克地方发展部长、捷克航空和布拉格机场等，都强调了支持和开通布拉格—中国直航，届时到捷克的中国游客将可望成倍增长。④

以上是 2014 年中捷双方最重要的政治往来：首先是基于中捷双方建交 65 周年的纪念活动；其次是中捷双方高层关系的往来，落实在中捷双方的贸易与投资的具体项目上。2014 年 1—6 月，捷克外贸处于顺差状况，顺差主要源于德国。根据欧盟统计局统计，2014 年 1—6 月捷克与中国的双边贸易额为 54.2 亿美元，增长 9.6%。其中，捷克对中国出口 9.7 亿美元，增长 5.3%；自中国进口 44.5 亿美元，增长 10.6%，捷克贸易逆差 34.8 亿美元，增长 12.2%。中国为捷克第 19 大出口目的地和第四大进口来源地。⑤ 中捷双方的贸易额从 1993 年的 3.4 亿美元上升到 2013 年的 94.5 亿美元，捷克已超过匈牙利成为中国在中东欧地区的第二大贸易伙伴，同时中国已成为捷克第四大贸易伙伴和第二大进口来源地。⑥

中国在捷克投资和合作的企业包括华为、长虹、亚普汽车等，华为在捷克通信设备供应市场上的份额在 70% 以上，银联国际在捷克开通的商户服务已超过 4 000 多家，⑦ 2014 年 7 月 12 日，长虹海外战略发展部部长王悦纯与中捷克州代理州长和 Nymburk 市长 Milos Petera 在 Nymburk 市签署了备忘录。长虹集团决定对在捷克 Nymburk 市的长虹欧洲公司增资 2 000 万欧元。根据备忘录，长虹集团 Nymburk 厂将新建冰箱、洗衣机等白色家电生产线，打造中国企业在捷克最大的制造业投资项目，建设面向欧洲的家电生产基地。⑧ 长虹欧洲电器有限责任公司成立于 2005 年，由捷克前总统克劳斯与温家宝总理签署，是中国

---

① 《中捷企业界签署多项合作协议》，（捷克）《捷华通讯》，2014 年 11 月 1 日，第 2 页。

② 《中捷外交部新闻公报》（2014 年 4 月 29 日），（捷克）《捷华通讯》，2014 年 5 月 2 日，第 2 页。

③ 《泽曼总统会见张高丽：愿进一步拓展合作领域》，（捷克）《捷华通讯》，2014 年 9 月 2 日，第 2 页。

④ 《投资论坛：中国找投资伙伴和商机，捷克求引资扩大出口》，（捷克）《捷华通讯》，2014 年 9 月 2 日，第 3 页。

⑤ 《2014 年 1—6 月中捷双边贸易概况》，（捷克）《捷华通讯》，2014 年 9 月 2 日，第 3 页。

⑥ 《中国成为捷克的外交优先》，（捷克）《捷华通讯》，2015 年 1 月 2 日，第 7 页。

⑦ 《全面促进中捷经贸关系向前发展》，（捷克）《捷华通讯》，2014 年 11 月 17 日，第 8 页。

⑧ 《长虹捷克公司增资 2 000 万欧元，打造中资在捷最大项目》，（捷克）《捷华通讯》，2014 年 7 月 16 日，第 1 页。

在捷克的第一个大型投资项目，投资金额 1 200 万美元，2007 年 3 月正式投产运行。2014 年 5 月 26 日，捷克总理索博特卡一行考察了中国长虹电器有限责任公司在捷克投资建设的工厂，称赞长虹在捷克的投资非常成功。① 另外，在 2014 年 10 月 26 日的中捷商务论坛上，捷克总统泽曼希望中国银行尽快在捷克设立分支机构，中国银行董事长田国立则回应说中国银行将很快在捷克设立分行。②

捷克是旅游大国，2014 年的外国游客估计突破 800 万，其中中国游客在 1—9 月的统计数字已达 16.35 万人次，同比增长 22%，平均逗留 2.6 天，同比增长 1.9%，并且首次进入捷克的外国游客人数前十名。③ 为应对大量中国游客访捷，捷克政府高度重视中捷两国航空交通合作，双方加紧磋商开辟布拉格至北京及布拉格至上海的直航航线，新航线最快有望于 2015 年 5 月开通。④ 此外，为吸引更多中国游客，捷克总领事馆协同捷克旅游局、捷克投资局、捷克贸易局共同举办"捷克上海之秋"新闻发布会，特别向业者强调近日领馆最新简化了签证流程与手续。⑤

中捷建交 65 周年，可以看出捷克政府对中国政策的转变。目前捷克政府正在放弃前总统哈维尔的外交思维，而积极争取中国市场及经贸合作等机会。2014 年中捷的官方往来密切，经贸合作会议密集召开，再加上中资的增长以及中国游客的大幅增长，对捷克的华侨产生了正面的影响。中国餐馆增加了中国旅行团的业绩，服务中国游客的生意正是一个能为所在地华人再度创造就业的好机会。由于中捷关系的好转以及实际交流、互动的增加，捷克人对居住在捷克的中国人群体的好感持续增加，平均亲疏指数为 3.28，去年同期为 3.35，而 2012 年时为 4.16（亲疏数值越低，关系越亲近），在被列入调查的 17 个族群中列第 12 位。⑥ 捷克政府不仅希望中国能到捷克投资，也希望能够打开捷克产品在中国的市场，更希望吸引更多的中国游客到捷克消费，目前这些变化在未来几年内极有可能改变捷克华侨华人社会的生态。

四、2014 年捷克华侨华人社会变化分析

中捷关系的好转为中捷双边关系发展带来重要契机，同时，这些变化也有所在地华侨过去 25 年来努力的成果。在面对这些变化时，华侨华人社会也遭遇了若干的困境，如何应对这些困境，这是华侨华人社会无法回避的课题。以下综合探讨 2014 年捷克华侨华人的社会情况，并提出一些建议。

（一）中国大使馆起到维系华侨华人社会情感的作用

马克卿大使于 2014 年 2 月到任捷克后，不仅因应中国国内需求而拜会捷克政府各相

---

① 《捷克总理参观长虹工厂，赞誉中国企业助力捷克发展》，（捷克）《捷华通讯》，2014 年 6 月 2 日，第 9 页。
② 《中国银行将在捷克设立分行》，（捷克）《捷华通讯》，2014 年 11 月 3 日，第 2 页。
③ 《今年游客将突破 800 万，中国游客已过 16 万，首次进入 TOP10》，（捷克）《捷华通讯》，2014 年 12 月 15 日，第 7 页。
④ 《中捷有望于明年五月开通直航》，（捷克）《捷华通讯》，2014 年 6 月 16 日，第 1 页。
⑤ 《捷克驻上海领事馆简化签证流程吸引游客》，（捷克）《捷华通讯》，2014 年 10 月 16 日，第 8 页。
⑥ 《捷克人与外族人关系调查：斯洛伐克人最亲，最不喜欢罗姆人》，（捷克）《捷华通讯》，2014 年 4 月 15 日，第 9 页。

关单位，亦积极为中捷双边利益牵线。中国大使馆不仅服务政界及商界人士，2014 年 11 月 18 日还为旅捷华侨华人及中资机构代表举办使馆开放日活动，马克卿大使代表大使馆充分肯定旅捷华社、中资机构积极参与中捷合作，促进民间交流之贡献。这是中国使馆首次面向华侨华人、中资机构举办开放日活动。[①] 中国大使馆在拉近与侨胞的距离并作为侨胞最可靠的避风港，摆脱官僚作风，维系侨胞在移民国与祖国间的情感联结方面，真正发挥了大使馆的最核心功能及价值，这点是应受到高度肯定的。假如未来能迎接更多层面的华侨华人前来使馆，不一定需要非常正式的活动场合，这对显示使馆的亲民作风及凝聚侨胞的向心力，一定具有正面的效果。

（二）中国地方代表团络绎不绝前来捷克寻求商机

2014 年在布拉格举行第二次中国—中东欧国家地方领导人会议，国务院副总理张高丽带领中国 16 个省、市的领导人参加，中国和中东欧领导人共商合作大计。此外，中国许多省、市亦纷纷组织代表团前往捷克各州进行经贸访问。2014 年 4 月 30 日，捷克工业联合会与中国青岛市商务局联合举办的"青岛—捷克双向投资贸易合作项目洽谈会"在布拉格举行，青岛市委书记李群、捷克工贸部副部长巴特尔、捷克工业联合会副会长尤里切克及中捷企业代表约 100 人参加。[②] 2014 年 5 月 29 日，中国浙江省—捷克比尔森州"产业对接洽谈会"在捷克比尔森州举行。来自中捷政商各界的 300 余人参加了洽谈会。浙江省省长李强，马克卿大使，比尔森州州长史来思，捷克内务部长、前比尔森州州长霍瓦内茨等出席会议并致辞，捷克工贸部部长姆拉代克出席了配套活动。捷克总理索博特卡为会议发来致辞，并在布拉格会见了李强省长一行。[③] 不仅中国派地方代表团前来捷克，捷克方面亦有地方政府率团前往中国各地洽谈商机。这种交流机会日益频繁，但如何落实到执行层面比较重要。这种生意机会亦能有效地鼓励捷克所在地的华侨华人参与其中，使其在面对经济转型之际，能有更多的选择机会，这将有助于解决许多华人所面临的转业问题。

（三）捷克华侨社会的认同与融入

1989 年以后来捷克的第一代华侨，主要是经济移民，大家来到国外都希望努力赚钱。尽管 20 多年以来，第一代移民也大都习惯移民所在地的社会生活，但他们仍有社会融合的问题。目前捷克的永久居留政策是限缩的，捷克政府透过语言及国情考试，来遏止大量外国移民的迁入及久居，但这不表示目前华人移民在获得捷克永久居留权之后，就更容易融入所在地社会。现在的华侨华人已有第二代，年轻世代的问题主要是认同，他们的社会融合大多不成问题，但久居国外之后，他们对祖国的文化认同及情感可能生疏。不管是第一代还是第二代的华人移民，如何让他们成为跨文化或双文化的桥梁，也是所在地华侨社团及大使馆可以思考的问题。2014 年 7 月 7 日，由中国青田县侨办主办、华侨中学承办的第七届"中国寻根之旅"夏令营，共有来自 10 个国家的 80 名海外华裔青年参加，他们通

---

① 《使馆面向华侨华人及中资机构举办开放日活动》，（捷克）《捷华通讯》，2014 年 12 月 1 日，第 24 页。

② 《驻捷克大使马克卿出席青岛—捷克投资贸易合作洽谈会》，http：//www.chinaembassy.cz/chn/rdzt/jjzn/t1152132.htm，2014 年 5 月 3 日。

③ 《驻捷克大使马克卿出席浙江省与比尔森州产业对接洽谈会》，http：//www.chinaembassy.cz/chn/zxdt/t1161388.htm，2014 年 6 月 1 日。

过学习书法、绘画、青田话等课程，接触中华文化。而此项活动最主要的目的，是通过海外华裔青年回乡的亲身参与，增进对家乡的亲切感和认同感。① 其他中国地方来的移民子女是否也有此需要，可以参考青田人的例子，并辅导或鼓励其子女参与类似的活动，进而解决华侨华人第二代的认同问题。

五、结论与趋势

新中国与捷克的外交关系起源甚早，中捷外交关系已有 65 年，但因政治意识形态的关系，过去中捷关系呈现波折前进的情况。2014 年是中国与捷克关系呈现好转的重要一年，双方的经济互补需求增强，推动了政治高层的频繁互访，目前的中捷关系有相互积极建构的渴求。捷克需要中国的投资与市场，中国也需要捷克作为进入欧盟的滩前堡，由于中捷的投资贸易额急速增长，中国游客前往捷克的人数激增，以及展现出的可观的消费力等，也顺带增加了捷克人对中国移民的好感。然而，目前中捷关系的好转是否能够更有效地有益于所在地的华侨华人社会，尤其是中国"一带一路"的战略架构是否也能让所在地的华侨受益，是未来关注的焦点之一。

中国大使馆在其原有的外交、经贸、服务等各项任务及功能之外，在去年举办了多场"使馆日"活动，其中针对华侨华人及中资机构代表开放的那一场，对所在地的华侨应当产生了相当深刻的影响。大使馆作为侨民的情感所系及海外生活最重要的避风港，应当扮演凝聚华侨及侨社的认同感，增加华人移民对祖国与家乡的文化和情感联结的推动者。新任大使马克卿女士上任以来，能够首次在使馆内迎接侨民的到访，这让侨民的感受是直接的、亲密的。

捷克近年的华侨数目尽管有小幅增长，也有越来越多的华侨获得捷克的永久居留权，然而第一代华侨仍有与社会融合的问题，融入当地社会并赢得当地社会的认同与尊敬，是华侨社会未来要努力的方向。华侨融入当地社会之后，进一步从事公民活动及政治参与，并在未来真正成为连接移民国与祖国的重要桥梁。捷克华人移民第二代的主要问题是认同问题，假如他们从小就从中国迁移来此，甚至在捷克出生，多少都会面对文化认同的问题。

2014 年是中国与捷克关系有明显改善的一年，但此际的中国移民在捷克也将面对未来转型的危机考验。自从欧洲经济危机以来，捷克的华人经济至今仍存在若干问题，其实已有不少人虽然拿着捷克永久居留许可，却未必居住在捷克了，甚至都已搬迁回中国居住，或直接在中国寻求商机。最近一年中捷经贸关系的深化，或许可以吸引新的华人移民至捷克，同时也可以让老华人移民有获取更多商机的可能性。

---

① 《2014 年"中国寻根之旅"青田华侨中学分营开营》，（捷克）《捷华通讯》，2014 年 7 月 16 日，第 7 页。

葡萄牙

　　受欧洲经济持续低迷影响，葡萄牙华商的境况不佳，尤其是餐饮、百货等行业遭受重创。华商经济改革、转型势在必行。但与此同时，中葡关系友好，双方互相重视对方市场的拓展，给华商带来诸多机遇。近年来，葡萄牙投资移民政策吸引大批中国移民进入，华侨华人社会结构更加多元化。此外，葡萄牙地方选举改革也给华人参政带来利好，值得期待。展望 2015 年，葡萄牙经济逐步复苏，政府也更加重视移民发展，华侨华人应该抓住机遇，加强合作，调整经营战略及方式，走出困境。

一、葡萄牙基本概况及中葡关系发展

表 1　葡萄牙概况

国家全名	葡萄牙共和国	地理位置	欧洲西南部	领土面积	92 212 平方公里
首都	里斯本	官方语言	葡萄牙语	主要民族	主要为葡萄牙人，外国合法居民主要来自巴西、安哥拉、莫桑比克等葡语国家及部分欧盟国家
政体	一院议会制，半总统制	执政党/主要反对党	执政党：社民党和人民党联合政府；反对党：社会党、葡萄牙共产党、左翼集团、绿党等	现任总统/总理	总统：阿尼巴尔·安东尼奥·卡瓦科·席尔瓦（Aníbal António Cavaco Silva）；总理：帕索斯·科埃略（Pedro Passos Coelho）
GDP/人均 GDP	1 673.5 亿欧元/16 049 欧元①	CPI	0.02%（2014 年 12 月数据)②	失业率	13.9%（2014 年 11 月）

　　资料来源：表格中除华侨华人人口数量和比例外，其余数据来自欧盟官网、葡萄牙国家统计局、中华人民共和国外交部网站。

---

　　①　根据葡萄牙国家统计局数据估算 2014 年经济增长率为 1.1% 得出，http：//www. ine. pt/xportal/xmain? xpid = INE&xpgid = ine_ main&xlang = en。

　　②　葡萄牙国家统计局，http：//www. ine. pt/xportal/xmain? xpid = INE&xpgid = ine_ indicadores&indOcorrCod = 0007826&selTab = tab0#。

葡萄牙是欧洲古国之一，位于欧洲伊比利亚半岛的西南部，东部、北部连接西班牙，西部、南部濒临大西洋，海岸线长 832 公里。地势北高南低，多为山地和丘陵。葡萄牙属于欧盟中等发达国家，工业基础较薄弱，纺织、制鞋、酿酒、旅游等是国民经济的支柱产业。2008 年以来，受国际金融危机和主权债务危机影响，葡萄牙财政告急，经济遭受重创，葡萄牙主权信用评级被调降至"垃圾级"。2014 年 5 月 16 日和 21 日，欧盟财长会议和国际货币基金组织分别批准对葡援助方案，同意在之后三年内由欧盟和国际货币基金组织分别向葡提供 520 亿欧元和 260 亿欧元，总计 780 亿欧元援助贷款。

2014 年，世界经济论坛将葡萄牙评为全球 144 个国家和地区中第 7 安全的国家，该评比基于多项分类指标，由众多经济专家将各个国家情况一一综合比较归纳后得出，这些分类指标包括与邻国关系以及国内凶杀案率和暴力案率等。葡萄牙内政部长表示，数据表明葡萄牙属于全球最安全国家之一，这将对葡萄牙的旅游业竞争力和民生发展起到至关重要的作用。①

葡萄牙和中国于 1979 年 2 月 8 日建交。建交 35 年来，两国在政治、经贸、文化、科技和军事等领域的友好合作关系不断发展。2005 年两国宣布建立全面战略伙伴关系。2014 年 5 月 15 日，葡萄牙总统席尔瓦访华时与国家主席习近平会谈，双方一致同意携手推动中葡全面战略伙伴关系迈上新台阶。中方将一如既往对葡方给予支持，扩大双边贸易和相互投资，推动能源、电信、金融、海洋、环保和新能源等领域的合作，同时开展形式多样的文化交流活动。葡方希望同中方加强政治交往，扩大经贸、绿色低碳、金融、旅游、教育和科技等领域的合作，吸引更多中国企业来葡萄牙投资，拓展欧洲市场。②

2013 年双边贸易额 39.1 亿美元，同比下降 2.7%，不过 2014 年有所改观，1—10 月，中葡双边货物进出口额为 27.7 亿美元，同比增长 21.7%。③ 中国对葡萄牙出口商品主要有电机电气设备、机械器具、玩具、有机化工品、鞋类、车辆及其零配件、服装及饰品、针织类织物、皮革制品、旅行箱包、动物肠线制品、家具等。中国从葡萄牙进口的商品主要有机械器具、电机电气设备、软木及其制品、化学纤维短纤、纸浆及废纸、矿产品等。中葡建交后，两国在文化、科技和教育方面的交流往来逐渐增加。中国企业在葡萄牙投资总金额达 53.8 亿欧元。2014 年 5 月，两国政府签订《在文化、语言、教育、体育、青年和传媒领域合作 2014—2017 年度执行计划》《教育和培训合作执行计划（2014 年至 2017年）》以及《关于海洋科学领域研究与创新合作议定书》等。④

二、葡萄牙侨情概况

16 世纪初，中国和葡萄牙之间就有零散的贸易往来。但中国人移居葡萄牙很晚，大约始于 20 世纪 20 年代。早期的中国移民主要聚集在里斯本、波尔图以及葡萄牙南部较小

---

① 《葡萄牙安全指数全球排名第七》，http：//www.united1991.com/details_ 2554.html。
② 《习近平同葡萄牙总统席尔瓦举行会谈，强调立足当前，着眼长远，推动中葡全面战略伙伴关系迈上新台阶》，http：//www.fmprc.gov.cn/mfa_ chn/zyxw_ 602251/t1156445.shtml。
③ 《2014 年 10 月葡萄牙贸易简讯》，http：//countryreport.mofcom.gov.cn/new/view110209.asp? news_ id=42542。
④ 《葡萄牙国家概况》，http：//www.fmprc.gov.cn/mfa_ chn/gjhdq_ 603914/gj_ 603916/oz_ 606480/1206_ 607280/1206x0_ 607282/。

的城市塞图巴尔和贝雅。"二战"期间，因为葡萄牙是中立国，吸引了大量中国移民。早期的华侨以浙江籍为多，95%是温州人和青田人，[1] 多以流动商贩为主。葡萄牙早期华侨的历史比较模糊，主要原因首先是人数少，居住分散，流动性大，欠关注；其次是长期居住在葡萄牙的早期华侨，因当时国内战乱等因素，多数在当地娶妻生子，华裔二代后基本融入当地社会。

目前在葡华侨华人大多是近30年来葡的新移民，他们来自中国大陆和港澳台地区，按人数排序依次为浙江、山东、福建、上海、东三省和广东等地。因为历史原因，港澳以及台湾侨胞自成一体，和来自中国大陆的华人社会日常鲜有接触。而从原葡萄牙殖民地莫桑比克、安哥拉以及东帝汶迁来的华人，已经完全融入葡萄牙本土社会，他们已经把葡萄牙当成自己的祖国，与中国和公认的旅葡华人社会只是血缘上还有丝丝的联系。

葡萄牙政府先后于1993年、1996年和2001年实施过三次大赦，大量浙江青田人、瑞安人借机来到葡萄牙，其中一部分人在身份合法化之后，转去其他经济发达的国家。但葡萄牙社会治安良好，又是移民输出国，政府和民间对外来移民比较友善，几乎从未发生过搜捕非法移民的事情，所以大部分人最终还是选择留在葡萄牙谋求发展。葡萄牙移民局的数据显示，1995年葡萄牙的华人移民2 202人；2003年移民人数增长到9 059人，占移民人口总数的2.3%，是当地最大的亚洲社群，也是第十二大移民社群；2004年，在葡华人总数11 087；2006年，10 167人；2007年，10 448人；2009年，里斯本地区的华人移民总数达到14 396人，其中女性6 815人，男性7 581人。2014年报告称，在葡萄牙的中国居民人数2013年增长了6.8%，到2013年底共有18 637名中国公民合法居住在葡萄牙，成为2013年度最大的移民增长国。[2]

旅葡华侨华人增长大概经历了以下几个阶段：①1982年以前，华人在葡萄牙总共不到1 000人。②1982年到1984年，第一个发展高峰，很多在欧洲国家有亲戚的浙江人和上海人，通过各种手段申领到了护照，然后办好葡萄牙或其他国家的入境签证，辗转来到葡萄牙谋生。③1992年到1996年，第二个发展高峰，当时葡萄牙政府连续两次修改移民法，大赦所有非法移民，只要凭护照提出申请，在葡萄牙没有犯罪记录，就可以申请在葡萄牙永久居留，约4 000名中国人取得居留权，其中90%为浙江人。④2001年至今，第三个发展高峰，从不到万人发展到目前的两万多人，其中浙江籍华侨华人人数最多，约有一万三千人到一万四千人，主要从事中餐业、百货批发零售业，其中又分为两大部分，即丽水地区的青田人和温州人。青田人的人数略多于温州人，双方在中餐业平分秋色；但是在百货业，批发领域温州人占上风，零售领域青田人占上风。第二多的为山东人，有八九千人，山东人在2004年以前，基本都是打工者，鲜有自主创业者。2004年以后，部分完成资本积累的山东人开始初步涉足百货业。目前山东人开店人数占山东人总人数的比例不到10%。山东创业者目前主要以开小型百货零售店、水果店、小吃店、小旅馆、中餐馆为主，在南部几个旅游城市还有几家专门为葡萄牙人、各国游客服务的正规按摩店。绝大多数山东人以打工为生，目前是旅葡华人就业市场的主力军。[3]

———————

①　杨万秀主编：《海外华侨华人概况》，广州：广东人民出版社1989年版，第270页。

②　《老葡萄与新葡萄　老移民与新移民》，（葡萄牙）《葡华报》，http://www.puhuabao.com/portal/qiaojie/ptqiaoxun/4163-2015-01-15-16-48-14。

③　《葡萄牙有多少个华人社会？》，http://www.united1991.com/details_1199.html。

华人经济方面，葡萄牙华侨华人经济以餐饮业、零售业、国际贸易为主，其中近一半经营餐饮企业，在葡萄牙中部、南部和北部有许多中餐馆，同业竞争激烈，行业拓展余地不大。2006 年，葡萄牙曾经开展过针对中餐馆的"东方行动"，进一步规范中餐行业。华侨华人经营进口批发和小商品零售生意时间不长，但发展迅速，在葡萄牙华侨华人经济中所占的比重日益增加。20 世纪 90 年代末，廉价的中国商品大量涌入葡萄牙。目前在里斯本、波尔图和北部一些地区，共有华人批发商 500 家左右，零售商 1 000 多家，华人之间竞争激烈，对葡萄牙相关行业产生了一定的冲击。此外，劣质的中国商品也经常遭到指责、批评和投诉。葡萄牙华人国际贸易业也是典型的"前店后厂"，华商们多数与中国保持着紧密联系，他们经营的商品都来源于中国特别是广东等地，通过华商销售通道进入欧洲市场。另外，部分华商又抓住中国以及广东大发展的商机，积极回国投资，在推动当地经济社会发展的同时，自己的事业也得到大的发展。① 近年来，在经济大环境十分不利的背景下，葡萄牙华人经济进行自我调整。华人餐饮业经营模式多变，WOK（炒锅）模式、日餐模式、纯中国模式、火锅模式、中葡兼顾模式、葡国模式、自助餐和外卖打包等，葡萄牙华人餐饮业正在走一条多形式、多品种、多口味的餐饮道路。②

华人社团方面，1990 年 3 月 1 日，第一个华人社团——葡萄牙华侨华人协会成立，首任会长为郭永辉。时任中国海外交流协会会长钱伟长为该会题写会名。社团宗旨为：为了继承和发扬我们中华民族的优秀文化传统，加强旅居在葡萄牙各地的华侨和华人的联络，发扬互助互爱的精神，增进友谊和团结。早期华人社团组织社团活动没有经验，大部分活动多是自娱自乐，许多华人社团受地域性局限，对外影响力小。目前，葡萄牙华侨华人社团共有几十个，其中，葡萄牙华侨华人协会、1996 年由工商企业主组成的葡萄牙中华工商总会（该会又下设百货业协会和餐饮业协会）、由北部华侨华人组成的葡萄牙华侨华人总会是三大主要侨团。另外，还有部分根据祖籍地和行业，以及宗教组成的华人团体，例如新侨成立的里斯本华人工商会。葡萄牙的华人侨团比较团结，他们充分发挥群体力量，在服务侨胞、支持祖国经济建设、促进中葡友谊和经贸文化往来、维护祖国和平统一大业等方面都作出了大量卓有成效的工作和贡献。③ 2008 年，葡萄牙总统卡瓦科·席尔瓦签发嘉奖令，授予旅居葡萄牙 50 年的老华侨周洪泽先生国家荣誉功绩勋章，以表彰其为推动葡中友好交往所作出的积极贡献，周洪泽成为第一位获得葡萄牙国家荣誉功绩勋章的华人。周洪泽祖籍浙江青田，1958 年来到葡萄牙，曾担任葡萄牙华侨华人协会第三届会长。

---

① 《西班牙、葡萄牙华侨华人经济现状与华商企业特点》，http：//www. gdoverseaschn. com. cn/dzkw2010/hqyhr/1/201009/t20100907_ 116076. htm。

② 《回望 2009 年葡萄牙华人经济》，《人民日报》（海外版），2010 年 1 月 12 日。

③ 《葡萄牙华人社会剪影》，http：//www. chinaqw. com/node2/node116/node119/node2228/userobject6ai206582. html。

表 2　葡萄牙主要华人社团概况表

姓名	所在城市	社团成立时间	社团职务
郭永辉	里斯本	1990. 3. 18	葡萄牙华侨华人协会第四届会长（现任）
王存玉			葡萄牙华侨华人协会第四届监事长
陈琦林	里斯本		旅葡华侨华人协会第一届会长、第二届会长
周洪泽	波尔图		旅葡华侨华人协会第三届会长
王灵海	波尔图	1992. 10. 14	葡萄牙华人华侨总会会长
周洪泽	波尔图		葡萄牙北部华人华侨总会第一届会长
金毅	里斯本	1995. 5	国际佛光会里斯本协会会长
陈源清	里斯本	1996. 6. 4	葡萄牙中部华侨华人协会会长
蔡文显	里斯本	1996. 11. 19	葡萄牙华人工商业联会（后更名中华总商会）会长
蔡文显	里斯本	1997. 6	葡萄牙中华总商会会长
钟沛霖			葡萄牙中华总商会监事长
季纯玮	马德拉岛	2005. 7. 9	葡萄牙中华总商会马德拉群岛分会会长
朱长龙	里斯本		葡萄牙中华总商餐饮业协会会
甄添祈	里斯本		葡萄牙中华总商百货业协会会长
周洪泽	波尔图	1997. 11. 19	葡萄牙华人工商联合会会长
林炳新	里斯本		葡萄牙华人华侨工商联合会名誉主席
林棣华	里斯本	1999. 7. 20	葡萄牙温州同乡会会长
詹亮	里斯本	1999. 3. 9	
陈岳平	里斯本	1999. 10. 21	里斯本华人基督教生命堂牧师
周一平	波尔图	2000. 8. 22	葡萄牙中国和平统一促进会执行会长
陈晓红	里斯本	2000. 9. 10	里斯本中文学校校长
程伟明	里斯本	2002. 1	葡萄牙东北同乡会会长
詹永巧	里斯本	2002. 11. 15	葡萄牙葡中友好协会会长
陈坚	波度奥度		葡萄牙华人企业联合会执行主席
陈王斌	里斯本	2003. 11. 1	葡萄牙国际龙商联合总会会长
陈增仁	里斯本		葡萄牙福建同乡会会长
叶培荣	波尔图		葡萄牙中国艺术家协会会长
杨志莲	Vila do Conde		葡萄牙 Vila do Conde 华人工商联合会会长
张家豪	里斯本	2004. 10. 8	南欧葡萄牙广东华侨华人协会会长
徐旭平	Albufeira	2005	葡萄牙南部华人华侨联合会会长
陈建水	里斯本	2010	欧洲浙商总会会长

资料来源：葡萄牙中文网，http：//www.ptyzw.com/portal.php?mod=view&aid=3652。

华文教育方面，在葡萄牙北部的波尔图和科英布拉市、首都里斯本附近的塞图巴尔市以及南部的阿尔加夫地区都有中文学校，但规模不大，多为私人办学。目前，中文教育被纳入当地教育系统的仅有葡萄牙中北部阿威罗行政区圣若昂·达马德拉市，当地教育部2013年7月正式批准该市所有公立小学在三、四年级开设汉语课程，并首次将汉语课正式纳入学生必修课。该市现有600多名葡萄牙小学生在学习汉语。任课教师由阿威罗大学语言文化系精心挑选的一位中国老师和一位葡萄牙老师合作完成。①

华文媒体方面，主要有《葡华报》、宝马街网站，2014年11月22日，葡新华人传媒集团成立，为葡萄牙侨界媒体注入新鲜血液。近年来，葡萄牙媒体行业发展迅速，华文媒体充分发挥媒介作用，能更好地服务广大在葡侨胞。

华人融入方面，新移民由于教育程度、文化差异、语言障碍等因素，与当地社会交流不多。葡萄牙华人协会主席 Y Chin Chow 感叹华人群体在葡萄牙与世隔绝，已变得停滞不前，几乎没有新的发展。他呼吁同胞通过更多的融入和更多的组织，更多地融入葡萄牙社会，增加华人和葡萄牙公民间的通婚。②

三、葡萄牙政治经济变化及其对侨情的影响

（一）葡萄牙经济逐步复苏，中葡经济升温，华商迎来发展新机遇

据葡萄牙《商报》2015年1月12日报道，2014年葡萄牙倒闭企业数量为13 952家，同比下降13.2%，创2007年以来最低。与此同时，新设立企业共35 568家，与2013年相比基本持平，创2007年以来最高。其中排名前三位的行业分别是服务业、零售业和住宿及餐饮业。③ 政府2015年融资需求为110亿欧元，融资规模较去年减少40亿欧元，主要是财政赤字减少等因素所致。④ 葡萄牙央行也发布报告称，2014—2016年葡萄牙经济将逐渐复苏。虽然2013年葡萄牙经济增长下降1.4%，但预计2014年经济增长为1.2%，2015年和2016年将继续加快至1.4%和1.7%。预期增速将接近欧元区经济增速。⑤ 5月初，葡萄牙政府宣布将退出国际救助计划，表明葡萄牙经济已走出低谷，正在复苏。不过，国际社会对葡萄牙经济前景还是持谨慎态度。穆迪机构仍未上调葡萄牙主权债信评级。穆迪未做调整的原因主要是2015年为葡萄牙新一届议会大选年，大选结果将直接影响财政预算的执行。此外，葡萄牙国债数目高企，经济复苏可持续性仍存疑问。⑥

在葡萄牙经济逐渐走出低谷的同时，中葡经贸关系快速升温。2013年中葡贸易总额快

---

① 《10余载葡萄牙中文学校艰难走过》，http：//news. xinhuanet. com/overseas/2014 - 05/28/c_ 126557270. htm? anchor = 1。

② 《叹华人群体"与世隔绝" 葡萄牙侨领吁华人多融入》，http：//www. chinanews. com/hr/2012/07 - 03/4003 512. shtml。

③ 《2014年葡萄牙倒闭企业数量创7年来最低》，http：//pt. mofcom. gov. cn/article/jmxw/201501/20150100864 351. shtml。

④ 《葡萄牙政府计划2015年发行约140亿欧元国债》，http：//pt. mofcom. gov. cn/article/jmxw/201501/201501008 58972. shtml。

⑤ 《2014—2016年葡萄牙经济增长分析》，http：//www. china - consulting. cn/news/20140328/s95193. html。

⑥ 《穆迪在近期审核中未上调葡萄牙主权债信评级》，http：//pt. mofcom. gov. cn/article/jmxw/201501/20150100 865740. shtml。

速上升至 39 亿美元，两国间的游客数量也翻了 3 倍。2014 年 11 月 18 日，"义新欧"（义乌—马德里）铁路班列开行，经新疆进入哈萨克斯坦，再经俄罗斯、白俄罗斯、波兰、德国、法国，最后到达西班牙马德里，穿越 7 个国家，全长 13 052 多公里，行程 21 天，几乎横贯整个欧洲，是所有中欧班列中最长的一条。这是中国首条通往西班牙马德里的货运铁路，它的启用也标志着中国顺延新丝绸之路经济带的命脉正式连通，为中国商品进入欧洲新添优势渠道，[①] 这也给紧临西班牙的葡萄牙华商贸易带来极大便利。

与此同时，葡萄牙大量的优质商品也纷纷瞄准中国市场，急需寻找合作伙伴。例如，2014 年拥有 MOZ 品牌特级初榨橄榄油、Varzea Longa 品牌羊奶酪等产品的葡萄牙农贸公司 Primecrops. Ltd.，从事食品（酒、橄榄油、饮料、奶制品和休闲食品等）、建筑材料、金属、纺织品和鞋类等产品进出口的葡萄牙公司 Favoritindice-Trading&Consulting，Lda，隶属西班牙 ACS 集团、从事机电工程的葡萄牙龙头企业 CME（Construção e Manutenção Electromecânica，SA），以及葡萄牙军工企业 ETI 等多家公司欲寻找中国合作伙伴，共同开拓中葡两国市场，或寻求信誉良好、品质可靠的中国供应商。[②] 葡萄牙是中国投资者打入欧洲市场的一个门户，葡萄牙也应该好好利用这个机遇，加强在中国的投资。葡萄牙需要一个优秀的平台和实体单位来引导其在中国更好地发展。可以说，这对于既了解葡萄牙国情，又熟悉中国市场的华商来说充满无限商机，他们应该充分了解相关资讯，发挥独特优势。

（二）葡萄牙移民政策优惠，吸引大批中国新移民

欧债危机爆发后，欧洲多国推出投资移民项目，吸引外来资金，葡萄牙更是以世界宜居国家为名大力推出移民项目。2012 年 10 月 8 日，葡萄牙外交部与内政部联合颁布"黄金移民"项目法案，2012 年 12 月面向全球正式实施。项目规定：申请人年满 18 岁；无犯罪记录，不审核申请人资金来源和商业背景；购买 50 万欧元的当地房产；投资维持 5 年即可申请永久居留，第 6 年可申请入籍，无移民监，每年只要求居住 7 天即可。从申请条件、审批时间、处理流程和转永久居留条件的性价比来衡量，"黄金居留许可计划"被认为是目前全球性价比最高的移民项目之一，门槛低、福利好、投资活、回报高，因此吸引了大批来自中国的投资者。2014 年下半年，葡萄牙又取消了 6 000 欧元/人·年的移民生活保证金。最新规定：①新旧客户现在递交移民局都不用每人再存生活保证金。②若是前期已经存好了的客户，现在已递交或者已获批的，并不会返还，只需将已存的生活保证金正常使用即可。③今后续签、转永久居留，都无须再存入生活保证金。[③] 这对华人投资移民而言无疑是一重大好消息。

葡萄牙政府推行的多项利好政策引领了欧洲移民潮和购房潮。据葡萄牙移民局发布的最新数据，自 2012 年 10 月推出"黄金居留许可计划"以来，至 2014 年 12 月 30 日，葡萄牙移民局（SEF）共批准 2 022 个黄金居留投资申请，其中 1 629 位投资人来自中国。[④]

①　《义乌至马德里列车今日首通　穿越 7 个国家时间缩短一半》，http：//www. puhuabao. com/portal/qiaojie/ptqiaox-un/4129 - -7.

②　中华人民共和国驻葡萄牙经商参处网站，http：//pt. mofcom. gov. cn/article/sqfb/201401/20140100449424. shtml.

③　《葡萄牙买房移民最新利好：生活保证金或将取消》，http：//www. cbiec. com/putaoyayimin/8630. html.

④　《世贸通：移民葡萄牙可规避恐袭后对申根签证影响》，http：//finance. sina. com. cn/stock/usstock/mtszx/2015 0114/131921296219. shtml.

若以每位成功获得黄金居留人员附带申请的家庭成员为平均三人计算，华人社会因此增加的新移民数量则有近 5 000 人之多。这其中虽然绝大部分人拿到居留许可后依然在中国国内工作和生活，但也有部分移民或因子女教育或因留恋葡萄牙的气候环境而长住下来。① 华人投资移民的到来将进一步改变华人社会结构，呈现多元化发展。

不过，2015 年此项移民计划将会有所调整。因为前任移民局长曼努埃尔·帕罗斯因涉嫌在葡萄牙买房移民"黄金居留"政策上贪污受贿而被逮捕。2015 年 1 月 19 日，葡萄牙内政部审查总署向内政部部长递交的对"黄金居留"贪腐案件的调查报告指出，葡萄牙移民局将要更改颁发葡萄牙买房移民"黄金居留签证"的审理手续。政府将会陆续实施更多强硬反贪措施监督"黄金居留"政策的实施，对"黄金居留计划"的审理把控将更为严谨。内政部部长已经下令移民局在 30 天的期限之内制定出"清晰、透明"的"黄金居留"投资移民政策程序手册，此后所有的"黄金居留"投资移民申请、家庭团聚方式和居留的更换，将会严格按照此手册中的条款一视同仁地处理。② 有华商移民专家提醒，葡萄牙政府所说的对"黄金居留签证"加强监管，有很大的可能是将会在申请的文件和资料方面增加要求，比如说资金来源合法的证明等。因此，有意移民葡萄牙的投资者还是要尽快做出申请，抢得先机，避免变政风险。③

（三）华人境况参差不齐，部分侨胞去留两难

受欧洲整体经济不理想的大环境影响，葡萄牙经济复苏缓慢，加上财政紧张，政府不断提高税收，例如餐饮业税收由 6% 提高至 23%，使得华人经济举步维艰。同时，华人经济多集中在餐饮、百货、贸易等行业，近年来发展过快过多，导致同质恶性竞争严重，中国三百家店已经开遍了葡萄牙的每个角落。

持续的经济危机对于华人经济而言也是大浪淘沙。华侨华人群体本来就参差不齐，一些底子薄、实力差的华侨华人早已关门大吉，还有一些起步不久的在坚守苦撑，等待经济好转，另外一些实力较强的已转型、转地区、转行业发展了。当然，大多数华侨华人还是依恋葡萄牙，只能在生活质量、经济前景、文化适应、发展机遇等方面综合考量后再做取舍。

（四）葡萄牙推行移民选举权改革，华人参政值得期待

同其他国家华人新移民类似，葡萄牙华人参政积极性不高，在葡萄牙政坛鲜见华人身影，这在一定程度上影响到华人的利益诉求和保护。2013 年葡萄牙推出选举新政：凡是在葡萄牙有居住权的人，都可以参加葡萄牙地区级政府选举。具体而言，凡是移民国家政府与葡萄牙政府签署了各自侨民可以在对方国家的地方选举中享有同等选举权的协议书，那么这样的合法移民就可以参加地方选举。④ 此举措一方面表明葡萄牙当地政府对外来移民的重视，把他们看成是葡萄牙经济发展不可分割的组成部分；另一方面，告诉外来移民享

---

① 《形形色色新移民——华人社会新移民生活和工作现象观察》，http：//www. puhuabao. com/portal/qiaojie/ptqiaox-un/4164 – 2015 – 01 – 15 – 16 – 55 – 13。

② 《葡萄牙黄金居留政策 30 天内将出台程序手册》，http：//www. ptyzw. com/portal. php? mod = view&aid = 5742。

③ 《华商移民：葡萄牙移民政策或将被调整》，http：//nongye. ce. cn/gdxw/201501/14/t20150114_ 2252832. shtml。

④ 《葡萄牙推行移民选举权 华人移民还需等待时日》，http：//www. chinanews. com/hr/2013/08 – 23/5198214. shtml。

有与葡萄牙民众同样的选举权，葡萄牙移民向着葡萄牙公民又迈进一步。

从现实来看，华侨华人为葡萄牙所担负的社会义务，远远超过葡萄牙本国公民。华侨华人平均纳税水平要高于葡萄牙本国人的平均值，而向葡萄牙索要的社会资源及权益却远远小于他们，即使在葡萄牙移民群体当中，也小于巴西、东欧、印度、非洲等地的移民。若2万多侨胞皆有选举权，那他们将成为葡萄牙移民政坛中的一支重要力量，可以更好地发出自己的声音。不过由于目前葡中两国还没有正式签署这项协议，华侨暂时还未能获得地方选举权利，但前景值得期许。华侨华人社会应该团结组织起来，提高参政意识，学习法国、英国、意大利等国华人的参政经验，更好地维护自身正当权益。

（五）华文教育发展陷困境，学校人财短缺遇"瓶颈"

葡萄牙华侨华人大多受教育程度不高，平时工作繁忙，但对子女的中文教育十分重视。他们认为中文是与祖（籍）国保持联系的重要纽带。然而，长期以来，葡萄牙的中文学校不多，并以私人办学为主，缺少外部支持，发展举步维艰。位于首都的里斯本中文学校是葡萄牙规模最大的中文学校，目前共有600多名华裔学生和100多名葡萄牙学生。但建校十余年来，一直是长期租用一层公寓楼用作部分教室及老师的办公室，周末又要借用附近一所当地学校的教室上课。学校没有操场，教学设备简陋，电脑及幻灯机等教学设备也要在两地间频繁搬运，十分不便。在北部科英布拉和南部阿尔加夫的两个教学点也是租借教室上课。由于学校办学资金严重不足，教师人数少且工资低，人员流动大，不利于推广中文教学。同时，学校没有固定校舍，无法营造好的中华文化氛围吸引住华裔学生，建造一个全新的全日制中文学校是学校全体员工多年的梦想。[①]

四、结论与趋势

葡萄牙华侨华人群体较小，且多为新移民，群体社会性发展不齐。近几十年来，华侨华人抓住机遇，发展迅速，经济实力不断壮大。但多年的无序竞争终究带来严重后果，华侨华人经济在遭受欧债危机冲击后分崩离析，整体陷入低谷。近年来，欧洲及葡萄牙政府不断调整经济发展战略，但经济复苏依旧缓慢。因此，华侨华人在留走两难中煎熬。

但从近期发展形势看，也有不少对华侨华人有利的因素，包括：中葡关系发展顺利，双方都重视开拓对方市场；葡萄牙未来几年经济增长率可能提高；葡萄牙重视移民力量，给予移民更多的参政议政权利。因此，华侨华人也可根据形势变化做出适当调整。首先，葡萄牙华侨华人可以加强与欧洲其他国家华侨华人的联系，关注欧洲整体经济形势发展，着眼点要更广。其次，关注中国经济发展，结合自身熟悉两地行情的优势，寻找机会。再次，华侨华人内部要加强交流，使领馆、社团、华文媒体等在信息资讯、行业引导等方面要有所作为，减少因自身恶性竞争带来的内耗损失。最后，华侨华人要利用葡萄牙移民参政改革，加强团结，形成力量，利用好手中选票，改善华侨华人的生产发展环境和生存空间。

---

① 《葡萄牙华教发展陷困境 学校少师资荒成"瓶颈"》，http：//www.chinanews.com/hwjy/2014/05－22/6201585.shtml。

意大利

2014 年的意大利华人社会面临着前所未有的考验。在意大利经济复苏缓慢、民众消费水平不断下降的背景下，华人的生存和发展困难重重。普拉托"12·1"大火后，意大利政府加大了对华人企业的安检力度，严厉查处华商偷税漏税和走私的行为。面对重重压力，华人必须正视既有的问题，只有从自身做起，遵守当地的法律法规和风俗习惯，才能更好地融入当地社会。

一、意大利基本国情及中意关系

意大利共和国位于欧洲南部，主要由亚平宁半岛和地中海中的西西里岛和撒丁岛组成，国土面积 301 333 平方公里。2014 年，其人口总数为 6 177 万。大部分居民为意大利人，少数民族有法兰西人、拉丁人等。截至 2012 年底，意大利华人移民达 304 768 人，在亚洲移民中居首位，占意大利人口总数的 0.49%。意大利主要语言为意大利语，个别地区讲法语和德语。大部分居民信奉天主教。意大利是发达工业国家，服务业、旅游业及对外贸易尤为突出，中小企业比较发达，被誉为"中小企业王国"，中小企业数量占企业总数的 99% 以上。由于受全球金融危机的后续影响，2014 年的意大利经济继续下滑。

意大利概况

国家全名	意大利共和国	地理位置	位于欧洲南部，包括亚平宁半岛及西西里岛、撒丁岛等岛屿	领土面积	301 333 平方公里
首都	罗马	官方语言	意大利语	主要民族	意大利人
政体	议会共和制	执政党	多党联合制	现任总统/总理	乔治·纳波利塔诺（Giorgio Napolitano）/马泰奥·伦齐（Matteo Renzi）
人口数量	6 177 万人（2014 年）	华侨华人人口数量	304 768 人（2013 年 1 月 1 日）	华侨华人占总人口比例	0.49%
GDP/人均 GDP	1.56 万亿欧元/2.57 万欧元	CPI	1.22%（2013 年）	失业率	12.4%

资料来源：意大利国情基本数据来源于中华人民共和国外交部网站；意大利华人数据来源于中国新闻网，详见《意大利公布最新移民人数 华人列非欧移民第三名》，http://www.chinanews.com/hr/2013/08 – 07/5133135.shtml。

中意两国的交往由来已久，从马可·波罗到利玛窦，这两个东西方文明古国的交流从未中断。2014 年是中意建立全面战略伙伴关系 10 周年。两国人民在长期交往中相互信任，携手开拓了中意关系的新局面。政治上，两国高层互访频繁，政治互信不断加深。2014 年 6 月 11 日，中国国家主席习近平在人民大会堂会见意大利总理伦齐。2014 年 10 月 14 日，中国国务院总理李克强应邀访问意大利，并出席中意各项交流活动。双方领导人就政治、经济、科技和文化等多个领域进行交谈，在涉及彼此核心利益和重大问题上都一如既往地相互理解和支持。

经济上，中意建交 40 多年来，两国的贸易额由 1970 年的 1.2 亿美元增长到 2013 年的 433.3 亿美元。目前，意大利是中国在欧盟的第五大贸易伙伴，中国是意大利在亚洲的第一大贸易伙伴。中国对意大利出口额为 257.5 亿美元，同比增长 0.4%；进口额为 175.8 亿美元，同比增长 9.4%。除了双边贸易外，中意经济技术合作也发展迅速。截至 2013 年底，意大利在华投资项目共计 5 023 个，实际投入 60.45 亿美元，中国在意大利非金融类直接投资 6.5 亿美元。① 2014 年 6 月 11 日，中意两国在北京共同发表了《中意关于加强经济合作的三年行动计划（2014—2016）》，旨在实现两国经济的优势互补，促进贸易和投资的平衡，在环境与可持续能源、农业领域、可持续城镇化、食品药品及卫生、航空航天 5 个优先领域加强交流与合作，并成立中意企业家委员会，使两国的经济联系更加紧密。

科技文化上，中意两国继续强化在科技领域的沟通与对话。2014 年 10 月，第五次中意创新合作论坛在米兰成功举办，双方签署了一系列合作协议，旨在促进两国在科技、工业设计、制造业等领域的创新合作。2015 年的世博会将在意大利米兰举行，这是中意两国深化文化交往的契机，借助世博会的平台，中意双方开展形式多样的文化交流活动，将进一步推动中意两国的友好关系。

意大利华人在中意两国交往中起到了良好的沟通与纽带作用。华人利用其扎根于当地社会、了解当地社会文化及民情的优势，在促进中意两国经济和文化交往、两国人民互信互动方面发挥着重要作用。意大利华人企业在意大利外来移民企业中所占的份额较大，尤其是在制造业方面。在意大利本土制造企业不断衰落、中国综合国力迅速提升的背景下，意大利华侨华人凭借着同祖（籍）国的紧密联系，成为中意两国贸易的先驱。意大利华人社团、华文媒体为促进中意两国友好交往，积极组织和开展各项活动，增强了两国人民的了解与信任。如意大利巴斯里卡塔大区华人华侨联谊总会借助同当地政府的密切合作关系，曾多次组织意大利企业、社会团体等相关组织前往中国福建等地进行实地参观和调研，为双方企业间的经贸交流和区域合作创造商机。欧洲华人电视台建立在以互联网和高端技术为基础的新兴影视、新闻传播平台上，与中国和意大利多家媒体有着广泛的业务合作关系，除了向观众提供喜闻乐见的影视节目外，更主要的目的是向社会传播中意经贸、社会、文化等相关资讯。② 意大利华人在这种经济交往、文化传播过程中，不仅使自身实力得到发展壮大，也为中国及侨乡社会经济发展作出了贡献。

意大利华人虽离开了生养他们的家乡，但他们仍心系祖国同胞的安危。不论何时何

---

① 数据来源于中华人民共和国外交部，http：//www.fmprc.gov.cn/mfa_ chn/gjhdq_ 603914/gj_ 603916/oz_ 606480/1206_ 607592/sbgx_ 607596/。

② 《意大利前政要会见侨领和华媒冀促进民间交流》，http：//www.chinaqw.com/hqhr/2014/12 - 05/28692.shtml。

地，只要同胞有需要，他们都会尽其所能，向受难同胞伸出援助之手。2014 年 3 月，在云南暴力恐怖事件发生后，意大利著名侨领、华人企业家、各华人社团都纷纷强烈谴责恐怖分子的暴虐行径，呼吁中国政府加强防范，并严厉打击此种反人类、反社会的恐怖行为，维护社会稳定，促进世界和谐。2014 年 8 月初，云南省鲁甸县发生地震，造成较大的人员伤亡和财产损失，在米兰华侨华人工商会、米兰浙江华侨华人联谊会、米兰华侨华人妇女会等米兰地区华人社团的联合号召和倡议下，意大利华人纷纷行动起来，积聚各方力量，向受灾困难同胞捐款。意大利华人企业协会组织代表到浙江温州参加温州医科大学"一对一"定向资助公益活动，帮助 30 名家庭困难的学子解决学费困难问题，同时也设立奖学金来鼓励优秀的大学生。

二、意大利基本侨情

2014 年，意大利仍被经济危机的阴霾所笼罩。自 2008 年全球金融危机和 2010 年欧债危机以来，意大利制造业大幅滑坡，整个制造业变得萧条。根据意大利工业家总联合会研究中心 2013 年发布的报告，当前意大利制造业潜力与 2007 年相比缩减了 15%，其中汽车生产潜力骤降 41%。[①] 持续的经济危机使当地企业投资萎缩，市场消费低迷，很多意大利人不得不将企业关闭停业，或转让出售，导致意大利本土企业数量锐减。在此情况下，华人经济也或多或少受到一定程度的影响。但意大利华人凭借自身的勇敢拼搏、创新经营和"中国制造"实力的不断提升，在意大利继续保持良好的发展态势，华人企业数量不断增长，规模不断扩大。2012 至 2013 年，意大利移民企业数量增长 3.1%，其中华人企业数量增长 6.1%，共 66 050 家，而意大利企业数量则减少 1.6%。[②] 根据意大利商务登记管理部门的资料，到目前为止，意大利外来移民企业总数为 708 000 家，华人移民企业数达到 66 000 家，仅次于摩洛哥和罗马尼亚移民企业数。从地区分布来看，意大利华人企业主要集中在伦巴第（14 000 家）、托斯卡纳（11 800 家）、威尼托（8 000 家）和罗马涅（6 800 家）这四个大区。从行业分布来看，意大利华人企业以贸易为主，其数量已超过 24 050 家，从事纺织品、服装、鞋业等制造业的企业有 18 200 家，而从事餐馆、酒吧、酒店的仅为 13 700 余家。[③]

在米兰，当意大利企业纷纷处于经济危机时，移民企业仍在不断增加，仅 2014 年第二季度，移民企业就新增 2 000 家，移民老板增加 7.4%，意大利老板减少 0.2%。而在移民企业中，华人所办企业占 15.8%。[④] 米兰华人食品店经营状况良好，受到很多意大利人的欢迎。米兰商会的统计数字显示，目前，米兰移民食品店已超过 600 家，比上年增加了 10.5%，而华人经营的食品店占 17%。[⑤] 华人凭借着价格优势，在米兰的移民食品行业迅

---

① 《经济危机使意大利制造业潜力大幅缩减》，http：//news. xinhuanet. com/world/2013 - 06/06/c_ 116054465. htm。

② 数据来源于中华人民共和国商务部，http：//www. mofcom. gov. cn/article/i/jyjl/m/201408/20140800699860. shtml。

③ 《意大利华人企业移民逆势发展　侨汇减少再投资增多》，http：//www. chinaqw. com/hqhr/2014/08 - 12/ 13637. shtml。

④ 《中国游客带动米兰旅游业发展　观光人数 8 年增 225%》，http：//qwitaly. com/portal. php？ mod = view&aid = 12392。

⑤ 《米兰移民食品店增速迅猛　华人食品店占比 17%》，http：//www. chinaqw. com/hqhr/2014/08 - 27/ 15672. shtml。

速扩张。

意大利中部的普拉托人口只有20万，但华人就有34 000多人。过去几十年里，意大利华人主要依托"意大利制造"的品牌，以普拉托为据点，从事服装、纺织、贸易、餐饮和建筑等行业。在普拉托这个纺织品制造中心，华人经过多年的苦心经营，通过摸索和探究，逐渐形成了成本低廉的快速时尚服装产业。普拉托已成为欧洲华人聚居的主要城市之一，华人成为最大的外来族群。经济危机对普拉托纺织业造成巨大冲击，华人企业受到一定程度影响。特别是当地政府加大对华人企业的安检力度，严厉打击不规范经营和偷税漏税行为，使得华人企业发展步履维艰。在这种情况下，华人开始改变传统手工作坊的生存模式，探索一条新的生存道路。

2014年4月下旬，由华人经营的超大型服装连锁店CVG在意大利帕多瓦正式营业。这家服装连锁店同以前的华人工厂不同，它坐落于市区中心，设计简洁优雅，价格低廉，拥有与H&M和ZARA竞争的实力。意大利华人零售业的龙头欧卖集团经过9年的扩张，集团旗下34家超市分布在意大利9省1市，总营业面积70 000平方米，拥有员工400多人，经营的产品涵盖了服装类、鞋包类、家电音响类以及生活日用品类等。这些企业的成功表明，在当前意大利经济复苏缓慢的背景下，华人企业只要转变经营理念和经营方式，从传统的加工工厂转变为具有现代化经营理念和企业管理方式的新型企业，通过整合现有资源，脚踏实地、诚信经商，提升企业核心竞争力，是可以经受经济危机的考验的。

三、意大利华人企业生存发展问题

意大利华人企业的发展一直是意大利社会关注的焦点。华人企业的迅速发展成为促进意大利经济发展的重要因素之一，尤其是在意大利经历了全球金融危机和欧债危机的双重打击后，华人经济仍保持稳健的上升趋势。虽然意大利华人的苦心经营给意大利社会经济作出了突出贡献，但华人企业在发展过程中暴露出的种种问题也对意大利社会形成挑战。2014年的意大利华人企业受到意大利政府更加严格的监管和检查，其导火线是2013年12月意大利普拉托的一家华人服装加工厂意外失火，导致7名华人死亡，3人重伤。这次事故不仅引起了华人社会的关注，而且使意大利政府加大了对华人企业的安全大检查的力度。除此之外，意大利各政府部门联合起来，打击偷税漏税，颁发禁赌草案等，以规范华人的经营活动。在此情况下，意大利华人企业只有对其生产过程中的安全隐患给予足够重视，合法经营，才能获得持久发展。

（一）安全生产隐患严重

意大利华人企业以传统的家庭手工作坊为主要经营模式，工厂规模不大，其雇用员工也以华人移民为主。华人混居在工厂或仓库的现象十分普遍，工厂的机器设备、地板、墙壁上到处都是灰尘，极易发生火灾等突发险情，许多灭火器早已无法正常使用。气味难闻的厕所旁架着临时锅灶和煤气罐，食品卫生堪忧。[①] 另外，部分工厂里还居住着不少的未

---

① 《意华人居住环境差受关注　政府将规范移民居住条件》，http://www.chinaqw.com/hqhr/2014/05 - 06/3044.shtml。

成年人甚至是婴儿，他们都是工人的子女，和工人一起在工厂混住。意大利法因扎的一家华人企业就在突击检查中被查出有 13 名少年和儿童居住在工厂里，其中最小的是一名婴儿，只有 1 岁。[①] 在普拉托、佛罗伦萨、那不勒斯、威尼托等华人企业较集中的地区，也同样发现了华人儿童居住在工厂的现象。意大利各地区都对华人企业的不规范经营给予高度重视，不定期地联合警方、安全部、卫生部等相关部门对华人企业展开安全检查，扣押违规物品，对安全生产不合格的企业实施行政处罚。根据普拉托警方统计的数据，从 2009 年至 2014 年，一共检查了 1 400 名华人工人和 1 200 家华人企业，查封 600 处房产，行政扣押了 2.6 万台机械。[②]

恶劣的居住环境背后隐藏着巨大的安全隐患，工人的人身、财产安全得不到保障，其子女也无法像适龄儿童一样接受正规教育。华人企业接二连三发生火灾事故与其缺乏安全生产意识、忽视劳动者的正当权利有着不可分割的关系。华人企业必须正视安全生产问题，从自身做起，消除企业生产中的安全隐患，切实做到安全生产，依法经营。同时，华人企业也要积极配合当地政府的安全检查，"入乡随俗"。

（二）治安问题突出

一直以来，意大利华人经营场所经常成为犯罪分子打砸抢烧的对象，其主要原因是华人经营时间长，而且其商店多在远离市区、较为偏僻的地方，发生抢劫事件时很难及时呼救。据意大利当地媒体报道，夜间团伙抢劫华商营业场所已成为攻击华商的常态犯罪模式。由于夜间营业，客人稀少，华商经营场所又地处偏僻地区，过往行人很少，一旦遇到险情，华人往往求救无门。因此，几乎每周都有华商营业场所夜间遭到围攻抢劫案件的发生，且犯罪分子屡屡得手。[③] 如一名居住在威尼斯省的 35 岁华人女子，在接幼儿园的儿子时，被劫匪拉开车门，抢走了放在车里的包，包内有 1.5 万欧元现金和一些私人物品。帕多瓦一家华人酒吧于 2014 年 1 月 19 日遭 3 名劫匪持枪抢劫。歹徒进入酒吧后拿枪威胁酒吧老板，迫使其交出收款机中的约 1 500 欧元现金和柜台上的数条香烟。华人被抢、被盗，其财产损失包括现金、高档首饰、豪华汽车等，有时还危及其生命安全。2014 年初，意大利华人社区发生惨案，一名 56 岁的华人男子被刀斧砍伤，其死亡后被弃尸在普拉托郊外某华人工厂一间废弃的配电房内。2014 年底，意大利莱切市（LECCE）一华人女子遭歹徒入室抢劫及强奸。

意大利普拉托首席检察官安东尼近期所作的关于移民社会现状和移民犯罪的主旨报告，详细阐述了普拉托移民所存在的社会问题，以及移民犯罪的发展趋势。报告指出，普拉托非法移民已超出合法移民的两倍以上。2014 年，普拉托检察机关公诉案件中，危害公共安全案件 194 起，贪污侵占公款案件 18 起，谋杀案件 6 起，绑架勒索案件 3 起，盗窃案件 9 211 起，抢劫案件 464 起，敲诈案件 2 080 起，入室盗窃案 2 039 起，涉及财产犯罪、高利贷、商业性犯罪累计 654 起，安全意外死亡案件 1 起，以及多起涉嫌侵害妇女儿童的

---

① 《意大利华人工厂"变身"幼儿园和宿舍遭查封》，http：//www.chinaqw.com/hqhr/2014/05 – 19/4094.shtml。

② 《意大利普拉托多家华人工厂被查　黑工问题多发》，http：//www.chinaqw.com/hqhr/2014/05 – 28/4980.shtml。

③ 《意大利华人酒吧夜间营业易成犯罪目标　警方吁防范》，http：//www.chinaqw.com/hqhr/2014/08 – 20/14710.shtml。

案件。目前普拉托监狱羁押的犯罪嫌疑人绝大多数是外国移民，犯罪所涉及的受害人多数为外来移民，以华人移民居多。[1]

由于部分华人意大利语水平不高，于是一些犯罪分子利用这个弱点假扮宪兵或政府官员，骗取华人信任，从而顺利实施抢劫计划。

（三）身份造假问题不少

早期意大利华人大多采用非法途径进入意大利，然后通过"大赦"或其他途径获得合法身份。意大利居留者的居留途径主要有人道主义、留学、创业、工作和家庭居留等，其中创业、工作和家庭居留是可以无限次延期。部分华人利用申请延期居留，继续在意大利居留，期望日后获得长期居留权。少数华人企图利用这项政策，弄虚作假，在申请延期居留时，由中介机构造假，使工作地点和住家地址与所提供的劳工合同和住家合同不符。如意大利雷焦－艾米利亚市警察局发现270多名华人延期居留材料虚假。[2]

在意大利，户籍和身份是由不同部门管理的。外来移民办理居留手续，由内政部所辖的警察局负责，身份证核发则由地方政府部门负责。意大利办理身份证的手续比较烦琐，且费时较长。对于外来移民来说，首先必须具备合法居留的基本条件，同时其合法居住场所要符合政府相关规定；然后申请办理身份证的人需要本人到政府登记，由政府通知市政警察对申请者的住所进行检查，合格后政府才会为申请者办理身份证。部分意大利政府官员利用职权，通过回避检查，伪造居留、住宅手续等手段为华人移民办理身份证件，从中牟利。如意大利那波里政府户籍登记管理部门的公务员利用工作便利，大量核准华人身份证，严重违反了当地的法律法规。[3]韦罗利市政府户籍管理处工作人员和市政警察因向华人非法移民提供虚假证明材料而遭到了指控。

（四）维权意识薄弱

华人移民同其他族裔移民相比，维权意识较为淡薄。一方面，由于生存问题是意大利华人最关心的问题，他们日夜都在工作和加班中度过，只知道埋头干活，对于关系到其人身安全、意外事故赔偿等方面的规定了解不多，甚至漠不关心。另一方面，少数华人企业主将企业经济效益放在首位，为了节约成本，完全忽视了工人的人身安全，而且，工厂设备简陋破旧，没有应急通道和救生器材。工人的工作环境十分恶劣，甚至吃住都是在工厂里面，且在自身权益受到侵害时，他们也大多忍气吞声，缺乏维权意识。

2013年12月1日，普拉托一家华人企业失火导致7名华人丧命，3名重伤。该事件发生以后，遇难者赔偿问题在很长一段时间内得不到妥善解决。究其原因，主要是火灾企业法人只是名义上的，实际并未参与企业经营管理，因此无法及时找到企业真正的法定代理人。事实上，为了经营和规避检查需要，许多意大利华人企业的中文名称和意大利文名称完全脱节，并且经常更改，就连华人打工者有时都不清楚自己的企业老板和企业的名

① 《普拉托检察官谈移民社会和犯罪 华人受伤害居多》，http：//www.chinanews.com/hr/2015/01－26/7003306.shtml。

② 《意华人延期居留陷"造假门" 两百余华人居留被扣》，http：//www.chinaqw.com/hqhr/2014/10－30/24052.shtml 。

③ 《意大利公务员涉与华人合谋作弊核发证件遭控》，http：//www.chinaqw.com/hqhr/2014/11－08/25309.shtml。

称。部分华人企业主隐瞒企业相关信息的行为违反了意大利劳工法，剥夺了华人打工者对企业的知情权，而且意大利华人很少同企业签署劳工合同，缺乏保障其劳动权益的合法凭证。

四、意大利华人与当地居民的关系

华人对意大利的经济贡献是值得肯定的，尤其是经济危机以来，在意大利制造业严重下滑、许多本土企业和跨国公司纷纷外迁的情况下，华人企业依然保持着稳定的增长速度。部分华人企业还雇用意大利人从事生产和服务，这有利于缓解意大利失业率较高的困境。尽管如此，由于语言、文化、意识形态的隔阂，华人在与意大利当地居民相处的过程中，仍存在诸多不可避免的问题。

华人社会治安管理差，街道不整洁，引起了当地居民的反感和厌恶。一些华人为了招揽生意，在街道两旁的电线杆、店铺和居民住宅的墙上随意张贴中文广告，或直接在墙上乱涂乱画，清理难度大。意大利政府专门拨款治理华人"小广告"，但收效甚微。由于语言不通，许多华人移民很少与当地居民来往，整天只是在工厂里工作，华人商店周末也不停业，导致意大利人对华人存在偏见。

意大利政府为了保护当地居民生活，拟定和颁布相关法令，使得华人利益受损严重。2014 年 2 月，伦巴第制定禁赌草案，限制未成年人参与赌博，导致华人酒吧生意惨淡。2014 年 5 月 16 日，米兰市在华人区实施交通限制政策，严格控制商店、酒吧装货和卸货的时间，引起了华人商家的强烈不满。在普拉托"12·1"大火事故后，华人企业成为意大利政府安全检查的重点，频繁的检查活动一定程度上影响了华人企业的正常运行。

由于意大利仍存在种族歧视现象，意大利媒体对中国及华人的宣传比较片面，造成许多当地人认为华人在意大利是只顾赚钱而不关心政治。不过，华人也逐渐意识到融入当地社会及参政的重要性。在意大利著名旅游城市拉斯佩齐亚市，华侨华人主要从事贸易、餐饮及其他服务行业。近年来，当地意大利西海岸华商总会经常组织当地华侨华人与当地政府及社团沟通交流，支持他们参与当地公益事业，帮助当地政府与中国城市缔结友好关系，促进意大利与中国交流。2015 年 1 月，拉斯佩齐亚市举行利古里亚大区主席选举，许多居住在该市的华侨华人前往指定的投票地点，投上了自己神圣的一票，积极参加地方选举，以树立华侨华人在当地的新形象，促进移民融合。[①]

目前，华人在意大利已经发展到第三代了，同第一代移民心怀故土相比，第二代、第三代移民对于意大利感到更加亲切。他们生长在意大利，学习意大利语，接触的是意大利的文化，是华人移民同当地居民沟通的桥梁。意大利华人新生代协会的成立就是一个典型的例子。该协会由一批热爱中国文化、热心公益事业的华人青年组成，得到了华人移民和当地政府的支持。他们努力帮助华人移民融入当地社会，让意大利民众了解华人真实的面貌。

中意两国政府对华人融入意大利社会保持积极乐观的态度。意大利和中国互相举办文化年的活动，展示了两国悠久的历史文化，同时在经贸、科技、教育等多个方面也开展丰

---

① 《意大利拉斯佩齐亚市华侨华人首次参加地方选举》，http：//www.chinaqw.com/hqhr/2015/01-12/33438.shtml。

富多彩的交流活动，增进了两国人民的相互了解。意大利政府也乐于协助华人社团、协会在意大利宣传中华民族的优秀文化，加深华人与当地民众的互信和友谊。

五、结论与趋势

总的来说，2014 年对于意大利华人是极其艰难的一年。受意大利经济危机的侵扰，意大利华人生存和发展困难重重。华人及其企业存在不少问题，如安全生产隐患严重、身份造假问题不少、治安问题突出、华人维权意识薄弱等。这些问题致使意大利华人面临着生命、财产方面的风险，而企业经常遭受当地执法部门的检查，并由此蒙受经济损失。因此，意大利华人要提高自我安全和防范意识，改变喜欢携带现金和露富的习惯，严格规范生产和经营管理，改进技术设备，提高自主创新能力，改善华工生产和生活条件，同时积极配合当地政府的检查，及时调整企业的经营方向。

瑞　典

瑞典是第一个与我国建立外交关系的西方国家。在我国发展的各个阶段，中瑞两国之间一直保持着良好的合作关系。2014年，中瑞两国政治交往活跃，双边合作日益深化。瑞典重视开拓中国市场，2014年，瑞典在华投资近30亿美元，包括电信、汽车、建材等诸多行业。中国在瑞典投资超过26亿美元，如华为、中兴、五矿等中资企业都在瑞典设立了子公司，开展业务。2014年瑞典大选，左翼盟中的社民党获胜，不过代表极右势力、主张排斥移民的民主党成为第三政党，今后在瑞典华人社会将受到一定影响。

一、瑞典基本国情及中瑞关系

瑞典概况

国家全名	瑞典王国	地理位置	斯堪的纳维亚半岛东南部	领土面积	449 964 平方公里
首都	斯德哥尔摩	官方语言	瑞典语	主要民族	瑞典人
政体	议会制君主立宪制	执政党	社民党	现任国家元首/政府首脑	国王：卡尔十六世古斯塔夫（Carl XVI Gustaf）/首相：斯蒂凡·洛夫文（Kjell Stefan Lofven）
人口数量	9 743 087 人（2014年）	华侨华人人口数量	约 16 299 人	华侨华人占总人口比例	1.7%
GDP	5 579.38 亿美元	CPI	4%	失业率	7.0%

资料来源：中华人民共和国外交部，http：//www. fmprc. gov. cn/mfa_ chn/gjhdq_ 603914/gj_ 603916/oz_ 606480/1206_ 607304/；瑞典国家统计局网站，http：//www. scb. se/en_ /；瑞典华人及中国留学生之家，http：//www. kina. cc/se/。

瑞典位于北欧斯堪的纳维亚半岛东南部，西邻挪威，东北接芬兰，与丹麦隔海相望。领土面积449 964平方公里，人口974万人，是北欧第一大国，世界上人口自然增长率最低、平均寿命最长和老龄化程度最高的国家之一。绝大多数为瑞典人，外国移民及其后裔约147万人。官方语言为瑞典语。90%国民心系基督教路德宗。现任国王是卡尔十六世古斯塔夫（Carl XVI Gustaf），实行君主立宪制。全国90%的人口集中在南部和中部地区，其中，斯德哥尔摩、哥德堡和马尔默是瑞典人口最密集的三大城市。

（一）中瑞关系

200 多年前，瑞典"东印度公司"的"哥德堡"号商船就曾多次远涉重洋，访问中国；1898 年，康有为在戊戌变法失败后，也曾在瑞典逗留。新中国成立以后，瑞典是第一个与我国建立外交关系的西方国家（1950 年 5 月 9 日与我国正式建交）。建交以来，两国各级往来密切，高层也频繁互访，不断加深政治互信。2006 年 7 月，卡尔十六世国王对中国进行国事访问。2007 年 6 月，胡锦涛主席对瑞典进行国事访问，并在斯德哥尔摩出席瑞中贸易委员会举行的欢迎晚宴并发表重要讲话，指出我国与北欧国家的互利合作，实现了优势互补，前景广阔。2008 年 4 月，赖因费尔特首相对中国进行正式访问。2010 年 5 月，卡尔十六世国王对中国进行访问。2012 年 4 月，温家宝总理对瑞典进行正式访问，这是中国总理 28 年来首次访问瑞典，双方发表了《中华人民共和国和瑞典王国关于在可持续发展方面加强战略合作的框架文件》。两国在经贸、文化等各领域的交流也日益深化，在经贸方面，2011 年我国与瑞典互为各自在北欧和亚洲最大的贸易伙伴，双方达成多个重大合作项目，比如 2010 年中国浙江吉利集团全资收购瑞典沃尔沃汽车公司。2012 年 3 月，瑞芬合资企业斯道拉恩索签约投资广西林浆纸一体化项目。在人文领域，2005 年 2 月，我国在欧洲的第一所孔子学院在瑞典斯德哥尔摩大学中文系成立，2012 年，第四所孔子学院也在瑞典吕勒欧理工大学建成；瑞典教育大臣、人民党领导人比约克隆德早在 2009 年就指出，各国间竞争将日趋激烈，语言教育的投入日渐必要，故瑞典学生都从小学一年级开始学习英语，中文课将来也会和法语、德语、西班牙语一样成为瑞典高中生的外语选修课。[1]

不过，2014 年瑞典斯德哥尔摩大学关闭该校孔子学院，作为欧洲首家孔子学院，斯德哥尔摩大学关闭孔子学院的行为一时将孔子学院的话题推上了舆论的风口浪尖。斯德哥尔摩大学网站的通知称，该孔子学院成立于 2005 年，是欧洲首家孔子学院，大学与孔子学院的合作协议于 2014 年年底到期后不再续约，孔子学院将于 2015 年 6 月 30 日关闭。该网站还表示，该大学与中国已经展开多层面的不同交流，不再需要孔子学院这样的合作。根据该校负责孔子学院事务的副校长维定在接受采访时所言，关闭孔子学院一事，无关政治，而是因为孔子学院在教学职能上有部分重叠，而该校东方语言学院已经设有中文课程。[2]

（二）瑞典政治经济形势

2014 年 9 月 14 日瑞典举行大选，选出国会、全国 21 个省议会以及 290 个市议会的议席。这是由温和党、自由人民党、中间党和基督教民主党组成的瑞典联盟自 2006 年以来的第二次选举。9 月 15 日，社民党最终赢得 33.2% 的支持率，领先第二位的温和党 8 个百分点，社民党党魁斯蒂凡·洛夫文（Kjell Stefan Lofven）10 月 3 日出任瑞典首相。以反对移民著称的极右翼政党瑞典民主党获得 12.7% 的支持率，较 2010 年大选翻倍，跃居瑞

---

① 《背景资料：中国与瑞典关系回顾》，新华网，http://news.xinhuanet.com/world/2007 - 06/09/content_ 6218605.htm；刘仲华：《有力促进中瑞关系向前发展》，《人民日报》，2012 年 4 月 23 日；《中文将成为瑞典高中选修外语》，新华网，http://news.xinhuanet.com/world/2009 - 10/18/content_ 12258240.htm。

② 《盘点孔子学院十年风雨路：海外发展屡遭尴尬引深思》，中国新闻网，http://www.chinanews.com/hr/2015/01 - 16/6975569.shtml。

典议会第三大党。社民党表明在 2015 年将与绿党等其他反种族主义的政党组建政府，不会与极右派的瑞典民主党合作。①

瑞典是世界上最富裕和科技水平最高的国家之一，诞生了一批如宜家、H&M、沃尔沃等国际知名公司。由于瑞典是少数未参加"二战"的国家之一，战后瑞典集中精力发展经济，实行广泛的社会福利政策，建立了比较完善的社会福利制度。据总部位于瑞士日内瓦的世界经济论坛发布的《2014—2015 年全球竞争力报告》，瑞典排名第九，而此前也连续多年排名进入前十位。截至 2013 年底，根据中华人民共和国驻瑞典大使馆经济商务参赞处的统计，在瑞典投资备案的中资企业超过 20 家，累计投资总额超过 26 亿美元，其中主要有五矿北欧金属有限公司、华为瑞典公司、中兴瑞典公司、瑞康生命科学有限公司、湖南娄底绿色能源有限公司等，投资覆盖汽车、信息通信、金融、矿业、新能源和医药等诸多领域。华为公司 2000 年在瑞典成立瑞典研究所，2003 年扩展瑞典电信市场，注册成立瑞典子公司，随后 4 年间在挪威、丹麦、芬兰设立办事处。经过多年努力，华为在北欧地区的员工总数超过 800 人，在瑞典就有 500 多人，其中 60% 是本地员工，华为正逐渐成为当地主流运营商的战略合作伙伴，网络地位不断提高。②

二、瑞典华侨华人社会概况

明末至清代康熙中期，通过西洋传教士的介绍，我国开始对瑞典有初步的了解。明朝万历年间，意大利传教士利玛窦在其《坤舆万国全图》中就清楚标绘出瑞典的地理位置和轮廓。光绪年间，清政府曾派官员洪勋、戴鸿慈和端方出访瑞典。③ 清朝末年，广东的少量移民就开始定居瑞典，其后，一些浙江籍的华侨陆续从法国、意大利等欧洲国家向北欧迁移，他们中的一些人选择定居瑞典，主要从事商业活动。

第二次世界大战期间，一些中国海员和杂技艺人流落到瑞典。第二次世界大战后，留学生成为旅居瑞典的新群体。在瑞典的中国移民日益增加，这些人以广东籍、浙江籍和福建籍居多。1936 年，瑞典与挪威等北欧诸国制定了移民法令，禁止华人一族移民，而且限制入境。此后到 20 世纪 50 年代，仅有极少量的海员和留学生定居瑞典，到 1948 年全瑞典仅有 20 多位华侨，主要集中在斯德哥尔摩、哥德堡和工业城市马尔默 3 个城市。60 年代，随着瑞典经济的迅速发展，其交通、旅游、餐饮等服务行业更是方兴未艾，瑞典政府实施有条件地接收外来移民的政策，因而吸引了中国台湾移民，特别是退伍老兵到瑞典谋职求业；同一时期，中国香港新界一批农民也携资依法移居瑞典，成为华侨华人。④

1979 年至 1982 年，瑞典政府根据联合国难民署的安排，立法接收近 4 000 名越南华裔难民。90 年代以来，瑞典政府继续实施有条件地引进外来人才和投资移民政策，接收

① 《瑞典议会选举中左联盟获胜，现任首相辞职》，中国新闻网，http：//www. chinanews. com/gj/2014/09－15/6589453. shtml。

② 《华为瑞典总经理：企业海外发展须克服文化差异》，中国金融信息网，http：//news. xinhua08. com/a/20121005/1033339. shtml。

③ 辛德勇：《中国对瑞典国最早的全面记述——述清末写本〈瑞典国纪略〉之历史由来》，《故宫博物院院刊》2007 年第 3 期。

④ 周南京编：《华侨华人百科全书》，北京：中国华侨出版社 2002 年版。

来自中国等地的留学人员定居。对在瑞典居住的华侨华人，瑞典宪法和有关法律规定实行国民待遇政策，对华侨华人的劳工福利、失业救济、年老工人的退休工资等都给予保障。华侨华人可以经营各种商业行业，但必须按注册营业的范围开展活动，否则将受到法律制裁。瑞典政府还规定，华侨华人成立社会团体必须向当地有关部门注册，否则视为非法组织，对已经成立的社团，允许其依照宗旨开展相应的活动。此外，瑞典政府对华侨华人新移民的母语教育比较重视，颁布相应法律进行调整：主张新移民学习母语和保留本民族的语言文化，允许华人子女在学校就读时选择数理化或常识课程中的某一门课程用华文教育。华人学生到小学六年级时可选择华文作为选修课。瑞典法律还规定，凡有华侨华人子女就读的学校，都应设华文课，每周授课 2 小时，在高等学校学习母语的学生，毕业前政府可提供奖学金返回祖（籍）国实习若干周。[①]

2014 年 8 月 16 日，欧洲华侨华人社团联合会（简称欧华联会）第十八届大会在瑞典斯德哥尔摩举行。国务院侨办谭天星副主任在开幕式致辞中对欧华联会长期以来在加强欧洲侨社之间的合作、维护侨胞正当合法权益、推动侨胞事业健康发展、促进中欧全方位友好合作、弘扬中华优秀文化、支持中国现代化建设与和平统一大业等方面所作的工作予以了肯定，并对欧华联会今后的发展提出五点希望：一是关心国家发展，力争为"中国梦"添砖加瓦；二是促进中欧经贸合作，推动侨商事业发展；三是助力文明交流和增强互信；四是引导侨胞融入主流，展示侨社良好形象；五是团结广大侨胞，深入构建和谐侨社。欧华联会于 1992 年在荷兰阿姆斯特丹成立，由欧洲 28 个国家的 200 多个华侨华人社团组成，是目前世界上最大的华侨华人社团联合机构之一。欧华联会每 1～2 年举行一次大会。本届大会由瑞典华人工商联合会承办，围绕"团结、合作、发展、共赢"的主题，着重就如何融入主流经济生活、改善华侨华人形象等议题进行了交流和探讨。

瑞典主要有如下华人社团：

1. 瑞典华人总会

该会于 2009 年在瑞典斯德哥尔摩成立，是一家代表全瑞典华侨华人、留学生的社团的、非宗教的、非政治的、非营利性的全国性群众联合体。总会以维护华人在瑞典的合法权益、增强在瑞典华人华侨社区的团结互助、弘扬中国传统文化、推动中瑞两国民间的经济文化交流和合作为宗旨，自成立以来，该会长期围绕这一宗旨开展活动。每年在中国传统佳节，如春节、中秋节来临时都会举办一系列的庆祝活动，如舞龙舞狮、扭秧歌、举办华人春节联欢晚会等，这已形成了瑞典华人圈一道独特的风景线。瑞典华人总会始终关心我国的发展，在汶川地震时，是华人总会成员第一个在瑞典带头捐款、捐物；当钓鱼岛事件发生时，以华人总会为首带领瑞典华侨华人、留学生上街游行，以实际行动支持我国维护国家领土完整的决心；当迎来新中国成立六十周年华诞的时候，在中国驻瑞典大使馆的支持下，瑞典华人在斯德哥尔摩音乐厅隆重举办了"瑞典侨学商界庆祝中华人民共和国成立六十周年"大型歌舞晚会，这是瑞典华人历史上首次大型综合国庆晚会，彰显了瑞典华人心系祖籍国的热情和团结一致的风采，成为瑞典华人史上的一个里程碑。2012 年，通过在瑞典社会举办"中国—瑞典文化节"，进一步加强了中国文化在西方民间社会的广泛交流，对宣传中华文化起到了积极作用。瑞典华人总会始终服务在瑞典的华侨华人，维护华

---

① 周南京编：《华侨华人百科全书》，北京：中国华侨出版社 2002 年版。

侨华人的切身利益，帮助他们更好地融入瑞典社会，定期举办普及审计税法知识讲座、安全知识讲座、各类医学养生讲座、形体沙龙、摄影研习班等各类活动来丰富瑞典华侨华人的业余生活。通过举办各类体育比赛增进瑞典华侨华人锻炼的积极性。总会下属中文学校在弘扬中华文化方面作出了特殊贡献，被国务院侨务办公室评为海外华文教育示范学校。[①]

2. 瑞京华人协会

前身为瑞京华人电影文化俱乐部，成立于 1983 年 5 月，1986 年改现名。1985 年 4 月，杨丽然女士任会长，杨冠和任副会长。该协会有会员 300 人，大部分是来自中国内地和香港的餐馆从业者和员工，宗旨是传播中国文化，活跃华人文化生活。该会设有一所星期六中文学校，学生约 50 人。[②]

3. 瑞京华裔联合会

1980 年创立于斯德哥尔摩，会员主要为越南华裔难民，以及一些瑞典籍华人。其宗旨是传播中国传统文化，逢年过节举办文娱活动，加强与各地的越南华侨华人之间的联系和交往。

三、结论与趋势

2015 年正值中瑞建交 65 周年。中瑞两国将进一步加深两国的友好关系，瑞典新任首相洛夫文在 2014 年 11 月 6 日瑞典外交部举行的外交使节见面会上就强调了瑞典高度重视发展对华关系，洛夫文本人愿在其任期内促进中瑞友好关系、务实合作及加强环保和绿色经济领域的合作。

欧盟整体经济从 2013 年春开始复苏。不过，由于欧元一路走高以及新兴诸国海外发展放缓，可以预期 2015 年欧盟经济增长并不会太快。此外，自从 2013 年底乌克兰混乱局势以来，欧美与俄罗斯的对立正在进一步加剧，如果俄罗斯缩小对欧天然气的供给，像瑞典等对天然气能源依赖较大的国家，当地经济发展恐将进一步受到限制。

不过，2014 年瑞典大选中源自瑞典国内的新纳粹主义运动的瑞典民主党今后对瑞典华侨华人等移民的态度值得关注。该政党坚持仇视移民的立场，很多候选人都有种族主义倾向。2015 年 1 月，瑞典国家电视台 SVT 一档喜剧节目中就出现了通过低级幽默贬低中国人的形象，拿少数民族开玩笑的现象。[③]

---

① 《瑞典华人总会简介》，（瑞典）《北欧华人报》，2013 年 7 月 28 日。
② 国务院侨务办公室秘书行政司资料室编：《各国华侨华人》，1991 年，第 153 页。
③ 《瑞典电视台节目涉辱华　负责人称没有针对中国人》，新浪转载《环球时报》报道，http：//news.sina.com. cn/w/2015－01－19/033031414998.shtml。

俄罗斯

　　2014 年，中俄两国继续保持着政府高层的频繁互动。中俄在政治、经济与文化领域的交流与合作稳步向前，两国在许多重要的国际问题上相互理解与支持。在经济领域，两国达成了以重大的能源合作项目为代表的一系列新的合作项目，这些成绩进一步夯实了中俄两国友好合作的政治、经济、文化基础。由于乌克兰危机，俄罗斯遭到西方国家的政治与经济制裁，给俄罗斯经济造成了严重困难，在一定程度上影响了俄罗斯华侨华人的生活。同时，在遭到西方国家的制裁和"排挤"后，俄罗斯更加注重与中国发展经济合作关系，这将为华侨华人参与俄罗斯的经济活动创造更多的可能。

一、俄罗斯基本国情

俄罗斯概况

国家全名	俄罗斯联邦	地理位置	横跨欧亚大陆	领土面积	1 707.54 万平方公里
首都	莫斯科	主要语言	俄语	主要民族	俄罗斯族
政体	总统制	执政党/主要反对党	统一俄罗斯党/俄罗斯联邦共产党、公正俄罗斯党、俄罗斯自由民主党	现任国家元首/政府首脑	弗拉基米尔·弗拉基米罗维奇·普京/德米特里·阿纳托利耶维奇·梅德韦杰夫
人口数量	1.43 亿人（截至2013 年 1 月 1 日）	华侨华人数量	约 40 万人	华侨华人占总人口比例	0.276%
GDP	2.097 万亿美元（2013 年）	通胀率	1.3%（2013 年）	失业率	5.5%（2013 年）

　　注：经济数据来源于世界银行官网，http://www.worldbank.org/en/country/russia；俄罗斯联邦统计局网站，http://www.poccuu.org/0 - tongjiju.htm，2015 年 1 月 10 日。

　　俄罗斯是世界上最大的国家，其国土横跨欧亚大陆，面积为 1 707.54 万平方公里。北邻北冰洋，东濒太平洋，西接大西洋，西北临波罗的海芬兰湾。作为世界上邻国最多的国家之一，俄罗斯西北面有挪威、芬兰，西面有爱沙尼亚、拉脱维亚、立陶宛、波兰、白俄罗斯，西南面是乌克兰，南面有格鲁吉亚、阿塞拜疆、哈萨克斯坦，东南面有中国、蒙古和朝鲜，东面与日本和美国隔海相望。俄罗斯地形以平原和低地为主，其中平原、低地和丘陵占国土的 60% 左右，高原和山脉各占 20%。

　　俄罗斯人口数量为 1.43 亿人，居世界第七，由于国土广阔，俄罗斯人口密度低，且分布极不平均，人口主要集中在中央区、伏尔加河沿岸区、北高加索区和乌拉尔区。俄罗斯是世界上民族最多的国家之一，共有193个民族，其中俄罗斯族约占总人口的80%，主要少数民族有鞑靼、乌克兰、巴什基尔、楚瓦什、车臣、亚美尼亚、阿瓦尔、摩尔多瓦、哈萨克、阿塞拜疆和白俄罗斯等族。俄语是俄罗斯联邦的官方语言。俄罗斯主要宗教为东正教，其次为伊斯兰教、天主教和犹太教。根据全俄民意研究中心的调查结果，50%～53%的俄罗斯民众信奉东正教，10%信奉伊斯兰教，信奉天主教和犹太教的都为1%，0.8%的民众信奉佛教。

二、中俄关系概况及其新发展

中俄两国于1991年12月27日签署《会谈纪要》，确认俄罗斯继承苏联与中国的外交关系。此后20多年，中俄关系呈现出不断上升的势头。1996年4月，中俄宣布建立"平等信任、面向21世纪的战略协作伙伴关系"，并确立国家元首和政府首脑定期会晤机制。2001年双方签署《中华人民共和国和俄罗斯联邦睦邻友好合作条约》，为两国发展长期战略协作伙伴关系奠定了法律基础。2008年，中俄签署《中俄国界东段补充叙述议定书》，彻底解决了历史遗留的边界问题，为两国战略协作伙伴关系的深入发展奠定了坚实基础。2010年9月，两国签署《中俄关于全面深化战略协作伙伴关系联合声明》。2012年6月，两国签署《中华人民共和国和俄罗斯联邦关于进一步深化平等互信的中俄全面战略协作伙伴关系的联合声明》。2013年3月，中国国家主席习近平对俄罗斯进行国事访问，两国元首批准了《〈中俄睦邻友好合作条约〉实施纲要（2013年至2016年）》，签署了《中华人民共和国和俄罗斯联邦关于合作共赢、深化全面战略协作伙伴关系的联合声明》。10月22日至23日，俄罗斯总理梅德韦杰夫访华，与中国总理李克强举行了第18次中俄总理定期会晤，两国政府签署了《中俄总理第十八次定期会晤联合公报》以及20余项合作协议，涉及经贸、金融、海关、卫生、旅游、教育和电信等领域。

2014年，中俄关系继续"升温"。新年伊始，中俄两国国家元首就实现了会晤，2月6日，中国国家主席习近平出席了在俄罗斯索契举行的第22届冬季奥林匹克运动会开幕式并与普京总统会晤，这是中国国家元首首次出席在境外举行的大型国际体育赛事开幕式，也是习近平主席连续两年选择俄罗斯作为首访国，充分体现了中俄全面战略协作伙伴关系的高水平和特殊性。在西方国家借索契冬奥会"找茬"，批评俄罗斯人权、腐败与安全问题，许多西方国家元首拒绝出席索契冬奥会开幕式的情况下，中国国家元首出席索契冬奥会开幕式表明了中国拒绝政治干扰体育，以及中俄关系不会被世界政治形势的左右的态度。除了中国国家元首对俄罗斯的出访外，2014年，俄罗斯总统普京还两次访问中国。5月20日至21日，普京总统对中国进行国事访问并出席在上海举行的亚洲相互协作与信任措施会议第四次峰会（亚信峰会）。习近平主席与普京总统就中俄关系及重大国际和地区问题深入交换意见，达成高度一致。两国元首对当前中俄关系全方位、多层次顺利发展表示满意，决定不断扩大和深化务实合作，把中俄全面战略协作伙伴关系推向更高的水平。会谈后，两国元首共同签署了《中华人民共和国与俄罗斯联邦关于全面战略协作伙伴关系新阶段的联合声明》，并见证了能源、电力、航空、通信和地方等领域多项合作文件的签署。11月9日至11日，普京再次访华并出席亚太经合组织第二十二次领导人非正式会议。

除了国家元首的互访外，两国政府总理也实现会晤。10 月 12 日，中国总理李克强乘专机抵达莫斯科，这是李克强就任总理后首次对俄罗斯进行访问；10 月 13 日，李克强总理与俄罗斯总理梅德韦杰夫共同主持中俄总理第十九次定期会晤。李克强说，中方愿与俄方共同努力，充分挖掘两国合作的巨大潜力，将中俄高水平的全面战略协作伙伴关系转化为更多实际合作成果，不断充实中俄关系内涵，惠及两国和两国人民。两国总理在会面后签署了俄罗斯经东线向中国提供天然气、两国全球卫星定位系统合作、高铁领域合作等 39 项协议和备忘录。李克强总理对俄罗斯的访问是乌克兰危机升级后中国领导人对莫斯科的第一次访问，外媒评论李克强总理的此次访问是冷战后俄罗斯"陷入最严重国际孤立之时"北京方面的明确姿态。需要指出的是，无论西方媒体对中俄关系有何种评论，中俄之间的政治、经济合作交流都是在双边互利、不针对任何第三方的思路下进行的。

20 多年来，中俄两国在政治、经济、人文、科技、军事等领域的合作均富有成效。政治上，中俄关系不断深化发展，成为新型大国关系的典范。两国在涉及国家主权、领土完整等国家核心利益的问题上相互支持。在国际与地区事务上，以"不结盟、不对抗、不针对第三国"为指导，在促进世界多极化、稳定国际与地区安全形势上相互协作。在经济合作方面，自 1992 年中俄两国政府签署《中俄关于经济贸易关系的协定》以来，两国经贸合作取得长足的发展，2014 年中国连续第五年成为俄罗斯最大的贸易伙伴，随着 2014 年中俄签署了一系列的经济合作项目，中俄贸易额在 2015 年扩大到 1 000 亿美元的目标有望顺利实现。

三、俄罗斯侨情概况

（一）华侨华人发展历史

华人移居俄罗斯的历史可追溯至 19 世纪中叶。俄罗斯帝国与中国清王朝签订了一系列不平等条约，将中国黑龙江以北、外兴安岭以南 60 多万平方公里的领土割让给俄罗斯帝国，在这些土地上世代生活的中国居民除少部分内迁外，大部分无奈地成了俄罗斯帝国属下的居民，形成了特定历史条件下的"割地成侨"。① 有资料显示，在签订《北京条约》期间，乌苏里地区有几千名中国人，他们是猎人、淘金者、挖参人和流放到此的犯人。此外，清末中国人口急剧膨胀，土地与人口的矛盾日益尖锐，许多无地、失地或无生计的平民百姓外迁以谋生活。俄罗斯帝国远东地域辽阔，且与中国东北江水相连，很自然地成为一些中国人向外迁移的目的地之一。② 华人移民到俄罗斯帝国的新阶段开始于 19 世纪末，随着中东铁路的开通，农民、手工业者、商人等陆续移居海参崴、伯力等地。此后，俄罗斯帝国开发远东对劳动力的需求迅速增长，国家部门和一些私人企业招募中国劳工到俄罗斯帝国从事艰险的工作。这一时期来俄罗斯帝国的中国侨民基本上都是青年人，他们迫于生计，远走俄罗斯帝国。根据 1897 年进行的一项普查，当时俄罗斯帝国共居住着约 5.7

---

① 李志学：《"割地成侨"：俄罗斯华侨华人史的特殊一页》，《学习与探索》2005 年第 5 期，第 157～160 页。
② 强晓云：《帝国时期俄罗斯的中国移民：人文特征与管理体制》，《当代世界社会主义问题》2006 年第 1 期，第 58～59 页。

万中国人，其中远东地区有 4.1 万人。① 此后，华侨数量继续增加，到 1910 年，按照当地的统计，远东地区的华侨人数已经达到 11.14 万人，② 由于存在非法移民的情况，普遍认为在俄罗斯帝国的华侨实际数量比这个数字多。

苏俄"十月革命"和国内战争期间，部分华侨离开了动荡的俄罗斯帝国，但也有许多华工留在俄罗斯帝国参加了苏联的革命事业。在新政权巩固后，有些华侨长期留在苏联军队工作，还有少部分华侨转为工人并最终成为苏联公民。随着远东地区中国人的增多，中国人自成体系的社团、语言及生活方式逐渐引起苏联政府的猜忌，20 世纪 30 年代，日本占领了中国东北并成立了伪满政权，苏联以防范日本和伪满洲国为借口，在远东地区迁移和遣返了近万名华侨。③ 中华人民共和国成立后，中苏成为盟国，两国开展了全方位的往来与合作，大批的中国留学生来到苏联，"他们中的绝大多数都学成回国，成为新中国国家建设的重要力量。但也有少数由于婚恋嫁娶关系留在苏联。根据苏联官方统计数字显示，1959 年苏联境内有 2.6 万华人"④。随着此后中苏关系的恶化，两国几乎中断了民间人员往来，在苏联的华侨数量逐渐减少。

苏联解体后，中俄很快确立了友好合作关系，这为两国民间的交往奠定了良好的基础。20 世纪 50 年代延续下来的中苏公务互免签证制度以及 1992 年签订的《中俄两国关于互免团体旅游签证的协定》极大地方便了中俄两国人民的往来，根据 1994 年俄罗斯官方公布的统计数据，仅那一年移民俄罗斯的中国人就有 20 301 人。此后每年进出俄罗斯的中国人基本稳定在 50 万人次上下。由于进入俄罗斯的中国人流动性较大，很难确切地统计在俄罗斯的中国人数量，根据中国学者的研究，2007—2008 年中国在俄罗斯的新移民数量大约有 20 万人。⑤ 而据俄罗斯学者估计，旅俄中国人的总数在 20 万到 45 万人之间。总体上看，20 多年来，在俄罗斯逐渐形成了数量可观的华侨华人队伍，他们主要来自于东北三省、山东、新疆、河北、浙江和福建等，主要聚居在莫斯科、圣彼得堡、叶卡捷琳堡、伊尔库茨克、海参崴和新西伯利亚等主要城市。

（二）华侨华人规模扩大的原因

从俄罗斯华侨华人的历史发展来看，俄罗斯帝国时期和苏联时期的华侨华人数量并不算多，但苏联解体后，俄罗斯华侨华人数量不断增加，据中国驻俄罗斯使馆有关统计，长期居留在俄罗斯的华侨华人数量超过 20 万人，俄罗斯方面的统计高于这个数字。目前在俄罗斯的华侨华人主要分为三类，第一类是中国外交机构、商务机构以及新闻机构代表等；第二类是中国的私人企业家、个体经商户、劳工等，他们的数量最多；第三类是到俄罗斯高校和科研机构留学的大学生和进行学术交流的访问学者等。总体上看，20 多年来，

---

① 苏联中央统计局人口普查处：《全苏人口普查简报》第 4 辑，1982 年，转引自 [俄] 阿·格·拉林著，阎国栋译：《俄罗斯华侨历史概述》，《华侨华人历史研究》2005 年第 2 期，第 3 页。

② 国务院侨务办公室政研司：《华侨课题研究文集（2002—2003 年度）》，2005 年，第 124 页。

③ [俄] 阿·格·拉林著，阎国栋译：《俄罗斯华侨历史概述》，《华侨华人历史研究》2005 年第 2 期，第 12 页。

④ 苏联国家统计委员会编：《苏联居民的民族构成》，1991 年，第 24～25 页，转引自 [俄] 阿·格·拉林著，阎国栋译：《俄罗斯华侨历史概述》，《华侨华人历史研究》2005 年第 2 期；[俄] 弗拉基米尔·波尔加可夫著，陈小云译：《俄罗斯中国新移民现状及其课题研究》，《华侨华人历史研究》2005 年第 2 期，第 20 页；张红：《浅析旅俄华侨社群的构成特点及经商活动：莫斯科华侨社群的问卷分析》，《华侨华人历史研究》2002 年第 4 期，第 39 页。

⑤ 朱秀杰、焦红：《1991 年以来俄罗斯的中国移民构成分析》，《人口学刊》2010 年第 3 期，第 32 页。

俄罗斯华侨华人数量迅速增长主要有以下几个原因：

首先，良好的政治关系是国家间开展一切交流活动的基础。苏联解体后，中俄两国迅速确立了友好关系，并且解决了此前长期悬而未决的边界问题，历史遗留问题的解决为两国全面战略协作伙伴关系的深入发展奠定了基础。在中国发展睦邻友好关系的政治因素的推动下，两国人民的友好往来有了顺利发展的政治大环境。两国政府不断出台政策促进彼此开放，例如，开放了更多的边境口岸，实行两国人员往来互免签证等措施，这些措施使得到俄罗斯旅游观光、投资经商、求学深造以及借助俄罗斯进入其他欧洲国家的中国人越来越多，揭开了中国新移民到俄罗斯的高潮。

其次是经济因素。20世纪90年代，俄罗斯实行"休克疗法"，激进的改革措施造成社会激烈动荡和经济快速下滑，企业倒闭、通货膨胀、商品短缺。在经济结构上，俄罗斯的石油、天然气、森林等资源极其丰富，以航空航天和军事工业为代表的重工业发达，但长期以来，家电、纺织、服装、农产品等与人民日常生活息息相关的轻工业、种植业和服务业落后。苏联解体后，由于经济陷入混乱，商品短缺现象极其严重。此外，俄罗斯劳动力也不足，一度出现了人口流失加快的情况。与此同时，20世纪90年代以来，中国市场经济进入快速发展时期，商品丰富、企业生产能力强大，劳动力人口充沛，中国的经济发展恰好与俄罗斯的经济情况形成互补，迅速推动中俄经济联系，很多中国企业和商人到俄罗斯填补市场空间，特别是20世纪90年代，一大批中国个体经商户——"倒爷"怀着发财致富的梦想进入俄罗斯从事商贸活动。可以说经济因素是促进华侨华人数量增长的最主要原因，中国的商业移民、生产移民和工作移民大量进入俄罗斯，成为新时期俄罗斯华侨华人的主体。①

最后是人口因素。俄罗斯地广人稀，是世界上人口密度最小的国家之一。俄罗斯的人口出生率一直较低，据2010年俄罗斯人口普查，俄罗斯人口的平均密度为每平方公里8.3人，不到世界平均人口密度的四分之一。苏联解体后的二十多年来，俄罗斯人口一直呈现负增长态势，人口总数从1992年的1.48亿下降到2013年的1.43亿。除了人口总数呈现不断减少的趋势外，俄罗斯人口分布极不均衡是另一特点。莫斯科州的平均人口密度是每平方公里近400人，而在600多万平方公里的远东地区，总人口不到700万人，其中楚科奇自治专区人口的平均密度仅为每平方公里0.01人。人口分布不均，致使人力资源的分布出现严重失衡，对俄罗斯地域经济发展极为不利。此外，俄罗斯人口危机还表现为老龄化严重、男女比例严重失调等特点。普京总统在2013年的国情咨文中重点谈到了人口问题，并提出要通过降低人口死亡率、提高人口出生率和实施有效的移民政策等措施来遏制人口减少趋势。中国作为世界上人口最多的国家，有着充足的劳动力，这为中国人填补俄罗斯劳动力市场的空缺提供了客观条件。

（三）华侨华人在中俄经贸与人文交流中的作用

历史上，华侨华人为俄罗斯的经济建设和革命事业作出了贡献，近20年来，新的华侨华人群体在中俄两国的经贸往来与人文交流中起到了重要的作用，成为中俄两国友好关系的推动者和历史见证者。

---

① 李凡：《俄罗斯华侨华人在促进中俄经贸、人文交流中的作用》（国务院侨办一般项目）。

1. 丰富俄罗斯市场供给、服务中资企业

20 世纪 90 年代，俄罗斯经济陷入混乱，与居民生活息息相关的很多商品极为短缺。大批华人瞄准商机，将中国生产的各类商品带到俄罗斯，不仅为中国商品的销售扩大了市场范围，也丰富了俄罗斯的市场供给，解决了俄罗斯人民的生活所需。此后，尽管大批中国企业进军俄罗斯，但迄今为止，在俄罗斯市场，仍有大量的家电、服装、鞋袜等"中国制造"的商品是通过华侨华人商户的渠道进入俄罗斯市场的。

俄罗斯资源丰富，市场空间大，对许多中国企业有较强的吸引力，但中国企业走进俄罗斯需要了解俄罗斯的法律法规和具体的商情、民情。目前，在俄罗斯取得成功的中资企业，在最初的市场调查、法律法规的咨询、风俗民情的掌握以及对当地"潜规则"的了解等方面都离不开已经在当地生活了多年的华侨华人的帮助。按照俄罗斯的法规，企业需要"属地化"管理，必须聘请会讲当地语言的员工，在这方面，俄罗斯的华人具有独特的优势，对中资企业在俄罗斯的发展起到了重要的帮助作用。

2. 弥补俄罗斯劳动力不足、增加就业岗位

俄罗斯国土广袤，但人口数量不足，长期面临着劳动力不足、人口分布不均和老龄化严重等问题，尤其是在与中国临近的东部地区，这些问题更为突出，严重影响着这些地方的经济发展。华侨华人不仅给俄罗斯带来了商业上的繁荣，更重要的是增加了劳动力供给。以俄罗斯远东地区为例，华人的进入填补了建筑施工、农业种植、森林采伐和商品物流等许多领域的岗位，改变了远东地区大片土地荒芜的现象，也改变了远东地区蔬菜市场产品缺乏和价格昂贵的局面。建筑行业也是如此，高效率、技术娴熟且低成本的中国建筑商和工人深受当地政府和居民的欢迎，为当地开发作出了贡献。虽然有部分俄罗斯人担心中国人抢走就业机会，但中国人从事的多是劳动力严重短缺和当地人很少愿意从事的岗位。同时，中国人在当地从事商贸活动补充了劳动力，活跃了经济，扩大了政府的税收来源，增加了更多的就业机会。

3. 促进中俄人文交流、增进中俄友谊

华侨华人积极融入当地社会，举办了各类文化活动，促进中俄人文交流，如成功举办 1997 年莫斯科文化节、2000 年莫斯科华人文化周，并代表旅俄华人参与庆祝莫斯科建城 850 周年的大型活动等，这些活动对中俄人文交流起到了促进作用。此外，俄罗斯华人社团还积极组织华人为当地社会做善事，树立华人乐善好施的良好形象，如 2000 年 8 月，莫斯科地铁爆炸案发生后，华人组织起来为伤员献血，2008 年 5 月给俄罗斯孤儿院捐赠生活和学习用品等。这些活动提高了华人在俄罗斯的整体形象，扩大了影响，增强了凝聚力。华侨华人还通过创办华文媒体，在宣传中俄友好、介绍中国国情、宣传中华文化等方面发挥着积极作用，增加了俄罗斯新侨对当地情况的了解，也为当地人了解中国文化增加了渠道。

（四）华人经济、华人社团、华文媒体及华文教育概况

1. 华人经济概况

20 世纪 90 年代至今，新一代华侨华人大多从事服装、鞋帽、皮货、蔬菜、粮食和木材等进出口生意，少部分从事餐饮、旅游、旅馆和酒吧等服务行业，也有部分华人在俄罗

斯打工和从事农业。1991 年起，除留学生和公派人员外，到俄罗斯的大多数中国人的主要目的是做生意，或者打工挣钱。随着俄罗斯经济逐渐恢复以及社会局势趋于稳定，华人的经济水平和规模也有所提升，一些华人在经济上逐步融入俄罗斯，为当地经济和社会发展作出了更多的贡献。目前在俄罗斯的华人华企相对集中在贸易、建筑、农业和餐饮等行业，可分成以下几个不同类型：第一类是从 20 世纪 90 年代到俄罗斯，发展到今天成为老资格的华人华企。他们在俄罗斯奋斗了一二十年，多数已经有了一定经济实力，在国内有固定的合作伙伴，在俄罗斯接客户的订单，或者有办公室、仓库进行仓储，批发销售中国的轻工产品、建筑材料或小型设备等。第二类是在俄罗斯采购化工原料、木材和有色金属等，从事进口贸易。第三类是开办服务性公司，如在当地开中餐馆，提供国际运输清关一体化服务、签证服务、旅游服务、票务服务和办报纸、做广告等。总体上看，新世纪以来，随着中国经济的快速发展和国际地位的提升，俄罗斯华人华企，无论是在经营规模、经济实力、驾驭市场的能力上还是在国际贸易水平、经验和人员素质上都有了极大的提升。他们是中俄经贸关系的重要桥梁，是两国人民友好往来的纽带，他们在异国他乡求生存、求发展的辛勤劳动中，为中俄两国的经济发展和贸易往来作出了贡献。

2. 华人社团概况

随着 20 世纪 90 年代以后华人新移民群体的形成，相对稳定的俄罗斯华人社会逐步发展起来，莫斯科、圣彼得堡、叶卡捷琳堡、新西伯利亚、伊尔库茨克、克拉斯诺亚尔斯克、乌兰乌德和海参崴等十几个城市都成立了规模不等的华人社团，如莫斯科中俄文化交流中心（1992 年成立）、莫斯科华侨华人联合会（1993 年成立）和莫斯科中华总商会（1993 年成立）等。至今，华人、华商在俄罗斯已经成立了上百个华人社团，其中莫斯科的华人社团数量最多，其中较有影响的有旅俄华人中国和平统一促进会、莫斯科华侨华人联合会、莫斯科中华总商会、俄罗斯远东中俄工商联会总会、莫斯科华人妇女联合会等。上述社团与中国驻俄罗斯使领馆、国内侨务部门保持着经常性联系。如莫斯科华侨华人联合会就是一个成立较早、规模较大、与外界联系比较广泛、组织活动较多、在当地华人社会较有影响的华人社团组织，它将新老华侨华人和不同行业、不同地区的华侨华人团结在一起，对于华商加强内部联系与团结、协调外部关系、提高整体形象发挥着积极作用。总体上看，俄罗斯华人社团有以下几个特点：①由于俄罗斯对中国移民限制很严，旅俄华人绝大多数未获得在俄罗斯长期居住的身份。因此，旅俄华人在心理上对中国有较强的依赖性。俄罗斯华人社团大多与国内和中国驻俄罗斯使馆保持着较密切的联系。在政治上，他们热爱祖国、拥护国家统一；在经济上，华商将经营收益大部分汇回国内，而不像北美和东南亚国家的华人就地投资、就地发展。②俄罗斯华人社团不像东南亚华人社团那样以血缘和地缘为主，而是以业缘为主，以地缘为特征的同乡会所占比重不大，几乎没有血缘社团。③俄罗斯华人社团的目的性很强，就是组织起来团结互助、维护华人的合法权利。

3. 华文媒体与华文教育概况

目前俄罗斯有十多家中文媒体，其中影响较大的有《莫斯科华人报》《龙报》《华商报》《路迅参考》《华俄时报》《莫斯科晚报》等。这些华文媒体在宣传中俄两国有关政策方针、介绍国情、传递资讯等方面发挥着积极作用。① 近年来，随着互联网的蓬勃发展，俄罗斯华文媒体纷纷建立了自己的网站。除了路迅网、龙报在线、莫斯科华人报网等由传统媒体转型而来的网站，原来一些不发行期刊和报纸的组织也纷纷建立了自己的网站，成为新闻发布、华人交流的窗口，如圣彼得堡华人协会网站、俄罗斯华人论坛等，这些网络媒体成功地运用了 web2.0 的全新理念，形成华人信息发布的集散地，信息量很大。②

近些年来，随着中国经济快速发展以及中俄两国关系的不断发展和人员往来的日趋频繁，俄罗斯青年对汉语的学习热情也日益高涨，学习汉语在俄罗斯成为一种时尚。2009 年启动的中俄互办"语言年"活动，成为"汉语热"在俄罗斯不断升温的催化剂，也对华文教育起到了重要的宣传与推广作用。俄罗斯有中文学校十几所，俄罗斯各大高校都有开设并正在增加汉语教学课程，此外，俄罗斯有 20 所高校已经成立了孔子学院，满足了俄罗斯大学生学习汉语的需求。③

四、俄罗斯的经济、社会形势及其对华人的影响

1. 俄罗斯经济陷入困难，影响华侨华人的生活与发展

2014 年，在乌克兰危机的背景下，俄罗斯遭到西方国家的政治与经济制裁，俄罗斯经济遭遇严重困难，外来投资锐减、资本流出加剧，加上国际油价大幅下跌，导致严重依赖能源出口收入的俄罗斯财政收入恶化，进而引发卢布贬值和通货膨胀。2014 年以来，卢布兑美元的汇率已下跌 50%。卢布的大幅贬值严重影响了俄罗斯民众的生活，在俄罗斯市场上，很多日常商品是从国外进口的，由于卢布贬值，进口商品价格比往年要高出不少，物价上涨造成俄罗斯民众的生活成本大幅上升。在这样的经济形势下，华侨华人的生活和华商的经营也受到不同程度的影响。

首先，卢布不断贬值对俄罗斯的华商群体造成较大的冲击。由于卢布贬值和经济动荡，2014 年俄罗斯华商群体的生意雪上加霜，面临成本上升、货物积压等困境，尤其是经营进口商品的店铺，汇率的变化让国外供货商发货时异常谨慎。对于华商而言，卢布贬值导致物价上涨，在俄罗斯销售的进口商品价格涨得厉害，销售较困难。在严峻的经济形势下，俄罗斯民众纷纷捂紧了钱袋，削减了消费开支，许多华商的生意不好做。还有的损失是来自直接的汇率下跌。由于卢布贬值迅速，在俄罗斯经商的华人挣到的卢布利润迅速缩水，为减少损失，华商纷纷抢着去兑换美元，抛掉手里的卢布以避免贬值带来的更大损失，但是，2014 年下半年俄罗斯政府加强了资本管制，华商发现自己手里的外汇按以往的渠道汇到国内变得有些困难。目前在俄罗斯从事贸易的一些华人企业开始缩小业务规模，其中经营服装、鞋帽的小商店和餐饮店的生意明显比以往清淡，主要原因是以前俄罗斯人是这些商店的主要顾客，卢布大幅贬值后，他们不敢大手花钱，将支出主要集中到了生活必需品上，如柴米油盐、鸡鸭鱼肉等，减少了服装上的开支，也减少了外出用餐。由于华商在俄的生活成本也在增加，此消彼长，一些店主已经暂时弃店回国。另外，华商还可能

---

① 欧阳向英：《成长中的俄罗斯华文媒体》，《对外传播》2010 年第 4 期。

② 王忠：《俄罗斯华文主流媒体网站概述》，《新闻知识》2012 年第 1 期。

③ http：//news. 163. com/12/1102/07/8F9OGLCN00014AEE. html.

面临债务危机，因为在俄罗斯很多经营都是赊账结算，经济危机会导致债务偿还困难，继而出现资金断链，加上俄罗斯的经济现状，华商可能会感到困难加剧。一位华商感叹："俄罗斯的淘金时代已经伴随卢布大跌结束，而且货币危机不知会持续多久。"①

2. 俄罗斯欲加强与中国的经济关系，有利于为华人提供更多的经济机会

2014年，由于乌克兰问题，俄罗斯与西方国家的关系陷入冷战结束以来的最低点，西方国家对俄罗斯实施了经济制裁，给俄罗斯造成了严重的经济困难。为了减轻对西方国家的市场与资金依赖，俄罗斯被迫将发展经济合作的主要方向转向东方，积极发展与中国、韩国、印度以及越南等东南亚国家的经济合作关系。其中，中国作为世界最大的经济体之一，并且与俄罗斯保持着友好合作关系，因而特别受到俄罗斯的重视。2014年10月，李克强总理访问俄罗斯期间，中俄签署了包括能源、航天航空、交通等领域的39项合作协议和备忘录。俄罗斯政府已经表示愿与中国共同努力，充分挖掘两国合作的潜力，在这样的背景下，俄罗斯有望对中国开放更多的经济合作空间。华侨华人也有机会参与其中，特别是俄罗斯远东地区的开发可能为华人提供更多的经济机会。

2014年底，俄罗斯加快远东开发的政策趋于明朗。俄罗斯远东地区长期经济发展落后。普京总统在2012年曾提出"向东看"战略，把远东地区的开发提高到了国家战略的高度，列入了政府的优先发展目标，并专门新设立了"远东发展部"。但由于远东地区地广人稀，经济基础薄弱，要实现远东发展的目标，需要大量的资金、技术和劳动力，这些条件仅仅依靠俄罗斯自己的力量是不可能实现的，因此远东开发迟迟没有大的进展。华人在开发远东地区的历史上起到过重要的作用，当前在俄罗斯远东地区的华人数量远超其他亚太国家在该地区的侨民的数量，华人已经熟悉当地环境，就客观条件来说，华人是俄罗斯开发远东最便利的力量。

此前，一方面由于俄罗斯的法律不完善，另一方面由于俄罗斯政府和当地居民对华人华资持有顾虑，华人华资在当地投资和开展经济活动受到限制，华侨华人也有很多顾虑。在经济形势尤为严重的2014年，开发远东，吸引更多来自亚洲国家的资金和技术成为俄罗斯政府紧迫的任务，俄罗斯远东开发的政策进一步明朗化。2014年12月，俄罗斯副总理兼总统驻远东联邦区全权代表特鲁特涅夫一行访问中国，会见了汪洋副总理，特鲁特涅夫介绍了俄罗斯建立远东跨越式开发区的情况，表示希望中方积极参与俄罗斯远东开发合作。俄罗斯将在远东地区设立类似中国深圳的特区，对参与投资的企业提供10年内减免90%税收的优惠。特鲁特涅夫在北京举行的"中俄远东地区合作圆桌会"上表示，将把俄罗斯远东地区建设成为"俄罗斯的深圳"。他呼吁中国企业踊跃投资，并承诺给予各种优惠待遇。俄方还决定设立"迎资局"，专门为外资企业提供行政优惠。俄罗斯高层近年来大力推动的"转向东方"战略、东部开发战略以及俄罗斯副总理的此番讲话给人们的强烈印象是，俄罗斯政府真的要敞开怀抱欢迎中国企业进入了。一旦俄罗斯真心实意地对中国资本"敞开怀抱"，远东开发的新措施将为中俄经贸关系发展提供新机遇，促进中俄的区域合作。在俄罗斯对华人华资的政策趋于开放和公平的背景下，华人华资也有望成为帮助俄罗斯远东开发的重要力量。

① 中俄资讯网，http://www.chinaru.info/huarenhuashang/eluosihuashang/31436.shtml，2014年12月18日。

五、俄罗斯侨情趋势及政策建议

中俄关系正处于历史上最好的时期。首先，中俄政治和战略互信不断增强。边界问题的彻底解决，为中俄两国关系长期健康稳定发展清除了最大障碍。《中俄睦邻友好合作条约》将世代友好、永不为敌的和平思想和不结盟、不对抗、不针对第三国的外交理念以法律文件的形式固定下来。中俄最高领导人良好的工作关系和个人关系，以及中俄总理定期会晤等各类合作机制，为两国高层及时沟通奠定了基础。其次，到 2014 年，中国已经连续五年成为俄罗斯最大的贸易伙伴国，两国关系的物质基础更加牢固。同时，中俄两国关系的民意基础亦日趋深厚，在中俄互办"国家年""语言年"和"旅游年"的推动下，两国人文交往蓬勃发展，内容不断充实，机制日益健全。两国人民的相互了解和信任进一步加深，进一步夯实了中俄全面战略协作伙伴关系的民意基础。多年来，中俄两国权威民意调查机构的数据都显示，两国民众都把对方国家视为最友好的国家之一。可以预见，在今后相当长一个时期内，中俄关系不会发生实质性的倒退。俄罗斯华侨华人主要来自于中国大陆，他们大多具有勤奋、坚韧、克己、不惹是生非的传统品性。随着新一代高素质华人移民数量的增加，以及中国政治、经济地位的提高，旅俄华人的生活和发展也将迎来更为美好的将来。

当然，在俄罗斯华侨华人生活与发展总体情况良好的同时，也有一些问题值得关注。俄罗斯与中国接壤，历史上曾经从中国掠夺大量的土地，尽管中俄边境问题已经得到解决，但由于俄罗斯与中国相邻的地区地广人稀、人口持续负增长，因此俄罗斯政府对中国人在俄罗斯的居留始终保持着一份戒心和顾虑。另外，俄罗斯并不是一个开放式社会，非常在乎民族的主体性，虽然迫于经济发展需要而引进外来移民，但国内始终有一股民族主义情绪，特别是近些年来，随着中国成为世界最大的经济体之一，在经济总量上拉开了与俄罗斯的距离，一些俄罗斯人心情复杂，对在俄罗斯进行经济活动的华人怀有复杂的心情，这体现在华人往往会成为被敲诈、勒索的对象。虽然随着俄罗斯法律制度的完善和政府对腐败行为的打击，这些行为已经大为减少，但华人在俄罗斯仍应谨言慎行，一方面应该大胆维护自己的权益，另一方面要遵守法律，避免招惹麻烦。

2014 年，沉寂了多年的恐怖袭击活动在俄罗斯再次抬头，在俄罗斯经济形势恶化和西方国家对俄罗斯持续制裁的背景下，如果俄罗斯不能保持社会稳定，迅速给恐怖分子以沉重打击，那么 2015 年俄罗斯的恐怖活动可能会趋于活跃，在俄罗斯大城市生活的华侨华人特别要注意人身安全，避免在重大活动场所和公共场所成为恐怖活动的受害者。

经济形势的恶化还可能激化极右排外势力的活动，在偏远地区务工的华工则要注意人身安全，避免成为排外极右分子的攻击对象。此外，近些年，俄罗斯加强了对非法入境和滞留的外籍人士的打击力度，2013 年 8 月，《俄罗斯联邦行政违法行为法典》修订生效。根据新法规定，凡在俄罗斯无有效居留证件，有效证件遗失后未及时向有关部门申报，以及在规定居留期限到期后未按时离境的外国公民或无国籍人士均被视为违法。这些违反俄罗斯联邦入境、居留制度相关规定者，均须送交法院判决，处以 2 000 至 5 000 卢布罚款并被行政驱逐。在莫斯科市、圣彼得堡市、莫斯科州及列宁格勒州存在上述违法现象者，将被处以 5 000 至 7 000 卢布罚款并被行政驱逐。在这样的背景下，出现了多起俄罗斯警方抓捕和驱逐华人的事件，例如 2014 年 4 月，圣彼得堡移民部门以中国留学生无证无牌带旅行团为由，抓捕并起诉数十名中国留学生。2014 年 4 月 26 日，俄罗斯苏尔古特警方在一处生产基地拘捕了 200 名来自中国的非法移民，俄罗斯警方对这些据称来自中国的非法移民采取行政措施，当地法院也有可能对他们展开刑事调查。因此华人到俄罗斯从事经济活动，一定要通过合法渠道进入俄罗斯，并且在当地移民和外劳管理部门备案，以便于在财产和人身安全受到威胁时得到法律的保护。

另外，到俄罗斯务工的华人要注意了解当地法律并切实遵守。由于语言问题、个人素质问题以及其他原因，一些华人不了解旅居国的法律，想当然地将国内的一些习惯带到了俄罗斯，引起不必要的纠纷。因此，到俄罗斯务工和从事商业活动的华人应当避免类似的事情，了解俄罗斯在相关领域的法律。在这一点上，除了务工华人自律外，国内有关机构应该加强相关方面的法律培训，同时，驻俄罗斯的中国机构、华人社团和老华人也应该积极主动地向新移民介绍俄罗斯的法律。

俄罗斯华侨华人在中俄经贸与人文交流中发挥着重要的作用，中国政府应该重视俄罗斯华侨华人的发展，在华侨华人权益受到侵害的时候，国家有关部门应及时与俄罗斯政府有关部门进行沟通协商，及时有效地提供保护、支持与援助。国内有关部门及研究机构、中国驻俄罗斯使馆和华人社团，应加强对俄罗斯侨情的收集和研究，及时掌握俄罗斯华侨华人的最新动态，并依托信息交换机制，及时将掌握的俄罗斯市场动态、外贸政策、法律法规通报给国内有意去俄罗斯发展的企业和个人，以及已经在俄罗斯发展的华侨华人。国内相关部门也应加强对俄罗斯华侨华人的工作，定期出访，慰问老朋友，结识新朋友，广泛了解华侨华人所需、所思、所盼，帮助协调解决各种困难。

乌克兰

2014 年，乌克兰政局陷入动荡，随着政治危机的持续升级，乌克兰各方势力严重对峙并引发社会动乱。一方面，克里米亚宣布独立并加入俄罗斯，乌克兰东部地区要求高度自治，部分地区甚至宣布独立，引发乌克兰政府与东部民间武装力量之间的暴力冲突。另一方面，乌克兰与俄罗斯关系也陷入对立状态。在社会安全日益恶化的局面下，在乌克兰生活的华侨华人努力寻找生存和发展的空间，回国还是坚守，成为摆在许多乌克兰华侨华人面前的艰难选择。

一、乌克兰基本国情

乌克兰基本概况

国家全名	乌克兰	地理位置	欧洲东部，黑海、亚速海北岸	领土面积	60.37 万平方公里
首都	基辅	主要语言	乌克兰语	主要民族	乌克兰族、俄罗斯族
政体	总统制	执政党	祖国党、自由党等执政联盟	现任国家元首/政府首脑	彼得·阿列克谢耶维奇·波罗申科（2014年 5 月 25 日当选总统）/阿尔谢尼·亚采纽克（2014 年 2 月被国会选为总理，7 月宣布辞职，11 月再次当选为总理）
人口数量	447 万人（2014 年）	华侨华人数量	约 1.8 万人	华侨华人占总人口比例	约 0.04%
GDP	1 174 亿美元（2013 年）	通胀率	24.9%（2014 年）	失业率	约 9%（2014 年）

资料来源：中华人民共和国外交部、世界银行、乌克兰国家统计署。

乌克兰位于欧洲东部，国土面积 60 多万平方公里，是欧洲领土面积第二大的国家。南邻黑海和亚速海，北面是白俄罗斯，东北接俄罗斯，西连波兰、斯洛伐克和匈牙利，南与罗马尼亚、摩尔多瓦毗邻。乌克兰地理环境优越，国土肥沃，95% 的国土为平原。1917年 12 月，建立乌克兰苏维埃政权，1919 年 1 月成立乌克兰苏维埃社会主义共和国并于 1922 年加入苏联（西部乌克兰 1939 年加入）。1990 年 7 月 16 日，乌克兰最高苏维埃通过了《乌克兰国家主权宣言》。1991 年 8 月 24 日，乌克兰正式宣布独立，首都设在基辅。

乌克兰总人口 447 万，共有 130 多个民族，主要民族为乌克兰族和俄罗斯族，其中乌克兰族约占总人口的 77%，俄罗斯族约占 20%，其他为白俄罗斯、犹太、克里米亚鞑靼、摩尔多瓦、波兰、匈牙利、罗马尼亚、希腊、德意志和保加利亚等民族。乌克兰官方语言为乌克兰语。主要宗教为东正教和天主教。

二、乌克兰与中国关系

1992 年 1 月 4 日，中国与乌克兰正式建立外交关系。建交后，中乌双边关系健康稳步发展。中国与乌克兰都非常重视发展双边关系，建交以来，国家元首和政府首脑多次互访，使中乌关系不断向前发展。1992 年 10 月 29 日至 11 月 3 日，乌克兰总统克拉夫丘克对中国进行正式访问。双方签署了中乌两国联合公报及其他 10 个文件。1993 年 4 月，乌克兰最高苏维埃主席普柳希访华。1994 年 9 月，中国国家主席江泽民对乌克兰进行正式访问，双方签署了《中华人民共和国和乌克兰联合声明》及一系列合作协定。同年 12 月，中国政府就乌克兰加入《核不扩散条约》发表关于向乌克兰提供安全保障的声明，这是中国政府发表的第一个向某一国家提供安全保障的政府声明。1995 年 12 月，乌克兰总统库奇马访问中国。1995 年 6 月，中国国务院总理李鹏访问乌克兰，双方签署了《中华人民共和国国务院总理李鹏正式访问乌克兰联合公报》等文件。同年 12 月，乌克兰总统库奇马访华，与江泽民主席和李鹏总理举行了会谈，就共同关心的双边问题和国际问题及进一步扩大两国经贸合作交换了意见，两国签署了《中华人民共和国政府和乌克兰政府关于发展与加深友好合作关系的声明》以及避免双重征税、和平利用宇宙空间、金融和统计合作等文件。2001 年 7 月，中国国家主席江泽民对乌克兰进行国事访问，两国元首签署了《中华人民共和国和乌克兰关于在二十一世纪加强全面友好合作关系的联合声明》等文件。2002 年 11 月，乌克兰总统库奇马对中国进行国事访问，两国签署了《中华人民共和国和乌克兰联合声明》等文件。2010 年 9 月 2 日至 4 日，乌克兰总统亚努科维奇对中国进行国事访问，访华期间，中国国家主席胡锦涛、全国人大委员会委员长吴邦国、国务院总理温家宝分别与亚努科维奇总统举行了会晤，双方签署了《中华人民共和国和乌克兰关于全面提升中乌友好合作关系水平的联合声明》。2011 年 6 月 18 日，中国国家主席胡锦涛对乌克兰进行国事访问，两国元首宣布建立和发展战略伙伴关系，重新定位了两国关系。同年，中乌副总理级政府间合作委员会正式成立并举行第一次会议，两国经贸、农业、科技、人文等领域合作取得积极进展。2013 年 12 月 3 日，乌克兰总统亚努科维奇访问中国并会见中国领导人，习近平主席、李克强总理、张德江委员长等中方领导人同他就深化中乌战略伙伴关系、发展各领域务实合作达成重要共识，为两国关系发展注入新动力。中乌两国经济互补性强，自建交以来，双边经贸合作稳步发展，2013 年中乌双边贸易额达 110 亿美元，中国成为乌克兰第二大贸易伙伴国。

三、乌克兰侨情概况

（一）华侨华人历史发展

历史上，乌克兰长期与俄罗斯合并在一起，因此乌克兰的华侨华人历史很大程度上蕴含在俄罗斯华侨华人史中。具体到乌克兰这片土地，华人移居此地的起点时间难以考察，有案可查的华人最早来到乌克兰生活的时间是在 19 世纪末 20 世纪初。乌克兰国家历史档案馆的档案资料表明，在世纪之交，首批中国人来到乌克兰。1901 年，经过敖德萨港进出的华人呈现一个小高峰，据俄罗斯帝国敖德萨（今乌克兰敖德萨）警察局的报告，仅从 1900 年 12 月至 1901 年 12 月，就有 357 名华人由此离境。在这些出入乌克兰的中国人中，有一些曾经旅居在乌克兰。① 1906 年，因俄国"二月革命"之缘故，一批华人离开俄国，又形成一个华人出入境的小高峰，有 100 余华人经过敖德萨入境，同时有 2 000 余人出境。此后至第一次世界大战爆发，经常有一定数量的华人经过敖德萨出入乌克兰。②

第一次世界大战爆发之前，有一些华人经由远东陆路来到乌克兰的基辅、达夫里亚、波尔托瓦等地。这些华人主要是小生意人和小手工业者，也有不少完全凭借体力谋生的苦力，能够万里迢迢来到乌克兰并且在乌克兰的大小城镇中生活下来的华人，不同于一般的仅仅出卖体力的苦力，他们凭借自己的刻苦耐劳、精明、讲信用以及独特的手艺，依靠自己辛勤的劳动，克服种种困难，在远离祖国的乌克兰生存下来。按照波尔达瓦省的报告，这些生活在乌克兰的华人是生意不错的小工商业者。他们制作、出售自己的纸制品和木制品，如灯笼、纸花、扇子和其他小工艺装饰品，还有的人做裁缝。③ 在当时旅居乌克兰的华人中，有一些人自幼就被带到乌克兰。乌克兰国家档案里记录了这样一个实例：1904 年之后，有一个 2 岁左右的中国男童，被一个称为安德烈·拉夫林耶维奇·卡修拉的俄国军官从中国东北黑龙江带回乌克兰。男童没有中国姓名，取名为谢尔盖。谢尔盖由安德烈抚养、教育，曾先后在达拉舍、切尔卡萨等城镇生活，他学会了俄语、乌克兰语，还学会了打铁、园艺等手艺，16 岁时已经能够独立生活④。在切尔尼戈夫省的小车站也有一个于 1911 年从中国东北被带到乌克兰的中国男童赵金生（音译），俄文名字为叶甫盖尼。⑤

第一次世界大战时期，作为奥匈帝国与俄国战争的前沿，乌克兰遭受了重大的牺牲和损失。大量的青壮年被征召入伍，在战争中或死亡或伤残。此外，还有不计其数的乌克兰人为了躲避战争，逃离家乡。所以，在第一次世界大战中，乌克兰地区深感劳动力的匮乏，地方当局考虑从东方招募华人劳动力。由于乌克兰是俄罗斯帝国的一部分，乌克兰招募华工受到俄国政府有关政策的限制，因此考察乌克兰独立之前的华人移民情况，要与整个俄国的华人移民情况联系起来。俄国政府对于雇佣华工的政策大致可分为三个阶段：第

---

① 《基辅乌克兰国家中央历史档案馆档案》卷宗 339，转引自林军：《中国与乌克兰历史上的联系及十月革命前的旅乌华工》，《求是学刊》1995 年第 5 期，第 80～85 页。以下同文献转引同此条。

② 《基辅乌克兰国家中央历史档案馆档案》卷宗 268。

③ 《基辅乌克兰国家中央历史档案馆档案》卷宗 575。

④ 《基辅乌克兰国家中央历史档案馆档案》卷宗 440。

⑤ 《基辅乌克兰国家中央历史档案馆档案》卷宗 320。

一阶段，1912 年之前，由于来俄国的华人数量不多，因此华人来俄的问题没有引起俄国政府的注意，控制很松。第二阶段，1912 年至 1916 年，由于中国辛亥革命的动荡局势，有相当数量的华人进入俄国。据俄国官方统计，自 1901 年至 1910 年，有 15.2 万华人来到俄国。华人来俄问题引起了俄国政府的注意，并且试图加以控制。[①] 由于来俄华人所持护照仅用汉文，并且未经认证，俄帝国内务部警察署根据有关条例下令驱逐这些华人。[②] 第三阶段，1916 年 2 月以后，由于第一次世界大战中俄国尤其是乌克兰地区劳动力奇缺，俄国政府考虑雇用华人以弥补劳动力欠缺。1916 年 2 月，俄国政府内阁召开了在俄利用有色人种的专门会议，并于 3 月修改了以往的有关条令，放宽了限制。新规定允许贝加尔以西至伏尔加河以东，可以雇用华人。而其他地区，包括乌克兰，每次雇用华人均须经内阁、国防部和交通部批准。第一次调整后的政策显然还不能适应大量需要华工的形势。南俄矿业者联合会执行委员会多次函请帝国内务部批准其雇用华工，甚至有的人试图通过与内阁成员的私人关系打通雇用华人的路子。[③] 在这种情况下，俄国内阁不得不再次放宽政策限制，规定贝加尔以西，除了战区之外均可使用华工。此外，内阁还规定了雇用华工的许多优惠政策，如简化办理签证手续，华工可持哈尔滨总领事馆认证的护照入境；整车厢运送华工可按 4 等票价计价；全程免费为华工提供医疗；华工自带的衣物、用品和工具运输免费等。[④] 根据这一新规定，乌克兰地区可以雇用华工。乌克兰地区对雇用华工的呼声最高，行动也最积极。南俄矿业者联合会很快开始行动。1916 年 9 月，南俄矿业者联合会执行委员会请工商部全权代表批准至少一万名华工用于乌克兰的矿业企业。联合会还决定成立远东局，专门负责为乌克兰招募华工，排除中间介绍人，直接或者受企业委托同中方签订合同，由远东局雇用翻译人员护送华工抵达车里雅宾斯克，然后转车到基辅。前往乌克兰的大部分民用企业的华工大都是由该联合会的远东局办理的。

共有多少华工在第一次世界大战中前往乌克兰不可确估，仅西南战线工程建筑管理局自 1917 年初起的 6 个月内共招募了 16 批计 5 988 个华工经过基辅分配到西南战线各工程建筑队。[⑤] 另外，根据 1921 年 5 月旅俄华工联合会、苏俄外交人民委员会和劳动人民委员会等组织联席会议的统计资料，在乌克兰以及高加索地区的华工有 5 000 人，仅次于外贝加尔地区而居第二位，[⑥] 这里面还不包括在军队服务的华工。粗略估计，第一次世界大战时期在乌克兰的华工有 6 000～7 000 人。

在第一次世界大战后及俄国"十月革命"后俄国政权交替的社会混乱之中，在乌克兰的华人一部分返回祖国，一部分继续留在当地参加了革命。例如 1917 年底在乌克兰敖德萨港口从事搬运的华工，以及在工矿企业从事采石的华工参加了红军，组织了专门的华工

① 《俄罗斯侨民与外侨》，1926 年，第 110 页，转引自林军：《中国与乌克兰历史上的联系及十月革命前的旅乌华工》，《求是学刊》1995 年第 5 期，第 83 页。

② 《基辅乌克兰国家中央历史档案馆档案》卷宗 2161。

③ 《基辅乌克兰国家中央历史档案馆档案·工商部致南俄矿业企业联合会函》，1915 年 5 月，转引自林军：《中国与乌克兰历史上的联系及十月革命前的旅乌华工》，《求是学刊》1995 年第 5 期，第 83 页。

④ 《基辅乌克兰国家中央历史档案馆档案·内阁特刊》，1915 年 9 月 6 日，转引自林军：《中国与乌克兰历史上的联系及十月革命前的旅乌华工》，《求是学刊》1995 年第 5 期，第 83 页。

⑤ 《基辅乌克兰国家中央历史档案馆档案》卷宗 720。

⑥ 《基辅乌克兰国家中央历史档案馆档案》卷宗 100。

支队。① 苏联成立后，一些华侨转为工人并最终成为苏联公民。中华人民共和国成立后，国家建设急需各类人才，向苏联派出的大批留学生中，一些在乌克兰的大学深造，绝大多数都学成回国，成为建设新中国的人才。

1991 年乌克兰独立后，中乌两国确立了友好合作关系，这为两国民间的交往奠定了良好的基础。苏联时期，国家实行计划经济，各加盟共和国的产业布局不一，乌克兰主要发展造船、航空等重工业，轻工业和服务业不发达。乌克兰独立后，许多生活用品短缺，这给华人带来了不少的商机，一些中国人找准机会，在中乌之间从事商品进出口贸易，取得了不小的收益，也丰富了乌克兰的商品和服务市场。

乌克兰独立后，进入乌克兰的新移民主要以经商为主，也有一些长学制的留学生在乌克兰学习，其中一些留学生完成学业后留在乌克兰工作，甚至在乌克兰娶妻生子。目前乌克兰的华人主要集中在哈尔科夫、敖德萨和基辅三地。其中敖德萨主要是华商，大都来自东北三省、江苏、浙江和四川。中国留学生主要来自东北三省、山东、陕西，共有 5 000 余人，主要集中在乌克兰首都基辅、敖德萨、利沃夫等城市的乌克兰著名高等院校，如基辅大学、克里米亚综合大学、乌克兰国立师范大学、乌克兰国立美术学院和敖德萨音乐学院等。

纵观一个世纪以来乌克兰华侨华人的历史，早期离乡背井的中国苦力、华工用自己的血汗甚至生命滋润了乌克兰大地，他们的刻苦耐劳给乌克兰留下了深刻印象。乌克兰独立后，来到乌克兰经商的华人以自己的聪明才智和经济头脑活跃了乌克兰的经济生活，为乌克兰的发展作出了贡献。无论是老一辈的华侨华人，还是新移民，他们都在中乌两国交往史上写下了不可忽略的一章。

（二）华人经济

乌克兰的华商主要集中在敖德萨、基辅和哈尔科夫三座城市，尤其以黑海海滨城市敖德萨的中国人为多。作为一座港口城市，敖德萨是中国商人从事进出口生意的重要基地，各种来自中国的小商品从敖德萨涌入，乌克兰向中国出口的木材也经过敖德萨港口；而做零售生意的华商主要在基辅，这里集中了大量尚未公开统计的中国个体商人，他们大多来自江浙和四川、重庆等地区，华人在乌克兰大多从事进出口贸易、餐饮、旅游等华人传统擅长的商业领域，除此以外，值得一提的是华人还在教育产业上有所建树，例如旅乌华人李泽皋在乌克兰克拉马托尔斯克创办了私立的克拉马托尔斯克经济人文学院。学院下辖大学本部、1 个分校、1 个中学部、3 个职业培训中心、1 个业余补习学校和全市唯一的 1 个话剧院。学院有包括教学楼、学生宿舍楼、图书馆、体育馆和艺术馆等在内的 5 栋楼，固定资产超过 100 万美元。学院每年上交 20 万美元利税，成为所在城市的纳税大户之一。在乌克兰 400 所 3 级制和 4 级制（硕士为 4 级）国办和非国办大学中，克拉马托尔斯克经济人文学院排名第 146 位，在整体实力上已超过许多乌克兰国办大学；在 120 所私立大学中，克拉马托尔斯克经济人文学院排名也进入前十之列，位居东部私立大学之首。该校生源比较稳定，其主体是所在州的学生，占学生总数的 90%（其中本市学生占 55%），其余部分来自独联体国家、中国等国。目前，学院有 2 100 名学生。

---

① 《争取苏维埃政权斗争中的中国志愿者》，1967 年，转引自林军：《中国与乌克兰历史上的联系及十月革命前的旅乌华工》，《求是学刊》1995 年第 5 期，第 84 页。

（三）华人社团

乌克兰华人社团的主要形式是同乡会和商会，也有一些留学生的组织，比较有影响力的华人社团包括乌克兰华人总会、乌克兰华商会、乌克兰华侨华人联谊会、乌克兰华人华侨企业家协会、乌克兰敖德萨浙江同乡会、乌克兰华人社团联合会、乌克兰华人工商业联合会和乌克兰华人留学生互助会等，这些华人社团成员人数并不算多，主要起着联谊和互助的作用，中国使馆也常常通过这些华人社团联系当地华侨华人。以敖德萨浙江同乡会为例，该同乡会和中国驻乌克兰大使馆关系密切，2014 年 2 月，当基辅独立广场的运动遭遇到流血冲突时，中国大使馆曾经通过该同乡会向相关的中国个体商人发出警告。逢年过节，该同乡会组织各种庆祝活动，使馆都有派官员到场。在平时，如果华人社会和当地出现了商业纠纷，使馆也会帮忙解决。上述社团与中国驻乌克兰使领馆、国内侨务部门保持着经常性联系。

乌克兰的华人社团大多以团结互助、和谐平等、服务和帮助华人同胞们为宗旨。这些华人社团在团结华人、为华人排忧解难和维护合法权益、协调各种内外部关系以及参与各种社会公益活动等方面做了大量工作。同时，乌克兰华人社团一贯热爱祖国，热心公益活动，例如在 2008 年 6 月 16 日，乌克兰华人工商业联合会、乌克兰中国和平促进会、乌克兰中国留学生总会、乌克兰基辅华侨华人联合会等主要华人社团组织了"全体旅居乌克兰的华侨华人和中国留学生支持和声援北京申奥签名大行动"。签名活动在基辅市最大的特拉叶什服装批发市场拉开帷幕。这次活动中共有 1 500 多名华侨华人和中国留学生在丝绸长幅上签名。又比如，在 2014 年香港"占中"事件中，乌克兰中国商会与全球各地其他华侨华人社团一道发表联合声明，坚决支持中国政府的态度和立场，赞成香港特区政府所表明的态度，坚决支持香港特区政府为恢复和稳定香港局势所采取的一切措施，呼吁香港"占中"者必须立即结束所谓的"抗议示威"动乱行为，恢复香港本来的繁荣稳定局面，还原香港民众原本平安正常的生活秩序。

（四）华文媒体与华文教育

乌克兰独立建国时间短，华侨华人发展历史短暂，华文媒体也不发达，在最鼎盛的时期，乌克兰全国也仅有几家正式注册的中文媒体；目前仅剩的最有影响力的华文媒体是《华商报》。华文媒体在宣传中乌两国有关政策方针、介绍国情、传递资讯等方面发挥着积极作用。近年来，随着互联网的蓬勃发展，华文媒体纷纷建立了自己的网站。最具有代表性的中文网站是乌克兰中文网，这是一家在乌克兰的综合中文门户网站，面向华人介绍乌克兰的信息，包括乌克兰新闻、突发事件、乌克兰签证、乌克兰旅游、经贸、留学和商业投资等信息，致力于全力打造本地第一新闻及商业经贸门户网站。

华文教育方面，目前乌克兰开设了几家中文学校，其中最知名的是在乌克兰东部的克拉马托尔斯克经济人文学院，这所学院也被当地人称为"中国大学"。克拉马托尔斯克经济人文学院的负责人是李泽皋。李泽皋原籍中国湖北，1954 年被选派到乌克兰哈尔科夫矿业学院留学，1959 年毕业后偕乌克兰籍夫人回国，曾在山西矿业学院任教近 20 年。1980年，李泽皋与夫人重返乌克兰，来到夫人的故乡克拉马托尔斯克市。1991 年 7 月，他与夫人在克拉马托尔斯克市登记注册了"白塔"业余补习学校，第一期就招收了 200 多名学生，补习热门的外语、电脑、市场经济知识。由于补习学校大受欢迎，1992 年 8 月，56 岁的李泽皋与 3 位志同道合的乌克兰人合伙出资一万美元，创办了克拉马托尔斯克经济人文学院，并获得乌克兰教育部颁发的办学许可证。李泽皋出任董事长兼院长，成为乌克兰唯一的外籍大学校长。汉语教学是克拉马托尔斯克经济人文学院的特色之一。汉语语言文学教研室是学院十大教研室之一，共有 5 位汉语教师，除李泽皋院长外均为乌克兰人。汉语教师大部分在中国高校进修过，他们重视口语化教学，实行课堂汉语化，并在课外创造语言学习环境。学院汉语教学的着眼点是为独联体国家在中国的机构和中国在独联体国家的机构培养汉语人才。目前，学院共有 130 名学习汉语的学生，其中汉语专业有 70 多人，第二外语选修汉语的有近 60 人。克拉马托尔斯克经济人文学院成立以来已经培养了不少人才，例如，俄罗斯财团驻北京的总代表就是该学院的毕业生。①

四、乌克兰政治、经济、社会形势对华人的影响

1. 政局动荡与社会不稳，影响华侨华人的生活与发展

2014 年以来，乌克兰局势动荡不安，为躲避社会动荡与战乱的影响，大批在乌克兰的华商撤离返回中国，留在乌克兰的华商也人心惶惶。所幸尽管乌克兰战乱造成的流血冲突不止，但截至 2014 年底，尚没有当地华侨华人在动乱中伤亡。总体而言，乌克兰局势虽然对华侨华人的人身安全影响不大，但其经济受到较大影响，在这里经商的华人和开展业务的中资企业受到了不小的负面影响。乌克兰动荡局势的持续，严重影响了该国经济，乌克兰货币格里夫纳在短短几个月里贬值了三分之一，导致商品的成本上涨了百分之二十多。由于政局动荡、经济形势不好，中资企业正常经营和拓展业务遇到很大困难，有些合作项目受时局影响无法敲定。处境更艰难的是在这里打拼的个体经营者。乌克兰货币大幅贬值令华人个体商户叫苦不迭。他们的主顾是乌克兰低收入者，这些人购买力不强。如果因货币贬值而涨价，个体商户手里的货物就很难卖出去，但如果不涨价，则会亏本。严峻的经济形势逼迫一些华商回国。在南部港口城市敖德萨著名的七公里市场，华商最多时曾超过 3 000 人，现在已不足 1 000 人。中国新华社驻乌克兰记者在采访时遇到一位在基辅"欧洲市场"经营副食和调味品生意的王姓老板，他向记者感叹："生意越来越难做。下一步该怎么走还不知道，再观望一段时间吧。"②

除了在乌克兰经商和工作的华人受到影响外，动荡的政局也干扰了在乌克兰的中国留学生的学业。在冲突最严重的时刻，很多学校停课，物价猛涨，货币贬值，使得留学生的生活费翻倍。虽然目前留学生的人身安全尚未受到威胁，但乌克兰当局还是比较谨慎。乌克兰教育部在 2014 年 4 月底曾召开各国驻乌克兰大使馆教育处负责人开会，要求外国留学生在本学期考试结束后于 5 月 20 日前离境，9 月 1 日开学前再回来，大部分中国留学生按要求回国暂时避乱。

2. 腐败问题损害华人利益

乌克兰法律不够健全和完善，腐败现象较为严重。从税收、消防到环保，每个与商业

---

① 黄晓东：《中国人在乌克兰办大学》，《环球时报》，2004 年 10 月 29 日。
② 张志强：《安全无忧　生意难做——动荡时局中的乌克兰华侨华人》，新华网基辅 6 月 6 日电。

有关的环节都存在腐败问题，很多问题的解决需要用钱来打通。此外，法律法规不稳定，例如，为了增加国家收入和保护乌克兰本国工业，乌克兰不断提高进口关税，乌克兰的海关税制常有变动，华商的货物要进入乌克兰，乌克兰海关会找各种理由不许入境或者提高关税价格，据一位在乌克兰经商的彭先生反映："乌克兰海关的收费没有标准，甚至早晚的价格都不同，要想顺利通关，难免要塞点好处才行。"另一位在基辅经商多年的杨先生也深有同感，他向一位记者反映："因为法律不健全，乌克兰的腐败现象很严重，只要你有钱，在乌克兰没有办不了的事情，人们在办事时会先想到送钱，商人贿赂官员是普遍的腐败现象，经商时，凡是涉及金额比较大的生意，就会被警察和执法部门盯上，在各方面找经商者的麻烦，让很多经商者不得不花钱'消灾'，即使举报也没有用。"[1] 腐败问题对在乌克兰经商的华人造成了不少的困扰，以致一些在乌克兰经营了多年的华商放弃了多年打拼才熟悉的环境，离开了乌克兰回国或到其他国家寻找新的机会。

　　3. 乌克兰政府取消对投资移民的地域限制，有利于吸引更多的华人

　　乌克兰的移民政策较严格，其中尤以对投资移民的地域限制为甚，2013 年，乌克兰对投资移民限制最严格的地区包括：沃伦州（1 人）、顿涅茨克州（2 人）、克里米亚共和国（3 人），此外，文尼察州、切尔尼戈夫州和利沃夫州的投资移民配额均为 5 人，切尔诺夫策州为 10 人，敖德萨州为 20 人，伊万弗兰科夫斯克州为 25 人，其余各州没有投资移民数量限制。2014 年，政府将科技文化工作者移民配额数量提高一倍：各州为 10 ~ 20 人，基辅为 25 ~ 50 人。2014 年，乌克兰移民配额为 6 376 人，较去年的 6 221 人有所增长。乌克兰政府 2014 年 6 月 11 日公布的 571 号《关于确定 2014 年移民配额的政府令》显示，乌克兰政府彻底取消了对向乌克兰投资超过 10 万美元可自由兑换货币投资移民的地域限制。这一政策的调整对有意向以投资方式移民乌克兰的中国人提供了便利。虽然目前乌克兰社会形势尚不稳定，但许多人相信这种不稳定的形势不会长期持续下去。此外，乌克兰有加入欧盟的强烈意愿，乌克兰危机发生的直接原因就是亚努科维奇政府欲中止和欧洲联盟签署政治和自由贸易协议，2014 年 9 月 16 日，乌克兰议会和欧洲议会同时批准欧盟联系国协定，这被视作乌克兰迈向成为欧盟成员的第一步。2015 年 1 月 1 日，乌克兰总统波罗申科在其新年致辞中表示将在 2015 年启动深化改革，为乌克兰加入欧盟开辟了道路。一旦乌克兰政局稳定下来，并且在今后几年内成功加入欧盟，将吸引更多的中国人移民乌克兰。

五、乌克兰侨情发展预测及政策建议

　　乌克兰是一个新兴的自由市场经济体，除了重工业发达外，轻工业较弱，很少有生产纺织、家电、日用品的企业，这与中国恰恰形成互补。此外，乌克兰客户很关注产品价格和工厂规模，对于产品质量没有欧盟国家那么挑剔，这有助于中国产品在乌克兰市场打开局面，因此中乌两国开展经济合作的潜力很大。此外，对于华资而言，乌克兰是一个很好的贸易中转国家，一方面乌克兰可以辐射俄罗斯市场，并且无须缴纳关税就可以发货到俄罗斯；另一方面，通过乌克兰这个平台还可以自由发货到波兰、匈牙利等东欧国家。随着

---

① 朱淑婷：《乌克兰危机冲击当地华人生活》，《华侨华人资料》（内部资料）2014 年第 5 期，第 17 ~ 20 页。

乌克兰坚定加入欧盟的决心，在乌克兰进行商贸活动还可能获得更为广阔的市场。考虑到进入乌克兰市场的门槛相对较低，经济活动成本也较低，竞争也相对平缓，华侨华人在乌克兰从事经济活动大有可为。但是在短时期内，华商要注意控制风险，目前乌克兰货币出现大幅贬值，直接影响到乌克兰国民的购买力，从而最终影响到乌克兰进口商的付款能力。所以，在双方交易过程中，中国外贸企业要特别提高警觉，及时核查乌方贸易伙伴的财务状况，防范乌克兰危机给企业带来新的风险。此外，华侨华人在乌克兰从事经济活动要注意遵纪守法，虽然乌克兰腐败现象严重，很多中国商人迫于无奈而"花钱消灾"，但中国商人还是应该恪守当地法律，依法经营，不应为了生意上的便利而贿赂乌克兰相关部门的官员。事实上，腐败的官员会对收贿形成依赖，一旦形成中国商人喜欢用钱"开路"的印象，将不利于华人的整体形象和在乌克兰的长期经营。由于乌克兰已经启动加入欧盟的步伐，必然要参照欧盟的标准去努力完善国内的法律法规和提高社会治理水平，预计在未来几年，乌克兰在法律和政策方面会健全许多，腐败现象也会减少，这将有利于华侨华人在乌克兰的经济发展和生活。

值得注意的是，乌克兰不少华人有参与赌博的现象。乌克兰博彩业兴旺，大到赌场，小到地铁站出口的刮刮卡、球彩等，各种赌法一应俱全。很多早期前往乌克兰经商的华人，由于文化程度不高，在异国事业取得成就后，精神懈怠空虚，在博彩业合法的环境下很容易陷进去。身处那儿的华商"好赌"，则成了一个常见的现象，不少华商从身价百万、一掷千金，沦落到流落街头、衣食无着。[①] 华人社团和华文媒体应加强宣传与引导，特别是华文媒体应当肩负起社会责任，拒绝刊登赌场的广告，引导华侨华人在他国过健康文明的生活。

另外，到乌克兰的华侨华人要注意了解当地法律并切实遵守。一些华人不了解旅居国的法律，想当然地将国内的一些习惯带到了乌克兰，经常引起不必要的纠纷。例如2014年7月，出现多起中国留学生因未携带临时居留卡（学生白卡）入境乌克兰受阻并被遣返事件。因此，有意向到乌克兰的华人应当了解清楚乌克兰在出入境方面的法律，避免发生类似的事情。国内有关机构也应该加强相关方面的法律知识培训，提醒进入乌克兰的中国人，临时居留卡是具有签证功能的证件，进入乌克兰境内必须随身携带并向边防人员出示，如未携带临时居留卡，须向乌克兰驻华使馆申请赴乌克兰签证。

---

① 江南林：《乌克兰华商好赌有因》，《上海侨报》，2009 年 8 月 12 日。

非洲地区

毛里求斯

　　毛里求斯是印度洋上的一个岛国，最早来到这里生活的华人多为顺德人、南海人，来自梅州各地的客家人后来居上，成为该岛上最主要的华人群体。由于该国严格的移民政策，到这里定居的华人新移民很少。老一代华人移民的后裔多喜欢在西方留学，学成后一般都选择定居在西方各国，鲜有人再回到毛里求斯，他们在西方国家定居后，老一代华人也随迁一起居住，造成华人人口出现下降的趋势。

一、毛里求斯基本国情及与中国关系的发展

毛里求斯概况

国家全名	毛里求斯共和国	人口数量	1 259 838 人（2013 年底）
地理位置	东经 57°35′，南纬 20°15′	华人数量	约 3 万人
·气候	亚热带海洋性气候	华人所占比例	2.3%（2013 年底）
领土面积	2 040 平方公里（包括属岛），本岛面积 1 865 平方公里	主要民族	印度裔和巴基斯坦裔、克里奥尔人、华人、欧洲裔
政体	实行总督制，为英联邦成员国	CPI	3.2%，2012 年第二季度；3.1%，2012 年 11 月
执政党及现任总理	未来联盟，纳温钱德拉·拉姆古兰	失业率	8.2%（2013 年）
官方语言	英语，但普遍使用法语	GDP	3 232.4 亿卢比，约合 107.7 亿美元（2013 年）
首都	路易港	人均 GDP	约 9 000 美元（2013 年）
国际机场	拉姆古兰国际机场		

资料来源：中国驻毛里求斯大使馆网站，http://mu.mofcom.gov.cn；http://www.ambchine.mu/chn/。

毛里求斯共和国①（The Republic of Mauritius）位于印度洋西南方，距非洲大陆 2 200 公里。毛里求斯整个国土由毛里求斯岛和其他小群岛组成。截至 2013 年，毛里求斯人口约有 125.98 万。居民主要由印度和巴基斯坦裔（69%）、克里奥尔人（欧洲人和非洲人混血，27%）、华裔（2.3%）和欧洲裔（1.7%）组成。毛里求斯官方语言为英语，法语亦普遍使用，克里奥尔语为当地人最普遍使用的语言。

由于印度是毛里求斯的主要人口来源国，其传统文化、宗教甚至种姓制度均对毛里求斯有很深影响，毛里求斯同印度也有着特殊关系。印度是毛里求斯重要的援助国，两国间设有混合委员会，在信息技术、海洋等领域签有合作协定。同时印度还是毛里求斯第一大商品进口来源国。2005 年 3 月，印度总理辛格访问毛里求斯，双方签署航空、反恐、环保和印度向毛里求斯贷款 1 000 万美元 4 个协定。2007 年，毛里求斯、印度两国签署了多个经贸合作协定。2012 年 2 月，毛里求斯拉姆古兰总理访问印度。2013 年 1 月，普里亚格总统对印度进行国事访问。

1972 年 4 月 15 日，中毛两国建交，此后双方友好合作关系顺利发展。2002 年 7 月，贾格纳特总理对中国再次进行正式访问，两国还签署了《中毛经济技术合作协定》《中毛教育合作协议》及《中国最高人民检察院和毛里求斯总检察院、司法和人权部合作谅解备忘录》。2009 年 2 月，中国国家主席胡锦涛对毛里求斯进行访问。

自两国建交以来，我国在毛里求斯援建了机场航站楼、机动车修理厂、体育场、桥梁、住宅、医院、老年人活动中心、客货两用船等项目。目前，毛里求斯与我国的关系不断加强，双方在政治、经济、文化等诸多领域的联系日益密切。

2013 年 10 月 31 日，中国与毛里求斯两国政府签署的《中华人民共和国政府和毛里求斯共和国政府关于互免签证的协定》正式生效。协定规定，缔约一方持本国有效护照的公民，在缔约另一方入境、出境或者过境，停留不超过 30 天的，免办签证。2013 年，毛里求斯累计接待外国游客 99.3 万人，同比增长 2.9%，其中，2013 年中毛互免签证协定生效后，中国游客增长最快，同比增长约一倍，人数达 4.2 万人，增加人数占毛里求斯全年新增游客人数的 75%，成为毛里求斯旅游业发展的新亮点。② 为吸引中国游客赴毛里求斯旅游，毛里求斯航空公司从 2014 年 1 月 21 日起，将毛里求斯往返上海的航班增至每周 3 班，将往返北京的航班增至每周 2 班，并计划于 7 月 16 开始，将往返北京的航班进一步增至每周 3 班。据毛里求斯国家统计局发布的数据，2014 年上半年，毛里求斯累计接待外国游客 49.07 万人，同比增长约 4%。中国游客成为毛里求斯旅游业发展的最大动力，2014 年上半年赴毛里求斯的人数达到 3.2 万人，同比增长 86.9%。③

2013 年，毛里求斯外贸进出口总额 2 538.09 亿卢比，同比增长 5.5%。进口方面，毛里求斯全年进口总额为 1 656.61 亿卢比，主要进口国格局未变，印度占 24.2%、中国占 14.7%、法国占 8.1%、南非占 6.2%。④ 中国是毛里求斯第二大进口国。2014 年 10 月，毛里求斯央行公布了该国上半年吸收外国直接投资的有关数据。过去，中国企业对毛里求斯的投资集中在商业、基础设施等领域，现在房地产业已成为新兴领域。据毛里求斯投资

① 毛里求斯基本国情的资料来源参见百度百科，http：//baike. baidu. com/link？url。
② 《毛里求斯 2013 年全年宏观经济形势》，http：//mu. mofcom. gov. cn/article/ztdy/201406/20140600618664. shtml。
③ 《上半年中国赴毛里求斯游客继续保持快速增长》，http：//mu. mofcom. gov. cn/article/jmxw/201409/。
④ 《毛里求斯 2013 年全年宏观经济形势》，http：//mu. mofcom. gov. cn/article/ztdy/201406/20140600618664. shtml。

局统计，2012 年，中国对毛里求斯投资达 25 亿卢比（约合 5 亿元人民币），创历史纪录。2013 年，来自中国的投资达 16 亿卢比（约合 3.2 亿元人民币），连续两年超过 10 亿卢比。近期，中国房地产企业的大型投资项目不断涌现。① 2014 年 1—6 月，毛里求斯吸收外国投资共计 79.26 亿卢比，对毛里求斯投资最多的地区是欧洲，投资额为 58.59 亿卢比。发展中国家对毛里求斯投资最多的是南非，投资额为 5.98 亿卢比，中国对毛里求斯投资为 2.64 亿卢比。② 2014 年 9 月 24 日，中非发展基金与毛里求斯投资局共同主办"中国—毛里求斯投资论坛"，中非发展基金与毛里求斯投资局还在现场签署了合作谅解备忘录。

二、毛里求斯华侨华人社会动态

据统计，毛里求斯华侨华人约有 3 万人，半数以上居住在首都路易港。其中，梅州籍客家人约占 90%，南海人、顺德人及其他籍贯人士约占 10%。根据 2013 年 11 月我们在毛里求斯的调研，当地华人社团领袖普遍认为，毛里求斯目前的华人人口不足 2 万，只有 1 万多人。③ 另外，目前在毛里求斯的中国工人有 5 000 多人，多为技术工人和生产骨干。④

关于毛里求斯华人早期的历史，根据有关文献，17 世纪初期，荷兰殖民者就曾将反抗其殖民统治的印尼居民流放到包括毛里求斯在内的一些荷兰殖民地，这些人当中就有中国人。⑤ 但此段记载并未明确说明中国人登陆毛里求斯的具体时间。不过，在 2014 年 5 月 1 日，纪念首个华人登陆毛里求斯 360 周年纪念碑在毛里求斯东部的弗雷德里克博物馆落成。这项活动由毛里求斯前任文化部长曾繁兴先生（客家人）发起，得到许多毛里求斯华人社团的支持。在落成典礼上，曾繁兴先生介绍了他经多年研究发掘出来的史料，证明早在 1654 年 5 月 1 日首个华人随荷兰人登陆毛里求斯的史实。⑥ 这一事件如果得到学术界的认可，将对毛里求斯早期华人历史的研究具有重要意义。

首个华人登陆毛里求斯 360 周年纪念碑的落成表明，中国人移居毛里求斯的历史很悠久，当前的毛里求斯华人事实上也本土化、当地化了。不过，整体上，毛里求斯华人仍具有比较浓厚的中国情结，尤其在当前中国国家实力和国际影响力不断增强的形势下。2014 年，毛里求斯华人社会的很多活动就体现了这种明显的"中国心""中华情"。

每年春节前夕，毛里求斯唐人街文化协会都隆重举办庆祝春节游行和文艺联欢晚会活动。2014 年 1 月 30 日，当年的庆祝活动也同样隆重举行。中国辽宁艺术团的精彩表演吸引了数千游客和市民热情观赏。辽宁艺术团由著名的辽宁芭蕾舞团、辽宁歌剧院、辽宁歌舞团、沈阳杂技团和锦州木偶剧团等优秀演员阵容组成。

2014 年 1 月 12 日，毛里求斯辛亥革命百年委员会、中国大专院校同学会联合在首都路易港唐人街（小山街）召开座谈会，谴责日本首相安倍晋三逆历史潮流而动，参拜靖国

---

① 《中国企业投资毛里求斯愈加积极，房地产业投资快速增长》，http：//mu. mofcom. gov. cn/article/jmxw/201405/。
② 《毛里求斯上半年吸收外国直接投资 79.26 亿卢比》，http：//mu. mofcom. gov. cn/article/jmxw/201410/。
③ 2013 年 11 月，我们在毛里求斯考察时，当地的客属会馆会长李丽生、华商总会会长李国昌等人都持这种看法。
④ 《中毛经贸合作简况（2014 年）》，http：//mu. mofcom. gov. cn/article/zxhz/hzjj/201406/20140600631802. shtml。
⑤ 方积根编：《非洲华侨史资料选辑》，北京：新华出版社 1986 年版，第 24 页。
⑥ 《华人登陆毛岛 360 周年纪念碑落成》，http：//chinatownmu. com/huarenshetuan/huarenhuodong/2014/0516/6136. html。

神社。10月初，针对香港发生的"占中"运动，毛里求斯《华声报》与百家海外华文媒体发表《保卫香港宣言》，宣言认为："香港回归17年来，中国中央政府信守回归承诺、严格执行'一国两制'方针。中央政府在政治上的信用是无可指摘的，不仅没有强行推进任何有损'两制'的事情，甚至在'23条立法''国民教育科'等原本属于'一国'框架内的事项上，还做出了巨大的让步。……香港方面的激进运动愈演愈烈，'公投''占中'等违法行动频频上演。用违法的方式追求法治，以自乱的方式追求自治。……作为近代百年历史的亲历者，海外华人也是国家内乱和分裂的最大受害群体之一。越是回顾历史，越是了解世界，越是体会到国家统一强大、社会安定团结的极端重要，以及中国当前大好局面的来之不易"①。

更值得关注的是，早在2014年9月初，毛里求斯华侨华人庆祝国庆65周年委员会在仁和会馆会议室召开筹备工作会议，共商庆祝中国65周年国庆事宜。10月，毛里求斯华侨华人正式举行庆祝中华人民共和国成立65周年各项活动，活动得到了中国大使馆的大力支持，仁和会馆等众多华人社团以及侨贤侨领或慷慨解囊，或鼎力支持。此次活动共收到捐款141 200卢比，其中，林检祥先生捐助1万卢比，熊世中、刘国宪、肖友进、田禄芳、熊国曾、邓耀勤、杨钦俊各捐助5 000卢比。②

上述这些活动表明了毛里求斯华侨华人对中国的关注，对中国发展稳定的希望。

2014年，毛里求斯华社举办了多场有关中国文化的活动，以加强对中国的了解，促进双方的联系。

2014年3月，毛里求斯中文教师联合会受中国国务院侨办和上海侨办的委托，承办"中华文化大乐园"活动。2014年4月26日至27日，毛里求斯华商总会在波累市唐人街隆重举办第十届唐人街美食文化节，中国辽宁文化艺术团、当地华人社团表演节目。6月23日，毛里求斯华语促进联谊会③在中华文化宫举行年度华语歌曲暨诗歌朗诵决赛。此前，毛里求斯华语促进联谊会开展了多项促进和推广华语的活动，诸如开办汉语学习班、举行年度华语歌曲暨诗歌朗诵比赛、组织中乐演奏等活动。

5月24日，在新建成的中华文化宫，毛里求斯华语促进联谊会特邀毛里求斯电视台（MBC）来这里为广大华人华侨播放《中国梅州行》纪录片。毛里求斯绝大多数华人的祖籍是梅州，对梅州有着深厚的感情。

8月9日，由中国驻毛里求斯大使馆主办、毛里求斯南顺会馆协力合作举办的"美丽中国大型图片展览"，在首都路易港南顺大厦正式启动。毛里求斯政府对这次宣传活动非常重视，文化部部长诸尼特地前来参加了"美丽中国大型图片展览"开幕仪式。这次图片展览共分为6个系列，从锦绣华南、云翔天边、神奇高原，到风雪塞外、沃土中原、潮涌潮岸，中国大江南北的壮丽河山一览无余，尽收眼底，56个民族的民风习俗以及各地域的文化特色都纷然呈现。举办方旨在通过图片展览这种形式，对中国的自然、地理、人

---

① 《毛里求斯〈华声报〉与百家海外华文媒体保卫香港宣言》，http://chinatownmu.com//xinwenzhongxin/huash-engbao/huashengbaozhaiyao/2014/1002/9298.html。

② 《全侨庆祝国庆65周年委员会鸣谢启事》，http://chinatownmu.com//huarenshetuan/2014/1013/9552.html。

③ 2013年11月中旬，经毛里求斯内阁会议批准，毛里求斯华语促进联谊会宣告成立。它是由多个华人社团代表组成的联谊会，由邓旭升（华人社团联合会会长）出任会长。该会成立的宗旨，是促进毛里求斯汉语普通话的广泛应用和各种汉语方言的交流与发展。

文、风俗、文化等进行介绍，让更多的海外人士了解今天美丽的中国，呈现给广大海外观众的是最原始、最原味的华夏民族南北风格不同的民风和习俗。①

9月25日，由毛中友好协会主办、毛里求斯文化部和毛里求斯华语促进联谊会协办的中国图书、图片和电影展览，在中华文化宫隆重举行。这次图书、图片和电影展览使传统中国文化再次在毛里求斯展露光彩。毛里求斯各界人士在活动现场参观和阅览了中国图书。

10月12日，毛里求斯福禄寿联谊会获得世界客属福建石壁祖地祭祖大典组委会的邀请，组团参加盛会，并游览了宁化、厦门、郑州、开封、洛阳等地，最后在梅州结束13天的行程。

在"中国心"和现实需要的双重推动下，目前毛里求斯华社非常重视华语的学习，当地也出现"华语热"。2014年，这种热潮仍然在毛里求斯不断持续，甚至升温。3月29日，毛里求斯新华学校短期普通话培训班开始上课。4月6日，毛里求斯华语促进联谊会在中华文化宫开办汉语学习班，逾百名学员踊跃报名参加。毛里求斯华语促进联谊会除了开办汉语班外，还开办客家话和粤语学习班，举办中文歌曲比赛等活动。

华夏中文学校的发展更是见证了毛里求斯华社乃至整个毛里求斯国家的"华文热"或"汉语热"。2014年6月，毛里求斯华夏中文学校举行10周年校庆庆祝活动。在当地华人社团的积极支持和帮助下，华夏中文学校不断发展。自2004年5月成立以来，华夏中文学校从当初只有几名学汉语的学生，发展到现在拥有100多名学汉语的学生；从最初只开设了1个汉语补习班，到现在已经开设了9个汉语补习班。华夏中文学校坚持不懈，努力探索，走自己的办校教学之路，为毛里求斯培养了一批又一批优秀的汉语人才。② 2014年，毛里求斯国家电视台专程赶来参加了华夏中文学校成立10周年庆典活动，并对当天的相关活动进行了详尽采访和录像。

在"中国心"的推动下，毛里求斯华人社会一直注重加强与中国的联系。

早在2012年，中国国务院侨办时任主任李海峰倡议海外华人构建和谐侨社。毛里求斯华人响应这一倡议，当地华侨和谐网确定2014年为华侨和谐年，每年3月12日为毛里求斯华侨和谐日。为此，他们邀请中国驻毛里求斯大使馆派人来指导，在毛里求斯建设和谐华社。毛里求斯华人希望2014年华侨和谐年的确定，能促使毛里求斯政府定2015年为毛里求斯和谐年，确定每年3月12日为和谐日。5月18日，毛里求斯和谐侨年会在首都路易港成立，梁英盛为创始人之一。毛里求斯虽然是小国，当地华人华侨人口也只有区区数万人，但大大小小的华人社团有很多，它们的活动日趋频繁、活跃。因此，毛里求斯广大的华侨华人希望能够团结一致，共同致力于创建一个和谐、共识、团结、积极与向上的贴近当今侨社现状的新型组织。2014年和谐侨年会就是在这种背景下筹建的。

2014年12月10日，中国北京电视台摄制组来到毛里求斯中国文化中心录制节目，华人社团联合会会长熊仕中、华人社团联合会秘书陈国柱及新华学校董事长萧友进在现场接受采访并分别发言。录制的节目包括舞蹈班表演和二胡班表演。

毛里求斯传统华人也注重加强与中国新移民的关系。2014年5月1日，为欢庆"五

① 《一次意义非同寻常的展览》，http://chinatownmu.com//xinwenzhongxin/bendixinwen/2014/0811/8059.html。
② 《华文汉语教学的春天》，http://chinatownmu.com//xinwenzhongxin/bendixinwen/2014/0602/6501.html。

一"国际劳动节,增进同学间友谊,为新老同学沟通提供一个平台,毛里求斯中国大专院校同学会举行了"五一"联谊会。当地不少老一代华侨,以及许多在当地工作的中国工人都前来助兴。中国工人们纷纷一展歌喉,将联谊会气氛推向高潮。

三、毛里求斯华侨华人社团动态

2014 年,毛里求斯华侨华人创建了一些社团组织,依托它们开展相关活动,尤其是积极推广传承和发扬中华传统文化的活动。

早在 2013 年 12 月 13 日,毛里求斯华文作家协会成立,创办人为申清芬女士,目的是提倡和发扬中华文化。

2014 年 2 月 19 日,由华人社团联合会兴建的"中华文化宫"在毛中两国政府和广大热心侨胞的大力支持下落成开幕。该文化宫将全力开办汉语班,包括客家话和粤语,开展太极、跆拳道、乒乓球和羽毛球活动,举办汉语歌曲比赛等。

2 月 28 日,新成立不久的毛里求斯华语促进联谊会在中华文化宫开办汉语学习班。4 月 6 日,该会在中华文化宫再次开办汉语学习班,每周日一次,由中国重庆志愿者汉语老师授课。之后,该会又开设客家话和粤语会话班,并举办中文歌曲和诗歌朗诵比赛。

一些历史悠久的传统华人社团,常在中国传统节日举办各种活动,尤其注重对中国传统文化的传承与保护。例如,2014 年农历大年初一早上,毛里求斯路易港海唇关帝庙董事会隆重举行马年春节祭拜活动。每年的这一天清晨,数以百计的华侨华人从四面八方来到这里上香祭拜,还神许愿。上午九点半,该庙董事会举行集体祭拜活动。他们在司仪唱声中,按祭拜程序上香、击鼓祭拜,祈求关帝公显灵保佑毛里求斯各族人民马年鸿运当头,风调雨顺,国家繁荣富强。

从我们掌握的资料来看,在毛里求斯华社中,目前比较活跃的会馆或社团很多,包括仁和会馆、南顺会馆、客属会馆、华侨书报社、新中校友会、中国大专院校同学会等。它们一方面积极传承中华文化,另一方面积极兴办慈善福利事业,服务当地华人,甚至整个毛里求斯社会。例如,2014 年 1 月中旬,仁和会馆在其礼堂举行一年一度的向老贫侨发送新年红包暨欢宴活动。长期以来,仁和会馆为当地华人社会的慈善福利事业做了许多工作。尊老敬老活动是其中的一个组成部分,该会每年除向老贫侨发红包和举行欢宴外,每个月还向他们发放救济金。1 月 26 日,华商总会举行马年发红包活动,共向 431 名各族贫困老人发了红包,让他们欢欢喜喜过新年。该会长期以来都向老弱侨胞分发新年红包,以让大家能欢度新春佳节。

毛里求斯华侨华人积极关心祖(籍)国的建设与发展,广大华人社团大力传承中华文化,全方位推动中毛经贸合作和人文交流。毛里求斯政府一直注重维护民族团结与和睦,实行文化多元政策。鉴于华侨华人在毛里求斯经济领域中的重要地位和影响,华侨华人社会在毛里求斯仍将拥有较为广阔的经济、文化、教育等方面的发展空间。

马达加斯加

马达加斯加约有华侨华人 5 万人，其中 60% 为 20 世纪 50 年代以前迁入的、以顺德人和南海人为主的老华侨，其余的主要是 80 年代开始迁入的新华侨，此外还有约 30 万混血华裔。华侨华人在经济上比较成功，多以个体户的形式经营工商业，尤其是杂货零售业和外贸业、农林渔业、电子电器业、餐饮业和药业等。中国经济的起飞也给华侨华人带来可观的商机。马达加斯加的地方性华人社团有着悠久的历史和重要的作用，全国性社团开始成型，华人参政则尚处于起步阶段。在 20 世纪，马达加斯加的华文教育经历了一个由盛转衰的过程，进入 21 世纪以后，随着中国经济的崛起和中国政府的大力支持，华文教育迅速复兴。近年来，由于政局不稳，加上新移民和中资企业投资的增加，华侨华人与当地人的摩擦也在增加，面临着一系列风险，应当引起关注。

一、马达加斯加基本国情

表 1　马达加斯加概况

人口	23 201 926 人（2014 年）	GDP	105.3 亿美元（2013 年）
面积	587 041 平方公里	人均 GDP	453.8 美元（2013 年）
首都	塔那那利佛	经济增长率	2.6%（2013 年）
独立年份	1960 年	出口额	6.4 亿美元（2013 年）
法律体系	大陆法系	进口额	27.9 亿美元（2013 年）
政党制度	多党制	劳动力	950 万人（2007 年）
现任总统	埃里·马夏尔·拉乔纳里马曼皮亚尼纳	预期寿命	65.2 岁（2014 年）
		识字率	64.5%（2009 年）
官方语言	法语、马达加斯加语	人口增长率	2.62%（2014 年）

数据来源：CIA World Factbook。

马达加斯加为非洲东南部的一个岛国，为世界第四大岛。东南部属热带雨林气候，中部属热带高原气候，西部属热带草原气候。马达加斯加人占总人口的 98%，由 18 个民族构成，但相互间的语言文化差异不大。马达加斯加通用语是属于南岛语系的马达加斯加语，但官方也通用法语。52% 的居民信奉传统宗教，41% 的居民信奉天主教或新教，7%的居民信奉伊斯兰教①。

---

① 《马达加斯加国家概况》，中华人民共和国外交部网站，http：//www. fmprc. gov. cn/mfa_ chn/gjhdq_ 603914/gj _ 603916/fz_ 605026/1206_ 605802/，2014 年 12 月 9 日。

马达加斯加属于农业国家，是世界最不发达国家之一。农林渔业占 GDP 的 1/4 以上，更囊括了 80% 以上的就业人口，服务业占 56.3%，工业仅占 16.4%。[①] 20 世纪 90 年代中期，在世界银行和国际货币基金组织的引导下，马达加斯加放弃了社会主义式的经济政策，实施私有化和自由化政策，经济获得了一定发展，但近年来政局动荡，经济受到重创。

中国与马达加斯加于 1972 年建交，近年来双方高层互访频繁，两国经济交往也迅速扩大，2013 年双方贸易额达 8.16 亿美元，同比增长 24.16%，其中马达加斯加进口额为 6.43 亿美元，出口额为 1.73 亿美元，[②] 主要出口产品为铬矿砂、热带农产品等，进口产品主要包括纺织品、机电产品等。

二、华侨华人的主要构成

按照中国驻马达加斯加大使馆的统计，马达加斯加有华侨华人约 5 万人，[③] 其中，新华侨占了 40%，[④] 老华侨则占 60%。

19 世纪便有华人到达马达加斯加，一种是契约华工，他们从印支地区或中国的顺德、南海等地到达马达加斯加；另一种是自由移民，他们主要来自留尼旺和毛里求斯，以从事商业活动为主。抗日战争爆发以后，顺德、南海的大量居民为了避难前往马达加斯加，形成中国人向马达加斯加移民的一个高潮，到 1951 年，马达加斯加的华人已达 4 900 人，[⑤] 这构成了马达加斯加老华侨的主体。老华侨约有一半分布在塔马塔夫省和塔那那利佛省，分布在利亚那省的也比较多，其余的主要分布在玛南卡拉、玛南扎里等省。[⑥]

马达加斯加的新华侨有以下三类：①20 世纪 80 年代，改革开放刚刚开始，当时顺德、南海的很多农村生活仍然十分艰苦，甚至连温饱都成问题，相反，马达加斯加的老华侨经过多年奋斗，生活普遍比较富足，于是顺德、南海的不少居民通过亲属网络移民到马达加斯加，形成了一次移民高潮；②90 年代初开始，一些援助马达加斯加项目、中资公司或其他驻马达加斯加机构的中方人员，发现中国商品在马达加斯加的市场潜力巨大，并且马达加斯加地理条件独特，海陆动植物资源得天独厚，于是主动在马达加斯加定居，从事相关产品的进出口；③90 年代初开始，随着马达加斯加经济的对外开放，中国东北地区和东南沿海的居民以及中国香港、台湾以及东南亚、毛里求斯的华人也纷纷到马达加斯加开拓商机，经营进出口贸易、摩托车配件、百货甚至赌场等业务[⑦]，这一类新华侨的数量很

---

① CIA World Factbook，https：//www.cia.gov/library/publications/the-world-factbook/geos/ma.html，2015 年 1 月 19 日。

② 《马达加斯加国家概况》，中华人民共和国外交部网站，http：//www.fmprc.gov.cn/mfa_chn/gjhdq_603914/gj_603916/fz_605026/1206_605802/，2014 年 12 月 9 日。

③ 《马达加斯加国家概况》，http：//mg.chineseembassy.org/chn/ljmg/t991479.htm，2015 年 1 月 15 日。

④ 《马达加斯加侨情考察》，广东省侨联网站，http：//www.gdqql.org/sqldt/ShowArticle.asp？ArticleID = 2004，2014 年 12 月 19 日。

⑤ 潘翎主编：《海外华人百科全书》，香港：三联书店（香港）有限公司 1998 年版，第 348 页。

⑥ 《马达加斯加华侨华人概况》，中国侨网，http：//www.chinaqw.com/news/2006/0630/68/34599.shtml，2014 年 11 月 28 日。

⑦ 广东省海外侨务资源调研组非洲中东线小组编：《非洲、中东侨务资源调研报告》。

大，例如，仅泉州石狮的蔡姓新华侨便有 300 多人，福清籍新华侨则有 5 000 多人[①]。可以看到，只有第一类移民与老华侨有着紧密的联系，第二、三类新华侨（实际上也是更"新"的华侨）与老华侨并没有特别密切的联系。

除了上述华侨华人以外，在塔马塔夫省和桑巴瓦、Antaba、Antalaha 地区还有大量的混血华裔，据估计有 30 万之多[②]。之所以存在大量的混血华裔，除了是部分华侨因经济原因无力回国娶妻以外，一个很重要的原因是加入马达加斯加国籍并不容易，而外侨不能拥有土地和房产，如果男性华侨与当地女子结婚，便可把地产、房产都以妻子的名义登记，而子女也能自动获得马达加斯加国籍，因此涌现了一大批混血华裔。这些混血华裔有相当比例依然认为自己是中国人，参加华人社团和中文补习班，能讲流利的中文（顺德话），甚至有的第四代混血华裔依然能说流利的顺德话。有意思的是，在混血华裔当中，仍然会讲顺德话的，一般跟纯粹的华人一样，生活比较富裕，而不会讲顺德话的，则一般都跟当地人一样生活较为贫困。有很多仍然会讲流利顺德话或南海话的混血华裔成为当地政界、商界名流，包括前总统顾问潘伟喜、工贸部顾问陈威廉、马达加斯加驻华大使陆社恒、京城中华总会总务黎兆伦等，他们虽然带有当地人的血统，却对中华文化、华人族群有较深的认同感，有的还是中文报刊的创始人，有的则是华人社团的支柱，因此，他们是侨务工作中一个不可忽视的群体。[③]

三、华侨华人的经济活动

马达加斯加华侨华人主要经营工商业，以个体经营为多。华商在马达加斯加的历史十分悠久，早在法国殖民统治之前，中国商人便从毛里求斯以及留尼旺进入马达加斯加，从事基本生活用品以及热带农产品的买卖，活动范围主要集中在东部及北部。在法国殖民统治时期，华侨华人在马达加斯加的商业网络中扮演了更为重要的角色，他们远比欧洲人吃苦耐劳，负责收购乡村地区的农产品（丁香、香草、胡椒、咖啡、酒椰和稻米等）并卖给城市地区的华商，最终转卖给欧洲商人，他们同时在乡间经营杂货铺和放贷活动[④]。城市的华商则兼营批发和零售业务，营业范围主要是粮食、杂货等。

对于当代马达加斯加华侨华人的经营活动，历年来台湾"侨务委员会"[⑤]、广东省海外侨务资源调研组[⑥]、顺德区及乐从镇的侨务部门、当地的华人商会以及学者都做了不少调查。大致情况如下：

1. 杂货零售业

当地华人社会的支柱性产业是杂货零售业，尤其是 20 世纪 90 年代以前在马达加斯加定居的华侨，杂货零售业占侨营事业的 80%，目前马达加斯加的华侨华人所经营的杂货店约为

① 《马达加斯加华商总会会长：公司履行社会责任才有长远的未来》，新华网，http://www.fj.xinhuanet.com/nnews/2011 – 08/23/content_ 23529974. htm，2015 年 1 月 3 日。
② 《马达加斯加混血华裔——侨务工作不容忽视的一个群体》，《侨务工作研究》2006 年第 5 期。
③ 《马达加斯加混血华裔——侨务工作不容忽视的一个群体》，《侨务工作研究》2006 年第 5 期。
④ 潘翎主编：《海外华人百科全书》，香港：三联书店（香港）有限公司 1998 年版，第 350 页。
⑤ 详见 1994 年、1998 年、2011 年的《华侨经济年鉴》，台湾"侨务委员会"编印。
⑥ 广东省海外侨务资源调研组非洲中东线小组编：《非洲、中东侨务资源调研报告》。

2 000 家，占了该行业的 1/3 以上。华侨华人所开设的杂货店，货物多来自中国大陆、台湾、香港以及华商实力颇强的东南亚地区。马达加斯加的经济比较落后，消费水平不高，华人开设的超市不多，但数量正在增加。杂货店是老华侨的传统产业，90 年代开始大量进入马达加斯加的新华侨，较少采用这种零售模式，他们一般选择在华侨华人相对集中的区域，专门销售一种或若干种产品。在首都塔那那利佛中心地带的 Behoririka 区（当地人称之为"唐人街"），就有个体经营的华商近 1 700 户，成为一支充满生机活力的商业力量。

2. 外贸业

随着近年来中国经济飞速发展，中国商品在国际市场上的竞争力越来越强，外贸业也成为当地华侨华人的一项十分重要的产业，主要从中国大陆进口（包括经香港转口）食品、服装、机电、玩具、手工具等各种产品。随着中国经济技术水平上升，中国产品在机械和仪表仪器市场的竞争力也迅速上升，马达加斯加也涌现了多家由华侨华人经营的机械进口和仪器进口公司，进口中国大陆所生产的伐木、碾米、磨石机器和医疗器械。此外，由于马达加斯加老华侨多来自广东顺德，顺德家电产业发达，顺德家电也成为当地华侨华人经营的重要产品。顺德家电出口到马达加斯加，是由著名侨领、塔马塔夫顺德联谊会会长陈健江开创先河的，现在仍然在市场上占有重要地位。除了进口来自中国的产品，当地华商也经营出口业务，出口产品包括各类农矿产品，矿产品以宝石、矿砂为大宗，农产品以丁香、香草、咖啡、海参和冻虾为大宗。

3. 农林渔业

马达加斯加工业落后，经济仍然是以农林渔业为主，华人参与农林渔业的经营也颇多，20 世纪 90 年代末已占有 5% 的市场份额，随着近年来新华侨纷纷进入马达加斯加的农林渔业，加上中国大陆的农业科研部门对马达加斯加华侨有力的技术支援，目前的市场份额估计接近 10%。马达加斯加物种资源丰富，盛产檀木、黑木、红木等珍贵木材，但马达加斯加多年来禁止木材直接出口（2009 年政治变局以后大量珍贵木材再次通过各种方式大量出口），因此华侨华人逐渐参与木材加工业，中国香港、台湾以及新加坡也有一些华商投资木材加工或家具制造业。马达加斯加的渔业资源也十分丰富，生产海参、鱼翅、鲔鱼等名贵海产。老华侨也参与渔业经营，19 世纪最早到达马达加斯加的一批华侨便有从事海洋捕捞的，新华侨对于渔业捕捞更是十分积极，但非法捕捞的情形时有出现，随着马达加斯加多种名贵鱼类日趋枯竭，外侨非法捕捞的问题有可能成为族群冲突的一个诱因。马达加斯加的另一个优势是果业，尤其是荔枝种植，因为马达加斯加位于南半球，每年圣诞节的时候是夏天，正是荔枝收成的时候，马达加斯加荔枝在法国等地大受欢迎。华侨华人是马达加斯加荔枝种植和出口的重要力量。

4. 电子电器行业

马达加斯加工业基础落后，基本上没有电子电器制造业的基础（唯独京城中华总会会长冯保全曾于 20 世纪 80 年代与政府合作生产收音机和电视机），华侨华人经营电子电器行业，主要是从事销售业务，有的兼营维修。早期，华商多从日本或其他发达国家进口电视机、收音机以及电子琴等电子产品，京城中华总会会长冯保全便是如此，后来随着台湾电子产业的兴起，一些华商代理台湾宏碁等品牌，也深受市场欢迎，规模扩张迅速。近年来，中国大陆经济发展一日千里，中国出口的产品在国际市场上极具竞争力，马达加斯加的新华侨很多都是经营电子电器产品的，成为中国大陆电子电器产品在马达加斯加的主要销售渠道。除了电子电器行业以外，值得一提的是，著名侨领、马达加斯加顺德联谊会会长陈兆昌所开设的富士照片冲印店遍布全岛，在冲印行业独占鳌头，他是华侨华人当中第一个踏出传统行业的，在华商当中具有示范意义。

5. 其他行业

（1）旅馆业：马达加斯加华侨华人开设的旅馆数以百计，在当地占有很可观的市场份额（20世纪90年代末已占全国的20%），80年代从顺德、南海移居马达加斯加的华侨华人尤其偏爱经营旅馆。

（2）餐饮业：餐饮业是华侨华人经营的传统行业，在中餐业的市场占有率为100%[1]，中餐馆甚至成为在公共场所保留华语的一个主要阵地[2]。

（3）矿业：马达加斯加拥有石墨、云母、水晶石、宝石等非金属矿产，也有铁矿、镍矿等金属矿产。华侨华人涉足矿业的并不算多，但有来自南非、毛里求斯以及东南亚的华商与当地华商合作进入矿业，除了开矿以外，还从事切割、打磨等初级加工环节，新华侨对于矿产开发也较为热衷。

（4）酿酒业：马达加斯加的酿酒原料丰富，又有来自欧洲的酿酒技术，酿酒业的潜力颇大。当地华侨华人兴办的与酒业相关的企业数以十计，在马达加斯加占有20%的市场份额[3]，塔那那利佛有华裔兄弟经营高度自动化生产的大型葡萄酒厂，产品远销欧洲，为马达加斯加酿酒业的翘楚。

（5）药业：当地华商经营药品的并不多，90年代末仅有20家，但中医药在当地的潜力较大，因为当地居民对于西药的戒心较重，喜好植物药。2015年1月，甘肃岐黄中医学院在塔那那利佛马义奇医院建立中医诊室，不仅提供中医医疗服务，还提供中医诊疗培训，这无疑有利于经营中医药产业的华商开拓市场。

除此之外，华侨华人在旅游业、娱乐业（电影院、音像制品出租店、酒吧、夜总会等）、食品加工业、纺织业、塑料品工业、运输业、建筑业等行业也具有一定实力。

四、华侨华人社团及其政治参与

马达加斯加全国性华人社团出现得很晚，号召力的形成尚需时日，但地方的华人社团有着悠久的历史，特别是在华侨华人最为集中的塔那那利佛和塔马塔夫。在首都塔那那利佛，华人社团的龙头组织当属京城中华总会，该社团原名华侨公社，于1950年正式注册，后改为现名。该社团与中国大使馆联系密切，每年组织国庆活动，也积极组织抗战纪念活动，京城中华总会还组织了马达加斯加中国和平统一促进会，是一支重要的爱国华社力量。近年来，新华侨越来越多，但与老华侨之间联系并不紧密。京城中华总会致力于弥合

---

① 《马达加斯加华侨华人概况》，中国侨网，http://www.chinaqw.com/news/2006/0630/68/34599.shtml，2014年11月28日。

② 林子轩：《马达加斯加华人华侨语言使用情况调查分析：以塔马塔夫省华侨总会为例》，暨南大学2014年硕士学位论文，第31页。

③ 《马达加斯加华侨华人概况》，中国侨网，http://www.chinaqw.com/news/2006/0630/68/34599.shtml，2014年11月28日。

新老华侨之间的隔阂，促进新老华侨之间的联系和合作，实现新老华侨优势互补。该社团现任会长为冯保全。

塔马塔夫华侨总会是塔马塔夫最重要的华人社团，下设县、市侨团成员，并与塔马塔夫妇女会、塔马塔夫青年会等华人社团密切联系，也曾与中国驻塔马塔夫总领事馆等合办大型欢庆春节活动，弘扬中华文化。塔马塔夫华侨总会在该省华侨华人的社会生活中扮演了重要角色，该社团拥有"华侨总会大礼堂"作为活动场所，礼堂不仅仅是社团活动的重要载体，还是当地华侨华人举办婚宴、寿宴、聚会、舞会的重要场所。现任会长为原籍顺德、在马达加斯加土生土长的第二代华人陈兆来。

2003 年和 2006 年，在中国广东佛山顺德区的支持下，马达加斯加顺德联谊会和塔马塔夫顺德联谊会相继成立，属于世界性的顺德联谊会网络的一部分，其中塔马塔夫顺德联谊会的会员已经超过 200 人，中青年会员比例超过四成①，避免了很多国家的华侨华人社团成员老龄化问题。由于马达加斯加大部分老华侨都来自顺德，20 世纪 80 年代到达马达加斯加的中国人也大部分来自顺德，因此马达加斯加顺德联谊会、塔马塔夫顺德联谊会在连接马达加斯加华侨华人与家乡方面发挥了重要的桥梁作用。两个联谊会积极组织会员参加广东省侨办和顺德区政府举办的马达加斯加华裔寻根团，组织参加马达加斯加华裔青少年学生夏令营，加强了马达加斯加华侨华人与顺德家乡的联系，并积极牵线搭桥，为顺德区政府与塔马塔夫市政府签署《中国顺德—马达加斯加塔马塔夫友好合作备忘录》作出了重要贡献。马达加斯加顺德联谊会会长陈兆昌，是马达加斯加德高望重的侨领，中马建交后的第二年，他便率领马达加斯加第一个华侨旅游团回国，80 年代末开始每年都组织侨胞或者马达加斯加友人到中国访问，对于家乡的活动也十分热心，先后组织马达加斯加顺德联谊会会员参加顺德的教育基金会百万行、顺德大学筹款万人行、历届恳亲大会等。为了传播中华文化，陈兆昌还曾在中国大使馆等机构的帮助下开办中文书店"东方书店"，甚至卖出过 40 万册的毛泽东著作，居非洲之首②。塔马塔夫联谊会会长是陈健江，他积极组织并参与马达加斯加华裔寻根团、马达加斯加华裔青少年学生夏令营，组织策划顺德厨师武术代表团在塔马塔夫的活动，在顺德与塔马塔夫的交流当中起到重要作用。2009 年初马达加斯加发生大规模骚乱，陈健江用自己的住宅庇护在此支教的中文教师，陈健江还在塔马塔夫电视台播放介绍顺德的短片，宣传顺德的经济社会发展成就。

上面几个社团均为以原籍顺德、南海的华侨华人为骨干的社团，近年来数量迅速增加的来自中国各地甚至世界各地的新华侨也组织了相当数量的社团，他们大都经营商业（尤其是进出口贸易），因此特别重视商会组织。顺德区乐从镇的侨务部门指出，行业性的商会组织就至少有五六个，此外还有综合性的华商总会，覆盖服装、百货、电器、房地产、餐饮、娱乐、建材和矿产等行业，于 2007 年成立，下设监察部、外事公关部、法律咨询部、发展部、商务部、财务部、文体妇女部、后勤福利部，更设有调解部，专门调解华商之间的经济纠纷。会员主要是民营企业家，截至 2011 年 6 月，已有会员公司 104 家③，并且会员普遍比较年轻，充满活力。从来源看，会员既包括大量新华侨，也包括不少老华

① 广东省海外侨务资源调研组非洲中东线小组编：《非洲、中东侨务资源调研报告》。
② 李健明编著：《沧海扬帆——乐从华人华侨历史》（内部资料），2014 年，第 45～52 页。
③ 广东省海外侨务资源调研组非洲中东线小组编：《非洲、中东侨务资源调研报告》。

侨；从籍贯来看，会员来自中国各地，甚至有来自毛里求斯等地的会员，但以中国福建、广东、东北三省的会员为多。商会经常举办各种聚会，强化马达加斯加华商之间的联系，还特别注意把新老华侨组织在一起，增强新老华侨、新老华商之间的感情和联系；商会为中马两国官方机构的互动牵线搭桥，2014年带领福州市政协拜访了马达加斯加国民议会；商会也积极加强会员与祖国的文化联系，比如组织会员参加澳门"世界闽南文化节"等活动。华商总会会长为来自福建石狮的企业家蔡国伟。

此外，马达加斯加还有马达加斯加中资企业协会、马达加斯加塔马塔夫华人体育会、马达加斯加荔枝出口协会、塔马塔夫荔枝出口协会、华人联合会、马达加斯加顺德商会、塔马塔夫华侨华人协会、塔马塔夫中国妇女协会、塔马塔夫青年会等华人社团。

政治参与方面，目前马达加斯加华侨华人的参政愿望仍不算很强烈，但一些第三、四代的华裔，尤其是混血华裔，已经在政坛崭露头角。第四代混血华裔让·路易·鲁滨逊，在担任过国家卫生部长以后，于2013年参选总统，在第一轮选举中获得最高票数，但在第二轮选举中以轻微劣势落败。有华裔血统的 Colonel Randriantanany Iagnambo，是前总理 Jean Omer Beriziky 的"总理特别顾问将军"，并被外界视为 Jean Omer Beriziky 的心腹，他曾在中国人民解放军国防大学进修一年。此外还有前总统顾问潘伟喜、马达加斯加驻华大使陆社恒（维克托·希科尼纳）、工贸部顾问陈威廉等，他们都是混血华裔[①]。

五、华文的使用及华文教育

（一）华文的使用

关于马达加斯加华侨华人对华文的使用情况，暨南大学林子轩以塔马塔夫为样本进行了非常详细的调查[②]，大体情况如下：

就母语状况来看，在第二代华裔中，2%的人最先学会的语言为普通话，74%为粤语，3%为马达加斯加语，21%为法语。在第三代华裔中，最先学会普通话的比例为0%，粤语为60%，马达加斯加语为0%，法语为40%。母语的习得，与经济实力有密切关系，第二、三代华裔之所以有较高比例首先学会汉语（包括普通话和粤语），这无疑是父母决策的结果。马达加斯加华人的经济地位普遍较高，一般都是自营产业，雇用当地人作为工人，因此是当地人为了生存去适应华侨华人而不是相反。由于上一代人打下了良好的事业基础，下一代华人可以直接继承家业，没有迫于生计而学习马达加斯加语、法语的压力。父母一般认为，反正子女在学校可以学法语，在整个社会大环境中可以学习马达加斯加语（例如，家庭所雇用的帮工一般都讲马达加斯加语），父母不怕子女学不会马达加斯加语或法语，因此较少在幼年时期就教子女马达加斯加语或法语。

从目前的会话能力来说，第一代华裔自然是100%会说汉语方言（主要是粤语）或普通话；在第二代华裔当中，27.6%会说普通话，81%会说粤语，98.3%会说马达加斯加语，100%会说法语；在第三代华裔中，40%会说普通话，40%会说粤语，100%会说马达

---

① 《马达加斯加混血华裔——侨务工作不容忽视的一个群体》，《侨务工作研究》2006年第5期。

② 林子轩：《马达加斯加华人华侨语言使用情况调查分析：以塔马塔夫省华侨总会为例》，暨南大学2014年硕士学位论文。

加斯加语以及法语。尽管华裔在当地的经济地位较高，这是保留本族裔语言的有利条件，并且多数华裔父母在子女幼年时期都是教他们讲汉语，但是随着新一代华裔的出生，汉语的使用还是呈下降趋势，这一方面是文化适应的自然结果，另一方面与教育体系的变迁有关，第二代华裔大多数是在华侨学校完成教育的，但是到第三代华裔接受教育时，华文教育已经走下坡路，加上马达加斯加独立后推广马达加斯加语教育，很多华人家长把子女送到法国人开办的私立学校，接受法语教育，大学则赴法留学，因此法语在第三代华裔中的使用率大大上升，汉语则明显下降。

当地华裔对普通话的掌握状况如表 2 所示：

表 2　塔马塔夫华裔对普通话的掌握程度

（单位：%）

	听的能力	说的能力	读的能力	写的能力
不会	26.2	25.2	27.2	34
简单	27.2	27.2	24.3	18.5
中等	13.6	15.5	15.5	15.5
很好	33	32	33	32

数据来源：林子轩：《马达加斯加华人华侨语言使用情况调查分析：以塔马塔夫省华侨总会为例》，暨南大学 2014 年硕士学位论文。

然而，汉语的传播与推广也有着自己的优势，那就是中国经济的迅速发展和贸易规模的扩大。很多华侨华人都是通过与中国的贸易赚取"第一桶金"的，并且在 1990—2002 年间，中国人移居马达加斯加进入了一个高峰期，大量新华侨涌入，以从事贸易活动为主，但在其他行业也十分活跃，从经营日用百货、家电、服装、家具、建材到加工、餐饮、娱乐等，新华侨的事业扩张很快，前景看好，未来还会占据更重要的地位，加上中资企业投资不断增多，工资待遇又远超本地水平，在这种情况下，学习汉语的经济价值充分凸显出来。61.2% 的人认为汉语的价值在于作为"商业用语"，100% 的人认为越来越多的人在学习汉语，100% 的人愿意让自己的子女接受华文教育。由此看来，华文在马达加斯加的前景应该是光明的。

（二）华文教育状况

20 世纪 40 年代，因抗日战争爆发，大批顺德、南海人士前往马达加斯加避难，马达加斯加的华文教育也进入鼎盛时期，全岛有华文学校 13 所[①]。但此后华侨华人逐渐将子女送往法语学校接受教育，华文学校趋于衰微，原先的华文学校只剩 2 所，一所位于 Fian-arantsoa，有学生百余人，每周上华文课两学时；另一所为塔马塔夫省小县城费努阿里武·阿齐纳纳纳的华侨学校——中山学校（前身为 1938 年创办的兴文学校，后与华体学校合并），有中小学生近千人，汉语为必修课，还教授《三字经》等传统文化内容，并开设剪

---

① 《马达加斯加华文教育》，中国侨网，http://www.chinaqw.com/news/2005/0721/68/37421.shtml，2015 年 1 月 16 日。

纸班、唐诗班、毛笔字班等，该校每周一举行五星红旗升旗仪式，^① 强化学生对祖（籍）国的认同感。学校的汉语教学得到了中国方面的大力支持，自 1987 年开始，广东省侨办便向该校派遣汉语教师，2012 年开始，塔那那利佛孔子学院也向其派遣志愿汉语教师。^②

新华侨对于华文教育也十分热心，首都塔那那利佛有新华侨王素梅 2009 年创办的"孔子小学"（正式名称为"马达加斯加汉语学习中心"，又称"孔子学院少儿部"），使用人教版的教材，学生超过一百人，除了华侨子女、混血华裔，甚至还有马达加斯加人、法国人、美国人的子女，"孔子小学"得到孔子学院多名公派教师和志愿者的支持。

2006 年，在国家汉办的支持下，江西师范大学与塔那那利佛大学共建孔子学院，截至 2009 年 10 月，孔子学院已经在马达加斯加设立 4 个汉语教学点，举办汉语学习班 35 个，培训学生 1 175 人，累计授课时数 2 540 节。^③ 塔那那利佛大学孔子学院的办学规模扩张非常快，到 2012 年 2 月，教学点数已由 2009 年的 4 个增加到 17 个之多。^④ 2013 年，马达加斯加参加汉语水平考试的人数高达 2 000 人，^⑤ 而汉语志愿教师约有 35 人，分布在 26 个教学点，^⑥ 华文教育事业在马达加斯加发展之快可见一斑。

六、华侨华人面临的风险

（一）政局不稳危及华侨华人人身财产安全

2009 年，由于总统拉瓦卢马纳纳与反对派之间的矛盾，马达加斯加多个城市于 1 月 26 日爆发大规模骚乱，根据安全部门披露的数字，共有 76 人死亡、86 人受伤，此后政局持续不稳，2 月 7 日，总统卫队向示威者开枪造成 300 余人死伤，后总统辞职但游行和骚乱仍然持续。骚乱期间，各地出现了严重的打砸抢烧事件，华侨华人遭受了历史上最严重的损失，首都塔那那利佛几乎所有经营电器的华人商店都被抢劫，有的还被焚毁，全岛被洗劫的华人商店超过 40 家，损失超过 3 000 万元人民币。到 2011 年 6 月，已有 3 人遇害、6 人受伤、武装抢劫 10 多起。^⑦ 直到 2013 年重新总统大选，马达加斯加局势才稍趋缓和。然而，2015 年 1 月 12 日，马达加斯加总理及其内阁辞职，再次为政局增添了不稳定因素。此外，马达加斯加华侨华人经营的产业迅速扩张，占有越来越显著的位置，并且多集中在电脑、电器、手机等高价值产品的销售上，一旦出现骚乱，往往成为暴徒抢劫的对象。因此，展望 2015 年，动荡政局之下马达加斯加华侨华人的生命财产安全是一个十分值得关注的问题。

---

① 《老中青三代华人华侨的马达加斯加故事》，新华网，http：//news. xinhuanet. com/overseas/2014 – 03/12/c_ 126258005. htm，2015 年 1 月 7 日。

② 《走进马达加斯加塔马塔夫华侨学校》，新华网，http：//news. xinhuanet. com/world/2013 – 11/03/c_ 117981769. htm，2014 年 12 月 26 日。

③ http：//college. chinese. cn/conference09/article/2009 – 12/30/content_ 98523. htm，2014 年 12 月 11 日。

④ http：//icua. mdg. chinesecio. com/zh – hans/node/118，2014 年 12 月 19 日。

⑤ 《马达加斯加刮起"汉语风"》，http：//news. big5. enorth. com. cn/system/2013/11/02/011420294. shtml，2015 年 1 月 9 日。

⑥ 《老中青三代华人华侨的马达加斯加故事》，新华网，http：//news. xinhuanet. com/overseas/2014 – 03/12/c_ 126258005. htm，2015 年 1 月 7 日。

⑦ 广东省海外侨务资源调研组非洲中东线小组编：《非洲、中东侨务资源调研报告》。

（二）与中资企业/华商企业相关的摩擦增多

2011 年 11 月 22 日，塔那那利佛华联商场一家福清人开设的商铺中，店主因当地店员偷窃商品而打人，上千名当地人围攻商场，并在附近引发了抢劫事件，也有中国人遭到殴打，后来幸得中国大使馆及时处理才未酿成更大规模的事件。

2014 年 11 月，中资企业中成马达加斯加糖业公司穆伦达瓦糖厂的季节工要求获得与全职工人相同的待遇，厂方一时未能满足其要求，导致部分工人围攻工厂、殴打包括中国人在内的工人，其后治安队逮捕了部分闹事者，但部分工人及被捕者家属与治安部队发生冲突，致 2 人死亡、9 人受伤。最终，厂方撤走了中方人员，随后工厂遭到抢劫，经济损失十分严重。[①]

近年来，随着中国经济实力的提升，中国在马达加斯加的投资也不断增多，随着"21世纪海上丝绸之路"的建设，中国对马达加斯加的投资必然会进一步增加，然而中马两国的法律制度、劳资关系、文化传统、社会结构都有着很大的不同，中方人员很容易因为劳工问题或环保问题与当地居民发生冲突，这不仅仅直接威胁中方人员的人身财产安全，也会间接地影响定居当地的华侨华人与马达加斯加人的族群关系，甚至会对中马关系产生影响。

另一个可能引发当地人与中资企业/华商企业、中方人员、华侨华人冲突的因素是木材的非法砍伐及出口。多年来，马达加斯加禁止木材的出口，但珍贵木材的盗伐和走私屡禁不止。一些国际组织认为，木材走私的一个重要目的地就是中国，事实上，中国海关确实曾经截获大批量来自马达加斯加的走私木材。目前，向中国的木材走私已经引起马达加斯加国内的关注，2015 年 1 月，马达加斯加环境部还扣押了一艘中国货轮"闽泰冷"号，怀疑该船偷运红木，后证实并无此事，但马达加斯加对于对华木材走私的关注可见一斑。可以预见，一旦森林滥伐以及对华木材走私成为马达加斯加政界及社会广泛关注的议题，那么中资企业和中国人都会被推到风口浪尖，甚至定居当地的华侨华人都会被怀疑是盗伐和走私活动的参与者。

七、结论与趋势

马达加斯加老华侨在经过数十年甚至数代人的奋斗以后，普遍达到了社会中上层的生活水平，并在很多行业占有一定位置，在商业领域的地位更是举足轻重。然而，随着时代的变迁以及新一代华裔的出生和成长，再加上与祖（籍）国的联系被长时间中断，华文教育趋于衰微，华文以及中华文化的传承面临危机。改革开放以后，中国经济飞速发展，国际影响力迅速提升，马达加斯加的新华侨也迅速增加，华文教育迎来了复兴的契机，华人社团也注入了新鲜血液，华侨华人在马达加斯加的经济影响力也大大提升。然而，由于新华侨以及中资企业对当地法律、风俗缺乏了解，与当地社会的摩擦时有发生，未来也面临着种种风险，但总体来看，华侨华人在马达加斯加的前景还是相当光明的。

---

① 《马达加斯加中资糖厂遭破坏　中方人员被迫撤离》，人民网，http：//world.people.com.cn/n/2014/1214/c1002 - 26204948.html，2014 年 12 月 25 日。

澳大利亚

2014 年中澳关系硕果累累，两国领导人互访，实质性结束双边自贸协定的谈判，两国在地区和全球重要问题上携手合作，民间联系进一步加强。澳大利亚已成为全球范围内华人移民首要定居国之一，而且华人移民人数仍在不断攀升。华文作为一种外来语言在澳大利亚已占据了一席之地，成为排名第二的澳大利亚人在家使用的语言。澳大利亚的华文媒体日益繁荣，几乎覆盖了整个澳大利亚大陆，在传承中华文化、促进跨文化交流等方面发挥了重要作用。

一、澳大利亚基本国情

澳大利亚概况

国家全名	澳大利亚联邦（The Commonwealth of Australia）	地理位置	位于南半球，东濒太平洋的珊瑚海和塔斯曼海，北、西、南三面临印度洋，与印度尼西亚、新西兰等国隔海相望	领土面积	7 741 220 平方公里
首都	堪培拉（Canberra）	官方语言	英语	主要族群	白人占92%，主要是英国人和爱尔兰人的后裔
政体	君主立宪制，联邦制	执政党/主要反对党	自由党/工党	现任国家元首/政府首脑	女王：伊丽莎白二世/总理：托尼·阿博特
人口数量	常住人口23 763 594 人（2015 年3 月）	华侨华人人口数量	866 200 人（2011 年）	GDP 增长率	3.5%（2014 年9 月）

（续上表）

GDP/人均 GDP	1.56 万亿美元（2015 年 1 月）①/约 67 722 美元（2014 年）	CPI	1.7%（2015 年 1 月）	失业率	6.4%（2015 年 1 月）

资料来源：澳大利亚统计局，http：//www. abs. gov. au/websitedbs/D3310114. nsf/home/home? opendocument#from － banner＝GT；维基百科，http：//en. wikipedia. org/wiki/Economy_ of_ Australia。

二、中澳关系的发展

2014 年的中澳关系可以用许多饱含正能量的词来形容，如"合作之年""进取之年""开拓之年"以及"丰收之年"。中澳两国领导人分别对对方国家进行了成功的访问，实质性结束了双边自贸协定的谈判，两国在地区和全球重要问题上携手合作，两国民间联系进一步加强。随着双方经济、政治、安全、社会文化等领域联系的不断深化，双边关系被置于一个更加复杂和灵活的背景下。

澳大利亚阿博特总理继 2014 年 4 月带领澳大利亚史上最大的商务代表团到中国出席首届"澳大利亚周"活动后，又于 11 月来到北京参加亚太经合组织会议。澳大利亚欢迎中国关于建立亚太自贸区的倡议，并宣布将与中国携手为推动这一设想早日实现而努力。2014 年 11 月 7 日，中国国家主席习近平访澳期间在澳大利亚联邦议会发表演讲，将中澳关系由过去的"战略伙伴关系"提升为"全面战略伙伴关系"，提出两国关系要有"更长远的眼光、更宽阔的胸襟、更远大的抱负"，并与阿博特总理一道见证实质性完成已经进行将近 10 年的中澳自由贸易协定谈判，签署了《意向声明》。中澳战略伙伴关系的提升说明两国在战略上更加接近，为两国关系未来发展指明了方向。而实质性结束双边自由贸易协定谈判则意味着双方实现自由贸易的脚步临近，将为两国合作提供了更广阔的市场、更便利的条件、更完善的制度保障。习主席和阿博特总理还共同见证了 14 项主要经贸协议的签署，充分展示了中澳双边贸易投资的强劲发展态势。这些安排将进一步加强中澳两国业已深入的经贸联系。据澳大利亚公布的统计数据，2013 年澳大利亚对华出口较前一年增长 28%，达 1 020 亿澳元（约合 890 亿美元），占澳大利亚商品和服务出口总额近 1/3；双边贸易额增长 20%，达 1 510 亿澳元（约合 1 318 亿美元），占比超过澳大利亚对外贸易总额的 1/5。2013—2014 财年双边贸易额超过 1 600 亿澳元。②

"国之交，在于民相亲"。2014 年中澳两国的民间联系也获得了长足的发展。中澳两国政府达成了一项有关假期工作签证的协议。在该协议下，每年有 5 000 名中国年轻人将获得在澳大利亚边度假、边打工长达 12 个月的机会。澳大利亚政府采取措施，鼓励更多

---

① Australia GDP，http：//www. tradingeconomics. com/australia/gdp.

② 《中澳自贸谈判缘何实现突破》，新华网，http：//news. xinhuanet. com/world/2014 － 11/17/c_ 1113285828. htm，2014 年 11 月 17 日。

中国人到澳大利亚访问或学习。2013—2014 财年，约有 76 万名中国游客访澳，预计这个数字到 2022—2023 财年将翻一番。澳大利亚政府推出的"新科伦坡计划"将会在未来几年资助澳大利亚的年轻人到中国和亚太地区其他国家学习或实习。① 中澳两国成长中的未来领导人将奠定中澳关系下一阶段的发展方向。

中澳关系迅速发展，两国共同探索建立包容互鉴、合作共赢的战略关系比许多国家拥有更多的有利条件。中国政府已经提出更具想象力及长远目光的双边关系发展战略，澳大利亚的思维将会超越"追随美国就足够"的局限，与中国共同构建互信纽带、经贸纽带、人文纽带和安全纽带，缔造不同社会制度、不同历史文化、不同发展阶段国家和谐相处、合作共赢的典范。

三、澳大利亚华人人口概况

2014 年 6 月 30 日，澳大利亚移民和边境保护部公布的报告《澳大利亚人民：2011 年人口普查以来的统计》显示，来自亚洲国家，特别是来自印度、中国和菲律宾的移民人数显著增长。虽然英国人和新西兰人依然是澳大利亚数量最多的 2 个海外出生人口族群，但中国大陆出生的移民以 319 000 万人排名第三。报告还指出，英语依然是澳大利亚人在家中使用的第一语言，但汉语排名第二。② 由此可见，澳大利亚已成为全球范围内华人移民首要定居国之一，而且华人移民人数仍在不断攀升。2014 年末，澳大利亚移民和边境保护部公布的《2012—2013 年移民趋势》报告显示，在 1996 年 6 月到 2013 年 6 月的 17 年间，澳大利亚海外出生的人口增长率高达 51.2%，达到了 640 万人。在这 17 年间，来自中国大陆的移民人口总数达到 42.7 万人，高于印度和越南移民人数。2012—2013 财政年度，有 27 334 名中国人移居澳大利亚，仅少于新西兰和印度的移民人数；有 7 690 位中国人逾期不归，位列榜首，而 2014 年 62 000 名逾期不归的入境者中，中国人依然占据第一位。③ 澳大利亚统计局 2014 年公布的数据显示，悉尼、墨尔本和珀斯这 3 个城市里的华人最多。中国大陆出生人口最集中的地区分别是：悉尼 Hurstville 区（36%）、悉尼 Rhodes 区（29%）、悉尼 Burwood 区（28%）、悉尼 Allawah 区（24%）、悉尼 Campsie 区（23.4%）、悉尼 Ultimo 区（22%）、墨尔本 Box Hill 区（22%）、悉尼 Haymarket 区（21.6%）、悉尼 Eastwood 区（19.6%）、悉尼 Homebush West 区（19.5%）、悉尼 Wolli Creek 区（19.2%）、墨尔本 Clayton 区（17.8%）。④

中国学生赴澳大利亚留学人数在过去的 10 年里一直保持稳定的增长，并且名列澳大利亚各国留学生人数首位。2014 年 7 月 1 日至 2014 年 9 月 30 日，澳大利亚移民和边境保护部共向澳大利亚境外的中国大陆公民核准签发 12 600 份学生签证，比 2013 年同期增长

① 《2014：澳中丰收年》，环球网，http://finance.huanqiu.com/roll/2014-12/5313679.html，2014 年 12 月 30 日。

② Department of Immigration and Border Protection, "The People of Australia：Statistics from the 2011 Census", https://www.immi.gov.au/media/publications/statistics/immigration-update/people-australia-2013-statistics.pdf.

③ "Australia's Migration Trends 2012-13", http://www.immi.gov.au/pub-res/Documents/statistics/migration-trends-2012-13.pdf.

④ Department of Immigration and Border Protection, "The People of Australia：Statistics from the 2011 Census", https://www.immi.gov.au/media/publications/statistics/immigration-update/people-australia-2013-statistics.pdf.

30.5%。截至 2014 年 11 月底，中国学生在澳大利亚各级各类课程注册总数为 153 155，其中新生课程注册总数约为 83 936，比 2013 年同期增长 14.7%。[①] 2013 年 3 月，澳大利亚政府宣布实施毕业后工作系列签证（Post-Study Work Visa），允许符合条件的国际毕业生申请两至四年不等的在澳大利亚工作的机会，这使中国留学生留在澳大利亚有了更大的可能。

四、澳大利亚华文媒体的发展

随着新移民人数的上升，华人已成为澳大利亚重要的少数民族，华文作为一种外来语言在澳大利亚已占据了一席之地。澳大利亚推行多元文化政策，为不同文化背景的民族提供发展条件，因此，澳大利亚的华文媒体也日益繁荣，几乎覆盖了整个澳大利亚大陆。

20 世纪 90 年代以来，随着华人人口的激增，澳大利亚的华文媒体迅速发展起来。目前，澳大利亚主要的华文报纸有：①《星岛日报（澳洲版）》（Sing Tao Newspapers），该报是香港《星岛日报》的分支，在全澳大利亚发行。②《澳华时报》（The Australian Chinese Times）创刊于 2001 年 7 月 24 日，逢周四出版。创刊一年后停刊整顿，于 2003 年 7 月 24 日复刊，在全澳大利亚发行。③《澳洲日报》（Daily Chinese Herald）前身为《华声报》，现为一家独立经营的报纸，该报重视台湾岛内新闻，在全澳大利亚发行。④《澳洲侨报》创刊于 2000 年 3 月 1 日，逢周三出版。该报的宗旨为："致力提供给广大读者最新、最全面信息""帮助华人与澳洲政府进行必要的沟通""传递中国政府和侨务部门对海外华侨的关怀及有关信息，促进中澳两国经济文化的沟通发展"等。⑤《墨尔本日报》（Chinese Melbourne Daily）以服务墨尔本地区华人为主，每周出版 6 期。每周五同时出版《墨尔本地产》与《澳华导报》。⑥《澳洲新快报》（New Express Daily）由侨鑫传媒（澳洲）有限公司董事长周泽荣先生于 2004 年 6 月 30 日创办，是广州《新快报》在国外创办的第一家姐妹报，现发展壮大成为一家拥有一报（《澳洲新快报》）、两刊（《财富一周》和《生活一周》）以及一网（新快网）的综合性媒体。⑦《澳洲新报》（Australian Chinese Daily）1987 年 3 月 19 日创刊，原为《香港新报》澳大利亚版，现为一家独立核算经营的报纸，在全澳大利亚发行。⑧《大洋日报》《大洋时报（周报）》《大洋周末》《大洋地产》《大洋商业》《生活周刊》《移民教育周刊》《分类邮报》《汽车周刊》等周刊由澳大利亚最大的华文媒体集团——澳大利亚大洋传媒集团出版。该传媒集团创办的新闻门户网澳洲网（www.au123.com）是南半球最大的华文网站。大洋传媒所属报刊以原创性和信息量大著称，发行量大，影响力强，不仅在当地华人小区和洋人书报店形成发行网络，还同时获许在中澳航线的所有航班和澳洲最大的超市伍尔沃斯发行。

澳大利亚收费的华文报纸以采编各种渠道的新闻通讯为主，其内容主要有澳大利亚新闻、华人动态、中国大陆和港台地区新闻、体育、娱乐及财经信息等。它们的读者群基本还是中老年华人移民，这些移民英文程度有限，对网络不熟悉，主要通过澳大利亚本土的华文报纸获得信息。新移民以及愈来愈多的中国大陆留学生则很少购买华文报刊，因为他

---

① 《澳大利亚留学去年第三季度留学人数增 30.5%》，http：//www.ozchinese.com/2007/abroad/news/2015 – 02 – 02/35071.shtml。

们对电脑网络熟悉，英语语言能力比较高，大多购买当地主流英文报纸。由于读者群有限，目前收费华文报纸多处于亏损状态。而那些免费发行的、以刊登广告为主的报刊大多经营状况良好，在新移民中也有较大影响力。这些免费报刊主要刊登各种商业广告，包括移民业务、金融业务及房地产信息、招商、招租和招工等。随着信息时代的到来，澳大利亚华文媒体与时俱进，电台、电视台、网站等大有后来居上之势，它们的优势已逐渐被读者和广告商承认，对传统媒体构成挑战。

澳大利亚华文媒体能够促进华人与中华文化的连接沟通，影响华人社会的潜在文化导向。澳大利亚的华人在精神上需要中华文化的慰藉，在感情上需要同文同种的交流，澳大利亚华文媒体可以满足华人的这些需要，因此对澳大利亚华人社会精神生活的影响力可想而知。澳大利亚的华文媒体都设有相对固定的专版，图文并茂地宣扬中华文化，选题涉及中国历史、习俗、文化典籍和文化名家等多个层面。另外，华文媒体还会专门介绍澳大利亚华人社区以及大中华区域的文化娱乐、中文教育活动，成为中华文化在海外延伸发展的信息源。澳大利亚华文媒体发挥着跨文化交流的枢纽作用。尽管中国在飞速发展，但是海外对当代中国的了解比较欠缺，中华文化在世界文化中发出更多声音还需全球华人共同努力。澳大利亚的华文媒体通过华人向澳大利亚主流社会传递信息，通过与西方主流社区的市场融合拓展自身的发展空间，从而在西方主流社会发出自己强有力的声音。2012 年 2 月，《大洋日报》和《大洋时报》在澳大利亚大型食品零售连锁店伍尔沃斯内销售，这是澳大利亚大型零售商首次接纳华文媒体。当然，澳大利亚的华文媒体也会通过《澳洲新闻》《人在澳洲》《澳洲财经》等栏目帮助澳大利亚华人了解澳大利亚的社会文化和规范。华文媒体是传承中华文化、促进华人融合的重要力量，也是连接华人与中国、中国与世界的重要纽带。随着澳大利亚多元文化政策的实施，中国留学生和华人移民数量的大量增加以及中国综合国力的不断提高，传播国际化、全球化趋势的日益增强，澳大利亚华文媒体必将不断融合、扩展，加强自身的话语权。

五、澳大利亚的华文教育

2014 年 12 月上旬，在北京和福建厦门同时召开了两个大会——"第三届世界华文教育大会"和"第九届孔子学院大会"。两个大会有一个共同的主题，即如何把在海外弘扬中华民族语言和优秀文化的伟大事业做得更加出色，更加深入人心。20 世纪 70 年代，澳大利亚政府实施多元文化政策，华文教育随之兴起。随着中国经济实力的增强、华人移民的增加以及中澳关系的深化，普通话成为澳大利亚第一通用外语，"中文热"不断升温。创办于 1992 年、最初只有 6 个学生的澳大利亚新金山中文学校如今已经拥有 4 000 多名学生，还有许多几百人到 2 000 人规模不等的中文学校，而且，新的中文学校如雨后春笋，不断涌现。在悉尼、墨尔本、珀斯等华人聚居的地区，一个区常常有几个中文学校。大部分中文学校在教授中文课程的同时，还开设中国历史、地理、舞蹈和美术等课程。一些宗教组织，例如华藏寺，也开设中文教育课程。[①] 另外，越来越多的澳大利亚全日制公立学校将中文列为必修的第二语言，有的从小学一年级就将中文列为必修语言，有的从中学七

---

① 笔者调研时，华藏寺的能融法师介绍说，寺院开设儿童中文班，招收幼儿园至七年级学童（5～13 岁）。

年级开始把中文作为必修语言。据粗略估算，全澳大利亚开设中文课程的中小学超过1 000 所，中文培训学校几十所，中文教师近千人，学习中文的学生超过 15 万人。①

为了进一步推动澳大利亚的华文教育，增进澳大利亚中文学校之间的交流与合作，开展澳中两国间的文化交流活动，弘扬中华文化，一些中文教育的行业联合组织相继成立。澳大利亚中文学校联合会、纽修威中文教育理事会、澳大利亚中文教师协会是其中的代表。澳大利亚中文学校联合会（Australian Chinese Language Schools Association Incorporated）是一个非营利性的行业联合组织，成立于 2000 年 8 月 27 日，总部设在悉尼，现有 24 所会员学校，28 个教学点，学生总数超过 3 000 人。澳大利亚中文学校联合会主张，社区中文学校规模无论大小，建校不分先后，中文教师也不论是专业的还是业余的，都应有机会共同分享政府部门、社会各界对汉语教学的扶持与关注，也都有义务推动中文教育的改革和发展。纽修威中文教育理事会是 1983 年在悉尼召开中文教育研讨大会后成立的非营利性组织，成员包括提供中文课程的学校、社团以及热心中文教育的个人。该组织致力于支持及推广新南威尔士州的中文教育，定期举办或推动各类与发展中文教育有关的活动，联络家长、教师和华人社团，征询有关中文教育的意见；与政府部门或教育机构磋商有关中文教育的事宜。澳大利亚中文教师协会是汉语教学协会组织，成立于 1994 年，提供中文教学相关资讯与新闻。澳大利亚中文教师协会年会每年举办一次，是澳新地区水平最高和规模最大的汉语教育会议。2014 年 7 月 14 日，澳大利亚中文教师协会第 20 届年会的帷幕在 Melbourne Gramma School 的礼堂内拉开，从五湖四海赶来的华文教师汇聚一堂，共同回顾澳大利亚中文教师协会 20 年的发展历程以及展望中文教育的未来发展。大会重点讨论了澳大利亚第一次出版的全国统一中文教学大纲，这是澳大利亚中文教育史上的里程碑，弥补了澳大利亚缺乏理论性汉语教学指导的缺陷，奠定了澳大利亚汉语教学的世界领先地位。

六、澳大利亚华人参政议政

澳大利亚的华人数量迅速增多，并且华人在商业及各专业领域中成就斐然。不过，华人依然是外来的少数族群，必须通过积极参与主流社会的政治来保障自己的权益。

2014 年 8 月 18 日，澳大利亚联邦议会众议员、矿业大亨帕尔默在澳大利亚广播公司电视台的《问答》节目中发表言论攻击谩骂中国后，澳大利亚华侨华人社团纷纷向其表达不满，举行示威活动。华人的团结，很快令帕尔默"服软"，帕尔默 8 月 26 日正式致函中国驻澳大利亚大使马朝旭，就他发表的辱华言论表示道歉。抗议活动组织者之一澳大利亚和平正义行动委员会负责人钱启国认为这是"百年历史上一大胜利"，他表示："警方破例在 6 天之内批准了我们的示威申请。我们现在用澳大利亚人熟悉的方法，用澳大利亚人能接受的方法来表达意见——不能随随便便再欺负华人了。有识之士都明白，澳大利亚离不开中国，两国互补性很强。"②

---

① 《驻澳使馆教育处成功举办澳大利亚中文教师业务研讨会》，http：//www. edu－australia. org/publish/portal72/tab5536/info105392. htm，2014 年 2 月 2 日。

② 《澳政客看重华裔选票　新朝野以不同视角看华人》，http：//www. ccnovel. com/47246. html/3。

2014 年 11 月 29 日，澳大利亚维多利亚州议会选举如期举行，共有 14 位华裔候选人参选，他们是：工党 Clarinda 选区下议院候选人林美丰（Hong Lim）；工党 Mt. Waverley 选区下议院候选人杨千慧（Jennifer Yang）；工党 Western Metro 选区上议院候选人蒋天麟（Stanley Chiang）；工党 Eastern Victoria 选区上议院候选人 Harriet Shing；自由党 Northern Metro 选区上议院候选人廖婵娥（Gladys Liu）；自由党 S. E. Metro 选区上议院候选人华珏靓（George Hua）；自由党 Southern Metro 选区上议院候选人王中坚（Ken Ong）；自由党 Richmond 选区下议院候选人吕为然（Weiran Lu）；自由党 Pascoe Vale 选区下议院候选人 Jacqueline Khoo；Tarneit 选区下议院独立候选人 Chin Loi；动物权益党（Animal Justice Party）Northen Metro 选区上议院候选人 Bruce Poon；提升澳大利亚党 Nepean 选区上议院候选人 Laura Yue；澳大利亚基督党（Australian Christians）Mt. Waverley 选区下议院候选人郑冲（Stephen Chong Zheng）以及家庭第一党（Family First）Pascoe Vale 选区下议院候选人 Thomas Ha。尽管最后只有工党的林美丰继续连任，工党 Eastern Victoria 选区候选人 Harriet Shing 当选上议员，其他的华裔候选人均没有当选，但是对华人社区来说，这次选举有两方面值得自豪：①华裔候选人之多创下历史之最，共有 14 位华裔代表各自的政党竞逐上下两院议席。他们之中既有工党老将林美丰，也有第一次参加竞选的杨千慧；既有工党和自由党这些主要党派的代表，也有小党派如动物权益党、澳大利亚基督党和右翼的提升澳大利亚党的候选人，还有独立的华裔候选人。这些候选人分别来自中国大陆、香港、台湾，以及柬埔寨、越南等不同国家和地区。②华人社区整体的参政热情空前高涨。不仅参与竞选的候选人频频亮相，宣传自己的政治主张，华人社区也调动论坛、报纸、电台等各种资源，组织许多活动支持华裔候选人，并且有有史以来最多的华裔志愿者协助竞选。

近年来，由于华人参政意识兴起，华人参政在澳大利亚已不罕见，每逢选战，必有华人身影。目前的澳大利亚华人从政，大部分都集中在市议会一级，特别是华人居住较为集中的大都市周边地区。虽然在澳大利亚各市政府担任市议员和市长的华人不少，但是人数也在 20 人之内。据统计，目前澳大利亚的议会中，占人口比例 10% 的亚裔人士只占议员比例的 1.7%。① 在维多利亚州议会中，作为最大的少数民族社区，华裔议员人数比一些人数不多的民族社团，例如犹太、土耳其、意大利和黎巴嫩少很多。华裔是澳大利亚的一个主要族群，应该积极参与民主政治、行使政治权利，在相关的议题上最大限度地争取权益，但是华人参政只有热情是不够的，更需要在深入了解澳大利亚政党政治、民主选举程序的基础上，研究华人参政的策略、方式、方法以及一些具体操作的问题。

七、结论与趋势

2014 年的中澳关系发展令人瞩目，展现出缔造不同社会制度、不同历史文化、不同发展阶段国家和谐相处、合作共赢典范的前景。可以预见，随着中澳一系列政治、经济协定的全面实施，将有更多的中国人到澳大利亚留学、工作或定居。2014 年 7 月，福布斯发布十大华人投资移民国家榜单，澳大利亚荣登榜首。此外，受大宗商品价格下跌，特别是铁矿石价格下跌影响，2014 年澳大利亚经济尽显疲态，2014 年澳大利亚前三季度 GDP 增长

---

① 《职业从政能成为澳大利亚华人的选择吗？》，http：//aus. tigtag. com/news/175492. shtml。

率分别为3.5%、2.7%和2.7%。① 为了吸引投资，2015年澳大利亚将引入一个全新的签证——卓越投资者签证（Premium Investor Visa，简称PIV）：申请人只需投资1 500万澳元到澳大利亚，满一年时间即可以拿到澳大利亚永久居民身份，没有居住要求，没有年龄限制，非常适合因要照顾国内生意而不能前往澳大利亚居住的富豪申请。② 澳大利亚2012年曾出台重大投资者签证（Significant Investor Visa，简称SIV），面向投资金额达到500万澳元（约合460万美元）的外国人提供4年的澳大利亚居留权，后续可再申请永久居留权。该项目出台后吸引了众多申请者，其中将近90%的申请者来自中国。澳大利亚政府的数据显示，在2012年11月末到2014年9月末，有1 746人申请重大投资者签证，共有436人获得签证，其中88%的签证获得者来自中国。③ 因此许多移民专家认为，澳大利亚2015年采取措施改进签证计划，目的是吸引中国超级富豪们的投资。尽管这些中国富豪将给澳大利亚带来巨额的投资，但是，一些澳大利亚律师和经纪公司要求政府说明有关资金来源的规定。另外一些澳大利亚人认为，中国投资者的到来将导致当地房价上涨。所谓的"亚洲入侵"论调虽然未成主流，但已经在澳大利亚产生了很大的负面影响。

随着澳大利亚华人人口的迅速增多，华人一方面要提升族群权利意识，勇于维护自身的合法权益；另一方面要注重自身的形象，培养年青一代的华裔政治精英，鼓励并带动越来越多的华人参与主流政治，提高华人在澳大利亚的地位。

---

① 《各方集体看空 2015年澳大利亚衰退可能性或为40%》，http：//www. jiemian. com/article/224268. html。

② 《2015年澳洲移民新政策即将发布》，澳洲中文网，http：//www. ozchinese. com/2007/immi/yimin/2015 – 01 – 23/34983. shtml，2015年1月23日。

③ 《澳洲推超级富豪签证 投1 500万澳元一年换永居》，http：//www. acproperty. com. au/Queensland/news/News-Details. aspx？ menuid = 4&id = 34eaf819 – cd7e – 44a2 – 9345 – 859b2a4560cd。

新西兰

一、新西兰基本国情和中新关系

（一）基本国情表

新西兰概况

国家全名	新西兰	地理位置	太平洋西南部，由南北两大岛及小岛组成	领土面积	269 652 平方公里
首都	惠灵顿	官方语言	英语	主要族群	欧裔（68%）、毛利人（14.9%）、亚裔（11.8%）、太平洋岛裔（7.4%）①
政体	议会君主立宪制	执政党/主要反对党	国家党/工党	现任国家元首/政府首脑	杰里·迈特帕里/约翰·基
人口数量	4 565 872 人②	华侨华人人口数量	171 411 人③	华侨华人占总人口比列	4.3%
GDP/人均 GDP	23 000 400 万新西兰元④/47 784 新西兰元⑤	CPI	0.4%⑥	失业率	5.7%⑦

---

① Statistics New Zealand Information Centre，"New Zealand in Profile：2014"，http：//www. stats. govt. nz.

② Statistics New Zealand， "Population Clock"，http：//www. stats. govt. nz/tools_ and _ services/population_ clock. aspx，Feb. 9，2015.

③ Statistic New Zealand，http：//www. stats. govt. nz/.

④ Statistics New Zealand，"GDP in Current Prices Year Ended March 2014"，http：//www. stats. govt. nz/browse_ for_ stats/snapshots-of-nz/top-statistics. aspx.

⑤ Statistics New Zealand，"GDP per Capita in Current Prices Year Ended September 2014"，http：//www. stats. govt. nz/browse_ for_ stats/snapshots-of-nz/top-statistics. aspx.

⑥ Statistics New Zealand， "From Dec. 2013 Quarter to the Dec. 2014 Quarter，The CPI Increased 0. 8%"，Consumer Price Index，http：//www. stats. govt. nz/browse_ for_ stats/economic_ indicators/CPI_ inflation/ConsumersPriceIndex_ HOTPDec14qtr. aspx.

⑦ Statistics New Zealand，"Labor Market Statistics：December 2014 Quarter"，http：//www. stats. govt. nz/browse_ for _ stats/income-and-work/employment_ and_ unemployment/LabourMarketStatistics_ HOTPDec14qtr. aspx.

2014 年，新西兰经济复苏态势强劲，贸易、房地产及服务业的增长，是此轮复苏的主要拉动因素。2014 年以来，新西兰经济增长逐步加快，一季度 GDP 增长率为 3.8%，二季度 GDP 增速达到 3.9%，创 2007 年第三季度以来的最大增幅。截至 2014 年 6 月的前 12 个月，新西兰 GDP 平均增速为 3.5%。① 到 2014 年第四季度，GDP 相比前一年度增速达 3.8%。从季度环比看，GDP 增长 0.7%，增速较慢，原因是农业、林业和矿产产出疲软。不过，这两项数据均高于预期。

（二） 中新关系

2014 年，中新两国高层往来频繁，政治互信不断加深。3 月份，约翰·基总理对中国进行了正式访问。中国继续保持着新西兰最大贸易伙伴、第一大留学生来源地和第二大游客来源地的地位。新西兰的企业积极参与中国经济发展的进程，获得了直接的投资和商业利益。两国于 2014 年 3 月实现了新西兰元与人民币的直接交易。2014 年前 5 个月，中国与新西兰双边贸易额已达 201 亿新西兰元（约合 1 098 亿元人民币），这标志着两国年双边贸易额首次突破 200 亿新西兰元。这也意味着两国此前定下的 2015 年贸易额达 200 亿新西兰元目标已提前实现。其中，新西兰向中国出口货物价值超过 110 亿新西兰元，同比增长 40 亿新西兰元。新西兰统计局发布的年度统计数据显示，2014 年全年中新双边贸易额 187 亿新元，同比增长 2.5%；其中，新西兰对华出口 100 亿新元，同比增长 0.5%；新西兰自华进口 86.8 亿新元，同比增长 5%。中国仍为新西兰第一大贸易伙伴。数据显示，新西兰前五大出口国分别为中国、澳大利亚、美国、日本和韩国；新西兰前五大进口来源国分别为中国、澳大利亚、美国、日本和德国。②

与此同时，中国访客为新西兰经济注入了一针强心剂。新西兰政府 2004 年 11 月 21 日公布的最新统计数据显示，在截至 2014 年 9 月的过去一年时间里，中国游客在新西兰的消费达到创纪录的 9.79 亿新西兰元（约合 7.719 6 亿美元）。由新西兰商业、创新和就业部（MBIE）公布的数据显示，在这一年时间里，新西兰海外游客的消费总额共增加了 10%，达到 72 亿新西兰元（约合 56.7 亿美元），其中，中国游客在新西兰的消费总额增加了 33%，人均消费额达到 4 200 新西兰（约合 3 307 美元）。目前，中国游客在新西兰的消费总额已居第二位，仅次于澳大利亚游客的 20.2 亿新西兰元（约合 15.96 亿美元）。③

除了经贸合作和旅游往来外，文化交流近年来成为中新关系的一个新亮点。2014 年 11 月 21 日，对新西兰进行国事访问的中国国家主席习近平在奥克兰同新总理约翰·基共同出席中国—新西兰市长论坛启动仪式。习近平在致辞时将中新关系比作一幅油画，而文化交流正是中新关系这幅绚烂油画上的一抹亮色。习近平说"中方将在新西兰设立中国文化中心"，让大家对中新文化交流的未来前景充满期待。④

---

① 苑生龙：《2014 年新西兰经济总体形势——特征、机遇、建议》，《中国经贸导报》，2014 年第 3 期。
② 中国驻新西兰经济商务参赞处：《2014 年度中新贸易持续增长》，http：//nz. mofcom. gov. cn/article/jmxw/201502/20150200891511. shtml，2015 年 2 月 6 日。
③ 《中国游客在新西兰消费再创纪录 人均约 3 000 美金》，中国新闻网，http：//www. chinanews. com/hr/2014/11 - 25/6810790. shtml，2014 年 11 月 25 日。
④ 《中新交往绚烂油画的亮色》，《中国文化报》，2014 年 11 月 24 日，第 3 版。

近年来，中国和新西兰在文化交流与合作方面取得了丰硕成果。在官方层面，2006年，中新双方签署了《中华人民共和国政府和新西兰政府文化协定》，内容涉及表演艺术、视觉艺术、广播影视、新闻出版、文物保护和体育等各个领域。在此基础上，中新两国文化往来日益密切，政府和民间文化团体互访频繁。在民间层面，"亚洲新西兰基金会"于2000年创办了奥克兰元宵灯节，每年举办中国春节和元宵节庆典活动，并辐射惠灵顿、克赖斯特彻奇等主要城市，14年来规模和影响日益扩大，吸引了众多中国艺术团（组）积极参与其中。上海新民乐小组、浙江余姚滚灯小组、杭盖乐队以及灰狼乐队、成都木偶皮影剧团、上海三林龙狮表演团、浙江台州乱弹剧团、北京龙神道乐队、上海艺术团、四川天姿国乐女子乐团、万能青年旅店乐队参加了奥克兰元宵灯节及"欢乐春节"活动，为新西兰民众带去原汁原味的中华文化。新西兰各大艺术节上，也不乏中国艺术的身影。2014年，中国音乐学院紫禁城乐团与新西兰国家室内乐团联合制作的"四面来风"音乐会项目继2013年12月在北京首演后，又赴惠灵顿参加"新西兰国际艺术节"，并在惠灵顿、奥克兰、汉米尔顿、克赖斯特彻奇四地巡演，反响极为轰动。新西兰各类艺术展演纷纷赴华，也深化和增强了中国人民对新西兰文化的了解和热爱。[①]

中新文化交流与合作活动丰富多彩，各种"第一次"让两国关系在人文交往领域不断发展深化。2014年11月9日至16日，大型人文交流活动"感知中国·新西兰行"在新西兰主要城市奥克兰、惠灵顿和克赖斯特彻奇等地举办，包括中国的人类非物质文化遗产图片展、非物质文化遗产传承人现场演示，以及绘画展、图书展、杂技演出等多项活动，全方位、多角度地展示中国文化，在新西兰掀起新一波的中国文化热。值得一提的还有中新之间的影视交流。新西兰是第一个与中国开启电视合拍协议商谈的国家。2014年10月30日，第二届奥克兰亚太电影节开幕，中国电影和中国演员在电影节上大放异彩。11月9日，《影像中国数据库与新西兰TV33中国题材电视节目合作协议》在奥克兰TV33总部大楼签署，标志着中国题材的纪录片节目通过TV33台正式走进新西兰。从今年11月起，影像中国数据库将定期向TV33台提供题材多样的电视节目，把中国的声音传递到新西兰。[②]

二、新西兰侨情新变化

（一）华侨华人的数量和分布

根据新西兰统计局2013年3月公布的人口普查数据，新西兰华人人口已超过17万人（171 411人），占比4.3%；印度人的数量紧跟华人之后，有155 178人，占3.9%；韩国人有30 171人，比例不到1%。华裔、印度裔、菲律宾裔、韩裔、其他东南亚族裔以及日本裔，成为新西兰人数最多的六大亚裔族群。毛利人是最大的少数族裔，有598 602人，占总人口的14.9%；岛民其次，来自主要岛屿萨摩亚、斐济、库克群岛等的大约有290 000人。目前，欧裔人口还是主流，有2 727 009人，比例占68%。[③] 对比2006年的普查数据，华人人口上升了16.2%，而在2001年到2006年期间，华人人口上升速度为

---

① 《中新交往绚烂油画的亮色》，《中国文化报》，2014年11月24日，第3版。

② 《中新交往绚烂油画的亮色》，《中国文化报》，2014年11月24日，第3版。

③ Statistics New Zealand, "Ethnic Group（Total Responses），for the Census Usually Resident Population Count, 2001, 2006 and 2013 Censuses", http：//nzdotstat. stats. govt. nz/wbos/Index. aspx？DataSetCode = TABLECODE8021.

40.5%，增速有所放缓。原因可能在于前几年的经济危机导致了华人新移民人数下降。

从出生地看，四分之一以上（26.6%，45 213 人）的华人出生于新西兰，其余近四分之三（73.4%，124 494）的华人出生于新西兰之外。15 岁以下人群中，出生于新西兰的接近 60%；而在 15 岁以上人口中，则以出生于海外的占多数，其中尤以 30～64 岁年龄段人口最为突出，约有 55.2% 出生于新西兰之外，其次 15～29 岁年龄段人口中有 30.3% 出生于新西兰之外。在第一代华人移民中，近 71%（88 212 人，占 70.9%）出生于中国大陆；有 16.8% 的人已经来新西兰超过 20 年；另外 25.2% 的华人移民来新西兰不到 5 年，这个数字明显低于 2006 年普查中的 44.4%，这说明近 5 年的新移民有所下降。从来源地看，祖籍中国大陆的华裔人口总数为 170 346 人，常居新西兰的为 163 101 人。此外，中国香港华裔人口总数为 246 人（222 人为常居人口）；柬埔寨华裔人数为 135 人（132 人为常居人口）；马来西亚华裔人数为 1 887 人（1 848 人为常居人口）；新加坡华裔人数为 762 人（738 人为常居人口）；越南华裔为 57 人（57 人均为常居人口）；中国台湾华裔为 5 964 人（5 715 人为常居人口）。①

在新西兰华人使用的语言方面，普通话仍是使用最多的一种语言，使用总人数达到 52 263 人，紧随其后的是粤语，使用人数达 44 625 人，排名第三的是闽南语，使用人数为 5 166 人。而客家话、吴语（江浙方言）和潮汕话的使用人数则分别为 801 人、447 人和 1 026 人。华人的双语言能力比较强，五分之二（40.1%）的华人只会一种语言，43.8% 的华人会两种语言，13.1% 的华人会三种以上语言。女性比男性更有可能说两种以上的语言（女性 57.9%，男性 55.6%）。谈到具体的语言，将近五分之四（78.8%）的华人都会说英语；其次是普通话（29.3%）。②

从地域分布看，绝大部分华人选择北岛的大城市居住。生活在北岛的华人占 88.8%（152 244 人），南岛只有 11.2%（19 167 人）。高达 95.7%（164 061 人）的华人在人口超过 3 万的大城市居住。在各大城市中，奥克兰都市区是华人的首选，有 69%（118 230 人）的华人住在这里，其中五分之一以上（21.8%）聚集在东南部的 Howick 区；其次是首都惠灵顿大区（16 344 人，占 9.5%）和坎特伯雷大区（13 770 人，占 8%）。③

（二）华人的受教育水平、职业和收入状况——高学历低收入

从 2013 年新西兰统计局公布的人口普查数据看，华人的受教育水平远高于新西兰平均水平，从事职业以专业人士、经理、办公室文员和行政管理等白领职业居多，但其收入状况却远低于新西兰平均水平，与美国华人的境况大相径庭。

从受教育水平看，在 15 岁以上人口中，华人拥有学士以上学位的比例达到 33.7%，

---

① Statistics New Zealand, "Selected Ethnic Groups (Total Responses) by Birthplace (Detailed), for the Census Usually Resident Population Count, 2001, 2006 and 2013 Censuses", http：//nzdotstat. stats. govt. nz/wbos/Index. aspx? DataSetCode = TABLECODE8021.

② Statistics New Zealand, "Selected Ethnic Groups (Total Responses) by Language Spoken (Total Responses), for the Census Usually Resident Population Count, 2001, 2006 and 2013 Censuses", http：//nzdotstat. stats. govt. nz/wbos/Index. aspx? DataSetCode = TABLECODE8021.

③ Statistics New Zealand, "Selected Ethnic Groups (Total Responses) by Region (Detailed), for the Census Usually Resident Population Count, 2001, 2006 and 2013 Censuses", http：//nzdotstat. stats. govt. nz/wbos/Index. aspx? DataSetCode = TABLECODE8021.

略高于亚裔平均水平，而新西兰平均仅有 20%；其次，华人中拥有海外中学学历的有 23.7%，新西兰平均仅有 6.7%。① 华人中高学历者占有比较高的比例，是由于新西兰以计分制选择拥有高学历和技能的移民。

从职业构成看，15 岁以上的受雇华人中，无论是男性还是女性，都以专业人士居多（约 26%）；男性从业者中居第二位的职业是经理（20%），第三位的是技术员及行业工人（约 18%），其后依次是销售（9.5%）和体力劳动者（9%），办公人员及行政管理者（6%），社区和个人服务者（5%）、机械操作员和司机（4%）；而女性从业者中办公人员及行政管理、经理两类从业者数量基本相当（16% 左右），位居其后的是销售（14%）、社区和个人服务者（10%）、体力劳动者（7.5%）、技术员和行业工人（6%）、机械操作员和司机（3%）。华人中有 14.7% 是自谋职业者，或者是企业主，这个数字接近于全新西兰的 15.4%。从行业上看，华人从事最多的前三名行业是住宿和餐饮业（16%）、零售（13.5%），以及专业、科学和技术服务（11%）。华人从事最少的行业是采矿，仅有 0.1%。水、电、煤气和垃圾处理业倒数第二，占 0.4%。② 中新两国关系的提升，对于华人的职业构成有一些影响。雇用会讲中文和粤语的员工，已成为新西兰政府部门、服务机构、银行、航空公司、商店、贸易商等通行的做法。③

可是，新西兰的华人收入比较低。统计显示，15 岁以上的华人，年收入中位数仅为 1.6 万新西兰元，其中华人男性的收入中位数是 1.91 万新西兰元，而女性低得多，只有 1.41 万新西兰元；出生于新西兰的华人收入中位数为 1.86 万新西兰元，来自海外的华人则是 1.57 万新西兰元。新西兰全国的均值是 28 500 新西兰元，其中欧裔的收入中位数最高，达到 30 600 新西兰元，是华人的两倍多；印度人居第二位，为 27 400 新西兰元，毛利人 22 500 新西兰元，岛民平均在 20 000 新西兰元上下，韩国人有 11 500 新西兰元。在受访的 15 岁以上华人中，有 55.6% 的人年收入低于 2 万新西兰元。在收入水平的另一端，7.9% 的人年收入超过 7 万新西兰元。从性别来看，达到这个高收入水平的男性和女性比例分别为 10.3% 和 5.8%。与 2006 年的收入中位数 1.05 万新西兰元相比，华人的收入水平已有明显上升。④

总体来看，华人较高的学历目前还没转化为较高的收入水平。华人移民普遍拥有较高的学历，但是他们的工作地位和收入水平并不高，主要问题就是他们一时无法找到适合其学历和经验的工作，新西兰的很多雇主不太愿意冒险雇用海外来的求职者，而且海外学历要得到当地认可也很复杂。

（三）华文教育

新西兰亚洲基金会的一项研究表明，新西兰有 80% 的人认为亚洲人很重要，而 64%

① Statistics New Zealand, "Selected Ethnic Groups（Total Responses）by Highest Qualification, 2006 and 2013 Censuses（RC, TA, AU）", http：//nzdotstat. stats. govt. nz/wbos/Index. aspx? DataSetCode = TABLECODE8021.

② Statistics New Zealand, "Selected Ethnic Groups（Total Responses）by Occupations, 2006 and 2013 Censuses（RC, TA, AU）", http：//nzdotstat. stats. govt. nz/wbos/Index. aspx? DataSetCode = TABLECODE8021.

③ 《新西兰移民局：中国申请日均过千　成新最重视国家》，环球网，http：//world. huanqiu. com/exclusive/2015 - 01/5345136. html，2015 年 1 月 6 日。

④ Statistics New Zealand, "Selected Ethnic Groups（Total Responses）by Total Personal Income, 2013 Census. ", http：//nzdotstat. stats. govt. nz/wbos/Index. aspx? DataSetCode = TABLECODE8021#.

的人认为中文是最值得学习的外语。不过现实的情况是，在所有学校中，中文学习的流行程度仅排在第五位。据了解，在这项调查中，约90%的受访者表示学一门外语很重要，其中华文普通话、日语和西班牙语位列前三。① 2014 年 5 月，由新西兰民间发起的"中文周"正式推出，这是第一个由西方国家国会批准开展的全国性中文推广活动。"中文周"把中文教育的重点放在幼儿园、学前班和中小学校，希望让新西兰的孩子了解中文、学习中文、喜爱中文。②

（四）华侨华人社团

新西兰华侨华人社团组织有 100 多个，其中全国性的主要有新西兰华侨联合会、新西兰华侨农业总会、新西兰中国团体联合会等，华侨华人社团有个特点，就是大多都办有华文学校。据新西兰第一大报《先驱报》报道，2014 年又有新的华人社团成立。新西兰潮属社团总会已于 12 月 3 日成立，欢迎所有潮汕籍乡亲入会。③

新西兰首都惠灵顿地区的主要华社负责人于 2014 年 8 月 8 日齐聚一堂，响应第七届世界华侨华人社团联谊大会的倡议，表达共建和谐侨社的愿望，签署《和谐侨社倡议书》。中国驻新西兰大使馆临时代办方遒在签署仪式上说，每名海外华侨华人都是世界各国人民了解中国和中华民族的窗口，华侨华人成为当地和谐和睦、团结互助的典范，有利于树立自身良好形象，有助于自身发展。同时，建设和谐侨社也是维护和促进祖（籍）国统一大业的需要。惠灵顿地区的主要华社负责人发言表示，将积极响应世界华侨华人社团联谊大会的号召，建立和谐侨社，发挥侨团作用，形成合力。④

（五）政治参与

新西兰大选结果已于 2014 年 9 月 20 日揭晓，现任总理约翰·基领导的国家党获得48%的政党选票获胜。新西兰天维网报道，第 51 届新西兰国会选举在 20 日晚尘埃落定，国家党获得 61 个议席胜选。对华人候选人来说，这次大选结果并不理想，除了国家党杨健外，其他 4 位华裔候选人均无缘新一届国会。杨健表示自己肩上的担子更重了，"因为面临更多与华社沟通的任务"。

国家党此次顺利再次入主新西兰国会，离不开华人选民的支持。据新西兰中华新闻网援引的 NZ 华新社的报道，新西兰现任执政党国家党党魁、总理约翰·基在大选前夕借助微信向华人选民致函争取选票。这是新西兰历届选举中，国家总理首次向华人发出争取选票的信函。信函内容如下："亲爱的微信朋友和全体华人选民们，请在本周六（20 日）参加大选投票。把您的选票投给国家党，留住务实能干的国家党团队。杨健博士说微信平台的力量是巨大的，对此我毫不怀疑。请您告诉您的亲朋好友，让我们转起来。"⑤

---

① 《新西兰亚裔移民影响力渐增 族裔文化排斥仍存在》，中国新闻网，http：//www. chinanews. com/hr/2014/04 -09/6042941. shtml，2014 年 4 月 9 日。

② 《新西兰涌动"中国热"》，《人民日报》，2014 年 11 月 20 日，第 2 版。

③ 《新西兰潮属社团总会》，（新西兰）《先驱报》，2015 年 2 月 7 日，第 C08 版。

④ 《新西兰华人社团愿共建和谐侨社》，新华网，http：//news. xinhuanet. com/overseas/2014 - 08/09/c_ 1112004 472. htm，2014 年 8 月 9 日。

⑤ 《新西兰总理大选前夕首次借助微信致函华人拉选票》，中国新闻网，http：//www. chinanews. com/hr/2014/09 -19/6609142. shtml，2014 年 9 月 19 日。

落选的华裔候选人有行动党副党魁王小选、工党的霍建强和吴昭甫、保守党的杨宗泽。王小选在天维网刊文表示，对于大选结果坦然接受，并衷心感谢华社参加投票的全体选民。王小选称，他们的竞选活动让更多华人意识到了自己在主流社会的重要性，意识到国会有华人代表的重要性，意识到华人参政的意义。王小选还表示，历史会记住 2014 年行动党的竞选，这是新西兰也是西方国家第一次有在议会中的政党把华人当作主要的支持力量，把华人的诉求当作党的主要政策之一，并任命了一位华人担任副党魁。这是我们华人政治影响力的体现，我们新西兰华人应该为此感到骄傲。①

（六）新华侨华人

中国目前是新西兰第二大移民来源国，移民人数相比前几年金融危机时有所上升。新西兰统计局资料显示，2014 年新西兰的净移民数是 50 900 人，首次突破 5 万人大关。2014 年总计移入人口达 109 300 人，年度增长了 16%；而移出人口下降至 58 400 人，跌幅为 18%。新西兰蓬勃的经济发展吸引众多人口来到这里，这增加了新西兰国内消费的需求，尤其是去年的汽车销售量取得新高。与此同时，移民去澳大利亚的新西兰人减少。2014 年，来自印度的移民人数上涨，印度的净移民数字是 10 100 人，排在第一位；第二位是中国，净移民数量是 7 200 人；英国排在第三，共有 5 200 名净移民；菲律宾排名第四，净移民数为 3 600 人。②

在新西兰，老年华人移民构成不小的群体，他们多是被儿女担保到新西兰生活的。依照新西兰移民法令，只要老人在新西兰生活的成年子女数量等于或多于其他任何一国，就可以被子女担保获取新西兰居民身份。而由于中国一直以来推行独生子女政策，令几乎所有新西兰的中国移民都可以担保自己的父母获取身份，这也使得父母团聚移民类目下的中国籍申请人要远多于其他国家。一些年轻人想方设法努力在新西兰站稳脚跟，但担保父母移民来到新西兰之后，自己却为了追寻更好的生活而离开，将父母孤零零地留在了这个远离故土的国家，期望这里的福利体系照顾他们。由于自己的孩子在其他的城市或国家工作和生活，这些并不会说英语的老年父母不得不独自生活在新西兰，照顾好自己。③ 据新西兰天维网报道，统计数据显示，在 2012 年成功获得新西兰永久居民身份的中国移民中，近 40% 人的年龄已超过 50 岁。而在其他国家移民中，50 岁以上年长者所占的比例平均仅为 10.7%。统计数据显示，近些年来，新西兰中国移民中超过 50 岁的中老年人比例已翻了一番。早在 2006 年，这一比例还仅为 19.6%，至去年，就一举蹿升到了 39.9%。新西兰优先党议员 Denis O'Rourke 曾经发起呼吁，要求移民局重审父母团聚移民的相关政策。他指出，如今凭借父母团聚移民获取身份的中国中老年人数已达来自中国的技术移民人数的 120%，与其他国家相比，没有任何一国的父母团聚类移民人数超过该国技术移民新西

---

① 《新西兰行动党华裔副党魁：华人从政道路还很漫长》，中国新闻网，http：//www.chinanews.com/hr/2014/09 - 25/6628129.shtml，2014 年 9 月 25 日。

② Statistics New Zealand，"International Travel and Migration：December 2014"，http：//www.stats.govt.nz/browse_ for_ stats/population/Migration/IntTravelAndMigration_ HOTPDec14.aspx.

③ 《子女离巢新西兰华裔老人孤独养老　面临与社会隔绝》，中国新闻网，http：//www.chinanews.com/hr/2014/ 12 - 08/6853472.shtml，2014 年 12 月 8 日。

兰人数的 24%。①

三、新西兰涉侨重大事件及其影响

（一）新西兰优先党党魁出言侮辱华人

2014 年 8 月 10 日，新西兰优先党党魁、知名反移民政客彼得斯（Winston Peters）现身西区拉票餐会，在谈及海外投资者大肆购入新西兰土地一事时，他再度语出惊人，引用了多年前的一则政治名言："As they say in Beijing, two Wongs don't make a White."② （两个老王变不了一个白人。）此言一出，立即引发多方争议。朝野政敌抨击他蓄意在大选前挑起种族争议。不少华人社团表示，彼得斯此言实在"太过分"，而且充满了浓厚的种族歧视意味。然而彼得斯并不承认，他在接受媒体访问时回应称，这绝非什么种族歧视，而是"幽默"。新西兰华人协会（New Zealand Chinese Association）负责人斯蒂芬·杨（Steven Young）说，并不是所有人都觉得这有什么好笑，"我觉得这是完全脱离现实的，这也是彼得斯如何曲解事情的绝佳例子。"种族事务专员德沃伊（Dame Susan Devoy）在接受媒体访问时表示，彼得斯的这一说法纯属"古旧过时的说辞"。她说，政客们对某个族裔"开玩笑"早已不是新鲜事，但是"在 2014 年还有新西兰的政客这么干，实在令人感到失望和羞耻"。英文先驱报网站进行的在线投票显示，35% 的受访者都认为彼得斯此言语带有冒犯，22% 的受访者则认为他的这一说辞"毫无问题"。③

（二）新西兰第一大城市奥克兰纪念新华人在当地真正"安家落户"75 周年

1939 至 1940 年间，中国仍处在抗击日本侵略者的战争当中，出于人道主义，新西兰政府批准来自中国的 244 名女性和她们的 239 名子女以难民身份来到新西兰，与当地的家人团聚。这批家属的到来，从一定意义上来说，真正掀开了华人在新西兰落地生根的序幕，当地华人"突然间"有了真正的"家"。新西兰华联总会副会长、华联会奥克兰分会会长梁嘉南致辞说，这次纪念活动确定主题"落地生根"，意在突出新西兰华人悠长和丰富的历史，以及他们对新西兰社会所作出的贡献，"希望出生在新西兰的华人记得自己的根"。新西兰少数族裔部长佩赛塔·萨姆、新西兰国会华人议员杨健等约 600 名各界人士出席了纪念活动。④

（三）一波中国地产富豪涌向新西兰

继 2013 年中国奶粉生产公司如伊利、雅士利等相继在新西兰投资后，中国的建筑企

---

① 《新西兰中国移民中年长者居多　人口老龄化引担忧》，中国新闻网，http：//www. chinanews. com/hr/2013/04 –23/4756036. shtml，2013 年 4 月 23 日。

② 据了解，"Two Wongs don't make a White" 这句话出自澳大利亚政治家 Arthur Calwell 1947 年在国会上的一番发言。此言一出，立即引起震动，一方面，这句话与英文谚语 "Two wrongs do not make a right" 谐音，另一方面，也有人针对 "White" 做文章，称其暗示 "两个华人也比不上一个白人"。

③ 《新西兰政客再爆种族言论　自称幽默遭华社声讨》，中国侨网，http：//www. chinaqw. com/hqhr/2014 –11/13514. shtml。

④ 《新西兰华人纪念"安家"75 周年》，新华网，http：//news. xinhuanet. com/ttgg/2014 – 10/13/c _ 1112807100. htm。

业也把目光瞄向了新西兰。曾购买 16 家 Crafar 牛奶农场的中国鹏欣集团参与了奥克兰北部 Hangaparaoa 半岛的 Gulf Harbour 的开发，并在 2014 年收购了南岛旅游胜地皇后镇的希尔顿酒店。2014 年最引人注目的中国人在新西兰的建设项目投资是中国富华国际集团在奥克兰海滨的凯悦酒店（Park Hyatt Hotel）项目，该酒店造价 2 亿新西兰元，预计 2017 年落成。11 月 21 日，富华国际集团举行新闻发布仪式，总理约翰·基同来访的中国国家主席习近平宣布这一项目正式启动。富华国际集团主席是陈丽华女士。73 岁的陈丽华今年以 385 亿人民币的身价在 2014 胡润房地产富豪榜排名第二，仅次于地产首富王健林。[①]

中国富豪涌向新西兰投资，能够带动新西兰的经济振兴，但同时也引发当地人的恐慌情绪，指责中国资本导致新西兰房价上升。很多人都指责外国买家是高房价的罪魁祸首，2014 年房价跳跃式增长又让外国买家成为话题焦点。很多中介公司反映，海外买家里，中国资本占了多数，中国资本大批流向新西兰房地产市场的趋势将一直持续到 2015 年。有消息称，新西兰极右翼种族分子正计划在奥克兰亚裔移民最为集中的地区散发传单攻击中国移民。[②]

四、结论与趋势

随着新西兰经济的复苏，赴新西兰定居、留学和访问的中国人呈上升趋势。中国无疑是新西兰移民局目前最为重视的国家。仅过去 3 年，中国申请新西兰签证的数量就增加了 80%，并且仍以每年 30% 的速度快速增加。无论是旅游者、留学生还是居留权申请者，中国都是新西兰最主要的来源地之一。2013 年底，新西兰移民局对创业移民政策进行了大幅修改，采用打分制，大幅提高申请门槛。这一举措公布前，新西兰移民中介的"圈子"里盛传，该移民项目 70% 的申请者来自中国，积压在移民局待审理的申请多达上千份，本来 6 个月的最长审批时限常常要拖到 8 个月甚至一年。按照平均 30 万新西兰元（约合 150 万元人民币）的投资额度，每年成百上千的中国创业移民申请者可为新西兰带来巨额投资，这些投资者在新西兰安家置业而带来的资金更是难以估算。同时，他们带来的资金切实促进了新西兰房地产市场、就业领域、消费市场的发展。可见，中国资本成为推动新西兰经济增长的"无形而有力"的新力量。

继中国移民的首选目的国——加拿大开始收紧其移民政策后，新西兰便一直在拉拢中国的富裕阶层。新西兰总理约翰·基表示，他希望中国大陆和香港的投资者不要把钱都投资在住宅房屋上，而是投资在一些固定资产、制造业或是酒店等房地产项目上。根据新西兰的投资移民政策，投资 1 000 万新西兰元（相当于 5 500 万元人民币）在新西兰 3 年，可获得居留权，申请者不需要有英语技能或经商经验。另一种选择是投资 150 万新西兰元在新西兰 4 年，需拥有 3 年以上经商经验，且英语雅思在 3 分以上。一些主张放宽移民政策的人说，政府将错失一大批潜在投资者：这些人可投放的资金数在 150 万到 1 000 万新西兰元之间，但他们因为英语技能不达标而不能移民。总部设在北京的和中移民公司副总

---

① 《2014 新西兰大事记》，（新西兰）《新西兰联合报》，http：//www.ucpnz.com/story/read/12676，2014 年 12 月 18 日。

② 《对中国富人翻脸的国家　新西兰现极右排华组织》，滴答网，http：//aus.tigtag.com/，2014 年 6 月 24 日。

裁 Victor Lum 表示："新西兰的投资移民政策是相对较严的，因为它的门槛很高。"①

习近平主席 2014 年 11 月访问新西兰期间，两国签署和续签的合作文件与相关协议中有 4 项涉及移民和签证。简化中国申请人的签证审批流程和时间，是新西兰移民局近两年来一直在努力的工作重点。其中一项协议——《中国银联与新西兰移民局银联高端卡助签合作协议》将于 2015 年 3 月 1 日生效，届时，持中国境内发行的银联白金信用卡、银联钻石信用卡（卡号均以 62 开头）的持卡人，在国内申请新西兰个人签证（包括旅游签证、探亲签证及 3 个月内短期工作签证），凭卡片正面复印件及该卡 3 个月内的银行对账单，便可替代银行存款证明、工资证明及在职证明，大幅简化了申请手续。另一项协议——《新西兰移民局和中国南方航空公司签署关于南航明珠会员便捷签证的协议书》，也将进一步放宽南航明珠俱乐部金卡和银卡会员申请新西兰签证的要求，只需要提交《南航明珠金银卡认证信》，即可免除财务证明、工作证明等材料。布鲁斯说："尽管新西兰移民局对外公布的签证审理时限是 2 至 4 周，但是根据我们的统计，中国申请人的签证申请有 80% 以上都在一周内处理完毕。"② 简化移民手续的做法顺应了中新两国人员往来更加密切的趋势，可以提高中国投资者与游客的积极性。

新西兰在帮助中国追查海外经济逃犯（"猎狐行动"）方面也有积极回应。由于新西兰移民政策相对宽松，特别是对携巨款来新西兰申请投资移民的海外人士持欢迎态度，因此，一些中国贪官过去将新西兰视为"南半球的瑞士"，申请和办理新西兰永久居留权或争取加入新西兰国籍。但随着中国打击腐败的力度不断增强，新西兰将向中国追逃追赃的行动伸出更多援手。新西兰移民局副局长彼得·艾尔姆斯曾多年担任警官，并长期在移民局内部负责非法移民调查与执法工作。新西兰签证申请材料中，专门有一部分是关于道德品行的，要求申请人如实填写有无犯罪记录等信息，并要求学生、投资移民等申请人提交无犯罪证明。根据新西兰移民法，如果查出长期居留或公民身份持有者在申请前隐瞒犯罪事实，提供虚假材料，新西兰移民局有权取消其居留权和公民身份，据悉每年都有数十人被取消或拒批居留与公民身份。新西兰国会华人议员杨健告诉《环球时报》记者："新西兰一向鼓励中国公民通过正常渠道在新西兰投资，要遵守新西兰法律，尊重当地文化。对违法行为，新西兰司法体系将予以打击。"③

新西兰放宽海外留学生在新西兰工作的政策，也会吸引更多的中国学生赴新西兰留学并定居。一般留学生及选修语言课程超过 14 周的持第四级基础证书的学生，都允许每周20 小时的打工时间。加上新西兰政府鼓励研究人员到新西兰求职与定居的政策，政府也允许留学生申请 Open Visa（开放签证），毕业后可以有一年的时间找工作，这些都是吸引更多华人的重要因素。基督城渐渐挥别 2011 年的地震阴霾，在重建中随着都市复苏，加上国际班机航线增长及完善的教育机构，基督城未来会吸引更多的华人前来就学与居住。坎特伯雷大学博士 James To 表示，基督城目前拥有频繁飞往中国大陆、台湾的航线，而教

---

① 《新西兰移民数创十一年新高　中国人最多》，滴答网，http://immigration.tigtag.com/newzealand/experience/169978_4.shtml，2014 年 4 月 28 日。

② 《新西兰移民局：中国申请日均过千　成新最重视国家》，环球网，http://world.huanqiu.com/exclusive/2015-01/5345136.html，2015 年 1 月 6 日。

③ 《新西兰移民局：中国申请日均过千　成新最重视国家》，环球网，http://world.huanqiu.com/exclusive/2015-01/5345136.html，2015 年 1 月 6 日。

育环境和优良的大都市特质，将使基督城成为华人就学与定居的新宠。新西兰政府为了吸引留学生前往基督城就学，特别是从 2012 年 8 月起，在为期 18 个月期间，已放宽留学生的打工规定。2013 年约有 21 000 多名外地人前来基督城，目前每年有 4% 的增长率。这些将会刺激基督城的经济发展，进一步带动新西兰与亚洲的经贸往来。①

---

① 《新西兰学者：基督城将吸引更多华人前往就学与居住》，中国新闻网，http：//www. chinanews. com/hr/2014/08 − 28/6540436. shtml，2014 年 8 月 28 日。